Tony Fennelly

Die Matty Sinclair Trilogie

Mord auf der Klappe

Bärendienst

Robins Hochzeit

ROTBUCH KRIMI

Tony Fennelly ist mittlerweile schon verdammt lange Anfang vierzig. Ihren Lebensunterhalt bestritt sie als Bardame, Stripperin und Sozialarbeiterin.

Alle drei Matty Sinclair-Krimis in einem Band!
Matty Sinclair, Antiquitätenhändler und Gelegenheits-Privatdetektiv mit versehentlichen heterosexuellen Abschweifungen, beherrscht die Szene in New Orleans. Kein Geheimnis bleibt ihm verborgen, kein Anblick erspart. Sein Revier erstreckt sich von der Herrentoilette im schwulen Sub bis zur Prachtvilla des feinsten französischen Stadtadels. Sein treuer Begleiter heißt Robin, ein zartgliedriger Geliebter, »irgendsowas um die achtzehn«, der ihm tatkräftig zur Hand, ab und zu an die Wäsche und manchmal ziemlich auf die Nerven geht.

Mord auf der Klappe

Aus dem Amerikanischen
von Mechthild Küpper

PROLOG

FREITAGABEND

So schlecht hatte Hubert R. Loomis noch nie ausgesehen.

Die gefesselte Leiche des wohlgenährten weißen Mannes Ende dreißig war nackt von der Taille bis zum Knie und hatte eine ausgefranst-blutige Wunde in der Lendengegend.

Der unglückliche Mr. Loomis lag so, wie er gestorben war, gekrümmt an der Wand der Klokabine. Hellblaue Augen starrten in schierer Todesangst. Der mit einer schmutzigen Socke geknebelte breite Mund stand noch zu einem letzten stummen Schrei weit aufgerissen.

Lieutenant Frank Washington von der Polizei in New Orleans wandte sich vom Tatort ab und bereute sein spätes Abendessen und die zweite Portion der geschmorten Langusten bitterlich. Er zog sein Taschentuch.

»Haben Sie ihn so gefunden, Rico?« Dumme Frage. Wer hätte die Leiche bewegen sollen? Wer hätte überhaupt Lust, sie anzufassen?

»Mmh. Hab Sie sofort angerufen. In meiner Branche muß man sich mit dem Gesetz gut stellen, oder?«

»Stimmt.«

Das traf zwar für alle zu, aber für eine Bar im schwulen Gewerbe eben ganz besonders. Die Behörden in New Orleans versuchten schon seit drei Jahren, das *Ramrod* zu schließen. Aber so lange Rico Minderjährige draußen hielt und der Lärm erträgliches Maß nicht überschritt, durfte dieser Sündenpfuhl weiterhin sein Eckchen im Vieux Carré besudeln.

»Haben Sie eine Ahnung, wer ...« Washington guckte in seinen Notizen nach, »Mr. Loomis loswerden wollte?«

»Nein.« Rico schüttelte nachdrücklich den Kopf. »Niemand weit und breit. H. R. war der netteste Kerl, den man sich vorstellen kann.« Er hüstelte.

»Nicht, daß er oft herkam, wissen Sie.«

»Natürlich nicht.«

»Aber alle mochten H. R.«

»Dann hatte einer aber eine seltsame Art, es ihm zu zeigen.«
Rico blickte auf die Leiche, ohne mit der Wimper zu zucken. In den pseudo-kannibalistischen Pornos, die er nach Feierabend privaten Gästen zeigte, hatte er wahrscheinlich Schlimmeres gesehen.
»Der Mann hatte wirklich was für Menschen übrig, wissen Sie. H. R. erkundigte sich immer nach meiner Mutter. Und als ich ihm erzählte, daß sie sich die Hüfte gebrochen hatte, schickte er ihr Blumen. Ist das nicht nett?« Rico bekreuzigte sich. »Das muß ein Verrückter gewesen sein, was anderes kann ich mir nicht vorstellen. Einer, der ihn nicht kannte.«
Officer Duffy tippte auf Washingtons Schulter, kam aber nicht in die Todeszelle hinein. »Der Arzt ist da.«
»Er kann ihn haben.«
Der Lieutenant trat in den dumpfig stinkenden Flur.
»Wie habt ihr ihn identifiziert?«
»Hier, mit seinem Führerschein.«
Washington hielt ihn an eine 40-Watt-Birne und betrachtete das Foto unter der Folie. Die hübschen, selbstbewußten Züge dort bildeten einen unheimlichen Kontrast zu dem grotesken Anblick in der Toilettenkabine.
»Schwer gestorben.«
»Schwer, Sir?«
»Ich meine ... Das war ein übler Tod. Loomis war doch ein ziemlich großer Kerl. Gesund und athletisch. Warum hat er den Angreifer nicht abgeschüttelt und ist geflohen?«
»Das konnte er nicht ... Oh, den Teil haben Sie noch gar nicht gesehen.« Duffy öffnete die Tür der Nachbarzelle.
»Sehen Sie selbst.«
Er deutete auf ein blasses, verschrumpeltes Röhrchen, das etwa in Hüfthöhe an der Wand befestigt war. Das Beweisstück verwirrte Washington zunächst, und er mußte mehrere Sekunden lang seine Augen darauf einstellen. Dann dämmerte es ihm, daß dieses zerfetzte Stück Müll Hubert Loomis' Penis gewesen war, und es drehte ihm den Magen um. Washington schlug eine Hand über den Mund und taumelte aus der Klozelle, um eine freie Toilette zu suchen.
Fast hätte er es geschafft.

ERSTES KAPITEL

SAMSTAGNACHMITTAG

Ich fühle mich nicht als Teil der schwulen Subkultur von New Orleans. Irgendwann zwischen Herpes und AIDS hörte ich auf, in die Bars und Saunas zu gehen. Seit einiger Zeit scheint es mir auch angebracht, meine Körperkontakte auf einen Partner zu beschränken und ihn wie ein Habicht im Auge zu behalten.

Natürlich bin ich schwul. Und das ganz und gar nicht verschämt. Aber das macht bei Gott nicht meine gesamte Identität aus. Wenn da also eine Hinterzimmertunte mausetot, den Schwanz in einem Klappenloch, aufgefunden wird, dann ist das kein Problem, mit dem ich mich identifizieren könnte.

Ich heiße Matthew Arthur Sinclair. Matty für meine Freunde. Ich habe und hatte nie einen schwulen Künstlernamen. Während ich dies schreibe, bin ich 37 Jahre alt, aber ich habe noch alle Haare. Und ich halte meinen Körper mithilfe dreier selbstquälerischer Stunden pro Woche auf Nautilus-Geräten in anständiger (wenn nicht sogar überwältigender) Kondition. Im Solarium würde man mich nicht gerade mit Conan, dem Barbaren, verwechseln, aber ich bin das, was man attraktiv nennt. Besonders für Frauen (was manchmal verdammt lästig ist), obwohl ich auch bei Männern ganz gut dastehe. So gut sogar, daß ich selten auf mich selbst angewiesen bin.

Mein Laden, *New Traditions*, hat in den zehn Jahren, die wir im Geschäft sind, jedes Jahr Gewinn abgeworfen. Das verdankt er meinem Geschmack und Scharfsinn. Seit fast zwanzig Jahren gehe ich regelmäßig in alle Konzerte in New Orleans und habe eine Dauerkarte fürs Museum.

Diese faszinierenden Daten teile ich nur mit, um klarzustellen, daß ich ein Mann von einiger Urteilskraft bin, der nichts für grelle Sensationen übrig hat. Und deshalb war ich höchst ungehalten, als Lieutenant Frank Washington von mir erwartete, ich solle mich für seine scheußliche tote Tunte interessieren.

Robin hätte ihn erst gar nicht in mein Privatbüro lassen sollen. Ich hatte dem Jungen lang und breit erklärt, daß wir nicht verpflichtet sind, ohne Haussuchungsbefehl irgendwelche Beamten hereinzulassen. Aber er läßt sich von Autoritätsfiguren leicht einschüchtern (oder animieren).

Robin Fearing wohnt bei mir, aber es würde die Sache romantisieren, ihn als meinen Liebhaber zu bezeichnen. Der Begriff »Liebhaber« unterstellt, daß man Gefühle erlebt und eine Wahl getroffen hat. Was bei uns nicht der Fall ist.

Es ist erst vier Monate her, daß der Junge auf meiner Schwelle aufkreuzte und erklärte, er brauche einen Job. Meine Putzfrau war mir eine Woche zuvor weggelaufen oder gestorben oder was, und ich hatte eine Annonce in der *Times-Picayune* aufgegeben. Robin hatte zufällig ein zerknittertes Exemplar in der Lobby des *Fairmont-Roosevelt* aufgelesen, wo er tagsüber arbeitete und auf den Strich ging. Ich nahm an, daß ihm der Hausdetektiv auf die Schliche gekommen war und ihm nahegelegt hatte, unauffällig zu verschwinden, wenn er seine Zähne behalten wollte. Jedefalls hatte er gehört, daß mein Laden für seinen Schick berühmt war, und seine Dienste angeboten. (Als Hausmeister – ausgerechnet.)

Die Unzulänglichkeiten des süßen Robin sind himmelschreiend, aber sein Sex-Appeal auch. Mit seinen seidigen, weizenblonden Locken und seinen braunen Telleraugen ist er der 50er-Jahre-Blondine Sandra Dee wie aus dem Gesicht geschnitten. Meinen verbrauchten Augen erscheint sein Körper so vollkommen, wie es nur der eines Teenagers sein kann.

Der Junge war gerade achtzehn. Das schwor er jedenfalls. Und wenn er jünger war, wollte ich es nicht wissen. (Gott helfe mir.)

Ich gestattete also diesem kleinen Schlawiner, sich in meinem Leben einzunisten. Er übernimmt Gelegenheitsarbeiten im Laden (träge), kocht meine Mahlzeiten (nach dem Zufallsprinzip) und praktiziert jede sexuelle Annehmlichkeit, die ich mir vorstellen kann (brillant).

Eine Rose ohne Dornen ist Robin allerdings nicht. Mich mit diesem jungen vitalen Blut herumzutreiben, erinnert mich immer daran, wie viel Energie ich früher hatte.

Unter praktischen Gesichtspunkten wäre eher ein Mann in meinem Alter angemessen. Aber der wäre weniger beflissen. Wenig geben, wenig kriegen.

An diesem ansonsten angenehmen Samstagnachmittag polterte Frank im Bullen-Stil durch den Laden, als ob es seiner wäre.

»Nettes Himmelbett, was du da hast.«

»Eine Kopie, handgeschnitzt in Deutschland. Ist gerade der letzte Schrei.«

»Wie teuer?«

»Bloß viereinhalbtausend.«

»Jesus!«

»Den Baldachin gebe ich dir zu. Bist du vorbeigekommen, um ein paar Sachen für deinen Slum einzukaufen?«

»Kein anständiger Bulle kann sich diesen Laden leisten. Das weißt du doch.«

»Das ist Absicht, Liebes. *New Traditions* ist ausschließlich für die Reichen und die Angeber. Also. Was kannst du für mich tun?«

»Es muß heißen: Was kannst du für mich tun, Matty.« Washington ließ sich auf einen Louis-Quatorze-Sessel nieder. »Du kannst mir bei einem Mordfall helfen.«

»Ts, ts. Jemand, den ich kenne?«

»Er hieß Hubert R. Loomis. Wohnte drüben in St. Bernard.«

»Ein deprimierender Bezirk. Mit Leuten, die da wohnen, verkehre ich nicht.«

»Aber die Todesart könnte dich interessieren.« Frank zog ein schäbiges Notizbuch mit Leopardenmuster aus seinem Mantel und las vor: »›Der Verstorbene wurde gestern abend einige Minuten nach zehn auf der Männertoilette der *Ramrod Lounge* in der Toulouse Street gefunden.‹ Ich nehme an, das Männerklo ist die größte Attraktion dieser Bar.«

»Weiß ich.«

Er räusperte sich. »Dann weißt du auch, daß es ein Homosexuellentreff ist. Sie treffen sich da und machen ... ist ja auch egal.« Als Weißer wäre er jetzt sogar rot geworden. »Es gibt zehn Toilettenzellen. Und jede hat ein Loch in der Wand, in knapp einem Meter Höhe.«

»Die beste Höhe«, sagte ich hilfsbereit.

»Das ist das Klappenloch«, krähte Robin, wie immer bereitwillig seine Degeneriertheit zur Schau stellend.

»Den Begriff habe ich schon mal gehört.« Frank zupfte an seinem Haar, als ob er die Krause rausziehen wollte. »Aus den Kabinen heraus geben sich die Männer ein Zeichen, und dann haben sie durch das Loch hindurch Geschlechtsverkehr. Sie brauchen sich nicht zu begegnen. Oder sich auch nur ins Gesicht zu sehen.«

»Was kann man in einem Gesicht schon groß sehen?«

»Das Anonyme daran gefällt einigen. Wie dem Verstorbenen.« Er nahm seinen Block wieder zur Hand. »Hubert Loomis war Familienvater. Der Mann lebte in der schicken und teuren Belle Ormaie-Siedlung. Er besaß und leitete eine Wartungsfirma für Kräne jenseits der Bezirksgrenze. Sehr erfolgreich. Seine Frau ist Krankenschwester auf der Altenpflegestation im *Charity*, und sie haben drei Kinder.«

»Das freut mich für ihn.«

»Nicht, wenn du hörst, wie er gestorben ist.«

»Danke, ich verzichte.«

»Nein, das ist aufregend.« Robin fiel fast aus seinem Windsorstuhl. »Erzählen Sie uns alle gräßlichen Details.«

»Das mache ich auch.« Frank nahm seinen Block wieder, um mit gespielter Gleichgültigkeit wie aus einem Drehbuch vorzulesen. »Als der Verstorbene seinen Penis durch das Loch gesteckt hatte, vermutlich in der Hoffnung auf einen Kontakt ...«

»Oh Gott.«

» ... stießen eine oder mehrere unbekannte Personen ein langes, dünnes Objekt mitten durch. Eine riesige Hutnadel zum Beispiel.«

Er knirschte mit den Zähnen, als spürte er besagte Hutnadel persönlich.

»Dadurch war Mr. Loomis nicht in der Lage, sich aus dem Loch zu befreien. Und dann kam der Täter in seine Klokabine und betäubte ihn vorübergehend mit einem Schlag auf den Hinterkopf. Er wußte genau, wo und wie hart er zuschlagen mußte. Genau hier.« Frank zeigte es uns an seinem eigenen Kopf. »Vielleicht war es ein Profi-Killer. Dann konnte er Mr. Loomis' Hände auf dem Rücken fesseln und ihn mit einer Sportsocke knebeln.«

»Mit einer sauberen Sportsocke?«

Frank fiel einen Moment lang aus der Rolle. »Sauber? Was zum Teufel macht das, ob sie sauber war oder nicht?«
»Ich hätte keine Lust, in was Perverses reingezogen zu werden.«
»Verdammt, Matty, das ist eine tragische Sache.«
»Hören Sie bloß jetzt nicht auf! Erzählen Sie mehr!« zwitscherte mein blutrünstiger kleiner Geliebter.
New Orleans Wackerster beugte sich über seine Notizen. »Während Mr. Loomis dort in dieser Weise festgehalten wurde, führten eine oder mehrere Personen eine ätzende Substanz« – Washingtons Stimme wurde trocken und brach – »in sein Rektum ein.«
»Wie furchtbar!« Robins Augen tanzten. »Eingeführt? Wie?«
»Mithilfe eines Feuerlöschers, wie ihn die Marine benutzt. So klein, daß man ihn unter einem Mantel oder einer Jacke verstecken kann. Wir haben ihn auf dem Gelände gefunden.«
Ich hob den Finger, um zu widersprechen. »Ich habe ein Dutzend von diesen Feuerlöschern in der Nähe, aber die Chemikalie ist nicht ätzend.«
»Normalerweise nicht. Aber dieses eine Exemplar ist geleert und mit Natriumhydroxyd gefüllt worden.«
»Aua!«
»Es wurde ein Stahlstutzen angeschweißt, damit er leichter einzuführen war, und der wurde mit Gleitcreme eingeschmiert.«
»Dank sei Gott für kleine Wohltaten«, sprang ich ein. Aber ich hatte schon seit einiger Zeit das Interesse an dem Thema verloren und begann, ein nachgemachtes Fabergé-Ei zu polieren.
»Dieses Ätznatron wurde mit großem Druck den Dickdarm von Mr. Loomis hochgejagt. Hast du eine Vorstellung davon, was das bei einem Menschen bewirkt?«
»Nein, und ich will's auch gar nicht wissen.«
»Seine Verdauungsorgane explodierten, und jedes andere Organ in seinem Körper wurde versengt. Aber nicht sofort. Nein. Allem Anschein nach ist das Opfer langsam gestorben und war bis zum Schluß bei Bewußtsein. Sein Gesicht sah ... furchtbar aus.«
»*Quel singulier*. Nicht die Art von Abgang, die ich mir aussuchen würde.«
(Ich persönlich hoffe, mit einhundertundzwei abzutreten, indem ich

mich an einem Siebzehnjährigen zu Tode verschlucke. Aber ich konnte den Witz an der Geschichte sehen. Frank nicht.)

»Loomis war sehr beliebt. Eine Stütze der Gesellschaft drüben in St. Bernard. Aber er führte ein Doppelleben, wie die Art seines Ablebens andeutet.«

»Warum erzählst du mir das alles? Ich bin kein Detektiv; ich bin nur ein armseliger Ladenbesitzer.«

»Armselig warst du nie in deinem Leben. Und wir alle wissen, daß dein Laden die einträglichste Halsabschneiderei im Quarter ist.«

Ich tätschelte meine kostbare Carteluhr von Meissonier. »*New Traditions* befriedigt die Ansprüche der Stilbewußten und Feinsinnigen.«

»Tunten und ihre Schrullen. Laß den Scheiß, Matty. Genau deswegen brauche ich bei diesem Ding deine Hilfe. Wir waren doch mal ein Team. Als du für den Bezirksstaatsanwalt gearbeitet hast, haben wir ein Dutzend solcher Morde aufgeklärt. Genauso seltsame wie diesen hier.«

»Das war in meinen Hetero-Jahren, frisch von der Juristischen Fakultät. Ich erinnere mich dunkel an verträumte Vorstellungen davon, etwas verändern zu können.«

»Klar, damals hattest du Ideale.« Frank hob die Arme. »Was ist daraus geworden? Nach nur zwei Jahren mußte der brillianteste Ankläger von New Orleans das ganze Strafverfolgungssystem hinschmeißen, um Stühle zu verkaufen.«

»Ich wäre vor die Hunde gegangen, für 11 000 im Jahr ein heimlicher Schwuler zu bleiben. Die Stühle erlauben mir immerhin, ehrlich zu sein.«

»Aber das ist eine himmelschreiende Verschwendung von juristischem Talent! Jedenfalls verstehst du jetzt, warum ich deinen einzigartigen Sachverstand brauche, Matty. Du kennst doch die Verhörtechniken der Polizei. Und was noch wichtiger ist, du hast den Daumen am Puls der Schwulenszene.«

»Den Puls fühlt man nicht mit dem Daumen.«

»Insider-Wissen, das brauche ich. Schließlich war das Opfer ein Homosexueller. Und der Täter muß auch einer sein.«

»Wie kommst du darauf?«

»Das *Ramrod* ist ein ziemlich großer Schuppen. Da ist ordentlich was los, auch an Wochentagen. Aber ein Außenseiter wäre sofort aufgefallen. Und ein Hetero-Außenseiter wäre wie eine fluoreszierende Fahnenstange rausgeknallt.«

»Das hat was für sich. Aber weißt du was? Wenn mir einer eine Hutnadel durch den Schwanz schieben würde, dann würde ich schreien wie am Spieß. Warum hat Loomis das nicht getan?«

»Hat er wahrscheinlich auch. Aber bist du schon mal freitagabends so um zehn im *Ramrod* gewesen?«

»Seit ich keine Pickel mehr habe, nicht mehr.«

»Draußen am Flughafen, wenn eine Concorde landet, ist weniger Krach. Ich habe einen Wachtmeister ins Herrenklo geschickt und ihn schreien lassen wie ein Raubtier. Keiner von den Gästen vorn hat auch nur mit der Wimper gezuckt.«

»Einen Angst- oder Todesschrei haben die wahrscheinlich für entzücktes Kreischen gehalten.«

Frank zog eine Grimasse, um angemessenen Widerwillen auszudrücken. »Du siehst, warum ich dich dabei brauche.«

»Oh, einmal wirklich gebraucht zu werden!«

»Loomis muß eine heimliche zweite Existenz geführt haben. Ich kann alle seine Kontakte in der normalen Welt recherchieren. Für die andere Seite ... ich will dich zum Detektiv mit Sonderauftrag ernennen und gebe dir eine Marke und alle Kompetenzen.«

»Ich soll Jack Webb spielen? Du träumst wohl.«

»Was schlägst du denn vor? Wir suchen einen Mörder in der schwulen Subkultur. Du weißt ganz genau, daß die Tunten mir nichts erzählen würden.«

»Weil sie dir nicht trauen, dem Mann mit der Dienstmarke?« Ich schnalzte mit der Zunge. »Was glaubst du wohl, warum nicht?«

»Häng mir das nicht an, Matty, ich habe noch nie 'ne Tunte hochgehen lassen.» Er stand auf und hing über mir wie eine Trauerweide. »Wenn du uns nicht hilfst, finden wir den Mörder vielleicht nie, denk darüber nach.«

»Geht mich nichts an.«

»Okay.« Er nickte resigniert. »Okay, wenn du's so siehst. Ich kann dich nicht zwingen, mir zu helfen.«

»Blabla, Demokratie.«

»Ach übrigens …« Er grinste plötzlich, als hätte er eine ganze Scheibe Wassermelone im Mund. »Ich würde gern den Ausweis von deinem Freund Robin hier sehen. Und ihn vielleicht durch unseren Computer laufen lassen. Nur um sicherzugehen, daß er nicht … äh … zum Beispiel minderjährig ist. Oder vermißt wird oder … von irgendwelchen Jugendbehörden gesucht oder …«

Das war die billige Hände-Hoch-Methode, aber Robins schier entsetzter Blick machte klar, daß Frank mit irgendwas voll ins Schwarze getroffen hatte.

»Andererseits«, besserte ich rasch nach, »gibt es keinen, der mehr unter Ungerechtigkeiten leidet als ich. Und die böswillige Zerstörung menschlichen Lebens schneidet mir geradezu ins Herz. ›Verlange nie zu wissen, wem die Stunde schlägt‹ und so weiter.«

»Ich wußte, daß du es so sehen würdest.«

»Ich werde dir also selbstverständlich in jeder nur möglichen Weise zur Seite stehen, obwohl meine Kreuzverhör-Künste sich in den letzten zehn Jahren verflüchtigt haben, in denen ich nett zu Leuten war.«

»Danke.« Er ließ locker. »Ich untersuche alle Heterokontakte von Loomis und überlasse die Schwulen dir.«

»Und wie willst du's rausfinden?«

»Was rausfinden?«

»Welche von seinen Bekannten tugendhafte Heterosexuelle sind, die in dein Ressort gehören und welche in meinen Wirkungskreis fallen.«

»Verrückte Frage. Du sprichst einfach mit den Schwulen im Quarter, und ich übernehme die St. Bernard-Leute.«

»Entscheidet die Geographie über die sexuelle Orientierung?«

Er hievte eines seiner fleischigen Beine auf eine Werkbank aus der Kolonialzeit und stützte sich auf sein Knie. »Was würdest du denn vorschlagen, Matty? Einen Hormontest?«

»Nein, bloß die Meinung eines Experten.«

»Deine Wenigkeit? Ihr Schwulen glaubt doch sowieso, daß alle außer Jesus latente Homos sind.«

»Genau wie ihr Schwarzen jeden Weißen für einen heimlichen

Mischling halten möchtet. Wenn du mich bei diesem Fall dabei haben willst, muß ich jeden Betroffenen befragen dürfen. Ob du ihn nun für schwul hältst oder nicht.«

»Ach, ja?« Er stieß einen tiefen Macho-Grunzer aus. »Und was, glaubst du, werden diese Hartgesottenen einer feingliedrigen Elfe wie dir anvertrauen?«

»Genausoviel jedenfalls, wie sie einem drahthaarigen Türsteher-Affen wie dir erzählen würden.«

»Ist in Ordnung. Komm mir nur nicht in die Quere. Außerhalb des Quarters hast du keine Polizei-Kompetenzen mehr. Verstanden?«

Nachdem New Orleans' Antwort auf Virgil Tibbs sich endlich verabschiedet hatte, schloß ich die Bürotür und schnappte mir Robin für ein Gespräch von Mann zu Blödmann.

»Hast du mir was zu erzählen? Irgend etwas Persönliches, Heikles vielleicht?«

Er klimperte mit seinen Markisen-Wimpern. »Was denn, Matty! Ich doch nicht! Nein, natürlich nicht.«

»Wenn du nichts zu verbergen hast, warum habe ich mich dann eben an die Polizei verkauft?«

Er wand sich wie ein tuntiger Wurm am Haken. »Also gut. Es gab letztes Jahr in Los Angeles ein kleines Problem.«

»Wie klein?«

Es war groß genug, um ihn rot werden zu lassen. »So 'ne Art ... Herumlungern... irgendwie.«

»Vorsätzlich?«

»Wie können die wissen, was ich vorhatte? Können die von der Sitte Gedanken lesen oder was?«

»Du hast so eine Art, deine Absichten ziemlich deutlich zu machen, Liebes. Wie du die Hüften schwenkst und Uniformierten Küßchen zuwirfst.«

»Aus schierer Freundlichkeit. Wenn's nur um mich ginge, hätte ich ja gar nichts dagegen gehabt. Das hätte ich schon absitzen können. Aber wenn die zuhause das rausfänden, vor allem mein Vater, das wäre absolut furchtbar.«

»Er weiß nicht, daß du einen, äh ... etwas unkonventionellen Lebensstil pflegst?«

»Du spinnst wohl. Wenn Dad auch nur ahnte, daß ich schwul bin, würde er mich umbringen. Du solltest meinen Vater mal sehen. Er ist groß und stark und *muy macho*. Er wollte immer Baseball mit mir spielen, als ich klein war.« Robin schüttelte seine Locken. »Ich war eine große Enttäuschung, ich hab's noch nicht mal bis zur Juniorenmannschaft gebracht.«

»Mach dir nichts draus. Junioren habe ich auch erst sehr viel später schätzen gelernt.«

Fromm faltete der kleine Delinquent die Hände. »Also habe ich meine Gitarre verkauft, um die Kaution bezahlen zu können, und bin abgehauen. Hättest du das nicht getan?«

»Kommt auf die Stadt an. Und die Gitarre.« Ich schraubte meinen Füller auf. »Wann bist du festgenommen worden, wie hieß der Beamte, der dich festnahm, was war das Aktenzeichen, und was gibt es sonst noch, was von Belang wäre?«

»Ich kann mich nicht mehr an viel erinnern. Es war alles so ekelig und traumatisch, daß ich versucht habe, es zu verdrängen. Wozu willst du es wissen?«

»Ich habe einen alten Freund von den Juristen, der jetzt in LA arbeitet. Vielleicht kann er die Sache einstellen lassen. Manchmal braucht man eben nur Geld. Oder einen schwulen Richter. Hast du sonst keine Vorstrafen?«

»Zählt verschärftes Go-Go-Tanzen auch?«

»Gott!«

ZWEITES KAPITEL

SAMSTAGABEND

Robin und ich wohnen im Erdgeschoß eines Hauses im Queen-Anne-Stil aus dem 19. Jahrhundert an der Esplanade Avenue; an der nördlichen Grenze des Quarters. 1974, als es noch Hypotheken zu acht Prozent gab, habe ich das Haus gekauft, und ein paar Freunde, die tuntiger als ich sind, haben es vom Keller bis zum Boden hergerichtet. Wir haben oben drei Wohnungen zu vermieten und eine Warteliste. Bei der Auswahl meiner Mieter bin ich höchst anspruchsvoll und nehme nur solche, die keinen abstoßenden Anblick bieten, wenn man ihnen nach einer ausgedehnten Weinprobe morgens im Hof begegnet.

Als ich an diesem Samstagabend um sechs die Tür aufschloß, begrüßte mich Nuit Blanche auf die einzige Art, die sie kennt: Sie warf sich wie ein stumpfes Geschoß gegen meine Brust und prallte mit der ganzen Kraft ihrer 60 Pfund auf mich. Nuit Blanche ist mein Freund und Hund. Wir sind uns sehr nahe, weil wir beide Außenseiter sind. Ich bin ein Schwuler, und sie ist Ausschuß.

Blanche (Kurzform) ist ein weißer Boxer. Boxer, so hat jemand mal entschieden, dürfen nicht weiß sein, und deshalb ertränken Züchter weiße Welpen gleich nach der Geburt. Deswegen sieht man selten einen.

Meine Cousine Arnie brachte mir das Hündchen, als es sechs Wochen alt war, und flehte mich an, niemandem zu erzählen, wo ich es herhatte. Beide Eltern sind Champions, aber sie wurde nicht einmal registriert. »Sie würden mich aus dem Boxer Club rausschmeißen, verstehst du.«

Rein juristisch gibt es sie also gar nicht.

»Sie sieht aus wie das Gespenst eines Boxers«, sagte Robin. »Oder wie eine Zeichnung, die noch nicht koloriert ist.«

Tatsächlich ist Blanche auf eine seltsame Weise schön. Ihre Haltung ist makellos, und wenn ich nur für einen Tag ihr Fell färben würde, könnte sie jeden Wettbewerb gewinnen.

Robin war schon eine Stunde lang zuhause und kochte irgendetwas Übles in einem Wok.

»Es gibt das März-Rezept aus *McCall's*«, trällerte er aus der Küche.

»Schöne Bescherung.« Ich blieb im Wohnzimmer, um mir einen Cognac einzuschenken, damit ich für die abendliche Expedition gerüstet war.

Eine Minute später ließ Robin seinen Eintopf auf dem Herd verbrennen und kam zu mir an die Bar. »Ich habe Blanche gefüttert und ihr den alten Suppenknochen gegeben, wie du gesagt hast.«

»Mochte sie den?«

»Wie verrückt hat sie mit dem Schwanz gewedelt. Ich mache uns japanisches Essen. Das Sushi wird bald gar sein.«

»Robin, Sushi kocht man nicht.«

»Meine Güte, du glaubst doch nicht, ich esse es roh!«

»Iß es, wie du willst. Ich muß noch mal fort.«

»Warum?«

»Zur größeren Ehre der Polizei von New Orleans und deiner anrüchigen Vergangenheit wegen. Wir haben jetzt wahrscheinlich gar keine Zeit mehr für uns, bis ich herausgefunden habe, wer Hubert Loomis um die Ecke gebracht hat.«

»Wohin gehst du?«

»Rüber zu *Channel Four*. Erinnerst du dich, daß Frank erzählte, sie hätten unseren Kandidaten letzten Donnerstag in den Nachrichten gehabt?«

»Oh, wie aufregend.« Vergessen war der Wok mitsamt seinem ungenießbaren Inhalt. »Du bist Nick Charles. Darf ich Nora sein?«

»Ich sehe dich eher als Nancy Drew-Typ.«

Die Studios von *Channel Four* sind ganz in der Nähe auf dem North Rampart; wir ließen daher das Auto stehen.

Robin und ich machten einen Spaziergang über neutrales Gebiet, durch die Allee aus 18 Meter hohen Eichen. Esplanade Avenue war um 1745 die äußerste Stadtgrenze. Zu der Zeit kam mein Ur-Ur-Ur-Ur-Ur-Ur-Großvater Artur St. Claire gerade aus der Normandie. Als er über diese Straße ging, war New Orleans nur eine winzige französische Siedlung, in der Händler und Militärs wohnten – und ihre schwarzen Mätressen und deren Mulattenkinder.

Artur hat die feinen Häuser, die jetzt unseren Boulevard säumen, nie gesehen. Er hätte sie sich nicht einmal vorstellen können. Erkerreiche Queen-Annes aus dem letzten Jahrhundert stehen neben neogriechischen mit gußeisernen Friesen und eindrucksvoll schnörkeligen Viktorianern. Und gelegentlich gibt es auch noch ein bescheidenes kreolisches Häuschen aus angestrichenen Ziegeln, das nach zweihundert Jahren immer noch da steht, schlicht und einfach, aber reich an Geschichte.

So großartig diese Straße auch ist, hier und dort hat sie Schandflecke. Monstrositäten aus Sperrholz und Beton, gebaut in den 50er Jahren, als die Denkmalpflege des Vieux Carré noch keine ästhetischen Richtlinien erlassen hatte. Aber die werden auch nur noch so lange dastehen, bis ich mir eines dunklen Nachts einen Bulldozzer unter den Nagel reiße.

Vincent führte sein gesellschaftliches Leben wie üblich von seiner Haustür an der Ecke St. Ann Street aus. Jeden Abend etwa um halb sechs bringt er ein neues Buch und einen alten Basset mit auf die Treppenstufen und hält dort für Nachbarn und Passanten Salon. Mehrere Stunden verbringt er da, erfährt den neuesten lokalen Tratsch und gibt ihn portionsweise weiter.

Wie es mit vielen alternden Schwuchteln so ist, hat Vincent hinter sich, im Haus drinnen, niemanden, mit dem er sprechen könnte. Deshalb muß er alle seine Unterhaltungen oberflächlich und mit halb Fremden führen. Wenn es dunkel geworden ist und die Nachbarn alle zum Essen gegangen sind und die Straßen den Touristen und Nachtschwärmern überlassen, geht auch Vincent hinein und füttert den Hund. Fast in jedem Block in New Orleans gibt es einen solchen Treppensitzer, jemanden, der allein geblieben ist. Und die meisten sind schwul.

Ich machte halt, sagte Hallo und küßte den Basset.

»Sag mal, Vincent, hast du das mit dem *Ramrod* gehört?«

»Witzbold. Das Quarter ist seit gestern abend voll davon. Jeder, der hier vorbeikommt, meint, es hätte ihm auch passieren können.«

»Nur denen, die dumm genug sind, so ein Risiko einzugehen.«

»Weißt du was?« Er beugte sich zu einem Flüstern vor. »Es sieht so aus, als wäre einer hinter Schwulen her. Ehrlich gesagt, ich bin froh, daß ich mich zurückgezogen habe.«

Pete Crocetti ist einer der besten Kameraleute von *Channel Four*, und außerdem war er mein Klassenkamerad bei den Jesuiten. An diesem Abend machte er Überstunden, um einiges Videomaterial zu schneiden.

»Hallo, Matty ... Robin.« Er winkte uns rein. »Ich habe das Band mit Loomis gefunden und habe es euch auf den Monitor überspielt.«

Ich zog mir einen Hocker ran. »Hast du gehört, wie er gestorben ist?«

»Ja, sie nennen es den Klappenlochmord. Das hat mich echt fertiggemacht. Er war ein guter Kerl.«

»Ach ja? Wie gut kanntest du ihn?«

Pete schaltete den Monitor an. »Ich habe ihn kürzlich erst kennengelernt, aber der Mann hat mich wirklich beeindruckt.«

»Jeder, den die Polizei befragt hat, war von ihm angetan. Der rechtschaffene, aufstrebende junge Christ.«

»Stimmt genau.«

Robin meldete sich zu Wort. »Wenn er so großartig war, was hatte er dann im *Ramrod* zu suchen? Das würde mich interessieren.«

»Ich habe nicht die geringste Ahnung ... Hier ist das, was ich von seiner Rede aufgenommen habe. Ich stelle es euch an.« Der staubgraue Schneideraum wurde von dem Bild eines Sonntagspicknicks erhellt. Loomis' argloses Titelblatt-Gesicht erschien in Großaufnahme, daneben ein weniger attraktives. Der Redner hielt ein kleines Kind im Arm, einen schwarzen Säugling, dessen Gesichtszüge von einem Gehirnschaden entstellt waren. Sein mißgebildeter Mund stand offen, Spucke sammelte sich und tropfte von seinem Kinn, ohne daß Loomis sich darum kümmerte.

»Zunächst möchte ich dem Kongreßabgeordneten Wayne Tibbet für seine Unterstützung danken«, erklärte er dem Publikum, anscheinend, ohne sich Petes Videokamera bewußt zu sein. »Aber heute nachmittag sind wir aus einem besonderen Grund zusammen. Um Kinder wie Phillip hier zu beschützen. Und um dafür zu kämpfen, daß diese Art Kindesmißbrauch in unserem Staat nicht mehr vorkommt!« Er unterstrich diesen Gedanken, indem er den hirnlosen Phillip herzlich umschlang und ihm die schlaffe Wange küßte.

»Der Mann hat einen Gesetzentwurf erarbeitet, um öffentliche Mittel bei Kindesmißbrauch zur Verfügung zu stellen«, erklärte Pete. »Und er hat Tibbet dazu gebracht, ihn einzubringen. Deswegen das Picknick.«

»Ziemlich volkstümliches Anliegen, sollte man meinen. Niemand ist *für* Kindesmißbrauch.«

»Aber H. R. setzte für diese Sache alles ein, was er hatte. Er hat sich für diese armen Kinder so engagiert, daß ich ihn zum Gouverneur gewählt hätte. Ohne zu zögern.«

Als wir den Kiosk an der Decatur erreichten, hatte die Verkäuferin gerade über unseren Fall gelesen, der in großen Lettern in der Spätausgabe stand. Die Nachricht hatte sie in Tränen aufgelöst, ihr faltiges Mahagonygesicht glänzte. »Mistah H. R. Loomis war der allerbeste Mann in der ganzen Gegend. Der hatte die armen Leute wirklich gern. Wer konnte sowas mit ihm machen, Matty? Warum um Gotteswillen?«

»Genau das versucht die Polizei ja rauszufinden, Effie.« Ich kaufte eine Zeitung und schlug die Seite drei mit den gräßlichsten Einzelheiten der Loomis-Story auf, wo sein verschwommenes Ebenbild in die Linse lächelte. »Kennst du Leute, die ihn nicht so gern hatten wie du?«

Die arme Frau schüttelte den Kopf, daß ihr Doppelkinn bebte. »Keinen. Keinen einzigen.« Sie deutete mit einem fetten Arm auf einen Strauß brauner, vertrockneter Blumen hinter sich auf einem Regal. »Siehst du da, was er mir gebracht hat? Ich bin eine alte Frau. Keiner hat der alten Effie May Blumen gebracht, in zwanzig Jahren keiner. Aber er hat's getan, nur weil ich ihm erzählt habe, daß ich traurig war. Mistah H. R. Loomis, der hat das gemacht.«

Wer es gemacht hatte, war offensichtlich. Das auffälligste Stück in dem Gesteck verblühter Margeriten und Nelken war eine Goldrandkarte mit den Initialen H. R. in schimmernd purpurner Tinte. Nach einigen weiteren Minuten des Lobpreisens für den Verblichenen gab ich Effie für ihre unschätzbaren Informationen ein Bild von Jackson und wandte mich in Richtung Royal Street. Robin zupfte mich am Arm.

»Was sie uns erzählt hat, hilft überhaupt nicht weiter.«

»Was du nicht sagst. Sie hat nur wiederholt, was jeder schon gesagt hat. Der Reporter, der ihn interviewt hat, sein Gemeindepfarrer, sein Lebensmittelhändler, der Mann aus seiner Reinigung. Die Hälfte aller Leute, mit denen Frank gesprochen hat, denkt, daß Loomis John F. Kennedy war – wir biegen an der St. Peter ab –, und die andere Hälfte weiß, daß er Jesus Christus war.«

»Das muß ein wunderschönes Blumengesteck gewesen sein, glaubst du nicht? Farn als Hintergrund, das war genau das Richtige.«

»Ich habe mir das Arrangement und die subtile Symmetrie der verdammten Blumen nicht angeguckt. Ich habe Effies Schuhe gesehen.«

»Wo ihre entzündeten Ballen rausgucken? Wie gefühlvoll.«

»Worauf ich hinaus will: Effie ist so arm, daß sie sich nicht mal anständiges Schuhwerk leisten kann. Warum schickt man ihr Blumen?«

»Du findest, er hätte ihr statt dessen ein Paar Nikes schicken sollen? Oh Mann, du hast wirklich nicht eine Prise Romantik in deiner Seele.«

Als nächstes machten wir bei *Pat O'Brien* halt. Nur auf einen Sprung. Diese Sehenswürdigkeit von New Orleans ist gleich um die Ecke vom *Ramrod*. Und dazu die Art von Lokal, in dem ein aufwärtsstrebender Typ wie H. R. Loomis sich gern sehen lassen würde.

Ich zeigte John an der Tür meine Dienstmarke. Und dann die Abendzeitung.

»War dieser Mann hier Stammkunde?«

John guckte kurz auf das Foto und nickte verhalten. »Mr. Loomis hatte hier immer seine Geschäftsessen. Der arme Kerl. Wissen Sie, er war wirklich ein netter Mensch.«

»Könnte es sein, daß er auch gestern abend hier war?«

»Bevor er ermordet wurde?«

»Nachher doch wohl nicht.«

»Ich sage Ihnen was: Er buchte immer im voraus, und Chuck servierte.« John machte ein kleines Zeichen, und Chuck kam persönlich zu uns. Er balancierte ein Tablett mit Hurricanes.

Chuck schüttelte den Kopf über dem Pressefoto. »American Express. Hat immer mit American Express bezahlt. Eine Bankkarte hätte der nicht genommen. Nicht Mr. H. R. Loomis. Schließlich kann jeder eine Plastikkarte von der Bank kriegen, oder?«

»Stimmt, ich habe drei. Hat er gestern abend hier gegessen?«

»Nein.«

»Okay dann.« Ich faltete die Zeitung und wandte mich ab.

»Danke.«

»Er wollte gerade bestellen. Aber sein Essen hat er nicht mehr gekriegt.«

Ich wirbelte zurück. »Was?«

»Er kam rein und setzte sich. Aber dann mußte ich ihm sagen, daß seine Verabredung später sein würde.«

»Wer? Welche Verabredung?«

»Das weiß ich nicht genau. Jemand rief an und sagte, er könne Mr. Loomis erst eine halbe Stunde später treffen. Also habe ich die Nachricht weitergegeben.«

»Ein Mann oder eine Frau?«

»Wahrscheinlich ein Mann. Aber egal, wer es war, er flüsterte. So, als ob er nicht wollte, daß seine Frau es hörte.«

»Es gibt noch andere Gründe zu flüstern, ob Sie es glauben oder nicht.«

»Ich war sowieso nicht neugierig. Ich nahm an, H. R. würde schon wissen, wen er treffen wollte.«

»Also hat er das Essen abbestellt?«

»Nein, er sagte, er würde etwas spazierengehen, und rechtzeitig zurück sein, um seinen Freund zu treffen. Wenn ich nur gewußt hätte, was passieren würde.«

»Sie dürfen keine Schuldgefühle haben, Chuck. Kam denn der Freund hier jemals an? Früh oder spät?«

»Er ... Jetzt, wo ich drüber nachdenke, fällt mir ein, ich habe ihn nie gesehen. Aber natürlich war es gestern so voll, daß ich noch nicht mal gemerkt hätte, wenn Dolly Parton nackend hier gewesen wäre. Vielleicht hat der Typ sich nur umgeschaut, gesehen, daß sein Freund nicht hier war, und ist wieder gegangen.«

»Vielleicht. Danke für Ihre Hilfe.«

»Normalerweise bin ich nicht dafür, vor der Polizei rumzuschnattern. Aber ich persönlich hoffe, daß sie diesen hier erwischen.«

»Ach ja?«

»Es ist nämlich so, daß Mr. H. R. Loomis der netteste Mann war, den man sich vorstellen kann.«

DRITTES KAPITEL

SONNTAGMORGEN

Elend früh im Morgengrauen, um acht Uhr, weckte Robin mich mit meinem geliebten Kaffee mit Zichorie – stark genug aufgebrüht, um Flecken auf der Tasse zu hinterlassen.

Der beste Wachmacher an einem verkaterten Morgen ist eine Bloody Mary mit Petrovska Wodka, aber am Abend zuvor war ich zu beschäftigt gewesen, um mich richtig zu besaufen.

Ich stopfte mir die Kissen in den Rücken und nahm die Tasse, die fast zu heiß zum Anfassen war, in die Hand.

Robin kreuzte die Arme über seinem Satin-Pyjama. Meinem Satin-Pyjama. »Wie willst du die Eier heute?«

»Poached ... Und leg mir den marineblauen Anzug raus, Sklave.«

»Sofort, Master«, und er sprang folgsam von dannen. Das war gut so. Ich liebe Unterwürfigkeit. Aber dann drehte er sich um. »Moment mal, wohin um Gotteswillen willst du denn in einem blauen Anzug?«

»Zu einer Beerdigung in St. Bernard.« Ich warf die Decken von mir, Blanche öffnete die Augen und knallte dumpf auf den Boden auf. Mein Bett war so gebaut, daß es mich und sie und einen gelegentlichen Gast aufnehmen konnte. »Heute bringen sie Hubert Loomis unter die Erde.«

»Warum denn? Du kanntest ihn nicht mal.«

»Ich gehe doch nicht hin, um ihm Respekt zu erweisen, Dummi.«

»Aber Frank hat dir doch gesagt, du sollst bloß im Quarter rumschnüffeln.«

»Diese Vorschrift behandle ich mit der Mißachtung, die sie verdient. Ich habe nämlich die Theorie, daß die meisten Opfer für ihr Schicksal selbst verantwortlich sind.«

»Klar doch. Gib nur den Opfern die Schuld.«

»Die meisten suchen sich ihre Mörder aus. Jedenfalls: Loomis ist entweder aus Versehen umgebracht worden, oder jemand hat es persönlich gemeint. Wenn letzteres stimmt, dann muß es ein Motiv geben. Und der Mörder muß jemand sein, der ihm nahestand.«

Robin war stolz, folgen zu können. »Du glaubst also, der Täter wird auf der Beerdigung sein!« Er vergaß seine Pflichten und ließ sich – gefährlich dicht an meinem Kaffee – neben mir nieder. »Und du wirst die Identität des Mörders mit wissenschaftlichen Methoden ermitteln.«
»Wie Nero Wolfe, was? Nein, ich werde nur Augen und Ohren offenhalten.«
»Oh, das ist toll! Ich will mitkommen.«
»Abgelehnt. Das ist eine würdevolle Angelegenheit. Du würdest da nur alles aufquirlen.«
»Oh, ich kann ganz kerlig sein, das verspreche ich.« Er senkte seine Stimme um eine halbe Oktave. »Ich habe für meinen Vater auch immer auf John Wayne gemacht. Nur, um im Testament drinzubleiben.«

Das war kein Tag für einen Friedhofsbummel.
Wir Trauernden mußten einen dieser subtropischen Regengüsse über uns ergehen lassen, von der Sorte, die einen bis auf die Haut durchnässen, wenn man nur von der Haustür zum Auto rennt. Ich habe für solche Fälle einen riesigen Portiers-Schirm unter dem Sitz und versuchte, mich darunter zu halten, damit während der Zeremonie meine Unterwäsche trocken blieb.
Falls ich erwartet hatte, einen wild kreischenden Irren in dieser nassen und bedröppelten Versammlung ehrenwerter Leute, die alle H. R. Loomis geliebt hatten und ihn vermissen würden, anzutreffen, war er dort jedenfalls nicht zu finden. Ich beobachtete eine wabblig fette Alte, die wie eine schmerzzerissene Mutter aufheulte, obwohl sie mir zu armselig vorkam, um die von Loomis zu sein. Und es war eine passendere Gruppe von Verwandten vom Lande da, alle in ihren Sears-Roebuck-Anzügen mit Hochwasserhosen, die sie sicherlich zu ihrer Konfirmation gekauft hatten. Die ganze Gemeinde teilte sich zwei Damenschirme und stand so feierlich da, als ob der Papst beerdigt würde.
Der Priester schniefte durch seine hastig zusammengekürzte Eloge auf »unseren Bruder Hubert, der auf so tragische Weise von uns genommen wurde«. Die unschöne Art, in der der Allmächtige Bru-

der Hubert auf seinen Platz im Himmel gerufen hatte, blieb unerwähnt. Über diese kriecherische Frömmigkeit hätte ich fast gelacht, aber die Kälte und die Feuchtigkeit drückten auch mich nieder und behinderten solche gesunden Lebensäußerungen. Und der Friedhofsmatsch schwappte gerade über die Spitzen meiner taubengrauen Wildlederschuhe.

Robin wies mit seinem Kinn auf eine hohläugige, spindeldürre Rothaarige, die sich gerade vom Grab abwandte, um ein kleines Mädchen zu trösten. »Sie sollte niemals Schwarz tragen. Es sieht furchtbar an ihr aus.«

»Sie muß aber«, zischte ich zurück. »Sie ist die Witwe.«

Ich schob mich näher an die Hinterbliebene heran, obwohl ich gar nicht annahm, mit ihr sprechen zu können. Der gute Geschmack verbietet es sicherlich, Leute zu solcher Zeit zu stören. Aber ich dachte, ich würde vielleicht zufällig etwas mitkriegen. Jede hingeworfene Bemerkung könnte ja wichtig sein.

Ich bemühte mich um Unauffälligkeit. Aber als die Witwe ihre welke Rose ins Grab warf, schaute sie von den Erdklumpen, die hinterhergeschaufelt wurden, weg und mir direkt in die Augen.

»Entschuldigen Sie, kennen wir uns? Sind Sie ein Freund von H. R.?«

»Nein, ich bin Matt Sinclair. Detektiv mit Sonderauftrag von der Polizei. Es tut mir leid, Mrs. Loomis. Ich wollte nicht aufdringlich sein.«

»Ach nein, das ist schon in Ordnung. Ich helfe gern, wenn ich kann. Lassen Sie uns dort unter das Dach gehen.«

»Danke.«

Sie nahm ihre Tochter bei der Hand, und zusammen schlüpften wir in ein Mausoleum aus Stein und Marmor. Mit einer müden Geste von wahrscheinlich vielen solcher Gesten schob Millicent Loomis eine feuchte Strähne ihres verblichenen roten Haares unter den schwarzen Schleier.

»Ich hatte Spätdienst auf der Station, als die Frau an der Pforte mir erzählte, daß sie ihn gefunden hatten. Ich holte schnell die Kinder ab und bin nach Hause gefahren. Obwohl, ich weiß auch nicht, was ich hätte tun können.« Sie zuckte die Schulter. Tränen gab es nicht,

aber ihr Gesicht war fast so bleich wie die Lilien-Gebinde hinter ihr. Sie sah aus wie der Ehrengast oder eher noch: wie eine Leiche.
Und mir fiel der Gegensatz zwischen ihrer blassen Unansehnlichkeit und der spritzigen, charismatischen Präsenz ihres Gatten auf Petes Video auf.
Pfauen umgeben sich eben mit den unscheinbarsten Hennen.
»Vielleicht kann ich Ihre Fragen beantworten. Ich bin John Stevens, ein guter Freund der Familie.« Der Eindringling sprach von hinten, und ich drehte mich um, um ihn zu begutachten. Stevens war ein selbstbewußter, schnellsprechender Yuppie von der gleichen Sorte wie Loomis.
»Na, na. Das ist doch wohl nicht die Zeit oder der Ort, um die arme Millicent zu belästigen.«
»Mir macht das nichts aus«, sagte die tapfere Witwe rasch. »Aber vielleicht können Sie heute morgen Mr. Sinclair bei seinen Ermittlungen helfen. Ich muß jetzt schnell nach Hause, meine Nachbarin paßt auf die Jungen auf. Sie sind zu klein, um bei einer solchen ... Gelegenheit mitzukommen. Geschweige denn, daß sie verstehen, warum ihr Papa nie mehr zurückkommt.« Sie preßte ihre Kleinmädchenhände. »H. R. war ein wunderbarer Vater, wissen Sie. Es war so schwierig, es den Kindern beizubringen – besonders Sydney.«
Franks Informationsblatt zufolge war Sydney sechs und die älteste der drei Loomis-Sprößlinge. Aber es vermerkte nicht, daß sie ein ungewöhnlich schönes Kind war, wie eines dieser verführerischen Nymphchen aus der Reklame für weiches Klopapier. Ihr taillenlanges Haar war überwältigend rot, wie möglicherweise das ihrer Mutter auch mal gewesen war, und sie hatte von ihrem Vater die arglosen blauen Augen geerbt. Sie klammert sich an Millicents Rock und fixierte mich mit wissendem Blick.
»Papa ist in den Himmel gegangen.«
»Himmel?«

John Stevens, diplomierter Ingenieur und stellvertretender Aufsichtsratsvorsitzender von Armbruster Inc., lud meinen »Assistenten« und mich ganz reizend zum Brunch ins *Brennan* ein. Er dachte

wahrscheinlich, ich sei ein echter Polizist und könnte mir anständiges Essen nicht leisten. Und ich enttäuschte ihn nicht. Für ein genüßliches Mahl am Sonntagnachmittag gibt es keinen besseren Ort.
Wie es für New Orleans typisch ist, hatte die Sonne die Nässe schon wieder getrocknet, als wir in die Stadt kamen. Deshalb aßen wir draußen auf der mit Ziegelmauern eingefaßten Terrasse unter einem zweihundert Jahre alten Magnolienbaum. Das heißt, Robin und ich aßen – ich die Bananas Foster und er einen Backapfel. An seinem Ende des Tisches redete, schwadronierte und predigte Stevens, während die Sauce Hollandaise auf seinen Eiern Hussarde fest und fester wurde.
»Das ganze System hier geht zu Bruch. Mehr kann man dazu gar nicht mehr sagen.« Er übertönte das Plätschern des Brunnens. »Wenn ein anständiger Mann wie H. R. Loomis so grausam und brutal sein Leben verlieren muß, ist es mit der Welt schon weit gekommen.« Eine Fliege verwechselte seinen schimmernden Schädel mit einer Rollbahn und vollbrachte eine bemerkenswerte Landung auf allen vieren. Der Grabredner bemerkte es nicht einmal.
»Als mich Millicent anrief, um mir die tragische Botschaft mitzuteilen, war ich am Boden zerstört, das kann ich Ihnen sagen. Am Boden zerstört.«
Ich schnitt in mein Rinderfilet. »Wie lange kennen Sie die Loomises schon?«
»Fast drei Jahre, geschäftlich. Das Küstengeschäft von Armbruster läuft hauptsächlich über mich.«
»Das ist die Firma, die sein größter Kunde war, wurde mir gesagt.«
»Ja, und wir hatten Glück, daß wir ihn hatten. H. R. Loomis verstand von Förderkränen am allermeisten. Seine Arbeiter waren die gewissenhaftesten im ganzen Golf.«
»Wieso das?«
Die Fliege applaudierte mit den Vorderfüßchen.
»Ich nenne Ihnen mal ein Beispiel. Nur die Leute von Loomis Corp. nahmen sich die Zeit, bei jeder Inspektion jedes bißchen Schmieröl von den Kabeln zu waschen. Haben Sie schon mal gehört, daß andere Mechaniker sowas tun?«
»Sie meinen ... mit Wasser und Seife?«

»Mit Diesel. Blitzblank.« Jetzt endlich wandte er sich seinem kanadischen Schinken zu, der längst kalt geworden war.
»Na ja, ich habe auch ein paar Sommer lang in der Ölbranche gearbeitet«, erzählte ich ihm. »Und ich konnte Kabel auch ganz gut inspizieren, ohne sie erst abzuschrubben.«
Stevens betrachtete mich mitleidig. »Deshalb haben Sie es als Mechaniker wahrscheinlich auch nicht weit gebracht. Sie sind nicht gründlich genug.« Er lächelte. »Aber H. R. war schon lange, ehe wir ihm irgendwelche Aufträge gaben, ein guter Freund. Er kam jede Woche vorbei, nur um mit einigen Ingenieuren Mittagessen zu gehen. Ließ die anderen nie zahlen.«
»Das klingt sehr großzügig.«
»Genau diese Art von Mann war er. Er schloß Leute ohne Vorbehalte in sein Herz. Mein Gefühl war immer, daß er sich für einen Fremden sogar sein letztes Hemd ausziehen würde, wenn man ihn nur bitten würde.«
Die Fliege hatte die Nase voll von dem Gesülze und flog weg. Wir mußten bleiben. »Er hat viel für wohltätige Zwecke getan«, fügte ich an, ganz in der Tonlage einer Gedächtnisveranstaltung.
»Ja. Und er gab nicht einfach nur Geld wie andere, H. R. gab etwas viel Wertvolleres. Seine Zeit.«
»Und wieviel wertvoller war denn seine Zeit, als Geld gewesen wäre? – Nein, ist ja egal. Ich würde gern etwas mehr über seine Herkunft erfahren. Woher kam er?«
»Aus so einem kleinen Kuhnest in der Nähe der texanischen Grenze. Er hatte wirklich die klassische amerikanische Erfolgsgeschichte.« Stevens sprach zwischen einzelnen Bissen. »Die Eltern waren arme baptistische Kleinbauern ... H. R. war eins von dreizehn Kindern, und er war der erste in seiner Familie, der zur High School ging. Hat sich hochgearbeitet.«
»Horatio Alger«, murmelte Robin, um seinen Bildungsstand hervorzukehren.
»Könnte man sagen.« Gnadenlos floß die Erzählung weiter. »H. R. hatte erstklassige Noten, war sportlich, war Klassensprecher, und er bekam ein Football-Stipendium für Tulane.«
»Runde Geschichte«, sagte ich.

»Sehr sogar. Dann, in seinem letzten Semester, verliebte er sich in Millicent MacIlwain. Ihre Leute sind natürlich katholisch. Also fand die Hochzeit gleich nach dem Diplom in der St. Thomas-More-Kirche statt.«

»Sie war eine MacIlwain? Das wußte ich noch gar nicht. War ihre Mutter nicht Alma Dearborn?«

»*Die* Alma Dearborn, genau. Alte Familie ... altes Geld ... irgendwann vor dem Krieg war sie sogar Queen vom Elitekarnevalclub Comus. Kennen Sie sie?«

»Meine Familie kannte sie. New Orleans ist klein. Sagen Sie, warum arbeitet eine MacIlwain als Krankenschwester?«

»Anfangs mußte sie arbeiten gehen. Millicent hat kein eigenes Geld, bis ihre Mutter stirbt.«

»Aber jetzt braucht sie es doch nicht mehr, oder?«

»Jetzt nicht mehr. Loomis Corp. steht ausgezeichnet da. Und H. R. erzählte mir, daß er viel lieber sähe, wenn sie bei den Kindern zuhause bliebe, natürlich. Aber sie besteht darauf und macht all diese Überstunden. Mehr, als gut für sie ist, glaube ich.«

Robin nippte an seinem Absinth Frappé. »Frauen können nicht so lange arbeiten. Es macht sie alt.«

»Mag sein. Trotzdem, Millicent arbeitet zwölf Stunden am Tag auf dieser Altenpflegestation und liebt jede einzelne Minute.«

Ich schaute auf. »Altenpflege? Aber ich würde denken, daß das der undankbarste Job in einem Krankenhaus ist. Alles, was man da zu sehen bekommt, ist, wie die alten Leute immer älter und klappriger werden. Normalerweise muß man Leute geradezu bestechen, damit sie auf solchen Stationen arbeiten.«

»Stimmt. Die liebe Millicent hat eben Klasse. Das würde ich ihr zugute halten«, hielt ihr Stevens zugute. »Aber trotzdem verstehe ich nicht, warum H. R. sie genommen hat, wo er doch jede Campus-Schönheit hätte haben können. Sie ist eine nette Frau, aber ... nun ja, sie sieht nicht besonders aus.«

»Die Ärmste braucht dringend etwas Rouge«, zirpte mein kleiner boshafter Schönheitsberater. »Sie hat eine Figur wie ein Kleiderständer, und ihr Haar würde noch nicht einmal auf einem Besen nach was aussehen.«

»Verwitwet zu sein, hat noch nie das Aussehen einer Frau verbessert«, fügte ich milde hinzu, Stevens zuliebe. Aber er schüttelte den Kopf.

»Millicent sah genauso aus, als ich sie vor zwei Jahren kennenlernte. Ein richtiges Mauerblümchen, fürchte ich. Und dann war sie auch immer so mit ihrem Beruf beschäftigt, daß sie für die Ehe nie viel Zeit hatte. Aber trotzdem, ich habe nie gesehen, daß H. R. eine andere Frau anguckte. Er war ein guter Christ.«

»Und was, glauben Sie, hat er dann im *Ramrod* zu suchen gehabt?«

»Ah ... um danach zu urteilen, wie ich ihn kannte, würde ich doch denken, er hat da ... versucht, Leute zu bekehren.«

»Mit seinem Pimmel durch die Klowand?«

Robin kicherte heftig und verschluckte sich fast an seinem Frappé. »Die neue Missionarsstellung!«

Ich ließ Robin bei seiner Tarot-Legerin an der Royal Street raus und überquerte für einen Ausflug in die exotische St. Bernards-Siedlung den Industriekanal. Loomis' Scholle.

Ein verwittertes Schild lud stolz dazu ein, am Chalmette Battlefield unten an der Straße anzuhalten, dem Schauplatz der oft geschilderten, verfilmten und besungenen Schlacht von New Orleans. Eine, die nach Kriegsende stattfand. Eine, die nichts bedeutete.

Bedeutendes hat auch St. Bernard dem Besucher nicht zu bieten. Nur kleine Häuser mit absplitterndem Anstrich und mürbe, zerknittert aussehende Schulabgänger, die wie arme Verwandte ihrer Gegenstücke jenseits der Zugbrücke in New Orleans aussehen.

Ich fuhr über den St. Bernard Highway entlang an kleinen häßlichen, ohne erkennbaren Plan gebauten Einkaufsstraßen, an flachen Ziegelgebäuden und haufenweise unattraktiven Bungalows. Und es gab diese unvermeidlichen Lebensmittelläden, in denen sich der hart arbeitende Mann auf dem Heimweg von seiner Schicht in der Tenneco-Ölraffinerie seine zwei selbstverordneten Sechserpacks Dixie kauft.

Loomis' Firma lag gleich hinter der Fähre, etwas von der Straße zurückgesetzt an einem Kiesweg, umgeben von Bäumen, Büschen und einem algenbedeckten Entwässerungsgraben. Ich erwartete, den Laden am Sonntag geschlossen und verlassen vorzufinden. Aber die riesige Wellblechtür stand offen, und eine wackere Seele betätigte drinnen einen Besen. Ich fuhr hinein und parkte etwas entfernt von den Bäumen, um Vogelschäden am Lack aus dem Weg zu gehen. Dann wagte ich mich vorwärts, ging um einige Maschinen herum (Vorsicht, schmierig!) und grüßte ihn.

Der Kehrer, der immer noch mit pubertären Hautproblemen zu kämpfen hatte, stellte sich als Whit Guidry vor, Mädchen für alles. Whit war so tatkräftig und ernst wie jeder Arbeiterjunge in seiner ersten Stelle.

»Ich bin schon länger als einen Monat nicht mehr in der Firma«, erzählte er mir. »Aber ich kann bezeugen, daß Mister H. R. Loomis der beste Chef war, den es jemals gab. Wie oft ist er persönlich aus seinem Büro runtergekommen, wenn ich Reisig verbrannte. Ich hätte alles für den Mann getan. Überstunden haben mir gar nichts ausgemacht, das kann ich Ihnen sagen.«

»Er weckte also Loyalität.«

»Das kann man wohl sagen. Manchmal kam ich sonntags her und arbeitete, ohne was zu sagen. Das Geld hat mich nicht die Bohne interessiert. Nein, Sir. Einfach in der Nähe von H. R. Loomis zu sein, davon habe ich eine Menge gelernt. Heute zum Beispiel.« Er wurde rot, und sein Gesicht bekam eine einheitliche Farbe. »Ich konnte nicht auf diese Beerdigung gehen. Weil ich wußte... H. R. hätte lieber gehabt, daß ich hier bin.«

VIERTES KAPITEL

SONNTAGABEND

Er steht in keinem Touristenführer. Aber *Kitt's* Club ist unbestreitbar das exklusivste Etablissement im ganzen Delta.

Wir erfreuen uns des schicksten Restaurants; die Küchenchefs haben wir *Maxim's* abgeworben. Unsere Innenausstattung ist so, wie

Versailles gewesen wäre, wenn Louis Quatorze etwas Geschmack gehabt hätte. Und *Kitt's* verfügt über alle wichtigen Freizeitangebote, unter anderem auch Zimmer im oberen Stock.

Um bei *Kitt's* Mitglied zu werden, muß man zwei eherne Voraussetzungen erfüllen: die eine ist Geld. Allein die Aufnahmegebühr beträgt 25 000. Die zweite hat mit sexuellen Präferenzen zu tun. Heteros sind im Club nicht einmal als Gäste zugelassen und auch nicht als Angestellte. Anfangs galt diese Regel unseren Mitgliedern zuliebe, die noch kein Coming out hatten. So wie bei den anonymen Alkoholikern.

An diesem Abend hatte ich einen Tisch reservieren lassen, und meine Lieblingskellnerin Didi lungerte schon dienstbereit herum. Nachdem der Ober Eddie uns einen Platz zugewiesen hatte, tänzelte sie mit der Speisekarte herbei.

»Rate, was ich jetzt habe, Matty!«

»Ich wage nicht zu fragen.«

Sie zog ihr trägerloses Hemd herunter und entblößte zwei schwellende Brüste im C-Schalen-Format. »Kein Schaumgummi mehr, guck. Ich hab' sie mir letzte Woche in Houston machen lassen.«

Didi ist auf halbem Weg zu einer Geschlechtsumwandlung, und sie sieht jeden Monat weiblicher aus, was zugleich komisch und beängstigend ist.

Aber kritiklos streichelte ich ihre Neuerwerbungen. Sie waren fester als hausgemachte.

»Du weißt ja, daß ich dich besser fand, so wie du warst, Didi.«

Sie zog einen Schmollmund, der ihr passable Ähnlichkeit mit der Bardot in *Und immer lockt das Weib* verlieh.

»Unser wunderbares Verhältnis darf sich gar nicht ändern, wenn ich erst mal meine Muschi habe.« Sie beugte sich vor und ließ mich ihr Shalimar inhalieren. »Ich hätte gern, daß du sie zuerst ausprobierst.«

Ich legte meine Hände zwischen ihre Beine und streichelte die arme, dem Untergang geweihte Ausstattung. »Nur ein Schuft würde ablehnen. Hast du Crumpet heute abend gesehen? Wir hatten gehofft, ihn hier zu erwischen.«

Robin zog mich am Ärmel. »Guck mal, da kommt er gerade!«

Ich ließ los und nahm eine Speisekarte. »Wunderbar, Didi. Würdest du den Herrn bitten, zum Abendessen unser Gast zu sein?«

»Oh ja. Ich bin sicher, er findet das aufregend. Mr. Villery muß doch sonst immer die anderen einladen. Er ist in dem Alter, weißt du.«

»Gut weiß ich das.«

»Und was willst du dann mit ihm anstellen?«

»Alter bringt Weisheit.«

Crumpet ist der Protokollchef des dekadenten schwulen Lebens. Keine sexuelle Konfiguration, die ihm nicht vertraut wäre. Wenn man also die Etikette und Gepflogenheiten kennenlernen will, mit denen man seine Affairen mitten in öffentlichen Toiletten betreibt, dann ist er genau der Richtige.

Crumpet (getauft auf Earnest Villery) ist längst jenseits jedes vertretbaren Alters für eine Schwuchtel. Er ist 47, und man sieht ihm jede Minute davon an. Sein Haar geht aus, und er hat eine Bierwampe, mit der ich eher sterben würde, als sie jemandem zu zeigen. Glücklicherweise läßt diese ungefällige Erscheinung ihn hetero aussehen. Das ist wichtig für den renommiertesten Kardiologen im Südosten.

»Ich glaube«, erzählte ich ihm bei den Cocktails, »das Schlimmste für Loomis waren gar nicht diese unerträglichen Schmerzen, sondern die krasse Erniedrigung. Er mußte doch wissen, daß er so sterben und daß man ihn so finden würde.«

»Stimmt.«

»Und ich persönlich würde lieber kopfüber von der Greater New Orleans Brücke springen oder in einem Kleinstwagen verkohlen, als mich so wie Loomis zu verabschieden.«

»Ich auch«, stimmte Crumpet zu.

»Dann schon lieber in einem Gulag mir die Eier abfrieren oder vier Tage lang in einem argentinischen Polizeigefängnis verrotten.«

»Amen. Amen.«

»Wenn also jemand Loomis diese Art von Abgang verschafft hat, muß er ihn gewaltig gehaßt haben.«

Unser medizinischer Filibuster gähnte und orderte eine Feuillete Saint-Jacques Provençale. »Die Theorie hat eine Menge für sich. Du

glaubst also, daß dein Mörder schon in der Klokabine auf der Lauer lag.«
»Bis sich das Opfer in eine ... schwache Position begab.«
Robin wedelte mit der Speisekarte wie mit einem spanischen Fächer. Für ihn ist die Pose des blonden Dummchens keine Pose.
»Du meine Güte! Wie konnte dein Täter wissen, ob Mr. Loomis oder sonst jemand in der Kabine war? Ich meine, er konnte von dem andern doch nur den Penis sehen!«
»Oh, du mußt noch viel lernen«, schalt ihn Crumpet. »Die Wände dieser Toilettenzellen gehen nicht ganz bis auf den Fußboden, wie du weißt. Und man erfährt schon viel über jemanden ...«
»Wenn man seine Schuhe sieht?«
»Hm. Die können schon einen guten Eindruck von seinem Geschmack und seinem Gehalt vermitteln. Aber das ist es nicht, worauf ich achte.« Er lehnte sich vertraulich vor. »Der Herr hat die Hosen unten, verstehst du. Und dann kannst du seine Beine sehen. Wenn die keine Haare haben, aber blaß sind, und blaue Venen durchscheinen, dann weißt du schon, daß du eine alte Schwuchtel in der Nachbarzelle hast.«
»Igitt!« Robin grimassierte, als ob es nicht Ekligeres gäbe. »Was machst du, wenn dir das passiert?«
Crumpet zwinkerte. »Nun, ich verstopfe dann einfach das Loch mit Klopapier, damit er nicht mehr durchgucken kann. Das signalisiert ihm, daß er die Hosen hochziehen soll und jemand anders, einen Jüngeren, ranlassen soll.«
Robin war erleichtert. »Er geht dann einfach weg? Ohne zu mekkern?« »Meistens schon. Manchmal ist einer eigensinnig und will es aussitzen. Dann gehe ich raus aus meiner Kabine und lasse ihm eine Viertelstunde Zeit für einen neuen Versuch. Es gibt da so einen dürren Glatzkopf, der manchmal kommt und seinen Mund regelrecht über alles stülpt.«
Mein Ein und Alles spitzte sein Kußmündchen. »Aber wenn er sehr, sehr unhöflich ist und dann immer noch nicht abhaut?«
Crumpet zuckte die Schulter. »Ach, dann gehe ich eine Weile auf und ab und werfe gebrauchte Streichhölzer über seine Wand, bis er den Wink versteht.«

Ich stellte mir die abgewrackte, rüde Trutsche vor, wie sie wie wild in der Klokabine herumfuhrwerkt, von der eigenen Hose halb gefesselt. Robin schlug seine weiche weiße Hand vors Gesicht und kicherte. Manchmal glaube ich, er ist ein Mädchen in einem Jungenkörper. (Das hasse ich an ihm.)

»Was zwei Erwachsene einvernehmlich hinter Klotüren treiben, geht nur sie was an, glaube ich. Aber es klingt alles so ... äh ... unromantisch.«

»Ach, es kann sehr romantisch sein«, sagte Crumpet. »Wenn du einen Schwanz durch dieses Loch gucken siehst, das ist der Anfang eines fantastischen, neuen Abenteuers. Du weißt nie, wie es ausgeht.«

Ich mußte daran denken, wie es für Hubert Loomis ausgegangen war. Vielleicht war es Crumpet auch so gegangen. Er überspielte sein Unbehagen und sprach schneller.

»Normalerweise sind es heimliche Schwule. So verheiratete Vorstadt-Verklemmte. Ich kann durch das Loch den Ehering sehen. Mit denen macht's am meisten Spaß, weil sie so aufgeregt sind.« Sein Gesicht hellte sich auf. »Aber ich kann ihnen die Verlegenheit nehmen.«

»Das ist aber nett von dir, alle diese Unannehmlichkeiten auf dich zu nehmen«, kommentierte mein kleiner Simpel.

Crumpet erhob sich zu edler Höhe. »So helfe ich einer Menge heimlicher Schwuler. So bin ich eben.«

Ich riet ihm gerade, sich doch um ein Stipendium zu bewerben, als ich Big Ned Berman durch den Raum stapfen sah, den er zur Hälfte in Schatten versenkte. Meine Begleiter und ich nahmen ihn ausdrücklich nicht wahr, aber wie üblich übersah er, daß wir ihn übersahen, und lud sich selbst an unseren Tisch ein. Ich würde wetten, daß Ned alle seine Einladungen selbst ausspricht.

Berman ist selbst für die Unterwelt eine Schande. (Es geht das Gerücht, die Hell's Angels hätten ihn wegen schlechten Benehmens nicht aufgenommen.) Und in *Kitt's* wäre er auch nicht reingekommen, wenn er nicht die Hälfte der Tunten im Aufnahmekomitee bestochen und die anderen mit rührseligen Geschichten weichgeklopft hätte.

Er drehte einen Stuhl um und setzte sich, seinen Medusabart auf der Rückenlehne. »Hab' schon gehört, Matty, daß du mit den Bullen zusammenarbeitest.«
Ich war nicht sicher, ob dies seine Billigung fand oder nicht. Und da er mich wie einen Bleistift hätte brechen können, begnügte ich mich mit einem unverbindlichen Grunzer.
»Wie konntest du dich mit denen einlassen? Die Polizei ist am schlimmsten, wenn es darum geht, Schwule zu belästigen, das weißt du doch.«
»Unser Klappenlochmörder war ja auch nicht gerade ein Homophiler, Ned.«
»Ach, ich wette, das war auch ein Bulle, der nur drauf aus war, 'nen Schwulen zu killen.«
Crumpet hielt, der guten Ordnung halber, die Gabel hoch. »Wer sagt, daß Loomis schwul war? Die Hälfte der Männer, mit denen ich zu tun habe, sind hetero. Ich glaube also einstweilen, er war nichts weiter als ein Opportunist.«
Robin kicherte. »Du meinst, er wollte nur, daß einer mit seinem Pipi herumspielte, und es war ihm egal, wer's war?«
»Wer im Gewühl gerade dran war. Genau. Manche Männer haben's gern unverbindlich. Jedenfalls: meine Theorie ist, daß es Loomis zufällig traf. Er war eben zur falschen Zeit am falschen Ort.«
Es rauschte der Bart. »Wenn das zufällig war, dann könnt ihr drauf wetten, daß es noch mehr Morde gibt. Da läuft ein Monster rum und will Schwule umlegen. Aber wir sollten ihn zuerst erwischen!«
»Matty hilft der Polizei, ihn zu finden», erklärte Crumpet. »Das ist deren Sache.«
»Nein, das ist unsere«, widersprach Ned und hieb mit der vollen Wucht seiner hundertdreißig Kilo durch die Luft. »Ich jedenfalls gehe nicht mehr ohne Messer aus. Und zuhause neben dem Bett habe ich ein geladenes Gewehr.« Er fixierte mich mit einem mordlustigen Starren. »Habe ich recht oder was?«
»Was.«

FÜNFTES KAPITEL

MONTAG

Die Belle-Ormaie-Siedlung wurde für die modernen Neureichen geplant und ihnen angepriesen, das heißt, solchen Mitgliedern der »Ich-Generation«, die nur aufs College gehen, um mal alles kennengelernt zu haben. Sie suchen sich ihre Freunde nach deren gesellschaftlichen und finanziellen Ambitionen aus. Und sie taufen ihre Kinder auf weiß-angelsächsisch-protestantische Namen wie Blair und Stanhope. Und Sydney. Obwohl diese Namen in der eigenen Familie nie vorkamen, wofür sie sich schämen. Sie verachten ihre Mütter wegen ihrer Grammatikfehler, aber schleichen nach Hause wegen ihres Essens.

Genau so einer, nahm ich an, war H. R. Loomis.

Die Verkäufer der Parzellen hatten ihre Werbung jeden Abend im Lokalprogramm. Mit Weichzeichner gefilmte »schöne junge Menschen« räkeln sich in geliehenen Designer-Klamotten und stoßen mit Champagnergläsern an, während die Stimme des Kommentators dröhnt: »Belle Ormaie – keine Siedlung, sondern ein Lebensstil«. Dann schweift die Kamera über einen ententeichgroßen Swimmingpool; eine Frau, die wie Victoria Principal gebaut ist, springt hinein, ohne die nordischen Übermenschen naßzuspritzen, die in ihren Liegestühlen hohe, schlanke Drinks nippen, und (angeblich) die Welt der Wirtschaft diskutieren, die sie gerade bewegt und erschüttert haben. Das ist dann der vielbeklatschte »exklusive Country-Club« der Siedlung, wo die Ehrgeizigen auf Tuchfühlung mit denen sind, die es schon weitergebracht haben als sie, tatsächlich lernen sie nur die gleichen geschmacklosen Schakale kennen, die sie selbst sind; da sie aber den Unterschied nicht merken, halten sie sich gegenseitig unverdrossen für die Creme der Gesellschaft.

Belle Ormaie heißt schönes Ulmenwäldchen. Aber die unternehmungsfreudigen Kapitalisten wählten diesen Namen sicher nur deshalb, weil er chichi und französisch klingt. Weit und breit war nichts zu entdecken, was selbst dem Gutgläubigsten den Namen Ulme wert gewesen wäre. Jede einheimische Vegetation war längst

überrollt und verkauft worden, um Baggern und Planierraupen leichte Zufahrt zu ermöglichen.
Ich fuhr die Rue de Chêne entlang, die von wertlosen Bäumen – Wachstum von zwei Metern pro Jahr garantiert – gesäumt war, die man voller Zuversicht in schiere Matschlöcher gepflanzt hatte. Die Häuser unterschieden sich in Winzigkeiten voneinander. Hier der Eingang rechts, dort links. Auf diesem ein Giebel, vor jenem eine Veranda. Aber in ihrer Struktur waren sie identisch. Hunderttausend-Dollar-Schuhschachteln, so schlampig gebaut, wie gesetzlich gerade noch erlaubt, mit optischen Tricks vergrößert, damit sie aussahen wie die aristokratischen alten Landhäuser, die wir alle noch kennen.
Die alten Häuser, die ich in Erinnerung habe, hatten allerdings keine Wände aus Fertigbauteilen, hohle Türen, Decken, die nur gut zwei Meter hoch waren, Dächer mit einer Lebenszeit von nur zehn Jahren und künstliche Kamine. Schon gar nicht landete man, wenn man durch die Haustür trat, gleich im Wohnzimmer, weil die Diele oder ein Flur eingespart worden war. So war es jedenfalls bei den Loomises, als ich dort das erste Mal klingelte.
Zuerst dachte ich, sie sei Millicents jüngere Schwester.
Die Frau, die mich auf der Schwelle des dahingegangenen H. R. begrüßte, lächelte warm und warf ihr flammendrotes Haar nach hinten wie ein Mannequin auf dem Laufsteg. »Mr. Sinclair! Wir sind sehr dankbar, daß die Polizei für diesen Fall so viel Zeit aufwendet. Kommen Sie herein, bitte, und trinken Sie einen Tee.« Anmutig machte sie kehrt, ihr weiter Rock schwang gegen meine Knie. Ich folgte ihrem Rocksaum und beobachtete mit Freude ihre Bewegungen. Das hier war eine Frau, die voller Begeisterung weiblich war. Ihr Hüftschwung verriet einen unbefangenen Stolz auf ihren Körper und auf sich selbst. »Ich war neulich so außer mir, daß ich Ihnen nicht viel weiterhelfen konnte.«
Erst da merkte ich, daß diese heiter kokette Frau keine Schwester, sondern Millicent selbst war, diese unscheinbare Maus, mit der ich am Grabesrand geredet hatte.
»War es schwer, das Haus zu finden? Die Straßen hier sehen alle gleich aus.«

»Nein, gnädige Frau. Diese Gegend ist ja sehr ... (zur Hölle mit den zaghaften Schmeicheleien), sie wird ja sehr empfohlen.«
»Sie ist einfach furchtbar, ich weiß. Mein Mann war sehr entschlußfreudig. Und im letzten Jahr kaufte er plötzlich dieses Haus, ohne mich um Rat zu fragen. Es war sein Traumhaus.«
»Leute haben eben auch beim Träumen verschiedene Geschmäkker.«
»Ich verkaufe es so schnell wie möglich. Was mich betrifft, ich würde lieber in einer Gartenlaube wohnen.«
Sie ließ sich auf dem Sofa nieder, drapierte den Rock höchst dekorativ um ihre Knie und klopfte auf das Kissen neben sich. Ich wich ihrer Aufforderung nicht aus, aber unterwegs lenkte mich ein 25 mal 20 cm großes gerahmtes Foto über dem Kaminsims aus Terrazzo ab. Es war ein Farbfoto des verblichenen Herrn aus seinen Studententagen. Er trug einen bedruckten Pulli und lächelte mitreißend.
Ich nahm es ab. »Sieht aus wie der Big Man On Campus.«
»War er auch«, sagte die Witwe. Aber ich ahnte, daß sie früher stolz auf eine Auszeichnung gewesen war, die jetzt noch zu schätzen sie einfach zu ausgelaugt war.
Ich hielt das Foto hoch ans Licht, das vom Fenster herkam, und versuchte, hinter das Geheimnis von H. R. Loomis zu kommen. Aber in diesen klaren blauen Augen war nur Ernst und uramerikanische Virilität zu entdecken. In der breiten, intelligenten Stirn und der makellosen Haut auch.
Was ich sah, war der Inbegriff des blonden Jungen: der Quarterback eines Footballs-Teams, der Redakteur der Schülerzeitung, der Vorsitzende seines Clubs, der Inhaber einfach jeden Titels, den zu haben es sich lohnt. Hier war der, der das Studentenparlament schmiß und mit der Tanzstundenprinzessin ausging.
Es gibt auf jedem Campus einen H. R. Loomis. Man muß ihn beneiden, aber hassen kann man ihn nicht. Jeder normale Tropf versucht, ein Stück seines Glanzes abzubekommen.
Ich hängte das Bild wieder zurück, rückte es geradezu ehrfurchtsvoll zurecht und schnupperte an einer Schale mit bunten Nelken, die darunter stand. Wie Lilien für den Tabernakel.

»Haben Sie nur die hier von der Beerdigung übrig?«
»Die? Oh, nein; H. R. hat sie mir an dem Nachmittag schicken lassen, bevor er ...« Anstelle des letzten Wortes zuckte sie die Schultern.
»Ihr Mann war sehr romantisch.«
»Zu besonderen Anlässen. Wenn ich länger als zehn Stunden Überstunden machte, belohnte er mich mit Blumen. Romantisch, ja, wenn Sie so wollen.«
»Apropos Arbeit. Ich habe ja Glück, Sie zu erwischen, bevor Sie ins Krankenhaus gehen.«
»Gar nicht!« Sie wischte die Bemerkung mit einer Handbewegung weg, mit der anderen Hand goß sie etwas duftenden orientalischen Tee aus einem viktorianischen Silberservice ein. Alles Silber trug ihr Monogramm »M«, was nach Aussteuer aussah.
»Ich habe meine angesammelten freien Tage genommen und gekündigt. Und das war übrigens eine große Erleichterung.«
Ich beobachtete ihre Hände, rauh und rissig vom jahrelangen Schrubben, aber anmutig wie die einer Geisha. »Sie waren also gar nicht eine so leidenschaftliche Krankenschwester.«
»Leider nicht. Ich war schon vor Jahren ausgebrannt.« Sie nahm die filigrane Silberzange. »Zucker? Zwei? ... Nein, in meinem Fall kann von ›kreativer Erfüllung‹ nicht die Rede sein. Wie die meisten Frauen, die arbeiten gehen, habe ich es des Geldes wegen getan.«
Der Tee war zu heiß. Ich wollte ihn sowieso nicht.
»Aber Loomis Corp. war ein sehr einträgliches Unternehmen. Ihr Mann verdiente doch gewiß genug, um Sie zu ernähren.«
»Das glaube ich auch. Trotzdem, H. R. bestand immer darauf, daß ich produktiv sei. Er hätte eine Hausfrau nicht ertragen. ›Kein totes Gewicht‹, sagte er immer.« Sie lächelte sanft, als ob die Weigerung eines Mannes, seine Frau zu unterhalten, eine ganz nebensächliche Angelegenheit sei. »Natürlich erlaubte er mir nach jedem Baby sechs Monate Mutterschaftsurlaub zum Stillen. Die Kinder waren ihm immer am wichtigsten.«
»Ein wunderbarer Vater.« Mir fiel ein, irgendwo gehört zu haben, daß Männer, die Kinder lieben, ungewöhnlich oft sich aus Frauen gar nichts machen.

»Jetzt, wo er tot ist, werde ich das Geschäft an Red Jussup in Morgan City verkaufen. Dann kann ich es mir leisten, zuhause bei den Kindern zu bleiben. Ich finde es wichtig für kleine Kinder, daß sie ihre Mutter zuhause haben, Sie nicht?«

In diesem Moment, wie auf ein Stichwort, kam ihre Tochter Sydney seilhüpfend ins Zimmer. Die Zuckerpuppe in einem etwas zerdrückten Kleid.

»Ich habe gerade noch ein ›Gegrüßet seist du, Maria‹ für Papa gesagt. Glaubst du, er hat mich gehört?«

»Bestimmt, Liebes.« Millicent holte einen Kamm aus einer versteckten Tasche und führte ihn durch die sanften Wellen des Kinderhaares. Knoten gab es nicht, aber die Übung schien beruhigend zu wirken. »Sie hat es schwerer aufgenommen als die anderen, wissen Sie. Die Jungen sind zu klein, um es zu verstehen. Aber Sidney hatte ein sehr enges Verhältnis zu ihrem Vater.«

»Er hat mich am meisten geliebt«, behauptete das kleine Mädchen. »Mami, darf ich ein Plätzchen haben?«

Millicent schaute auf ihre Uhr, ein robustes Krankenschwester-Modell mit Sekundenzeiger zum Pulsfühlen. »Es ist nicht zu spät vorm Abendessen. Gut. Ich gebe dir einen. – Ich hoffe, Sie wollen auch welche, Mr. Sinclair? Ich habe schöne Schokoladenkekse gebakken.«

»Nein, danke. Es ... ist zu dicht an meinem Abendessen.«

»Entschuldigen Sie mich dann bitte.«

Ich stand auf, um höflich zu sein, und um ihre Beine unter dem schwingenden Rock besser sehen zu können, während sie in der Küche verschwand.

Zu meinen kleinen schmutzigen Verirrungen gehört es, mich gelegentlich von Frauen angezogen zu fühlen, und Millicent MacIlwain Loomis interessierte mich. Sie erinnerte mich an dieses Rezept für herrschaftlichen englischen Rasen: Gießen, düngen und vierhundert Jahre lang rollen.

Ich hielt diese frische Witwe für ein Produkt von vielen Generationen aus gutem Stall. Sie war wie ihr geerbtes Silberservice, das sie in ihren zarten Händen hielt, auf Hochglanz poliert. Und gerade aus dem Schatten ihres Mannes und dem Kokon ihres Krankenschwe-

sterdaseins herausgetreten, schwebte sie wie ein Schmetterling an seinem ersten Tag.
Dann stellte ich mir Millicents biegsamen Körper nackt vor, schimmernd im Licht des Spätnachmittags. Und ich fragte mich, wie sie wohl im Bett sein würde, wenn Lack und guter Ton abgelegt sein würden.
Daß dieser Tagtraum physiologische Effekte hatte, bemerkte ich nicht. Aber Sydney, die ihre mollige kleine Hand auf den Beweis zwischen meinen Beinen legte. Ich wich zurück, einen Ausruf unterdrückend.
»Papas Penis ist größer als deiner«, bemerkte sie lässig.
»Aber du darfst nicht ...« Ich errötete wie ein Schulkind und trat hastig zurück, um meine Scham zu schützen. (Größer? Wer hatte sie eigentlich gefragt?)
»Darf ich dich nicht froh machen? Ich kann Papa froh machen. Aber es ist ein Geheimnis. Vor Mama. Er liebt mich und nicht sie.«
Das kam so kühl wie von jeder Frau, die einer anderen den Mann weggenommen hat. »Sie ist nicht hübsch genug.«
Ich hüstelte über meine Verlegenheit hinweg, obwohl es keine Erektion mehr zu verbergen gab. Präpubertierende, auch hübsche, haben auf Matty Sinclair einen sofort abkühlenden Effekt.
»Deine Mutter ist sehr hübsch, Sidney.«
»Aber für Papa nicht genug. Er mag mich lieber.«
»Lieber? Hör mal zu, Liebes. Du sollst Männer nicht an der Stelle anfassen.«
»Warum nicht? Macht es sie nicht froh?«
»Ja schon, aber ...« Aber was? Aber es ist eine Sünde? Ein gesellschaftliches Tabu? Aus ihren Erfahrungen war das Obszöne nicht mehr fortzuschaffen, auch wenn ich es jetzt als schlecht darstellte.
»Weil du warten mußt, bis du größer bist und einen Jungen kennenlernst, den du wirklich gern hast. Dann kannst du auch froh sein.«
»Ich?« sagte sie mit frühreifem Spott. »Mädchen haben keinen Penis.«

Als ich zuhause in der Esplanade Avenue ankam, fiel mich Blanche mit ihrer üblichen unbändigen Begeisterung an. Robin kam jammernd ins Wohnzimmer. »Ich dachte, die Polizei hat versprochen, uns in Ruhe zu lassen.«

»Hat sie auch. Ich muß nur diesen kleinen alten Klomörder finden. Warum?«

»Dann sag doch Frank, er soll aufhören, uns Spitzel hinterherzuschicken.«

Er flatterte mit den Händen wie Zasu Pitts. »Was wollen die mir eigentlich anhängen? Ich war seit Monaten nicht mehr auf dem Strich.«

»Glaub mir, kein Schwein interessiert sich für deine Striche. Du verfällst in einen Verfolgungswahn.«

»Aber er war da draußen!«

»Wer war da?«

»Ich weiß nicht, ich habe ihn noch nie gesehen. Aber er war ein typischer Sitten-Bulle. Durchschnittliches Aussehen, schwarze Schuhe, braune Haare, Knopfaugen, Nylonhemd, billiger Haarschnitt. Frank muß ihn geschickt haben.«

Ich drückte Frank Washingtons Nummer, und er antwortete mit einem Grunzen.

»He, Dick Tracey? Hast du einen dieser schrecklichen Garderobenständer vorbeigeschickt, um meinen Wohngenossen zu bespitzeln?«

»Was? Das habe ich nicht nötig. Machst du Witze?«

»Größe: durchschnittlich. Gewicht: durchschnittlich. Haare: braun. Augen: klein. Ist das einer von deinen Leuten?«

»Warum zum Teufel sollte ich einen Mann damit beschäftigen, dich zu beobachten. Wenn ich das sehen wollte, könnte ich selbst in die Sauna gehen.«

»Das habe ich mir auch gedacht. Übrigens habe ich Millicent Loomis heute getroffen und ich bin froh, dir sagen zu können, daß sie nicht mehr in Trauer ist.«

»Wie meinst du das?«

»Sie verkauft Loomis Corp. und zieht sich mit dem Gewinn zurück. Ich habe noch nie jemanden so glücklich gesehen. Oder einen, der es mehr verdient hat.«

»He Matty, du solltest nicht mit der Familie reden.«
»›Ich konnte nichts dafür‹, sagte der Skorpion.«
»Du kannst nicht in St. Bernard rumtucken und das Polizeiabzeichen zeigen. Die werden sich wundern, wie weit es mit uns gekommen ist.«
»Keine Angst, ich war ganz hetero. Keiner konnte es merken.«
»Klar, so wie ich, wenn ich mir manchmal ein bißchen Mehl auf die Nase tupfe und dann als Weißer durchgehe.«
»Tschü-üß also.« Ich legte auf. »Dein Mann da draußen ist keiner von Frank. Du bildest dir was ein.«
»Ich habe mir nicht eingebildet, daß dieser Widerling vor der Tür hin und her gegangen ist.«
»Vielleicht sucht er eine Wohnung.«
»Pff! So wie der Typ angezogen war, kann er sich nicht mal einen Wohnwagen leisten. Der war hinter mir her, Matty, der will mich nach Kalifornien zurückschleppen. In Ketten, wenn's geht.«
»Das fändest du doch toll. Mach mir einen Drink.«
»Ja, klar doch. ›Spring, Sklave‹.« Aber er ging an die Bar und machte sich an die Arbeit. Maß den Bourbon ab, fügte Zucker und Bitter hinzu. »Und wo warst du, als ich zu Hause um mein Leben gekämpft habe?«
»Für deine Freiheit kämpfen. Ich war bei Millicent Loomis und habe mit ihr gesprochen.«
Robin warf noch ein Stück Zucker ins Glas, rührte und goß mir einen milden Sazerac durchs Sieb.
»Du hast die trauernde Witwe getroffen? Das Ereignis hat in der Modewelt sicher keine Spuren hinterlassen.«
»Du würdest staunen. Sie ist plötzlich sehr auf ihr Äußeres bedacht. Haare getönt, hübsche Klamotten. Dieses Mauerblümchen blüht auf wie der Tivoli.«
Mein Mixologe bog ein Stück Zitronenschale über das Glas und servierte es. Bravo. Der Junge hat doch noch gelernt, es mit dem Bitter nicht zu übertreiben.
»Zwei Tage, nachdem ihr Alter unter die Erde gebracht wurde? Ts, ts. Ohne sich über die Bahre zu werfen?«
»*Au contraire*. Sie kommt einem regelrecht befreit vor. Ich habe das

schon mal bei Frauen kurz nach der Scheidung gesehen: diese plötzliche Wiederentdeckung ihrer Weiblichkeit. Aber noch nie so kurz nach dem Tod des Mannes. Und dann auch noch einem so plötzlichen.« Blanche war mir auf dem Sessel zuvorgekommen, ich mußte mich auf der Couch niederlassen.

»Für seine Frau ist keiner ein Held.«

»Loomis war kein Held. Kein bißchen. Er hat Millicent gezwungen, in ihrem anstrengenden Job, den sie haßte, diese vielen Überstunden zu machen. Und dann hat er auch noch das Verhältnis zwischen seiner Tochter und seiner Frau untergraben ... Aber das ist eine eklige Geschichte.« Ich brauchte zwei Schlucke, um den Gedanken herunterzuspülen. »Jetzt, wo sie ihn los ist, hat sie ihre Stärke, ihre *Joie de vivre* wieder. Mrs. Loomis entpuppt sich als ziemlich faszinierende Frau.«

»Meine Fresse! Matty Sinclair jiepert hinter einer Frau her! Wer hätte das gedacht ...«

»Gar kein Jiepern, nur der Ausdruck diskreter Bewunderung. Ich würde sie gern wiedersehen.«

»Diese Gesellschaftsdamen haben ja gern eine Schwuchtel bei der Hand, mit der sie jederzeit auf Parties herumturteln können und die ihnen die Haare macht ...«

»Bitte!«

»... und rasch mal einen Tampon besorgen geht und sich ihre Probleme mit Liebhabern anhört. Warum bewirbst du dich nicht auf den Job?«

»Als Hausschwuler? Schon bei dem Gedanken kriege ich einen Schweißausbruch.«

Robin ließ sich auf die Couch fallen. »Bei diesen Rothaarigen habe ich immer so ein komisches Gefühl. Wie meine Stiefmutter. Die Kuh hat mich immer geschlagen, wenn Daddy gerade nicht hinguckte. Und ich konnte es ihm auch nicht sagen, weil er dann gedacht hätte, ich bin ein Schlappschwanz.«

»Armes Kätzchen!«

»Meine richtige Mutter hatte auch rote Haare. Aber an sie erinnere ich mich kaum ... Ach Scheiße, ich habe schon meinen Dad an eine Rothaarige abgeben müssen, und wenn ich dich jetzt auch noch wegen so einer verliere, dann bringe ich mich um.« Er schloß die Augen und linste durch die Wimpern. »Die hat dich nicht etwa bekehrt?«

»Klar. Kehrt marsch zum erstbesten scharfen Typen.« Ich zog mein Jackett aus und warf es ihm zu. »Mach den Ventilator an. Und dann mich.«

SECHSTES KAPITEL

DIENSTAG

Werktags ratterte und klirrte Loomis Corp. nur so vor Geschäftigkeit. Die gesamte Werkstattfront stand offen, und eine riesige Maschine hing reparaturbereit an einer Winde. In der kiesbestreuten Auffahrt standen zwei ölstarrende Prolis und packten Werkzeugkisten auf einen Ford-Lieferwagen.

Als ich auf diese stämmigen Arbeiter zuging, lachten sie und warfen in einer Art mit Bierdosen herum, die von Trauer Überwältigten schlecht ansteht.

»Guten Tag.« Nein, das war falsch. Ein »Hallo zusammen« wäre besser gewesen, aber dafür war es jetzt zu spät. »Ich komme von der Polizei.«

»Polizei.« Der eine scheuchte eine Fliege von seinem Loomis-Corp.–Firmenzeichen an der Brusttasche weg. »Was sagt man dazu?«

»Mein Name ist Matt Sinclair. Und ich nehme an, Sie beide sind die Herren Brüder von Hubert Loomis.« Diese Vermutung konnte nicht geleugnet werden, weil die Ähnlichkeit unverkennbar war. Der kahlere der beiden nickte und lehnte an der offenen Tür.

»Das sind wir schon lange. H. R.s hinterwäldlerische Brüder. Stimmt genau. Ich bin Verbus, und das hier ist Cyril.«

»Wir versuchen, seinen Mörder zu finden.«

Verbus schob ein Stück Tabak in seine andere Backe und stieß seinen Kumpel in die Seite.

»Cyril? Wir müssen dem braven Polizeibeamten hier helfen. Er muß 'n Mörder finden.«

Cyril nickte getragen und arrangierte seinen Hintern neu auf der Tragfläche. Sein Gesicht war die gröbere Ausgabe seines verstorbenen jüngeren Bruders. Und sein ländlicher Akzent war weit entfernt von den bürgerlichen Tönen des ernsten jungen Menschenfreundes auf dem Video.

»Klar helfen wir. Immer. Aber Sie haben ja auch viel zu tun. Viel Glück dabei.«

»Vielen Dank.«

In jedem ländlichen Bezirk im südlichen Louisiana trifft man diese Sorte Lumpenproletarier von den Ölfeldern. Die sind am glücklichsten an einem Trog gekochter Krabben und einem Kasten Bier zum Runterspülen. Daß der verstorbene aufsteigende Unternehmer mit diesen Sumpftrampeln blutsverwandt war, schien schwer vorstellbar.

Ich versuchte, mich auf ihr Niveau herunterzulassen und übertrieb meine gedehnte Sprechweise.

»Sie werden ja beide viele Jahre für ihren Bruder gearbeitet haben. Und wenn ich das richtig sehe, sind Sie jetzt Knall auf Fall arbeitslos.«

»Nicht die Bohne sind wir das.« Verbus ließ den Tabak aus dem Mund fallen und spülte ihn mit Bier aus. »Wir zwei hier, wir sind die besten Mechaniker in der ganzen verdammten Ölbranche. Jeder würde uns anheuern.«

»Jawoll«, sagte Cyril selbstgefällig. »Solange es Öl gibt, haben wir Arbeit. Gebrüder Loomis sind die besten. Is sowieso schon alles klar. Wenn der Vertrag fertig ist, nimmt Armbruster uns.«

Verbus nickte heftig zustimmend. »Wir kriegen 'ne Gehaltserhöhung, und die sparen ein Schweinegeld, wenn sie nicht mehr erst zu H. R. müssen. Haben wir alles klargemacht.«

»Sieht so aus. Aber ich dachte, daß Sie über Hubert ins Geschäft gekommen sind und daß er Ihnen das mit den Kränen beigebracht hat.«

»Verdammt, nein, hat er nicht.« Das hatte Cyril verärgert. »Wir waren geborene Mechaniker. H. R. hat uns nichts beigebracht.«

»Der hatte nicht die Bohne Ahnung von Kränen«, pflichtete der andere Bruder bei. »Der olle H. R. hat noch nie was in der Hand gehabt, was härter war als sein Pimmel. Gearbeitet ham wir.«
»Sie meinen, Sie haben die harte Arbeit gemacht und Bruder Hubert lehnte sich zurück und strich die Gewinne ein?«
Verbus grinste und spuckte aus. »Keiner hat ihn so genannt. Nö, Sir.«
Cyril nickte. »H. R. hat uns schon als Kind verboten, Hubert zu ihm zu sagen. Hätte uns den Lohn gekürzt.« Er lachte, damit ich sehen konnte, daß es ein Witz war, aber seine Augen waren hart. »Gekürzt hat er ihn so oder so. War beschissen in Arithmetik, der alte H. R.«
»In Buchhaltung auch«, stimmte sein Bruder zu. »Wir mußten bei der Stechkarte aufpassen, damit er nicht ganze Tage beim Bezahlen vergaß, die wir draußen vor der Küste garbeitet ham.«
»Gedächtnisschwund«, sagte Verbus. »Gedächtnisschwund und schlechte Arithmetik. Aber war ein schlauer Geschäftsmann. Wußte, wie man sowas anpackt.«
»Was gibt's da schon anzupacken? Man geht raus zur Küste, repariert den Kran und kommt wieder heim. Oder?«
»Nein. Gar nicht. So ist H. R. da nicht rangegangen.« Cyril ging etwas in den Schatten. »Er hatte Armbruster, der stellte uns an für das, was sie Wartung nennen. Das heißt, wir gehen da raus und ficken eine Woche lang Köter.«
»Was machen Sie da mit den Hunden?«
Verbus zwinkerte. »Das heißt, wir machen gar nichts. Wir sollen ›inspizieren‹, wissen Sie. Wir waschen den Schmier von den Kabeln und kontrollieren, ob sie verschlissen sind.«
»Vernünftig klingt das nicht.«
Les frères Loomis wieherten und knufften sich.
»Für die Waschlappen bei Armbruster schon«, sagte Cyril. »Aber es gab auch keinen Grund dafür, außer, die Zeit totzuschlagen. Mann, du wäschst die Kabel, und alles, was du damit erreichst, ist, daß sie rostig werden. Und überall auf dem Deck ist der Schmier. Für 48 Dollar die Stunde haben wir's dann wieder saubergemacht, und dann haben wir neues Schmieröl auf die Kabel getan. Das ist dann

alles Arbeit am Kran. Hätte sich billiger fünf Kabel kaufen können. Diese Armbruster-Typen haben an sich rumgefingert und uns zugeguckt. Wir waren da richtig beliebt.«
»Ja, so'n bißchen Vollidioten-Arbeit konnte H. R. so aufpusten, daß es wie eine Großreparatur aussah. Der Junge hatte Fantasie, das steht fest.« Verbus schnippte einen Dosenverschluß in den Gully. »Bald hätte er diesen Typen ihre eigene Scheiße als Gleitcreme verscheuert.«
»Ihr beide gebt mir ja ganz neue Einblicke. Ich hatte einen ganz anderen Eindruck von ihm, als ich dieses Video sah – diesen Appell, etwas gegen Kindesmißbrauch zu unternehmen.« »Jaa, das Ding ham wir auch gesehen.« Die Brüder lachten, daß sich die Stoßdämpfer des Lieferwagens schüttelten.
Verbus rülpste. »Wir wissen ja, es gibt viele, viele Niggerkinder. Und wahrscheinlich gibt's auch 'ne Menge zurückgebliebene Kinder. Aber wo zum Teufel hat der alte H. R. dieses zurückgebliebene Niggerkind aufgetrieben, damit er das im Fernsehen küssen konnte? Das war stark.«
»Kennen Sie jemanden, der Hubert – H. R. – hätte töten wollen?«
»Können jetzt ruhig Hubert sagen, er kann ja nichts mehr dagegen machen, ist ja nicht mehr da.« Cyril grinste hämisch. »Eine Menge Leute könnten ihn umgelegt haben. Männer, die er beschissen hat. Mädchen, die er geleimt hat.«
»Hunde, von denen er Knochen geklaut hat ...« Verbus schnalzte mit der Zunge.
Dieses Gespräch machte mich sprachlos. Ich lehnte das freundliche Angebot der Brüder auf ein Falstaff ab und stürzte nach drinnen, um der unzeitgemäßen Sonne zu entkommen.
(Das Wetter in New Orleans entspricht nie der Jahreszeit, egal, welche Jahreszeit gerade ist.)
Der junge Whit Guidry war nirgends zu entdecken. Als einzigen Arbeiter sah ich einen Schwarzen im Overall, der hinten in der Garage schweißte. Aber er stellte die Flamme aus, als er mich sah, hob seinen Gesichtsschutz und tippte an die Mütze.
»Tut mir leid, Sir. Sie nehmen keine neuen Aufträge mehr an.«
»Ich bin wegen einer Polizeiangelegenheit hier.«

»Sind Sie der, der wegen H. R. ermittelt?«
»Das ist meine Pflicht und Schuldigkeit.« Ich streckte die Hand aus. »Möchten Sie sein Leumundszeugnis vervollständigen?«
Seine Hand war hart und schwielig. »Ein Zeugnis könnte ich ihm schon geben.« Dann bemerkte ich, daß seine Mütze das Emblem von Loomis' Firma trug, und in diesem Moment merkte er es auch. Er riß das ungeliebte Stück Polyester hastig ab und warf es auf die Erde. »Mr. Loomis hätte auf Stelzen gehen müssen, um unter einer Schlange durchzukommen. Mehr kann man über den nicht sagen.«
»Er wird immer unbeliebter. Was können Sie mir sagen, Mr. ...?«
»Willie. So heiß' ich. Bloß Willie.«
»Ich bin Matty. Und wenn Sie irgendwas wissen, was uns weiterhelfen könnte ...«
»Den Mörder von H. R. zu finden? Verdammt, wenn ich den guten Mann kennen würde, dann würde ich ihn an meinem eigenen Tisch verköstigen ... Nein, ich würde es keinem sagen, wenn ich es wüßte. Aber eins kann ich Ihnen sagen: Das könnte jeder gewesen sein.«
»Sie auch, Willie?«
»Wenn ich das Geld und die Mittel gehabt hätte. Klar hätte ich der Welt diesen Gefallen getan.«
»Ich nehme aber an, über das *Ramrod* im französischen Viertel wissen Sie nicht allzuviel.«
Auf seinem rechten Schneidezahn glänzte eine Goldfüllung in Form eines Sterns. »Nö, bestimmt nicht. Aber dies hier kenn' ich. Sehen Sie das?« Er deutete auf die Winde, die einen Motor dicht unter der Decke hielt. »Wenn er aus Versehen in diese Kette da reingelaufen wäre, hätte die sich ganz schnell aufgerollt und jeden unter sich begraben, der unter ihr liegt.«
»Und wer in Gottes Namen würde sich freiwillig unter so eine schwere Winde schlafen legen?«
»H. R. Wenn ich es hätte einrichten können.«
»Gerissen.«
»Oder stellen Sie sich vor, mein Schweißbrenner würde in ein paar

ölige Klamotten fallen, wenn H. R. oben in seinem Büro allein wäre.«
»Eingeschlafen?«
»Ja.«
»Sie klingen wie einer, der weiß, was er vorhat, Willie. Was hatten Sie denn genau gegen Loomis?«
Er schaute auf seine Stahlkappen-Schuhe hinunter. »H. R. hat mir meine Braut weggeschnappt.«
»War Ihre Lady eine (wie sollte ich es nur formulieren?) Schwarze?«
»Ja, aber ›hell‹, verstehen Sie. Fast weiß, mit langen, schönen Haaren ... Eulalie fiel jedem Mann auf. Ob weiß oder schwarz.«
»Das glaube ich.«
»H. R. fiel sie auf, als ich sie zum Betriebsausflug mitnahm.« Er schüttelte den Kopf. »Den Tag werde ich den Rest meines Lebens lang bereuen, das kann ich Ihnen sagen.«
»Es tut mir leid.«
»Da hat er nämlich einen Vorwand gefunden, um ihr Blumen zu schicken. Ich weiß nicht mehr, was für einen, aber er hatte einen. Und dann hat er ihr jeden Tag Blumen geschickt und ihr erzählt, wie hübsch sie ist und so weiter.« Rotgeränderte Augen verrieten langgehegten Groll. »Ein schwarzes Mädchen hört sowas gern von einem tollen weißen Mann. Das will was heißen ... Ach Scheiße, ihm bedeutete das gar nichts. H. R. hat jedem Blumen geschickt. Er hatte ein festes Konto bei dem Blumenladen. Hat sogar mir mal Blumen geschickt.«
»Und was haben Sie gemacht?«
»Hä? Ich hab' sie in einer Vase auf die Glotze gestellt.«
»Nicht mit den Blumen. Was haben Sie wegen H. R. und Ihrer Frau unternommen?«
»Nichts. Was konnte ich schon tun? Hab ihr gesagt, daß sie blöd ist. Er machte sich nichts aus ihr.«
»Aber sie hat nicht auf Sie gehört.«
»Verdammt, nein. Sie hat nicht auf mich gehört. Nehme an, sie dachte, wo so viele Blumen herkommen, muß noch mehr sein. Aber als er sie erst mal rumgekriegt hatte, gab er reineweg nichts mehr.

Hatte sie dann gleich schon satt. Er konnte sich mit ihr ja auch nicht sehen lassen. Und wenn sie hellgelb gewesen wäre. Hatte ja ’n guten Ruf.«

»Das Techtelmechtel hat also nicht sehr lange gedauert.«

»Lange genug. Weil sie danach keinen Nigger-Malocher mehr ranlassen wollte. Sie dachte wohl, er könnte sie weiß vögeln. Aber ist bisher noch nicht passiert.«

»Sie wird schon wieder zu sich kommen.«

»Glaub’ nicht. Sie ist nämlich mit dem Bus nach Kalifornien abgeschwirrt und angelt sich da einen anderen tollen weißen Hecht. Ich weiß nicht mal, wo sie ist.«

»Tut mir leid. Aber ich verstehe eins nicht. Warum haben Sie ihren Job bei Loomis nicht geschmissen?«

»Wollte ich ja. Ich habe ihm gesagt, daß ich abhaue. Aber dann hat der alte H. R. mich in den Arm genommen und mir zehn Dollar mehr Lohn gegeben und gesagt, daß keine Frau es wert ist, eine Freundschaft so wie unsere kaputtzumachen.«

»Und war sie’s?«

Willie nahm seinen Schweißbrenner wieder auf. »Ja. Weil ich sie geliebt habe. Und sie mich auch, bevor der alte H. R. ihr den Kopf verdreht hat.«

Er zog seine Schutzmaske herunter. Die Pause war vorbei. Ich sagte: »Danke, Sie haben mir einige wichtige neue Erkenntnisse über den Charakter des verblichenen Herrn gegeben.«

»Erkenntnisse wollen Sie? Dann gehen Sie mal rauf ins Büro und sprechen mit H. R. s Sekretärin Miss Brandi. Die wird Ihnen ein paar echt gute Erkenntnisse geben.«

»Mache ich. Und, übrigens, Willie ... wo waren Sie an dem Abend, als es passierte?«

Er drehte die Flamme auf. »Auf einer Kautionsparty im Iberville-Projekt.«

»Wirklich? Das ist nur ein paar Ecken vom *Ramrod* entfernt.«

»Stimmt. Aber ich kann ’n ganzes Zimmer voll Herrschaften ranschaffen, die auf die Bibel schwören würden, daß ich den Raum nie verlassen habe.«

»Das glaube ich, daß Sie das können.«

Ich stieg die Stufen zum Büro hoch und klopfte. Eine leise, kehlige Stimme bat mich herein. Das lenkte mich so stark ab, daß ich über die Schwelle stolperte. Loomis' Büro war typisch für die männerdominierte Öl-Zuliefer-Industrie. Die Wände nicht tapeziert. Mobiliar aus grünlichem Metall, ein schäbiger Plastikteppich zum Dämpfen der Maschinengeräusche von unten aus der Garage. Der Raum hatte nicht die Spur von Stil und zeigte keinerlei dekorative Anstrengungen. Es sei denn, man zählte den Shell-Öl-Kalender mit, der an einem großen Nagel von der Wand hing.

Aber ein lebendiges Element gab es, warm, atmend und unzweifelhaft eine Zierde.

»Hallo, sind Sie der Wirtschaftsprüfer?«

»Nein, gnädige Frau. Ich bin Detektiv mit Sonderauftrag. Polizei.«

»Ich dachte, hier in St. Bernard wäre ich vor euch sicher.«

Sie war ein Goldmädchen, die Sekretärin von H. R. Loomis: goldgetönter Teint, goldbraune Haare mit hellen sonnengebleichten Strähnen und tiefbraune Augen. Ein seltener Herbst, lebendig und warmblütig. Ich fühlte mich von ihr sehr angezogen, obwohl – nein, weil – sie eine leichte Zerrüttetheit ausstrahlte. Die Redensart »Klug durch Schaden« kam mir in den Sinn, als ich ihr Gesicht in mich aufnahm. Es war noch immer schön, obwohl es längst den Schatten junger Mädchenblüte hinter sich gelassen hatte. Ihre Figur war schlank und fest wie die eines Knaben. Wie sie da in den Drehstuhl gekauert saß, stand sie den engen pinkfarbenen Jeans gut, die sie trug. Die gaben allerdings das Kompliment nicht zurück. Ein Herbst sollte niemals Pink tragen. Kaufte ich für sie ein, würde ich mich auf grün, rot- und goldbraun geschränken. Ich würde sie ausstatten wie die bunten Bäume im Oktober.

»'tschuldigung. Sie würden nirgends sicher sein.«

Manchmal flirte ich mit Frauen, nur um sie zu verwirren. Aber vielleicht hatte meine Begegnung mit der Witwe Loomis auch etwas Perverses freigesetzt. Denn an diesem Nachmittag fühlte ich mich wie ein Kavalier, mit meinem Filzhut vollführte ich eine großartig altmodische Verbeugung, während ich von dem Schild auf ihrem Schreibtisch ihren Namen ablas.

»Miss Gillis? Oder Mrs.?«

»Ms. Aber was zum Teufel soll das? Ich heiße Brandi. Mit einem i.«

»Brandi, ich bin ganz hin. Auch mit einem i.«

In genau diesem Augenblick sah sie mich nicht mehr als Eindringling an und würdigte mich als Vertreter der gleichen Spezies, anderes Geschlecht. »Tatsächlich? Und wie heißen Sie?«

»Matty Sinclair. Ein Ypsilon, zwei i.«

Sie schlug ihre Beine übereinander, was einen Blick auf ihre wohlgestalten Knöchel zuließ, während ihre Augen sich auf meinem linken Ringfinger festsahen. Frei.

»Verheiratet?«

»Nein.«

»Schwul?«

»Völlig.«

»Scheiße. Jeder attraktive Mann, den ich kennenlerne, ist aus irgendeinem Grund nicht zu haben. Ich habe echt Pech.«

»Seien Sie zuversichtlich, das Glück mag sich wenden. Alles kann sich wenden.« Ich schaute mich in dem zugestellten Büro um, über die Papierstapel, die Schachteln voller Disketten. »Es tut mir leid, Sie zu stören. Man sieht ja, daß Sie noch viel vorhaben.«

»Nicht mehr lange. Setzen Sie sich doch. Nächste Woche verkauft Mrs. Loomis die Firma an Red Jessup, und ich bin dann wieder arbeitslos.« Sie lächelte, und ihre Augen schimmerten mit Bernsteinglanz. Mich piekte etwas, und eine normalerweise schlummernde lesbische Regung erwachte. »Das macht aber nichts. Als ich das hier gefunden habe, war ich auch gerade arbeitslos.«

»Wann war das?«

»Vor vier Monaten. Ist das wichtig?«

»Vielleicht.« Ich nahm mir einen häßlichen, aber bequem gepolsterten Stuhl, der dem verblichenen Helden gehört haben mußte. »Wie gut kannten Sie H. R. Loomis?« Ihr Blick sagte alles. »Sehr gut also.«

Sie musterte mich von oben bis unten und beschloß, nicht zu lügen. Diesen Vorteil haben wir gegenüber Heteros. Frauen haben keine Angst, uns alles zu sagen.

»Ich habe ihn geliebt.« Sie wedelte abwehrend mit der Hand.

»Nein, streichen Sie das. Ich habe das geliebt, was ich in ihm zu sehen glaubte.«

»Ich verstehe.«

»Unmöglich. Sie hätten H. R. kennen müssen, um das zu verstehen.«

Sie streckte sich und ging zur Kaffeemaschine, um mir kommentarlos einen Gemeinschaftskaffee einzuschenken. »Er hatte so eine natürliche Wärme, und Charme. Wenn man einen Tag mit ihm zusammen war, war man überzeugt, daß er der netteste Mann war, den man je kennengelernt hatte.«

»Da sind sich alle einig.«

»Aber auf der anderen Seite, wenn man einen Monat mit ihm zusammen war und ihn liebte, merkte man ...« Sie stellte den Kaffee zusammen mit dem Sahnekännchen und der Zuckerdose vor mich hin. »H. R. Loomis war zu erbärmlich, um auch nur nach ihm zu treten, und so schleimig, daß man auf ihm ausgerutscht wäre.«

»Der Herr da unten teilt Ihre Einschätzung seines Charakters.«

Brandi setzt sich rittlings auf einen Stuhl mir gegenüber. Auf jeden Hetero hätte die Pose aufreizend und verführerisch gewirkt.

»Er hat mich einfach überwältigt, Matty. Nicht nur mit Komplimenten. Aber er strömte einfach Ehrlichkeit aus, ganz intensiv.«

»Genauso wirkte er auf dem Video.«

»Persönlich noch viel mehr. Er war einer, der keine Angst hatte, Gefühle zu zeigen. Verstehen Sie, was ich meine? H. R. legte seine Hand auf meine Schulter, wenn ich tippte, und das war wie ... Handauflegen. Ich lebte auf, das gab mir Kraft. Ich hatte das Gefühl, für ihn war ich was ganz Besonderes.«

»Bis sie herausfanden, daß er in der ganzen Mississippi-Ebene Schultern drückte.«

»Na ja, erst habe ich mich ja noch gesträubt, wegen Millicent. Aber die Ehe war natürlich nur noch eine Formsache. Er sagte, sie wäre so mit ihrem Beruf beschäftigt, daß sie sich aus ihm gar nichts mehr machte. Sex gab es zwischen ihnen buchstäblich überhaupt nicht mehr, und sie blieben nur noch wegen der Kinder zusammen.«

»Ach kommen Sie, meine Liebe, das glauben Sie doch nicht im Ernst.«

Sie ließ ihren Kopf hängen. »Doch, habe ich. Weil er so ein toller Vater war. Er war so warmherzig und liebevoll mit dem kleinen Mädchen. Das war genau die Beziehung, die ich gern mit meinem Vater gehabt hätte.«
»Darauf würde ich nicht wetten.«
»Und eines Tages kam er hier mit zwei Dutzend langstieligen American-Beauty-Rosen rein und sagte, daß er sich wirklich was aus mir machte und eine langfristige Liebesbeziehung wollte.«
»Und wegen dieser Rosen haben Sie sich gleich hingelegt?«
»Das nun nicht.« Sie warf ihre Haare zurück. »Aber er schien so romantisch. Am gleichen Nachmittag las ich hier am Schreibtisch die *Vogue*, und die Seite mit diesen fantastischen Mikimoto-Perlen lag aufgeschlagen da.« Das Gold auf ihren Wangen wurde pfirsichfarben. »H. R. guckte mir über die Schulter und sagte, er sei wild entschlossen, mir genau solche zu kaufen. Weil er nämlich ein Fisch war. Und er versprach mir ein Geschenk aus dem Meer, als dauerhaftes Zeichen für Liebe und Treue.«
»Ist wahr?«
»Am Quartalsende.«
»Aha.« Ich probierte den Kaffee. Er war genau, wie ich ihn mag – stark wie ein langer Pimmel.
»Und Sie waren dankbar, fühlten sich geschmeichelt, waren ganz weg und nahmen den guten Willen für die Tat?«
»Genau. Ach Matty, ich bin keine Unschuld von der Schulbank mehr. Ich bin schon etwas herumgekommen, verstehen Sie?«
»Und wieder zurück.« Zum Verstehen gehören zwei.
»Ich gebe zu, daß ich schuld war. Ich wollte H. R. lieben. Also wollte ich glauben, daß er warmherzig, großzügig, romantisch war – alle diese Märchenprinzen-Eigenschaften eben.« Ihre tiefbraunen Augen mit den goldenen Tupfern schimmerten. »Schön blöd, was?«
»Das würde ich nicht sagen, Brandi. Sie geben nun mal wie die meisten Frauen mehr, als sie nehmen. Aber vielleicht sind Sie in Ihrem vergnügten Leben einmal zu oft betrogen worden. Höchste Zeit, daß Sie auch mal was zurückbekommen.«
Die dunklen Augen wurden schmal. »Sie haben so recht. Und wäre

es nicht auch höchste Zeit, daß ich endlich beschließe, daß ich in diesem Spielchen nicht gut bin, und damit aufhöre?«

»Sprechen Sie nicht so schlecht über ihre Art zu lieben, nur weil Sie sie oft an Nichtsnutze vergeudet haben. Deswegen ist sie doch nicht wertlos.«

»Danke. Ich glaube, Sie verstehen Frauen sehr gut.«

»Wer sonst?«

»Mit dem Arschloch also, genau wie mit all den anderen, habe ich mich einfach fallenlassen und nichts zurückgehalten. Ich habe 'ne Menge Überstunden gemacht. An diesem Schreibtisch, quer drüber und drunter. Abends und am Wochenende, immer, wenn er rief. Dann habe ich allmählich rausgefunden, daß er nie auch nur ein einziges Mal etwas für mich tat. Er lag einfach da, verstehen Sie?«

»Und wegen der Perlen hielten Sie ihn immer noch für großzügig, oder?«

»Ja. Aber diese Rosen waren das letzte Geschenk, das er mir je mitgebracht hat. Und er zahlte mir nicht einen Penny mehr als mein reguläres Gehalt.«

»Nach allem, was ich höre, begann und endete seine Großzügigkeit mit Blumen.«

»Das Quartal ging vorbei. Und dann das nächste. Und ich fragte ihn noch so im Spaß, wann er mir denn mein ›Geschenk aus dem Meer‹ bringen würde.« Sie nahm meine Tasse, als ob sie glaubte, Kaffee sollte man ebenso leichtherzig teilen wie Bekenntnisse. »Und ... H. R. lachte darüber einfach und sagte, er hätte in seinem Leben noch nie für eine Frau bezahlt. Weil für ihn jederzeit gesorgt sei, ohne daß er zahlen müßte.«

»Das stimmte ja auch.«

Nun brach ein Lächeln durch. »Ja, aber wo, das hat er mir nicht erzählt.«

»Sie kennen die Details seines vorzeitigen Ablebens?«

»Aber genau.« Das Lächeln wurde breiter. »Man nennt es den Klappenlochmord.«

Oft genug selbst in der Liebe betrogen, konnte ich mit ihr fühlen, aber nicht mit ihr lachen. »Diese ganz unterschiedlichen Meinungen über Loomis finde ich erstaunlich.«

»Gar nicht so erstaunlich. H. R. war ein wunderbarer Typ, solange man ihn nicht näher kannte. Für oberflächliche Beziehungen war er fantastisch.«
»Haben Sie irgend jemandem erzählt, wie er sie betuppt hat?«
»Damit alle wissen, wie blöde ich war? Niemals! Ich habe mich viel zu sehr geschämt.«
»Aber Sie haben es mir erzählt.«
»Aber Sie sind anders. Ich weiß, daß ich Ihnen vertrauen kann, Matty.«
Brandi nahm meine Hand und drückte sie. Sie hatte es immer noch nicht begriffen, und sie war schon wieder voreilig vertrauensselig. Für sie würde es noch mehr H. R. Loomisse geben.
»Warum haben Sie hier weitergearbeitet?«
»Ich dachte ... ich könnte es ihm heimzahlen. Seine Rechnungen verbrennen ... den Computer sabotieren ... warten, bis er eingeschlafen war und ihm die Eier abschneiden ...« Die zartbraune Faust schlug auf den Schreibtisch. »Nein. Verdammt! In Wirklichkeit dachte ich, ich lasse ihm noch etwas Zeit. Vielleicht kommt er zu Verstand und ...«
»Hält sein Versprechen?«
»Ach, er hätte ja gar nichts zu versprechen brauchen. Aber da er es schon mal getan hatte, wurde es für mich unglaublich wichtig. Matty? ... Mal ganz objektiv, würden Sie sagen, daß ich ein Perlenhalsband wert bin?«
»Ich würde sagen, daß Sie damit lächerlich unter Wert liegen.«
»Wirklich?« Sie lächelte. Mit sichtbarem Vergnügen nahm sie mein Kompliment an. Auf ihre nächste Frage war ich daher nicht gefaßt.
»Glauben Sie, Sie könnten mir Bilder besorgen?«
»Bilder?«
»Wie er aussah. Auf der Erde in dieser Toilette, wissen Sie.«
»Die sind wohl kaum für die Veröffentlichung geeignet.«
»Aber können Sie mir nicht welche aus dem Polizei-Fotolabor besorgen? Das würde mich moralisch aufrüsten.«
»›Selbst der Himmel zürnt nicht so wie Liebe, die zu Haß geworden ist ...‹ Nicht, daß Sie ein Alibi brauchen, Brandi, aber erinnern Sie sich zufällig, was Sie in dieser tragischen Nacht gemacht haben?«

»Es war Freitag, oder? Ich muß zuhause gewesen sein und habe *Remington Steele* geguckt.«

»Hat jemand gesehen ... äh, wie Sie *Remington Steele* gesehen haben?«

»Es war keiner eingeladen. Was zwischen mir und Pierce Brosnan vorgeht, ist ganz und gar privat.«

»Aha.«

Sie legte eine Hand auf mein Knie. Die Hand einer Arbeiterin, unlackierte Fingernägel, gerade geschnitten. Aber ihre Finger waren schlank und elegant. »Wissen Sie, woran ich denke, seit es passiert ist? An H. R. s letzte Minuten.«

»Ich versuche, nicht daran zu denken.«

»Weil in diesen allerletzten Sekunden ... als sein Ding schon durchstochen war und er sich nicht mehr rühren konnte ... und er schon fühlte, wie diese Ladung ätzendes Zeug seinen Arsch hochspritzte, glauben Sie, daß er da vielleicht ...« Sie biß verlegen auf einen Finger.

»Vielleicht was, Brandi?«

»Daß es ihm da leid tat, daß er mir diese Perlen nicht gekauft hatte?«

Als ich eine Stunde später zuhause ankam und gerade die Tür aufschloß, sah ich den Mann, über den Robin sich beschwert hatte. Es stimmte alles: Größe, Gewicht und Aussehen durchschnittlich, Klamotten aus Polyester. Daß er zu durchschnittlich war, verriet ihn. Das französische Viertel besteht aus Außenseitern und exotischen Typen – sehr Schicke, sehr Arme und sehr Bizarre. Hier sieht keiner aus, als gehöre er eigentlich in eine Vorstadt in Connecticut zum Hamburger Grillen. Dieser Typ sah zu normal aus, um hier etwas verloren zu haben.

Er saß in seinem (und auch das: zu durchschnittlichen) Auto, das letzte Modell eines Ford Escort, das auf der anderen Straßenseite geparkt stand. Er blätterte in einer Ausgabe von *USA Today*, während er mich im Rückspiegel beobachtete.

Es war noch taghell, also war ich so mutig, auf das Auto zuzugehen und ans Fenster zu klopfen.

»Verzeihung«, sagte ich in diesem typischen New-Orleans-Allzeit-Bereit-einem-Touristen-zu-Helfen-Ton. »Suchen Sie jemanden?«
»Ich?« Er hatte alles erwartet, nur keine direkte Begegnung. »Nein ... das heißt ... meine Mutter wohnt da drüben, und ich warte auf sie, weil wir zusammen essen gehen.«
»Wie nett. In welchem Haus?«
»Das ... äh ... da.«
Das Haus, auf das er deutete, besitzt und bewohnt ein sechzigjähriger kesser Vater, der weder seine noch sonst jemandes Mutter sein konnte. Aber ich lächelte nur und wünschte ihm einen guten Abend. Dann ging ich um das Auto herum, um seine Autonummer zu lesen.
Mit einem letzten gutgelaunten Winken schloß ich die Tür hinter mir und ging ins Haus.
»Robin«, rief ich. »Ich glaube, dein Durchschnittstyp parkt da draußen.«
»Wirklich?« Er rannte ans Fenster. »Ja, das ist er! Du hast es ja nicht geglaubt, aber die Polizei ist immer noch hinter mir her!«
»Das wird sich ja zeigen.« Ich schaute in mein Adreßbuch und wählte Franks Nummer. Er antwortete, den Mund voller Junk-Food. »Hier ist Matty. Der Typ steht gerade vor meinem Haus und tut so, als ob er Zeitung liest.«
»Welcher Typ? Drück dich deutlicher aus!«
»Der, den du angeblich nicht geschickt hast.«
»Was soll das?«
»Denk nach, dicke Lippe. Wenn er nicht von dir ist, muß ihn jemand anders geschickt haben. Wer interessiert sich so plötzlich für uns und warum?«
»Schon gut, ich höre.«
»Du könntest mal seine Autonummer durchlaufen lassen.«
»Okay, gib sie rüber.«
Er brummte mit, als ich sie ihm gab, dann ließ er den Stift fallen und nahm sein Brötchen wieder in die Hand.
»Das ist ein Mietwagen, das kann ich dir auch so sagen. Von einer dieser großen Firmen wahrscheinlich. Wir könnten den Typen finden, der es gemietet hat, aber das dauert zwei Tage.«

»Und?«

»Und wenn er was Schlimmes vorhat, hat er bestimmt gefälschte Papiere benutzt. Und wenn er harmlos ist, wen interessiert es dann?«

»Und wenn er's nicht ist, werde ich schon zu tot sein, um Anzeige zu erstatten, stimmt's?«

»Beruhig dich doch. Sieht er aus wie ein wildgewordener Totschläger?«

»Nein, er sieht so stinknormal aus wie Ward Cleaver.«

Frank lachte herzlich. »Dann fällt er in deiner Gegend ja auf wie ein bunter Hund. Ich meine, die ist ja nicht die Bohne das spießige Amerika.« Ich hörte, wie er sein Brötchen runterschlang und mit Nescafé nachspülte. »Und was hast du heute für uns getan?«

»Ich hab's in St. Bernard getan. Willst du's trotzdem wissen?« Er seufzte. »Mach schon.«

»Loomis' Brüder sind nicht gerade außer sich vor Trauer.«

»Nein? Was noch?«

»Er hatte einen schwarzen Angestellten, der auch nicht gerade in Tränen aufgelöst ist.«

»Willie meinst du. Ja, der hat Vorstrafen. Jugendsachen. Es wäre schwierig, sein Alibi zu knacken, aber das heißt nicht, daß ich es glaube.«

»Willie könnte aber nicht ins *Ramrod* gehen, ohne aufzufallen.«

»Spinnst du? Er hätte nur durchschlurfen müssen, in einer Hand einen Schrubber und in der anderen einen Eimer. Wer hätte schon gemerkt, daß er kein Hauswart ist?«

»Daran habe ich nicht gedacht.«

»Jeder Schwarze, den ich kenne, könnte am hellichten Tag in den *Southern Yacht Club* gehen, wenn er nur wie ein Hausmeister aussieht. Wir sind unsichtbar.«

»Hab's begriffen. Noch was, Frank. Wenn ich jemals heiraten muß, vielleicht um eine Erbschaft anzutreten oder so, die Braut habe ich mir schon ausgeguckt. Sie heißt Brandi. Wie klingt das mit Sinclair?«

»Loomis' Sekretärin?«

»Und Geliebte.«

»Das hat sie mir nicht erzählt.«

»Er hatte also eine schöne, präsentable Frau und eine hinreißend sinnliche Mätresse. Ich sage dir, was H. R. in seinem Leben auch alles falsch gemacht hat, bei Frauen hatte er einen hervorragenden Geschmack.«

»Schick noch nicht die Einladungen raus, Matty. Wir haben ihren Namen gecheckt. Wußtest du, daß deine künftige Braut vorbestraft ist?«

Mein Unterkiefer und mein Adreßbuch fielen runter. »Vorstrafen, weshalb?«

»Herumhängen im Quarter.«

»Ach Scheiße. Das ist doch nichts weiter als widerliche Schikane, das weißt du auch. Vor jeder Wahl machen sie auf Befehl des Bezirksstaatsanwalts Razzien in den Clubs. Die Sitte konnte dann sogar Bardamen festnehmen, nur weil sie mit Kunden herumsaßen.«

»Ja, das war Kleinscheiß, ich gebe es zu. Aber eine Bardame war sie nicht. Sie war vor ungefähr zehn Jahren Stripperin in der Bourbon-Street.«

»Ist nicht wahr!«

»Sie tanzte als ›Katzenfrau‹. Hatte diese Leopardensachen an, die nur mit Ketten zusammenhielten, und sie brachte diese Nummer auf der Couch mit Bongos. Erinnerst du dich?«

»Jetzt, wo du es so beschreibst, ja klar. Ich erinnere mich nicht, daß ich sie mal richtig getroffen hätte, aber ich habe ein paar Mal ihre Show gesehen. Sie war 'ne prima Tänzerin.«

»Hätte es aber nie bis ganz nach oben geschafft. Ihre Titten waren zu klein.«

»Gerade richtig für mich.«

»Ja, aber du bist ja an gar keine Titten gewöhnt. Übrigens bin ich heute noch mal bei der Witwe gewesen. Kennst du ihre Tochter?«

»Wer könnte die süße kleine Sydney vergessen?«

»Mrs. Loomis ließ mich einen Moment mit ihr allein, um nebenan ans Telefon zu gehen. Du rätst nie, was dieses Kind dann getan hat!«

»Oh, erzähl es nicht. Hatte es was damit zu tun, dich froh zu machen?«

»Das hat mich, verdammte Hacke, gar nicht froh gemacht. Ich bin doch nicht pervers. Spricht die über meinen Schrumpfpimmel!«

»Scheiße. Ich dachte, dieses Problem würde sich erledigen, wenn ihr Vater erst mal von der Bildfläche verschwunden ist.«

»Na, die behält ihr Problem, Matty. Vor allem, eine normale emotionale Beziehung zu Erwachsenen zu entwickeln. Das kann sie nicht. Und wird's immer so machen, wie sie's gelernt hat.«

»Jeden Mann anmachen, den sie sieht.«

»Jedesmal nach dem gleichen Mistmuster. Und sie wird so lange ihre niedlichen kleinen Tricks anwenden, bis sie einen findet, der genauso krank im Kopf ist wie ihr Vater.«

»Glaubst du, das Kind braucht professionelle Hilfe?«

»Sofort. Bevor sie einen findet.«

»Das ist hart, Frank. Du solltest dir schon mal eine nette taktvolle Methode ausdenken, wie du es Millicent beibringst.«

»Ich? Glaubst du nicht, diese Nachricht würde sie leichter von dir annehmen?«

»Warum von mir?«

»Du bist charmant und wohlerzogen.«

»Danke, du auch.«

»Du kannst dich irgendwie ausdrücken.«

»Danke, du auch.«

»Und du bist weiß.«

»Du ... äh ... ah ...«

Wenn der Mann recht hat, hat er recht. Ich verabschiedete mich und wählte Millicents Nummer. Sie antwortete sofort und außer Atem, als ob sie auf jemanden gewartet hätte.

»Hallo, hier Matty Sinclair.«

»Ach hallo, Matty«, sagte sie so begeistert, daß ich merkte, ihr war jeder recht.

»Ich würde gern den Fall noch etwas weiter diskutieren. Wie wäre es mit Essen im *Antoine*?«

»*Antoine*?«

»Heute abend. Ich hole Sie in einer Stunde ab.«

Drei Sekunden Zögern, dann ein zaghaftes: »Ich glaube, das kann ja niemand falsch verstehen, wenn ich mit Ihnen ausgehe.«

Natürlich nicht. Ich bin das, was man einen »sicheren Begleiter« nennt.

Als ich auflegte, setzte Robin sein Mundwerk in Bewegung.

»Ein Rendezvous? Du gehst tatsächlich mit einer Frau aus?« »Doch nicht, weil es ein gesellschaftliches Ereignis wäre, Süßie. Wenn du jemals einer Frau etwas Unangenehmes erzählen mußt, dann wäre es ungemein gesittet, es im schicksten Restaurant zu tun, das du dir leisten kannst.«

»Denkst du, daß ein Essen im *Antoine* den Schlag mildern wird?«

»Vermutlich nicht. Aber es ist weniger wahrscheinlich, daß sie hysterisch wird oder das Damasttischtuch schlappheulen wird.«

Der Geschichtsträchtigkeit wegen wählte ich *Antoines* Hauptraum mit dem Gewölbe und den Mahagony-Balken. Die roten Wände über dem Paneel bevölkern große, beinahe große und längst vergessene Stars, die dort in den letzten hunderfünfundvierzig Jahren gesessen haben.

Millicent suchte den Tisch unter dem gerahmten Starfoto von Anna Neagle aus. Ein verblaßtes und kaum noch lesbares Autogramm bezeugte, daß diese Filmgröße des Goldenen Zeitalters hier gegessen hatte: am 12. September 1939. Ich entdeckte auch eine gewisse Ähnlichkeit zwischen Miss Neagle und meiner Begleiterin – die durchscheinenden rehbraunen Augen und dieser klare und feingliedrige Hochmut.

Was mich betrifft, so glaube ich gern, daß ich dem verblichenen Lucius Beebe ähnele, der in vollem Depressions-Staat über meinem Kopf griente. Mein altertümlicher Anzug mit Weste, obwohl aus leichtem Kammgarn, war seinem sehr ähnlich. Mein breiter silberner Schlips war jedenfalls vergleichbar kunstvoll geschlungen.

Millicent trug ein Kleid aus weicher marineblauer Seide, zweifellos, weil ihre Mutter ihr gesagt hatte, daß man so etwas immer tragen kann.

Pierre brachte uns die Speisekarten und nahm unsere Bestellungen mit berufsmäßiger Würde entgegen, stumm und ausdruckslos, während er bestimmt vom Krabbenfang im Unterhemd träumte.

In New Orleans gibt es viele Kellner, die wie Pierre die Touristen mit ihrem fließenden Französisch beeindrucken. Die Zweisprachigkeit

verleiht ihnen ein weltläufiges Pariser Großstadtflair, obwohl sie doch in Wirklichkeit nichts weiter als analphabetische *Cajuns* aus den Hinterland-Sümpfen sind. Und die Baguettes bei McKenzies sind das Pariserischste, was sie je erreicht haben.
Aber wenn sie erst mal ihre Schuhe geputzt haben, kommen sie Leuten aus Iowa mit ihren sieben Schuljahren so vor wie Yves Montand. »Ich war seit meiner Heirat nicht mehr bei *Antoine*.«
Millicent sagte das mit leiser Wehmut und betastete ihre knisternde Damastserviette.
»Hier ändert sich zum Glück ja nie etwas.«
»H. R. nahm seine Kunden immer mit hierher und bestellte für sie das beste Essen und den besten Wein. Ich weiß das, weil ich dann immer die Kreditkarten-Belege auf dem Schreibtisch fand.« Sie schaute auf die düster aussehenden Kellner, die mit pompös flambierten Kirschen einherparadierten.
»Aber das war fürs Geschäft. Für die Kinder und mich reichte ... das Pizza Hut.«
»Er hätte Sie mitnehmen sollen. Sie wären eine Zierde für jeden Tisch.«
»Glauben Sie?« Sie lächelte kurz, endlich wieder fähig, weibliches Selbstvertrauen zu empfinden. Ihr Haar schimmerte unter dem sanften Glanz des Kronleuchters mit dem langsamen Ventilator. »Aber meine Arbeit ließ mir so wenig Zeit für die Kinder, daß H. R. sein absolutes Veto dagegen einlegte, jemals einen Babysitter zu beschäftigen. Er war ein sehr liebevoller Vater.«
»Das glaube ich.« Wann sollte ich es ihr sagen? Vor dem Essen? Ob ihr das nicht den Appetit rauben würde? Während des Essens? Und wenn sie sich verschluckte? Danach?
Ich versuchte mich an etwas Geplauder, während sie ihre Austern Rockefeller aß. Dann nahm sie das Kärtchen, das uns mitteilte, daß ihre die viermillionsteeinhundertundsiebzigste Portion war, die serviert wurde, seit das Gericht hier von Jules Alciatore 1899 erfunden wurde. Sie steckte es in ihre Tasche wie eine Touristin.
»Sie wollen das Rezept nicht verraten, wissen Sie. Ich habe ein paarmal versucht, es nachzumachen, aber es ist nie ganz das gleiche geworden.«

»Sie nehmen Semmelbrösel.«

»Semmelbrösel?«

»Ja. Das macht sonst keiner. Und sparen Sie nicht an der Butter ... Millicent, wir glauben, daß Ihr Mann am Freitagabend jemanden treffen wollte. Können Sie sich vorstellen, wer das war?«

»Nein. Er hat mit mir nie so vertraulich geredet, Matty. Wenn er Leute traf, ob geschäftlich ... oder zum Vergnügen, ging mich das nichts an. Das hat er gleich von Anfang an klargemacht.« Sie kreuzte ihre Arme, als Pierre mit dem Hauptgericht, Hummer Thermidor, ankam, und dankte ihm mit einem Nicken. »Ich war nicht einmal überrascht, daß H.R. homosexuell war. Wir waren uns so fremd, verstehen Sie? Er hat nie viel mit mir geredet, nur über das Haus oder die Kinder. Er liebte die Kinder.«

(So geht das nicht.) »Sagen Sie, wie geht es Sydney?«

»Sie benimmt sich ... komisch. Aber ich nehme an, das war zu erwarten. Sie muß sich daran gewöhnen, daß er fort ist.«

»Kinder reagieren so unterschiedlich. Manchmal ist ein kleines Mädchen so verzweifelt auf das Wohlwollen eines Mannes angewiesen, daß ...« (Oh Gott!) »Manchmal kann sie dann Dinge tun, die ihrem Alter gar nicht angemessen sind.«

Millicent nahm ihre Hummergabel. »Was meinen Sie bloß? Ich glaube nicht, daß Sydney so was tun würde.«

Was meinte ich bloß?

»Sie hatte mit mir und mit Lieutenant Washington eine Art, nun, die man kokett nennen könnte.«

»Mit ihren großen blauen Augen klimpern? Sie spielt eine Rolle, glaube ich. Sie muß das aus dem Fernsehen gelernt haben.«

»Es ist mehr als das, Millicent.«

Nun legte sie ihre Gabel sorgfältig beiseite und wandte mir ihre volle Aufmerksamkeit zu.

»Was wollen Sie damit andeuten?«

»Sydney hatte ihre kleine Kinderhand, wo sie nicht hingehörte.«

»Nein!«

»Verstehen Sie doch. Sie wird das nicht nur bei mir und Frank tun. Ich glaube, Sie sollten mit ihr zu einem Psychologen gehen. Ich habe da zufällig den Namen einer Frau, die genau solche ...«

»Hören Sie auf! Hören Sie auf damit!« Sie biß sich auf die Lippe. »Mein kleines Mädchen ist erst sechs Jahre alt. Wo sollte sie das gelernt haben?«

»Es tut mir leid. Aber ein paar Sitzungen mit einem Profi sind wahrscheinlich alles, was sie braucht. Bitte essen Sie doch weiter.«

Folgsam wandte sie sich wieder dem Hummer zu und aß ihn ganz auf, bestimmt, ohne einen Bissen zu schmecken.

»Mein Kind hat nie Pornografie gesehen«, sagte sie schließlich. »Und weiß der Himmel, sie hat ihren Vater und mich niemals auch nur im entferntesten ...«

Die Ankunft des Schokoladensoufflés unterbrach ihre Überlegungen nur kurz.

»Glauben Sie, daß der Kindergarten ... Ja! Da muß es passiert sein!« Sie wurde rot. »Die haben ihre Fantasie besudelt. Ich habe im Fernsehen von solchen Sachen gehört! Was manche diesen hilflosen Kindern antun!«

Ich mußte sie unterbrechen. »Nein, die Leute im Kindergarten waren es nicht. Ihr Vater war's.«

»Sie meinen H. R.?«

»Ich wollte es Ihnen nicht sagen. Aber ich kann nicht zulassen, daß sie den Erzieherinnen die Polizei auf den Hals schicken. Es tut mir leid.«

Millicent ließ den Nachtisch stehen. »Dieses unsägliche Monster! Oh Matty, er war so grausam zu mir. Ich bin immer bei ihm geblieben, weil ich dachte, er wäre wenigstens gut zu den Kindern. Er ... nahm Sydney überall mit hin ... er ...« Ihre Stimme bebte. »Aber er benutzte sie nur, genau wie er mich und jeden, den er kannte, benutzte. Mein armes Baby ... Und wie kommt es, daß jeder Bescheid weiß, nur ich nicht?« Sie hielt die Serviette vor den Mund, und ihre Schultern zuckten. Die Gefühlsaufwallung war stärker als ihre gute Erziehung. Ich packte ihre freie Hand und drückte sie fest.

»Es ist alles vorbei. Für Sie und für Sydney. Sie dürfen nicht weinen.«

»Ich will aber ... Obwohl, ich warte damit, bis ich zuhause bin.«

Der Augenblick verstrich.

»Sydney ist sehr jung und widerstandsfähig.« Ich winkte nach der

Rechnung. »Sie weiß nicht, daß was nicht in Ordnung war ... Pierre, bitte packen Sie uns doch die Desserts in eine Tüte.«
»Ja, Sir.« Dann nahm er sich ein offenes Grinsen heraus. »Seit wann erlauben Sie Blanche einen Nachtisch?«
»Der ist für meinen anderen Hund, Robin.«
Im Auto schnallte sich Millicent an und lehnte sich zurück wie für einen langen Flug. Das Verdeck ging auf, und sie blickte wortlos die Sterne an, bis wir an der Zugbrücke waren. Die war für einen Lastkahn hochgeklappt, so daß wir für mindestens zehn Minuten festsaßen.
»Deswegen wollten Sie mich treffen, oder? Um über Sydney zu reden. Es war gar nicht wegen der Ermittlungen.«
»Ich mußte Ihnen das mit Sydney sagen. Ich habe versucht, es Ihnen behutsam beizubringen, aber das ist mir ja nicht gelungen. Es tut mit leid.«
»Sie haben sich sehr viel Mühe gegeben, vielen Dank.«
Das Schiff war noch nicht vorbei. Ich nahm ihre Hand.
»Diese Psychologin, Dr. Libby Fein, leistet hervorragende Arbeit mit sexuell mißbrauchten Kindern.« Ich tastete in meiner Brusttasche und gab ihr die Karte. »Sie hat mir gesagt, daß sie Sydney schon morgen sehen kann, wenn Sie wollen.«
Millicent nahm die Karte und las sie im Licht einer Brückenlampe.
»Ich rufe sie natürlich an. Je schneller, desto besser. Sydney und ich müssen das alles hinter uns lassen.«
»Das werden Sie auch.« Als die Zugbrücke endlich herunterkam, drückte ich wieder ihre Hand, und wir fuhren auf die falsche Seite von New Orleans hinüber.
Ich merkte, wie sie sich neben mir entspannte.
»Gott vergib mir, aber ich bin froh, daß er tot ist.«

»Hast du ihr auch einen Gutenachtkuß gegeben?« Es ging Robin gar nichts an, aber er fragte trotzdem in der Sekunde, in der ich durch die Tür kam.
»Bist du verrückt geworden? Ich habe mich nicht getraut. Diese arme Frau ist nie geliebt worden. Sie ist ein Arsenal von ungelebten Leidenschaften. Fertig angeschlossen und geladen.«

»Dann müßte sie doch eine scharfe Nummer sein. Warum hast du's nicht ausprobiert?«

»Erste Lektion: Frauen sind anders als wir, Robin. Man ›probiert‹ Frauen wie Millicent nicht aus. Wenn du mit ihr erst einmal geschlafen hast, mußt du sie entweder heiraten oder ihr das Herz brechen. Ersteres kann ich nicht, wie du weißt.«

»Und letzteres?«

»Genauso unmöglich. Ich habe dir die Desserts mitgebracht.«

Er schnappte nach der Tüte wie ein Süchtiger, was er auch ist. »Schokolade? Oh prima!«

»Nur mal als Gedankenspiel: Wenn ich was mit einer Frau anfangen würde, dann wäre es mit so einer wie ... Brandi Gillis.«

»Die Sekretärin? Was ist an der so toll?«

»Nichts weiter. Aber sie ist gerade so zerrüttet, wie es am besten ist.«

»Du meinst, du hast es gern, wenn sie um die Ecken herum schon so ein bißchen mitgenommen sind?«

»Genau. Eine Frau, die die schwere Seite des Lebens gesehen hat, erwartet nicht zu viel von einem Mann, und sie würde von mir nicht mehr verlangen, als ich geben kann. Aber laß uns zur Sache kommen.«

Robin ließ die Desserts aus den Schachteln auf Teller fallen. »Sex?«

»Millicent. Wir müssen einen guten Mann für sie finden. Ich werde einen kleinen Empfang geben, damit sie ein paar Kandidaten kennenlernt und sich einen aussuchen kann.«

»Wir kennen aber keinen, der für eine MacIlwain gut genug ist.«

»Das macht nichts. Wenn Frauen nur Männer nehmen würden, die gut genug sind, dann gäbe es die menschliche Rasse längst nicht mehr.« Ich schraubte meinen Füller auf. »Er müßte ein bißchen Geld haben und ein bißchen Stil. Und er müßte natürlich frei sein.«

»Was ist mit diesem reichen Kaufhaus-Typen? Er ist doch frisch verwitwet.«

»Du Idiot. Er hat sich selbst verwitwet. Er steht wegen Mordes vor Gericht.«

»Ah ja? Reiche Leute werden aber in dieser Gegend nicht verurteilt. Mit der Anklage wird er schon fertigwerden. Und jetzt ist er doch auf Kaution draußen, also ...«
»Nein! Hör ... hör doch einfach auf, mitzuhelfen.« Ich schrieb auf der Rückseite einer Quittung. »Er müßte treu sein, liebevoll und zärtlich.«
»Muß er weiß sein?«
»Wir sind hier nicht in Kalifornien, Dummchen. Natürlich muß er weiß sein. Und zwischen dreißig und fünfundvierzig, und er muß Kinder gern haben.«
Robin schlang das Soufflé in sich rein. »Wir beide könnten mindestens ein Dutzend solcher Männer zusammenbekommen. Aber weißt du was? Kein einziger von denen ist hetero.«

SIEBTES KAPITEL

MITTWOCHNACHMITTAG

Nachdem Robin ungefähr eine Stunde lang im Laden herumgewirtschaftet hatte, hörte er auf, Arbeit vorzutäuschen, und kam in mein Büro. »Ich hab's gerade im Radio gehört. Dieser reiche Kaufhaustyp ist den Mord an seiner Frau losgeworden.«
»Was hast du denn erwartet, wenn der Verteidiger eine Viertelmillion kostet und der Staatsanwalt einen halben Dollar? Willkommen in New Orleans.«
»Aber hast du nicht ganz schön viele Mörder hinter Gitter gekriegt, als du für die Bezirksstaatsanwaltschaft gearbeitet hast?«
»Bestimmt keine Millionäre.«
»Das haben wir in San Francisco auch. Die Reichen und Ehrenwerten können umbringen, wen sie wollen.«
Da schaute Steve Hicks, mein Stellvertreter, herein.
»Rate. Die Paten-Tocher ist hier, Matty. Ihr Ferrari parkt gerade in unserem Halteverbot.«
»Segne und schütze uns. Nicht heute!«

»Willst du dich verstecken, und ich sage ihr, du wärst nicht da?«

»Das würde ich nicht wagen, oder? – Robin, du mußt doch noch staubwischen.«

»Du schickst mich aus dem Zimmer wie ein Kind.«

Aber das Kind schleppte sich an die Arbeit und wischte das Porzellan, als Darla Welk in Reitkleidung durch den Ausstellungsraum stolzierte. Ein hängebackiger Wächter namens Ozzie kam gleich hinterher und schleppte ihre Handtasche.

Ich gab die respektvollsten Töne und Gesten meines Repertoires zum besten, während ich sie in mein Büro komplimentierte.

»Wir haben Sie so vermißt, meine Schöne! Sie sollten uns häufiger besuchen.«

»Ach, Sie sind so süß! Das sollte ich vielleicht lieber nicht machen, lieber Matty.« Wie üblich war ihre Stimme verhaucht und kindlich und schon in den höchsten Tonlagen. »Ich habe gehört, daß Sie wieder auf der Seite des Gesetzes arbeiten. Muß ich mich jetzt vor Ihnen fürchten?«

»Ich wüßte nicht, warum. Fühlen Sie sich schuldig, Liebste?«

»Sie sind einfach zu albern.«

Glucksend wie eine Henne half ich ihr auf meinen Queen-Anne-Zweisitzer. Dann sprang ich, um ihr an der Bar einen Courvoisier mit Eis einzuschenken. Besondere Kunden bekommen meinen Rote-Teppich-Service, und Darla war ganz was Besonderes.

Eine lausige Kundin allerdings.

Sie nippte an ihrem Drink und bedankte sich mit einem strahlenden Lächeln. Ich dachte: »Auch Haifische haben Zähne« und lächelte dennoch warmherzig zurück. Wenn's sein muß, kann auch ich ein Heuchler sein.

Ozzie wollte nichts trinken und schlurfte eine Weile herum, bevor er sich in gebührender Entfernung von seiner Herrin auf ein Sitzkissen hockte.

»Das konnte ich einfach nicht glauben, was ich da gehört habe.«

Selbst Darlas makellose Teri-Case-Windstoß-Frisur vermochte ihre groben Züge nicht zu mildern. Auch ihr maßgeschneiderter Reitanzug konnte nicht verbergen, daß sie die untersetzte Gestalt einer sizilianischen Bauersfrau hatte.

Blut ist eben dicker.
Sie säuselte weiter. »Mein guter Freund Matty Sinclair arbeitet an einem Mordfall.« An dieser Stelle ein leicht hingehauchter Kuß. »Deswegen bin ich gleich gekommen, um Ihnen zu helfen, wo immer ich kann.«
»Vielen herzlichen Dank. Aber ich kann es wirklich nicht annehmen. Es könnte gefährlich für Sie sein«, gelang es mir mit absolut ernstem Gesicht hervorzubringen. Denn diese Dame mit ihren tödlichen Verbindungen, ständigem Leibwächter und geladener 38er in der Handtasche ist die sicherste Frau, die ich kenne. Wenn ich frühmorgens um halb drei durch einen Slum gehen müßte und zum Schutz entweder Darla oder die Louisiana National Guard mitnehmen könnte, würde die Entscheidung mühelos zu ihren Gunsten ausfallen.
Darla Welk: Das sind eigentlich zwei Leute, Marilyn Monroe und Al Capone. Wenn das eine mal nicht zutrifft, dann paßt das andere gewiß. Ihre Augen durchbohrten mich und schimmerten wie blauer Stahl.
»Sie wissen doch, daß ich Ihnen helfen kann, Matty. Ernsthaft.«
»Kannten Sie den verstorbenen H. R. Loomis?«
Sie wurde wieder niedlich. »Ja, vage. Das heißt, er wollte, daß ich ihn bei seinem Wahlkampf unterstütze. Daß Daddy ihn unterstützt.« »Er war also bereit, sich zu verkaufen.«
Darla zwinkerte unschuldig. »Sie meinen, er wollte Freunde haben, die seine Karriere befördern konnten. Aber man kann niemanden dafür kritisieren, daß er ehrgeizig ist. Jedenfalls war er sehr nett, und ich mochte ihn furchtbar gern. Hilft Ihnen das irgendwie, Matty?«
»Es ist von unschätzbarem Wert. Ich kann jetzt, wo ich weiß, wohin sein Ehrgeiz ging, nach neuen Verdächtigen Ausschau halten.«
»Neuen? Wen haben Sie denn bisher verdächtigt?«
Sie sah plötzlich zu neugierig aus, also log ich.
»Seine Witwe natürlich. Wen sonst?«
Ihre breiten Schultern entspannten sich sichtlich. »Das ist logisch. Millicent hat am meisten davon ... Ich habe ganz andere Probleme, wissen Sie. Sie wollen meinen Vater ausweisen.«

»Wirklich? Warum bloß?«

»Er hat Feinde. Ein paar davon schon lange. Andere sind bloß opportunistisch und denken, sie können sich damit profilieren, wenn sie einen armen alten Mann ins Exil treiben.«

»Sie würden seine wöchentlichen Besuche sicher sehr vermissen, wenn er wieder nach Italien ziehen würde.«

»Daddy spricht nicht mal Italienisch. Er würde es verabscheuen. Ich tue alles, um es zu verhindern.« Aus Darlas Mund verhieß der Satz Unheil. Wie leises Grummeln vor einem großen Erdbeben.

Aber ich hatte keine Zeit, richtige Angst zu kriegen. Denn Sekunden später rumpelte Robin in mein Büro und gab, um mich bespitzeln zu können, vor, staubzuwischen. Die Gangsterprinzessin kehrte augenblicklich in ihre Kindfrau-Rolle zurück. »Och, ist das nicht allerliebst!« Sie schnappte sich eine Limoges-Lampe aus bemaltem Email. »Ich habe genau den richtigen Platz dafür in meinem Schlafzimmer.«

»Wunderbar!« Ich sprang auf, um den Schatz aus ihren gekrümmten kleinen Krallen zu retten. »Geben Sie mir einfach Ihre Kreditkarte, und ich packe es Ihnen schnell ein, Liebes.«

»Aber ...« Sie riß die Augen auf und sah beleidigt aus. »Aber ich komme geradewegs aus dem Stall. Ich habe nicht eine einzige blöde Kreditkarte bei mir.«

»Das macht nichts, Liebes. Sie können sofort, wenn Sie zuhause sind, Ihre Nummer durchgeben. Ich werde dann das Konto belasten und Ihnen die Lampe sofort schicken lassen.«

»Oh Matty!« Darla ließ die Mundwinkel fallen. »Ich will sie gleich! Können Sie mir nicht eine Rechnung schicken?«

»Ihnen könnte ich nie eine Rechnung schicken, Süße. Deswegen muß ich das mit Mastercard doch machen.«

Als sie nach einigen Minuten einsah, daß sie mich nicht rumkriegte, nahm die Prinzessin ihre Tasche und ihren Knappen und marschierte genauso raus, wie sie reingekommen war. Robin ließ den Besen fahren und starrte ihr nach.

»Was wollte die Schnalle eigentlich von dir?«

»Jedenfalls nicht rechtschaffen und anständig einkaufen, soviel steht fest.«

»Ich habe gesehen, wie schnell du ihr die Lampe weggerissen hast. Kann sie sich die denn nicht leisten?«
Steve kam aus dem Ausstellungsraum zu uns und schüttelte den Kopf. »Da kannst du einen drauf lassen, daß sie sich die leisten kann. Hast du schon mal was von Chico Manguno gehört?«
»Der größte Mafia-Boß im ganzen Süden? Der ist doch gerade verurteilt worden, weil er Geschworene bestochen hat.«
»Drei Punkte in Zeitgeschichte«, sagte ich. »Miss Welk ist die liebste der unehelichen Töchter dieses großen Mannes. Er gibt ihr alles, was sie will: Autos, Pferde, Schmuck ...«
»Dann würde ich doch denken, daß sie eine gute Kundin ist.«
»Das wäre diese Votze auch, wenn sie bloß was davon hielte, ihre Rechnungen zu bezahlen. Aber wie die Dinge stehen, können wir nichts weiter tun, als zuckersüß zu ihr sein und die Ware vor ihren habgierigen Händen schützen.«
Steve setzte sich. »Matty bittet immer um ihre Kreditkarte, weil er genau weiß, daß sie nirgends mehr anschreiben lassen kann. Es heißt, daß sie so viele Händler nach Strich und Faden betrogen hat, daß es reicht, um sie vor Gericht zu zerren.«
Der arme Robin blieb verstockt. »Warum machen sie das nicht?«
»Weil, Dummkopf, wenn einer der kleinen Darla auf die Pelle rückt, sie zu Papa geht und weint. Und rate, was dann passiert? Dann gibt's plötzlich ein großes Feuer!«
»Darauf kannst du wetten!« Steve lachte unfroh. »Der letzte, der ihr in die Quere kam, sitzt jetzt in East Gentilly, rundherum verkohlte Balken, wo früher sein Haus war. Manguno arbeitet schnell und schmutzig.«
»Aber jetzt, glaube ich, kann er doch nichts mehr ausrichten, aus dem Staatsgefängnis heraus.«
»Aus den Augen, aber nicht aus dem Sinn. Er setzt alle Hebel in Bewegung, um schnell wieder rauszukommen. Von deiner Mutter mal abgesehen, hat er schon alle bestochen, sein Gnadengesuch zu unterschreiben.«
»Aus Alters- und Krankheitsgründen. Ich kenne die Zeitung auch«.
»Er würde jeden in diesem Land umbringen, damit er seine letzten Tage in Freiheit verbringen kann«, vermutete Steve.

Ich sagte: »Und Darla ist außer sich. Wenn ihr Vater stirbt, gehen ihr Einfluß und alle Privilegien zum Teufel.«

»Dann müßte sie anfangen, ihre Rechnungen zu bezahlen. Und das Mädchen hat einen teuren Geschmack.«

Ich nahm die gerettete Lampe auf. »Sie ist der lebendige Beweis, daß Geld eben keinen Stil kaufen kann. Besonders gewaschenes Geld nicht.«

Es war weit nach sechs, als ich schwach und matt in die Esplanade Avenue zurückkehrte. Ich hatte gerade das Eisentor hinter mir geschlossen, als mir vom Balkon des ersten Stocks her ein Hu-hu meiner ältesten Mieterin entgegenscholl.

Evita Dixon muß mir nur dreihundert für ein Apartment zahlen, das achthundert wert ist, weil ich sie gern um mich habe. Sie ist New Orleans' Antwort auf Mae West.

Vor fünfzehn Jahren, unmittelbar nach ihrer Geschlechtsumwandlung, wurde Evita das Zugpferd des besten Clubs auf der Bourbon Street. Die »Storyville Sexation« arbeitete hart, nahm Schaumbäder in riesigen Champagnergläsern und brachte die Augen der Touristen zum Überquellen, wenn die ihre Kurven sahen. In den Zeiten hatten die Brüder noch keine Ahnung, was die Medizin mit Silikon alles anstellen kann. (Sie hatte sich das Zeug in Brüste, Hüften, Schenkel und sogar ihre Wangen pumpen lassen.) Die Sexation war damals auch fern der Bühne eine Sensation. Ich weiß noch, wie sie zum Verkehrshindernis wurde, wenn sie, an jedem Arm einen Bewunderer, in ihren maßgeschneiderten Straßenkostümen durchs Quarter bummelte. Sie war *high camp*, als man den Begriff noch benutzte, und sie verdiente und verschleuderte ein Vermögen, das sie von alten Männern genommen und über junge Männer ausgeschüttet hatte.

Aber die Tage der glamourösen Strip-Lokale sind längst Geschichte. Die verlorenen Seelchen, die sich auf den Laufstegen apathisch ihrer Woolworth-Bademäntel entledigen, haben keine der Star-Eigenschaften dieser alten Glitzer-Ladies mehr.

Die fetten Touristen aus Dubuque kriegen jetzt daheim in ihren Mittagspausen bessere Fleischbeschauungen geboten.

Das Geschäft mit nackter Haut blüht in einem Klima landesweiter Prüderie und verkümmert in liberaleren Zeiten. Daher werden die Show-Clubs des französischen Viertels von Jahr zu Jahr schäbiger, während alternde Manager über kaltem Kaffee sinnieren und auf bessere Zeiten warten.

Falls die jemals wiederkehren, wird Evita nicht mehr dabei sein. Sie ist längst nicht mehr schön oder auch nur angenehm anzusehen. Fast all ihr Silikon ist runtergerutscht und hat sich um ihre Taille herum festgesetzt. (Ich habe sie gewarnt, daß das Scheißzeug wandert, aber sie hört nie auf einen.) Nach einem kurzen Ausflug als Schmetterling hat sie sich wieder in eine Raupe verwandelt. Langsamer und häßlicher. Ich frage mich oft, ob sie es wohl bereut, sich kastriert zu haben. Wahrscheinlich nicht. Sie hatte ihre Zeit, eine herrliche sogar, und sie ist realistisch genug, dafür zu zahlen.

Aber wenn ich Evita heute sehe, wie sie zu ihrem miesen kleinen Job in einem Geschenkeladen auf der Royal Street unterwegs ist, kann ich immer noch etwas von dem erhaschen, was sie früher hatte – den verrottenden Glamour eines Filmplakats von 1942, den Zauber von Technicolor.

»Matty!« Sie beugte sich über das Geländer. »Matty, ich habe einen Kuß verdient.«

»Natürlich, das stimmt, Liebes.« Ich brach einen Zweig von meinem schattenspendenden Jacaranda und warf ihn ihr hoch. »Wofür diesmal?«

Sie fing ihn mit einer Hand. »Hübsch, danke ... Ich habe dir bei deinem Fall geholfen.« Vor Jahren schon hatte sie sich den Adamsapfel schleifen lassen, aber ihre Stimme verrät immer noch ihr ursprüngliches Geschlecht. Ohne ein aufgemotztes Mikrofon hört sich Evita an wie eine Schwuchtel, nicht wie eine Frau. »Was gibst du mir für ein paar wichtige Informationen?«

»Blanches Tatze zur Ehe und die Hälfte meines Königreiches. Was hast du denn?«

»Den Namen von H. R. Loomis' Ex-Liebe.«

»Kein Geschäft. Ich hatte schon ein langes und aufschlußreiches Gespräch mit ihr.«

»Es ist keine Sie. Es ist ein Er.«

»Ein was?«
»Ein Transvestit aus dem *Lavender Review*.«

»Hier gibt's Jungen, die hübschesten Jungen im ganzen Süden, genau hier!« Der Aufreißer dröhnte in seiner Profi-Froschstimme »Kommen Sie nur herein, die Show beginnt!« Er öffnete schwungvoll die Tür. »Hi, Matty. Für dich und deinen Freund gibt's Rabatt.«
»Warum nicht? Ich klatsche ja auch am lautesten.«
Das *Lavender Review* hat in der Stadt den Ruf, die beste Unterhaltung auf der Bourbon Street zu liefern. Vor allem, weil die Jungen viel ernsthafter dran arbeiten, Frauen zu sein als die echten Mädchen. Sie geben ein Vermögen für Klamotten aus und verbringen über Haar und Make-up Stunden, weswegen ihre Auftritte denen von weiblichen Stripperinnen weit überlegen sind, deren liebstes Accessoire ja häufig ein Streifen Kaugummi ist.
Der Türsteher fragte nicht nach Robins Ausweis, was mir eine große Erleichterung war. Ich bin froh, daß nicht jeder ihn für einen Cherubin hält, der noch naß hinter den Ohren ist.
Drinnen im verräucherten und biergeschwängerten Bistro schauten einige zweitklassige Trinker dem Zeremonienmeister zu, der in tiefdekolletierten Goldlamé auf- und abstolzierte und zu Playback ein altes Lied von Rusty Warren sang. Ich warf ihr einen Kuß zu und ging weiter in die Stargarderobe.

»Nein, er war *kein* Bisexueller!«
Mr. George brachte eine Wimpernreihe an und prüfte ihren Sitz im beleuchteten Spiegel. »H. R. Loomis war omnisexuell.«
»Sie meinen, er war nicht zimperlich«, folgerte ich und machte es mir auf einem Bierfaß bequem.
»Jeder, der ihm einen blasen wollte, war herzlich willkommen. Ob Tunte, Mädel oder Gorilla. Oder ein Loch in der Wand.« Der Hauptttänzer der *Lavender Review* richtete eine Locke an seiner Perücke. »Natürlich hielt H. R. auch viel von Masturbation, als ehrlichem Ausdruck von Eigenliebe.«
»Vielseitiger Bursche.«

»Ja, er praktizierte emsig jede Perversion, die es gibt. Nur zahlen tat er nie.« Georgie tupfte Gloss auf die Lippen und schmollte, um es zu überprüfen. »Nie in seinem Leben hat er dafür bezahlt. Darauf war er ganz besonders stolz. Ich schwöre, dieser Mann hätte eher gratis mit Leonid Breschnew gevögelt als mit Bo Derek für zwei Dollar.« Eine neue Idee brachte ihn zum Kichern. »Das sollten sie auf seinen Grabstein schreiben: ›Er hat nie dafür gelöhnt!‹ Ja, das hätte H. R. gern gehabt.«

»Als ich hörte, daß Sie ein Verhältnis hatten, dachte ich, Sie kannten ihn sicher besser als alle anderen.«

»Korrigieren Sie: Ich war *sein* Geliebter. Er war nicht meiner. Und auch das ist zwei Jahre her ... Reichen Sie mir mal den Fummel rüber, bitte.« Georgie kannte keine falsche Scham, und wir setzten das Gespräch fort, während er sich aus dem Bademantel pellte, sein Gebinde zwischen die Beine zog und befestigte und die ganze Zeit über schnatterte.

»Ich habe als Bürojunge für H. R. gearbeitet, gleich als ich aus der Schule kam. Ich wußte es damals noch nicht, aber er brauchte nicht lange, um herauszufinden, daß ich schwul bin. Ich war verrückt nach dem Mann.«

»Hat er Ihnen Blumen geschickt?«

»Ja. Woher ...?« Georgie lachte wehmütig und kletterte in seinen Mini-Tanga. »Er schickte jedem Blumen, weil die keinen bleibenden inneren Wert haben, verstehen Sie? Ich kriegte meine alle zwei Wochen, und dann kam er zu mir in meine Wohnung in der St. Ann-Street. Dann machte ich mein Ding. Seins, in Wirklichkeit. H. R. lag einfach da und döste die ganze Zeit vor sich hin. Danach lud er mich zu einem Bier im *Papa Joe* ein.« Ein Schönheitsfleck wurde sorgfältig mit einem Augenbrauenstift angebracht. »Er behielt die Quittung und setzte mich als Geschäftsessen ab.«

»Reizender Bursche.«

»Genau das war er, trotz allem. Wenn wir zusammen die Bourbon-Street heruntergingen, legte H. R. immer seine Hand auf meinen Rücken. Und diese kleine Geste bedeutete mir so viel. Ich habe diesen Mann buchstäblich angebetet.«

»Wie lange ging der Gottesdienst?«

»Was? ... Oh, das ging fünf Monate. Dann wurde ich offen schwul, konnte mich oder meine Eltern oder die ganze Welt nicht mehr belügen. An meinem neunzehnten Geburtstag entschied ich mich, meine sexuelle Orientierung kundzutun.«

»Ich wünschte zu Gott, daß ich es meinem Daddy sagen könnte«, bekräftigte Robin. »Sie haben es richtig gemacht.«

»Das dachte ich auch«, sagte Georgie affektiert. »Und ich dachte ...« Seine Augen verdüsterten sich unter den Wimpern. »Ich dachte, H. R. wäre auch stolz auf mich. Meine Fresse. Da hatte ich mich ganz schön geschnitten.«

»Er war ganz und gar nicht begeistert.«

»Ja. Er schnitt mich aus seinem Leben. Feuerte mich am nächsten Tag. Keine Abfindung.« Seine Stimme brach. »Sprach nie mehr mit mir. Ich habe ihn angebetet.«

»Buchstäblich«, bot ich an. Robin war mitfühlender. Er gab zustimmende Geräusche von sich, legte seine Arme um die arme kleine Schwuchtel und zerquetschte einige Pailletten.

»Machen Sie sich nichts draus, Georgie. Das Ekel wird nie wieder einem Mädel das Herz brechen.«

»Ich weiß. Danke.« Eine Träne wurde abgefangen, bevor sie die Wimpern ablösen konnte. »Dann sah ich ihn eines Tages mit diesem fetten Alten, mit dem er Geschäfte machte, ins *Arnoult* gehen. Und auch auf dessen Rücken hatte er seine Hand. H. R. machte das einfach mit jedem. Ich war nie etwas Besonderes für ihn.« Georgie schniefte, dann riß er sich zusammen, um seinen fuchsienroten Eyeliner nicht zu gefährden. »Er war ein Fisch.«

Robin hielt das für bedeutsam. »Das Zeichen vom Fisch. Flutsch, Flutsch.«

»Aber es sind zwei Fische, so.« Georgie nahm seinen Augenbrauenstift, um ein Zeichen an den Spiegel zu malen. »Dieser Fisch oben ist der, den wir sehen. Schön und bunt im Sonnenlicht, das durchs Wasser kommt. Sehen Sie? Aber es gibt auch eine andere Seite. Dieser Fisch darunter, in der Dunkelheit versteckt, der schwimmt in die andere Richtung.«

»Die Dualität der Fische.«

»Ja. Genau wie H. R. warmherzig und ehrlich und großzügig schien und darunter ein Betrüger war – kalt, berechnend und unglaublich habgierig.«

»Das Böse in Person.«

»Ja. Aber ich habe es ihm ein für allemal besorgt. Sehen Sie mal, wie er gestorben ist.« Georgie kicherte. »Wie ungemein passend.«

Ich fiel fast vom Bierfaß. »Wollen Sie sagen, daß Sie ihn getötet haben?«

»Klar hab ich das. Damit.« Die Tunte faßte in ihre Make-up-Schublade und zog zwei schwarze Kerzen hervor. »Ich habe sie in einem Vodoo-Laden gekauft und den Zauberbann ausgesprochen. Aber doll.«

Wieder auf der Straße, mampfte Robin einen Maisburger, während wir die Jazzclubs entlang- und um die Steptänzer herumgingen, die für ein paar Obulusse in die aufgehaltenen Hüte eine Vorstellung gaben.

»Was haben wir, Holmes?« Er fragte im Akzent von Nigel Bruce. »Lassen Sie uns die erschröcklichen Beobachtungen zum Loomis-Fall hören, Mann.«

»Es geht nichts über die allereinfachsten Sachen, Watson. Sicherlich ist Ihnen aufgefallen, daß alle Leute, die Loomis kaum kannten, ihn inbrünstig liebten.«

»Richtig. Und zwanzig von denen hielten ihn für ihren besten Freund.«

»Doch wenn wir näherkommen, ändert sich das Bild. Seine eigenen Brüder trauten ihm nicht. Seine Frau ist die glücklichste Witwe, die ich je gesehen habe. Sein ältester Angestellter haßt ihn wahnsinnig. Seine Geliebte ist bezaubert, daß er tot ist. Sein Liebhaber verbrannte schwarze Kerzen ...«

»Was machen wir jetzt also?«

»Ich denke an meinen alten Professor für Polizei-Wissenschaft in Loyola. Ich sollte, wenn ich eine Serie von Verbrechen untersuchte, nach dem Muster Ausschau halten. Und dann nach der Abweichung von dem Muster.«

»Hä? Ich sehe weder das eine noch das andere.« Er gab Nigel auf.

»Ich auch nicht. Trotzdem. Ein schöner langer Spaziergang müßte doch mein Hirn so auffrischen, daß ich die Fakten neu sortieren kann.«

»Ein langer Spaziergang? Ohne mich.« Robin grimassierte, als ob ihn hohe Absätze quälten. »Ich sehe dich dann zuhause, okay?«

»Gut. Geh nur nicht über die Bourbon Street. Da würdest du nur vom Wege abgelenkt.«

»Ich doch nicht. Ich bin bekehrt.«

Da trottete er hin, hüftenschwingend wie eine brasilianische Hure.

Als ich die Ecke Royal-Dumaine Street erreicht hatte, blieb ich stehen, wie oft, um mir den alten Kolonialwarenladen und die Keramikplatte, die seinen historischen Wert bezeugte, anzuschauen. Unzählige Male ist dieses Gebäude erweitert und renoviert worden. Aber es hat genau die Struktur, mit der es Artur St. Clair 1758 gekauft hat. Ich besitze die Fotokopie des Kaufvertrages mit der Unterschrift meines Vorfahren, voller blumiger Auf- und tiefschwingender Abstriche. In Kolonialzeiten war eine Unterschrift der einzige künstlerische Ausdruck für einen Mann.

Dieses Gebäude geriet vor 150 Jahren aus Sinclairschem Besitz. Aber manchmal spüre ich immer noch Artur hinter mir, wie er mir über die Schulter guckt, wenn ich da stehe, wo er stand.

Nach kurzer Träumerei war ich wieder in den 1980ern und wandte mich zum Fluß, um einen hübschen, erquickenden Verdauungsspaziergang an den Docks entlang zu machen. Immer, wenn ich angespannt bin, zähle ich gern Schiffsmasten, lese auf Schiffsbäuchen und versuche zu erraten, wohin sie fahren. Das ist eine der Annehmlichkeiten, wenn man in einer Hafenstadt wohnt.

(Die andere hat mit einsamen Matrosen zu tun und ist vorgestellt besser als beschrieben.)

Ich ging am Fluß entlang, bis ich die Esplanade Avenue kreuzte und weit vom Quarter entfernt war. Ich war schon in Faubourg Marigny, als ich die Schritte hörte.

Das allein war schon überraschend. Die meisten Straßenräuber schleichen auf Gummisohlen daher, und man hört sie erst, wenn sie schon genau hinter einem sind und einem ins Ohr flüstern.

»Ganz ruhig, Mann, sonst schlitze ich dich auf!«

Dieser hier mußte mir schon viele Blocks lang leise gefolgt sein. Und jetzt waren seine Schritte nur zu hören, weil er schneller ging, um mich einzuholen. Ich wirbelte herum, um Maß zu nehmen, und war erleichtert, daß es ein Weißer war. Ich konnte ihm wahrscheinlich davonlaufen. Oder mein Bestes geben. Falls er eine Pistole oder auch nur ein Wurfmesser hatte, konnte ich zumindest ein bewegliches Ziel abgeben. Ich rannte im Zick-Zack wie ein Karnickel im Feld die North Peters hoch, und er war genau hinter mir und lief immer dann über die Straße, wenn ich es tat; er schloß auf, weil er längere Beine als ich hatte. Als ich am Mandeville-Street-Pier angekommen war, hatte ich mich ziemlich verausgabt. Ich war daher verzweifelt genug, um auf einen Haufen Kisten zuzuhalten, der dort für den Müll stand. Eine war groß genug für einen Kühlschrank oder Matty Sinclair, und ich kletterte hinein. Sekunden später kam mein Verfolger auch dort an. Er hielt knapp einen Meter von meinem Versteck entfernt, und ich konnte ihn deutlich durch einen Riß in der Kiste sehen.

Es war »Ward Cleaver«, der durchschnittliche, typisch amerikanische Kerl, den Robin schon vor dem Haus ausgemacht hatte. Jetzt trug er ein Seersucker-Sportjackett, das offenstand und sein Schulterholster mit dem langläufigen Revolver sehen ließ.

Ward beäugte meinen Unterschlupf mißtrauisch und trat dann vor, um ihn zu untersuchen. Ich erwog die bevorstehenden Alternativen: aus der Kiste gezerrt zu werden, heulend und um Gnade bettelnd, oder auf dem Fleck an einer Herzattacke zu sterben.

Er drehte einen Karton um und griff nach meinem. Aber in dem Moment donnerte laut hupend ein schwarzer Cadillac auf den Bürgersteig und legte Ward fast um, der ihm ungeschickt auswich und hinter das Lagerhaus rannte.

Mein Retter schwang die Tür auf und erhob sich. Und erhob sich. Big Ned Berman.

»Bist du irgendwo da drinnen, Matty?«

Ich richtete mich auf und bemühte mich um Bondsche Würde, aber meine Knie zitterten.

»Danke, Ned. Ich bin froh, daß du gerade vorbeigekommen bist.«

»Stets zu Diensten. Ich fuhr die Decatur entlang und sah, wie dieser Knilch dir folgte. Ich dachte, der hat nichts Gutes im Sinn.«

»Das vermute ich auch ganz stark.«

»Wir müssen zusammenhalten. Wenn du nicht mehr laufen willst, fahre ich dich heim.«

Ich blickte mich um, dorthin, wo Ward hinter dem Lagerhaus verschwunden war und vielleicht noch dort lauerte, mit dem Schießeisen in der Hand.

Ned war augenblicklich das kleinere Übel.

Er schloß die rechte Vordertür für mich auf, und ich schlüpfte in den Caddy. Ned setzte sich wieder hinters Steuer und tat etwas, was normal und richtig, mir aber trotzdem unheimlich war. Er knipste einen Schalter unter dem Armaturenbrett an und verriegelte alle Türen.

»Ich sag dir, Matty, ich glaube, wir sollten eine Patrouille gründen.«

»Wie bitte? Eine Patrouille?«

»Genau. Erinnerst du dich, wie sie ständig auf den Juden rumgehackt haben? Weil die das Image von Schwächlingen und Feiglingen hatten. Schlappschwänze.«

An der Franklin Street bog er links ab. »Und in den letzten Jahrzehnten haben sie sich zusammengetan, stimmt's?«

»Hmm ...«

»Ja, die haben Israel. Sie haben eine Armee. Und dann haben sie sich Respekt verschafft, verstehst du? Niemand macht mehr mit den Juden rum. Es bringt nichts.«

»Ich hatte nicht an den Profit gedacht.«

»Und jetzt sind wir in der gleichen Situation. Keiner achtet uns. Jeder Straßenräuber hat leichte Beute bei uns. Schwulenhatz spielen, Pfaffen ... jeder kann uns das Leben schwer machen. Das ist wie noch ein Holocaust.«

»Das würde ich kaum gleichsetzen.«

»Aber es stimmt, Matty.« Ned bog in die North Rampart ein. »Aber diesmal ist es schlimmer, weil wir die Opfer sind. All die unschuldigen Schwulen, die nur ihr Leben in Frieden leben wollen.«

»So, wie Gottes Plan es vorsieht«, murmelte ich. »He, Ned. Ich lebe mein friedvolles Leben unten auf der Esplanade Avenue.«
»Weiß ich.«
»Aber du bist zu früh abgebogen.«
Er gab Gas. »Wir fahren nicht zu dir.«
»Nicht zu mir?« Ich konnte kaum sprechen, so zugeschnürt war meine Kehle. Und ich fing an, mich wahnsinnig klaustrophobisch zu fühlen.
»Noch nicht. Ich will dir erst etwas zeigen.«
»Ich müßte mich wirklich zuhause melden.«
»Nichts da.«
Meine Buchhalterin Elaine hat mir mal von einer ähnlichen Sache erzählt, die ihr passiert ist. Irgendein Ekel hatte ihr versprochen, sie nach Hause zu fahren, und war dann einen Umweg in eine abgelegene Straße gefahren und hatte Gas gegeben. Elaine war aus dem Auto gesprungen, als es fünfzig fuhr, anstatt abzuwarten, was er ihr zugedacht hatte. Sie handelte sich eine Hüftverletzung ein, aber ihr Stolz war ungebrochen.
Aber das war natürlich ein alter Wagen gewesen, und Elaine konnte selber ihre Tür aufmachen.
In diesem Moment kam ich mir vor wie ein zartes junges Mädchen in den brutalen Klauen eines Vergewaltigers. Ein Mann von 37 war doch sicher eine Spur zu alt, um geschändet zu werden. Aber was sonst könnte Ned von mir wollen? Meine Brieftasche bestimmt nicht. Er hatte Millionen geerbt. Und Streit hatten wir auch nie, soweit ich mich erinnern konnte.
»Ich zeige dir was, da werden dir die Augen ausfallen.«
»Ned, weiß du, ich hab sie in allen Größen gesehen.«
»Nicht solche, hast du nicht.«
Ich krümmte mich in meine Ecke und fantasierte das Schlimmste, bis er an der Auffahrt eines verrottenden Hauses in griechischem Stil anhielt. Das Berman-Haus war einst der Stolz von Marigny, als die Familie ihr Vermögen mit der Werft gemacht hatte. Aber jetzt sah es aus wie in einer makabren Groteske. Die Hälfte der Dachziegel fehlten. Die umlaufende Veranda war völlig zerfallen. Der Garten war mit Coco-Gras überwuchert. Und die Fenster, einige

davon ursprünglich aus farbigem Glas, waren zersplittert und zerbrochen.

Als Ned das Auto anhielt, wartete ich darauf, daß er die Türen entriegelte, damit ich um meine Freiheit rennen konnte. Aber er öffnete nur seine, und kam dann rum, um meine Tür mit seinem Schlüssel aufzuschließen.

»Mach schon, Matty. Du wirst begeistert sein. Aber erst mußt du versprechen, nichts zu verraten.«

»Verraten? ... Ja nun, klar. Ich würde sowieso nicht wollen, daß es jemand erfährt.«

»Gut, wir sind also wild entschlossen.«

Er nahm meinen Arm und hob mich fast aus dem Sitz, während ich bitterlich wünschte, ich wäre in dem Karton sitzengeblieben. Wenigstens hätte Ward Cleaver mit seinem Revolver es schnell und schmerzlos erledigt.

Ned schloß zwei schwere Vorhängeschlösser auf, schob die Tür auf und schubste mich durch den Flur. »Guck mal!« Er knipste einen Kronleuchter mit nur einer funktionierenden Glühbirne an. Aber die sorgte für grelle Beleuchtung in der einst großartigen Empfangshalle, die jetzt eine mitleiderregende Ruine war, an der Tapeten aus mindestens vier verschiedenen Epochen von den Wänden hingen. Berge von Artillerie ragten drohend aus dem Schmutz, den Schatten und den raschelnden Ratten auf.

Mir wurde schwach.

»Siehst du? Während alle gequatscht haben, habe ich was unternommen.«

»Was denn? Die Invasion von Haiti vorbereitet?«

»Haha, das ist gut.« Unter der nackten Glühbirne zog Ned eine Plane von einem phallischen Gegenstand. »Siehst du das? Eine M-35, mein Stolz und meine Freude. Man sieht nicht viele davon, hm?«

»Nein, tatsächlich nicht.«

Er liebkoste den Lauf. »Wir sind vorbereitet, Matty. Die schwule Bürgerwehr ...«

»Wie bitte?« Ich starrte auf seinen Haufen Artillerie. »Ich wußte gar nicht, daß es eine schwule ... was?«

»Bürgerwehr. Nein, aber mir wurde klar, daß das nötig ist, und ich habe es gemacht. Wer will uns jetzt wohl noch verfolgen? Wenn sich erst mal rumspricht, daß wir uns verteidigen können.«

»Ned, das ist verrückt!«

»Was?!« Seine Augen funkelten im Licht, und ich machte einen Rückzieher.

»Ich meine, hier könnte jeder einbrechen und alles klauen. Deine geliebte M-35 gleich mit. Wäre das nicht furchtbar?«

»Ich würde sie umbringen, das ist alles. Müßte ich doch.«

»Aber dann hätten sie doch die Knarren. Na, macht nichts. Entschuldige.«

»Du kannst dir denken, warum ich dich hierhergebracht habe.«

»Uh ... nein.«

»Es ist jetzt so weit, daß ich Leute aufstellen kann, Matty. Und ich möchte dich zum Offizier in der Schwulen Bürgerwehr machen.«

»Offizier? Ich?«

»Captain, mehr kann ich dir nicht geben, ich selbst bin auch nur Major.«

»Hör mal, äh, Major. Ich bin unheimlich geschmeichelt. Aber für den Posten tauge ich nicht, bestimmt nicht. Plattfüße, schlechte Augen, chronischer Bettnässer ...«

»Das macht alles nichts, Captain Sinclair. Weil ich dich zum Chef der Propaganda-Einheit ernenne. Da kannst du auf einem Schreibtisch reiten.« Er kroch in einen Berg Kleider hinein und kam mit einer Nahkampfjacke zum Vorschein. »Das paßt dir prima. Ich habe Uniformen für alle. Mit Helmen.«

Ich zuckte vor dem stockfleckigen Angebot zurück. Sie hatte wahrscheinlich nie irgend jemandem gepaßt.

»Hör mal, Major, wir sind doch eine Stadt-Truppe, oder?«

»Klar.«

»Wenn wir also in der Umgebung aufgehen wollen, können wir dieses grün-braune Zeug nicht anziehen. Das schützt einen nur im Unterholz.«

»He, du hast recht. Du denkst ja schon militärtaktisch, Captain. Wie also sollen wir uns in die Landschaft von New Orleans einfügen?«

»Vielleicht ... Federn und Pailletten.«

»Haha!« Neds ganzer Körper bebte. »Sinn für Humor. Hab' mir genau den richtigen Mann ausgesucht.« Er hebelte den Deckel einer Holzkiste auf und holte eine Waffe heraus, die wie Kinderspielzeug aussah. Aber sie war echt und nicht aus Plastik. »Das ist für dich.«

»Für mich? Nein, das kann ich nicht. Was ist das?«

»Eine Uzi-Maschinenpistole. Du brauchst keine Angst zu haben, die ist absolut sicher – bist du einen umlegen willst.« Er dachte, das wäre auch witzig. Ich wich bis an die rissige Wand zurück.

»Ich sag dir mal was, Ned – Major, Sir. Als Mitglied der nichtkämpfenden Truppe brauche ich gar nicht bewaffnet zu sein. Ich schlage vor, Waffen werden nur an die Kampftruppen in den ... äh ... Schützengräben ausgegeben.«

»Na, das ist ja richtige Selbstaufopferung, Captain. Gute Haltung für einen Offizier. Aber du mußt dich verteidigen können.«

»Ich habe eine 22er Pistole zuhause.«

»Eine 22er? Oho! Wenn du damit einen umbringen willst, mußt du ihn mitten ins Auge treffen.«

»Ins Auge? Iih! ... Jedenfalls, für die habe ich einen Waffenschein, und mir ist sie auch recht.«

»Na gut, dann. Ich will dir keine Befehle geben. Einstweilen.« Er küßte die Uzi und legte sie so zärtlich zurück in die Kiste, wie eine Mutter ihr Kind in die Wiege betten würde. »Weißt du, warum die alten Griechen unschlagbar waren? Sie waren eine Armee von Liebenden, weißt du.«

»Sie sind aber geschlagen worden, von den Römern, den Türken, den ...«

Er wollte es nicht hören. »Deswegen werden wir diese Sache auch gewinnen, Matty. Weil wir auch Liebende sind.«

»Wir? ...« Der größte Teil meines Herzens rutschte mir in die Hose. »Du meinst im übertragenen Sinn. Als Redensart.«

»Mehr als nur das. Ab heute abend werden wir richtige Liebende sein. Und wir werden unschlagbar sein. Komm.« Dann beugte sich Ned zu mir hinunter wie der *Incredible Hulk*, packte mich in seine Arme wie Rhett seine Scarlett und schleppte meinen widerstreben-

den Körper hechelnd und keuchend die laut knarrende Treppe hinauf.
Die demütigendste Fortbewegungsart meines ganzen Lebens.
Er ließ mich im größten Schlafzimmer, das dicht mit Spinnweben durchzogen war, niederfallen und knipste eine schwache Birne an, die an einem Kabel hing.
»Ich habe dich schon lange bewundert, wußtest du das nicht? Aber es kam mir immer so vor, als würdest du mich verachten. Weil ich ja auch nicht gerade gut aussehe. Aber dies hier ändert doch alles, oder? Wir werden zusammen im Schützengraben liegen. Für die gemeinsame Sache.« Er zog so heftig an meinem Kaschmir-Jackett, daß ich fürchtete, er würde es in Fetzen reißen; ich zog es deshalb selbst aus. Er grinste über diese Bereitwilligkeit. »Ich wußte, du würdest es auch so sehen. Wir brauchen das beide.« Dann machte er sich über mein Hemd her, und wieder kapitulierte ich, indem ich es selbst auszog. Er hörte trotzdem nicht auf, an meinen Sachen zu zerren, bis sie alle um meine Knöchel lagen. Nach vollzogener Entkleidung glänzten seine Augen im gelben Licht. Seine rauhen Hände fuhren über meine Brust und meine Schultern. »Du hältst dich gut, Matty. Das gefällt mir, du hast den Körper eines Kämpfers.« Er küßte mich auf den Hals, und sein knisternder Bart kratzte meine nackte Schulter. »Und jetzt vögeln wir.«
In diesem Moment tat mir das Ungetüm so leid, daß ich ihm am liebsten wirklich einen geblasen hätte, damit es endlich vorbei war. Das wäre nicht mein erster Wohltätigkeitsakt gewesen. Aber da zog Ned seine Hose aus, und hervor kam der größte Schwanz, den ich jemals an einem Weißen erblickt habe.
Er schaute stolz auf das Monster hinab, während ich mich nach einem Fluchtweg umsah. Aber mein Freier stand zwischen mir und der Tür. Und hinter mir war nur das kaputte Fenster, durch das die nächtliche Brise vom Fluß hereinkam und meinen nackten Hintern kühlte.
»Der wird sich in deinem kleinen Hintern toll anfühlen, Matty.«
»Bist du verrückt?«
Das Ding mußte schlaff mindestens dreißig Zentimeter lang sein.
»Wir vögeln und wir kämpfen zusammen. Wie die dreihundert

Spartaner.« Er streckte seine Arme aus und kam auf mich zu wie ein liebeskranker Grizzly. »Meistens tut es erst weh. Aber du wirst dich dran gewöhnen.«

Das war's, was ich brauchte, um auf das Fenster zuzuhechten. Etwas Glas war immer noch an den Ecken, also kreuzte ich einfach meine Arme und warf meinen unbekleideten Leib durch die Scheibe auf das verrottete Verandadach. Ich rollte immer weiter, bis ich halb über der verrosteten Dachrinne hing und schließlich auf der morschen Veranda landete. Auf den Füßen. Ned streckte seinen Kopf aus dem Fenster und bellte: »Matty! Wo gehst du hin?«

Mein Sprung in die Freiheit hatte mich nicht ernstlich verletzt, aber ich war noch nicht ganz fähig, meine Wunden zu zählen. Immer noch stand ich mitten auf der Port Street, hatte nur meine Schuhe und eine (fabelhafte) Piaget-Uhr an. Vergeblich suchte ich nach irgendeiner Möglichkeit der Bedeckung. Wenn bloß Karneval wäre, dann könnte ich einfach ein Stückchen Plastik-Perlenkette um meinen Pimmel wickeln, und keiner würde mich auch nur eines zweiten Blickes würdigen.

Ein paar Scheinwerfer näherten sich, und ich duckte mich hinter einer Muttergottes aus Terracotta im nächsten Hof, bis sie vorüber und um die Ecke in die Burgundy Street gebogen waren.

Warum rennen Nackte? Ziehen sie damit nicht mehr Aufmerksamkeit auf sich, als wenn sie so unverschämt herumschlenderten, als ob sie ganz zu Recht völlig unbekleidet an diesem Ort wären? Gegenüber hob sich eine Gardine und fiel wieder herab. Ich rannte wie ein Besessener.

An der nächsten Ecke orientierte ich mich und merkte, daß Gilda Voitier bloß fünf Ecken weiter wohnte. Aber das waren, so ganz ohne Deckung, fünf sehr lange Blocks. Ich kauerte einen Augenblick lang auf einer Beton-Stufe, dann erspähte ich meine Rettung. Müll.

Die guten Hausbesitzer von Marigny hatten ihren Müll für den nächsten Morgen rausgestellt. Säuberlich um einen Telefonmast herumgruppiert, standen Tonnen, den Deckel fest verschlossen, aufgetürmte Kartons, Bündel mit gestutzten Zweigen und mein neuer Anzug – ein Plastikmülltüte.

Ich sprintete hinüber und nestelte das Band auf. Es war zwar nur die kleine gelbe Küchengröße, aber es würde die schlimmsten Stellen verhüllen.

»Ich brauche es mehr als ihr», sagte ich zum Müll, als ich ihn in den Rinnstein fallen ließ. Hinter mir hörte ich lautes Mißfallensschnalzen und wirbelte panisch herum. Eine männliche Hure, etwa 16 Jahre alt, hatte jede meiner Bewegungen beobachtet.

Der Junge sah aus, als hätte er schon den schlimmsten Teil eines sehr anstrengenden Tages hinter sich, und schwankte, als er mißbilligend mit den Fingern auf mich zeigte.

»Sie verschmutzen die Straße«, sagte er in einem Singsang, dann wackelte er weiter die Straße runter – besseren Aussichten entgegen. (Mit einem Blick hatte er gesehen, daß ich kein Geld hatte.)

Ich zog, so gut es ging, die leere Tüte um meine Taille und setzte meinen verstohlenen Weg zu Gilda fort. Gottlob war die Gartentür nicht abgeschlossen, so daß ich mich nicht auf dem Zaun zu kastrieren brauchte. Und oben brannte ein Licht.

Ich wagte nicht, laut nach ihr zu rufen, sondern hob einige zertretene Muscheln vom Weg auf und warf sie gegen ihre Fenster. Nach beinahe fünf Minuten und dreißig Muscheln ging die Balkontür auf und Gilda trat heraus. Ihre Zigarette glühte im Dunkeln.

»Wer ist da unten?«

»Psst! Ich bin's, Matty!« Dann mußte ich meinen plastikverpackten Körper im mondbeschienenen Hof zeigen.

Gilda trug eine bodenlange Robe aus tomatenrotem Satin, passend zu ihren Lippen und den zentimeterlangen Fingernägeln. Von der Schlafzimmerlampe hinter ihr angestrahlt, wirkte sie ganz wie eine Pariser Kurtisane der Belle Epoque. In Sepia.

Sie hob ihre schweren Lider. »Matty Sinclair? Was zum Teufel treibst du nackt da unten?«

»Möchtest du dich länger mit mir unter den Sternen unterhalten oder läßt du mich rein?«

»Hm. Das muß ja 'ne Party gewesen sein.«

Sie verschwand vom Balkon, und ich raste wie ein Eierdieb zu ihrer Hintertür.

Gilda Voitier und ich sind übrigens Cousins dritten Grades über unseren Groß-Groß-Großvater Maximilian Sinclair. Max besaß eine riesige Plantage jenseits des Flusses und war reich und privilegiert genug, um ausschließlich nach seinem Geschmack zu heiraten. Und der war buntscheckig. Ich stamme von seiner zierlichen ersten Frau aus Acadia ab und Gilda von seiner zweiten, einer berühmten Schönheit von den Westindischen Inseln.

Max kaufte sich unter General P. G. Beauregard ein Offizierspatent und starb in Shiloh. Kurz darauf wurde die Plantage in kleine Parzellen aufgeteilt.

In der Rekonstruktionszeit florierte der farbige Teil der Familie gemeinsam mit den Spekulanten aus dem Norden, während die Weißen ihre bürgerlichen Ehrenrechte verloren. Aber in den folgenden Generationen glich sich alles wieder aus. Die Sinclairs haben in ihren zweieinhalb Jahrhunderten in der Neuen Welt etliche Vermögen gewonnen und verloren.

Gilda öffnete ihre Hintertür, ließ mich hineinschlüpfen und schob dann den Riegel vor. Sie hielt immer noch ihre Zigarette in der Hand.

»'n Abend, Baby. Wie nett, daß du mal vorbeikommt.«

Lässig zog sie an ihrer Gauloise und stieß langsam den Rauch wieder aus, der sich um sie herumschlängelte, als sie ausgiebig meine virile Nacktheit bilanzierte.

Ich ließ das Plastik fallen und streckte die Arme aus, um ihr einen Gesamtanblick zu gönnen. Mir war kein Hauch von Scham mehr geblieben.

»Du bist mir einer, Matty. Schade, daß du schwul bist.«

»Für dich ist es doch egal, Cousinchen. Du weißt, daß ich nie jemanden lieben könnte, der raucht.«

»Was du nicht sagst.«

Gilda hat eine langsame, schläfrige Art zu sprechen. Das und ihre schweren Lider lassen sie immer etwas verschlafen wirken. Aber sie ist die wachste Frau, die ich kenne.

»Kannst du mir zufällig irgendetwas Kleiderartiges geben? Oder soll ich Robin anrufen, er soll mit meinen Hosen herkommen?«

»Nein, ich habe ein paar Klamotten hier.« Sie wühlte in ihrem Kleiderschrank und kam mit einer Levi's und einem schwarzen Rollkra-

genpullover zum Vorschein. »Die werden dir passen. Damit kannst du nach Hause gehen. Magst du immer noch Sazeracs?«
»Milde. Ja, bitte.«
Die Jeans waren für einen größeren, schwereren Mann. (Ich fragte nicht, welchen.) Aber sie blieben oben. Ich zog den Pulli an und ging zu meiner Gastgeberin an die Bar.
»Und wie läuft der Wahlkampf?«
»Es geht.«
Gilda verdient ihr Geld im ältesten Beruf in Louisiana. Politische Zuhälterei. Sie gehört einem der einflußreichsten Clans in einer Gegend an, wo Mandate übereignet und vererbt werden wie in anderen Familien das Geschäft. Die Voitiers kontrollieren seit fast vierzig Jahren einen Abgeordnetensitz des Bezirks, der vom Vater auf den Sohn, vom Onkel auf die Nichte übergeht. Sie behalten ihre Macht, indem sie ihre Anhängerschaft ausbauen, den Allierten der Saison helfen, die Feinde der Saison bekämpfen, in den Wahlkreisen Stimmen werben, Telefonkampagnen machen und Wähler mobilisieren. Aus reiner Freundschaft tun sie das nicht, und nie tun sie es gratis.
Sie schnalzte mit der Zunge und machte endlich ihre Zigarette aus.
»Ich arbeite gerade für Hubie Jeffersons Wahlkampf.«
»Ich weiß. Guter Mann.«
»Gut schon. Aber schwarz.«
»Sind das nicht die Hälfte der Leute in der Stadt?«
»Richtig, Matty. Aber die meisten Wähler sind weiß.«
»Na und? Wir weißen Wähler haben einen schwarzen Bürgermeister gewählt. Zweimal.«
»Das nennst du schwarz? Meine Güte, die Familie Seiner Ehren geht schon, solange man zurückdenken kann, als *blanc* durch. Sie wollen nichts mit Leuten mit schwarzer Haut zu tun haben.« Ihre Zitronenschalen waren frisch. Gilda war allzeit bereit für Gäste.
»Das ist nichts Neues. Niemand legt mehr Wert auf Farbe als hellhäutige Neger. Und ihr Voitiers wart, bevor *black beautiful* wurde, die größten Snobs von New Orleans.«
»Das war vor meiner Zeit.«

In New Orleans waren Menschen gemischten Bluts nie Sklaven.
Die ersten französischen Siedler hatten nicht genug weiße Frauen zur Auswahl, und deshalb nahmen viele schwarze Frauen. Deren Nachkommen wurden dann schon in den frühesten Siedlertagen als »freie farbige Damen und Herren« klassifiziert. Sie horteten Vermögen, besaßen große Güter, auf denen sie unzählige Sklaven arbeiten ließen.
In Französisch-Louisiana haben Mulatten sich immer für eine eigene und privilegierte Klasse gehalten. Und immer noch strahlen sie die selbstbewußte Blasiertheit aus, die unangefochtenen Aristokraten angeboren ist.
Die Bürgerrechtsbewegung hat hier nie Fuß fassen können, weil es schwierig ist, Millionäre davon zu überzeugen, das System zu ändern.
Gilda gab mir den Drink, und ich trug ihn zur Wand mit den Fotos. Hier hingen Bilder der Sinclair-Voitiers bis zurück zu den 1870ern. Längst verstorbene Männer und Frauen, die in anmutigeren Zeiten über die farbige Gesellschaft herrschten. Lächelnd standen sie unter Panama- und Wagenrad-Hüten, ihre Familien um sich geschart. Stolze Patriarchen und Matronen, ernsthafte junge Ehemänner und -frauen und die privilegierten Kinder, die weiß aussahen. Im Hintergrund ihre Häuser, umgeben von weiten, manikürten Rasenflächen und getrimmten Hecken. Und ihre Wagen, jeder der feinste seiner Epoche.
Unbeabsichtigt tauchten auf manchen Bildern auch andere Helden auf. Am Rande, nicht dafür vorgesehen, in das Familienportrait miteinbezogen zu werden, stand ein schwarzer Gärtner über seine Rosen gebeugt. Oder ein dunkelhäutiges Kindermädchen wartete darauf, daß die ihr anvertrauten hellhäutigen Jungen in ihre Obhut zurückkehren.
Gilda kam herüber und schaute mir über die Schulter.
»Das Leben ist längst vorbei, Baby. Gelb, gebräunt, braun, schwarz ... jetzt sind wir alle eine Rasse.«

Eine halbe Stunde später war ich daheim und schüttete die quälende Geschichte meiner tödlichen Bedrohung und Ausplünderung über

Robin aus. Aber statt Mitleid zu zeigen, lachte die schamlose Hure nur und klatschte in seine feisten kleinen Hände.

»Ned wollte dich vergewaltigen? Was fürn Ding! Warum hast du dich nicht einfach hingelegt und es genossen? Das mache ich immer.«

»Weil er mir mit dem Ding die Vorderzähne ausgeschlagen hätte, du Idiot!«

»Hast du die Polizei angerufen und die ganze Geschichte rausgeplärrt?«

»Mach dich nicht lächerlich.«

»Andererseits, vielleicht ist es deine Schuld, Matty. Bist du sicher, daß du ihn nicht angemacht hast? Warst du herausfordernd angezogen?«

»Ach vergiß es, laß mir lieber ein Bad einlaufen. Ich habe nie auf Gorillas gestanden, das weißt du doch.«

Robin stand vor dem Wäscheschrank und suchte schreiend-pinkfarbene Handtücher raus.

»Ned braucht unbedingt Benimm-Stunden. Aber du mußt zugeben, daß das eine gute Idee ist. Schwule Bürgerwehr! Eine Armee, nur um uns zu beschützen? Das ist herrlich!«

»Herrlich? Denkst du nur noch mit deiner Möse? Das ist ein weißer Idi Amin, den wir hier haben. Ich glaube, er will allen Heteros den Krieg erklären.«

»Ja und, was unternimmst du? Erzählst du's Frank?«

»Muß ich. Sobald ich weiß, wie, ohne daß es Big Ned rausfindet. Ich mußte Geheimhaltung schwören.«

»Toll!«

»So wie ich Ned kenn, wird er mich als Verräter zum Tod durch Erschießen verurteilen.« Ich zog mich aus. (Die Kleider eines schwarzen Mannes.) »Jedenfalls konnte ich meine Unschuld retten.«

ACHTES KAPITEL

MITTWOCHABEND

Es war weit nach Mitternacht, als der gute Lieutenant die Stirn hatte, an meine Tür zu klopfen. Aber ich war noch wach, weil ich endlich Kabel hatte und mir ansah, wie sich auf HBO die köstliche Nastassja Kinski in einen Panther verwandelte.

Frank war bestürzt, aber nicht, weil er mich gestört hatte. Er warf sich in meinen Sessel und fuhr sich über die Stirn.

»Das muß doch ein zufälliger Mord gewesen sein, Matty. Wir haben die ganze Zeit gedacht, es hätte jemand etwas persönlich gegen Loomis. Aber da müssen wir falsch gelegen haben. Sie haben gerade noch einen im *Ramrod* gefunden.«

»Noch ein Klappenlochmord?«

»Und nicht besser anzusehen als der erste, glaub mir. Ich habe schon überlegt, das Drecksloch einfach zuzumachen. Aber das würde uns ja auch nicht helfen. Es ist wohl besser, ein paar Polizisten in Zivil da zu postieren und soviel mitzukriegen, wie es geht.«

»Die werden gar nichts mitkriegen. Übrigens, für wen wird denn die Messe gelesen?«

»Das Opfer wurde als Pat Russo identifiziert.« Zur Stärkung fächelte sich der fesche Kriminale mit seinem Dienst-Notizbuch zu. »Ein Angestellter der Republikaner. Der Mann war behindert, sein linkes Bein war zwölf Zentimeter kürzer als das rechte. Er trug deswegen eine Schiene und orthopädische Schuhe. Russo war 42, 1,62 groß und wog 124 Kilo.«

»Klingt ja traumhaft.«

»Mein Gott, Matty! Du jedenfalls solltest doch mit dem armen Teufel etwas Mitleid haben. Er war häßlich. Sogar grotesk. Und dann noch ein Homo. Was also hatte er in seinem Sexualleben zu erwarten, von einer ›erfüllten Beziehung‹ mal ganz abgesehen?«

Hochmütig zog ich meinen königspurpurnen Satinhausmantel enger um mich. (Ich bin ein Winter und sehe in Purpur einfach bombastisch aus.) »Ich habe kein Mitleid mit häßlichen Leuten. So viel Fantasie habe ich gar nicht.«

»Aber sogar mir ist klar, daß es für Russo hieß: entweder Klappenloch oder gar nichts. Er hatte, soweit wir wissen, keine Liebhaber oder auch nur enge Freunde.«

»Er war Republikaner ... Bedien' dich an der Bar.«

Frank, obwohl er den ganzen Reichtum meines Schranks zur Auswahl hatte, nahm nur ein bekömmliches Heinecken und goß es in einen gekühlten Bierseidel.

»Keiner seiner Mitarbeiter in der Partei wußte von seiner Veranlagung. In seinem Job war es lebenswichtig, sie geheim zu halten.«

»Demokraten hätten nichts dagegen gehabt.«

»Wahrscheinlich nicht. Rico Spiotti sagte, daß er Stammkunde im *Ramrod* war. Einmal pro Woche kam der arme Kerl hereingehumpelt und ging gleich nach hinten durch. Da hast du die gesamte soziale Interaktion, die der jemals hatte. Heute abend ging er, wie üblich, auf die Toiletten und wurde eine halbe Stunde später tot gefunden. In der gleichen Art verstümmelt wie Loomis.« Washington zuckte zusammen, zweifellos spürte er wieder die Hutnadel.

»Siehst du jetzt, warum es in seinem Privatleben keinen offensichtlich Verdächtigen geben kann? Russo hatte keine Privatleben.«

»Was ist mit den Kollegen?«

»Auch keine naheliegenden Verdächtigen. Er war Koordinator im Büro eines Volksvertreters in St. Bernard. Kongreßabgeordneter Wayne Tibbet.«

»Tibbet? Woher kennen wir den Namen?«

»Weiß nicht. Er ist oft im Fernsehen und wirbt für konservative Anliegen.«

»Das ist es nicht ... Ich weiß. Er war bei Loomis' Kindermißhandlungspicknick.«

»Siehst du eine Verbindung? Auf dem Picknick war der ganze Stadtteil.«

»Und Politiker kennen alle. Aber vielleicht kannten Loomis und Russo sich persönlich. Prüf das ... Nein, warte. Hat Tibbet nicht dagegen gestimmt, das Sodomiegesetz außer Kraft zu setzen?«

Washington grinste wie eine Cheshirekatze. »Genau das hat er.«

»Dann gehe ich selbst. Vielleicht kann ich ihm das Ding anhängen. Weißt du, wer vorbeikam, um uns bei den Ermittlungen zu helfen?«

»Die Muppets?«

»Die süße Darla Welk.«

»Mhh? Was wollte denn die Mafia-Prinzessin von dir?«

»Nur eine Lampe klauen. Und beiläufig andeuten, daß H. R. Loomis kurz davor stand, mit ihrem Daddy ins Geschäft zu kommen. Für politische Unterstützung.«

»Hat sie das gesagt?« Frank kratzte seinen stacheligen Kopf. »Erstens würde ich Darla noch nicht einmal glauben, daß die Sonne untergegangen ist. Zweitens hätten Manguno und seine Jungs nicht lange gefackelt, wenn Loomis sich zum Kauf angeboten hätte und sie ihn gebrauchen könnten.«

»Ganz meine Meinung.«

»Und dann ...« Er wischte den Schaum vom Schnurrbart. »Nach allem, was wir über Loomis wissen, glaube ich sofort, daß er sich angeboten hat. Also folgere ich, daß die Mafia ihn nicht brauchte. Gott weiß, die haben schon genug Politiker in diesem Staate. Nichts leichter als das in Louisiana.«

»Genau. Nimm mal an, die Mafia hatte schon alles fest geplant und wollte Loomis aus ihrem Revier fernhalten. Und Darla kam vorbei, um eine Nebelkerze zu werfen.«

»Verdammte Scheiße!« Frank verschüttete etwas Bier in seinem Schoß. »Und wenn wir jetzt die ganze Zeit hinter der Mafia her waren? Ich hatte gehofft, es wäre bloß ein lausiges Verbrechen aus Leidenschaft. Frau, Freundin, Freund, alles, bloß kein anonymer Killer. Verdammt! Diesen Fall kriegen wir nie hin!«

»Fasse Mut, mein dunkler Freund. Das Glück kann sich wenden.«

NEUNTES KAPITEL

DONNERSTAG

Mein hinterhältiges Telefon piepste mich aus dem Schlaf, als ich mich gerade John Travolta hingeben wollte. Da die meisten meiner Freunde tagsüber schlafen, bekomme ich vor sechs Uhr abends mei-

stens nur geschäftliche Anrufe. Ich war daher versucht, das Telefon herauszuziehen und weiterzuschlafen, um zu sehen, wie es mit John weiterging. Aber aus irgendeinem Pflichtgefühl heraus grunzte ich eine Antwort. Heute morgen war es jedoch kein Angebot für diebstahlsichere Fenstergitter, sondern Frank Washingtons gehetzte Stimme, die den Lärm des Reviers übertönte.
»Matty? Ich habe den Autopsiebefund von Pat Russo.«
Das war es nun bestimmt nicht wert, eine große Liebesaffaire zu unterbrechen, weil ich an fetten Schwuchteln selbst dann nicht interessiert bin, wenn sie noch leben.
Er berichtete trotzdem. »Hör mal, an Russos Mord ist etwas komisch.«
»Das kann ich dir sagen.«
»Nein, ich meine, er wurde nicht so umgebracht wie Loomis.«
»Ich habe doch die Bilder gesehen. Es sah genauso aus. Pimmel im Loch festgesteckt. Was willst du mehr?«
»Aber es gibt einen großen Unterschied. Russo ist erst getötet worden. Mit einem Eispickel auf die Schädelbasis.«
»Dann war er schon tot oder jedenfalls im Sterben, als ...«
»Als jemand seinen Penis mit einer Zange oder was anderem abriß und durch das Loch steckte. Aber warum sollte jemand den Eindruck erwecken, alles sei wie beim Loomis-Mord, aber ganz anders arbeiten?«
»Er wollte das Risiko nicht noch einmal eingehen. Es könnte ja sein, daß ein lebendes und gesundes Opfer einen schrecklichen Aufstand veranstalten würde, wenn man es an die Wand fixiert und ihm das ätzende Soda eingeführt hätte.«
»Ja, natürlich wehrte er sich. Glaubst du, er hat einen Knicks gemacht und danke gesagt?«
»Wohingegen es einem Toten egal ist. Das müßte es leichter machen.«
»Immer noch nicht so leicht. Aber wenigstens mußte Russo nicht so leiden wie Loomis. Wir halten einige Einzelheiten vor der Presse zurück, aber ich dachte, ich erzähl es dir, Matty. Kann sein, daß wir es mit einem Trittbrettfahrer zu tun haben. Mit zwei Mördern.«

Die Sekretärin des Kongreßabgeordneten Tibbet war so, wie man es erwarten konnte. Schnippisches Plastik. Makelloses Polyester in den falschen Farben. Falsch für jeden. Der Name auf ihrem Schild war Nancy Bennett, das paßte. Ich zeigte ihr meine Dienstmarke und gab meine Jack Webb-Vorstellung.

»Tag, gnädige Frau. Ich bin Matt Sinclair, Sonderkommissar, Polizei. Ich bin mit Mr. Tibbet verabredet.«

»Der Abgeordnete wird in genau« – sie prüfte es auf ihrer Timex – »sechs Minuten von seiner Sitzung zurück sein. Wollen Sie sich nicht setzen?«

Der Stuhl, den sie mir anbot, war eine Mißgeburt aus Schaumgummi, bezogen mit faulig orangefarbenem Skai. Nicht, solange ich widerstehen konnte. »Ich stehe lieber.« (Lieber würde ich hängen!)

Nancy nahm einen kurzen Abschied von ihrer Rolle als Miss Zugeknöpft.

»Sie werden nach Pat fragen, nicht wahr? Der arme Mann. Er war Christ, wissen Sie!«

»Hm, sind das nicht die meisten?«

»Nicht so wie er. Er war so, ja, die Art von Mann, der keine Angst hat zu sagen, ›Ich bin ein Christ‹, wissen Sie? Und ein sehr frommer Mann. Er glaubte an die Bibel, aber buchstäblich.«

»Muß ein Schwachsinniger gewesen sein«, dachte ich. Was ich sagte, war: »Die Polizei ist sehr bestürzt über diese Tragödie.«

»Oh ja! Wir auch.« Weil dies für eine Debatte im Sitzen ein zu delikates Thema war, kam sie hinter ihrem Schreibtisch hervor. Beine von Steinway. »Alle mochten Pat. Ich meine, keiner mochte ihn nicht. Er arbeitete mehr als jeder andere in der Partei. Er blieb, wenn alle schon heimgegangen waren und ...«

Ich ließ ihr Gewäsch weiterplätschern und betrachtete die Fotos, die eine Wand des Empfangsraums pflasterten. Die typischen Arm-um-Schulter-Posen des ehrenwerten Wayne E. Tibbet mit Ford, in die Kamera grinsend. Mit Bob Dole, mit dem republikanischen Gouverneur des Staates, und sogar eines mit Nixon. (Oh, welch himmlische Zeiten!)

Nancy wollte nicht aufhören. »In der letzten Zeit war Pat immer schon da, wenn ich morgens kam. Ich dachte, er hätte die Nächte durchgearbeitet. Er war wirklich engagiert.« Dann sah sie, wohin ich guckte. »Der Abgeordnete ist in der Partei sehr beliebt. Er versteht sich mit allen wichtigen Leuten.«

Ach? Buchstäblich jeder versteht sich mit einem Politiker. Jeder beliebige Amtsträger würde einen syphilitischen Axtmörder abküssen. Nur, weil auch Axtmörder eine Familie haben, und Familien wählen.

»Und sehen Sie hier.« Sie streckte einen manikürten Fingernagel aus. (Lack abgesprungen.) »Das ist aufgenommen, als er Ehrenbürger bei den Houma-Indianern wurde. Und hier hat er den Silver Star bekommen; er war in der Spezialtruppe in Vietnam. Er hat bei der Armee Jura studiert, wissen Sie. Er ist ein wunderbarer Patriot. Und hier spielt er Fußball in Tulane.«

»Ein faszinierender Mann«, log ich höflich.

»Ja, das stimmt. Aber schließlich muß jeder Republikaner, der in Louisiana eine politische Karriere machen will, außergewöhnlich sein. Vor ein paar Jahren noch war es ja unmöglich, hier gewählt zu werden.«

»Das war vor der Zeit, als die nationale Grand Old Party hart und entschlossen Geld von außerhalb hier reinschüttete und die Minderheit im Kongreß ausbauen kam.«

Nancy blickte verständnislos. Als ob ihr diese Taktik nie in den Sinn gekommen wäre.

Nach genau sechs Minuten ihres Geschwätzes hatte der Kongreßabgeordnete Wayne Tibbet seinen Auftritt. Und was für einen idiotischen. Ich dachte, seine Fan-Fotos läßt er sich wohl von Avedon machen.

Der Depp war zehn Jahre älter, kleiner, blasser, wabbliger als das Bild auf seinen Wahlplakaten. Er versuchte, in klassischer Manier Jugend und Kraft vorzutäuschen: mit einer Matte, die ihn ein schönes Stück Knete gekostet haben mußte. Aus einiger Entfernung sah das Ding beinahe echt aus. Es verriet sich jedoch durch seine Einfarbigkeit. Wenn ein alternder Naziß schon so tun muß, als hätte er noch Haare, sollte er wenigstens nicht so tun, als seien sie auch noch braun.

In der Ecke lagen ein paar Hanteln, die seinen stämmigen Rumpf hätten erklären können, aber sie waren reine Dekoration. Ich vermutete, daß Tibbets Schultern mit Schaumstoff gepolstert waren. Wie die von Raymond Burr, als sie in den späten Tagen der alten Mason-Serie versuchten, sein Fett zu verstecken.

Die anderen Zutaten für eine jüngere Erscheinung waren eine halbe Flasche Bräunungscreme, die mitten am Hals nicht mehr bräunte, und Fliegerbrillen mit gelb getönten Gläsern. (Gott helfe uns allen!) Er steigerte die Farce noch durch sportliche Kleidung, die für einen Studenten angemessen gewesen wäre. Tibbet würde nie mehr fast vierzig sein.

Er bat mich in sein privates Büro und schüttelte meine Hand, ob ich wollte oder nicht.

»Sehr erfreut, Sie kennenzulernen, Mr. Sinclair. Ich helfe Ihnen bei dem Russo-Vorgang, wo immer ich kann.«

Das war zweifellos die joviale Art, die er für bittstellende Wähler übrig hatte. Ich nahm einen steiflehnigen Stuhl aus der Ecke, stellte ihn genau neben ihn und lehnte mich, das Kinn in der Hand, auf den Schreibtisch.

»Der Russo-Vorgang war ein Mord, Mr. Tibbet.«

»Ja natürlich.« Falls ihn meine Invasion seines persönlichen Bewegungsspielraums unruhig machte, verbarg er es gut. »Ich habe Freunde bei der Polizei.« Das war ein Wink. »Sie haben mir alle Umstände von Pats Tod genau erzählt. Und ich sage Ihnen, ich war schockiert.«

»Das glaube ich.« Nicht zu aufdringlich nahm ich einen kleinen Kassettenrekorder aus meiner Manteltasche, stellte ihn zwischen uns auf den Tisch und drückte auf den On-Knopf.

Der ehrenwerte Staatsdiener wußte nicht, ob er zu mir oder ins Mikrofon sprechen sollte. Er räusperte sich. »Er hat mit mir in diesem Büro gearbeitet. Und ich hätte nie gedacht, daß er deviant wäre.«

»Deviant?«

»Er benahm sich gar nicht pervers. Ich schwöre, daß man es ihm nicht ansehen konnte. Normalerweise erkennt man sie ja.«

»Tatsächlich? Wie denn, das würde ich gern wissen?«

»Oh, wie sie reden, sich bewegen ...« Da sah er mich lächeln, und

in dem Moment dämmerte es ihm. Er versuchte, es wieder hinzukriegen. »Natürlich verurteile ich Leute nicht dafür, wie sie sind. Alle sind Kinder Gottes, sage ich immer.«
Ich ließ nicht locker. »Sie haben ja gegen das Gesetz gestimmt, mit dem gewisse private Handlungen zwischen einverständigen Erwachsenen entkriminalisiert werden sollten.«
»Ja, habe ich, nach viel Gewissenserforschung. Aber ... nun ... das ist eine Frage der öffentlichen Moral. Unsere Gesellschaft ist in größerer Gefahr, von innen her zu verrotten als das alte Rom, weil ...«
Er deutete mit seinen Tatzen auf ein Farbfoto auf dem Schreibtisch. »Ich habe Kinder, verstehen Sie.«
Das Portrait war von einer typischen Politikerfrau, brünett und verkniffen, und von vier typisch amerikanischen Kindern. Die Frau sah nach jahrelanger Vernachlässigung aus. Und die Kinder sahen verwöhnt aus. Verwöhnt mit Geld, mit allem anderen zu kurz gekommen. Seelenlos.
Tibbet warf sich in die Brust und tätschelte das Bild. »Da sehen Sie meine ›Hobbies‹. Immer, wenn ich ein neues Gesetz lese, denke ich daran, wie es für sie wäre. Meine Frau und meine Kinder.«
Diese Rede kam mir bekannt vor. Sie war während des letzten Wahlkampfs in einem Dreißig-Sekunden-Spot gelaufen, und ich hatte keine Lust, sie noch mal über mich ergehen zu lassen.
»Mr. Tibbet? Wer wollte Pat Russo töten?«
Er rückte seine Brille zurecht und blinzelte. »Warum ... ah ... keiner. Er hatte nicht einen einzigen Feind in der ganzen Welt.«
»Dann ist er jetzt auch nicht tot.«
Tibbet rollte mit seinem spezialangefertigten Drehstuhl von mir weg. »Keine persönlichen Feinde, meine ich. Er war in seiner Arbeit sehr gewissenhaft. Tat sie und ging nach Hause, wenn er fertig war.« Er trommelte auf den Tisch. Weil seine Maniküre besser war als die seiner Sekretärin, war sein Nagellack durchsichtig und nicht abgesplittert. »Hören Sie, wenn man bedenkt, was er für ein Leben führte, ist es nicht mehr so überraschend, oder? Diese Leute werden immer umgebracht, und niemand denkt sich was dabei.«
»Gesprochen wie ein guter Republikaner. Aber ich bin gekommen, um Sie zu Hubert Loomis zu fragen.«

»H. R.?«

»Ich suche nach einer Verbindung zwischen diesen beiden Opfern, Loomis und Russo. Sie sind die Verbindung.«

»Ja, ich kannte beide gut.«

»Kannten die zwei sich?«

»Klar. H. R. bat mich, Pat einzustellen. Er war ein Krüppel, wissen Sie. Und die Arbeit in der Kranfirma war für ihn zu anstrengend, also nahm ich den Jungen hierher und« – er klopfte den Tisch anstelle seiner eigenen Schulter – »bereute es nie. Nicht eine Minute.«

»Wie gut kannten Sie Loomis?«

»Ich betrachtete ihn als meinen besten Freund.«

»Oh Gott. Nicht noch einer.«

»Wie bitte?«

»Sie sind der dreizehnte beste Freund, den wir bis jetzt vernommen haben.«

Ob dieses Zweifels an seiner Behauptung zeigte er die Zähne. »Ich kannte H. R. schon, als wir in Tulane waren. Er war Erstsemester, und ich war schon Jurastudent in höheren Semestern. Aber schon damals erkannte ich sein großes Potential.«

»Für was?«

»Na ...« Das brachte ihn einen Augenblick lang aus der Fassung. »Ehrgeiz zum Beispiel. Er ließ sich durch nichts zurückhalten. Er kam aus einer armen Familie, aber er wuchs über sie hinaus.«

»Über seine Familie?«

»Ich weiß noch, wie er jeden Nachmittag im Sprachlabor saß und Blut schwitzte, weil er diesen Asozialenakzent loswerden wollte. Heute würde keiner merken, daß er vom Lande ist. Klingt wie jeder andere.«

»Wie seine Vorbilder.«

»Sogar besser. H. R. wußte, wie man mit Leuten umgeht. Er gewann jede Studentenwahl, bei der er antrat. Der Junge war ein Naturtalent.«

»Klingt wie ein Politiker.«

»Hätte er auch sein können. Der hätte eines Tages sehr großen Einfluß im öffentlichen Leben haben können. Aber er wollte sich erst eine solide finanzielle Grundlage aufbauen.«

Mein Rekorder lief noch.

»Und?«

»Und deshalb habe ich ihm eine tüchtige Summe geliehen, damit er die Firma aufbauen konnte, als er sein Diplom hatte.«

»Sie haben Loomis Corp. finanziert?«

»Als stiller Teilhaber. Wir dachten, daß die Ölzulieferindustrie der schnellste Weg wäre, es hierzulande zu was zu bringen. Kundendienst für die Anlagen. Erst hat er sich die Füße naßgemacht und in Red Jessups Firma in Morgan City gearbeitet. Und dann, nach ein paar Monaten, war er so weit, sein eigenes Geschäft zu gründen.«

»So schnell ist er ein Experte für Bohrkräne geworden?«

»Nee.« Tibbet gluckste bei dem Gedanken. »Ganz unter uns, H. R. wußte nicht mal, wie man einen Schraubenzieher hält. Aber er hatte diese zwei Brüder auf dem Lande, Cyril und Verbus, die begnadete Mechaniker waren. Genies auf ihre Art.«

»Und das war alles, womit er anfing? Ihr Geld und seine beiden Spezi-Brüder?«

»Sieht aus wie eine ziemlich riskante Investition, nicht? Aber ich wußte, ich würde mein Geld zurückkriegen. Der Junge war der klassische Unternehmer.«

»Ich habe erfahren, daß es seine Spezialität war, Leute zu manipulieren.«

»Und welch ein Verkäufer! Das erste, was er anschaffte, war bedrucktes Briefpapier. Das feinste Bütten, mit dem neuen Firmensignet in Hellrot.«

»Erscheinung zählt.«

»Genau das hat H. R. auch immer gesagt. Wenn du was erreichen willst, mußt du so aussehen, als ob du es bereits hättest. Deshalb hat er sich in die teuerste Garderobe geschmissen, verschuldete sich für einen neuen Lincoln und besuchte alle großen Ölfirmen.«

»War das denn einfach?

»Oh, er tauchte da auf wie LBJ, Fred Astaire und der Chef von AT&T in einer Person. Er schmeichelte den Ingenieuren, die für den Einkauf zuständig waren, ging mit ihnen in Viersternerestaurants essen und trinken. Schickte sogar ihren Sekretärinnen Blumen. Und in der ganzen Zeit mußte Millicent bei den Alten Überstunden machen, nur damit Bohnen und Reis auf dem Tisch standen und die Miete bezahlt wurde.«

»Die herrliche Welt des Scheins.«

»Aber es funktionierte. H. R. brachte diese Ingenieure dazu, ihm praktisch aus der Hand zu fressen. Er zog Verträge an Land und ließ seine Brüder Bohrtürme von hier bis Mexiko warten. Er machte aus diesem kleinen halbseidenen Schuppen im nächsten Rechnungsjahr schon einen ernstzunehmenden Konkurrenten.«

»Nur kraft seiner Persönlichkeit?«

»Das war alles, was er auf der Welt zu verkaufen hatte. Er quasselte sich eine fabelhafte Scheibe vom Markt zusammen und machte seine Brüder zu Juniorpartnern. Er gab ihnen ein Stück vom Geschäft. Mit meiner Einwilligung, versteht sich.« Er nahm den Freien-Unternehmer-Ton an. »Wenn die Arbeiter ein Interesse an der Firma haben, dann arbeiten sie besser.«

»So heißt es in der Theorie.«

Tibbet lehnte sich zurück und sah aus, als ob er eine Zigarette wollte. Aber er zündete sich keine an. »Nach drei Jahren konnten H. R. und seine Brüder mich auszahlen. Mit Zinsen.«

»Die Loomises waren Mehrheitseigner, stimmt das?«

»Kann man so sagen.«

»Als dann also die Geschichte anfing, lukrativ zu werden, haben sie sich gegen Sie zusammengetan und Sie hinausgedrängt.«

»So habe ich das nicht gesehen.« Er kreuzte die Arme, körpersprachlich Widerstand signalisierend. »Seither bin ich fast jede Woche mit H. R. Mittagessen gegangen. Und habe ihn bei jedem Projekt, das er unternahm, unterstützt. Ich hätte ihm alles gegeben. Fast.« Er lächelte über diesen Witz wie einer auf dem Rednerpult. »Das heißt, ich würde natürlich niemanden an meine Frau ranlassen.«

Ich guckte noch einmal auf das Foto der Frau auf dem Schreibtisch. »Nun ja, da sind Sie ja augenblicklich bombensicher.«

Brandi Gillis öffnete die Tür, nur mit einem blau-roten Sonnenkleid angetan, das ihr nicht stand. (Dieses Mädchen hatte für Farben überhaupt kein Auge.) Dennoch, sie lächelte und ließ es spielerisch

von der Schulter gleiten, als ob sie mich verführen wollte. Sie wußte nicht, wie nahe sie dran war.
»Komm rein, Matty.« Sie tänzelte zu ihrem Küchenschrank und suchte ein Longdrinkglas hervor. »Ich kann dir heute was Stärkeres als Kaffee geben.«
»Noch nicht. Ich muß erst mal was Geschäftliches hinter mich bringen.«
Sie tat verletzt, und die Schulter ging wieder hoch. »Du meinst, dies ist gar kein Privatbesuch?«
»Du weißt gar nicht, wie privat er in ein paar Minuten werden wird. Aber erst das Unangenehme: Kanntest du Pat Russo?«
»Natürlich ... Kannte? Willst du sagen, daß er tot ist?«
»Scheußlich tot. Auf die gleiche Art wie Loomis.«
Sie setzte das Glas ab. »Das ist ja furchtbar. Pat war ein guter Mensch. So eine Art religiöser Fanatiker. Aber trotzdem war er süß. Ich habe ihn erst gestern noch getroffen.«
»Du kanntest ihn also gut?«
»Nur als Freund von H. R. Er hat uns gedeckt.«
»Wann?«
»Hm ... Einmal wollte er mit mir vor einigen stinkreichen Republikanern aus Baton Rouge angeben. Und natürlich konnte er nicht mit mir in die Öffentlichkeit. Also ist Pat als mein Freund mitgekommen.«
»War Tibbet dabei?«
»Nein. Es war ein Treffen von Finanzleuten.« Sie hob das Glas wieder, füllte es aber mit Diät-Cola. »Sie sprachen darüber, einen Wahlkampf für H. R. zu starten, und sagten, er sei der geborene Politiker. Und daß er Großes für die Republikanische Partei leisten könnte, wenn er nur den richtigen Ansatzpunkt fände. Sie wollten, daß er in einen anderen Bezirk zog und dann für den Kongreß kandidierte. Aber er wäre nie aus Belle Ormaie weggezogen. Das war sein Traumhaus.«
»Denkst du, daß H.R. gegen Tibbet hätte kandidieren können?«
»Wenn er sich Chancen ausgerechnet hätte, vielleicht. Ich weiß nicht.«
»Kann ich mal telefonieren?« Sie nickte etwas verblüfft, und ich

drückte Gildas Nummer. Sie antwortete so langsam, wie sie alles betreibt.

»Hier ist Matty Sinclair. Erzähl mir was über den Kongreßabgeordneten Wayne Tibbet.«

»Was denn, Baby?«

»Könnte man ihn bei den nächsten Wahlen schlagen?«

»Nie im Leben. Der Bezirk da draußen ist so verdammt rechtsradikal, daß da nur einer eine Chance hätte, und der ist tot.«

»Wer denn?«

»Adolf Hitler.«

»Ach so.«

»He, Tibbet braucht noch nicht mal Wahlkampf zu machen, wenn er nicht will. Aber der Kuchen da ist groß, und es gibt eine Menge politischer Freunde, die auch was abhaben wollen.«

»Danke, Cousinchen. Ich verspreche, das nächste Mal wähle ich deine Leute stramm durch.«

Ich legte auf und wandte mich Brandi zu. »Ich hatte den Ansatz einer guten Idee, aber sie taugt nichts ... Wo hast du denn Russo gestern gesehen?«

»Oh, Pat kam ins Büro, als ich aufräumte. Er sagte, er hätte dort ein Buch vergessen, und deshalb habe ich ihn selber suchen lassen.«

»Hat er sein Buch gefunden?«

»Ich glaube schon. Ich habe ihn nicht weggehen sehen.«

»Wußte Loomis, daß du vorbestraft bist?«

Sie sah überrascht aus. »Was hat denn das damit zu tun ...? Ich glaube, ich hab's ihm erzählt. Irgendwann zwischen Schreibtisch und Kopfkissen. Ist es wichtig?«

»Für mich nicht. Warum hast du mit dem Tanzen in der Bourbon Street aufgehört?«

»Warum? Na ja, ich war fast dreißig, meine Güte. Das Strippen hatte keine Zukunft. Nur eine Vergangenheit.«

»Du warst wirklich außergewöhnlich. Ich kann mich gut erinnern.«

»Danke, Matty. Aber ich wollte nicht für so einen Idioten-Job nach Houston gehen. Ich hätte hier nie anständiges Geld verdient. Aber das ist ja nett, nach so vielen Jahren einen Fan zu treffen.«

»Du kannst mich ruhig als Bühnenausgangsfan ansehen. Nur zehn

Jahre zu spät.« Ich nahm die Schachtel aus der Innentasche meines Mantels und überreichte sie ihr.
»Danke ... Huh? Was ist das?« Brandi guckte verhalten mißtrauisch, als sie das Geschenkband aufknüpfte.
»Du brauchst keine Angst zu haben. Es ist keine Briefbombe.«
»Pralinen? Nein.« Sie nahm das Seidenpapier auseinander und schnappte nach Luft. »Ohmeingott, Perlen!«
»Mikimoto elfenbeinfarbene Eins A Perlen. Ausgesucht, um deinem Teint zu schmeicheln.«
Sie rieb die Kette in den Händen, dann zog sie sie durch die Zähne. »Sie sind echt! Aber sie müssen ein Vermögen gekostet haben.«
»Ein bißchen weniger, wenn man einen ehemaligen Liebhaber in der Branche hat. Davon abgesehen, erwarte ich, daß sie sich auszahlen.«
Sie hob die Perlen ans Licht. »Was ist denn jetzt los? Hast du gerade eine Frauenwoche oder was?«
»Für dich könnte ich sie auf neun Tage verlängern.« Ich zog meinen Mantel aus und knotete den Schal auf. »Ich habe keine ansteckenden Geschlechtskrankheiten. Du?«
»Ich?« Sie war vor dem Spiegel im Flur. »Nein, nein, ich bin sauber ... Sie sind makellos! Und sie müssen mindestens sechs Millimeter groß sein.«
»Sieben. Ich bin froh, daß sie dir gefallen.«
Etwas weiß ich ganz genau über Frauen. Sie lieben schöne glitzernde Sachen. Sie reagieren immer auf einen Köder.
Sekunden später trug sie ihre neuen Perlen. Und Minuten später nur noch die Perlen.

Brandi zog die Jalousien hoch, um den orangefarbenen Sonnenuntergang hereinzulassen, ein perfekter Hintergrund für ihre honigsüße Nacktheit.
»Du scheinst dich mit Frauen auszukennen, Matty.«
»Ja. Und stell dir vor, wie gut ich wäre, wenn ich drauf stehen würde.« Ich ging rüber zum Fenster und massierte ihren Rücken. »Nenn' es einen wichtigen Schritt in meinen Ermittlungen. Ich habe gerade eine Menge über dich herausgefunden.«

»Wie breit, wie tief?«
»Wie echt, wie leidenschaftlich. Du hättest Loomis ermorden können.«
Sie dehnte sich unter meiner Massage wie eine Katze. »Glaubst du?«
»Du vögelst so vollkommen, so wild ... würdest du nicht genauso hingebungsvoll hassen?«
»Würde ich?« Sie drehte mir ihr Gesicht zu. »Ja, ich hätte H. R. umbringen können – mit orgiastischer Befriedigung.«
»›Noch hat die Hölle solchen Zorn wie eine betrogene Frau.‹«
Sie preßte sich an mich. »Wenn ich's getan hätte, würdest du mich verraten?«
»Wahrscheinlich nicht.«
»Aber ich war's nicht.«
»Ich weiß.«
Sie ging weg. Jungfräulich nach dem Verlust ihrer Mörderinnenrolle, für so kurze Zeit nur gespielt.
»Ich habe ein Motiv. Und das Temperament, das räumst du ein.«
»Unzweifelhaft.«
»Und ich kenne die Gegend. Ich habe früher ein paar Ecken vom *Ramrod* entfernt gearbeitet.«
»Ich habe diese Daten gespeichert.«
»Und ich habe kein hartes Alibi für die betreffende Nacht.«
»Wahr, aber jede Frau – und noch mehr eine schöne – hätte man am Freitagabend im *Ramrod* bemerkt. Gesehen, bemerkt, und nie vergessen.«
»Aber ich hätte als *Yentl* gehen können, als Junge angezogen, wer hätte es schon gemerkt?«
»Das ist kaum vorstellbar.«
Sie hing an der Idee. »Ich hätte die Zeugen bestechen können. Ich kenne Rico gut.«
»Würde er sich deinetwegen in eine gefährliche Situation bringen?«
»Vielleicht. Wenn ich was gegen ihn in der Hand hätte.«
»Okay, laß uns annehmen, du fühltest dich letzte Woche besonders rachlustig. Also bist du losgegangen und hast deinen treulosen Liebhaber massakriert. Gutes Motiv. Aber warum ruhst du dich nicht

auf deinen Lorbeeren aus? Warum mußtest du den armen Pat Russo auch umlegen?«

»Wer sagt, daß ich das getan habe?«

»Hm. Keiner, Liebes.« Ich spielte mit ihrem Haar und hielt eine Strähne hoch, um die untergehende Sonne zu filtern.

»Laß uns nicht über den armen Pat reden. Erzähl mir lieber was über dich.«

»Mich? Was soll ich sagen? Ich bin jung, hübsch ...«

»Mehr als das. Willie hat mir erzählt, daß die Sinclairs eine reiche alte Familie in New Orleans sind.«

»Alt ja. Wir waren fast von Anfang an hier. Aber reich? Nicht mit heutigen Maßstäben.«

»Habt ihr Öl?«

»Keinen Tropfen. Aber es gab einige Zeit lang etwas Indigo. Dann hintereinander Vieh, Baumwolle und Zuckerrohr.«

Sie schmiegte sich an mich. »Erzähl weiter, ich will alles über dich wissen.«

»›Alles‹ schickt sich nicht für Damenohren. Aber ich kann dir erzählen, daß mein erster Vorfahre in der Neuen Welt ein Artur St. Claire aus der Normandie war. Mitte des achtzehnten Jahrhunderts importierte er Wein und exportierte Pelze und wurde später mit Geldverleihen reich.«

»Artur war Bankier?«

»Eher ein Kredithai. Er gab Schuldscheine der Company of India aus, die schnell wertlos wurden, und bekam dafür Livres, harte Währung.«

»Woher weißt du das alles?«

»Ich habe für ein Seminarpapier meine Familiengeschichte erforscht. In den sechziger Jahren kamen dann die Spanier hier an die Macht, also hat er der spanischen Krone Gefolgschaft geschworen und änderte seinen Namen in Arturo San Claro. Es ist alles im Archiv in der Münze aufbewahrt.«

»Das klingt schrecklich opportunistisch.«

»Und praktisch. Arturo gedieh prächtig unter spanischer Herrschaft und starb als einer der wohlhabendsten Männer in der Kolonie. Aber dann haben die Spanier uns wieder den Franzosen übergeben, und Napoleon machte kehrt und verkaufte uns an Präsident Jefferson.«

»Achtzehnhundertunddrei. Das weiß ich noch aus der Geschichtsstunde.«

»Und dann, 1820, hat Arturos Enkel, Matteo San Claro, beschlossen, daß die Angelsachsen bleiben würden und änderte seinen Familiennamen noch einmal.«

»In Sinclair! Das ist spannend.«

»Alle Familien sind spannend, wenn man nur weit genug zurückgeht.«

»Meine nicht. Wir sind bloß weiße Asoziale.«

»Sch.«

»Was ist?«

»Ich mißbillige diesen Ausdruck.«

»Na, dann eben weiße Unterschicht. Mein Leben ist wie ein deprimierendes Stück in zwei Akten. Von der Sorte, die in der Imbißbude spielen.« Sie ließ ihre Finger durch das Haar auf meiner Brust gleiten. »Mama war Kosmetikerin. Mein Stiefvater behandelte mich gräßlich. Also habe ich mit sechzehn diesen Typen geheiratet. Und dann hat der mich gräßlich behandelt. Ich versetzte sein Gewehr und kaufte eine Busfahrkarte. Wie gefällt dir das, als Scheiß-Klischee?«

»Wie bist du hierhergekommen?«

»Von New Orleans hatte ich in all diesen Liedern gehört. ›Land of Dreams‹ und so. Aber alles, was ich wirklich von der Stadt wußte, war Jazz und Bourbon Street.« Sie lächelte, ließ sich aufs Bett fallen, ausgebreitet wie ein Seestern, und sprach zur Decke. »Also habe ich mir am Bahnhof die Richtung sagen lassen, bin den ganzen Nachmittag die Bourbon Street auf- und abgegangen und habe mir den Jazz angehört. Der Türsteher vom *Guys and Dolls* bemerkte mich irgendwann und machte ›Pst! Wir brauchen Tänzerinnen! Komm rein!‹«

»Das war Mel. Ein großer Talent-Entdecker.«

»Talent hatte damit nichts zu tun. Sie hatten nur drei Mädchen. Er hätte auch die schrumplige Moms Mabley da oben hingestellt. Jedenfalls hatte ich noch nicht einmal ein Kostüm oder irgendwas.

Eines der Mädchen hat mir dann ein paar gebrauchte Sternchen gegeben und mir erzählt, wie man sie anklebt. Eine andere hatte noch einen Mini-Tanga übrig. Und der Manager fand noch ein altes Nachthemd, das ich mir ausziehen konnte.«

»Welche Farbe?«

»Pink.«

»Gott!«

»Ich zog es schon bei der ersten Platte aus, und dann mußte ich durch die nächsten vier nur mit dem Tanga und den Sternchen an tanzen. Ich muß wie ein Idiot ausgesehen haben.«

»Bestimmt nicht. Du siehst wunderbar aus, sogar in Fetzen.« Ich küßte ihre Halsschlagader. »Ich habe jetzt ein unwiderstehliches Bedürfnis.«

Sie streichelte meine Schultern. »Bedürfnis, was zu tun?«

»Deinen Schrank zu inspizieren.«

»Waaas?«

»Ich will deine Kleider sehen. Macht es dir was aus?«

»Mir? Nein, ich glaube nicht.« Sie ließ mich mit beiden Händen los. »Aber ich bin sicher, daß dir nichts paßt, Matty. Du hast bestimmt Größe 46.«

»Spinnst du? Ich habe seit meiner Taufe kein Kleid mehr angehabt. – Aber ich weiß, was Leuten steht und was nicht. Und das meiste von deinen ... äh ...«

»Oh, das tut mir aber leid, Sir!«

»Nimm's nicht persönlich. Du weißt, daß ich dich anhimmele wie verrückt, aber deine Kleider, die hasse ich.« In zwei Sätzen war ich am anderen Ende des Zimmers und riß die Lamellentüren des Schranks so heftig auf, als ob ich erwartete, dort einen kauernden Nackten zu sehen. Was ich sah, war schlimmer. »Pink! Hier hängen mindestens drei Kleider in Pink!«

»Ich trage sie kaum.«

»Du solltest sie nie tragen. Schenk sie einem Sommer. Und diese grauen Dinger sehen an dir trübselig aus. Schenk sie einem Winter.«

»Und was soll ich dann noch tragen, mein Bärchen? Bloß meine neuen Perlen?«

»Gold, grün, koralle, rost, pfirsich ... Ich gehe mit dir einkaufen.

Und was ist das hier?« Ich zog eine dicke Baumwolljacke mit passenden weiten Hosen hervor. »Hippie-Pyjamas?«
»Mein Judo-Anzug. Ich fürchte, auch der verletzt dein Stilgefühl.«
»Wirklich, weiß solltest du nicht tragen, lieber elfenbeinfarben. Gnade mir Gott! Und ein schwarzer Gürtel dazu?«
»Tut mir leid, Matty. Es gibt sie nicht in koralle oder rost oder pfirsich.«
»Ein schwarzer Gürtel ist immer modern. Wie hast du den gekriegt?«
»Wie alle. Abendklassen an der Uni. Ich bin zwei Jahre lang schwer auf Kampfsport abgefahren.«
»Du mußt furchtbar stark sein, um es so weit geschafft zu haben.«
»Nein, Stärke spielt in dem Sport nicht so eine Rolle. Du mußt herausfinden, wo zwischen dir und deinem Gegner der Schwerpunkt liegt. Dann stellst du dich so hin, daß du dir den besten Angriffspunkt verschaffst.« Sie packte mich an den Schultern, um es zu demonstrieren. (Sie war stark.) »Dann hast du den Hebelansatz, um deinen Partner hinzuwerfen.« Sie schwang ihr Bein vor und zurück, faßte mich hinterm Knie und brachte mich aus dem Gleichgewicht. Aber rücksichtsvoll fing sie meinen Arm, bevor ich auf dem Boden aufknallte.
»Siehst du, wie leicht es ist? Wenn ich eine Matte hätte, würde ich dich hinwerfen.«
»Können wir nicht die Matratze nehmen?«

Sie vögelte gut, erfahren und leidenschaftlich zugleich. Nach angemessener Würdigung nahm ich ein männliches Vorrecht wahr und schlummerte ein.
Nur einen kurzen Traum später wachte ich auf und hörte unterdrücktes Schluchzen. Brandi kehrte mir den Rücken zu, den Kopf unterm Kissen. Ich hob es sanft und zog sie zu mir.
Ihr Gesicht war naß. »Wie konnte der Rohling mir das antun? Wo ich doch nur gut zu ihm war?«
»H. R. Loomis war eine Schlange, Liebes. Es ist zu viel von ihm verlangt, sich wie ein normales, liebevolles menschliches Wesen zu benehmen. Sogar dir gegenüber. Nimm's nicht persönlich.«

»Ich hasse ihn, weißt du das.«

»Ja, ich weiß.«

Es war, als ob Loomis gar nicht gestorben wäre. Er spukte irgendwo im Schatten herum und lachte über seinen Sieg und ihre Demütigung.

»Aber nicht so stark, wie ich mich dafür hasse, ihm vertraut zu haben.« Sie knirschte mit den Zähnen, als ob sie gerade von einem stechenden Schmerz durchfahren würde. »Nichts, was ich getan habe, war gut genug.«

»Verdammt! Jeder zweite Mann in der Welt würde dich zu schätzen wissen, und das würde nichts helfen. Nur weil Loomis dich schlecht behandelt hat, zählt plötzlich ausschließlich seine Meinung. Du verlierst deine Selbstachtung, nur weil er dich zurückgestoßen hat.«

»Das ist nicht ...«

»Ich kenne diese Symptome nur zu gut, das ist alles genau wie bei meiner Mutter. Nichts war etwas wert: nicht die Abiturrede, nicht die Bestenliste des Rektors, das summa cum laude, das waren alles leere Triumphe, so verzweifelt ich mich auch anstrengte.«

»Ach mein Liebster! ...« Brandi schloß mich in die Arme und umarmte mich fest. Wie jede gute Frau war sie jederzeit bereit, alle armen Kreaturen zu bemuttern, die es brauchten. Während sie meinen Kopf streichelte und beruhigend auf mich einredete, vergaß sie ihre eigenen Probleme und Enttäuschungen.

Wie beabsichtigt. Eine Beziehung zu einer Frau, die haßt, anzufangen, ist schwieriger, als wenn sie liebt.

(Nur fürs Protokoll: Das mit meiner Mutter stimmt nicht. Sie ist in Wirklichkeit wunderbar.)

Ich blieb an dem Abend bei Brandi, Stunden länger, als ich normalerweise bei einer neuen Flamme – egal, welchen Geschlechts – bleibe.

Als ich dann schließlich zuhause war, hatte ich keine Gelegenheit, mich zu fassen, Entschuldigungen vorzubringen oder mir auch nur einen Drink einzuschenken, weil es sofort aufgeregt gegen die Tür pochte. Ich war nicht schnell genug da, Frank Washington hatte seine Faust schon fast durch die Türplatte.

»Matty, es ist schon wieder passiert!« Er schubste sich geradewegs auf meine Bar zu und schenkte sich einen Schuß zwölf Jahre alten Scotch ein.

»Was ist schon wieder passiert, Frank?« Ich nahm die Eiszange und gab ihm zwei Eiswürfel und einen Spritzer Soda dazu, damit alles seine Ordnung hatte.

»Mord! Noch ein Klappenlochmord. Aber dieser ist ernst!«

Die beiden vorangegangenen Versuche waren also trivialer Natur gewesen. »Das ist faszinierend, Schatzi. Aber was ist der Unterschied zwischen Mord eins und zwei einerseits und Mord drei andererseits?«

Er ließ sich auf einen Stuhl fallen. »Das dritte Opfer war ein Polizist.«

Ich versuchte, nicht zu grinsen. »Aber Frank, man sollte meinen, du hättest noch nie im Leben gehört, daß es auch schwule Bullen gibt.«

»Aber er war nicht schwul!« Er zog ein Taschentuch mit Initialen hervor und gebrauchte es für sein Gesicht. »Es war Dave Eddis.«

Ich drehte ihm den Rücken zu und mixte mir einen Drink, damit ich nicht laut herauslachte.

Dave Eddis war der schmierigste Schwulenfresser der Sitte in New Orleans, der höchstwahrscheinlich jede Toilette von hier bis zur Reviergrenze beackerte. Seine Arbeitsmethode war simpel. Er stand am Pissoir und wedelte mit seinem Schwanz, bis irgendein schwuler Unglücksrabe an dem Spielchen Interesse zeigte. Dann lud Dave den Deppen ein, ließ sich einen runterholen und zeigte seine Dienstmarke.

In den letzten Jahren hatte er die meisten Erfolge außerhalb der Stadt gehabt. Die armen Schweinchen waren außer sich vor Furcht, daß ihr kleiner Faux Pas in Bunkie oder Shreveport bekannt würde, und sie gaben gern all ihr Erspartes dafür, bloß nicht eines Kapitalverbrechens »gegen die Natur« angeklagt zu werden. Mit den Bestechungsgeldern, das er den verzweifelten Schwuchteln entwunden hatte, stattete Eddis eine Datscha in Mississippi aus. Ich gewann die Fassung wieder. »Der Beamte Eddis hat also sein Leben mitten im *Ramrod* ausgehaucht, unter den Argusaugen von einem Dutzend Zivis.«

»Natürlich nicht. Es passierte in einer Schwulenbar drüben in Gretna. Gefesselt und verstümmelt wie die anderen – bloß, daß er im Dienst ermordet wurde.«
Ich schlug die Hand vor den Mund und hoffte, daß das Grinsen nicht durchdrang. »Bevor du eine Ehrenmedaille für ihn beantragst, erklärst du den Steuerzahlern besser, warum es zu seinen ›Dienstpflichten‹ gehörte, seinen Pimmel durch ein Loch in der Klozelle zu stecken.«
»Bist du verrückt? Es darf nicht rauskommen, daß er gestorben ist. Das wäre ein Schandfleck für das ganze Revier. Und da wir gerade dabei sind, fällt mir ein, daß er schon mal einen Freund von dir festgenommen hat.«
»Vier oder fünf. Du kannst mich als Verdächtigen Nummer Eins notieren.«
»Ach ja? Hast du ein Alibi für heute nachmittag, drei Uhr?«
»Ein überwältigendes. Zu dieser Stunde war ich mit einem Kongreßabgeordneten zusammen. Dem ehrenwerten Wayne Tibbet.«
»Schon ganz gut. Mit noch jemand?«
»Seiner dümmlichen Sekretärin.«
»Dich hatte ich natürlich nicht wirklich in Verdacht. Habe nur aus Gewohnheit gefragt.« Er setzte wieder sein Tuch in Bewegung. »Wir haben den armen Dave aus der Stadt geschafft. In Hays gibt es einen Polizeiarzt, auf den wir uns verlassen können.«
»Ihr fälscht die Todesursache?«
»Wir werden es einen Unfall nennen. Was können wir denn sonst tun?« Frank zog einen Umschlag aus seiner Jackentasche. »Ich habe dir ein paar Fotos vom Tatort mitgebracht. Die erste Untersuchung ergibt, daß Eddis hinterrücks von einem viel größeren Mann gepackt wurde, der ihm die Luft abschnürte und ihn dann beutelte, wie ein Terrier eine Ratte. Eddis' Bauch ist ganz aufgerissen.«
»Die drei Klappenloch-Opfer sind also auf ähnliche, aber unterschiedliche Art gestorben.« Ich nahm die Farbfotos des verblichenen Dave Eddis, dem Schwulenhasser. »Ich muß mir die angukken.«
»Okay, aber gib sie mir morgen früh zurück. Ich sollte sie gar nicht aus der Hand geben.«

»Ich werde sehr gut auf sie aufpassen«, versicherte ich ihm, während ich in Gedanken ausrechnete, wie lange ich brauchen würde, um bei einem befreundeten Fotografen Abzüge und Vergrößerungen zu bekommen. Schon am frühen Nachmittag würde das *Ramrod* eine fast lebensgroße Reproduktion dieser Schönheit über seiner Bar im Hinterzimmer haben. Dave Eddis' letztes Hurra würde in den nächsten Monaten manches schwule Herz wärmen.
Einen besseren Anlaß für das Spiel, ›Hi-ha, die Hex' ist tot‹, könnte es kaum geben.
Au weia.

»Wun-der-bar!« Rico pfiff. »Das sind die schönsten Bilder, die ich je gesehen habe. Er hat mal meinen Wohngenossen Vinnie festgenommen.«
»Den und die Hälfte aller rechtschaffenen Schwulen im Staat.«
»Aber Vinnie ist eine Persönlichkeit des öffentlichen Lebens. Wenn das jemals herausgekommen wäre, hätte es seine Karriere im Fernsehen ruiniert.«
»Es ist also nie rausgekommen?«
»Wir haben Eddis bezahlt. Das hat uns alles Geld gekostet, was wir auf ein Haus gespart hatten. Nur um leben und atmen zu können.«
»Das tut mir leid, Rico. Willst du die Bilder in die hintere Bar hängen?«
»Über mein Bett, das wäre netter. Aber paß mal auf, hier ist es noch heiß. Es ist wohl besser, wir behalten sie im Büro und zeigen sie nur denen, die uns lieb und teuer sind, bis die Sache etwas abgekühlt ist.«
»Kann sein. Obwohl Eddis dir ja etwas Hitze genommen hat, indem er seine gerechte Strafe dort drüben jenseits des Flusses bekommen hat.«
»Bestimmt. An den letzten Abenden waren so viele Bullen hier, daß unsere geschätzte Stammkundschaft wegblieb. Jetzt haben sie etwas lockergelassen. Jedenfalls ist jetzt keiner hier.« Rico rollte die Fotos auf. »Ich weiß nicht, welcher Heilige Eddis aus der Welt geschafft hat, aber ich habe eine Theorie über den armen Pat Russo.«
»Laß hören.«

»Einem Bullen würde ich es nicht erzählen. Aber dir kann ich ja vertrauen, Matty.«

»Leg los und vertrau mir.«

»Es fiel mir gerade wieder ein. An dem letzten Abend, als Pat hier war, hielt er an, um ein paar Worte zu wechseln.«

»Hat er gesagt, daß er auf jemanden wartet?«

»Nee. Hat nur versucht, mich in seine Bibel-Lesegruppe einzuladen. Das tat er meistens. Sagte, was für einen guten Freund er in Jesus Christus gefunden hat. Und ich sagte, ich sei nicht interessiert, weil ich natürlich katholisch bin. Dann ging er wieder nach hinten zum Klo. Um zu gucken, ob da was los war. Wie immer.«

»Und ...«

»Dann spazierte ein Stammkunde herein und ging auch nach hinten. Ich erinnere mich, daß ich dachte, er verschwendet seine Zeit. Ich meine, er und Pat würden nicht zusammenkommen. Pat war zu fett und dieser Typ zu alt.«

»Wie sehr zu alt?«

»Na ja, mittelalterlich. Und ich weiß nicht, wie er heißt, aber er kommt ungefähr zweimal im Monat her. Glatzköpfiger Typ. Durchschnittlich groß. Durchschnittliches Gewicht. Immer in Olivgrün.«

»Ich liebe ihn. Sonst noch hervorstechende Charakteristika?«

»Nein. An ihm gibt es nichts Besonderes. Ich würde ihn als vollkommen unscheinbar bezeichnen.«

»Das ist eine untaugliche Beschreibung.«

»Aber mit seiner Stimme muß was nicht in Ordnung sein. Er flüstert die ganze Zeit. Wenn er etwas zu trinken bestellt, muß ich mich über den Tresen beugen, um ihn zu verstehen.«

»Ein flüsternder Glatzkopf. Über welche Eigenschaften verfügt er denn noch?«

»Er zwinkert oft. Nicht wegen des Lichts; es ist ja fast stockfinster, wenn es hier erstmal losgeht. Die Kunden lieben es, weil ...«

»Ich weiß schon.«

»Aber so dunkel ist es dann doch nicht, daß der mal gelandet wäre. Es sei denn, er hätte einen anderen Alten gewollt, was keiner von denen will.«

Rico zückte sein Wischtuch. »Sieht so aus, als ob sie immer wählerischer werden, je klappriger sie sind. Kannst du das verstehen?«

»Vollkommen.«

»Jedenfalls kam er manchmal an eine der jüngeren Schwuchteln ran und ging mit ihnen in ein Motel an der Autobahn. Aber er hat immer dafür gezahlt.«

»Das ist nur recht und billig. Was hältst du davon, mir einige von denen vorzustellen, mit denen er rumgemacht hat?«

»Nichts leichter als das. Da drüben ist zum Beispiel einer.« Er wedelte mit seinem Tuch in Richtung eines dürren jungen Punks mit schmutzigblonden Haaren. (Schmutzig bezeichnet in diesem Fall nicht die Farbe, sondern den Zustand.) Ich nahm die Schultern hoch. »Was trinkt er?«

»Einen Pontalba-Cocktail. Das ist ein Nepp-Drink. Macht es dir was aus?«

»Nein. Aber danke, daß du's mir erzählt hast.«

»Ich würde nie im Leben versuchen, dich übers Ohr zu hauen, Matty.« Rico goß etwas Weinpunsch in ein Stielglas, und ich trug es rüber zum Tisch des Blonden.

»Kann ich mich hierhersetzen?«

»Hey, schöner Mann, aber bitte!« Er griff den Drink mit beiden Händen, während er schon ausrechnete, was er absahnen könnte. »Ich heiße Donald. Ich habe dich hier noch nie gesehen.«

»Wirst du auch nicht mehr.« Ich nahm den Stuhl gegenüber, um mich außerhalb seiner Reichweite zu halten. »Ich möchte gern mit dir über einen Freier sprechen. Glatzkopf, der flüstert.«

Geziert richtete sich Donald auf, als ob seine Jungfräulichkeit in Gefahr wäre. »Bist du von der Sitte?«

»Sei nicht albern. Seh' ich so aus?«

Er schluckte seinen Drink, während er mich über den Glasrand hinweg abschätzte. Mit Trinken und mir war er gleichzeitig fertig.

»Nein. Du bist zu tuntig.«

»Quatsch nicht.« Ich machte Rico ein Zeichen, er solle ihm noch mehr von dem Gurgelwasser bringen. »Ich recherchiere die Klappenlochmorde.«

»Was gibst du dich damit ab?«

»Weil es mich persönlich krank macht, daß hier einer Schwule umbringt und frei rumläuft.«
»Das gilt bloß als Kavaliersdelikt, glaube ich.« Er kicherte.
»Was weißt du über ihn?«
»Den Typen? Er war ... äh ... sehr leidenschaftlich. Er kriecht gern unter die Decken und ...«
»Das ist mir doch egal, du Clown. Was weißt du über ihn, was mir helfen könnte, ihn zu finden? Hat er seinen Namen genannt?«
»Er sagte, ich kann Lollipop zu ihm sagen.«
»Eine große Hilfe. Hast du irgendwelche Narben oder Tätowierungen gesehen?«
Donald schüttelte sein struppiges Haupt. »Kann mich nicht erinnern. Aber eins kann ich dir sagen: Er war verheiratet.«
»Hat er einen Ehering gehabt?«
»Hm-hm.« Ein schlaues Lächeln. »Aber er wollte nicht, daß ich ihn kratze.«

Als ich an dem Abend durch die Haustür trat, begrüßte mich ein riesiger Obst-Präsentkorb auf dem Flurtisch, geschmückt mit Geschenkband.
Ich rief Robin: »Was feiern wir?«
»Von einem feurigen Verehrer von dir, Matty. Lies die Karte.«
Die steckte zwischen einer Ananas und einer kleinen Flasche Chianti. In ungelenker, mir unbekannter Handschrift hieß es: »Nichts für ungut, Captain. Ich kriege dich noch.«
Den Teufel würde er.
Robin rief mich zum Fernseher.
»Guck mal. Auf *Channel Four* kommt ein berühmter Freund von dir.«
»Welcher berühmte Freund?«
»Der Kongreßabgeordnete Wayne Tibbet.«
»Ich habe keine homophobischen Freunde, ob berühmt oder berüchtigt. Anläßlich von was?«
»Wahlsendung. Live. Er hat diese halbe Stunde für eine Frage-Antwort-Runde gekauft.«
»Wer stellt die Fragen? Seine Frau?«

»Das Publikum zuhause. Man kann anrufen.«

»Wie tapfer von ihm. Wahrhaftig auf Fragen von echten Menschen einzugehen.«

»Das werden wir ja sehen, wie tapfer er ist.« Robin zog einen Schmollmund. »Ich rufe da auch an und frage ihn was über das Sodomiegesetz.«

»Viel Glück.«

Tibbets künstlich gebräuntes Gesicht füllte den Bildschirm aus, und eine unsichtbare Ansagerin lud die Wähler von South Louisiana derweil ein, ihre Sorgen per Telefon vorzutragen. Eine Nummer leuchtete auf und forderte uns auf, dieser freundlichen Vaterfigur unsere innersten Sehnsüchte und Ängste vorzutragen.

»Der Kongreßabgeordnete wird in der nächsten halben Stunde so viele Anrufe wie möglich beantworten. Und Sie brauchen Ihren Namen nicht zu nennen«, versicherte die frische Stimme. »Wenn die Leitung besetzt ist, versuchen Sie es noch mal.«

Robin rollte sich vom Sofa und nahm das Telefon. »Mann, dem werde ich's ...« Boshaft drückte er die Nummer. »... besorgen. – Verdammt! Besetzt!«

»Während du dich hier verausgabst, hole ich mir mal selbst meinen Drink.«

»Gut. Das ist immerhin was.« Er drückte wieder und hatte jetzt Erfolg. »Hallo?« Er legte seine Hand über die Muschel. »Das ist nicht Tibbet. Das ist irgend so eine Schießbudenfigur.«

»Ach ja? Dann schieß los.«

»Ja?« erzählte er dem Telefon. »Ich möchte ihn zum Sodomiegesetz fragen ... Genau ... So eine Scheiße!« Er legte so heftig auf, daß der Hörer hochsprang. »Na, was hältst du davon?«

»Hmm?«

»Die dumme Tussi fragte mich, aus welchem Bereich ich den Abgeordneten fragen wollte. Und ich habe es ihr erzählt.«

»Weil du ein aufrichtiger und ehrlicher Junge bist.«

»Und die hatte die Stirn, mir zu sagen, daß der Abgeordnete auf das Thema gerade nicht vorbereitet ist und daß ich ihm doch schreiben soll! Also habe ich gesagt ...«

»›So eine Scheiße‹.«

»Ja.«
»Das hättest du dir doch denken können, daß er die Anrufe vorsortieren läßt, damit die peinlichen nicht durchkommen.«
»Das ist nicht fair. Das blöde Ding soll doch live und spontan sein.«
»So was gibt es in der Politik nicht. Weder Leben noch Spontaneität.« Ich stellte die Lautstärke höher ein, um zu hören, was für Fragen durch das Sieb gingen. Eine Frauenstimme, etwas verzerrt durch die Telefonleitungen, kam zitternd und emotionsgeladen.
»Herr Abgeordneter? Ich wohne in einer Gegend, die früher als sicher galt. Aber im letzten Monat kam meine Tochter von einer Schulveranstaltung und wurde genau an der Bushaltestelle angegriffen. Sie ist erst vierzehn und ...« Die Stimme brach und konnte nicht weiterreden. Sie wurde abgeschnitten.
Tibbet nickte in die Kamera. »Ja, ich kann Ihre tiefe Sorge über die Kriminalität in unserer Gegend gut verstehen. Ich teile sie. Ich hoffe, daß Ihnen unser neues Antikriminalitätsgesetz Hoffnung gibt. Ich habe es mit unterstützt, weil es für alle Gewaltverbrechen eine Strafe zwingend vorschreibt. Es ist zweifellos die Art von Drehtür-Rechtsprechung, wie sie unter den Demokraten vorherrschte, die für die steigende Kriminalität verantwortlich ist. Meine Familie fühlt sich genau wie Ihre von diesem Mißstand bedroht. Lassen Sie mich versichern, daß ich alles in meiner Macht Stehende unternehmen werde ...«
Robin drehte den Ton leiser. »Voller Mitgefühl, was? Die arme Frau hatte einen richtigen Kollaps, und er hält eine Fensterrede.«
»Was hast du denn erwartet? Ein Politiker antwortet nicht auf Fragen, er benutzt sie als Stichworte für seine rhetorischen Künste.«
Robin widersprach nicht ernstlich, als ich Tibbets Gesicht zugunsten eines Ballets auf *Bravo* abschaltete. Margot Fonteyn tanzte Undine, taumelnd wie eine Eintagsfliege. Ich streckte mich aus, mit einem Glas kalten Weins und meinem warmen, goldenen Geliebten, um jeden Schritt ihres Auftritts zu genießen – alles zusammen benebelte meine Sinne.
Dame Margot war noch nicht mit ihrem abschließenden *Jeté* fertig, als das Telefon piepte. Juniorpartner Robin rollte sich rüber, um abzunehmen.

»Bei Sinclair ...« Einen Moment lang sah er erschrocken aus, dann plötzlich erleichtert. »Es ist Lieutenant Washington.« Er warf mir den Hörer rüber. »Für dich.«

»Danke dir. Eines Tages werde ich dir beibringen, wie man die Worte ›Kann nicht gestört werden‹ ausspricht ... Hallo, Frank.«

»Matty? Das wird dir nicht gefallen.«

»Tut's jetzt schon nicht.«

»Wir haben einen neuen Homosexuellen-Mord. Eispickel durch sein Hirn bis auf die Schädelbasis getrieben. Sauber. Das Eklige daran war sein Penis, abgerissen wie bei den anderen, entweder vor oder unmittelbar nach dem Tod.«

»Ach, erspar mir die gräßlichen Details! Wann ist es passiert?«

»Sie haben ungefähr um zwanzig Uhr fünfunddreißig angerufen. Ich weiß noch, daß es genau nach der Sendung mit dem Abgeordneten Tibbet war.«

»Erzähl mir nicht, daß du die Republikaner wählst.«

»Kaum. Aber meine Frau rief an und wollte wissen, warum er die Diskriminierung unterstützt, indem er für staatliche Hilfe bei Schulen mit Rassentrennung stimmt.«

»Und was hat er gesagt?«

»Daß einige seiner besten Freunde schwarz sind.«

»Das kommt hin. Wo ist der Mord passiert?«

»Wie die ersten beiden. Toilette des *Ramrod*! Verdammt! Ich hatte meine Leute da abgezogen, damit sie bei den Ermittlungen in Gretna helfen.«

»Ein verständliches Fehlurteil. Rico hat dieses Mal nicht gut aufgepaßt.«

»Und aus gutem Grund, Matty. Rico ist das Opfer.«

ZEHNTES KAPITEL

FREITAG

In seiner Jugend war Vinnie Green ein mittelmäßiger Eishockeyspieler. Heute floriert er als mittelmäßiger Sportreporter. Das weiß ich so genau, weil er zwar gut genug ist, um seit zehn Jahren für einen Sender in New Orleans zu arbeiten, aber nicht gut genug, um was Besseres, Größeres zu finden. Wir liegen auf dem nationalen Fernsehmarkt an 33. Stelle. Das ist für einen Mann mit Ehrgeiz kaum die höchste Sprosse der Leiter. Wenn ein Lokalreporter was drauf hat, geht er von hier nach Buffalo oder Atlanta, oder, wenn er Glück hat, zu einem überregionalen Sender. Ist er selbst für New Orleans zu schlecht, dann läßt der Sender ihn fallen, und er verkauft Aluminium-Verkleidungen.

Green lebte und liebte in einem Doppelhaus in der Nähe der Universität. Das ist die beste Gegend der ganzen Stadt, mit vielen Bäumen und ganz weiß. Seine Hälfte des Hauses mußte gut und gern 1 200 im Monat kosten. Doch der verstorbene Rico Spiotti hatte sicherlich die Hälfte gezahlt.

Green öffnete die Tür, angetan mit einem Frottée-Bademantel und passendem Handtuch um den Kopf. »Hallo? Ich komme gerade aus der Dusche.« Dann blinzelte er, um mich schärfer in den Blick zu kriegen. »Sie sind Matt Sinclair. Ich habe Sie schon mal getroffen.«

»Wie schön, daß Sie sich erinnern. Darf ich reinkommen?«

»Klar.« Er trat beiseite, um mich in das viel zu vollgestopfte Wohnzimmer zu lassen. »Erst mal werde ich Ihnen einen Drink zusammenbauen.« Er wackelte auf ein Buffet mit Marmor-Aufsatz und so vielen Schnapsflaschen zu, daß es die gesamte IRA zufriedengestellt hätte. »Dann können Sie mir erzählen, warum Sie hier sind.«

Er schien anzunehmen, ich sei vorbeigekommen, um eine Spende für die Schwulenparade zu sammeln oder so was.

»Das erzähle ich Ihnen lieber vorher. Dann können Sie sich vielleicht den Schnaps sparen.« Ich nahm einen Stuhl, der mit dem Rükken zur Wand stand, um den Rest des Hauses im Blick zu haben. Es war ein Schlauch, und ich konnte daher bis zur Küche jeden Raum sehen. Zwei waren Schlafzimmer. »Ich recherchiere den Mord an Ihrem Wohngenossen.«

»Ja, der arme Rico. Ich habe mich betrunken, als ich davon erfuhr, und ich bin immer noch nicht ganz nüchtern. Konnte heute noch nicht mal zur Arbeit gehen.« Ich ließ ihn mir einen Bourbon und Kentwood eingießen, und er verordnete sich das Gleiche in doppelter Dosis, bevor er sich hinsetzte. »Ich helfe Ihnen in jeder nur möglichen Weise.«

»Lieben Sie dieses Handtuch sehr?« Er hatte noch immer nicht seine Kopfbedeckung abgenommen. Jetzt lachte er verlegen und nahm sie ab.

»Was soll's. Ich wollte es vertuschen. Ich kriege gerade eine Haartransplantation. Hier.« Es gab einige rührend aussehende Löckchen, die in der blanken Kopfhaut steckten. »Vor der Kamera trage ich eine Baseball-Mütze.«

»Kann ich Ihnen nicht übelnehmen. Es sieht schrecklich aus.«

»Ich arbeite in einer eitlen Branche. Muß mit der Mode gehen.« Er schluckte fast den ganzen Drink herunter.

»Wie lange kannten Sie Rico Spiotti?«

»Wir wohnen seit neun Jahren zusammen. Erst fünf Jahre als Liebhaber. Dann« – er zuckte die Achseln – »wurde es einfach angenehm.«

»Er hatte also andere Liebhaber?«

»Klar, er hatte ja die beste Gelegenheit, allen Sex zu kriegen, den er nur wollte. Obwohl, soweit ich weiß, stand er gerade zwischen zwei ernsthaften Beziehungen. Warum?«

»Irgend jemand war so wütend auf ihn, daß er ihn umbrachte. Wer kommt da eher in Frage als ein eifersüchtiger Liebhaber oder eine eifersüchtige Frau?«

Green grinste. »Das wäre dann ich, stimmt's? Nur funktioniert es nicht. Zwischen Rico und mir gab es keine Spur von Leidenschaft mehr.«

»Zwischen meinen achtzigjährigen Großeltern auch nicht. Aber trotzdem wäre *Pa-Père* doch nicht wenig verärgert, wenn er *Ma-Mère* unter dem Briefträger erwischen würde.«

Er leerte sein Glas. »Alles Gute für Ihre Großeltern.«

»Also gut. Sie schließen wir mal aus.«
»Danke.«
»Wer spielt also noch mit? Hat Rico Feinde gehabt? Jemanden, dem er ständig auf die Füße getreten hat?«
»Sprechen Sie im Ernst? Er hatte immerhin eine Schwulenbar, mein Gott. Meinen Sie, er ließ mal die falschen Obstscheiben in ein Getränk fallen, und daraufhin geriet ein Kunde so in Rage, daß er ihn umbrachte?«
»Spontan würde ich sagen, das ist unwahrscheinlich. Rico hat mir von Ihnen und Dave Eddis erzählt.«
Green zuckte zusammen. »Er hat mir versprochen, es niemandem zu erzählen. Ich kann's ihm trotzdem nicht übelnehmen. Ein blöder Fehler von mir hat uns beide alle unsere Ersparnisse gekostet. Zehntausend ihn, dreißig mich ... Wollen Sie noch was zu trinken?«
»Nein, danke, es reicht.«
»Ich glaube, ich brauche noch einen.« Er hangelte sich aus dem Stuhl und hinkte zu seinem Arrangement verschiedener Whiskeys hinüber. Wie viele Ex-Hockey-Spieler hatte er schlechte Knie. »Das Makabre ist, wie wir gefeiert haben, als wir das mit Eddis gehört haben. Ich meine, wir sind zu *Chef Paul* gegangen, haben eine Flasche Champagner geköpft und alles. Wir dachten, dieser ›Klappenlochmörder‹, wer immer es ist, wäre ein Racheengel. Zorro oder so.« Er hielt sich am Buffet fest und beugte sich darüber. Seine Schultern zuckten. »Und dann kriegte er den armen Rico. Als ob Gott uns strafen wollte.«
»Und ein paar andere dazu. Kannten Sie H. R. Loomis?«
»Darauf können Sie wetten. Ich habe ihn auf einer Wohltätigkeitssache drüben im Sender getroffen – und echt, er war der netteste Mann, den man kennenlernen konnte.«

Wieder daheim, leuchtete das rote Licht auf meinem Anrufbeantworter, was einen Anruf signalisierte. Also spielte ich das Tonband zurück und hoffte auf eine Einladung zu einer glorreichen Extravaganz. Aber die weibliche Stimme darauf war nicht sehr vielversprechend. Es gab ein Zögern, dann eine gemurmelte Vorstellung und eine Nummer für den Rückruf.

Mit den schlechtesten Absichten drückte ich die Nummer, und dieselbe Stimme antwortete. Aber ich wußte nicht, wo ich sie hinstekken sollte, bis die Anruferin zirpte: »Mr. Sinclair? Hier ist Nancy.«
»Nancy!« (Wer?)
»Ja. Der Abgeordnete hat einiges, was Ihnen bei Ihrem Fall weiterhelfen könnte. Hätten Sie Interesse?«
»Hätte ich? Warum nicht? Ich komme morgen nachmittag.«
»Oh nein. Morgen ist Sonnabend. Dann wird er in der Wahlkampfzentrale sein.«
»Das macht doch nichts. Dann treffe ich ihn da.«
Sie deckte für einige Sekunden die Sprechmuschel ab und sagte dann: »Ja, ist gut, Mr. Sinclair. Der Abgeordnete wird das Material in der Zentrale im Judge Perez Drive Nr. 1350 haben.«

ELFTES KAPITEL

SAMSTAG

Es war sechzehn Uhr, als ich an Tibbets Wahlkampf-Ladenfront ankam. Der Schuppen sah vollkommen verlassen aus, bis auf einige schmeichelhafte Plakate mit dem Konterfei unseres Volksvertreters, das aus dem Fenster herauslächelte. »Bleiben Sie dem Guten treu!« riet der Slogan.
Das tue ich immer.
Die Vordertür war bereits offen, aber der einzige Republikaner weit und breit war ein Junge auf einer Leiter. Ich konnte nur sein Hinterteil sehen, aber das reichte, um mich zu einem Heiratsantrag zu animieren. Seine butterweichen Kamelhaarhosen waren eng genug, um einen köstlich runden Hintern und kräftige muskulöse Schenkel zu enthüllen. Vielleicht hatte der Junge mich keuchen und rasseln hören, weil er sich schließlich umdrehte.
»Ich komme gleich, Sir. Ich habe Schwierigkeiten mit dieser Glühbirne.«
Die Vorderseite war genauso einnehmend: schwarze lockige Haare,

grüne Augen und Züge wie Michelangelos David mit einer eleganten Patriziernase und sinnlichen Lippen.
»Es macht mir nichts aus zu warten.« (Für ewig.)
»Es ist nur, das Gewinde ist rausgerissen und ... Oh!« Er schwankte und schaukelte auf seiner Leiter. Also sprang Super-Matty zu seiner Rettung herbei und fing den Jungen an seiner festen jungen Taille auf.
»Danke.« Er hielt sich ruhig an meiner Schulter fest, während er die Glühbirne einschraubte. So daß ich ihn nicht loslassen mußte. Oder es auch nur wollte.
Der Junge lächelte freudestrahlend und stieg herab. Aber nicht in der vorhersehbaren Art über die Holzstufen. Stattdessen glitt er an mir herunter, als wäre ich eine Holzstange. Langsam und sinnlich, mit vollem Körperkontakt. Und als er schließlich auf dem Boden stand, hatte ich eine Erektion, auf der ich hätte kreiseln können.
»Sie brauchen eine höhere Leiter.« Ich versuchte, nicht zu keuchen.
»Glaube ich auch.« Er entfernte sich, und schon vermißte ich ihn.
»Gehören Sie zu den Wahlkampf-Freiwilligen?«
»Bestimmt nicht. – Ich meine, ich bin mit Tibbet verabredet. Ich bin Matty Sinclair.«
»Von *New Traditions*? Na! Ich bin beeindruckt.«
»Was Sie nicht sagen. Ich bin beeindruckt, daß Sie beeindruckt sind.« Ich sah, daß er einen Anhänger mit dem Männerzeichen trug, und fragte mich, wo er den Mut hernahm, in dieser Bastion reaktionärer Moralvorstellungen ein schwules Symbol zu tragen. Ich rieb es zwischen den Fingern. »Ich sollte mir auch so eins besorgen.«
»Ja?« Er lächelte und sprach mit sanfter Südstaaten-Dehnung. »Ich heiße Lawrence Dale.«
»Sie sind sehr jung, Lawrence Dale.«
»Allerdings nicht zu jung.«
Plötzlich ritt mich der Teufel. »Haben Sie mal von *Kitt's* gehört?«
»Diesem fantastischen Club? Oh ja, ich würde alles tun, um da mal reinzukommen.«
»Wie wäre es mit heute abend?«
»Heute?« Jeder hell polierte Zahn kam bei dem Lächeln einzeln zum Vorschein. »Ich stehe zu Ihrer Verfügung, Mr. Sinclair.«

»Matty. Schreiben Sie Ihre Adresse auf.«

»Ich habe noch keine, Matty. Ich bin gerade erst aus Pascagoula gekommen und wohne im *Maison Dupuy*. Zimmer 320.«

»Hervorragend. Ich gable Sie da um acht auf.«

»Nur wenn Sie versprechen, mich nicht wieder fallen zu lassen.«

Als ich endlich in Tibbets Büro ankam, eilte der mit einem Politiker-Handschlag herbei.

»Sinclair? Ich habe hier etwas, was Sie sehr interessieren wird.«

»Ich weiß, ich habe ihn gerade getroffen.«

»Wen?«

»Lawrence.«

»Oh, den Jungen. Der macht hier nur sein Praktikum für ein Politologie-Seminar. Aber vergessen Sie das.« Tibbet schloß die oberste Schublade seines Schreibtisches auf. »Ich habe hier was, was Sie wirklich wollen.«

»Erklären Sie mir, was ich wirklich will.«

»Informationen über die Mafia. Ich beobachte sie seit zehn Jahren.«

»Aus der Nähe?«

Er ignorierte diese Spitze und zog ein Bündel schreibmaschinenbeschriebener Blätter hervor. Sie waren schlecht getippt, ein Zeichen, daß er sie selbst geschrieben hatte.

»Sie wissen, daß die Mafia den Demokraten viele Wahlkämpfe finanziert hat. Das ist Fakt.«

Ich sagte weder Ja noch Nein und machte bloß eine zweifelnde Handbewegung. Aber er nahm's als herzhafte Zustimmung.

»Uns Republikaner kriegen sie aber nicht.«

»Weil Sie ihr Geld auch gar nicht brauchen.«

»Weil wir entschlossen sind, zu den Idealen, auf denen die Partei gegründet wurde, zu stehen, deshalb. Diese Leute sind mit ihren Bestechungsangeboten an mich herangetreten. Natürlich habe ich sofort abgewunken.«

»Haben Sie sie angezeigt?«

»Nein, das wollte ich noch nicht.«

»Dann können Sie es sich ja noch einmal anders überlegen.«

»Wayne E. Tibbet ist der Erzfeind des Verbrechens in Washington, und das wissen die Mafiosi. Ich habe gerade eine Vorlage geschrieben, um mit dem größten Paten von allen fertigzuwerden. Chico Manguno.«

»Der ist schon fertig, habe ich gehört.«

Unser Verbrechensbekämpfer stand wie eine Eiche und sprach zu den oberen Rängen.

»Wenn Sie sich überlegen, daß Manguno und ähnliches Gesindel ungebildet und ohne einen Penny an unsere Küsten kommen und trotzdem warmherzig von Miss Liberty willkommen geheißen werden, die ihnen mit ihrer Lampe höchstpersönlich den Weg weist: ›Schickt mir Eure Erschöpften, Eure Armen ...‹«

»Ich kenne das Gedicht«, versicherte ich eilends. »Aus Schwester Baptistas vierter Klasse.«

»Gut.« Tibbet haßte es, in seiner Rede unterbrochen zu werden. Aber er stellte sein inneres Tonband einfach auf die Schnelltaste und fuhr dann anderswo fort: »Was aber stellen Manguno und seinesgleichen mit der Gastfreundschaft unserer großen Nation an?«

»Nun ja, sie ...«

»Sie töten, das tun sie! Und lügen und betrügen und stehlen, um zu kriegen, was sie wollen. Geld und Macht um jeden Preis.« Er machte eine Pause und nahm einen Schluck Wasser, als ob er sich auf eine große Debatte vorbereitete.

»Mangunos große Tage sind jetzt vorbei. Er wird im Gefängnis sterben.«

»Das ist viel zu gut für ihn«, schnappte Tibbet. »Er sitzt gemütlich in dem staatlichen Country Club drüben in Texas. Da hat er grünen Rasen, warme Mahlzeiten, Fernsehen ... Verdammt, dahin würde ich mich auch gern zurückziehen.«

»Das ist nicht so weit hergeholt.«

»Na, jedenfalls wird er sich nicht mehr auf Kosten der Steuerzahler durchschlagen, wenn meine Vorlage durchkommt.«

Unser ehrenwerter Abgesandter für Washington plusterte sich auf wie der Orang-Utan im Audubon-Zoo. »Ich werde ihn ausweisen lassen.«

»Huh?« Ich starrte ihn an. »Warum sollten Sie so etwas unternehmen?«

»Weil das genau das ist, was Manguno seit den fünfziger Jahren vermeiden will. Seither hat er jedesmal aufgeheult, daß er lieber in einem amerikanischen Knast sterben würde als ins Land seiner Geburt zurückzukehren.«

»Das klingt wie ›Ach bitte, wirf mich nicht in den Brombeerbusch‹.«

»Aber ich habe keine Angst vor Manguno. Ich habe dreihundert Seiten voll belastendem Material, und das bringe ich an die Öffentlichkeit.«

»Im Fernsehen vielleicht?«

»Keine schlechte Idee.« Er schwenkte wieder seine Requisiten. »Aber das könnte im Fall Loomis von Bedeutung sein. Ich weiß sicher, daß die Mafia auch H. R. zu kriegen versuchte.«

»Wofür? Er hatte gar kein Amt.«

»Aber mit ihrer Unterstützung hätte er für eins kandidieren können. Er hätte in der kommunalen Verwaltung schnell was werden können. Dann hätte er öffentliche Aufträge zu vergeben gehabt. Sie können sich vorstellen, wieviele Millionen Steuergelder das nach sich gezogen hätte.«

»Aller Voraussicht nach, ja.« Aber mir fiel das Paradoxe daran auf. »Warum sollten sie ihn dann umbringen?«

»Warum? Weil H. R. ehrlich war, natürlich. Er wollte sich auf ihr Spiel nicht einlassen.«

ZWÖLFTES KAPITEL

SAMSTAGABEND

Von außen sieht unsere Zuflucht aus wie jedes erstaunlich gut erhaltene Vorkriegshaus. Den zartesten Hinweis auf seine Funktion liefert ein kleines Schild, das an das Eisentor mit den Spitzen geschraubt ist. Auf dem heißt es schlicht: *Kitt's Private Club.*

Lawrence drehte sein Fenster runter und schaute durch den Zaun. »Nicht mal zehn Autos. Für einen Samstagabend ist hier aber nicht viel los.«

»Dieser Parkplatz ist eine Attrappe«, erzählte ich ihm. »Den benutzen nur die Angestellten.«

»Wohin fahren wir denn?«

»Ich zeige es Ihnen.« Ich bog links in einen Kiesweg ein, fuhr durch eine Öffnung in einem alten Drahtzaun und von dort aus über einen verlassenen Gewerbehof zu einem anderen Tor. Das wurde unter Einsatz seines Lebens von einem uniformierten Wächter namens Phillip bewacht.

Phillip erkannte meinen Mercedes, den einzigen burgunderroten SEL 500 im ganzen Delta. »Hi, Matty.« Er tippte an seine Mütze und zog das Tor auf.

Lawrence schüttelte den Kopf, als wir auf diesen zweiten, sehr vollen Parkplatz fuhren.

»Das ist ja mächtig geheimnisvoll.«

»Sieht so aus. Aber wir haben in dieser Gegend die paranoidesten heimlich Schwulen.« Ich parkte den Wagen in meine übliche Nische und ging dann um ihn herum, um dem Jungen die Tür zu öffnen. Er erhob sich anmutig und klopfte an seinem herbstlich-leichten dreiteiligen Anzug herum, den er mit einer braunen Schultertasche aus Leder komplettiert hatte.

»Ich bin nervös. Wie sehe ich aus?«

»Sehr appetitlich.«

Ich hielt kurz an der Bar, um die Stammkunden zu begrüßen. Dann signalisierte der Ober Eddie, daß mein Lieblingstisch frei wurde.

Didi eilte mit dem üblichen »Sazerac für Matty« herüber. »Wir werden einen Fernsehstar im Club haben!«

»Howard Cosell?«

»Nein, aber du bist nah dran. Es ist Vinnie Green, der Sportreporter. Er hat gerade um Aufnahme gebeten, und ich weiß, daß das Komitee zustimmen wird.«

»Das ist seltsam. Ich hätte nicht gedacht, daß er auch nur die Aufnahmegebühr hätte.«

»Das Geld kommt von der Versicherung. Er hatte eine 100 000 Dollar-Police von seinem Liebhaber Rico Spiotti.« Sie sah den Ober und kehrte rasch zum Geschäftlichen zurück. »Und was möchte dein hübscher Begleiter trinken?«

Lawrence kicherte. »Mich hat noch nie jemand als ›hübscher Begleiter‹ bezeichnet. Als wäre das ganz normal.«

»Das ist eben das Schöne an *Kitt's*«, sagte Didi zu ihm. »Hier drinnen sind wir die Normalen. Und der Rest der Welt ist deviant.«

»Das ist super«, zwitscherte Lawrence und drückte meine Hand. »Ich möchte gern 'ne Cherry Cola.«

Didi hob eine gemalte Augenbraue. »Und trinken tut er auch nicht. Was für ein Musterknabe.«

Als sie auf die Bar zuschwenkte, erspähte uns der Hausdichter von *Kitt's* und schlich näher, um meinen Fang aus der Nähe zu betrachten.

»Hi, Matty, wie nett, dich zu sehen. Stell mich vor.«

Ich machte gute Miene zu seiner Aufdringlichkeit. »Adam, darf ich dir Lawrence Dale vorstellen? Lawrence, das ist ...«

Aber der Junge hüpfte hoch wie elektrisiert. »Adam Duryea? Ich weiß alles über Sie. Ich habe alle Ihre Stücke gesehen!«

»Ach, ich hoffe doch nicht.« Adam nahm die Hand des Jungen und hielt sie zu lange. »Für die meisten schäme ich mich.«

»Laß los, Adam«, intervenierte ich. »Ich dachte, du probst in New Haven.«

»Das war nichts. Ich mußte die Produktion abbrechen. Ich schreibe es für meine Frau noch mal neu – für die nächste Saison.«

»Um ihr noch einen Theaterkritiker-Preis zu beschaffen. Warum nicht?«

»Ich arbeite nicht für die Kritiker. Ich würde verrückt, wenn ich's versuchte.«

»Für Geld also. Gesunde Grundsätze.«

»Sage mal, Matty.« Der Dramatiker flüsterte dramatisch. »Wenn das mit dir und deinem jungen Freund hier nicht klappt, gibst du mir dann seine Telefonnummer?«

»Hau ab. Der geht noch ins College. Der ist noch zu jung für dich.«

»Warum nicht? Ich könnte mit ihm ein paar Hauptseminare machen.«

Gottlob gibt es noch Rendezvous-Loyalität. Lawrence lächelte und preßte meine Hand wie eine Debütantin. »Vielen Dank, Mr. Duryea, aber meine Erziehung macht ganz wunderbare Fortschritte.«

Adam zuckte die Achseln und kippte seinen Drink hinunter. »Sie können es einem geilen Alten nicht übelnehmen, wenn er's versucht.«

»Du hast Victor hinten in der Bar sitzenlassen«, sagte ich streng.

»Ja, aber der probiert seine Zauberkräfte gerade an Crumpet aus. Versucht, mich eifersüchtig zu machen.«

»Hast du Probleme mit ihm?«

»Es klappt nicht. Er will, daß ich meine Frau und meine Kinder verlasse und bei ihm einziehe.«

»Ein unvernünftiges kleines Äffchen, was?«

»Und voller Fehler, oberflächlich und launisch, ja. Ich muß ihm wohl eine Rolle in meinem nächsten Stück geben.«

»Ungeachtet der Tatsache, daß Victor nicht die Spur Talent hat.«

»Das erzählst du mir? Aber was soll ich machen? Mit ihm Schluß machen und mich in einen anderen Jungen verlieben?«

»Zu lästig.«

»Ich hab für sowas keine Zeit. Du würdest nicht glauben, was ich für einen Terminkalender habe.« Terminkalender hin oder her, er versuchte es noch mal bei Lawrence. »Haben Sie Lust, mit mir Angeln zu gehen? Ich fahre nächste Woche auf meine Insel zum Cape Hatteras. Für zwei Leute ist immer noch Platz. Wenn natürlich Matty im Laden zu tun hat, werde ich persönlich dafür sorgen, daß Sie nicht einsam sind.«

Lawrence dehnte sich wie eine Katze. »Sportfischen hat mich nie gereizt. Aber Wasserski habe ich gern.«

»Wasserski?« Ich vergaß, Adam böse zu sein. »Haben Sie Wasserski gesagt?«

»Warum nicht? Es ist wundervoll an der Golfküste.«

»Ich weiß, aber ...« Didi unterbrach uns und brachte das Essen. Das Pompano en Papillote wurde frisch, nicht aufgetaut, serviert. Ich aß wie ein Bauarbeiter. Nach dem Essen ging Lawrence seine Wimperntusche auffrischen, und ich beendete meinen Nachtisch, Sorbet aus grüner Zitrone, als mich eine starke Hand an der Schulter faßte.

»Kann ich dich eine Minute sprechen?«

Ich schaute an Lance Poulos hoch, einem Einsneunzig-Mann mit einem beeindruckenden Footballer-Körper. Er hatte seine Rauhbeinigkeit unter Beweis gestellt, indem er eine Saison lang für die Saints gespielt hatte.

»Für dich, mein Lieber, habe ich immer Zeit.« Ich winkte Didi, ihm einen Drink zu bringen.

Vor einigen Jahren war ich sechs stürmische Monate lang hilflos an diesen Muskelschädel gefesselt. Bis er mich wegen eines dickbäuchigen alten Griesschwanzes mit Privatjet fallenließ. Er kostete mich alles, was ich besaß, aber er war es auch wert. *Je ne regrette rien.*

Der Rüpel nahm sich einen Stuhl neben mir, der gar nicht groß genug für ihn war. »Ich habe einige Informationen über den Fall Loomis, Matty. Die sind wirklich heiß.«

»Ich bin ganz Ohr.«

»Na ja, ... nicht nur einfach so.« Er hatte immerhin den Anstand zu stottern. »Ich brauche jetzt wirklich Geld.«

Ach ja, Lance brauchte immer Geld. Für Autos, für Drogen. Und am meisten für Tranquilizer. Um genug zu kriegen, war er für jede solvente Tucke von hier bis El Paso zu haben.

Aber selbst der stärkste Stricher kann seinen Körper nicht so in der Gegend rumwerfen, daß er damit ein sechsstelliges Einkommen bezieht. In den letzten Jahren gab es auch weniger Körper. Aus der Nähe konnte ich unter Lances Hemd keine vibrierenden Brustmuskeln mehr sich bewegen sehen. Die Muskeln waren Fett gewichen. Das klassische Gesicht fing an, an den Backen zu wabbeln. Und seine Haare waren nach vorn gekämmt, um zu verbergen, daß sie dünner wurden.

Es hieß, daß Lance heruntergekommen war, in einem kleinen Apartment in East Orleans lebte und ein vier Jahre altes Auto fuhr. Die hiesigen Schwuchteln gingen nicht mehr zum Pfandleiher, um ihm Geschenke kaufen zu können. Er ging für fünfzig Dollar die Nacht auf den Strich.

Wir halten die Schönheit so hoch, weil wir sie nur so kurz besitzen.

Er lächelte jungenhaft. Das brachte früher mein Blut in Wallung, aber jetzt sah es einfach müde aus. Und künstlich.

»Ich würde es dir so erzählen. Aber ich hatte eine Pechsträhne. Du weißt ja, wie es mit mir ist, Matty.«

»Sag's mir.«
»Ich bin ein verwegener Bursche. Das mochtest du doch so an mir.«
»Lance, mein Süßer, versuch nicht die schönen und romantischen Erinnerungen an *le temps passé*. Ich bin nicht mehr romantisch.«
Er war so verlegen, daß er etwas von seinem Drink verschüttete, als er ihn von Didi in Empfang nahm. Er nahm einen langen Schluck und probierte es noch mal.
»Es gab einmal eine Zeit zwischen uns ...«
»Für die ich bezahlt habe.« Ich aß mein Dessert weiter. »Also, was hast du, das ich dir abkaufen soll? Außer deiner eigenen Köstlichkeit.«
Er gab auf. »Es ist der Typ von Rico, den du suchst. Es ist ein Glatzkopf. Trägt Grün. Blinzelt. Richtig?«
»Was hast du?«
»Ich habe letztes Jahr mit ihm mal eine Nummer gemacht.«
»Weißt du, wie er heißt?«
»Nein, aber ... Paß auf, ich brauchte dringend Geld, sonst hätte ich ihm diese Falle nicht gestellt.«
Diese Neuigkeit siegte über das Sorbet.
»Für was?«
»Warte.« Lance grinste – gewinnend, wie er meinte – es sah aber nur einfältig aus. »Erst das Geld. Ich will ... tausend Möpse.«
»Eine Mille?« Ich kreischte fast. »Nicht mal, um dich in Flammen zu sehen!«
»Aber es lohnt sich, ich schwöre, Matty. Es gibt auch Bilder davon.«
»Ich gebe dir fünfhundert.« Daraufhin kam kein Protest, also rief ich Didi wegen eines Stifts und öffnete mein Scheckbuch.
»Ich brauche aber Bargeld,« sagte der stumpfsinnige Grieche maulend.
»Ein Scheck von *New Traditions* gilt im ganzen Bezirk. Du hast ja genug davon eingelöst.«
Er nickte widerwillig zustimmend und beobachtete mich, wie ich die leeren Zeilen mit seinem Namen und der Summe ausfüllte. Als der Scheck erst einmal in seiner Hand war, hielt er ihn fest wie eine Eintrittskarte zum Football-Endspiel.

»Es ist so. Die wollten Bilder von der Tucke in kompromittierenden Situationen. Also habe ich den alten Zauber wieder angeknipst. Du weißt schon.«

»Ich weiß, mach weiter.«

»Ich habe ihn in meine Räuberhöhle eingeladen. Die Kamera war im Schrank aufgebaut. Weitwinkelobjektiv. Ich bin mit dem Typen also alles schön langsam durchgegangen, damit sie ihn aus allen Richtungen gut drauf hatten. Es war die zweitausend wert.«

»Ich bin stolz auf dich. Wer hat fotografiert?«

»Frag mich nicht. Nur so ein hakennasiger Yankee, der das professionell betrieb. Ich habe ihn nie wieder gesehen.«

»Wer hat dich denn angeheuert?«

»H. R. Loomis.«

Mein Scheckbuch glitt mir aus der Hand. Und es lag immer noch vergessen auf dem Tisch, als Lawrence von der Toilette zurückkam. Er hatte seine Haare gekämmt und frisches Cologne aufgetragen und ließ sich jetzt in seinen Stuhl gleiten, als hätte er nicht die Absicht, sich wirklich niederzulassen.

»Das war ein schönes Essen, Matty. Es hat mich in eine romantische Stimmung gebracht.«

Ich spielte mit der Locke auf seiner Stirn. »Mich auch. Aber es gibt da ein Problem, Kleiner. Ich lebe mit jemandem zusammen, weißt du. Und wenn ich dich mit nach Hause nehmen würde ...«

»Wäre er schockiert?«

»Nein. Er würde zugucken wollen.«

»Ach. Wie ungezogen.«

»Und störend.« Ich winkte Didi, und sie tippelte auf Zwölf-Zentimeter-Absätzen (Größe 42) herbei. »Gib mir einen Schlüssel.«

Sie beugte sich über den Tisch. »Nimm ihn dir selbst.«

Ich griff zwischen ihre Brüste, nahm einen Schlüssel heraus und setzte einen Kuß drauf. »Komm mit, Lawrence. Ich zeige dir noch mehr von diesem Etablissement.«

Er folgte mir zum Aufzug und ich drückte auf die Zwei. Der Flur im zweiten Stock hatte einen Teppich, der Annehmlichkeit, des Lärms und der Diskretion wegen. Mein Schlüssel paßte in die erste Tür zur Rechten, zu einer Suite, die im spätviktorianischen Stil und in exquisitem Geschmack eingerichtet war (ganz und gar aus *New Traditions*).

Als das Licht anging, quietschte Lawrence wie ein Groupie. »So was Schickes habe ich noch nie gesehen!« Und er warf sich auf das große Himmelbett.

Ich regulierte den Dimmer. »Manche Mitglieder halten dies für das wichtigste Angebot des Clubs.«

»Was für eine Atmosphäre! Es ist einfach zu himmlisch.«

»Mit Musik beim Lieben.« Ich drehte am Radioknopf, und eine sanfte Blues-Melodie schallte durch die verdeckten Lautsprecher. »Unten können sie's nicht hören. Das Zimmer ist schalldicht. Und wenn du hungrig wirst oder Durst kriegst ...« Ich deutete auf das Telefon neben dem Bett. »Zimmerservice«.

»Himmlisch. Es ist hier alles so hinreißend verderbt!« Lawrence streckte sich auf volle Länge und grunzte, als er Eisen und Leder berührte. »Was zum Teufel?« Er war auf ein Stück Metallkette gestoßen, die er hervorzog, bis er an die Handschellen kam, die am Ende waren. Er reagierte schockiert und bestürzt.

»Aber Matty!«

»Das ist nicht für uns«, versicherte ich hastig. »Einige der ausgeflippteren Mitglieder stehen auf diesen Spielereien.«

»Wie dekadent!«

»Wer's gerne hat, okay. Aber ich ziehe normale sündige Vergnügungen vor.«

Der Junge verzog den Mund. »Ein bißchen schräg ausgedrückt.«

»Tut mir leid.« Ich legte meine dekadenten Glieder neben ihn und langte hinter das Kopfteil. »Paß mal auf. Wir können im Bett die Sterne sehen.«

Das Deckenpaneel glitt zurück und gab das Firmament frei. Dazu die Hälfte aller Sterne in der Galaxie. Lawrence schmiegte sich an mich und seufzte. Sein Atem war süß. Auf dem Klo hatte er sicher heimlich ein Pfefferminz gelutscht.

»Matty? Glaubst du ans Wünschen?«

»Manchmal. Was wünschst du dir denn?«

Er schloß die Augen. »Ich wünschte, du würdest mich lieben.«

Ich kam seinem Wunsch in einer Gewissenhaftigkeit nach, die meinem Alter und meiner Stellung im Leben unangemessen war. Aber selbst beim Kosen und Schmusen bemerkte ich, daß mein Partner älter sein mußte als die 19, die ich ihm eingeräumt hatte. Seine Muskulatur war ausgeprägter und sein Teint gegerbter als bei einem Knaben. Er war möglicherweise 23. Vielleicht älter.

Dann aber konnte er nicht so naiv sein, wie er tat, was seltsam war. Im Augenblick genoß ich seinen biegsamen Körper jedoch zu sehr, um mich darum zu kümmern. Er erschöpfte mich bis zur völligen Erschlaffung, und ich schlief noch in der Minute des Vollzugs ein.

Als ich meine Augen wieder öffnete, war mein Liebhaber schon am Fußende des Bettes und zog seine Jacke an. Ich konnte nicht länger als drei Minuten geschlafen haben, und er hatte sich in dieser Zeit ganz angezogen.

»Kuckuck, Matty.«

»Hallo. Warum so eilig?«

»Der gute Teil ist jetzt vorbei. Jetzt kommt der unangenehme.« Er faßte in seine Tasche und holte eine Automatikpistole mit Schalldämpfer heraus. »Es hat Spaß gemacht, du bist ein sehr erfahrener Liebhaber.«

Mir kam die Luft abhanden. »Bedankst du dich so?«

Lawrence zielte mit dem Lauf zwischen meine Augen, während er um das Bett herumging. Dort tastete er so lange, bis er die Handschellen fand, und warf sie mir zu. »Zieh die an.«

Ich diskutiere nicht mit dem sicheren Tod und schloß die Handschelle um mein rechtes Handgelenk, während er das Gegenstück auf der anderen Seite fand und sicherte. Er tat meinen Fußknöcheln das gleiche an, und erst, als er mich mit gespreizten Gliedern unbeweglich gemacht hatte, senkte er die Waffe. Dann warf er anstandshalber ein Laken über meine Lenden.

»Was soll das alles?« fragte ich vernünftig. »Hast du's mit S/M?«

»Noch schlimmer, fürchte ich.« Das sanfte, müßig-gedehnte Sprechen von Lawrence war klaren Konsonanten und klirrend prononcierter Aussprache gewichen. »Ich habe Befehl, dich zu liquidieren.«

»Liquidieren? Du meinst doch nicht ... wie man so sagt: um die Ecke bringen?«

»Darauf läuft's hinaus. Tut mir leid, aber das bringt mir zehntausend. Und in meinem Beruf kann ich mir persönliche Gefühle nicht leisten.« Er ließ die Knarre auf seinem Schoß liegen, während er noch einmal in die Tasche langte und eine schwarze Lederschachtel hervorzog. »Aber dich hätte es sowieso erwischt, weißt du. Und ich mache es glimpflicher als andere.«
»Du mußt mir nachsehen, daß ich nur schwerlich Dankbarkeit entfalten kann.«
»Bedenk doch«, – ein schnelles Lächeln – »es ist besser, als an einer Klowand festgemacht abzutreten.« Der kleine Mörder öffnete die Schachtel und zog eine Spritze heraus. »Ich sage dir, was passieren wird. Du brauchst also gar keine Angst zu haben.«
»Da mußt du aber ganz schön was erzählen.«
Lawrence Dale schien in der letzten Viertelstunde um 15 Jahre gealtert zu sein, und er war kalt wie Marmor. Der echte David.
»Ich gebe dir eine intravenöse Injektion mit diesem Mittel, das deine Herzmuskeln verkrampfen wird. In kurzer Zeit wirst du einen ganz normalen Herzinfarkt haben.«
»Normal?«
»Na, eben das Übliche. Hier liegt ein weiterer Kampfesbruder, den es mitten in leidenschaftlicher Aufwallung niedergestreckt hat. Deine Freunde werden sagen: ›War er nicht ein Glückspilz, mit wehender Fahne abzutreten‹.«
»Mein Banner ist jetzt ganz schlaff.«
»Dieses Etablissement wird schon dafür sorgen, daß die näheren Umstände verschleiert werden.« Lawrence drückte die Luft aus der Spritze. »Die Tatsachen werden für sich sprechen. Keiner wird die Todesursache genauer untersuchen.«
Ich schloß die Augen. »Du scheinst das ja wissenschaftlich zu betreiben. Hast du so was schon mal gemacht?«
»Oft und oft.« Er steckte die Nadel durch die Kappe einer Ampulle und zog genau sieben Zentimeter auf. »Es wird nicht lange wehtun und ist dann ganz schnell vorbei. Ich verspreche es.«
»Für wen arbeitest du, Lawrence?«
»Ich arbeite freiberuflich auf Honorarbasis. Für ein dichtes Netz von Geschäftsleuten.«

»Die Mafia?«

»Sie haben eine Reihe von Namen. Den auch, ja.«

»Warum wollen die mich umbringen?«

»Um ein Ärgernis loszuwerden, Matty. Du bist so hartnäckig hinter einem von ihnen her. Und sie können nicht zulassen, daß du ihn findest.«

»Den Klappenlochmörder?«

Der Gauner beugte sich über mich und suchte geschickt nach einer guten Vene in meinem rechten Arm. »Tut mir leid. Wirklich.« Er gebrauchte die Nadel mit einer Fingerfertigkeit, die nur lange Erfahrung gibt, drückte den Inhalt aus und zog sie langsam heraus.

»Eigentlich müßte ich warten, bis die Liquidierung vollzogen ist. Aber da deine Kollegen so scharf auf Fesseln sind« – er zog an einer der Ketten und überzeugte sich, daß sie stark genug war – »kann ich früher gehen. Wenn du Zeit für eine Beichte brauchst ...« Er schwatzte lässig, während er die Spritze mit Alkohol reinigte und sie wieder in die Schachtel legte. »Und denk dran, daß jede Bewegung das Blut schneller zirkulieren läßt.«

Lawrence ließ sein Handwerkszeug in die Tasche fallen und schloß sie mit einem Klicken. »Auf Wiedersehen, Matty.« Er küßte mich auf den Mund, tiefer als den Mund, und war schnell aus der Tür heraus. Ich hörte weder seine Schritte auf dem Flur noch den Lift, der ihn nach unten in die Freiheit trug, weil das Zimmer schalldicht war.

Und ich hörte auch gar nicht hin.

Jedes ordentliche Mitglied von *Kitt's* weiß das mit den Fesseln. Daß man mit verborgenen Schnallen leicht aus den Handschellen herauskommt. Eine Sekunde später hatte ich das Telefon in der Hand und betete, daß Eddie unten nicht gerade schäkerte oder seine Fingernägel machte. Er nahm beim ersten Läuten ab.

»Eddie«, flüsterte ich. »Ruf Crumpet ... Herzinfarkt ...« Dann ließ ich den Hörer fallen, und ein Buick fiel auf meine Brust.

»Lach nicht, Matty.«

Das war das erste, was ich hörte, als ich von den Toten zurückkehrte. Klinisch.

»Waa . . .?«
»Ich mußte dir bei der Herzmassage drei Rippen brechen«, sagte Crumpet jovial. »Meine Güte, du hattest Glück, daß ich in der Nähe war.«
»Mhh . . . Schick mir die Rechnung.«
»Du hast ein bißchen mehr abgebissen, als du schlucken konntest, mein Alter. Wo ist überhaupt der Junge? Und wie kommt es, daß deine Füße gefesselt waren? Wußte gar nicht, daß du auf sowas stehst.«
»Das ist eine lange Geschichte, und du hättest keine Freude daran.«

DREIZEHNTES KAPITEL

MONTAG

Die Krankenschwestern der Herzstation im Mercy bestanden darauf, mich wie einen richtigen Herzpatienten zu behandeln, obwohl ich nichts weiter hatte als die gebrochenen Rippen. Nach zwei Nächten unerträglichen Verwöhnens entließ man mich auf eigene Verantwortung.
Als ich erst einmal wieder im Büro war, mit meinen Freunden und meinen Möbeln um mich, war Frank Washington mein erster Besucher. In seinem Schlepptau der ausdruckslos dreinschauende Officer Duffy.
Frank hatte weder Blumen noch Süßigkeiten für den Rekonvaleszenten, aber eine Entschuldigung.
»Das war vollkommen falsch, Matty. Es tut mir höllisch leid, daß ich dich da mit reingezogen habe.«
»Was ist schon eine kleine Erpressung zwischen Freunden?« sagte ich mit einer Lunge voller Luft. Meine linke Seite war immer noch zu eng geschnürt, um freies Atmen zu gestatten.
»Jesus, wegen dieser Sache könnte man mich anklagen.« Er riß an seinen Haaren. »Damit habe ich beinahe das Leben eines unschuldigen Bürgers aufs Spiel gesetzt. Eines Wählers.«

»Reg dich nicht auf. Ich habe kaum jemals Zeit zum Wählen.«
Er nahm sich einen Stuhl. »Nun jedenfalls ist deine Rolle in diesem Stück vorbei. Unnötig zu sagen, daß ich nicht mehr das geringste Interesse an deinem Freund habe. Was mich betrifft, könnte er der *Grand Wizzard* vom Ku Klux Klan sein.«
»Halt mal. So schnell bin ich weg vom Fenster?«
»Mit meinen aufrichtigen Entschuldigungen. Ja.«
»Das läuft nicht, Kumpel. Hör mal, wer H. R. Loomis ausgepustet hat, hat mich nie richtig interessiert. Im Gegenteil, je mehr ich über ihn weiß, desto weniger kümmert's mich. Aber wenn mir jemand das gleiche antun will, dann werde ich zickig.«
»Aber es ist nicht mehr dein Problem. Das Ganze ist jetzt Angelegenheit der Polizei.«
»Du kannst mich jetzt nicht aus dem Fall hinauskatapultieren.«
»Ich verbiete dir, weiterhin dein Leben aufs Spiel zu setzen. Und deswegen wirst du nicht mehr den Segen oder die Unterstützung der Polizei haben.«
»Du hast mich diesen Bach raufgeschleppt und jetzt willst du mir das Paddel wegnehmen?«
»Nur zu deinem Besten. Jetzt kannst du dich wieder um deinen Laden kümmern. Ich kann dir eine Belobigung beschaffen. Möchtest du das?«
»Das wäre demütigend.«
»Vielleicht wird dich das umstimmen.« Frank zog aus seiner Innentasche ein weiteres Bündel gespenstisch fahler Polizeifotos. Als er sie auf meinem Schreibtisch ausbreitete, erkannte ich ihr verstorbenes Motiv.
»Er hieß Lance Poulos.« Ich drehte die Bilder um und schob sie Frank wieder zu.
»Das wissen wir schon. Und wie du siehst, ist er anders gestorben als die anderen. Diesem Opfer ist mit einer Kleinkaliberwaffe durchs Herz geschossen worden. Von vorn. Kein Eispickel, keinen Einlauf mit Ätz-Soda. Und diesmal war's nicht auf einer Toilette. Aber sein Penis war amputiert, und Poulos war ein berüchtigter Homosexueller.«
»Wo ist es passiert?« Ich wollte nicht über die Fotos reden.

»In einem Porno-Buchladen in der Nähe von Kenner. Da werden Pornos verkauft, Dildos, Sex-Zubehör ... und es gibt mehrere Kabinen für Kunden, die Pornofilme angucken wollen.« Frank sammelte die Fotos wieder ein. »Der Besitzer gab zu, daß mehr als ein Mann auf einmal so eine Kabine benutzen könnte, und daß er es nicht einmal sehen könnte. Oder daß es ihn auch nur gekümmert hätte. ›Lieben und lieben lassen‹ – wie man so sagt.«

»Sag ich auch. Es klingt gemütlicher als die Klozelle.«

»Offensichtlich. Und es kostet weniger als ein Hotelzimmer. Diese Läden machen so ein gutes Geschäft, daß die Teppiche immer glitschig sind.«

»Laß uns in den Grenzen des guten Geschmacks bleiben.«

»Entschuldige, wenn ich deine feinsinnigen Empfindlichkeiten verletzt habe, aber so kam es raus. Das Opfer wurde nicht beraubt. Er hatte vierzig Dollar und Wechselgeld bei sich. Es muß also irgendeine Verbindung zu den anderen Morden geben.«

»Und dies hier ist die Verbindung.« Ich klopfte auf die Bilder. »Er kannte unseren Killer persönlich, weil er ihn auf Geheiß von H. R. Loomis vor einer versteckten Kamera vorgeführt hatte.«

»Erpressung? Das hast du mir nie erzählt.«

»Lance beichtete mir das neulich bei *Kitt's*; und über diesem und jenem ...«

»Schon klar, du warst mit deinem Herzinfarkt beschäftigt. Wer war auf den Fotos?«

»Die alte Schwuchtel, von der Rico mir erzählt hat.«

»Unser schlüpfriger Freund in Grün? Keiner weiß, wie er heißt.«

»Lance muß ihn irgendwie gefunden haben. Nachdem er mit mir gesprochen hatte.«

Frank riß heftig an seinen Fingern, war aber zu wohlerzogen, um wirklich mit den Knöcheln zu knacken. »Mach weiter.«

»Der Typ war ein Schnorrer wie aus dem Bilderbuch. Er hat ein paar Dollar verdient, weil er mir die Information über Loomis' Erpressungsversuch verkauft hat. Warum sich damit zufriedengeben? Ich wette meinen Anzug gegen deinen, daß er rausfand, wer der Mann wirklich war und sein neues Opfer mit der Neuigkeit anrief.«

»Also«, faßte der Hüter des Gesetzes zusammen, »unser Mörder

ging auf seine Forderung ein, und Poulos vereinbarte unvorsichtigerweise ein Treffen mit ihm. An einem ungestörten Ort.«
»Warum nicht? Lance hatte nicht die Absicht, seinen Pimmel durch irgendwelche Löcher zu stecken. Er war groß genug, um die alte Schwuchtel in die Flucht zu schlagen. Daß er auch eine Waffe haben könnte, fiel ihm gar nicht ein. Er war so blöd, wie er hübsch war, mein griechischer Gott.«
»Na ja, ich bin weder blöd noch hübsch. Ich gehe mit dir auch kein Risiko mehr ein. Ich habe Rund-um-die-Uhr-Bewachung für dich mitgebracht.«
Ich blickte zu Duffy herüber.
»Dann bring ihn gleich wieder raus, Frank. Ich esse lieber Kugeln, als diesen Schafskopf auf den Fersen zu haben.«
»Oh, den meine ich nicht.« Er rief über seine Schulter. »Bitte, Gendron.«
Herein spazierte meine Freundin, die Streifenpolizistin Marilou Gendron. Sie tippte an ihre Polizeimütze und grinste.
»Hi, Matty. Wie geht's?«
»Beschissen. Ich kann nicht ohne Schmerzen atmen oder mich bewegen.«
»Ja, aber du hast doch eine erstklassige Kondition. Du wirst im Nu wieder gesund und munter sein.«
Marilou ist nur 1,52 Meter groß und wiegt komplett mit Uniform, Schlagstock und Walkie-Talkie 54 kg. Aber sie ist zäher als drei x-beliebige Bullen zusammengenommen.
Sie hat in ihren Mittagspausen wahrscheinlich mehr Frauen verführt als Casanova in seinem ganzen Leben.
Frank nickte zur Seite. »Ich dachte, du hättest nichts gegen Marilous Gesellschaft in den nächsten Tagen.«
»Als Gast nicht, nie. Aber als Babysitter muß ich sie ablehnen. Ist nicht persönlich gemeint, Liebes.«
Sie zwinkerte. »Macht nichts. Aber du weißt wahrscheinlich nicht, was du dir entgehen läßt.«
Steve lehnte durch die Tür und unterbrach. »Guter Gott, Matty! Du glaubst nicht, wer am Telefon ist, ganz persönlich – genau jetzt.«
»Ich will mal raten. Ruthie, die Entendame.«

»Falsch! Es ist Alma Dearborn MacIlwain höchstpersönlich. Sie will die Uhr aus dem achtzehnten Jahrhundert sehen, die im letzten Monat im *Dixie Roto* war. Ist die zu verkaufen?«

»Nein, ist sie nicht.« Ich warf einen Blick in meinen Kalender. »Um fünf treffe ich Brandi im *Maison Blanche.* Sag Mrs. MacIlwain, daß ich sie davor jederzeit sehen kann.«

Frank strich sich über seinen Schnurrbart. »Alma MacIlwain? Die Schwiegermutter des Opfers? Was für ein Zufall.«

»Den gibt es nicht, das weißt du doch.« Ich nahm die Meissonier-Carteluhr auf und legte sie in ihre Samtschatulle. »Die Doyenne von New Orleans altem Geld hat nie zu meiner Kundschaft gehört. Sie betrachtet meine Waren als unter ihrer Würde.«

Steves Kopf tauchte wieder auf. »Zwei Uhr dreißig.«

»Gut. Dann habe ich noch Zeit, um den ehrenwerten Wayne Tibbet zu treffen.«

Frank schaute auf. »Wozu?«

»Ich will mich über seinen Rendezvous-Service beschweren.«

»Ich kann es nicht glauben!« Der Kongreßabgeordnete Tibbet schritt mannhaft seinen Teppich ab. Obwohl sein Ausschreiten durch den Smith-and-Wesson-Revolver etwas behindert wurde, den er an seinem Oberschenkel befestigt hatte.

»Man muß sich mal vorstellen, daß ich ausgerechnet in meiner eigenen Wahlkampfzentrale beinahe zum Märtyrer geworden wäre.«

»Zum Märtyrer? Sie?« Seinen Verfolgungswahn konnte ich nachvollziehen, aber mit dem Mitleid hatte ich Schwierigkeiten.

»Dale hatte erst an dem Morgen angefangen, für mich zu arbeiten, aber er schien so ein guter Junge zu sein. Ich schwöre, wenn ich gewußt hätte, daß er ein Homosexueller ist, hätte er dieses Büro nie betreten!«

»Ein Homosexueller? Was anderes stört Sie nicht an diesem Gangster? Der hat versucht, mich umzubringen, verdammt nochmal!« Meine gebrochenen Rippen taten noch zu weh, um zu lachen.

»Als Lieutenant Washington mich anrief, habe ich mir alles vorgenommen, was er vielleicht angefaßt haben könnte, und habe es der Polizei gegeben, wegen der Fingerabdrücke. Aber es war alles abgewischt. Sogar die Glühbirne!« Seine kleinen Augen, die nervös hinter den gelben Gläsern blinzelten, erinnerten mich an einen Leguan in der Sonne. Aber schließlich bin ich Demokrat.

»Ein Profi-Killer hinterläßt keine Souvenirs. Was können Sie mir über ihn persönlich sagen?«

Der verehrungswürdige Volksvertreter rief seine Sekretärin, und sie kam auf Zehenspitzen ins Büro. Jetzt trug auch sie ein Halfter. Ihre Pistole hatte Damengröße und einen zierlichen Perlmutt-Griff.

»Nancy? An was können Sie sich noch erinnern von dem Jungen, Lawrence Dale?«

»Ich habe nie etwas gewußt, Mr. Tibbet. Er hat schon hier gewartet, als wir Samstag aufmachten, und gesagt, er wollte für eine Semesterarbeit bei Ihrem Wahlkampf mitarbeiten. Und da wir ihn nicht bezahlten, habe ich natürlich nicht nach Referenzen gefragt.«

Tibbet breitete seine Hände auf dem Schreibtisch aus und schüttelte seinen Kopf. »Sehen Sie, Sinclair? Die Mafia ist dabei, mich in Schwierigkeiten zu bringen. Und dafür haben sie einen bezahlten Killer losgeschickt.«

»Dann muß ich schon sagen, er hat ganz schön daneben getroffen.«

Ich schaute auf die Uhr. »Oh, ich muß weg. Ich treffe eine Dame.«

»Eine Dame?«

»Einige kenne ich auch.«

Nancy schob den sieben Zentimeter langen Riegel beiseite, schloß die zwei neu angebrachten Doppelschlösser an der Eingangstür auf und ließ mich hinaus.

»Der Abgeordnete hat eine Firma bestellt, sofort, als er das mit Dale gehört hat. Die sichern jede Tür in diesem Haus und machen sein Auto kugelsicher. Ist es nicht furchtbar, daß ihm sowas zustoßen mußte?«

Der Sitz der Dearborn-MacIlwains ist eines der wenigen Gebäude auf der St. Charles Street, das noch als Einfamilienhaus fungiert. Eines der seltenen Häuser mit zwei Stockwerken und orangefarbenen Schindeln auf dem Dach.

Der Butler war ein beeindruckender nubischer Riese, der aussah, als könne er mit der einen Hand mit mir Ball spielen und mit der anderen gleichzeitig stilvoll eine Limo einschenken. »Mr. Sinclair«, intonierte er und führte mich an einem Treppengeländer vorbei, das anscheinend an jedem Tag seiner Existenz poliert wurde. Mir wurde klar, warum die Dame des Hauses meine Antiquitäten nie benötigt hatte. Keines der Möbel weit und breit war jünger als hundert Jahre. Oder weniger wert als zehntausend Dollar.

Im Empfangsraum saß Alma Dearborn MacIlwain persönlich, so still und zerbrechlich wie Biskuitporzellan. Sie sah aus, als hätte jemand sie für die Privataudienz zurechtgemacht und hier auf das Seidensofa plaziert. Im Näherkommen sah ich, daß ihr korrekt onduliertes rotgoldenes Haar eine Perücke war.

»Haben Sie vielen Dank, daß Sie gekommen sind. Darf ich Sie Matthew nennen?«

»Aber selbstverständlich. Wir hätten uns schon vor Jahren begegnen sollen.«

»Allerdings, das stimmt. Ihre Mutter und ich waren zusammen auf der Sophie Newcomb. Und ihr Vater war 1940 der charmanteste Tänzer auf meinem Debüt.« Mme. MacIlawain streckte mir eine zarte Hand entgegen, doch bedeckte ihr Ärmel alle Finger. Selbst so konnte ich sehen, was sie verbarg. Auf ihrem Gesicht waren die entstellenden Flecken kaum sichtbar, gut verdeckt mit Make-up. Krebs. Ihr ganzer Körper war voll davon.

Ich sagte: »Es ist eine Schande, daß die Dearborns und die Sinclairs so gar keinen Kontakt mehr haben. Es gibt nur noch so wenige alte Familien.«

Ich war leutselig. Meine Vorväter hatten sich gut hundert Jahre vor den abenteuernden Dearborns in New Orleans niedergelassen. Aber, Parvenu hin oder her, die Frauen der Familie hatten immer diese besondere süße Zartheit, die Männer dazu bringt, ihnen den Hof zu machen.

»Es ist doch seltsam«, schalt sie sanft, »daß ein Sinclair in den Handel geht.«

»Ich wollte mein eigenes Geld verdienen.«

»Was für eine Idee. Aber das Möbelgeschäft hätten Sie doch den Juden überlassen können. Die können es ganz gut. Kann ich jetzt Ihr schönes Stück sehen?«

Ich packte meine Juste-Meissonier-Uhr aus, die vielleicht das einzige Stück in meinem Besitz ist, das dieses Raumes würdig wäre, und stellte sie vor sie auf den Tisch. Wie ein Opfer, das man einer Göttin darbringt.

Sie streichelte den bronzenen Rahmen mit dem Muschelmuster. »Ach, wie elegant. Wollen Sie sie mir verkaufen?«

»Nein, Ma'am.«

»Das dachte ich mir. Danke trotzdem, daß Sie sie mir gezeigt haben.« Die Hand blieb, um die Ornamente nachzuzeichnen. »Ich habe Sie in einer anderen Angelegenheit rufen lassen.«

»Das dachte ich mir. Der tragische Verlust ihres Schwiegersohnes.«

»Verlust?« Ein unerwartetes Schnauben. »Ich habe Hubert nie gebilligt. Vom ersten Tag an, an dem Millicent ihn mit nach Hause brachte.«

»Aber ich habe gehört, daß er sehr gut aussah.«

»Das stimmt. Für Unkultivierte.« Ihre Nasenflügel bebten. »Die arme Millicent war von seiner oberflächlichen Art und seinem ständigen Lächeln so eingenommen. Aber ich habe Hubert Loomis in vielen Ausgaben mein ganzes Leben lang gekannt. Wo es behütete junge Mädchen aus wohlhabenden Familien gibt, dort finden Sie auch ganze Scharen von Loomissen, die sich daran ergötzen.«

»Ah ja.«

»Reitlehrer, Tennisprofis, Playboys, alle mit dem gleichen Lächeln und dem spontanen Charme. Alle versuchen, ihr Glück zu machen, indem sie eine du Pont, eine Mellon oder eine Vanderbilt heiraten. Oder eine MacIlwain.«

»Das ist ja auch besser, als Zuckerrohr zu schneiden.«

»Sie sammeln sich bei Debütantinnenbällen, an Ferienorten, wo immer sie ihre Beute finden. Ich habe Millicent in abgelegene katholische Schulen geschickt, weil ich dachte, dort würden ihr diese ...«

»Blutsauger.«

»... erspart bleiben. Goldgräber, das ist der freundlichste Begriff, den ich für sie habe. Aber bei allen diesen Vorsichtsmaßnahmen wurde meine Tochter nur umso anfälliger für den erstbesten Frauenhelden.«

Die Dame hustete laut, und ihr Nubier glitt aus dem Nichts mit einem Schal herbei. Er drapierte ihn um ihre Schultern und verschwand wieder. Sie lächelte entschuldigend. »Ich habe Hubert schon entlarvt, als er das erste Mal durch diese Tür trat. Er grüßte mich so liebevoll, als wäre ich seine lange entbehrte Mutter. Und dann nahm er die Katze hoch.«

»Wie bitte? Die Katze?«

»Meinen Silberperser Mindy. Oh, und wie er sie gestreichelt und liebkost hat, bis sie schnurrte. Die subtilen Andeutungen dabei habe ich begriffen.«

»Er versprach auf die Weise, Ihre Tochter mit der gleichen galanten Aufmerksamkeit zu behandeln.«

»Wenn er Millicent so gut wie die Katze behandelt hätte, wäre alles wunderbar gewesen.« Die Stimme der Dame wurde unsicher, und ihr Nubier erschien wiederum wie ein Geist mit heißem Tee und Zitrone. »Mr. Sinclair, die Frauen in meiner Familie sind das, was man Spätentwickler nennt. Wir sind als junge Mädchen überhaupt nicht hübsch. Und mit 21 war Millicent entsetzlich dünn, hatte keine Figur und einen unvorteilhaften Teint.«

»Ein Aschenputtel?«

»Um es freundlich auszudrücken. Warum also, glauben Sie, sollte sich der beliebteste Football-Spieler der Universität für sie interessieren?«

»Vielleicht hatte sie eine persönliche Ausstrahlung.«

»Keine.«

»Hm.«

»Es war ein lächerliches Paar, Mr. Sinclair. Und als meine Tochter mit glänzenden Augen und einem Verlobungsring mit Diamantsplittern heimkam, bat ich Hubert zu einer Unterredung. Erst war ich höflich und redete um den Brei herum. Aber er wollte nicht verstehen. Daher kam ich zum Punkt und erklärte ihm, von mir hätten sie keine finanzielle Unterstützung zu erwarten. Wenn sie erst einmal ›Ja‹ gesagt hätten, wären sie ganz auf sich selbst angewiesen.«

»Das hat offensichtlich seine Begeisterung nicht gedämpft.«

»Nur weil er dachte, ich hätte geblufft. Als er allerdings unter den Hochzeitsgeschenken keine Mitgift oder ein Haus fand, schickte er Millicent arbeiten.«

»Ihre Krankenschwester-Karriere.«

»Karriere, mein Gott. Zwölfstündige Schichten in der Altenpflegestation vom Charity. Das war der anstrengendste Job, den man sich für ein so zartes Mädchen wie Millicent vorstellen konnte.«

»Warum hat sie nicht abgelehnt?«

»Weil er sie bearbeitet hat. Hat ihr Liebe vorenthalten, seine Anerkennung und so weiter, wenn sie nicht absolut seinen Wünschen entsprach. Millicent ist eine leidenschaftliche Frau. Sie brauchte diese ... einfachen Beweise ehelicher Zuneigung.«

»Ich kenne das Gefühl.«

»Wir sind katholisch, Mr. Sinclair. Wir glauben nicht an Scheidung. Wie schlecht er sie auch behandelte, sie richtete sich sozusagen damit ein.«

»Und ertrug's mit patrizischem Stoizismus.«

»Hubert pflegte ziemlich platt anzudeuten, daß meine Tochter gezwungen sei zu arbeiten, damit die ›Butter aufs Brot‹ kam. Er sähe viel lieber, daß sie zuhause bei den Kindern bliebe, sagte er.«

Wieder das Schnauben; das erste war also doch kein Ausrutscher gewesen. »Er dachte, ich würde nachgeben und Millicent ein Einkommen zugestehen. Aber das tat ich nicht.« Mrs. MacIlwain ballte eine kleine Faust. »So sehr ich meine Tochter liebe, ich konnte diesem ... Blutsauger keinen Penny geben. Ich blieb fest.«

Der Nubier brachte mir ein Glas Sherry, und meine Gastgeberin ließ mich etwas davon trinken, bevor sie weitersprach.

»Er aber auch. Er wußte, es war nur eine Frage der Zeit. Alles, was ich besitze, wird schließlich Millicent zufallen.«

Ganz zwangsläufig. Der Paragraph über den Mindest-Anteil im Erbrecht von Louisiana schreibt vor, daß man ein Kind nicht enterben kann. Selbst wenn es zur Mun-Sekte durchgebrannt ist oder jeden Sonntagnachmittag damit zubringt, die Mutti zu verhauen.

»Dank des Code Napoléon.«

»Ich bin mit unserem Anwalt jede Vorschrift durchgegangen. Ich habe ihn gefragt, ob ich nicht meinen Besitz in einen Trust stecken oder sogar alles direkt meinen Enkeln vererben könnte. Aber er sagte, das sei unmöglich. Der gesamte Pflichtanteil müßte ohne Einschränkungen an Millicent gehen.« Sie zog eine Grimasse. »Und zwei Minuten später hätte er es in der Hand gehabt – alles. Was hätten Sie an meiner Stelle getan, Mr. Sinclair?«

»Ich wäre umgezogen«, sagte ich automatisch. »Hätte mich in einem Staat niedergelassen, in dem es keinen vorgeschriebenen Pflichtteil gibt.«

»Das habe ich überlegt, aber das wäre für mich sehr schwer gewesen. Ich bin in diesem Haus aufgewachsen.« Sie blickte über ihre exquisiten Möbel, als ob sie sie im Geiste verbrennen wollte. »Ich sterbe.«

»Ich weiß, es tut mir leid.«

»Sie wissen es?«

»Frauen Ihrer Klasse tragen keine Perücken.«

»Es sei denn, wir hätten bei der Chemotherapie alle Haare verloren. Ja. Also, was würden Sie an meiner Stelle tun?«

»Ich würde vielleicht meinen schwarzen Ritter in glänzender Rüstung bitten, das Problem aus der Welt zu schaffen.«

Sie lächelte traurig. »Sie haben Phantasie, Mr. Sinclair. Aber falls ich jemals solche Vorstellungen hatte, habe ich sie nie in die Tat umgesetzt. Ein unbekannter Krimineller hat Hubert umgebracht, und das ist alles. Durch puren Zufall ist es für alle Beteiligten gelöst worden ... Bitte belassen Sie es dabei.«

»Sie meinen, ich soll die Ermittlungen einstellen?«

»Stillschweigend. Ja. Es ist alles so ekelhaft.« Ein Tuch aus irischem Leinen wurde an die zarte Nase geführt, um den Abscheu zu dramatisieren. »Ich habe es bereits mit Lieutenant Washington besprochen. Er ist reizend und gar nicht so ungebildet. Warum können sie nicht alle so sein, was meinen Sie?«

»Meinen? ... Ich habe ...«

»Jedenfalls hat er alle Hände voll zu tun mit wirklichen Verbrechen in dieser Stadt. Ich bin sicher, er wird dieser scheußlichen Sache mit meinem Schwiegersohn nicht die höchste Bedeutung zumessen.«

»Das stimmt, daß Frank nicht nur einen Fall hat.«

»Also liegt es nur an Ihnen, nicht wahr, Mr. Sinclair, die gesamte Angelegenheit in Vergessenheit geraten zu lassen, so wie es angebracht wäre. Wenn Sie das für mich tun könnten, würde ich mich dankbar zeigen.« Sie lächelte, als wäre damit alles besprochen. »In

dem bißchen Zeit, das mir noch bleibt. Für Ihr kleines Geschäft könnte das viel ausmachen, das verspreche ich Ihnen.«
Als der Butler mich hinausließ, saß Alma Dearborn MacIlwain immer noch bewegungslos auf dem Sofa und wartete, daß sie nach oben getragen und ins Bett gebracht wurde. Vielleicht zum letzten Mal.

VIERZEHNTES KAPITEL

MONTAGABEND

Der Mond stand schon hoch und leuchtete hell, als wir Brandi mit einer Garderobe aus Herbstfarben ausgestattet hatten, und ich nahm sie mit nach Hause auf einen – wie wir dachten – Gutenachtdrink. Sie war noch übermütig vor Freude, packte ihre Einkaufstüten und wirbelte auf Zehenspitzen herum, um ihren neuen grüngoldenen Rock um ihre Knie wogen und wirbeln zu sehen.
»Soll diese hohe Eisentür den Mob aus- oder euch Verrückte einsperren?«
Ich tastete nach meinem Schlüsselbund. »Theoretisch kann ich raus, und die anderen nicht rein ... Dieser hier ist für das Tor.« Ich schloß auf und drückte gegen das schmiedeeiserne Blumen-Ornament.
»Bleib, wo du bist.«
Brandi fuhr bei diesem Befehl wütend herum, aber ich drehte mich langsamer und vorsichtiger. Ich hatte die Stimme erkannt.
Mein vormaliger Liebhaber, Lawrence Dale, stand da mit der Waffe im Anschlag.
»Du solltest allein kommen, Matty.«
Die Waffe war eine automatische Browning Hi-Power mit einem Schalldämpfer. Dieses Mal würde es keine Spritzen und glücklichen Umstände geben.
»Wenn du ... dich nur angemeldet hättest.«
Sein Mund zuckte. »Ich habe keinen Sinn für Humor. Die Frau ist

ein Problem, das mußt du einsehen. Für die werde ich nicht bezahlt.«
»Brandi«, sagte ich, »du wirst hier nicht gebraucht. Hau ab.«
Sie stellte sorgsam ihre Taschen hin und die Füße fest nebeneinander. Typisch Frau; sie machen genau das Gegenteil von dem, was sie sollen.
»Du meinst, ich soll dich hier mit diesem ... das kommt überhaupt nicht in Frage.«
Lawrence zielte immer noch auf meinen Kopf. Er hatte keine Ahnung, daß ich ihm nicht drohen konnte. Meine Rippen taten noch von unserer letzten Begegnung weh, und es war sogar schmerzhaft, die Arme zur allgemeinverständlichen Haltung von Ergebung zu heben.
»Ich gebe dir fünf Minuten, um sie umzustimmen. Wenn die Frau dann nicht weg ist, steht sie auch zum Abschuß frei.«
»Mal langsam, ich werde sie schon los. – Bitte, Liebling!«
Ich sah, wie ihre Augen hart wurden, als sie die Entfernung zwischen sich und der Knarre abmaß. Es war zu weit. Schwarzer Gürtel hin oder her, es gab keine Möglichkeit, zu Lawrence zu gelangen, ohne daß er vorher abdrückte und ihre Bemühungen mit einer Neun-Millimeter-Kugel beendete. Die Knie wurden mir schwach.
»Nein, mach's nicht ...«
Bevor ich auch nur die Worte aussprechen konnte, flog ein weißer Blitz ins Bild, schnaufend und knurrend. Zur Rettung sprang mein tapferes Boxergespenst, Nuit Blanche höchstpersönlich, herbei. Natürlich nicht auf den Schützen zu, sondern auf mich. Ohne eine Vorstellung von der Gefahr zu haben, war sie herausgaloppiert, um ihr Herrchen mit dem üblichen ungezügelten Überschwang zu begrüßen. Lawrence schwankte nur eine Sekunde, in der er Blanches konfrontativen Enthusiasmus für eine wilde Hunde-Attacke hielt. Dann drehte er sich, ganz Profi, um seine eigene Achse und ballerte eine Ladung in ihre Richtung, ohne seine Augen von mir zu lassen. Aber dieser eine Moment der Ablenkung reichte Brandi, sich ihm in den Weg zu stellen und ihn über ihre rechte Hüfte zu werfen. Sie entrang die Waffe seinem Griff, gerade als er flach auf den Pflastersteinen landete. Er blieb liegen, wo er hingefallen war.

Blanche wedelte wie besessen herum, wackelte mit ihrem Stummelschwanz und wollte mehr Action. Brandi nahm eine entspanntere Haltung ein.
»Jetzt erzähl mir, Matty, was zum Teufel soll das?«
»Ich stehe im Weg. Aber wem, Lawrence? Wer schützt den Klappenlochmörder?«
Der Junge sah nur die Waffe. Und ich merkte, daß er wie Brandi die Entfernung und seine Chancen ausmaß, die Kontrolle wiederzuerlangen. Er kam schnell zu dem Schluß, daß es nicht ging.
»Es gehört zum Service, daß ich das nie sage. Darum bin ich so beliebt.«
»Tapfer gesprochen, Liebchen. Aber vielleicht überlegst du es dir noch. Weißt du, was sie mit Leuten wie dir in Angola machen?«
Er verzog keine Miene. »Ich würde einfach den größten, kahlköpfigsten Nigger dort heiraten. Ich käme schon klar.«

Zehn Minuten später pfiff der Bulle anerkennend, als er die Handschellen anlegte.
»Was soll das alles, Matty? Ein Streit unter Liebenden?«
»Bist du irre? Ein Streit unter Liebenden? Das hier ist ein bezahlter Killer von der Mafia. Ein bezahlter Profi-Mörder!«
Lawrence guckte vorwurfsvoll. Und sah wieder wie achtzehn aus.
»Im Ernst, Matty, jetzt gehst du zu weit.« Er drehte sich zu dem Beamten. »Er sagte, er liebt mich. Und als ich merkte, daß er jemand anderen hat, sie« – er glotzte wild auf Brandi – »habe ich mich einfach vergessen. Ich kann selbst nicht glauben, was passiert ist.«
Der Bulle verzog den Mund. »Wir sehen jeden Tag Familienkräche. Nichts passiert. Morgen werdet ihr euch wahrscheinlich alle wieder trösten und vertragen.« Er zog seinen Stift. »Du willst wirklich Anzeige erstatten?«
»Darauf kannst du dein Leben wetten. Dieser kaltblütige kleine Knilch hat in voller Absicht versucht, mich, meine Freundin und meinen Hund umzubringen!«
Er nickte schläfrig, als ob er dies alles schon einmal gehört hätte.
»Okay, wie du willst. Ich will bloß nicht diesen ganzen Papierkram umsonst machen.«

»Ruf Frank Washington an, hörst du? Das hier ist sein Fall.«
»Klar, für diese Ehekräche holen wir immer den Lieutenant aus dem Bett. Er wird sich für deinen brennend interessieren.«
Lawrence grinste sogar noch hämisch, als er aus der Tür geschoben wurde, und warf mir einen Kuß zu. »Ich liebe dich, Matty!«
»Oh, halt's Maul!«
»Sind sie weg?« Robin trug sein unter Käse und Keksen sich biegendes Begrüßungstablett herein, und Brandi bediente sich mit der gleichen Verve, die sie beim Vögeln zeigte. Aber ich winkte ab.
»Du mußt letztlich doch zugeben, daß Weiber ihr Futter wert sind. Zwei haben heute abend mein Leben gerettet.«
»Dieses eine Mal waren sie nützlich.«
»Übrigens, Blanche soll doch eigentlich zu dieser Zeit drinnen sein. Warum hat sie noch im Garten rumgeschnüffelt?«
»Hat sie nicht. Ich habe auf dich gewartet.«
»Eifersüchtig?«
»Vielleicht. Jedenfalls, als ich diesen Typen am Tor stehen sah, habe ich das Schlimmste befürchtet. Also habe ich die Hundetür aufgemacht und geflüstert: ›Faß ihn!‹ Sie hat nicht richtig verstanden, wen ich meine. Aber ich glaube, Ende gut, alles gut.«
»Blanche kriegt morgen ein Steak. Und Brandi ... schläft hier.«
Robin schmiß die Hüfte. »Was du nicht sagst. Na ja, ich werde mal das Gästezimmer richten.«
»Tu das.«
Brandi machte es sich auf der Couch bequem, und Blanche schloß sich ihr in der Hoffnung auf Leckerbissen an. Auf dem Tablett waren fast keine Süßigkeiten und Käsewürfel (Blanches Lieblingsessen) mehr, und wir tauschten gerade Autobiographisches aus, als das Telephon piepte und ein wütender Frank am anderen Ende war.
»Matty? Der Typ will auf Kaution raus, fünf Minuten, nachdem er eingeliefert war. Sie wollen ihn rausholen.«
»Spinnst du? Das ist ein Killer. Ein gräßlicher kaltblütiger Menschen- und Hundekiller!«
»Du weißt das, und ich weiß das. Aber du solltest dein Herzchen mal reden hören, wie er dich liebt. Sagt, er hat den ganzen Abend

auf dich gewartet, um sich dir zu erklären, und als er dich mit einer Frau sah, ist er einfach Amok gelaufen.«

»Und was hat er mit der Knarre gemacht?«

»Der Ärmste hat sie auf der Straße gefunden und zum Schutz bei sich getragen. Er ist so ein zartes kleines Ding, du weißt ja. Er wollte sie natürlich nie benutzen. Meine Güte, er hätte richtig Angst davor. Sie ist übrigens nicht registriert, und wir haben keine Spur, woher sie kommt.«

»Und wie erklärt der kleine Jesus den Schalldämpfer?«

»So hat er sie gefunden. Er wußte ja nicht mal, was es ist. Mann, der kann quasseln. Meine Leute kaufen ihm Kuchen und machen ihm die Türen auf.«

»Hast du seine Fingerabdrücke überprüft?«

»Ja, aber der FBI-Computer nach Washington ist abgestürzt. Und aus seiner Geburtsstadt Pascagoula in Mississippi haben wir nichts. Da ist er nie festgenommen worden.«

»Falsche Richtung, Frank. Der Junge ist ein Yankee. Er kommt von irgendwo her, wo es kalt ist.«

»Mit dem Akzent?«

»Der ist angelernt. Hör mal, er hat mir erzählt, er fährt gern Wasserski.«

»Wasserski? Hat er gesagt?«

»Hat er.«

»Na gut, ich warte, bis wir von dem Rechner hören. Ich ruf dich wieder an.«

Als ich auflegte, nickte Brandi.

»Ich verstehe. Nur ein Yankee sagt Wasserski. Wenn ein Junge von der Golfküste vom Skifahren redet, versteht sich das Wasser von allein. Genau wie im Norden klar ist, daß Schnee gemeint ist.«

»Genau.«

FÜNFZEHNTES KAPITEL

DIENSTAG

Als ich mich an diesem Morgen aus dem Bett rollte, steckten meine beiden erotischen Lieblingsobjekte ihre zerwühlten goldenen Köpfe über dem Eßtisch zusammen. Und Brandi hatte Pulli und Hosen von Robin geliehen, so daß ich die eine kaum von dem anderen unterscheiden konnte.

Einer oder beide Zwillinge waren unten am französischen Markt gewesen und hatten eine Tüte *Beignets* geholt, die noch heiß und süß nach Bäckerei duftend, auf einer Haviland-Porzellan-Platte lagen.

»Ich hätte doch nicht jedem x-beliebigen ollen Freier vertraut«, sagte Brandi. »Glaubst du, diese Geschichte mit ›Erst vögeln, dann Perlen‹ hätte ich einem anderen abgenommen?«

»Da müßtest du ja verrückt sein«, pflichtete Robin bei.

»Aber H. R. schien so aufrichtig. Nicht nur wie die anderen auf einen hübschen Hintern aus. Ich dachte, unsere Freundschaft ist das Wichtigste für ihn.«

»So was wie Freundschaft gibt es nicht«, sagte Robin fest. »Es gibt Freier, die zahlen, und welche, die ohne zu zahlen abhauen. Der Abschaum.«

»Und eine Frau hat überhaupt keine Chancen!« Brandi faßte ihre Kaffeetasse, als ob sie sie erwürgen wollte. »Wenn die Dienstleistung aus einem Haarschnitt oder aus Arbeit in der Werkstatt bestünde, hätte ich das Scheusal ja vor Gericht zerren können, wenn er nicht gezahlt hätte. Aber weil ich ihm mit genausoviel Zeit und Aufwand die Freuden des Fleisches gezeigt habe, gibt es nach dem Gesetz gar keinen Anspruch. Ist das fair?«

Ich unterbrach. »Müßt ihr übers Geschäft reden, ihr beiden?«

»Aber ist das richtig, Matty?« Robin tätschelte Brandis Hand. »Wenn ein Mann Geld für Leistung verspricht, dann ist das ein mündlicher Vertrag. Es sei denn, die Leistung ist eine sexuelle. Und in dem Fall ist das Versprechen dann Bettgeflüster und kann nicht eingeklagt werden. Was kann ein armes Mädchen schon machen?«

»Als erstes müßt ihr Amateure euch mal entscheiden, ob ihr Geld oder Liebe wollt. Beides kann man nicht haben.«
Sie starrten einander einen Augenblick lang an, dann sagte Robin, was beide dachten.
»Warum denn nicht? Das soll doch der Witz dabei sein.«
»Weil ihr degenerierten Unschuldslämmer denkt, daß diese Typen, wenn ihr toll im Bett seid, begeistert und entzückt sind und euch mit Geld – oder Perlen – überschütten. Als Geschenk.«
»Was stimmt damit nicht?«
»Bloß eure Grundannahme. Weil, wenn ein Typ erst einmal hat, was er wollte, seine Bedürfnisse und seine Neugierde befriedigt sind. Ihm macht es nichts aus, wenn er euch nie wiedersieht. Also, warum sollte er dafür investieren, diese Beziehung aufrechtzuerhalten?«
»Oh, dieses Schwein!« spuckte Brandi.
»Wenn ihr also nach Liebe Ausschau haltet, versucht ihr besser keine Abkürzungen. Macht erst die Hausaufgaben. Prüft eure Aussichten und stellt fest, ob der andere genauso darüber denkt.« Ich schenkte mir einen Kaffee mit Zichorie ein. »Andererseits, wenn ihr wegen Knete auf Sex aus seid, dürft ihr keine romantischen Ansprüche haben. Geht ran wie an ein beliebiges Geschäft. Keinen Kredit ohne Sicherheit und keine Pröbchen.«
Robin schmollte. »Ja, aber du bist doch in solchen Sachen immer so vernünftig gewesen, Matty. Du glaubst doch auch nicht, daß du Sex gratis kriegst.«
»Ich könnte gratis kriegen, soviel ich will, wenn ich nur bereit wäre, mich auf andere Leute einzulassen. Aber wenn ich alles so will, wie ich es mir vorstelle, muß ich Geld lockermachen. Und ich bin ein vielbeschäftigter Mann. Alles andere ist unwichtig.« Der Kaffee war stark und dampfte. »Illegale Spielschulden sind auch nicht vor Gericht einzutreiben. Aber anders als ihr beiden Eichhörnchen haben Spieler die richtigen Muskeln, um die Leute zum Zahlen zu bringen.«
Robins Mund formte ein großes O. »Er sagt, wir sollen uns eine Knarre besorgen.«
»Nein, tu ich nicht. Ich rate euch nur, euch aus einer Branche zurückzuziehen, für die ihr kein Talent habt.«

Brandi sträubte sich wütend. »Vögeln?«

»Abstauben. Ihr könntet euch beide nicht in einem Armeewagen einen Freier besorgen, also vergeßt es und geht töpfern.« Ich probierte eines der Beignets, als lautes Klopfen an der Tür mich den Zucker über meinen Ärmel schütten ließ. »Geh du hin, Robin.«

»Nicht nötig, ich gehe sowieso. Bis später, Robin.« Brandi schnappte ihre Beute vom Abend zuvor und öffnete die Haustür. Frank stand auf der Matte.

»Wir haben was, Matty.« Er nickte Brandis entschwindendem Rücken hinterher und stampfte dann auf die Beignets zu. »Ich bin froh, daß ich auf dich gehört habe ... Noch heiß, gut.«

»Bedien dich. Was hast du rausgefunden?«

»Einen Lawrence Dale gab es nie. Es sieht so aus, daß unser Verdächtiger ein Louis Di Marco ist, geboren in Chicago vor – rate mal ! – 24 Jahren. Ich wette, du hast gedacht, er ist gerade aus der Schule gekommen.«

»Meine Illusionen wurden mir geraubt. Mach weiter.«

Frank setzte sich an den Kopf des Tisches. »Di Marco ist schon im Alter von zehn eine harte Nuß gewesen: Schuleschwänzen, Ladendiebstahl, Handtaschenraub, Einbruch und bewaffneter Raub – alles als Jugendlicher. Dann, als der Junge 16 war, entschloß er sich, in großem Stil weiterzumachen. Er wurde Lehrling bei einem Chicagoer Killer namens Dan Rettig.«

»Von Rettig habe ich gehört. Er ist bei den Bezirksstaatsanwälten eine Legende. Zweihundert und ein paar gequetschte Morde, und keine Verurteilungen.«

»Er *war*. Vor einigen Jahren merkte er, daß er alt wurde. Die Augen waren nicht mehr so scharf, die Hand an der Waffe nicht mehr so ruhig. Er verlor etwas die Kontrolle. Also hat er sich Di Marco angeheuert, der gut aussah und lernbegierig war.« Wie jeder Bulle ißt Frank achtmal am Tag in einem Imbißschuppen, die Beignets steckte er also locker weg. »Rettig dachte, ein anständiger Weißer wäre besser als ein Italiener, also hat er dem Jungen eine neue Identität gekauft und ihm eine neue Nase machen lassen.«

»Diese schöne Patriziernase ist nicht echt?«

»Alles andere auch nicht. Rettig verschaffte ihm einen Sprachlehrer, um seinen Akzent aufzumöbeln, und schaffte ihn dann für ein Jahr nach Andover, damit er richtig aussieht.«

»Er hat den Studenten einstudiert?«

»Und hat 'ne Eins in Mimikry bekommen. Alles andere hat er geschmissen. Dann hat Rettig ihn für ein Jahr auf die Schauspielschule geschickt. Danach hat er ihm Schießen beigebracht und ihm Klamotten von L. L. Bean und Brooks Brothers angehängt. Und bald hatte er einen netten kleinen Junior-Killer, der auch in guter Gesellschaft durchgeht.«

»Die Investition hat sich also gelohnt.«

»Das wissen wir noch nicht genau. Rettig wurde vor zwei Jahren erschossen im Palmer House aufgefunden. Die Polizei in Chicago verdächtigte Di Marco. Aber sie konnten es nicht beweisen.«

»Er hat seine Lektion gelernt.«

»Hatte einen guten Lehrer. Und er erbte auch ein florierendes Geschäft. Die Behörden in Boston, Philadelphia und New York möchten ihn alle gern mal auf einen Plausch festsetzen. Wir sind allerdings noch nicht so weit, ihn nach Norden zu schicken.«

»Das will ich nicht hoffen. Ich freue mich schon auf seine Hochzeit in Angola.«

Die Klingel läutete, und Robin ging raus. Frank war nicht neugierig genug, ihn im Blick zu behalten.

»Aber Di Marco übte seine Kunst nicht zum Spaß aus. Du warst offenbar zehn Mille für ihn wert.«

»Was fast mehr ist, als ich mir selbst wert bin.«

»Wer also will dich so tot, um solche Summen zu zahlen?«

»Es ist nichts Persönliches. Meine Feinde sind ziemlich knausrig.«

Robin kam wieder, die Arme voller Kleider auf Bügeln. Mir fiel mein geliebter Kaschmir-Blazer auf, den ich schon verloren gegeben hatte.

»Rate mal, Matty! Moons Reinigung hat gerade alle deine Sachen von neulich gebracht.«

»Ach ja, gut.«

»Deine Unterwäsche und alles.«

Ich warf ihm einen Blick zu, der sagte: Halt's Maul, und sagte: »Okay, tu sie einfach weg.«

Da fiel in Franks Kopf ein Groschen. »Sag mal, neulich abends hat eine Frau im Revier angerufen und hat sich über einen Mann beschwert, der durch Marigny joggte. Ganz nackt.« Er runzelte die Brauen. »Weißt du was? Der Typ paßte auf deine Beschreibung.«

»Ach Frank, ich könnte gar nicht nackt joggen, ich würde mir doch mit –, du weißt schon, die Knie verletzen.«

»Das habe ich zwar anders gehört, aber ist ja egal.« Mein unzulänglicher Kammerdiener schleppte endlich Beweisstück A ins Schlafzimmer, und Frank kehrte zu dringlicheren Themen zurück. »Laß uns die Sache mal andersrum betrachten, Matty. Wer hat genug Geld, dir einen Killer auf den Hals zu schicken?« Er wischte einige Krümel beiseite. »Alma MacIlwain. Wenn sie ihren Schwiegersohn hat umbringen lassen, kann sie's bei dir auch tun.«

»Sie nicht. Sie ist eine Dame.«

»Das war Lucrezia Borghia auch. Noch mal ...« Er nahm sich noch ein Beignet. »Chico Manguno. Er hat Geld und Verbindungen.«

»Aber kein Motiv. Ich bin ihm nicht im Weg.«

»Bist du wohl, wenn er ein guter alter Freund von dem Typen ist, der Loomis umgebracht hat. Du könntest zu nahe drangewesen sein.«

»Ich kann H. R. nicht mit Manguno zusammenbringen. Du?«

»Nein. Aber das beweist nichts. Und was ist mit Loomis' altem Boß, Red Jessup? Er hat sowohl das Geld als auch ein gutes finanzielles Motiv, ihn umzubringen.«

»Gehört er zu der Sorte Männern, die im *Ramrod* rumhängen?«

»Ich bin noch nicht nach Morgan City rausgefahren, um mit ihm zu sprechen. Der nächste Name auf meiner Liste ist Wayne E. Tibbet.«

»Aber du verdächtigst doch sicher nicht unseren göttergleichen Abgeordneten!«

»Hast du schon mal von einem armen Republikaner gehört? Er muß das Geld haben, aber nicht die Verbindungen. Er steckt tief in einer Fehde mit der Mafia. Ich verfolge die Politik in St. Bernard nicht. Wie sind seine Chancen für eine Wiederwahl?«

»Gilda sagt, er gewinnt auch im Liegen.«

»Ich glaube Gilda jedes Wort. Was ist mit Vinnie Green?«

»Dem reizenden Sportreporter?«

»Und Ex-Hockey-Spieler. Stark genug, um einen Mann von hinten zu packen und zu fesseln. Und bedenke auch, daß der verstorbene Rico Spiotti ihn zum Nutznießer einer Hunderttausend-Dollar-Versicherung gemacht hat. Ist das nicht ein bißchen ungewöhnlich?«

»Überhaupt nicht. Das ist für Schwule die einzig sichere Art, ihre Partner zu versorgen. Sie können nicht heiraten oder zu nächsten Angehörigen erklärt werden. Und in diesem Staat können sie sich auch nicht alles testamentarisch vererben. Also müssen sie es mit einer Lebensversicherung machen.«

»Das ist einleuchtend, aber er ist immer noch auf der Liste. Und dann gibt es noch dieses Phantom in Grün, den Typen, den Poulos erpreßt hat.«

»Wir wissen nicht, ob er reich ist. Alles, was wir über ihn wissen, ist, daß er kahl ist.«

»Was nichts ist. Die Hälfte der erwachsenen männlichen Bevölkerung dieser Stadt ist kahl. Ich werde auch etwas dünner auf dem Kopf.« Er klopfte sich mit Bedauern auf die spärliche Stelle.

»Den hast du also aufgegeben?«

»Nee, ich habe das *Ramrod* unter ständiger Bewachung, und da ist kein Mann in Grün. Aber was soll's, wenn der gleiche Typ in Rot kommt, wer würde ihn schon erkennen? Jedenfalls, mir fällt nichts mehr ein.«

Da war noch ein stinkreicher und schräger Vogel im Spiel, Ned Berman. Aber im Moment ging der Frank nichts an. Also gab ich ihm alle Beignets, die er runterkriegen konnte, Kakao zum Nachspülen und schickte ihn auf seinen Dienstweg.

Der Schokoholiker Robin gluckerte den Rest Kakao herunter. »Ich fürchte, ich muß heute die Arbeit schwänzen.«

»Das macht nichts. Die Arbeit wird dich nicht vermissen.«

»Weißt du, ich habe eine Verabredung, die vorgeht. Mittagessen mit Brandi am Jachthafen.«

»Schön. Wer lädt ein?«

»Wie? Du.«

»Das dachte ich mir. Hauptsache, ihr redet nicht über mich.«

»Natürlich reden wir über dich, wie du im Bett bist, jede kleine Nuance.«

»Gute Güte!«

»Was hast du denn erwartet, als du bisexuell wurdest?«

»Ich bin nicht bisexuell. Nur schwul mit gelegentlichen Ausrutschern. Du könntest mir wenigstens beim Anziehen helfen.«

»Dein eisblauer Anzug ist von der Reinigung zurück. Soll ich dir den rauslegen?«

»Nein.« Ich riß mich vom Tisch los. »Bring mir einfach meine Jeans.«

»Jeans?«

»Genau. Heute kein edel knitterndes Leinen. Ich spreche mit Red Jessup in Morgan City.«

»Was ist an dem Mann dran, daß man seinetwegen nach Morgan City fahren sollte?«

»Er kauft Loomis Corp. Und er hat wahrscheinlich eine Menge über seine Verbindung mit H. R. zu erzählen.« Ich ging zum Schlafzimmer, und Robin folgte mir. »Aber einer Schwuchtel aus dem französischen Viertel nicht. Er redet wahrscheinlich eher zu einem seiner Herkunft.«

»Ooh, Matty, du willst doch jetzt nicht den Kerl markieren.«

»Nur heute. Schneid doch das Girbaud-Etikett ab, und ich rasiere mich. Und dann bring den Lieferwagen vorbei. Ein burgunderfarbener Mercedes paßt nicht zu meinem neuen Image.«

Ich mied mein übliches Santos von Cartier und warf mir einfach ein bißchen Old Spice, das ein lieber Freund hier vergessen hatte, ins Gesicht, um den gesunden Arbeitergeruch anzunehmen. Dann fand ich ein altes kariertes Hemd, das zu den Jeans paßte, und zog mir meine klobigsten Stiefel an. Abgelatschte Fryes, eine halbe Nummer zu groß.

Ich begutachtete meine Erscheinung im dreiteiligen Spiegel und war zufrieden, daß ich der Rolle entsprach. Jeff Chandler, verkleidet als armes Schwein vom Ölfeld. Ich drehte mich um und übte den schwankenden Gang. Als Krönung des Kostüms kam eine Kappe aus Netzstoff, die einer der Arbeiter im Wagen vergessen hatte. Mit dem schrillen Logo von Copenhagen Snuff.

Als ich den Mississippi überquerte, drehte ich das Radio auf einen Sender mit Country-Musik, um in die für einen Malocher passende

Stimmung zu kommen. Und als ich bei der Rennbahn ankam, machte ich sogar an einem Kiosk halt und ging rein, um mir ein Päckchen Zigaretten zu holen. Ich schmiß drei oder vier Zigaretten weg, verknüllte das Päckchen und schob es in meine Hemdtasche. (Arbeiter rauchen immer.) Dann übte ich den Rest der Fahrt, gedehnt zu sprechen, indem ich mit Willie and Waylon und Konsorten mitsang. Ich machte mich auch ganz gut, als eine kurze Durchsage eine Conway-Twitty-Ballade unterbrach. Ich hörte auf zu singen.
»... Die Justizvollzugsanstalt in Texas berichtet, daß Luigi ›Chico‹ Manguno heute morgen um neun Uhr fünfzig plötzlich an einer Herzattacke im Gefängnishof gestorben ist. Der mutmaßliche Verbrecherboß des tiefen Südens saß dort seine Haftstrafe ab, die er wegen Bestechung von Geschworenen bekommen hatte ...«
Ungleich leichteren Herzens änderte ich meine vokale Persönlichkeit in Gilbert and Sullivans Koko: »Und niemals wird man ihn vermissen, niemals wird man ihn vermissen.«

Morgan City ist die häßlichste Industriestadt südlich von Kokomo. Der vierspurige Highway 90 ist gesäumt von Schrottplätzen und Stehkneipen in Wohnwagen, an denen grelle Reklametafeln ›Live Girls‹ anpreisen. Die Vorstellung der Stadtväter von einem Denkmal besteht aus einem aufgebockten, neun Meter langen Krabbenfischer-Boot auf dem Mittelstreifen.
Aber es gibt doch Wohlstand. Ölgeld. Und wo Leute mit Geld sind, gibt es auch rasch zahllose Etablissements, in denen sie es wieder loswerden können. Das ist so in einer südafrikanischen Bergarbeiterstadt, in einer arktischen Pelz- und Walfänger-Siedlung oder auch auf dem Mond.
Und am allermeisten ist es so an der Golfküste von Louisiana. Während des Booms in den späten Sechzigern konnte hier jeder rüstige Weiße in einem Hotel absteigen und dem Portier erzählen, er suche Arbeit. Er wurde für Arbeit vor der Küste angeheuert, noch bevor er seinen Kopf zum ersten Mal aufs Kissen legen konnte. Ich habe mir damals fast alles Geld für mein Studium damit verdient, im Sommer auf einem Schiff zu arbeiten, von dem aus eine Pipeline gelegt wurde. Sogar bei niedrigsten Löhnen kamen ganz schöne Gehälter

zusammen, wenn man 48 Stunden die Woche arbeitete. Aber, vom Geld mal abgesehen, das war für einen Mann von einiger Urteilskraft kein Leben.

Ich mußte mit drei anderen Mechanikern in einem Zimmer von der Größe einer Obstkiste schlafen. Drei laute, vulgäre, tabakspukkende und aufgeblasene Gauner. Sex kam natürlich nicht in Frage. Selbst wenn einer der Küchenjungen bereit und willig gewesen wäre, es hätte keinen Platz gegeben, seine Kameradschaft zu genießen. Und ein Mann konnte sich noch nicht einmal mit auch nur dem mindesten Grad von Befriedigung mißbrauchen, weil – hätte er es in der Kabine getan – seine Zimmergenossen es gehört hätten. Und wenn er versuchte, einen Augenblick allein in der Dusche zu sein, war es sehr wahrscheinlich, daß irgendein Trottel im entscheidenden Moment den Vorhang wegriß.

Es war schwer zu sagen, ob Red Jessup seinen Vornamen verdiente, weil er das obligatorische Zeichen seines Standes, einen Aluminium-Schutzhelm, trug.

Ich grüßte ihn über die weitgestreckte Halle hinweg, und wir trafen uns an der Schweißbank, während er noch mit einem halben Auge eine schmuddelige Rechnung las. Ich zeigte ihm meine Dienstmarke, und er zuckte die Achseln.

»Polizei New Orleans. Und? Was kann ich für Sie tun?«

»Ich ermittle wegen H. R. Loomis.«

»Ach ja? Ich kenne H. R., seitdem er in Öl macht.« Red knüllte die Rechnung und warf sie über die Schulter. »Würde nicht mal auf ihn pissen, wenn er in Flammen stünde.«

»Uh ... Ja. Hm. Ich bin zu Ihnen gekommen, weil Sie der sind, der Loomis geholfen hat, in der Industrie anzufangen.«

»Bin ich. Und wie man so sagt, unsere guten Taten werden uns nie vergeben.« Ein Mechaniker gab Jessup einen Block, und er nahm ihn mit, als wir zusammen in die Sonne hinausspazierten. »Himmel, der Junge kam frisch von der Universität Tulane. Blauäugig und ernst wie der Teufel. Ich hatte nie einen Sohn, wissen Sie, und ... Ach Scheiße.«

»Also haben Sie ihn in die Firma reingenommen«, fiel ich ein.

»Genau das. Für den Verkauf. Es dauerte lange, ihm auch nur bei-

zubringen, was er beim Bohren vor der Küste zu tun hatte. Die ganze Zeit, in der er für mich gearbeitet hat, hat er seine weichen, weißen Hände nie schmutzig gemacht.«
»Als Verkäufer war er doch dann exzellent.«
»Ja, ohne Scheiß. H. R. war einer, der konnte Ihnen das Messer verkaufen, das er Ihnen gerade in den Rücken gerammt hatte. Er hätte Ihnen erzählt, was das für ein tolles Messer ist. Nur einmal gebraucht. Und Sie hätten es wahrscheinlich gekauft.«
»So habe ich's auch gehört.«
»Er schmiß sich also an meine Kunden heran, diese Ölfirmeningenieure. Hat sie in seiner Arbeitszeit und mit meinem Geld ausgeführt. Hat sie bei Laune gehalten. Ja, H. R. hat das Geschäft an Land gezogen, das stimmt. Ich war begeistert.« Jessup runzelte die Stirn und schlug nach einer Mücke. »Aber nach zwei Monaten merkte ich, daß er nur kurzfristige Verträge machte. Als ich ihn fragte, sagte er, das sei wegen der Unsicherheit der Öllizenzen.«
»Und das haben Sie geglaubt?« Mein Schnecken-Dialekt ließ nach. Vielleicht war ich doch nicht so ein Sprachkünstler, wie ich dachte.
»Ich hätte sogar geglaubt, daß der Mond ein grüner Käse ist. Der Junge war für mich wie ein Sohn. Hatten immer ihn und Millicent zuhause zum Essen. Sie war ein nettes Mädchen. Sagte nie viel, wenn er dabei war. Wußten Sie, daß er sie immer noch arbeiten schickte? Sogar, als er schon eine halbe Million Umsatz machte. Verdammt, glauben Sie, ich würde wollen, daß meine Frau arbeitet? Ihr Platz ist zuhause bei den Kindern.«
»Die Familie mit zwei Ernährern soll doch eine Errungenschaft der Frauenbewegung sein.«
»Frauenbewegung, Scheiße! Fragen Sie mal meine alte Dame, ob sie so frei sein möchte, auch nur einen Tag die Schwerarbeit von Männern zu machen. Sie würde sagen: ›Nein, danke‹.« Er schaute auf seine Uhr, es war eine neue Rolex President. So schlecht konnte es ihm in diesen harten Zeiten der Ölschwemme und arabischer Konkurrenz nicht gehen.
»Wann haben Sie gemerkt, daß H. R. eine Schlange an Ihrem Busen war?«
»Erst, als er zehn Monate später die Firma verließ. Da habe ich

gemerkt, daß er all diese Kunden für sich selbst gepflegt hatte. Für seine eigene Firma hat er langfristige Verträge bekommen.« Red rief einen seiner Arbeiter und gab ihm den Block. »Lassen Sie uns essen gehen.«
»Wenn ich Sie einladen darf.«
»Ja klar, Sie dürfen bezahlen.«

Wenn die Öl-Arbeiter nach einem Monat vor der Küste an Land kommen, haben sie Schecks im Wert von 2000 Dollar und Appetit auf drei Konsumgüter – der Reihe nach: Schnaps, Frauen und Essen.
Der Schnaps ist mittelmäßig. Die Frauen gerade eben noch präsentabel genug, um Männer zu interessieren, die seit Wochen nicht mehr an einer gerochen haben. Aber das Essen ist mancherorts ausgezeichnet.
Wir suchten uns in *Soileau's Restaurant* einen Tisch. Red nahm seinen Schutzhelm einfach nicht ab. Vielleicht war er angeklebt. Oder vielleicht war er stolz auf seine Kollektion von Aufklebern.
Er nannte die Kellnerin Norma Lee und gab ihr einen vertraulichen Klaps auf den Hintern, also mußte sie ihn kennen und als guten Trinkgeldgeber schätzen. Norma Lee gab uns zwei Speisekarten, aber er lehnte sie ab.
»Ich sag Ihnen, Sinclair, hören Sie einfach auf mich.« Er sah die Kellnerin an und zuckte die Achseln. Sie lächelte, als ob sie unsere Bestellung durch Telepathie erhalten hätte, und glitt davon. »Also, wie kann ich Ihnen bei den Ermittlungen helfen?«
»Ich habe gehört, daß Sie der Favorit für seine Firma sind.«
»Der Favorit und das Schlußlicht. Wen wollen sie auf den Arm nehmen? Ich bin doch der einzige weit und breit, der sie übernehmen kann.«
»Was wollen Sie damit? Ich meine, Sie haben Ihre eigene blühende Firma, oder? Wenn Sie Loomis kaufen, haben Sie eine Dublette.«
»Das stimmt.« Er machte seinen Füller auf und kritzelte auf einer Serviette herum. »Ich mache das meiste klar zum Verkaufen. Der Kram ist Schund und längst veraltet. Und seine Angestellten brauche ich auch nicht. Muß die meisten von ihnen loswerden.« Er krik-

kelte Namen, die er abhakte. »Er hat diesen Nigger, Willie, der ist gut. Den behalte ich.«
»Willie ist bei dem Mord ein Verdächtiger.«
»Nehme ich und gebe ihm eine Gehaltserhöhung.« Abgehakt. »Und die Brüder Cyril und Verbus, wenn ich die kriegen kann.« Zwei Haken. »Vielleicht die besten Mechaniker in der ganzen Branche. Meine Sekretärin bekommt ein Kind. Also kann ich dieses Mädchen Brandi gebrauchen.«
»Könnte das nicht jeder?«
»Jaa. Ich bin ja nicht blind. Aber verheiratet. Na ja.« Die Kellnerin kam mit unserem bestellten Rotbarsch mit Langustenfüllung und als Beilage frittierte Auberginen. Sie servierte umstandslos, alles von einem Arm. Hier war keine Spur von angeblich 40minütiger Zubereitung von Cordon Bleu. Der Fisch jedoch war frisch gefangen und superb.
Jessup aß wie jeder Arbeiter, gierig, alle Aufmerksamkeit aufs Essen gerichtet. Erst als der Süßkartoffel-Auflauf serviert und verschluckt war, steckte er sich eine Zigarette an und nahm seine Rede genau dort wieder auf, wo er sie unterbrochen hatte. »Was ich wirklich will, sind seine Verträge mit den Ölfirmen.«
»Würden Sie die nicht sowieso bekommen, jetzt wo Loomis nicht mehr da ist?«
»Klar. Aber ich müßte die Bedingungen neu aushandeln. Und H. R. hat alle seine Geschäfte gemacht, als es noch den Boom gab.« Er kratzte sich am Kopf, ohne seinen Schutzhelm abzunehmen. »Wir sind jetzt alle Bettler, wissen Sie. Nichts geht mehr am Golf.«
»Diese Schwemme hat Unruhe ins Geschäft gebracht.«
»Genau. Wer will da noch bohren? Die großen Firmen haben die Ölverträge, aber sie stellen verdammt nichts Großes damit an. Und was brauchen sie schon? Wenn eine Pipeline kaputtgeht, können sie rausgehen und sie reparieren. Die restliche Zeit kann ich rumstehen und mir den Daumen in den Hintern stecken.«
»Aber Loomis' Verträge halten Sie eine Weile lang im Geschäft.«
»Jawoll. Lange genug, um die Regenzeit zu überdauern, nehme ich an.«
»Wieviel zahlen Sie für die Firma?«

»Das ist eine Sache für die Akten. Aber 'ne Menge weniger, als sie für mich wert ist.«

»Dann war ja sein Tod ein Glücksfall für Sie.«

»Klar, war's. Hab natürlich viele Burschen gesehen, die deswegen auch nicht gerade völlig fertig waren, wenn Sie's genau wissen wollen.«

»Da gibt's noch eine Kleinigkeit, Red. Wo waren Sie an dem Abend, als H. R. ermordet wurde?«

»Hah!« Er stieß ein gigantisches, bellendes Lachen aus und schlug auf den Tisch. »Sie denken, daß ich es war? Danke für das Kompliment. Wo ich war? Oben in meinem Büro, die Lohnlisten ausfüllen. Allein.« Seine Augen zwinkerten. »Sie können mich also auf Ihre Liste mit Verdächtigen setzen.«

»Wenn Sie darauf bestehen. Aber die ist nicht sehr exklusiv. Wenn Sie so eine moderate Summe für das Geschäft zahlen, wird ja Millicent Loomis als arme Witwe übrigbleiben.«

»Sie sind witzig. Die wird viel reicher sein, als wenn er noch lebte. Besonders wegen der Versicherung auf ihn.«

»Wie das?«

»Sehen Sie, H. R. hielt nichts von Lebensversicherungen. Sagte immer, daß ihm egal wäre, was passiert, wenn er tot ist. Die ganze Firma könnte zusammenbrechen. Millicent hätte einen Beruf und sie könnte für sich selbst sorgen. So hat er darüber gedacht.«

»Warum hat er dann die Police unterschrieben?«

»Weil er der war, der die ganze Sache zusammenhielt. Er war die Firma. Also haben einige von seinen Lieferanten darauf bestanden, daß er diese Versicherung abschließt, damit er für seine Schulden geradestehen konnte. Wenn er das Zeitliche segnete, was er getan hat, sollte es 300 000 für die Gesellschaft bringen.«

»Von der nun Millicent die Hauptgesellschafterin ist.«

»Ja. Und wegen der Eigentumsgesetze hier gehört die Hälfte von allem, was er verdient hat, ihr. Obwohl er ihr nicht erlaubte, es anzurühren, als er noch lebte.«

»Seine Witwe zu sein, bringt viel mehr Spaß und Gewinn ein, als seine Frau zu sein.«

»Ohne Scheiß.«

»Wenn es nicht diese obligatorische Police gäbe, würde sie immer noch im Charity die Thermometer rektal einschieben.«

»Könnte hinkommen.« Red nahm einen langen Zug Dixie und wischte sich den Mund.

»Eine sehr mißtrauische Person könnte annehmen, daß Sie Loomis getötet hätten, um einen Fuß in der Tür zu behalten.«

»Scheiße. So weit hätte ich gar nicht zu gehen brauchen. Er war sowieso ganz wild drauf, mir das Geschäft zu verkaufen.«

Auf diese Neuigkeit hin ließ ich meine Serviette fallen. »Er wollte Ihnen Loomis Corp. verkaufen?«

»Und, wie ich schon sagte, war ich der einzige, der damit was anfangen konnte. Er konnte aber nicht mal annähernd an den Preis rankommen, den er wollte. Ich hätte es ihm besorgt. Gerne.«

»Aber warum hätte er verkaufen sollen, wenn es das einträglichste Geschäft in dieser Branche war?«

»Weil es ohne ihn nicht gelaufen wäre.«

»Was?«

»Habe ich doch gerade gesagt, H. R. war die Schlüsselfigur. Der einzige außer mir, der die verschiedenen Teile der Firma koordinieren konnte. Im Büro die Rechnungen, die Arbeiter in der Werkstatt, die Mechaniker draußen auf den Feldern, im Verkauf. Sehen Sie, das Arschloch war zwar kein Experte für alles. Aber er mußte überall seine Finger mit drin haben.«

»Sie wollen sagen, daß Loomis Corp. eingegangen wäre, wenn er nicht mehr an der Spitze gestanden hätte?«

»Ja, bevor man hätte Piep sagen können.«

»Warum sollte er sie denn nicht mehr leiten?«

»Er hatte vor, in den Kongreß zu gehen. Wußten Sie das nicht?«

»Es gab da etwas Gerede über eine Kandidatur, aber ...«

»Es war, als ob er sich gar nicht vorstellen konnte, zu verlieren. Ich meine, der Mann hatte praktisch schon seine Sachen für Washington D.C. gepackt.«

»Davon hat Millicent nichts gesagt.«

»Hat er ihr nie erzählt. Er wollte sie ohnehin nicht mitnehmen. Sagte, es würde besser aussehen, wenn seine Frau im Wahlkreis bliebe und weiterarbeitete. Oh, er hatte alles schon eingetütet.«

»Loomis dachte also, er würde in dieser Wahlperiode in den Kongreß gehen? Die Wahlen sind schon in vier Monaten.«
»Der Mann hatte Mut, was?«
»Und er hatte noch nicht einmal einen Wahlkampf organisiert.«
»Ein Größenwahnsinniger. Er war sich so sicher, daß er die Brücken hinter sich verbrennen wollte. Das Geschäft an mich verkaufen. Sobald wir uns einig waren.«
»Aber Sie haben es ja so viel billiger gekriegt.«
»Ja. Was sagen Sie dazu?«
Die Kellnerin brachte die Rechnung und legte sie mit einem spöttischen Knicks vor Jessup hin. Ich langte über den Tisch, aber er schnappte sie mir wieder weg.
»So schlimm steht es hier noch nicht.«
»Was?«
»Daß ich mich von einer Schwuchtel zum Essen einladen lasse.«
»Wie bitte?«
»Ich sagte, ich bin nicht blind.«

Ich war noch immer in meinem Prolo-Aufzug, als ich in den Laden zurückkehrte, aber Steve fiel es nicht auf. »Matty?« Er nahm eine Polsternadel aus dem Mund. »Millicent Loomis kommt gleich her. Sie sagt, sie muß dir was zeigen.«
»Wunderbar. Millicent kann mir alles zeigen, was sie will.«
»Und noch was. Du rätst nie, wer in deinem Büro wartet.«
»Nie?« Ich faßte an mein Herz, das wie verrückt raste. »Jemand, den ich kenne?«
»Noch nicht. Aber er sagt, es wird Zeit, daß ihr euch kennenlernt.« Und dann wandte sich Steve seinem Polsterstuhl zu, als ob er nichts weiter getan hätte, als einen vollkommen harmlosen Bürger in mein Büro zu führen. Er hätte es sich ganz allein vorzuwerfen, wenn meine zerschundene und blutige Leiche irgendwann kurz vor Ladenschluß gefunden würde. Ich überlegte, ob ich ihn nicht unter irgendeinem Vorwand bitten sollte, mitzugehen. Aber nein, ich würde Tod und Schändung allein ins Auge sehen.
Es war nur nicht der pistolenschleppende Durchschnittsmann, der mich da hinten erwartete; es war jemand, den ich noch nie gesehen

hatte. Dieser Besucher war groß, blond und so *macho*, daß er mich leicht hätte niederwerfen können, wenn er gewollt hätte. Und innerhalb weniger Sekunden war ich keineswegs sicher, daß er das nicht wollte.

»Sie sind Matt Sinclair? Ich bin Robert Fischbach.«

»Guten Tag, Mr. Fischbach«, sagte ich, ohne ihm allzu offensichtlich schon zu Füßen zu liegen. »Was kann ich für Sie tun?«

»Ich will mit Ihnen über meinen Sohn reden: Robert jr.«

»Ich kenne keinen ...« Dann klickerte es bei mir. »Sie meinen Robin! Natürlich, jetzt sehe ich auch die Ähnlichkeit. Er sieht genau wie ein Sohn von Ihnen aus.« Wenn er eine Tochter wäre, dachte ich, aber sagte es nicht.

»Ja. Und ich habe eine höllische Zeit hinter mir, bis ich ihn gefunden habe. Ich glaube, er hat seinen Namen geändert.« Die eine Hälfte seines Gesichts lächelte. »Von Robert Fischbach jr. in Robin Fearing. Das ist fast verzeihlich.«

»Ich bin sicher, er wollte Sie damit nicht beleidigen.«

»Er wollte gar nichts. Will er selten.« Fischbach setzte sich an meinen Schreibtisch, forsch mein Terrain usurpierend. »Ich nehme an, Sie wissen, warum ich hier bin.«

»Um ... um ... Nein, ich habe keine Ahnung.«

Er schaukelte auf dem Stuhl. Der kein Schaukelstuhl war, aber ich war gerade nicht in einer Lage, das anzusprechen.

»Sie sind also der Mann, mit dem er lebt.«

»Ich ... Nun ...« Ich maß den Platz unter meinem Schreibtisch ab, um eine Zuflucht zu haben. Es würde eng werden.

»Das heißt ... er wohnt in meinem Haus, aber ...«

»Aber, aber ... Sie vögeln Tag und Nacht. Ja, das weiß ich alles schon.«

Ich erhob mich zu voller Höhe, ungefähr ein Drittel von seiner. »Sie glauben, daß Ihr Sohn ... schwul ist?«

»Glauben? Mann, das arme Kind trägt ein unsichtbares Ballettröckchen, seit es drei wurde. Ich habe alles getan, um ihn normal aufwachsen zu lassen. Aber das ist mir nicht gelungen.«

»Was für den einen eine sogenannte normale Person ist, ist nicht unbedingt ...«

»Ja, ja. Ich kenne das von den Psychiatern. Und alles, was ich tun kann, ist, darauf zu hoffen, daß der Junge sich, so gut er kann, mit seinem Schicksal abfindet.«

»Sie können stolz auf Ihren Sohn sein, Mr. Fischbach. Er macht hier gute Arbeit und ...«

»Tatsache? Seit ich ihn kenne, hat er noch nicht einen vollen Tag gearbeitet. Und ehrlich, ich habe gedacht, er verkauft irgendwo seinen kleinen Arsch.«

Ich tat schockiert. »Robin doch nicht!«

»Nachdem er letztes Jahr verschwunden war, habe ich Himmel und Hölle in Bewegung gesetzt, um ihn zu finden. Nur um ihm zu sagen«, – Fischbach packte die Tischplatte so hart an, daß ich dachte, er würde seine Fingerabdrücke im Holz hinterlassen – »daß es mir nichts ausmacht. Wissen Sie? Was zum Teufel er auch ist, ich muß ihn trotzdem lieben. Er ist mein Junge.«

»Robin wird erleichtert sein, wenn er das hört. Er hatte immer Angst, daß er Sie verlieren würde, wenn Sie die Wahrheit herausfänden.«

»Das ist meine Schuld. Ich hätte ihm schon vor Jahren sagen sollen, daß ich Bescheid weiß. Und daß ich es akzeptiere. Und dann versuchen müssen, es zu akzeptieren.« Er schneuzte sich in ein Taschentuch mit Monogramm und fand seine Fassung wieder. »Sehen Sie, Sinclair, ich denke mir, Sie sind gar nicht so schlecht, so wie Sie sind. Ich habe Sie überprüft, bevor ich hergekommen bin. Jedenfalls haben Sie nichts mit Drogen zu tun. Ein Mann von einigem Erfolg und Stellung. Wenn ich eine Tochter hätte, wären Sie gerade richtig für sie.«

»Wäre ich nicht ... Was meinen Sie, Sie haben mich überprüft?«

»Hatte einen Privatdetektiv, der Bobby in New Orleans aufspürte. Sie haben hier eine kleine Gegenkultur, wie man so sagt, eine Szene im Quarter, also hat es nicht lange gedauert, bis er herausfand, wo und wie der Junge lebte. Und dann ist er Ihnen lange genug gefolgt, um für Ihre Ehrenhaftigkeit zu garantieren.«

»Dann war dieses verdächtig aussehende Subjekt in dem Escort Ihrer? Jesus! Vor dem habe ich mich in einem Karton verstecken müssen!«

»Ich habe nichts gegen Sie persönlich, verstehen Sie. Wenn er schon ... so sein ... sind Sie mir genauso lieb wie jeder andere.«

»Vielen Dank.«

»Aber ich mache mir Sorgen um die Zukunft meines Sohnes. Da zieht er hier im französischen Viertel herum, und eigentlich sollte er mal etwas Bildung bekommen. Als Bobby mit der High School fertig war, habe ich ihm angeboten, ihm das College zu bezahlen. Aber er wollte nicht. Verdammt, heutzutage würde ich ihm sogar einen bescheuerten Kosmetikkurs bezahlen, wenn es das wäre, was er will.«

»Ja, wir haben auch über höhere Bildung gesprochen. Das heißt, ich redete, und er zog Grimassen.«

»Das ist typisch. Sehen Sie, ich weiß ja, daß er es nicht leicht hatte als Kind. Ich war ein schlechter Vater, und es ist höchste Zeit, daß ich etwas wieder gutmache.«

»Er hat Sie nie für seine Probleme verantwortlich gemacht. Robin hat für seinen Vater nur Bewunderung.«

»Aber ich habe ihn hängenlassen. Hab einfach verdammt zu viel Zeit im Geschäft verbracht. Ich bin in der Baubranche. Und während ich florierte, habe ich meinen Sohn verloren.«

»Sie haben Robin nicht verloren. Er spricht oft von Ihnen, und immer gut.«

»Trotz allem, was mit diesem Kind verkehrt gelaufen ist, hat er doch was Gutes in sich.« Fischbach drückte seine Schläfen, als wolle er einen Kopfschmerz zerquetschen. »Sehen Sie, nachdem seine Mutter starb, habe ich versucht, ihm ein Zuhause zu schaffen. Ich habe diese Frau geheiratet ... Jedenfalls, das war ein Fehler.«

»Er hat seine Stiefmutter nicht allzu gern.«

»Stimmt. Letztes Jahr habe ich endlich allen Mut zusammengeklaubt, mir meine Freiheit zurückzunehmen. Diese Frau mochte Robin nicht. Aber es war nicht seine Schuld. Sie mochte einfach keine Kinder, Punkt. Ich, ich liebe Kinder.«

»Hätten Sie gern was zu trinken? Scotch? Bourbon?«

»Martini wäre jetzt gut. Haben Sie guten Gin da?«

»Tanqueray.«

»Ja, gut. Mit einem Schuß. Sagen Sie mir, Sinclair, wo findet man heutzutage eine gute Frau? Sie wollen alle raus und beim Hahnenkampf mitmachen. Sind nicht mehr zufrieden damit, zuhause zubleiben und die Kinder aufzuziehen. Was stimmt nicht daran, Kinder großzuziehen?«

»Na, gar nichts.« Ich machte ihn drei zu eins und rieb Zitronenschale um den Glasrand.

»Sie wollen nicht gebunden sein. Das ist es. Und sie haben Angst, schwanger zu werden, weil sie ihre gottverdammte Linie verlieren ... Danke.« Er schnüffelte diskret an dem Drink, um sicherzustellen, daß ich ihm nichts aus der falschen Flasche angedreht hatte, dann nippte er. »Warum zum Teufel frage ich bloß Sie nach Frauen?«

»Es gibt noch ein paar altmodische Mädchen«, versicherte ich ihm.

»Klar doch. Die hochgeknöpften Jungfern. Ich kenne, seitdem ich allein bin, zwei Sorten Frauen. Entweder hassen sie Sex oder sie hassen Kinder. Ich kann Ihnen nicht übelnehmen, daß Sie andersrum sind. Ich könnt's fast selbst werden.«

»Das ist wohl kaum nötig. Verzeihen Sie, daß ich frage, aber wie alt sind Sie?«

»45. Warum?«

»Und Sie stehen auf Rothaarige?«

»Meine verhängnisvolle Schwäche. Ich bin verrückt nach denen. Aber hören Sie, wenn Sie mich hier mit jemandem verkuppeln wollen, ich habe das mit dem Schwulwerden nur als Witz gesagt.«

Steve klopfte an die offene Tür. »Mrs. Loomis ist da, Matty. Kannst du sie jetzt sprechen?«

»Aber immer. Führ sie rein.«

Er winkte hinter sich, und dann, wie die Antwort auf ein *Macho*-Gebet, glitt Millicent Loomis mit ihrer Krokotasche und einer Papprolle herein. Fischbach sprang auf, um ihr seinen Stuhl anzubieten. (Meinen Stuhl) Aber sie ließ sich elegant in einen Sessel sinken.

»Matty, ich muß Ihnen für Dr. Libby Fein danken. Sydney ist begeistert von ihren Besuchen und ...« Sie warf einen vorsichtigen Blick in Fischbachs Richtung. »Ich glaube, wir lernen beide dabei.«

»Das ist wunderbar. Ich wußte, es würde klappen.«

Auf ein aufforderndes Hüsteln hin stellte ich vor. »Millicent Loomis, Witwe, das ist Robert Fischbach, geschieden. Ich lade ihn Donnerstagabend zu einem kleinen Dinner bei mir ein. Wollen Sie auch kommen?«

»Donnerstag?« Sie begutachtete die Ware, eine Art großer Redford-Typ, und errötete unter seinem direkten Blick wie eine Debütantin. »Ich glaube, ich kann bestimmt. Das wäre nett.« Sie zupfte befangen an ihrer Papprolle, dann dachte sie daran, warum sie gekommen war. »Oh, das hier ist wahrscheinlich nicht wichtig. Aber Sie waren doch an H. R.s Kampagne interessiert.«

»Ja.«

»Es ist ganz verrückt.« Sie zögerte. »Aber Pat Russos Mutter hat heute morgen seine Wohnung ausgeräumt und ist darauf gestoßen. Sie dachte, es müßte uns gehören.« Millicent rollte sorgfältig ihr Paket auf. Hervor kam, blau-auf-weiß, ein Transparent. »Wir können es besser! Wählen Sie H. R. Loomis.« Und dann das Bild: eine sehr schmeichelhafte Fotografie von Loomis, am Kai stehend, einen Mantel über die Schulter geworfen, die Ärmel hochgeschoben. Er grinste tapfer in den Wind, während er frische junge Führungsstärke versprach.

Ich fuhr mir übers Gesicht. »Das ist nur ein Lay-out-Vorschlag.«

Steve pfiff. »Aber irre gute Arbeit. Ich würde fast selbst für ihn stimmen.«

»Das Bild ist super. Aber die Schrift ist ... unproportional.« Ich befühlte den unteren Rand. »Das ist es. Jemand hat den unteren Teil abgeschnitten.«

»Warum?« fragte Steve. »Was sollte überhaupt da unten sein?«

Er schaute Millicent an, und sie schüttelte den Kopf. (Aber so verhalten, daß nicht eine ihrer Tizian-Locken verrutschte.) Ich lehnte mich zurück, betrachtete das Beweisstück und formte mit den Händen einen Rahmen. »Was fehlt an dem Plakat?«

»Nichts!« behauptete Steve. »Es ist alles da: visuelle Attraktion, Sex appeal ...«

»Trotz allem ist es bloß Reklame. Und dafür taugt es nicht.«

»Taugt nicht? Willst du nicht für Loomis stimmen?«

»Für was?«

»Stimmt, du hast recht. Es sagt nicht, für was er kandidiert. Das hätte unter dem Bild stehen müssen – ›Wählen Sie H. R. Loomis‹ und dann ›Gouverneur‹ oder ›Senator‹ oder irgendwas.«

Jetzt war die Reihe an Millicent. »Wissen Sie das ›irgendwas‹?«

»Ich habe keine Ahnung«, gestand sie. »Was mein Mann alles plante, habe ich als letzte erfahren.«

Ich betrachtete das Bild noch einmal. »Das muß von Eddie Michel sein. Er ist der einzige Fotograf hier, der solche Qualität liefert.«

Innerhalb von zwei Minuten hatte ich ihn an der Strippe.

»Was belämmerst du mich, Matty? Deine Anzeige wird in der nächsten Nummer des *New Orleans* sein, wie ich's versprochen habe.«

»Habe ich nie bezweifelt, Liebes. Ich rufe wegen eines Fotos an, das du für den verstorbenen H. R. Loomis gemacht hast.«

»Loomis? Ja, das hat meine Truppe zwei Tage gekostet, immer auf der Lauer, daß diese Wolken verschwanden. Und dann noch mal zehn Stunden im Labor. Mußte selber Wolken und Schatten reinmachen. Ihm ein paar Haare geben, sein Kinn ein bißchen richten ... Gott.«

»Da geht mir das Herz auf. Hast du die Schrift auch gemacht?«

»Nee.«

»Ich versuche herauszufinden, für was er kandidierte.«

»Wie zum Donner soll ich ... Nein, warte mal. Er sagte was von – ja, ich weiß es jetzt, weil er ein Querformat für ›Kongreßabgeordneter‹ brauchte.«

Als ich auflegte, war Millicent vor Verwirrung ganz aufgewühlt.

»Das kann er nicht gemeint haben, Matty. Wir wohnen in Wayne Tibbets Bezirk. Und Wayne war einer von H. R.s besten Freunden.«

Ich sagte: »Was noch mehr zählt: im Heimspiel hätte Jesus H. Christus Tibbet nicht besiegen können. Er hat den reaktionärsten Bezirk im ganzen Staat. Sie lieben ihn.«

Steve sagte: »Vielleicht wollte er kandidieren, wenn Tibbet sich zurückgezogen hatte.«

»Aber dann wäre das Bild doch längst überholt gewesen. Tibbet rührt sich nicht vom Platz.«

»Es kann sein, daß er abtritt«, spekulierte Millicent. »Um als Senator oder Gouverneur zu kandidieren. Aber wenn er das erst mal angekündigt hätte, wäre jeder Politiker mit Beziehungen hinter seinem Sitz hergewesen. Und H. R. wäre allenfalls ein Außenseiter gewesen.«

Steve sagte: »Vielleicht wäre er in einen Bezirk gegangen, wo die Konkurrenz nicht so scharf war.«

»Ich glaube es nicht. Aber er hätte es mir sowieso nicht erzählt.« Millicent nahm ihre Handtasche. »Für mich ist das alles wie ein Puzzle. Na, ich muß jedenfalls zu den Kindern zurück.«

»Sicher. Ich werde Sie zum Auto bringen«, bot ich an. Und dann zögerte ich für eine Sekunde und schnippte die Finger. »Nein, ich erwarte einen wichtigen Anruf. Fischbach?«

»Aber klar doch!« antwortete er mit schamloser Eilfertigkeit und warf meinen Schreibtischstuhl über den Haufen. »Ich werde die Dame zum Auto bringen.«

»Ach danke, Mr. Fischbach.« Millicent errötete wieder, während wir alle inbrünstig so taten, als ob diese gesunde junge Frau, die nichts Schwereres als ihre Handtasche zu tragen hatte, eine Eskorte für einige Schritte im hellen Sonnenlicht brauchte. Steve zwinkerte hinter ihrem Rücken.

Zehn Minuten später, Fischbach war immer noch nicht von seiner Mission zurück, trat eine schwarz drapierte Figur in mein Büro. Hier hatten wir die theatralische Verkörperung des Todes mit neblig verschleiertem Hut und passendem wadenlangen Kleid. Aber ich erkannte Darla leicht an ihren plumpen Knöcheln und ihrem allgegenwärtigen Trabanten Ozzie. Er hatte Schwarz schon abgehakt und sich für einen dunkelblauen Anzug mit einer breiten Armbinde entschieden.

Darla hob den Schleier. Ihre Augen waren anständig rotgerändert, und Mund und Wangen hatten bloß das notwendigste Make-up.

»Matty ... Ich nehme an, du hast gehört, was mit meinem Papa geschehen ist.«

»Ja, Darla«, erwiderte ich in angemessen ehrerbietigem Ton. »Unser gelobter Herr hat deinen Vater an seinen Busen gerufen.«

Sie nickte tragisch. Als ob sie tatsächlich davon überzeugt wäre, daß es einen persönlichen Gott gibt, der für Chico Manguno und seinesgleichen einen warmen Platz im Himmel bereithält.

»Er war mein ganzes Leben, weißt du. Ich habe sonst nichts, wofür ich leben will.«
Unter dem Schreibtisch kreuzte ich die Finger und sagte: »Es tut mir so leid.«
»Ja, natürlich. Ich könnte was zu trinken gebrauchen.« Ich gab Steve ein Zeichen, ihr das Übliche zu bringen, und er reagierte schnell und präzis. Sie schluckte den Courvoisier, rasselte wie ein Schwermatrose und rülpste. »Sehr gut. Ich soll dir eine Nachricht bringen.«
Das war kein herzlicher Glückwunsch. Mein Herz machte einen Satz.
»Eine Nachricht von deiner Familie?«
»Mein Papa ist nicht mehr. Also interessiert uns jetzt nichts anderes. Verstehst du? Wir wollen nichts mehr von dir.«
Ich konnte wieder atmen.
»Ich schließe daraus, daß ihr jedes Interesse an dem Loomis-Fall verloren habt.«
»Stimmt, Matty. Uns ist es jetzt egal, ob du den Mörder findest oder nicht.«
Die schwarzen Trauerschleier wurden wieder heruntergelassen, als Darla ihre Siebensachen für die förmliche Prozession aus dem Laden zusammensuchte. Ich wartete, bis sie zur Vordertür hinaus war, und kollabierte auf meinem Stuhl.
Steve schenkte eine neue Dosis ein. Diesmal für mich.
»Kannst du dieses Memorandum bitte mal übersetzen?«
Ich preßte beide Hände aufs Herz, damit meine Hemdknöpfe nicht rasselten. »Mein Freund, vielleicht hast du doch noch eine Weile einen sicheren Job. Jetzt, wo Darlas lieber Papa tot ist, haben sie kein zwingendes Interesse mehr daran, mich umzubringen. Das heißt, der Vertrag wurde gekündigt.«
Schwerfällig setzte er sich hin. »Wir wußten, daß die Mafia Dale bezahlt hatte. Ich meine, Di Marco. Aber wie zum Teufel ist Chico Manguno selbst an diesen anonymen schwulen Killer herangekommen?«
»Das weiß ich auch nicht. Aber jedenfalls wollten sie ihn nur dieses großen Fisches wegen beschützen. Und jetzt, wo sie ihn nicht mehr

brauchen, kann er von ihnen aus geröstet werden wie ein Stück Toast.« Ich trank aus und hielt mein Glas für einen Nachschlag hin.
»Dann kannst du ja jetzt wieder ein normales Leben führen.«
»Wenn ich das täte, wäre es kein langes Leben. Der Vertrag ist hinfällig. Aber das bedeutet nur, daß die Mafia aus dem Spiel ist. Aber der, der sie dazu gebracht hat, Di Marco anzuheuern, will mich immer noch tot haben.«
Steve begriff. »Aber jetzt muß er es selbst machen.«
»Und wenn du bitte zur Kenntnis nimmst, daß der Klappenlochmörder bei solchen Unterfangen sehr erfolgreich war.«
»Verdammt! Jetzt brauche ich was zu trinken.« Er goß sich zwei Fingerbreit Wild Turkey ein. »Du hast zu viele waghalsige Risiken auf dich genommen. Es ist höchste Zeit, daß du Frank anrufst und darum bittest, rund um die Uhr bewacht zu werden.«
»Wie lange? Bis der Mörder an Altersschwäche stirbt? Oder ich?« Ich stand auf und holte einen Eiswürfel. »Ich habe einen besseren Plan. Er muß irgendwann und irgendwo auf mich losgehen.« Ich ließ das Eis in sein Glas fallen, daß er naßgespritzt wurde. »Ich will mir die Zeit und den Ort aussuchen.«
»Wie willst du das machen? Du weißt ja nicht mal, wer der Kerl ist.«
»Ich habe gesagt, einen besseren Plan. Keinen perfekten.«

SECHZEHNTES KAPITEL

DIENSTAGABEND

Robin war abends aus und zeigte seinem Vater unser pulsierendes Städtchen, hechelte mit ihm die alten Zeiten durch und (nehmen wir mal an) tauschte Vertraulichkeiten von Mann zu Mann aus. Ich konnte daher spät zu Abend essen und in seliger Einsamkeit *Die Flucht nach Varennes* im Kabelfernsehen gucken.
Als das Telefon klingelte, mußte ich selbst drangehen.
»Wir haben ihn, Matty!« krähte Frank. »Fertig verpackt, alles ganz legal für den Bezirksstaatsanwalt.«

»Habt wen, bitteschön?«
»Den Klappenlochmörder! Was dachtest du denn. Jetzt schäme ich mich, daß ich dir damit die Zeit geklaut habe. Wir brauchen dich nicht mehr.«
»Mich schaudert's ob dieser meiner Überflüssigkeit. Übrigens, wenn es nicht zu neugierig ist, wen habt ihr denn beim Wickel?«
»Schon mal was von der schwulen Bürgerwehr gehört?«
»Spinnst du? Ich bin da Captain.«
»Sehr witzig. Na denn, es war dein befehlshabender Offizier, Ned Berman, der alle diese Leute umgebracht hat.«
Ich hielt das Telefon auf Armeslänge, atmete tief durch und führte es wieder an mein Ohr. »Such weiter, Frank. Ned war's nicht.«
»Was? Worauf bist du denn aus, Matty? Wir haben Beweise. Wir haben die Dienstmarke des Kollegen Eddis in seinem Auto gefunden.«
»Das überzeugt mich nicht.«
»Wir haben in seinem Flurschrank ein altes T-Shirt mit Dave Eddis' Blut drauf gefunden.«
»Reicht nicht.«
»Er hat gestanden, mein Gott!«
Ich nahm den Hörer mit rüber zum Fernsehen und drehte die Lautstärke runter. »Gestanden?«
»Hat gesungen wie ein Vogel. Berman sagt, es war Selbstverteidigung. Und daß er gedacht hätte, Eddis habe genug Existenzen ruiniert. Es wäre Zeit, daß jemand für die Wahrheit kämpft. Typische Terror-Rhetorik.«
»Frank? Hat er alle Morde gestanden?«
»Nein, nur Eddis. Verflucht, er kann doch nicht bei allen Selbstverteidigung in Anspruch nehmen. Und er wollte auf Kaution raus.«
»Sie haben ihm eine Kaution gewährt?«
»Auf schlappe 500 000 hochgesetzt. Es ist eine der großen Wahrheiten unseres Rechtssystems, daß reiche Leute nicht im Knast bleiben. Du kannst beruhigt schlafen, Matty. Der Fall ist gelöst.«
Ich drehte die Glotze aus und versuchte, seinem Rezept zu folgen. Aber ich konnte mich nur nervös im Bett rumwälzen, bis die Leuchtanzeige meines Weckers in grellem Grün 1:15 kreischte.

Brandi, Red Jessup, Millicent, der Sportreporter, der Abgeordnete ... der Kommandant der schwulen Bürgerwehr und ein Kahlkopf, der flüstert. All diese amorphen Bilder schwirrten durch meinen Kopf. Und ich konnte nur daran denken, wo sie überall nicht zusammenpaßten. An das Muster und die Unregelmäßigkeit im Muster.

Ich gab's auf und zog mir den Bademantel an, um wieder zur Glotze zu gehen. Blanche folgte, wie es ihre Art ist, um auf mir zu sitzen. (Sie glaubt, daß die Kategorie Schoßhund aus Pekinesen, Spitzen, Zwergpudeln und Boxern besteht.)

Ich war tief in die abgenudelte Kopie eines Straßenfegers versunken, der älter war als ich, als Robin von seinem Vater-Sohn-Gipfeltreffen zurückkam. Er warf die Autoschlüssel auf den Couchtisch und zwitscherte.

»Es war alles so fabelhaft, Matty. Erst sind wir ins *The Court of Two Sisters* essen gegangen, und es war malerisch. Wir haben so lange über unsere Lebensphilosophie geredet, bis die Kellner das Licht ausgemacht haben und die Stühle hochstellten. Dann haben wir Elena Tatum und die Olympia Jazz Band gesehen.« Er runzelte die Stirn. »Aber dann mußte ich ihn im *Royal Sonesta* absetzen. Warum, glaubst du, hat er deine Einladung nicht angenommen, hier zu übernachten?«

»Sei glücklich, daß dein Vater überhaupt mit deinem Lebensstil klarkommt. Erwarte nicht, daß er zuguckt und applaudiert.«

»Das hat ja zwei Seiten. Er erwartet ja auch von mir, daß ich zuhöre, wie er über ›diesen fantastischen Rotschopf‹ Millicent rumschwärmt.« Der Junge räkelte sich neben mir. »Was gibt's im Fernsehen?«

»*Black Dragons* mit Bela Lugosi, 1942.«

»Das klingt ja nicht sehr aufregend.«

»Das soll es ja auch nicht, Liebes. Ist ein schlechter Film. Rührend schlecht.«

»Oh.« Meine Mätresse hielt seinen Kopf schräg zum Bildschirm, als ob ein anderer Blickwinkel ihm ein neues Verständnis der Filmkunst einbringen würde. Er versuchte, durch die körnige Kopie mehr als vier Jahrzehnte in die Vergangenheit zu schauen, bis hin zu

dem Tag, als der Film auf dem Hinterhof von Universal gedreht wurde. »Wer ist der Schauspieler? Der Detektiv.«
»Clayton Moore.«
»Den Namen kenne ich doch irgendwie?«
»Er wurde später als Lone Rider berühmt.«
»Wirklich? Echt, ohne seine Maske habe ich ihn gar nicht erkannt.« Ich ließ die Fernbedienung fallen und starrte ihn an. »Hast du nicht, tatsächlich. Das hast du nicht! Verdammt! Wenn's auch verrückt klingt, das muß die Lösung sein! ›Noch hat die Hölle solchen Zorn wie eine betrogene Frau!‹«
Robin setzte sich auf. »Was?«
»Wegen der schieren Boshaftigkeit dahinter. Dem Sadismus. Verstehst du nicht? Nur eine verschmähte Frau konnte Loomis umbringen.«
»Du meinst Brandi?«
»Unmöglich. Wenn Brandi ihn umgebracht hätte, wäre sie nicht immer noch von diesem stupiden Haß auf den Mann besessen. Sie hätte ihre Rache gehabt und wäre zufrieden.«
»Millicent Loomis dann? Sie ist die einzige andere Frau in dem Fall.«
»Mein Herz, du vergißt die Welt, in der wir leben.« Ich nahm das Telefon und drückte eine Nummer aus meinem Adreßbuch. Es klingelte einmal kurz, und dann kam eine Antwort, übellaunig und noch schlaftrunken.
»Hallo, Zuckerpüppchen«, flötete ich.
»Wer ist dran?«
»Niemand anders als Matty Sinclair, dein neuer Freund und Partner.«
»Sind Sie verrückt? Mich mitten in der Nacht anzurufen!«
»Ich will dich treffen, Püppchen.«
»Ich lege auf!« Ich wartete eine Sekunde, aber es kam kein Klick. Baby Doll hatte nicht gewagt aufzuhängen. Also machte ich weiter in meinem deftigsten Ton, gerade richtig, um einen schwachen Charakter aus der Spur zu werfen.
»Erinnerst du dich an den armen Lance? Deinen und meinen Freund?«

»Ich weiß nicht, wovon Sie sprechen!«

»Na, jedenfalls war er ein so guter Freund von mir, daß er mir Post schickte, kurz bevor er starb. Die Bilder kamen heute.«

»Bilder? Was für Bilder?«

»Du bist drauf und amüsierst dich blendend. Bravo. Lang lebe die Liebe und so weiter. Aber ich habe dich sogar nackt erkannt. Denkst du, die Polizei würde das nicht?« Jetzt redete er Klartext.

»Was wollen Sie?«

»Das gleiche wie Lance. Nur mehr. Ich bin kein kleiner Fisch wie er.«

»Sie wollen Geld?«

»Zwanzigtausend in bar. Das ist nicht zuviel verlangt, oder? Um nicht auf diesen heißen Stuhl in Angola zu kommen?«

»Sind Sie verrückt geworden? An so viel Geld kann ich nie rankommen!«

Robin kriegte einen Anfall. Er gestikulierte wie wild, und ich drehte ihm den Rücken zu, um ihn abzuschütteln.

»Mit allen deinen guten Freunden? Quatsch! Ich wette, du hast in einem Schuhkarton in deinem Schrank sogar noch mehr als das. Treffen wir uns, Baby Doll. Heute abend. Ich will nicht, daß du noch Zeit hast für eklige Machenschaften.«

»Gewonnen. Ich werde auf Sie warten. Bei mir.«

»Mit einem erstklassigen Gewehr, ohne Frage. Ich bin nicht blöde, schönes Kind. Wir treffen uns auf der Point à la Hache Fähre, auf der Mitte des Mississippi.«

»Ist gut. Ich habe keine Wahl. Aber hören Sie, ich brauche eine Stunde, um das Geld zusammenzukriegen.«

Als ich auflegte, machte Robin einen Freudentanz.

»Zwanzigtausend? Kriegen wir wirklich so viel?«

»Ach Kußmaul, sei doch nicht voll und total verrückt. Geh und hol mir meine Sportpistole.«

Die Point à la Hache Fähre ist die ganze Nacht zwischen St. Bernard und der West Bank in Betrieb. Aber um drei in der Früh ist sie fast immer wie ausgestorben; daher wunderte ich mich nicht, niemanden zu sehen, als ich meinen Wagen auf die Rampe fuhr.

Ich parkte im hinteren Teil, verließ dann meinen sicheren Mercedes und schlenderte zur Hafenseite hin, während ich unruhig versuchte, an Bogie zu denken. Angst, wer, ich? Am Gitter angekommen, schlug ich den Kragen meines Burberry gegen die Kühle des frühen Morgens hoch und versuchte zu pfeifen, um zu zeigen, wie furchtlos ich war. Aber es kam kein Ton. Summen funktionierte auch nicht. Ich faßte nach dem kalten, beruhigenden Stahl in meiner Innentasche.

Es gab kein Zeichen menschlichen Lebens auf Deck, außer einem offenen 20-Liter-Faß mit Lösungsmittel und einigen Lumpen. Irgendwer, ohne Zweifel ein Matrose, hatte Schmieröl vom Kabinendeck gewaschen und war so unvorsichtig gewesen, die hochbrennbare Flüssigkeit dort verschüttet zu lassen. Oder vielleicht war er nur rumgegangen, um die Taue abzurollen – eine Schlußfolgerung, die vom beschwichtigenden Rumoren der laufenden Motoren drinnen bestärkt wurde.

Aber dann, als das Schiff stöhnte und sich vom Pier löste, überprüfte ich die Uhrzeit. Die Fähre fährt laut Fahrplan alle halbe Stunde, und sie war pünktlich auf die Sekunde. Entweder war ich auf den Arm genommen worden, oder meine Verabredung war bei Fuß und versteckte sich.

Panik beschleunigte meinen Blutdruck, aber ich hielt mich weiter an dem Umschlag mit den 18x23-Fotos fest und wartete.

Ein halbes Leben später hörte ich hinter mir ein Knirschen, und eine Spindtür öffnete sich mit metallischem Schaben. Dann erschien eine Gestalt, lautlos wie ein nächtlicher Kämpfer, von Kopf bis Fuß in Grün gekleidet.

»Sie sind also gekommen.« Ich hielt den Umschlag hoch. »Ich zeige meins, wenn Sie Ihres zeigen.«

»Ich zeig's Ihnen schon. Tun Sie genau, was ich sage.« Eine 357er Magnum war erhoben und zeigte genau auf meinen Bauch. Von da aus, wo ich stand, sah sie wie eine Kanone aus. »Also: fassen Sie mit Ihrer linken Hand in die rechte Manteltasche. Und dann holen Sie langsam Ihre Kanone raus, mit zwei Fingern, und lassen Sie sie fallen.«

»Hören Sie, ich habe ...«

»Jetzt!«

Ich fühlte mich in diesem Augenblick weder mutig noch unsterblich und folgte daher seinen Anweisungen aufs Wort. Und die Sportpistole landete mit einem Plumps und rutschte weiter.
»Wie ich's mir dachte. Nehmen Sie die Hände hoch und gehen Sie nach hinten.«
Ich trat zurück und stand, die Hände in Schulterhöhe, den Umschlag noch immer festhaltend, während der grienende Schießtyp meine Pistole hochnahm und sie herumwirbelte. »Eine 22er Erbsenpistole, was? Na ja, für meine Zwecke wird's reichen.« Er steckte die Magnum in die Tasche seiner laubgrünen Windjacke und lud meine Pistole durch.
»He, Sie würden Sich nicht trauen, mich jetzt zu erschießen. Ich meine, mit der ganzen Crew in der Nähe.«
»Die werden uns nicht stören. Der Kapitän oben im Steuerhaus kann nichts sehen und hören. Unten der Maschinist auch nicht. Und der Matrose, na, als wir erst einmal abgelegt hatten, brauchte ich ihn nicht mehr.«
»Sie wollen doch nicht sagen, daß ...«
»Ich ihn bewußtlos geschlagen und an ein Gitter gefesselt habe. Der Klappenlochmörder tötet nur Schwuchteln. Jetzt will ich die Bilder.«
»Wenn Sie's sagen.« Ich drückte die Knie durch, um sie am Zittern zu hindern und warf ihm schlaff das Päckchen hinüber, ohne meinen Blick von der Pistolenmündung zu wenden.
»Dieser Junge aus Chicago hat ja in der Sache ein Riesenchaos angerichtet. Zeigt einem bloß mal wieder, daß man Jungens nicht auf Männerjobs schicken soll.« Ohne je sein Ziel auch nur um einen Zentimeter aus der Linie zu verlieren, biß er den Umschlag auf und hielt ein Bild hoch, um es mit einem Auge zu betrachten.
»Was zum Teufel ist das? Eine Stripperin!«
»Das sind die Agenturfotos von meiner Freundin Evita. Natürlich sind sie längst veraltet, und sie sieht nicht mehr so gut aus, aber trotzdem ...«
»Halt's Maul! Wo sind die richtigen?«
»Diese einnehmenden Fotos von Ihnen? Tut mir leid, ich hab sie nicht. Hatte sie nie.«

»Wie haben Sie mich dann gefunden?«

»Wissenschaftliche Methode. Ich hatte ein deutliches Muster. Und sie waren der Webfehler.« Ich brauchte Zeit und würde so lange in dem Stil weiterschnattern, wie die geladene Pistole Lust hatte, zuzuhören. »Je besser die Leute Loomis kannten, desto glücklicher waren sie, daß der Scheißer tot war. Das gilt für seine Frau, seine Geliebte, seinen Geliebten, seine eigenen Brüder ...«

»Und?«

»Und Sie waren derjenige, der ihn am meisten hätte hassen müssen.«

»Ich haßte ihn nicht, ich habe ihn geliebt«, sagte Baby Doll durch knirschende Zähne. »Alles, was er hatte, hatte der Junge von mir.«

»Aber er war nicht gerade dankbar, oder? Er hat Sie ausgesaugt. Nicht mal sehr vornehm. Und zahlte nie zurück.«

»Das war schon in Ordnung. Ich konnte H. R. nie Nein sagen. Wir hatten zu viel gemeinsam, sogar, nachdem er aufgehört hatte, mich allein zu treffen.«

»Aber dann tat er etwas, was Sie ihm nicht verzeihen konnten. Er wollte alles haben, stimmt's?«

»Das war alles, was ich hatte. Alles, was ich war. Zum ersten Mal in meinem Leben mußte ich ihm etwas abschlagen.« Die Fähre hatte ein Drittel ihres Wegs über den Fluß hinter sich gelassen und schnurrte sanft. »Ich sagte ihm, daß ich das nicht könnte. Diesen Gefallen konnte ich ihm nicht tun.« Seine Hände packten die Waffe fester und blaue Adern traten hervor. »Und dann hat er mir die Fotos gezeigt.«

»Sie und Lance Paulos auf Hochzeitsreise.«

»Ich habe mich von diesem verdammten Griechen nicht erpressen lassen, Sinclair. Und von Ihnen auch nicht.«

»Sehen Sie mal, Freundchen. Ich habe nur Witze gemacht mit den zwanzigtausend.«

»Ruhe!« Er zog ein kleines Knäuel Wäscheleine aus seinem Gürtel. »Und drehen Sie sich um.«

Ich gehorchte ohne Widerworte, und er fesselte meine Handgelenke eng aneinander, während meine eigene Knarre sich in mein Kreuz bohrte.

Mich zu fesseln, war eine überflüssige Vorkehrung, denn dieser Gangster hätte Matty Sinclair mit einem einzigen Judo-Schlag bewegungslos machen können.

»Entschuldigen Sie. Diese Knoten schneiden mir das Blut ab.«

»Sie werden wieder abgenommen.«

»Wann?«

»Irgendwann, bevor Ihr Körper sich weiter unten im Fluß im Treibholz verfängt.«

»Das habe ich mir gedacht, daß Sie das meinen.« Ich hörte in der Entfernung ein Motorbrummen. Zu weit weg, um mir zu helfen oder meinem Gegner an die Nerven zu gehen. »Aber es gibt keinen Grund, mich zu töten.«

»Falsch, Sinclair. Ich wußte schon die ganze Zeit, daß Sie ausgeschaltet werden müssen. Wegen der Polizei habe ich mir keine Sorgen gemacht. Die war dumm. Aber Sie hätten es verstanden.«

»Unsereins erkennt sich eben.«

Der Grüne Mann ignorierte diese Beobachtung. Offensichtlich betrachtete er sich nicht als einen von uns und würde es auch nie tun. (Nur weil einer Schwänze lutscht, ist er doch nicht schwul.)

Ich machte auch ohne ihn weiter. »Jedenfalls habe ich viel zu lange gebraucht, um die Fakten zu sortieren. Sogar als ich erfuhr, daß Sie ein *Green Beret* sind, hat es erst viel später bei mir geklickert. Aber Töten war leicht, nicht? Sie hatten jahrelange Übung.«

Er drehte sich um. »Das war das Wenigste. Ich war immer der bessere, aber H. R. hat das nie kapiert, bis es zu spät war. Jetzt ist es für Sie zu spät.«

»Hören Sie ...« Ich hoffte, daß ich nicht winselte. »Hören Sie da drüben das Motorengeräusch?«

»Ja. Na und? Das ist halb über den Fluß.«

Und in dem Moment wurde ich vollkommen ruhig. Wenn ich schon nicht gegen ihn kämpfen konnte, wollte ich mich wenigstens mit einer Würde benehmen, die meinen Ansprüchen Genüge tat. Das gebot mir schließlich der Ehrgeiz.

»Okay. Sinclair. Auf noch 'ne tote Trine.«

Der Schuß ging los, und ich kreischte wie eine Dschungelkatze, als die Schubkraft mich gegen die Kabinenwand quetschte. Dann fiel ich hart auf Deck, unfähig, etwas anderes zu tun, als an ihm hochzugucken. Warum kam er nicht, um mit mir ein Ende zu machen? Statt dessen öffnete er seine Hand und ließ die Waffe fallen.

»Jetzt hoffen Sie auf einen sauberen Tod, aber nein. Diese Kugel sollte Sie nur stillstellen.« Sein Gesicht lag im Schatten, aber ich sah das Lächeln trotzdem, ironisch und grausam. »Wir müssen der Legende gerecht werden. Sehen Sie, das hier wird der letzte Auftritt des berüchtigten Klappenlochmörders sein. Und dafür braucht man ein einfallsreiches Finale.«

Er langte unter seinen Mantel, und was da hervorkam, ließ mein Blut gerinnen – ein Schweißkolben.

»Ich habe viel drüber nachgedacht, Sinclair. Was wäre für einen Mann die scheußlichste Todesart?« Er öffnete das Ventil und hielt einen Streichholz an das zischende Gas. »Lebendig zu verbrennen, von den Hoden an, während er gefesselt und wehrlos daliegt. Ich werde sie in Ihre eigene private Hölle schicken. Das rohe Fleisch versengt, und Ihre Eingeweide werden sich zu Asche kräuseln.«

»Da kommen Sie nicht wieder raus; ich bin nicht allein gekommen. Die Polizei ist hier!«

»Es ist witzig, wie rührend einer wird, wenn er weiß, er wird gleich gefoltert. Und es gibt keine Chance auf Rettung, überhaupt keine.«

Er trat einen Schritt auf mich zu, und ich rollte von ihm weg. Gerade weit genug, um meinen linken Fuß um den MEK-Kanister zu haken. Ich trat heftig dagegen, und das starkriechende Lösungsmittel spritzte um seine Füße herum. Die Dämpfe stiegen um ihn herum hoch.

Er grinste bloß über meine Verzweiflungsgeste und hielt den Kolben höher. »Laß alle Hoffnung fahren, Matty Sinclair.«

»Stillgestanden! Sie sind verhaftet!«

Marilou Gendron hatte sich endlich aus dem Mercedes herausgehangelt, stand schußbereit hinter ihm in Stellung und hielt ihre Dienstpistole in beiden winzigen Händen.

Der Mann in Grün fuhr herum und zielte mit der Waffe auf diese neue Gefahr, aber Marilou schoß sie ihm routiniert aus den Händen. Dann fing das Reinigungsmittel Feuer und explodierte, noch bevor der Schweißkolben auf das Deck fiel. Und in weniger als ei-

nem Augenblick war der Klappenlochmörder nur noch ein verrückt zuckender Flammenball, der sich wie ein Klappmesser streckte und beugte und dabei heulte wie ein Verdammter.
Marilou blickte sich nach einem Feuerlöscher um, erkannte aber rasch, daß es müßig war, blieb stehen, wo sie war, und bibberte vor Entsetzen. In diesem Moment hätte ich alles dafür gegeben, einen Mann mit hartem Kinn an ihrer Stelle zu sehen. Aber sie war der einzige Bulle des Reviers gewesen, der klein genug war, um in meinem Auto richtig versteckt zu werden.
Ich wußte, daß sie im Dienst schon früher getötet hatte. Aber sie hatte noch nie einen Mann so langsam und qualvoll sterben sehen.
Es dauerte zwei unendliche Minuten, bis die Schreie aufhörten. Dann noch mindestens drei, bevor der verbrannte Kadaver aufhörte zu zucken.
»Komm rüber und hilf mir«, befahl ich Marilou, um sie abzulenken. Sie ging steif wie ein Zombie. »Gut getimt, Freundin.« Ich versuchte zu stehen und konnte es nicht. »Du solltest doch den Typen festnehmen, bevor er auf mich schoß.«
Diese Mahnung brachte sie für eine Weile zur Besinnung. Sie hockte hinter mir und machte die Knoten auf. »Versuch du doch mal, unter deinem vermaledeiten Armaturenbrett herauszuklettern, ohne irgendein Geräusch zu machen.« Ihre Stimme war unnatürlich hoch und gespannt. »Jeder, der dieses Auto für geräumig erklärt, ist ein gottverdammter Lügner.«
»Mercedes verspricht keine komfortablen Sitze unter dem Handschuhfach. Was wäre gewesen, wenn er mir in den Kopf geschossen hätte!«
»Du hast es ja abgelehnt, das zu bedenken, als du Frank diesen verrückten Plan aufgeschwatzt hast. Er hätte damit seine Dienstmarke verlieren können.« Sie achtete sorgfältig darauf, nicht in die Richtung der verschmorten Leiche zu blicken. »Du hättest es uns überlassen sollen, den Mann zu treffen.«
»Wenn ich nicht allein gewesen wäre, hättet ihr niemand gesehen und nichts bewiesen. Ich mußte es so machen.«
»Ach, Gott muß dich lieben, Matty. Du hast es geschafft ... Und er nicht.«

Eine Minute später war das Motorengeräusch neben uns. Frank kletterte mit Officer Duffy und fünf anderen seiner Einheit an Bord, alle mit gezückten Waffen. Meinem dröhnenden Schädel erschienen sie wie die Kavallerie im Film, die immer mit wehenden Fahnen kurz nach dem Massaker herangaloppiert.

Robin war der letzte der Gruppe und der einzige, der sich die Mühe machte, sich um mich zu kümmern, zwitschernd wie ein Jüngferchen.

»Oh Matty! Er hat auf dich geschossen! Ich wußte, daß das schrecklich gefährlich war.«

»Mach dir nicht ins Hemd! Franks kugelsichere Weste hat die Kugel ganz gut abgefangen. Ich werde nur ein paar Tage lang schreckliche blaue Flecke haben. Guck mal nach dem Matrosen steuerbord. Er ist bewußtlos.«

Es blieb Frank überlassen, nach dem Matrosen zu sehen. Die anderen Polizisten nahmen entweder an, dem Mann sei nichts geschehen, oder sie fanden, er ginge sie nichts an. Emsig wie Ameisen waren sie mit den verbrannten Überresten des Klappenlochmörders beschäftigt. Duffy pfiff und bekreuzigte sich.

»Lieber Herr Jesus! Ist das nicht der dürre Kahlkopf von Rico?«

»Stimmt.«

»Aber wie hast du den gefunden, Matty? Der Mann war ein Phantom, namenlos, gesichtslos ... Keiner hatte eine Ahnung, wer er war.«

»Im Gegenteil, wir kannten ihn alle sehr gut. Aber, wie beim Lone Rider, erkannten wir ihn ohne sein Maske nicht.«

»Was meinst du? Was war seine Maske?«

»Ein Toupé, gelbgetönte Brille, Jacketts mit Schulterpolster. Wir sehen hier vor uns den verstorbenen Kongreßabgeordneten Wayne E. Tibbet.«

SIEBZEHNTES KAPITEL

MITTWOCH

Als Brandi die Tür öffnete, trug sie ein Negligé in Pfirsich und Mokka, das die Sonnenuntergang-Töne ihrer Haut zur Geltung brachte. Mein Geschmack.

»Willkommen daheim, Sam Spade. Du mußt mir alles erzählen. Wie du es geschafft hast, den Mörder zu finden.«

»Ganz ohne Tricks, Schatz. Es ging bloß um das älteste Motiv der Welt. Liebe, die zu Haß geworden war.«

»Bloß, daß dieses Mal die verschmähte Frau eine Schwuchtel war.« Sie nahm meinen Burberry und trug ihn zum Wandschrank im Flur. »Seit wann hast du Wayne verdächtigt?«

»Als Rico Spiotti mir erzählte, daß der schlüpfrige Mann in Grün flüsterte. Warum sollte einer das tun, außer, um seine Stimme zu verbergen? Es mußte also eine gut bekannte Stimme sein.«

»Von seinen Wahlkampfsendungen her.«

»Und angeblich blinzelte dieses kahle Phantom oft, was nahelegt, daß er eine Brille brauchte. Warum trug er sie nicht?«

»Weil diese gelbgetönten Gläser ein Markenzeichen von Wayne waren. Ohne die hätte ihn kaum jemand erkannt.« Brandi drapierte den Mantel sorgfältig über einen gepolsterten und parfümierten Bügel. »H. R. hat also versucht, sein Mandat zu kriegen. Aber erst hätte er ihn in den Vorwahlen schlagen müssen und dann ...«

»Nicht, wenn Tibbet nicht für die Vorwahlen kandidierte. Er sollte bei einem alten Louisiana-Trick mitmachen. Sich wie üblich bewerben. Das wäre nicht überraschend gewesen. Er war ein totsicherer Tip für die Wiederwahl, und niemand hätte sich ernsthaft bemüht, gegen ihn zu kandidieren.«

Sie schloß die Schranktür mit einer abschließenden Geste. »Und die Vorwahlen der Demokraten liegen früher als die der Republikaner, also hätten sie sich auch nicht allzusehr ins Zeug gelegt. Der Amtsinhaber war einfach zu populär.«

»Erst in letzter Minute hätte sich Loomis beworben. Und Tibbet hätte sich vornehm aus dem Rennen zurückgezogen. Aus familiären Gründen. Dann wäre es für jeden anderen zu spät gewesen, einen Wahlkampf auf die Beine zu stellen.«

»Und wenn Wayne sich geweigert hätte, mitzumachen, wären einige sehr schweinische Bilder an die Öffentlichkeit gelangt. Aber wie hat er H. R. überredet, seinen kostbarsten Besitz durch ein Loch zu stecken, damit er ...«

»Dazu brauchte er keine Überredungskunst. Tibbet tat einfach so, als hätte er aufgegeben. Und er bat Loomis, ihn im *Pat O'Brian* zu treffen, damit sie die Details der Nachfolge besprechen könnten.«

»Da tauchte er dann nicht auf.«

»Statt dessen ließ er telefonisch ausrichten, daß er eine halbe Stunde später kommen würde. Dann zog er sich sein grünes Kostüm an und wartete in der Klozelle.«

»Er ahnte, wo H. R. hingehen würde, um eine halbe Stunde zu überbrücken.«

»Kannte ihn in- und auswendig.«

»Inklusive der Topographie seines Dings, nehme ich an. Also riskierte er noch nicht einmal, den falschen zu überfallen.«

»Und Loomis benahm sich so, wie es seinem Charakter entsprach. Und Tibbets Plan. Aber wenn er nicht ins *Ramrod* gegangen wäre, hätte unser Volksvertreter einen anderen Abend und einen anderen Ort probieren müssen.«

»Tibbet hat also H. R. umgebracht, weil er ihm das Herz gebrochen hatte. Gut. Aber warum all die anderen? Wie den armen Pat.«

»Russo mußte die Vorlieben von Tibbet geahnt haben. Vielleicht hat er ihn sogar in seiner Anti-Verkleidung im *Ramrod* durchschaut. Jedenfalls kannte er das Motiv, weil er in den politischen Kram eingeweiht war. Erinnerst du dich, wie er in dein Büro kam, nach H. R.s Tod?«

»Er suchte ein Buch.«

»Nein, er wollte das berühmte Wahlkampfplakat. Russo konfrontierte seinen Chef mit dem Beweisstück.«

»Warum ist er nicht lieber zur Polizei gegangen?«

»Entweder war er sich nicht sicher, oder er dachte, er könnte ein paar Dollar verdienen, oder beides. Russo hat wahrscheinlich ›Kongreßabgeordneter‹ von dem Plakat abgeschnitten, damit kein anderer es sehen und raten konnte, was gespielt wurde. Dann war Tibbet gezwungen, ihn ins *Ramrod* zu locken und seinen Ehrgeiz mit einem Eispickel im Hirn zu stillen.«

»Rico Spiotti kriegte seinen Lohn, weil er den kahlen Grünen Mann gesehen hatte. Das verstehe ich.« Sie hielt mitten im Gedanken inne. »Aber nein! Wayne kann Rico nicht umgebracht haben. Denk dran, daß ganz New Orleans ihn gesehen hat, wie er auf *Channel Four* live telefonische Fragen beantwortet hat.«

»Ja, Robin hat auch versucht, mit einer Frage zum Sexualstrafrecht durchzukommen, und ist abgewiesen worden. Das aber hatte nichts mit seiner Frage zu tun.«

»Womit denn?«

»Bedenk die Wunder der modernen Technologie, meine Liebe. Die Fragen waren live, aber die Antworten nicht, verstehst du?«

»Die waren vorher aufgenommen?«

»Die Ansagerin hat die Anrufe gesiebt und nur die ausgesucht, für die sie die passenden Reden hatte. Dann hat sie das zusammengespielt. Niemand hat auch nur gemerkt, daß die Antworten nicht ganz zu den Fragen paßten, weil das bei Politikern ja immer so ist.«

»Wie hat er die arme Frau dazu gekriegt, bei einem Mord mitzuspielen? Hat Wayne ihr gesagt, er brauchte ein Alibi, um schnell ins *Ramrod* rüberzuschlüpfen?«

»War nicht nötig. Diese Art von Video-Zauber ist bei Wahlkampf-Sendungen gang und gäbe. Das ist wahrscheinlich Wochen vorher geplant worden.«

»Und keiner hat das überprüft, weil er ja erstmal kein Verdächtiger war.«

»Genau. Aber dann – das Allerschlimmste! – hat er beschlossen auch *moi* umzubringen«, sagte ich. »Was ich persönlich nehme. Und da hat Chico Manguno einige Fäden gezogen.«

»Warum hat Manguno sich dafür interessiert?«

»Weil alles, was er vom Leben noch wollte, war, aus dem Staatsgefängnis raus und nach Italien geschickt zu werden, wo er seine letzten goldenen Jahre in Frieden und Wohlstand verbringen konnte. Tibbet versuchte das gerade für ihn zu arrangieren.«

»Nein, Matty. Italien war das letzte, was Manguno wollte. Er sagte immer, daß er um nichts in der Welt dorthin zurück wollte.«

»Eine Schutzbehauptung: genau andersherum. Und ich konnte nicht vergessen, daß Tibbet diesen kleinen nuttigen Profikiller auf mich gehetzt hatte.«

»Er nahm eben an, daß du diesem saftigen Ärschchen nicht widerstehen konntest.«

»Ich bin nicht aus Stein. Aber es war leicht, den Mann zu unterschätzen. Diese pistolenschwingenden Reaktionäre kommen uns Kindern der sechzigern alle vor wie Pausenclowns. Dann fiel mir wieder ein, daß seine Sekretärin was gefaselt hatte, er sei in der Sondereinheit gewesen.«

»Ein *Green Beret*?«

»Genau. Und selbst nach fünfzehn Jahren müssen diese Typen ziemlich zäh sein. Das einzige, was mich verunsichert hat, war der Mord an Eddis. Ich wußte, daß unser Junge das nicht war, weil er die ganze Zeit mit mir zusammen war. Aber als Ned es gestanden hatte ...«

»Blieb Wayne übrig für die anderen. Aber wie konntest du das furchtbare Risiko auf dich nehmen und ihn allein treffen?«

»Er hätte nicht aufgehört, hinter mir her zu sein, also hätte ich früher oder später mit ihm zusammentreffen müssen. Mir war es lieber, es mit einer kugelsicheren Weste und Frank und seinen Jungs in Rufnähe zu tun.«

»Die kugelsichere Weste hat nur deinen Rumpf geschützt. Was wäre gewesen, wenn Wayne dich in den Kopf geschossen hätte?«

»Bitte fang nicht davon an.«

Sie lächelte. »Mission erledigt jedenfalls, mein Ritter in glänzender Rüstung. Zieh dich aus, wir feiern jetzt.«

»Tut mir leid, ich kann nicht; meine Woche für Mädchen ist vorbei. Übrigens bin ich nicht hergekommen, um mir eine Belohnung zu holen, sondern um deine Geister zu vertreiben.«

»Meine Geister?«

Ich zog den kleinen Packen Kodak-Fotos aus meiner Hemdtasche.

»Die Fotos aus dem Labor, die du wolltest. Die endgültige Entwürdigung von H. R. Loomis, in lebhaftem Kodakcolor von vier Seiten her eingefangen. So anschaulich und blutrünstig, wie du nur hoffen kannst.«

Brandi kicherte erst ungläubig. Dann hielt sie eine Sekunde lang den Umschlag zwischen den Händen, bevor sie ihn auf die Erde fallen ließ. »Nein. Ich glaube, ich brauche die nicht mehr.«

»Alle Rachegelüste verschwunden?«

»Hm. Vielleicht hast du mir geholfen, meinen Geschmack zu entwickeln. Laß uns was Netteres trinken. Einen Sazerac vielleicht?«

»Fabelhaft.«

»Ich habe extra Bitter für dich gekauft.« Sie ging zur Küche. In diesem Moment hatte sie die fatalen Fotos schon vergessen. Bis ihr zierlicher kleiner Fuß geradewegs auf dem viereckigen Päckchen landete. Da schaute sie nach unten und lachte.

»Weißt du was? Trotz allem: Es hätte keinen netteren Typen treffen können.«

ENDE

Bärendienst

Aus dem Amerikanischen
von Mechthild Küpper

Gewidmet Richard Catoire
(Wem sonst?)

PROLOG

Sonntag, 5. März

»Guck doch mal! Es stimmt, was sie über Erhängte sagen.«
»Was meinst du, Duffy?«
»Ich habe gehört, daß man vom Hängen einen ordentlichen Ständer kriegt. So wie dieser arme Clown. Wie hieß er denn, Boß?«
»Er ist nicht gut zu erkennen, aber sein Hausmädchen sagt, es sei ein gewisser Brad Rutledge. Und ich wünsche nicht, daß du Witze darüber reißt.«
Lieutenant Frank Washington von der Polizei in New Orleans trat aus dem Zedernholzschrank und wandte sich von dessen einzigem Inhalt ab, einem Mann, der verrenkt an einer soliden Kleiderstange baumelte.
Die Leiche war noch warm und voll bekleidet, abgesehen von der Hose und den Shorts, die in einem Haufen in der Ecke lagen. Der Kopf des verblichenen Mr. Rutledge bog sich seltsam von einer strammen Wäscheschnur ab, und sein Gesicht war aufgedunsen und verfärbt. Zehen in Florsheim-Schuhen deuteten aufs Parkett, das nur knapp darunter lag, als ob sie verzweifelt nach festem Halt suchten. Ein kleiner dreibeiniger Hocker war knapp außer Reichweite gerollt.
»Klar, man soll Pietät zeigen und so«, räumte Duffy ein. »Aber ich denke gerade, daß mir dieser Typ schon mal irgendwo begegnet ist. Sah natürlich gesünder aus.«
»Kann ich mir vorstellen.« Washington fiel plötzlich ein, daß der Tote ein bekannter Rechtsanwalt gewesen war, der ein eigenes Bauunternehmen besaß. »Es deutet offensichtlich nichts auf Selbstmord hin.«
»Selbstmord? Nee, der wollte sich einen runterholen. Deshalb sind seine Hosen auch unten.« Der junge Streifenpolizist deutete überflüssigerweise auf das Indiz. »Ich habe da auf Channel Six eine Reportage gesehen. Wie ein Typ sich einen Strick um den Hals legt, um sich die Sauerstoffzufuhr abzuschneiden und dann geiler zu kommen.«

»Ja. Das Phänomen ist mir bekannt. Die forensischen Experten nennen es ›autoerotische Asphyxie‹.«

Washington schaute sich rasch in dem georgianischen Haus aus dem 19. Jahrhundert mit seinen vier Meter hohen Decken um. Wenn Rutledge in einem dieser schäbigen neuen Eigentumsapartments gewohnt hätte, mit niedrigen Decken und schlampigen Einbauten, hätte er nicht so sterben können. Nicht durch Hängen.

»Also da ist dieser Typ und macht alles klar dafür, es sich nett zu machen«, schlug Duffy vor. »Aber der Hocker, auf dem er steht, kippt um und so passiert's.« Er zog sich abrupt den Schlips hoch, schielte und streckte dramatisch die Zunge raus. »Urrrgh, grrh, knack!«

Washington verzog das Gesicht und klappte sein Notizbuch zu.

»Gefällt mir nicht.«

»Wem gefällt das schon?«

»Du warst doch bei der Marine, oder?«

»Vier scheißlange gräßliche Jahre. Warum?«

»Ich habe keine Ahnung von Knoten.«

»Habe noch nie einen Schwarzen getroffen, der davon Ahnung hatte, nichts für ungut.«

»Was er da um den Hals hat, was ist das für einer?«

Duffy ging in den Schrank und schaute scharf hin. »Ein Laufknoten, glaube ich. Ja, guter Knoten. Warum?«

»Sieht mir aus, als wäre das feste Ende der Schlaufe hier auf der rechten Seite des Mannes und das bewegliche auf seiner linken.«

»Stimmt genau.«

»Aber ein Rechtshänder würde das bewegliche Ende in der rechten Hand halten.«

Duffy schloß die Augen und zog an einer imaginären Schlinge.

»Okay, also war das arme Schwein ein Linkshänder.«

»Glaube ich nicht. Guck doch, seine Uhr trägt er links... Oder guck vielleicht besser nicht.«

Duffy guckte vorsorglich doch. »Jetzt weiß ich, wo ich diesen Brad Rutledge gesehen habe. Er war letzte Woche im Fernsehen und quakte da was über Glücksspiele im Casino.«

Washington drehte sich um. »Spielen? Dafür oder dagegen?«

»Dafür, ganz klar. Wenn's nach ihm ginge, würde New Orleans ohne ein Casino ganz schnell im Golf versinken.«

»Das ist also die Verbindung.«

»Was?«

Der Lieutenant ging durch das Wohnzimmer, vorbei an den zwei uniformierten Streifen und dem schnatternden lateinamerikanischen Mädchen, das nur reingeschaut hatte, um Sachen für die Reinigung abzuholen, und etwas fand, das sie nie erwartet hatte.

Die Fensterflügel, die vom Boden bis zur Decke reichten, erlaubten ihm einen großzügigen Blick über den neunhunderter Block der Dauphine Street, eine üblicherweise ruhige Wohnstraße, weil die lauteren Bars und Jazzclubs auf der Bourbon Street, einen Block weiter, sind. Aber da Sonntag war, schwärmten die Touristen selbst bis dorthin aus, in ihren Andenken-T-Shirts rumtanzend und singend.

Er wandte sich zum Schlafzimmer. »Duffy, du bist doch hier in der Gegend aufgewachsen. Sag mal, gehört dieses Haus nicht den Sinclairs?«

»Dieses hier und vielleicht sieben weitere in der Gegend. Warum?«

»Weil wir damit bereits einen Hinweis haben.«

»Ich bin leider blöde, Boß. Was für einen Hinweis?«

»Matt Sinclair.«

»Was soll denn die Tucke damit zu tun haben?« Der Streifenpolizist warf einen letzten Blick auf die physische Evidenz und pfiff leise. »Ich kann's immer noch nicht fassen. Dieser Typ hat den größten Ständer, den ich je gesehen habe.«

»Ach, halt's Maul, Duffy. Er hat doch nichts davon.«

ERSTES KAPITEL

Sonntag, 5. März

Als ich mitten auf dem Jackson Square mit dröhnenden Kopfschmerzen und umgeben von einer Schar mitleidiger Gesichter aufwachte, wußte ich, daß es wieder passiert war.

Scheiße!

Eins der Gesichter, das einer drallen Schwarzen, kam näher als die anderen, als müsse es über mich wachen.

»Versuchen Sie nicht, sich zu bewegen.«

Ich nahm gar nicht an, daß ich es gekonnt hätte, aber aus Stolz fühlte ich mich bemüßigt, es zumindest zu versuchen.

Sie drehte sich zu den Tuschlern und Gaffern herum.

»Sie können alle gehen. Sie sehen ja, es geht ihm wieder gut.«

Und die Menge gehorchte, murmelnd kehrte jeder in seinen Alltag zurück und drehte sich nur kurz um. Die Ausstellung war geschlossen.

Die Frau reichte mir einen kräftigen Arm, um mir in eine sitzende Haltung zu helfen.

»Tut mir leid, daß ich keine Münze hatte.«

»Münze? Wozu?«

»Ist ja egal«, beruhigte sie mich. »Haben Sie oft Anfälle?«

»Häufiger, als mir lieb ist.«

Sie lächelte und streckte jetzt ihre Hand aus. »Ich heiße Lilly Coleman. Ich arbeite am Charity.«

Ich nahm sie dankbar. »Matt Sinclair. Und ich bin froh, daß ein Profi zur Stelle war.«

»Das sollten Sie auch. Von den anderen hatte niemand auch nur eine Ahnung, was los war.«

»Nette Leute, aber schlecht informiert, nicht? Ich wette, eine der braven Seelen wollte auch einen Krankenwagen rufen.«

»Dafür gab es sogar drei Freiwillige.«

»Und einer dieser Menschenfreunde hat versucht, mir einen Kamm zwischen die Zähne zu rammen und mir meine vollkommen heilen Schneidezähne kaputt zu machen.«

»Diesmal hatten sie einen Eisstiel. Übrigens hatten Sie den Kopf ganz nach hinten gebeugt, und ich wußte, daß Sie sich nicht auf die Zunge beißen konnten. Also habe ich denen gesagt, sie sollen Platz machen und Sie in Ruhe lassen. Dann habe ich Sie im Auge behalten, um sicherzugehen, daß Sie weiteratmen.«

»Wofür ich immer in Ihrer Schuld stehen werde. Wie lange war ich weg?«

»Fünf Minuten. Wenn es länger als zehn gedauert hätte, hätte ich einen Krankenwagen gerufen.« Sie tippte auf ihre Armbanduhr. »Es war ohnehin seltsam, Matt. Sie sind mir überhaupt erst aufgefallen, weil Sie durch den Park auf den Fluß zu gerannt kamen, als ob es um Leben und Tod ginge. Dann zuckten sie zurück und fielen hin.«

Wohin wollte ich in solcher Eile? Ich wollte... Brad Rutledge treffen? Der Name kam in mein wirres Hirn. Nein, Robin. Mit ihm wollte ich im *George D.* zu Mittag essen. Er würde schon warten. Warum sollte ich zum Fluß gerannt sein? Das Restaurant lag in der anderen Richtung.

Nach einem Anfall habe ich immer einen Filmriß, und was unmittelbar vorher passiert, ist weg. Ich langte in mein Portemonnaie, um ihr meine Visitenkarte zu geben. »Wenn ich nicht gerade Bürgersteige verunziere, habe ich einen Möbelladen.«

Mrs. Coleman beäugte die Karte auf Armeslänge, während ich nach einem Stift kramte.

»*New Traditions*? Das ist ein guter Laden, aber ich könnte mir's nicht leisten, da einzukaufen.«

»Jetzt können Sie.« Ich nahm die Karte wieder und schrieb in winziger Druckschrift darauf: »Lilly Coleman – 40 Prozent Rabatt auf alles, was sie will, Matt«, und gab sie ihr zurück.

»Oh nein. So etwas kann ich nicht annehmen.«

Ich drückte sie ihr fest in die Hand. »Ich bitte Sie. Sie haben mir eine sehr teure und demütigende Fahrt im Krankenwagen erspart.«

Als ich endlich an unserem gewohnten Tisch im *George D.* ankam, war Robin schon bei seiner zweiten Portion flambierter Bananen. Die neueste Nummer von *Impact* stand gegen die Zuckerdose gelehnt, aufgeschlagen bei diesen speziellen Kleinanzeigen. Er winkte kokett. »Hör dir mal diese Kontaktanzeige an, Matty. Hier steht: ›Strenger Meister sucht nackten Sklaven. Muß intensive psychologische Hingabe mit kriechendem Masochismus bringen. Hundehalsband-trainiert, Ledersklaverei, Domestikenarbeit nackt‹. Ist das nicht phantastisch?«

»Super. Gibt der ›strenge Meister‹ eine Adresse an? Vielleicht kann ich nach dem Dessert mal rüberhuschen. Gib mir die Speisekarte.«

»Du nimmst das nicht ernst genug. Soll ich dir das über den ›heißen erhängten Bodybuilder‹ vorlesen?«

»Nein, das sollst du nicht.«

Ich brauchte die Speisekarte eigentlich gar nicht. Ich bestellte sonntags immer dasselbe, und der Kellner kam schon mit der Bloody Mary angerauscht, während mein Tischgenosse die Zeitung vor der Nase behielt und weiterschnatterte.

»Hier gibt's: ›Schwuler Weißer, 1,70, 60 kg, blaue Augen, Schnauzer, sucht ähnlichen Mann als Wichspartner‹.«

»Warum kauft er sich nicht einfach einen Spiegel? Halt die Klappe und gib mir was von deinem Kaffee ab.«

Vorwurfsvoll schüttelte er seinen Löffel.

»Wir waren um Punkt eins verabredet, Matty.«

»Unvermeidliche Verspätung. Ich hatte auf dem Jackson Square einen Anfall.«

»Tss, tss. Am Brunnen?«

»Hmm. Ja.«

»Am Brunnen ist besser. Keine Grasflecke. Du mußt komisch ausgesehen haben.«

»Zum Schreien.«

Der anbetungswürdige, wiewohl dickfellige Robin war seit acht Monaten mein Hausgenosse, und in der ganzen Zeit hat er nichts auch nur halbwegs Vernünftiges geäußert. Aber er hat große braune Augen, weiche Goldlocken und eine Energie und Begeisterungsfähigkeit, die man nur bei neunzehnjährigen Luftikussen findet.

Und er kann besser blasen als der Rest der gesamten Christenheit.

»Ha!« Es fiel ihm gerade ein. »Du hast jahrelang keine Anfälle mehr gehabt. Warum denn jetzt?«

»Keine Ahnung. Habe ich meine Medizin gestern abend nicht genommen?«

»Klar doch, als ›Der notorische Lügner‹ im Fernsehen lief. Na ja, du bist ja rechtzeitig hier, um zu zahlen, also macht es ja nichts.«

»Natürlich macht es was. Ich muß wissen, warum es passiert ist.«

»Warum? Du hast Epilepsie. Na und?«

»Also kann ich so lange nicht Auto fahren, wie ich nicht sicher bin, daß es nicht wieder passiert.«

Dieser Gedanke bewegte ihn, den Löffel niederzulegen. »Mann, das stimmt. Stell dir mal vor, du bretterst gerade mit hundert Stundenkilometer die I-10 runter und plötzlich hast du 'nen Ausfall.«

»Genau.«

»Dabei könntest du den Mercedes zu Schrott fahren. Und deine Versicherung würde doppelt so teuer.«

»Nein, das nun nicht.« Na gut, er ist eben dumm. Wir haben alle unsere Webfehler. »Egal, was soll's. Ich bin höchstens zehn Minuten zu spät gekommen.«

»Machst du Witze?« Robin zeigte mir seine Uhr. »Es ist schon nach zwei. Ich dachte, du würdest mich hier vor allen Leuten sitzenlassen. Erst habe ich versucht, es zu überspielen, und habe mich durch die ganze Speisekarte gefressen, aber dann ...«

Während er über seine mädchenhaften Verlegenheiten hinwegschnatterte, versuchte ich die Ereignisse des Nachmittags zu rekonstruieren. Wo war ich zwischen eins und zwei gewesen? Warum hatte ich es so eilig, als Mrs. Coleman mich sah? Und warum war ich in die falsche Richtung unterwegs?

Brad Rutledge. Warum tauchte dieser Name immer wieder auf?

Ich wurde aus meiner Grübelei gerissen, als der Besitzer, George D. persönlich, mit der Kaffeekanne heranwieselte. Er schenkte mir eine Tasse ein und füllte Robins nach. »Tag, Matty. Wie gefällt dir der neue Eingang?«

»Die Sachen, die du bei mir gekauft hast, gut.«

»Sei nicht eklig. Ich habe ein gutes Auge für Dekoration. Guck dich mal um.« Die eine absichtsvoll gehobene Schulter sollte seinen Stolz auf die gutaussehenden, muskulösen jungen Angestellten andeuten, die mit Tabletts und Speisekarten herumeilten.

»Keine Frage«, stimmte ich aus voller Brust zu. »Du hast ein unbestechliches Auge für männliche Schönheit.«

»Und sie sind alle getestet, jeder einzelne.« George D. schwenkte seine Kanne einmal ganz herum. »Ehe hier jemand arbeitet, muß er auf AIDS getestet sein und ein sauberes Gesundheitszeugnis haben.«

»Wozu? AIDS kriegt man nicht beim Umgang mit Lebensmitteln.«

»Weiß ich. Aber meine Kellner vögeln auch immer mit mir.« Er lud sich zu uns ein, zog sich einen Stuhl heran und zeigte sein linkes Revers vor, auf dem eine goldene Sicherheitsnadel prangte. »Siehst du hier? Wo ist deine?«

»Meine was?«

»Das ist der letzte Schrei, Liebes. Die Sicherheitsnadel hilft mir gegen all die schrecklichen Krankheiten, die so rumfliegen.«

»Tatsächlich? Ich würde gerne sehen, wie es funktioniert.«

»Es funktioniert einfach dadurch, daß ich sie am Revers trage. Und wenn ich auf die Piste gehe, durch die Bars und Saunas, dann sehen alle Tucken und wissen, daß ich nur Safe Sex will.«

Er merkte nicht, wie albern das klang, deshalb versuchte ich auch nicht, es ihm zu sagen. Ich persönlich trage einen Präser in der Brieftasche wie ein Pennäler.

Er butterte das letzte von Robins Croissants und machte dem Kellner ein Zeichen, mehr zu bringen.

»Matty, wo du schon da bist, laß uns doch mal Tacheles über das Glücksspiel-Gesetz reden. Ich muß dir sagen, daß ich ganz dafür bin, in der Gegend von New Orleans ein Casino zu bauen.«

»Das ist aber schade, George. Ich bekämpfe es mit Klauen und Zähnen.«

»Weiß ich doch. Das ganze alte Geld in der Stadt hat sich dagegen zusammengetan, und du bist der Rädelsführer.«

»Falsch. Mein Name kommt nur immer in die Zeitung, weil ich

die rechtliche Seite bearbeite. Wenn es überhaupt einen Anführer gibt, dann ist es Edwina Devon.«

»Um Edwina Devon mache ich mir keine Sorgen. Ein Typ von uns arbeitet an ihr. Kennst du Bill Oakes?«

»Würde ich gerne, aber ich hatte nie das exquisite Vergnügen.«

»Er ist jedenfalls Brad Rutledges Partner.«

Da war der Name wieder.

Ich sagte: »Bill Oakes ist jetzt Immobilienunternehmer. Aber früher war er Verteidiger bei den New Orleans Saints.«

»Du meinst wohl für die ›New Orleans Potatoes‹. Diese Mannschaft ist ja immer im Keller.« George verzog das Gesicht. »Ich bin sicher, daß Bill diese Zeit gern vergessen würde. Jedenfalls ist er gerade dabei, aus dem Casinokomplex die größte Attraktion des ganzen Südens zu machen.«

Der Kellner brachte unsere Croissants, und George schuf Platz für sie. »Wenn bloß du nicht alles aufhalten würdest. Du und dein verdammtes As im Ärmel.«

»Es geht darum, was für unsere Stadt das beste ist. Deine und meine.«

»Ach ja? Dann hör dir mal ein paar vernünftige Argumente an.« Mit einem Wurstfinger wurde die Zuckerdose herumgeschubst. »Unsere Stadt, deine und meine, hat eine Arbeitslosenquote von 13 Prozent. Es ist nicht genug Geld in der Staatskasse, um die Stadt zu verwalten, und wir sind schon bei neun Prozent Umsatzsteuer, die höchste im Lande.«

»Ganz abgesehen davon, die ungerechteste. Weil die Armen alles, was sie verdienen, ausgeben müssen, tragen sie die größte Last.«

»Und es wird noch schlimmer, weil der größte Steuerzahler, die Ölindustrie, völlig vor die Hunde gegangen ist. Wir brauchen das Casino.«

»Dieselben Argumente habe ich gehört, als es um die Weltausstellung ging. Wieviele Millionen hat dieses Debakel den Steuerzahler gekostet?«

Er räusperte sich und versuchte es noch mal andersrum.

»Du bist ein Sinclair. Deshalb kannst du nicht verstehen, wie das für so arme Schweine ist, die arbeiten gehen müssen.«

»Halt mal die Luft an, George. Ich habe mir meinen Lebensunterhalt selbst verdient, seit ich siebzehn war.«

»Aber du brauchtest es nie, das ist der Unterschied.«

»Ich sag dir was, George«. Ich zog die Kappe von meinem Füllhalter. »Ich werde persönlich was von meinem alten Geld in ein Flugticket für dich investieren.«

»Für mich?«

»Hin- und Rückflug nach Atlantic City. Da sprich mal mit einigen der Gastwirte. Vor zehn Jahren haben diese armen Würstchen genauso vehement wie du für die Casinos geredet.«

»Ach ja? Und sie haben sogar welche bekommen.«

»Aber ihr Geschäft hat sich nicht belebt. Weil die Casinohotels nicht wollen, daß ihre Gäste das Gelände verlassen. Also bieten sie Restaurantessen billiger an, als du es kannst – und jedes andere Produkt und jede andere Dienstleistung dazu. Die Parteitagsdelegierten, die früher auf der Bourbon Street rumhurten, werden dann nicht mal mehr ihr Hotel von außen sehen.«

George tat einen langen Seufzer. »Ich muß mir das alles noch mal in Ruhe überlegen ... Und du würdest mir wirklich das Flugticket zahlen?«

Ich zog mein Scheckbuch heraus. »Ruf *Delta* an und buche einen Flug.«

»Ich könnte mich vielleicht einen Tag freimachen, um der Sache auf den Grund zu gehen. Und um ein bißchen zu spielen.«

Genau da schob sich Les Bordon, die schlimmste Klatschbase der Stadt, durch die Tür. Als er mich an meinem üblichen Tisch sah, beschleunigte er seinen damenhaften Gang und stürzte sich auf uns.

»Matt. Gottogott, es ist was Schreckliches passiert. Die Polizei hat gerade Brad Rudledges Leiche gefunden!«

»Tot?« fragte Robin naiv.

»Klar, tot! Er hat sich in seinem eigenen Schrank erhängt. Einen Strick um den Hals, auf einen Hocker gestiegen und den weggestoßen. Er sah grauenhaft aus!«

»Ist ja furchtbar«, bemerkte ich und schrieb eine Notiz in den Quittungsteil meines Whitney-Terminplaners.

Meine Nicht-Reaktion schien ihn stärker anzugreifen als die eigentliche Nachricht.
»Schockiert dich das nicht?«
»Überhaupt nicht. Ich habe mir nie viel aus Brad gemacht, schon als Jurastudent nicht. Ich habe ihn seit Monaten nicht mehr gesehen.«
»Den Teufel hast du!« rief Les schrill. »Erst heute morgen habe ich doch gesehen, wie du dich mit dem Mann an der Ecke Royal- und Dumaine Street in einer hitzigen Auseinandersetzung befandest. Er hielt dir ein paar Papiere unter die Nase, und mein Gott, du hast geguckt, als wolltest du ihn erwürgen!«

Dr. Nicolas Wright, der Internist, der den meisten Schwulen in meinem Bekanntenkreis als »Gynäkologe« dient, hat seine Praxis weit draußen am See. Aber weil meine Epilepsie dauerhaft und nicht zu heilen ist und er nichts weiter für mich tun kann, als das Rezept zu erneuern, suche ich ihn nur zweimal pro Jahr auf.
Nick hat sonntags keine Sprechstunde, also gehörte der Nachmittag mir, als ich mich direkt zu seiner Wohnung in Gentilly aufmachte. Ich erklomm den sanften Hügel seines gutgetrimmten Vorgartenrasens und schlug den Türklopfer aus Messing (Ring durch Löwennase) lauter als ziemlich.
Hastige Geräusche kamen von innen, dann hörte man, wie das Guckloch freigemacht wurde, bevor schließlich Nicks langjähriger Lebensgefährte, der sehr kultivierte Sammie McKenna, die Tür öffnete.
»Oh hallo, Matty. Du kommst gerade recht zum Essen. Ich werfe noch ein Steak rein.«
Ich folgte seinem Armani-bekleideten Rücken ins makellose Wohnzimmer, das üppig im französischen Kolonialstil eingerichtet war. Ich wußte, daß Sam die gesamte Hausarbeit machte und fragte mich, ob ich nicht mal Robin mitschleifen sollte, damit er was über häusliche Verpflichtungen lernte.
Sam war nicht nur Nicks Haushälter und Lebensgefährte, sondern auch sein Adoptivsohn. Dieser staatsbürgerliche Zaubertrick ist für die meisten Schwulen die einzige Möglichkeit, um bei Versiche-

rungen und in Erbschaftsdingen eine legale Bindung vorweisen zu können. Als gelegentlich praktizierender Anwalt und als Ladenbesitzer habe ich mehrere solcher Ersatz-Heirats-Anträge für schwule Paare formuliert.

»Danke, Sam. Aber eigentlich ist es ein Geschäftsbesuch.«

»Macht doch nichts. Der Doktor ist da.« Da kam der Hausherr aus der Küche, um mich zu begrüßen, nur mit Shorts bekleidet, die seine Manneskraft betonten. Nick ist der Kerl und braucht nicht gut auszusehen.

»Nick, mit mir stimmt was nicht.«

»Schon immer, Matty. Komm ins Büro.«

Das private Arbeitszimmer meines Internisten ist ein heller achtekkiger Raum mit Fenstern nach Süden, Norden und Osten. Sam hat es im »Frontarzt-Stil« eingerichtet, mit hohen Eichenregalen, rustikalem Schreibtisch und Stühlen und einer Gewehrhalterung über dem Kamin.

Der Erbe von Hippocrates und anderen Modeärzten lehnte sich in seinem Drehstuhl zurück. »Also, was gibt's?«

»Ich hatte gerade einen Anfall.«

Er blieb ganz professionell unerschüttert und klopfte mit seinem silbernen Füllhalter auf die Glasplatte des Schreibtisches.

»Das ist komisch. Wo?«

»Sehr komisch. Regelrecht in der Mitte des Jackson Square, wo jeder Arsch mit Frau sein Eis am Stiel lutschen und die Vorstellung genießen konnte.

»Hast du dich verletzt?«

»Nein, es war herrlich.«

Nick musterte mich kurz und abwesend und zuckte die Schulter.

»Solange du nicht gerade Auto fährst... oder mit schwerem Gerät arbeitest. Hast deine Medikamente nicht genommen, was?«

»Doch, immer. Ich nehme es regelmäßig jeden Abend zusammen mit der Zahnpasta.«

»Ja. Na, du mußt eben ein bestimmtes Quantum Phenobarbital in deinem Körper halten.«

»Neunzig Milligramm pro Tag. Genau, was der Zauberdoktor angeordnet hat.«

»Das sollte für einen Mann in deiner Größe reichen. Wir wollen dich nicht süchtig machen.« Er langte nach seinem Block Rezeptvordrucke mit dem Äskulapstab oben rechts. »Also, wir machen mal mit derselben Dosis weiter. Aber wenn das noch mal passiert, müssen wir überlegen, ob wir sie nicht erhöhen. Auch das Dilantin. Nimm die zweihundert Milligramm täglich weiter.«
Ich saß auf seiner Ledercouch. Echtes Leder, natürlich. Ich roch es.
»Es gibt da noch ein Problem, Nick. Ich kann mich nicht mehr erinnern, was unmittelbar vor meinem Sturz passiert ist.«
Nick kritzelte etwas auf zwei Formulare, in sehr steiler Schrift, weil er Linkshänder ist.
»Klar. Ein bißchen Amnesie, das läßt sich nicht vermeiden.«
»Ich weiß, aber es sieht so aus, als hätte ich einen Filmriß von einer ganzen Stunde, ich muß mich unbedingt wieder erinnern.«
»Das meiste wird langsam wiederkommen. Aber die paar Minuten unmittelbar vor dem Fall nicht. Diese Gehirnzellen hat die elektrische Aktivität in deinem Kopf blockiert.«
»Das letzte, woran ich mich erinnere, ist, wie ich den Laden verlassen habe, um mich mit Robin zum Essen zu treffen. Da muß es viertel vor eins gewesen sein. Und danach wachte ich auf dem Jackson Square auf, war in die falsche Richtung gegangen, war eine Stunde zu spät zum Essen – und dachte an Brad Rutledge.«
Nick schaute scharf auf. »Den armen Brad? Ich hab's gerade im Radio gehört.«
»Schlechte Nachrichten machen schnell die Runde.«
»Er war Patient bei mir. Außerdem habe ich in seine Baufirma ein Vermögen hineingesteckt. Daß er sich umgebracht hat, verstehe ich als einen miesen Trick, und ich nehme es persönlich.«
»Du kennst Brad. Gerissen und heimtückisch selbst am Schluß.«
»Hast du ihn noch gesehen, bevor er es getan hat?«
»Wer weiß? Alles, was ich noch weiß, ist sein Name und die Tatsache, daß ich noch was Wichtiges mit ihm vorhatte.«
»In dem Fall schlage ich vor, daß du mögliche Zeugen fragst, um deine Lücken aufzufüllen. Übrigens, fahr nicht Auto, solange wir diese Sache nicht wieder unter Kontrolle haben.«
»Ich denke nicht im Traum daran. Robin hat mich hergefahren.«

»Robin? Dem Jungen würde ich noch nicht mal zutrauen, einen Rasenmäher über den Golfplatz im City Park zu schieben. Aber es ist ja dein Hals.«

ZWEITES KAPITEL

Montagmorgen, 6. März

Sigrid drehte das Staubtuch mehrmals hin und her, als ob sie seinen Verwendungszweck herausfinden wollte, bevor sie es behutsam an einer Stuhllehne ausprobierte. Dann trat sie einen Schritt zurück, um die Wirkung zu begutachten. Groß war die nicht.

Ich habe dieses Haus im Queen-Anne-Stil an der Esplanade Street 1974 gekauft. Im ersten und zweiten Stock wohnen Mieter, so daß Robin und ich uns nur ums Parterre zu kümmern haben. Dennoch habe ich über die Jahre Dutzende von Putzfrauen erleben müssen. Leider haben die meisten unserer Raumpflegerinnen mehr Zeit damit verbracht, am Küchentisch Revolverblätter zu wälzen, als mit ihrer Hände Arbeit ehrliches Geld zu verdienen.

Sigrid Wilson könnte allerdings gut die schlimmste in dieser ohnehin schlechten Gesellschaft sein. Ich habe Robin aufgetragen, sich um sie zu kümmern, damit er sich vielleicht einige organisatorische Fertigkeiten angewöhnt. Weil er aber ein typisch liberaler Yankee ist, betrachtet er es als unmoralisch, einer Bediensteten Anweisungen zu geben, und für ihn grenzt es schon an Rassismus, wenn diese auch noch schwarz ist.

Daher schaute er während dieses Frühstücks nicht ein einziges Mal von seiner *Times-Picayune* auf.

»Guck mal, Matty, der Audubon Zoo will seinen Grizzly schwängern lassen.«

»Ich bin schon ausgebucht diese Woche.«

»Sie schießen mit einem Beruhigungsmittel auf den Bären, damit sie ihn über den See kriegen. Dein Freund Cowboy Eisenhardt soll den Akt überwachen.«

»Cowboy ist ein geborener Cupido.«

Robin verschlang Pfannkuchen, während er las, ungefähr eintausend Kalorien insgesamt. Die Elfe. »Und hier, das ist interessant. Sie haben schon wieder den Sheriff festgenommen, weil er betrunken gefahren ist.«

»Das ist nichts Neues.« Vor mir standen eine halbe Grapefruit und ein Schälchen Frühstücksflocken, nicht mehr als 300 Kalorien.

»Okay, hier ist was anderes. Sie suchen Geschworene für den Prozeß des Governors.«

»Was ist bei dem Zirkus der letzte Stand? Gestern hat Governor Crowley Widerspruch erhoben, weil sie die Analphabeten aussortiert haben.«

Robin faltete die Zeitung auf Seite drei. »Ich weiß noch, wie er den Reportern erzählte: ›Man muß nicht lesen können, um zu merken, wenn jemand unschuldig ist‹.«

»Aber es hilft, um rauszufinden, daß er schuldig ist.«

»Bisher haben sie eine repräsentative Auswahl. Ein Geschworener schlägt seine Frau; ein anderer hat zufällig seinen besten Freund getötet. Und dann haben sie zur Sicherheit noch einen Ladendieb dabei.«

»Und was hat der Governor zu dieser Melange gesagt?«

»Eine Jury nach meiner Wahl.«

»Das glaub ich. Er sollte seine Cajun Witze besser für sich behalten. Ein Spielverderber könnte auf den Gedanken kommen, ihn nach seinem Spiel-Geld zu fragen.«

»Ooh«, Robin fuhr in seinem Stuhl zurück, als hätte ihn jemand geschlagen. »*Dein* Name ist hier in Bettys Kolummne!«

»Ich möchte lieber nicht wissen, was drinsteht.«

»Aber es ist fantastisch! Matty Sinclair, ausgesprochen begehrter Junggeselle, sah man der Schönheit Edwina Devon den Hof machen. Gibt es im Juni eine Hochzeit?«

»Heh, wart mal!«, Robin kreischte das raus wie ein aufgescheuchter Papagei. »Was zum Geier meint sie mit Juni Hochzeit?«

»Betty weiß es besser.«

»Aber sie schreibt über dich, als wärst du hetero!«

»Weil reiche, gutaussehende Junggesellen nicht gut für die Auflage sind, wenn sie schwul sind.« Ich schenkte mir eine Tasse hervorra-

genden Kaffees ein. »Ich könnte alle Stürmer der Saints zur Halbzeit im Superdome beglücken, und Betty und ihresgleichen würden immer noch davon schwärmen, wie ›heiratsfähig‹ ich sei.«
Er benutzte die Gelegenheit trotzdem zum Schmollen. »In letzter Zeit hast du dich ganz schön oft mit dieser Tante getroffen.«
»Nur im Interesse des Gemeinwohls. Wir arbeiten doch zusammen gegen den Casino-Gesetzentwurf.« Mein Kaffee war zu heiß. Ich trank ihn trotzdem. »Natürlich ist Edwina klug, schön und eine bezaubernde Tennispartnerin, aber bei ihr hätte ich sowieso keine Chance. Sie geht mit einem bombastischen Ex-Footballer namens Billy Oakes.«
Robin reckte sein Kinn hoch. »Ach wirklich? Zufällig weiß ich, daß Bill für das Gegenteil eures Gemeinwohls arbeitet. Er will das Casino.«
»Jetzt schon. Aber Edwina bearbeitet ihn.«
»Oh, verstehe. Sie ist eine Agentin.«
»Eine Saboteurin.«
Robin schluckte den Rest der Pfannkuchen hinunter und tupfte sich die Lippen mit der Serviette. »Das war gut. Die zweite Portion wird noch besser.« Er zog sich in die Küche zurück, um seinen ewigen Koch-Eß-Kreislauf erneut zu beginnen.
Sigrid zog den Staubsauger heran und schaffte es, das Gebläse einzuschalten, und damit den Staub übers ganze Wohnzimmer zu pusten. Ich sprang vom Tisch auf, um ihr das Gerät aus der Hand zu winden.
»Tut mir leid, Mister Matt. Ich weiß ja nie, wo ich meinen Kopf habe.«
»Such nicht so lange danach.«
»Ach, ich reg' mich so auf.«
»Du willst doch, daß das Ding den Schmutz aufsaugt und nicht, daß er verstreut wird. Der Schalter geht so rum.«
»Wissen Sie was? Meine Nachbarin hat das Sozialamt angerufen und denen gesagt, daß ich arbeiten gehe. Nur um mir eins auszuwischen.«
»Und dabei stimmt's noch nicht mal.« Ich nahm den Weg des geringsten Widerstands und saugte die Schweinerei selber weg.

Sigrid war immerhin so nett zuzuschauen, ohne auf den Schlauch zu treten.
»Mein Sozialarbeiter kommt vorbei und ›guckt nach dem Rechten‹ und macht nur Ärger. Ich bete zu Gott, daß sie nicht rausfinden, wieviel ich verdiene, und dann noch wollen, daß ich ihnen meine Lebensmittelcoupons zurückzahle.«
»Deswegen betest du?«
»Ich weiß. Er hilft mir.«
Ich zog einen Stuhl beiseite, um dahinter zu saugen, und stellte mir vor, wie der Herr des Universums seine unermeßlichen Kräfte zum Handlanger einer Lebensmittelcouponbetrügerin macht.
»Sie wissen ja gar nicht, wie schwer alles sein kann, Mr. Matt. Willie, der will 'n Goldzahn zum Geburtstag. Er wird dreizehn. Und der Zahnarzt sagt mir, das kostet hundertfünfzig Dollar. Ich weiß nicht, wie ich das hinkriegen soll.«
»Manchmal muß man eben auf einigen Luxus verzichten.«
»Aber Willie versteht das nicht, weil William hat einen.«
Sie nannte ihre beiden ältesten Söhne William und Willie. Zuerst hatte ich angenommen, daß sie es für den Fall gemacht hatte, daß ein Will bei seinen Amtsgeschäften abhanden käme – etwa beim Überfall auf eine Tankstelle. Damit sie dann immer noch einen übrig hätte.
Aber es gab einen anderen Grund für die Verdopplung.
Wie andere aus ihrer sozialen Schicht war Sigrid niemals in der Lage gewesen, ihre Kinder mit dem Nachnamen eines Vaters zu versorgen. Also nimmt sie die Vornamen. Und die Erzeuger ihrer ältesten beiden Mißgeburten waren zwei Vagabunden namens William. Den Töchtern wurden typischerweise Taufnamen zugedacht, die überhaupt nicht christlich sind, sondern in sanft heidnischen Tönen wie Latasha, Kaneesha und Seleesha exotische Orte und tropische Leidenschaften assoziieren, wunderbare Namen, die den einzigen Reichtum ausmachen, der einer Frau von Sigrids Klasse zugänglich ist.
Ich glaube, sie ist schon wieder schwanger, aber vielleicht hat sie es noch nicht gemerkt. Der stolze Vater würde ein gewisser Lewis Wofford sein, von dessen Anwesenheit man nur durch die Rap-

Fassung von »Gilligan's Island« erfährt, das aus seinem Ghettoblaster dröhnt, wenn er vor der Tür auf sie wartet. Solche wie ihn lasse ich nicht in mein Haus oder auch nur diesseits des Eisentors.

»Ich habe Travis' Vater letzte Woche getroffen.«

Travis ist ihr dritter oder vierter. Auch er hat Hausverbot, weil der Junge durch eine tägliche Überdosis Zucker und Salz hyperaktiv ist und am liebsten Vorhänge runterreißt.

»Halleluja. Ich dachte, Travis' Vater sei verschwunden.« Ich reichte ihr den Besen. Was konnte sie schon mit einem Besen anrichten?

»Oh nein, wir sehen uns ständig. Er verteilt den Käse von der Fürsorge, und beim Anstehen sehe ich ihn immer.«

»Es lohnt sich eben, Beziehungen zu haben.« Ich zeigte ihr die Kehrschaufel und deutete auf einen leichten Staubfilm, den sie in der Diele hinterlassen hatte. »Versuch's mal damit.«

Sigrid ist stolze Mutter von sechs Kindern, die tagsüber die Schule schwänzen und abends die Straße unsicher machen. Sie haben zusammen sechs verschiedene Väter, von denen einer lebenslänglich plus neunundneunzig Jahre in Leavenworth absitzt. Und seltsamerweise ist dieser arme Schlucker in seinem Knast der einzige, der sich entfernt wie ein Vater benimmt. Innis macht in der Gefängniswerkstatt Puppen und schickt sie zu Weihnachten.

Ein anderes von Sigrids wenig Glück bringenden Gebeten ist, daß der arme Innis aus dem Gefängnis entlassen wird. Sie sollte lieber versuchen, die anderen fünf reinzukriegen.

»Da ist jemand an der Vordertür«, sagte ich zu ihrem gutgepolsterten Hinterteil.

»Hab keine Klingel gehört.«

»Ich hatte Sehhilfe.« Ich zeigte auf meinen Boxer, Blanche, die mit aufgerichteten Ohren und heftig wackelndem Schwanz in der Diele stand.

»Muß 'n Weißer sein. Sie bellt gar nicht.«

Unser Besuch, Lieutenant Frank Washington, entspricht dieser Beschreibung nicht gerade, aber er liebt Hunde wie ein Weißer und sie spüren das. Beim Reinkommen blieb er bei Blanche stehen, um sie freundlich hinterm Ohr zu kraulen, und sie zog sich zufrieden auf ihre Decke zurück. Als Frank zu uns an den Tisch kam, schenkte ich ihm eine Tasse Kaffee ein, weil ich nicht so dumm bin, eine solche Aufgabe Sigrid zu überlassen.

»Allein dafür hat sich der Weg gelohnt.«

Er schlürfte vorsichtig, unter dem Dampf entlang. »Genau! Das könnte gut der beste Kaffee sein, den ich jemals gekostet habe!«

»Es ist eine Mischung aus guatemaltekischen und Antigua-Bohnen. Ich habe ihn gestern abend selbst geröstet und heute morgen gemahlen.«

»Die Frische merkt man. Ich werde diese Woche mit offenen Augen schlafen.«

Als Sigrid in die Küche geschlendert kam, um herauszufinden, wozu der Mop gut war, beobachtete er ihre müßigen Bemühungen über den Tassenrand.

»Meine Frau sucht eine Putzfrau. Wie macht sich deine Miß Wilson?«

»Ich wünschte, ich hätte zehn von ihrer Sorte.«

»Wirklich?«

»Klar doch. Zusammen würden sie vielleicht die Arbeit von einer normalen Person schaffen.«

»Hab' ich mir gedacht. Wozu behältst du sie? Eine Zierde ist sie ja eigentlich kaum.«

»Stimmt. Aber sie hat Kinder und braucht das Geld.«

»Ich glaube, du hast noch von dieser alten Südstaaten-Plantagenbesitzer-Mentalität her Komplexe, Master Matt. Du kommst dir vor wie der leutselige Sklavenhalter.«

»Das ist nicht fair.«

»Aber mit den neuen Gesetzen klappt es nicht, merkst du? Wenn Sigrid dir gehörte, könntest du die Schlampe schlagen und sie würde arbeiten. Aber wie die Zeiten nun mal sind, gehört sie dir nicht und du brauchst den fetten Arsch nicht auch noch durchzufüttern.«

»In einer Welt, wo nur die Tüchtigsten überleben, muß doch jemand sich für die Untüchtigen verantwortlich fühlen.«

»Vergeude deine Wohltätigkeit nicht an sie, Matty. Die Sorte kenne ich. Sie kriegt« – er senkte seine Stimme und sprach in den Kaffee – »eine Frau wie sie kriegt Sozialhilfe, Lebensmittelcoupons, Wohngeld, Strom und Gas und dies und das... Und glaub' bloß nicht, daß ihre Freunde nicht auch was dazulegen.«

»Das räume ich alles ein. Aber liegt das nicht alles an gesellschaftlicher Konditionierung? Sie weiß es einfach nicht besser.«

Was ich nicht sagte, war, daß ich mich für Sigrid besonders verantwortlich fühle, seit ich sie eines Samstagsabends vor drei Monaten vor weiterer Schändung und Demütigung bewahrt habe.

Es war schon fast zwei Uhr früh in Freeds Kunstgalerie in der St. Phillip Street. Nat Freed hatte mir freundlicherweise einige Bilder für meine Schaufensterdekoration geliehen, und ich war oben im ersten Stock, um die Aquarelle einzupacken. Die Galerieangestellten waren schon lange zu ihren verschiedenen Verabredungen und Parties verschwunden, und ich war daher allein und schlug Nägel in flache Kisten, als ich schwache Verzweiflungstöne von draußen hörte. Ich nahm den Hammer mit zum Fenster und schaute durch die Feuertreppe runter in die Gasse. Drei Schwarze waren dabei etwas zu sehen, das wie eine lüsterne Orgie mitten in Mülltonnen, Bergen von Austernschalen und stinkenden Krabbenköpfen aussah.

Im Mittelpunkt des Tableaus kniete eine Frau, deren schmuddlig gestreifter Pullover bis fast an ihren Hals hochgezogen war, was große Hängebrüste entblößte, die sich im schwachen Licht hoben und senkten. Auch ihr kurzer Rock war bis an die fetten Schenkel und Hüften hochgeschoben. Ein magerer junger Mann mit zottigem Afro-Haar kniete hinter ihr, um sich der ihm dargebotenen Gelegenheit zu bedienen. Gerade hatte er sein Glied herausgezogen und rammte es nun wieder in langsamen rhythmischen Bewegungen zwischen die wabernden Hinterbacken, so als lauschte er gerade einer von fern kommenden langsamen Blues-Nummer. Gleichzeitig hockte ein fragiler Junge im Schulalter vor der Frau, bewegte seine Zunge in ihrem schlaffen Mund und knetete ihre weichen braunen Brüste in genau dem Takt, den der Ältere vorgab.

Ich zog mich zurück, um sie ihrem Zeitvertreib zu überlassen, als ich im Schein der Straßenlaterne Stahl aufblitzen sah. Erst dann sah ich, daß der Mann hinter der Frau ein Messer mit einer dreißig Zentimeter langen Klinge gegen ihren Bauch hielt und es hin- und herbewegte, um mit der Spitze ihre Bewegungen lässig zu steuern.

Ich erkannte, daß dem Opfer der BH weggenommen und ihre Arme damit gefesselt worden waren und daß ihre Augen angstvoll hervortraten. Das leichte Wimmern, das ich gehört hatte, war das einzige Geräusch, das sie zu machen wagte, während der obszöne Tanz weiterging.

Ich hob versuchsweise meinen Hammer und fand ihn zu leicht und für meine Zwecke zu schlecht zum Zielen.

Die scharfe Seite des Messers, das der Vergewaltiger hatte, zeigte direkt auf den Bauch der Frau. Wenn er nicht ganz und gar außer Gefecht gesetzt würde, könnte er sie aus lauter Bosheit rasch noch aufschlitzen. Ich brauchte etwas Schweres und Sicheres.

Gebeugt rannte ich ins Zimmer und legte meine Hand auf ein angemesseneres Geschoß, eine Dreißig-Pfund-Kopie von Moores »Woman«, schlich mich hinaus auf die Feuertreppe, zielte gerade auf den dritten Wirbel des Messermanns und ließ sie fallen. Er brach mit einem dumpfen Grunzen zusammen, gegen sein Opfer, und stieß sie um, mitsamt seinem Gefolgsmann. Die Waffe klapperte auf das Pflaster, als ich die Stahltreppe hinunterpolterte und mich hammerschwingend in das Tohuwabohu warf.

»Okay, ihr Dreckschweine. Probiert's doch mal mit 'nem Mann!«

Ich schrie so laut, daß es jeder in der Gegend, der gewollt hätte, hören konnte. Es wollte natürlich niemand, und ich wußte, daß ich ganz allein dastand, aber dennoch hatte die Lautstärke aufstörende Wirkung.

Der jüngere Penner raffte sich unter dem Handgemenge empor und riß wie ein Besengter durch die St. Phillips Street aus. Der Vergewaltiger brauchte ein paar Sekunden, um sich zu sammeln, aber weil er auch nicht zu einem fairen Kampf aufgelegt war, gab er ebenfalls Fersengeld und eilte seinem Gefährten nach.

Die Frau schüttelte eine Faust und kreischte hinter ihnen her: »Ihr

Arschlöcher! Mein alter Lewis kriegt euch schon noch!« Zu mir gewandt, schüttelte sie den Kopf. »Das wird er, bestimmt. Keine Angst. Ich weiß, wo ihre Mama wohnt.«

Respektvoll zog ich ihr von hinten den Rock glatt, bevor ich mich an den Knoten im BH machte. »Ich könnte Sie zum Polizeirevier fahren.« Dieser Vorschlag blieb unkommentiert. Ich hatte ihn ohnehin nur der Form halber gemacht.

Sie schüttelte den BH aus, und schien ihn dann zu vergessen, weil sie nicht einmal versuchte, ihn wieder anzuziehen oder auch nur ihren Pullover herunterzuziehen.

»Danke, Mister. Das war echt gut. Geld kann ich Ihnen nicht geben, aber« – sie hob die fetten Arme – »ich kann's Ihnen so wiedergutmachen, wenn Sie wollen.«

Als ich merkte, was die arme Kreatur mir da anbot, war ich entsetzt. Hatte sie für einen Abend noch nicht genug Demütigung erlebt? Aber dann war ich gerührt darüber, daß sie annahm, der gebotene Preis hätte irgendeinen Wert.

»Nein!« sagte ich zu schnell, und stellte es dann richtig. »Ich bin schwul, wissen Sie. Ich gehe nur mit Männern.«

Sie guckte erstaunt. »Eine Tunte? Na ja. Sie können ja nichts dafür. Oder?«

»Stimmt genau. Kann ich nicht.«

»Pech.« Sie zog schließlich doch ihren Pullover runter und suchte dann nach ihrer Handtasche. Ich suchte auch und fand sie endlich gegen einen Müllsack gelehnt.

»Diese Nigger haben meine ganzen Lebensmittelcoupons genommen. Wie soll ich denn jetzt meine Kinder durchfüttern, Mister. Wie?«

Sie fragte mich in anklagendem Ton, als sei das mein Problem. Reflexhaft griff ich zu meiner Brieftasche.

»Hier sind zwanzig. Für ein paar Tage reicht das ja für Bohnen und Reis.«

Sie schaute gleichgültig drauf. »Das reicht nicht. Ich habe sechs.«

Und dann bot ich ihr den Putzjob an, den sie mit gutverborgener Dankbarkeit annahm.

Und jetzt sagte Washington: »Wenn du Leute wie Sigrid verpimperst, dann unterstützt du nur die allgemeine Kulturzerstörung.«
»Eigentlich sollten wir doch auch ein paar dieser altmodischen Werte überliefern – puritanische Arbeitsmoral und so.«
»Das schaffst du nie.«
»Möglich. Aber ich muß es probieren. Wie wär's mit Frühstück? Robin ist da drin und macht Pfannkuchen.«
Frank, der wie ich auf die Vierzig zugeht, wagte nicht zu sündigen. Traurig schüttelte er den Kopf und belohnte sich dann mit einem weiteren Löffel Zucker in seinem Kaffee.
Ich probierte es andersrum. »Ich weiß noch, als ich klein war, nahm meine Mutter immer ganz unverbildete Mädchen vom Lande auf, die noch nicht mal mit der Gabel umgehen konnten. Aber sie machte gute Zofen aus ihnen, mit Geduld und Ausdauer.«
»Tatsächlich? Na, vor dreißig Jahren war dein ›unverbildetes Mädchen vom Lande‹ wahrscheinlich sowieso ein anständiger Mensch. Es war der Rassismus, der ihre Familie in die Armut getrieben und ihr eine Schulbildung vorenthalten hatte, und sie sehnte sich danach, an sich zu arbeiten.« Er nahm einen großen Schluck, wahrscheinlich aus Koffeinsucht. »Aber jetzt gibt es Bildung und Chancen für alle, die wollen. Dein ›unverbildetes Mädchen‹ brauchte sich heute nicht damit zufriedenzugeben, Zofe zu sein. Sie wäre wahrscheinlich Werbechefin bei *Odeco*.«
»Du sprichst wie ein guter Republikaner.«
Frank hat die gleiche Hautfarbe wie Sigrid Wilson, aber weitere Gemeinsamkeiten würde er nicht beanspruchen. Einige seiner Vorfahren, »farbige Damen und Herren«, hatten vor dem Krieg Grundbesitz und Leute. Und sein Ur-Urgroßvater, Louis le Blanc, kämpfte auf Seiten der Konföderierten, weil er seine Sklaven nicht verlieren wollte. Ganz in der hochmütigen Familientradition war Franks Großvater mütterlicherseits, Marcel le Blanc, in den dreißiger Jahren die graue Eminenz des Autocrat Clubs, dessen Aufnahmeregeln die exklusivsten in New Orleans waren. Seine Mitglieder durften nicht dunkler sein als eine Papiertüte, und ein feinzinkiger

Kamm mußte durch ihr Haar gehen (hellhäutige Neger sind, was Farbe angeht, am strengsten).

Franks Mutter, Delphia, wurde von ihrer fabelhaften, zu einem Viertel schwarzen Familie enterbt, als sie gegen alle Konvention einen besitzlosen, sehr schwarzen Jazzpianisten heiratete, »Keys« Washington.

Ganz New Orleans weiß noch, wie Keys früher den Saal aufmischte, wenn im *809 Club* die Schwarzen auf der Bühne waren. (Das war vor 25 Jahren, als es noch nicht erlaubt war, daß Weiße und Schwarze zusammen auf einer Bühne auftraten.) Aber ein hervorragender Musiker in einer Stadt voller allerbester Musiker kann sich auch heute noch nicht seinen Lebensunterhalt verdienen. Und vor der Aufhebung der Rassentrennung war es noch schlimmer. Delphia war weißhäutig genug, um einen Job als Verkäuferin im *Maison Blanche* zu bekommen, aber viel Geld gab es bei den Washingtons nie. Also mußte Frank sich sein Studium verdienen und kann sich damit brüsten, ein Selfmademan zu sein. Es waren aber seine Eltern, die ihn gemacht haben. Blut ist eben dicker als Wasser.

Heute, im Zeitalter von Grace Jones, herrscht Heulen und Zähneknirschen bei den zarthäutigen Patriziern, deren Söhne und Töchter darauf bestehen, daß Black doch beautiful ist, und die dunkelhäutige Freunde und Liebhaber mit nach Hause schleppen, die noch vor ein paar Jahren nicht über die Schwelle gedurft hätten.

Frank trank seine Tasse aus und schob sie fort. »Aber egal. Ich bin ja nicht für ein Symposion über Soziologie gekommen.« Er zog ein Stück Wäscheleine aus der Manteltasche und hob es hoch. »Mir fiel ein, daß du früher als Pipeline-Monteur gearbeitet hast.«

»In den Sommerferien, als ich noch studierte.«

»Könntest du mir nicht einen... Knoten machen?«

»Mit Vergnügen.« Ich zog eine normale Schlinge um den feststehenden Teil und warf es ihm zurück.

Er zog anerkennend an der Schlinge.

»Ich kann keine Knoten.«

»Natürlich nicht.«

Auch das ist gewiß kulturell bedingt. Ich habe ansonsten kenntnisreiche Schwarze gesehen, wie sie eine Ladung für einen Krantransport zusammenschnüren wollten, und es wirkte wie eine Fingerübung in Nichtsnutzigkeit. Sie brauchen einen halben Kilometer Seil, schlingen fünfhundert Luftschlaufen um jede Strebe und jeden Balken und knüpfen einen Omaknoten quer drum. Und dann, wenn sie den Kram nach oben gewunken haben und er ins Rutschen gerät, rennt man am besten schnell weg, weil dann die ganze Ladung runterkommt! Niemand würde sich freiwillig in der Nähe der Kabel aufhalten, die sich über Deck schlängeln und aufbäumen und Funken sprühen.

Innerhalb von Sekunden können alle Container kaputtgehen, und 400pfündige Ölfässer können runtergedonnert kommen wie Kegel. Und jeder, den es auf Deck erwischt, wird in mindestens zwei Teile geschnitten. Nur, weil einer keine Knoten kann.

In weniger als fünf Sekunden kann man einen Kreuzknoten so sicher binden, daß er jede Ladung festhält. Aber manche lernen eben solche grundlegenden Dinge nie.

»Knoten binden ist eine besondere Kunst«, sagte Washington.

»In einer Ölgegend nichts Ungewöhnliches.«

»Ich komme bloß drauf, weil ein gewisser Gegner von dir mit genau so einem Knoten gestern erhängt wurde.«

»Du meinst Brad Rutledge?«

»Und es gibt noch eine Verbindung. Dir gehört das Haus, in dem er lebte und starb.«

»Genauer gesagt, meine Mutter besitzt es, und ich verwalte es. Warum interessiert sich eigentlich die Mordkommission dafür? Die Nachrichten berichteten über Brads Selbstmord.«

»Das haben wir den Medien erzählt. Es könnte auch ein Unfall gewesen sein.«

»Zufällig klettert einer auf einen Hocker, befestigt einen Strick um seinen Hals und stößt dann den Stuhl um?«

»Es ist ja kein angenehmes Gesprächsthema, aber du wirst es sowieso eines Tages hören. Autoerotische Asphyxie.«

»Das Latein verstehe ich, aber den Begriff kenne ich nicht.«

»Einige Leute glauben, daß Druck auf die Halsschlagader... mhh... den Spaß erhöht.« Frank versuchte, klinisch zu klingen.

»Es funktioniert so, daß der ... Onanist einen Strick um seinen Hals schlingt, ihn zuzieht, und ... na ja ... dann so masturbiert.«

»Shocking. Und du scheinst über diesen Sport ja wahre Liebhaber-Kenntnisse zu besitzen, Frank. Aus eigener Erfahrung?«

»Bist du verrückt? Meinst du, es gäbe im ganzen Süden auch nur einen Schwarzen, der sich freiwillig einen Strick um den Hals legt?«

»Kann ich mir auch nicht vorstellen.«

»Wir mögen nicht mal Schlipse. Jedenfalls, allein in diesem Staat gibt es zwischen fünfhundert und tausend solcher Vorfälle pro Jahr. Und jeder Leichenbeschauer jeder beliebigen größeren Stadt kann dir Fälle erzählen, wo sie so arme Schweine in ihren eigenen Schlafzimmerschränken gefunden haben, mit den Hosen unten.«

»Komisch, daß man das nie in Nachrufen liest.«

»Natürlich nicht. Anstandshalber zieht die Behörde die Hose wieder rauf und nennt es Selbstmord. Der Familie wegen.«

»Also gut, Lieutenant. Das war ja ein nettes Frühstücksgespräch. Aber hättest du mir das nicht ersparen können, bis die Sache verfilmt wird? Warum erzählst du mir das?«

»Weil dieser Fall anders ist. Der Mann, Rutledge, starb mit einer Wäscheleine um den Hals, erstickt. Aber es war keine libidinöse Akrobatik, die ihn dahin gebracht hat.«

»Warum glaubst du das nicht?«

»Zum einen, der Hocker. Wenn der Mann sich nicht hätte aufhängen wollen, warum hat er nicht einfach den Strick länger gemacht und hat auf dem Boden gestanden?«

»Nimm mal an, er wollte sich aufhängen?«

»Ach verdammt, Matty. Wenn er sich aufhängen wollte, warum sollte er erst die Hose runterlassen?«

»Brad war ein extrem eitler Mann.«

»Es war kein Unfall und auch kein Selbstmord, und das kann ich auch beweisen. Ich habe mir das Beste bis zum Schluß aufgehoben.« Frank lehnte sich zurück und lächelte selbstgefällig und zufrieden. »Der Knoten war verkehrt herum.«

»Verkehrt rum?«

»Der bewegliche Teil war auf seiner Linken. Und er war Rechtshänder.«

Ich nahm den Knoten und spielte damit. »Wenn ich mich aufhängen würde, dann wäre der Knoten rechts.«

»Genau. Du, als früherer Assistent des Bezirksstaatsanwalts siehst also, die Sache stinkt zum Himmel.«

»Wer hat Brad zuletzt lebend gesehen?«

»Du.«

»Ich? Na, da wirst du nicht viel finden.« Ich packte die Kaffeekanne und schenkte meinem Gast noch eine Tasse ein. »Was hältst du davon, den Strick zu verfolgen? Das ist ja kaum selbstverständlich, so etwas zuhause zu haben – außer man stellt nebenbei noch Hängematten her.«

»Hilft nicht. Sein Mädchen sagt, daß Rutledge Aerobic machte und die Wäscheleine als Springseil benutzte.«

»Er sprang mit dem Seil?«

»›Aus Gesundheitsgründen‹, makaber, was? Und hier hast du gleich noch ein Problem: die Stange, an der er hing. Du weißt ja, daß das Haus über vier Meter hohe Decken hat.«

»Ich kenne in den Häusern wahrscheinlich jeden Zentimeter.«

»Genau. Da ganz oben im Schrank ist eine Holzstange installiert.«

»Die habe ich selbst angebracht. Damit man die selten getragenen Sachen nach oben aus dem Weg hängen kann und die Stange auf Augenhöhe für seine Alltagsgarderobe frei hat.«

»Du bist ein hervorragender Handwerker, Matt. Immerhin hast du die Stange so solide gemacht, daß sie hundertvierzig Pfund an totem Gewicht aushielt. Habe ich selbst gesehen.«

»Danke.«

»Aber die hundertvierzig Pfund, wenn sie sich heftig zur Wehr gesetzt hätten, hätte sie nicht ausgehalten. Und der arme Brad hat vor seinem Abgang ganz schön getreten. Das zeigen die Schürfungen an seinem Hals.«

»Du willst sagen, daß Brad erst erwürgt und dann in den Schrank gewuchtet wurde?«

»Nein, er wurde schon regelrecht gehängt. Der Halswirbel ist der Länge nach gebrochen.«

»Er ist also irgendwo anders aufgehängt worden, dann abgeschnitten und im Schrank wieder aufgehängt worden?«

»Wie gefällt dir das? Ich hab noch was für dich. Im ganzen Haus gibt es nicht einen anderen Balken oder einen Mauervorsprung, der das Gewicht dieses Mannes ausgehalten hätte.«

»Sollen wir daraus schließen, daß der alte Brad draußen, vielleicht am Käsebaum aufgehängt wurde, wo er nach Herzenslust strampeln konnte, dann abgenommen, nach drinnen gekarrt und wieder aufgeknüpft wurde?«

»Nicht sehr wahrscheinlich, was? Aber wenn es einer geschafft haben könnte, dann bist du es.«

»Moi?«

»Dir gehört das Haus, du kennst die Gegend, hast Zugang zu einem Schlüssel. Und es gab Reibereien zwischen dir und dem Verblichenen. Er wollte für das geplante Casino das Grundstück am Fluß haben.«

»Das niemals gebaut werden wird. Nicht, solange ich es verhindern kann.«

»Und du kannst es verhindern. Weil deiner Mutter das anliegende Grundstück gehört.«

»Genau. Meine Trumpfkarte.«

»Das Casinosyndikat würde genau das Stück Land für einen Parkplatz brauchen.«

»Und würde es nie bekommen, das kann ich dir versprechen.«

»Das Syndikat denkt darüber sicher anders, sonst hätten sie nicht so viel Zeit und Geld in das Unternehmen gesteckt. Was hat Brad dir gesagt, als du ihn an dem Morgen getroffen hast?«

»Das werde ich nie wissen. Ich hatte gleich danach einen Anfall.«

»Ja, zu dem Vorgang haben wir Zeugen. Aber darf ich mal den advocatus diaboli spielen?«

»Gute Besetzung.«

»Hättest du nicht deine Epilepsie-Geschichte als Alibi benutzen können? Was er dir da erzählt hat, bringt dich auf hundertachtzig. Du gehst also mit ihm nach Hause, bringst ihn um, hängst ihn auf, gehst dann zurück zum Jackson Square, legst dich nieder und spielst deine Nummer.«

»Die Nummer ist eine realistische Vorstellung eines Grandmal-Anfalls.«
»Genau.«
»Tut mir leid, Frank. Das kann ich nicht.«
»Aber du hast –«
»Mehrfach dran teilgenommen. Aber ich mußte es nie mit ansehen, gottseidank. Solange es dauert, bin ich bewußtlos.«
»Ich merke es mir.«
»Sag mal, Superbulle. Du glaubst doch nicht im Ernst, daß ich Brad Rutledge umgebracht habe?«
»Nein, Matt. Du?« Seine rechte Schnurrbarthälfte bebte. »Ha, bestimmt nicht! Ich muß nur eben jeder Spur folgen – wie ein guter Superbulle.«
Gleich nachdem Frank gegangen war, schluckte ich den Kaffee runter und griff mir den Mantel. Robin tauchte ungefragt auf.
»Wohin gehst du so früh?«
»Zurück zum Jackson Square. Ich muß rausfinden, wo ich hinwollte, als ich hinfiel. Es muß wichtig gewesen sein.«
»So wichtig, daß du deine Verabredung mit mir vergessen hast? Das muß ja eine riesige Krise gewesen sein. Ich komme mit.«

Im März ist es in New Orleans schön. Mardi Gras ist vorbei. Die Yankees sind wieder zuhause. Die Massen sind etwas gelichtet. Dann sind die Straßen voller Parteitagsdelegierter und Touristen, die aussehen wie die beiden Werbetrottel von Bartley & James auf Pauschalreise. Sie wackeln die Bourbon Street hinunter, trinken Hurricanes aus Souvenirgläsern und verfluchen das unerwartet kalte Wetter. Unsere Besucher aus dem Norden unterliegen der Illusion, daß es in jeder Stadt des tiefen Südens rund ums Jahr warm sein muß. Deshalb lassen sie ihre Stricksachen in Iowa und purzeln die Gangway in Moisant runter, bloß mit schrillen Hawaiihemden und weiten Shorts angetan. Sie sind die ersten, die sich beklagen, wenn der Wind fünf Grad kalt um ihre nackten knochigen Knie bläst. Dann schleppen sie sich ins Maison Blanche, um sich einen Mantel zu kaufen, und finden es, wenn sie wieder rauskommen, so warm, daß man hemdsärmelig herumlaufen könnte.

In New Orleans sagen wir: »Wenn Ihnen das Wetter nicht gefällt, warten Sie doch einen Moment.« Das stimmt besonders im März. An diesem Morgen war es kühl, um die 15 Grad, und sonnig. Aber die Temperatur würde nachmittags steigen. Den ganzen Tag über würde es windig bleiben. Saison zum Drachen-Steigen-Lassen.

Das Einkaufszentrum in der St. Peter Street ist bloß einen Zehn-Minuten-Spaziergang vom Haus entfernt, selbst wenn Robin hinterhertrödelt. Ich orientierte mich am Tor zum Jackson Square und strebte dann auf einen Fleck ungefähr zwei Meter vom Brunnen entfernt zu.

»Als ich wieder aufwachte, war ich genau da. Also muß ich nach Norden gegangen sein. Was ist im Norden?«

»Das Café De Monde. Du wolltest ein paar Doughnuts.«

»Ich soll wegen so ein paar Doughnuts wie ein Irrer gerannt sein?«

»Und Kaffee.«

»Ist ja egal, laß uns in die Richtung gehen.« Wir passierten einen Straßengaukler, der mit Messern jonglierte, während er mit einem riesigen Einrad fuhr, und einen, der mit Karten trickste. Vor nicht allzu langer Zeit waren die einzigen, die auf dem Jackson Square irgendwas vorführten, die Instant-Portraitisten und Karikaturisten, aber jetzt gibt es immer fünf Vorstellungen gleichzeitig, inklusive Chorsänger und Breakdancer.

Wir gingen die Decatur Street rauf, vorbei an *Santa's Quarter's*, wo sie das ganze Jahr lang Weihnachtsdekoration verkaufen. Fragen Sie mich nicht, warum.

Als wir an Kelly's Spirituosen vorbeigingen, stand gerade Poupon, der grauhaarige Fahrer, in der Seiteneinfahrt und rauchte. Die Zeit zwischen den Lieferungen verbringt er auf der Straße, und ich grüßte ihn.

»Hallo, Mr. Poupon. Haben Sie mich gestern hier gesehen?«

»Nein, Sir, Mr. Matt. Waren Sie denn hier in der Gegend?«

»Ich weiß es nicht genau. Haben Sie zufällig gehört, daß andere über mich gesprochen haben? Vielleicht hat mich jemand erwartet?«

»Nicht daß ich wüßte, obwohl ich weiß Gott den ganzen Tag

rumgejagt bin. Ich hatte zuviel zu tun, um auf das Gerede der Leute zu hören.« Er zog den Bleistift hinter seinem Ohr vor. »Raten Sie mal, wer uns angerufen hat. Der Governor persönlich hat einen Karton Chivas Regal auf sein Hotelzimmer bestellt. Er wird da wohl einige Zeit bleiben.«

»Das glaube ich nicht.« Robin tänzelte vorwitzig auf den Zehenspitzen.

»Warum nicht? Der Mann muß jeden Tag zu seinem Prozeß vor dem Bundesgericht. Aber abends hat er immer frei.«

»Ich weiß, daß Sie lügen, weil ich gehört habe, daß Governor Crowley Abstinenzler ist.«

»Hör mal, Junge, dieser Irre hat Tag und Nacht eine Party laufen. Er sollte sich eine Drehtür für seine Suite kaufen. Und das hat mir mein Freund erzählt, der Chef vom Zimmerservice.«

»Die Party hört nie auf«, stimmte ich zu. »Aber das einzige Laster, von dem nicht bekannt ist, daß ihm unser Governor frönt, ist der Suff. Du weißt doch, jeder junge Mann kommt an den Punkt, wo er sich zwischen Schnaps und Schotter entscheiden muß. Clement Crowley hat sich für den bekömmlicheren Weg entschieden.«

»Wozu braucht er dann all den teuren Whiskey?« fragte Robin.

»Aus hygienischen Gründen«, erklärte ich ihm. »Wenn seine Exzellenz mit der Dame der Stunde fertig ist, wäscht er sein Instrument in einem Glas Chivas Regal.«

»Der Governor denkt, daß es ihn vor Ansteckung schützt, wenn er seinen Schwanz in ein Glas Scotch tunkt?«

»Das ist genauso zweckmäßig wie eine Sicherheitsnadel.«

»Verstehe.« Poupon kratzte seine kahle Stelle. »Da das Thema sowieso schon alle beschäftigt, was machen Sie denn gegen AIDS?«

»Ich benehme mich einfach anständig«, sagte ich. »Ich habe schon lange das wilde Rumvögeln aufgegeben. Und ich gehe nicht mehr in Bars und Saunas.«

»Da trifft man bestimmt keine netten Leute«, stimmte Poupon zu. »Da gibt man schon besser eine Anzeige im *Impact* auf.«

Robin kicherte. »Sie sollten mal die letzte Nummer sehen. Da gibt es eine von einem ›strengen Meister‹.«

Poupon nickte. »Sucht unbedingte psychologische Hingabe?«
»Oh, Sie haben es schon gelesen?«
»Ha, ich hab's geschrieben.«
Robins Kinnlade klappte gottlob so weit runter, daß er nicht lachen konnte.
»Sie sind ein ›strenger Meister‹?«
»Bin ich. Klar.« Poupon reckte die Schultern. »Und das war 'ne gute Anzeige. Ich habe schon meinen ersten Kontakt gemacht.«
»Mit wem?«
»Mit einem Mann, der mir angeboten hat, mein nackter Leibsklave zu sein. Bis jetzt haben wir nur telefoniert, aber wir treffen uns Mittwochabend.« Er zwinkerte. »Ich habe ihm befohlen, um Punkt acht Uhr dreiundzwanzig im *Vieux Carré-Restaurant* zu sein. Man muß von Anfang an streng sein.«
»Na denn, schöne Flitterwochen.«
»Ich werde es ihm schon besorgen. Erst schlage ich ihn mit einer neunschwänzigen Peitsche, bis er um Gnade winselt. Dann, wenn er nackt auf dem Boden rumrutscht, werde ich –«
Zu diesem Kammerton entbot ich ein hastiges Adieu und zog meinen jungen Schützling vom lebhaften Tagtraum des Schnapsliefermanns weg. Als wir außer Hörweite waren, sagte Robin: »Mann, Poupon ist nett. Aber er paßt gar nicht zu meiner Vorstellung von einem klassischen ›strengen Meister‹.«
»Ich bin froh, daß ich mit dem Typen nichts zu tun habe.«
Ich hielt im Eingang der *Storyville Jazz Hall* an, um etwas Calypso zu hören, während Robin über die Straße hüpfte und sich ein Pfund frische Pekannüsse kaufte, weil sein Frühstück ja schon ganze zehn Minuten her war. Er kaute sie im Weitergehen.
An der Ecke von Decatur und Esplanade Street blieb ich stehen.
»So weit gehe ich normalerweise zu Fuß. Wir sind schon fast an der Grenze vom Quarter.«
Robin drehte sich zu dem historischen Gebäude um, das den Block hinter uns ausfüllte und ging um die Ecke. Es gab da ein Schild in Englisch und Französisch, das er verkehrt herum vorlas.
»Le Fort Saint Charles?«
»So haben die Franzosen diese Garnison genannt, als sie sie in den

frühen kolonialen Tagen gebaut haben.« Ich fiel in den Ton eines Touristenführers. Um so leichter, als die Geschichte dieser Stadt auch die Geschichte der Sinclairs ist. »Frankreich trat New Orleans 1760 an Spanien ab, was die Franzosen gar nicht mochten. Mein Ur-ur-ur-ur-ur-urgroßvater Arthur St. Clair gehörte zu den Rebellen, die 69 dafür gekämpft haben, den spanischen Gouverneur zu stürzen.«

»Was ist aus ihm geworden?«

»Er hat verloren. Der geldgierige Gouverneur O'Reilly exekutierte drei seiner besten Freunde an Ort und Stelle. Glücklicherweise war Arthur nicht bedeutend genug, um erschossen zu werden. Er war außerdem ein praktischer Mann. Also hat er der spanischen Krone Gefolgschaft geschworen und änderte seinen Namen in San Claro. ›*Viva el rey de España!*‹«

»Kommt mir ziemlich unpatriotisch vor. Wie kommt es, daß du weißt, was deine Vorfahren vor über zweihundert Jahren gemacht haben?«

»Das meiste habe ich hier über sie rausgefunden.« Ich deutete hin. »Im Leseraum im zweiten Stock sind alle Dokumente über Einwohnerstatistik und Rechtsgeschäfte, seit der Gründung der Stadt.«

»Du meinst, jeder aus New Orleans kann hier die Geburtsurkunde seiner Ur-Urgroßmutter finden?«

»Ich habe alle, die mich betreffen, sechs Generationen zurück.«

»Meine Güte, könntest du auch noch weiter zurückgehen, wenn du wolltest?«

»Ein Südstaatler weiß, warum er nicht zu weit zurückgeht.«

»Das habe ich gehört.«

Robin kommt aus Kalifornien, daher beruht seine Vorstellung von Geschichte bestenfalls auf den Völkerwanderungen des Goldrausches.

Während wir um das Gebäude herum zum Eingang gingen, setzte ich meinen Einführungsvortrag fort.

»Nach dem Verkauf von Louisiana wurde dieses Haus zur Münze der Vereinigten Staaten. Dann, während des Bürgerkriegs, war es die Münze der Konföderierten. Wir nennen es noch immer die Münze, obwohl es seit 1919 nicht mehr als solche benutzt wurde.

Einige Jahre lang war es das Bundesgefängnis, dann das Büro der Küstenwache.«

»Ja und jetzt, was ist es jetzt?«

»Offiziell das staatliche Museum und ein historisches Zentrum. Aber fast jedes alte Gebäude in dieser Gegend ist von historischem Interesse. Wir in New Orleans fühlen uns unserer Geschichte sehr verbunden.«

Nachdem wir einmal um den Block gegangen waren, wanderten wir die Esplanade Street hinauf und kehrten an der Dauphine Street um, an der wir einen stattlichen grauhaarigen Herrn im Minirock und auf hohen Hacken trafen.

Robin stieß mich in die Rippen und flüsterte: »Schau dir das an!«

»Was denn?«

»Keine Strümpfe.«

Wir blieben am neunhunderter Block stehen, am Haus, das der verstorbene Brad Rutledge bewohnt hatte. An der Tür war noch das Polizeisiegel.

Musterhaften Mietern überlassen wir ein georgianisches Einfamilienhaus für 800 Dollar im Monat, und Brad gehörte zu dieser Kategorie. Er war sauber, machte keinen Ärger mit den Nachbarn und bezahlte immer pünktlich. So wenig ich ihn als Mensch mochte, so sehr schätzte ich ihn als Mieter.

»Also, Robin, mein Großvater, Philip Vigé, hat dieses Haus in der Depression für dreitausend Dollar gekauft, und meine Mutter hat hier ihre Kindheit verbracht. Nachdem sie weggezogen waren, behielt er es als Einkommensquelle.«

Auch diese Geschichte interessierte meinen Schützling nicht.

Milton McMann saß gegenüber auf der Straße in seinem Rollstuhl, wie nachmittags meistens, wenn das Wetter schön ist. Ich grüßte ihn und ging rüber.

»Sag, Milt, hast du gestern hier was Ungewöhnliches gesehen?«

»Ungewöhnlich? Jesus, Matty. Das hier ist das Quarter. Jesus, hier gibt es Zauberer, Zwerge, Clowns. Jeder fällt aus der Rolle.«

»Wie weit sind die Bullen mit dem Fall?«

»Gar nicht, Matty. Ich habe sie alle draußen stehen sehen, wie sie ihre Köpfe kratzten und wieder reingingen. Anderthalb Stunden später kamen sie wieder raus und kratzten sich am Arsch. Die wollen rausfinden, wo Brad erhängt wurde.«

»Was glaubst du?«

»Das würde ich denen doch nicht erzählen.«

»Erzähl es mir.«

Milton lehnte sich in seinem Stuhl in den Schatten zurück und befestigte die Bremsen. »Brads Leiche hat hier niemand reingetragen. Dafür hätte man das Auto direkt am Bürgersteig parken müssen. Und zu der Tageszeit kurven hier Hostessen und Abschleppwagen wie die Piranhas herum.«

»Und wenn er nicht hierher gefahren wurde?«

»Ach, macht keine Witze. Eine Leiche die Dauphine Street hochtragen? Das hätte sogar ich gemerkt. Brad ist ins Haus gegangen.«

»Sie sagen, daß es da nichts gibt, an dem man ihn aufhängen konnte.«

»Na, gestern morgen gab's da was, jede Wette.«

DRITTES KAPITEL

Montagnachmittag, der 6. März

Als ich in den Laden kam, traf ich meine rechte Hand, Steve Hicks, schon an der Tür.

»Wird ja höchste Zeit, daß du uns auch mal mit einem Besuch beehrst.«

Er winkte mich mit einem Lumpen durch, der mit *Old English*-Möbelpolitur getränkt war. (*New Traditions* ist auf erstklassige Reproduktionen von sonst unerschwinglichen Antiquitäten spezialisiert, und wir legen Wert darauf, unsere Kopien genauso respektvoll zu behandeln wie die Originale.)

»Keine Umstände, Steve. Das tu ich doch gern für dich.«

»Wenigstens das. Matty, diese schwergewichtige Schwarze kam gerade hier rein und hat die Chippendale – Frisierkommode gekauft. Und ich mußte ihr verdammte vierzig Prozent Rabatt geben, weil sie diese Karte hatte!«

Er hielt die hoch, die ich Mrs. Coleman gegeben hatte. Ich nahm sie ihm ab und zerriß sie in acht Stücke. »Sie hat ja keine Zeit verloren. Ich fühle mich geschmeichelt.«

»Wie willst du eigentlich mit so einer Geschäftspolitik Profit machen?«

»In ihrem Fall gar nicht, Steve. Ich hatte gestern einen Anfall, und sie hat mich davor gerettet, gerettet zu werden.«

»Dann ist es mir recht. Aber warum zum Teufel mußte dir das passieren? Hast du deine Medizin vergessen?«

»Nie.«

»Ach übrigens, sie hat das hier für dich dagelassen.« Er warf mir etwas in Alufolie Gewickeltes zu.

»Schokoladentaler für 25 Cents? Wozu das?«

»Keine Ahnung. Ach, und die Werbeagentur hat das Band mit deiner neuen Werbung geschickt. Ich bin ganz wild drauf, aber ich wollte auf dich warten.«

»Das ist nett. Komm, wir ziehen uns auf eine Privatvorstellung in mein Büro zurück.«

Wir schlossen die Tür hinter uns, legten die Kassette in den Rekorder und setzten uns bequem, um es anzuschauen.

»Gut fotografiert«, gab er nach ein paar Sekunden zu. »Unsere Möbel sehen darin ganz massiv aus. Benutzen diese Jungs ein besonderes Objektiv?«

»Ich frage die Agentur nicht, wie sie arbeitet. Ich schicke ihnen nur das Geld, und sie schicken den Spot zurück.«

Meine Werbekampagnen lasse ich in New York machen, wo sie immer starke Ware produzieren. Ich will die lokalen Talente nicht schlechtmachen, aber Möbelwerbung aus New Orleans sieht meistens so aus, daß irgendein Witzbold in einem Gorillakostüm auf einem Wasserbett herumspringt. Und dann haben sie noch den distinguiert aussehenden Sportsmann, den sie ausstopfen wie einen Footballer, und der sich als »Herr Präsident« vorstellt.

Die Sprecherin in meinem neuen Spot war heiter und soigniert und ähnelte der verstorbenen New Yorker Gesellschaftsdame Babe Paley. Ich fand, meine Kunden könnten sich mit ihr identifizieren oder jedenfalls identifizieren wollen.

Steve spulte das Band zurück, um es noch mal zu sehen.

»Willst du es bei ›Paare im Gespräch‹ zeigen lassen?«

»Wo denn sonst?«

›Paare im Gespräch‹ ist die hiesige Version von ›Frisch verheiratet‹ oder ›Tattletales‹. Es ist eine Idiotensendung, in der ein hirnloser Ted Baxter-Typ Leuten unglaublich zudringliche Fragen stellt, die bis dahin in Würde gelebt haben. Ich kaufe Werbezeiten in der Sendung, weil die Einschaltquoten aus irgendeinem Grunde gut sind – aber eigentlich eher deshalb, weil meine Cousine Ondine die Show produziert. Und außerdem muß ich mir diese Show ja nicht ansehen.

Steve räkelte sich geräuschvoll. »Ich habe die Pèche-Silberschale zu dieser Auktion geschickt, wie du wolltest. Und Reverend Jack Dundy will unbedingt mit dir zu Abend essen.«

»Ich und dieser Evangelist? Was sollten wir uns zu sagen haben?«

»Ihr wollt beide nicht, daß hier ein Spielcasino entsteht, oder? Soll ich ihm sagen, daß du keinen Appetit hast?«

»Nein, sag ihm, Mittwochabend.«

»Du bist sehr tolerant. Au weia! Fast hätt' ich's vergessen, Matt. Gerade habe ich einen dringenden Anruf aus dem *Royal Sonesta* Hotel gekriegt. Und rate mal, welcher VIP mit dir Näschen reiben will, und zwar so bald wie möglich?«

»Spann mich nicht auf die Folter.«

»Niemand anders als der Governor Crowley persönlich.«

Ich gähnte. »Hat der denn Zeit, sich mit mir zu treffen?«

»Warum denn nicht?«

»Weil unser Governor jeden Tag zwischen zehn und drei drüben im Gericht um seine politische Existenz kämpft.«

»Na ja, aber Prozesse sind dem ja nichts Neues. Er macht immer noch auf Business as usual. Wahrscheinlich will er dich zu irgendwas beschwatzen.«

Das *Royal Sonesta* ist ein neues Hotel mit altfranzösischem Flair am dreihunderter Block der Bourbon Street, vom Laden aus ein

Spaziergang von fünf Minuten. Ich ging am Brunnen in der Lobby vorbei und fuhr mit dem Lift in den sechsten Stock, wo sie die Apartments mit zwei Schlafzimmern für 500 Dollar die Nacht vermieten. Diese Sorte Protzerei kann sich nur ein Staatsdiener leisten, der über 70 000 im Jahr bezieht.

Gervis Crowley, einer der Billionen Brüder des Governors, öffnete die Tür. Gervis ist der respektabelste der Sippe, und er ist es auch, der spätabends nach Las Vegas fliegt, einen Fuß auf dem Koffer voller Geld.

Er begrüßte mich wie üblich in schlechtem Französisch.

»Qui ça dit, Neg'?«

Ich war früher in den Ferien immer bei meinen Cousins in Evangeline Parish, daher konnte ich angemessen, in einer Syntax, die womöglich noch gräßlicher war, erwidern.

»Ça va maniere. Je contens de t'oir.«

Er schlug mir aufs Kreuz. »Ist doch gut, mal wieder 'nen alten Negerarsch zu treffen, was, alter Junge?«

Statt einer Antwort kam der Governor persönlich aus dem Schlafzimmer, in einem maßgeschneiderten Ganovenanzug. Er trug riesige Manschettenknöpfe, eine Krawattennadel, hängende Uhrketten und jede andere Art von Schmuck und Zierde, für die jemals im *Gentleman's Quarterly* geworben worden war.

»'n Abend, Matt.« Mit festem Griff nahm er meine Hand. »Kann ich dir was zu trinken besorgen?« Sein Blick fiel nach unten auf den Couchtisch. »Na sieh mal, hier steht sogar ein Glas Chivas Regal.«

»Oh ... Nein, danke.«

»Dann setz dich einfach drüben hin und mach dir's bequem.« Und er schaute, wie ich mich hinsetzte, so als sei er ehrlich besorgt, ich könne das vielleicht nicht richtig machen, bevor er zu seiner Vertreternummer ansetzte. »Ich bin echt enttäuscht, daß wir in dieser Casino-Sache Gegner sind. Ich weiß, daß du meine Wiederwahl energisch unterstützt hast.«

»Es gab ja wenig Auswahl. Die Konkurrenz war ein republikanischer Griesschwanz.«

»Immerhin, es beweist, daß du keine Scheu hast, dich politisch zu engagieren.« Er streckte, ohne hinzugucken, die Hand aus, und Gervis gab ihm ein Glas Perrier. Mit einem Hauch Zitrone.

»Ich will dich nur dran erinnern, daß Öl fast auf 12 Dollar pro Barrel runter ist. Der Staatshaushalt lebte vor allem von den Steuern, die auf der Grundlage von 27 pro Barrel erhoben wurden.«

»Ich bin mit diesen Fakten vertraut, Eure Exzellenz.«

Ich glaube, Crowley ist der einzige Governor in den gesamten Vereinigten Staaten, der diese Art der Anrede verlangt, und er bekommt sie so selten zu hören, daß seine Augen geschmeichelt glänzten. Aber er machte weiter.

»Diese Entwicklung hat jede Behörde, die auf staatliche Gelder angewiesen ist, in eine Krise gestürzt.«

Genau da kam eine müde aussehende, mittelalte Frau, die nur ein Männer-T-Shirt trug, aus dem Schlafzimmer gewalzt. Ich habe die First Lady des Staates Louisiana mal getroffen und kann bezeugen, daß sie es nicht war.

Unser Besuch steuerte auf den Couchtisch zu, nicht rechts und links guckend, und nahm das ungeliebte Glas Chivas Regal. Dann trug sie die Beute ins Schlafzimmer, ohne uns eines Wortes zu würdigen.

Als sie die Tür hinter sich zugemacht hatte, sagte ich: »Ich muß schon sagen, Governor. Wenn man Ihre berüchtigte Partyfrequenz bedenkt, staunt man doch, daß Sie noch die Kraft finden, am Schreibtisch zu sitzen, von einem Überblick über die Finanzsituation mal ganz zu schweigen.«

»Ach, meinst du das da?« Er machte eine abwehrende Bewegung. »Ich bin eben ein guter Politiker, das ist alles. Ich will halt jeder weißen Frau in diesem Staat persönlich für ihre Stimme danken. Was stört dich daran?«

»Ich bin froh, daß Sie wenigstens eine Einschränkung machen.«

»Oh klar, verdammt. Ist schon schlimm genug, wenn ich nach Hause komme und Haare zwischen den Zähnen habe. Aber diese verfluchte Krause dann auch noch.« Er polierte seine Krawattennadel mit einer Serviette. »Also, wo waren wir? Die Opec senkt die Preise, um uns zu unterbieten. Die ganze Industrie bricht zusammen. Und wir alle hängen dran – du eingeschlossen.«

Mich eingeschlossen. Die meisten hier haben irgendwann mal auf den Ölfeldern gearbeitet. Ich kann mich noch an den Ölboom der späten Sechziger erinnern, als jeder einigermaßen kräftig aussehende Weiße nach Morgan City kommen konnte, sich in einem Hotel einquartierte und dem Portier erzählte, daß er Arbeit suchte. Er war höchstwahrscheinlich Off-shore angestellt, noch ehe sein Haupt das erste Mal auf dem Kissen gelegen hatte – mit 84 Stunden Arbeit pro Woche, in Hitze oder eisigem Regen und Gratis-Verpflegung. So viel er runterkriegen konnte. Selbst bei Hilfsarbeiterlöhnen von 2,20 Dollar pro Stunde konnte einer hier besser verdienen als sonstwo in der Gegend.

»Das Öl ist also weg«, sagte seine Exzellenz. »Die andere Industrie hier in der Gegend ist der Tourismus. Wir müssen unsere Scheibe vom Ferienkuchen größer machen, und dabei hat in der Rezession keiner das Geld, irgendwohin zu fahren.«

»Glücksspiel kann aber nicht die Lösung sein«, sagte ich ihm. »Obwohl ich einräumen muß, daß dieser Staat viel reicher wäre, würde man sein Vermögen hier und nicht in Nevada verlieren.«

»Matt, ich kann nicht verstehen, daß ein kluger Geschäftsmann wie du gegen mein Casino sein kann. Denk nur an das viele Geld, das es in die Stadt bringen würde. Und du bist in erster Linie Geschäftsmann.«

»Die reichen Zocker, die riskant spielen, kaufen sich doch kein Schlafzimmer, wenn sie das Casino ansteuern.«

»Ja gut, aber denk dann mal nicht nur an dich. Hör nur auf dein Gewissen und die finanziellen Argumente. Wir mußten alle staatlichen Dienstleistungen drastisch zurückschrauben. Der Senat will, daß wir bei den sozialen Einrichtungen um zwanzig Prozent kürzen. Weißt du, was das bedeutet?«

Er hielt an, um Luft zu holen, und ich fuhr dazwischen.

»Das heißt, es werden viele öffentliche Bedienstete arbeitslos. Die Sozialhilfe wird weniger. Wir büßen Anteile an der Bundeshilfe ein.«

»Du weißt es also genau.«

»Besser als Sie. Die Leute kaufen sich keine Möbel, wenn sie keine Arbeit haben.«

»Also müßtest du auch verstehen, warum ich für dieses Casino kämpfe. Mit Klauen und Zähnen. Das ist das einzige, was diesen Staat aus dem fiskalischen Chaos herausbringt.«
»Nein, bestimmt nicht.«
»Du bist ja so schlau. Was ist denn deine Lösung?«
»Vermögenssteuer. In Louisiana ist sie absurd gering. Wenn wir auch nur die gleichen Steuern erheben würden wie die meisten anderen Staaten, hätten wir genug Geld in den öffentlichen Kassen, um alles zu tun, was unser Gewissen uns vorschreibt.«
»Nanu, diese Redensarten von einem zu hören, der selbst Vermögen hat, hätte ich nie erwartet. Die meisten von euch lieben ihre Steuerbefreiungen viel zu sehr.«
»Ich liebe sie auch, aber New Orleans liebe ich mehr. Und ich sage Ihnen, die anderen Mitglieder meiner Initiative haben auch Vermögen, und sie sind ganz meiner Meinung.«
»Ihr seid bereit, tief in die Tasche zu greifen?«
»Ja, den Schlag werden wir verkraften, Sir.«
»Gesegnet seien eure freundlichen und sanftmütigen Herzen. Aber ihr repräsentiert ungefähr zwei Dutzend hochgesinnte Herrschaften, und nicht einer von euch ist im Parlament. Wir müssen den ganzen Staat überzeugen.«
»Sagen Sie doch gleich dazu, daß Sie auch nicht mehr Steuern auf Ihr Land in St. Landry Parish zahlen wollen.«
»Nein, will ich nicht, Matt. Scheiße, ich geb's zu, fürs Protokoll, wenn du willst. Auch ich habe solche menschlichen Schwächen wie Besitzgier, genau wie alle anderen.«
Die Wählerin kam aus dem Schlafzimmer, angetan mit der Uniform einer Cocktailkellnerin. Offensichtlich zufrieden damit, daß ihre Stimme gut plaziert war, verließ sie die Suite ohne ein Wort. Der Governor schien sie nicht zu vermissen.
»Das Grundstück deiner Mutter könnte das wichtigste Stück in unserem Milliarden-Dollar-Casino-und-Urlaubs-Projekt sein.« Er glättete eine widerspenstige Strähne seines Silberhaars. »Ich sage dir was, ich würde mich gern mit der gnädigen Frau unterhalten. Zum Wohle von Louisiana.«
»Meine Mutter ist in Spanien.«

»Ich glaube, ich könnte Missus Sinclair meine Haltung dazu plausibel machen. Wenn deine Mama wiederkommt, würde sie mir vielleicht die Ehre erweisen, mit mir zu speisen.«

»Sie hat vorläufig nicht vor zurückzukommen.«

»Halt mich trotzdem auf dem laufenden, ja?«

Die Cajuns sagen: *»Il a le nez dur«* – einen dicken Schädel. Crowley, der es von einer Kleinpächterhütte zur Residenz des Governors gebracht hatte, sieht für seine Karriere keinerlei Schranken. Dabei stehen die Chancen, daß Lady Dis nächstes Kind von Mr. T ist, besser als die, daß dieser Bimbo jemals mit meiner Mutter das Brot brechen wird, aber das wollte ich ihm nicht sagen.

Clementine Vigé Sinclair ist kein Snob, aber sie hat einen gut ausgeprägten Sinn fürs Angemessene.

Auf ein schwaches Klopfen an der Tür hin sprang Gervis auf, um ein flügges junges Ding hereinzulassen, das ein Green Wave-T-Shirt der Universität Tulane und kaum mehr als das trug.

Seine Exzellenz stand auf, um die Studentin mit überschwenglicher Begeisterung zu begrüßen, und winkte sie dann ins Schlafzimmer. Er zwinkerte mir zu. »Ich muß mich mit jemandem aus meinem Wahlkreis beraten. Ich bin sicher, du verstehst das.«

»Dieses Mädel war bei Ihrer letzten Wahl nicht mal alt genug zum Wählen.«

»Ich werde noch mal kandidieren.« Damit machte er kehrt, zischte hinter ihr her ins Zimmer und schloß die Tür.

Das Schlimme ist, daß er wirklich kandidieren wird. Und gewinnen. Und auch ich werde für ihn stimmen, weil man im ganzen Staate Louisiana keinen Kandidaten finden kann, der besser wäre. Gervis versuchte, in seiner Rolle als Faktotum seines Bruders, die Stimmung aufzuheitern. Er erzählte mir die Geschichte von einer Cajunfrau, Mrs. Boudreaux, die ihren Jungen Clovis ins College nach Lafayette schickte.

»Und als er also aus dem College zurückkommt, dieser Clovis, ist er ganz eingebildet. Er ist kein Bimbo mehr, verstehst du. Er hat all sein Französisch vergessen. Er ist so verdammt gut erzogen, daß er nur noch Englisch spricht.«

»So was kenne ich.«
»Also, er geht im Garten rum und sagt: ›Mama, was heißt das auf Französisch? Sag mal, was ist das französische Wort für Harke?‹ Und die Mama, sie arbeitet im Garten und sagt: ›*Mais*, je länger der zum College geht, desto dümmer wird er.‹«
Aber dann tritt dieser Collegejunge auf genau die Harke, für die er das französische Wort nicht kennt. Sie knallt hoch und schlägt ihm ins Gesicht. Er kreischt auf: ›*Maudit fils putain de rateau m'a peté ça sur lez, nez!*‹«
Das war ein guter Witz, und ich lachte.

Als ich in der Halle aus dem Fahrstuhl stieg, wäre ich fast mit einer Gestalt im schwarzen Regenmantel zusammengestoßen, die hineineilte. Für den Bruchteil einer Sekunde waren wir Nase an Nase, dann wich sie erstaunt zurück, als kennte sie mich. Ich bin froh, sagen zu können, daß sie mich nicht kannte, weil dieser Mann einen besonders öligen ethnischen Typus, mit dunklen Geier-Zügen verkörperte. Ich mußte an den arabischen Unglückswurm denken, der auf dem Markt in Bagdad dem Tod begegnet und, bis ins Mark erschrocken, sich ein Pferd leiht und wie besessen nach Samarra reitet, um ihm zu entkommen. Ich ging um den Mann herum und wandte mich nach rechts durch die Halle. Es war schon fast fünf und beinahe dunkel, als ich das Hotel verließ. Auf der Bourbon Street nieselte es leicht, und die Touristen standen dicht gedrängt in Eingängen und unter den Baldachinen der Stripteaseclubs. Als ich meinen Kragen hochschlug und in Richtung Esplanade Street ging, schnurrte eine heiter gestimmte Frau mit Midwest-Akzent: »Wollen Sie sich nicht unterstellen? Es regnet doch.«
Ich lächelte sie an: »Wo denn?«
In diesem feuchten subtropischen Klima haben wir unsere eigene Vorstellung über Niederschläge. Als Faustregel gilt: Wenn deine Unterwäsche noch trocken ist, warst du nicht ›im Regen‹. Wenn dein Auto überflutet ist, ist es draußen ein Ideechen feucht.
Als ich erst einmal auf der Esplanade Avenue war, ging ich nicht heim, sondern lief die Chartres Street entlang, um meine Gedanken zu ordnen. Inzwischen war der leichte Schauer gewichen, und

die Sonne, vom grauen Himmel verdeckt, war hinter mir untergegangen. Die Leute, die sonst auf ihren Eingangstreppen sitzen, hatten sich zurückgezogen, und ich hatte die Straße ganz für mich. Zu hören war nur das Wasser in den Gullys und meine eigenen Schritte. Als ich an den Elysian Fields vorbeiging, sah ich einen alten Lieferwagen, dessen Scheinwerfer noch an waren und der vor einem heruntergekommenen grüngestrichenen Doppelhaus parkte. Ich stieg zur Tür, ohne die drei Stufen aus Ziegelsteinen zu betreten, und klopfte.

Nach einigen Schritten und Geraschel drinnen wurde die Tür vom Herrn des Hauses geöffnet, einem Schwarzen in T-Shirt und farbbespritzten Arbeitshosen, ein Bier in der Hand.

Ich wies auf sein Auto. »Sie haben das Licht angelassen.«

»Oh Mann. Danke! Die Batterie taugt sowieso nichts mehr, und ich hätte es bestimmt anschieben müssen.« Dann deutete er hinter mich. »Wer is'n der Typ da?«

Ich drehte mich dahin um, wo er hinzeigte, sah aber niemanden.

»Wo?«

»Jetzt ist er weg. Weißer Typ. Sah komisch aus, das ist alles.«

Als er ins Haus zurückging, um seine Schlüssel zu holen, ging ich die Chartres Street weiter, um mir Appetit aufs Abendessen zu verschaffen. Robin kochte heute abend, also mußte ich ausgehungert sein.

Ein dunkler Lincoln Continental neueren Baujahrs fuhr im Schritttempo die Straße runter, als hätte er keine besondere Eile, irgendwo hinzukommen, aber ich achtete nicht weiter darauf. Solche Autofahrer gibt es viele in Louisiana.

In New Orleans üben wir uns systematisch in einer Art Sicherheitsgang, drehen uns alle hundert Meter um, um die Gegend zu sondieren, laufen über die Straße und wieder zurück, um verdächtig aussehenden Nachtgestalten aus dem Weg zu gehen. Daher achtete ich hellwach auf alle Bewegungen, die der Mann hinter mir machte.

Er sah nicht aus wie der übliche Straßenräuber, weil er weiß, mittelalt und ganz ordinär im schwarzen Regenmantel daherkam. Aber er ging schneller, als er normalerweise zu gehen schien, als ob er mich überholen wollte, während er sich gleichzeitig angestrengt umguckte, um in alle Richtungen zu sehen, außer in meine. Weil ich ein besonders mißtrauischer Stadtbewohner bin, beschleunigte ich meine Schritte, um aus seiner Reichweite herauszukommen. Mein Herz schlug schneller, als auch er hinter mir, und zufällig auch der Lincoln, schneller wurden. Im gleichen Moment sah ich den anderen Mann, ähnlich angezogen, der aus der anderen Richtung auf mich zukam. Ich hielt an, als ich merkte, daß es genau der war, den ich vor dem Fahrstuhl im Hotel getroffen hatte.

Und wieder dachte ich an die arabische Geschichte und die letzten Worte des Todes.

»Ich war überrascht, den Mann hier in Bagdad zu treffen, weil ich für heute abend mit ihm eine Verabredung in Samarra habe.«

Aufgeputscht durch einen Adrenalinstoß schoß ich los, gedeckt von dem Lincoln rannte ich über die Straße und sprang über einen 1,20 Meter hohen Zaun zur anderen Seite. Und ich guckte mich erst um, als ich an der Ecke von Royal und Frenchman Street war. Dort lehnte ich mich, hechelnd wie ein Hund, gegen einen Laternenpfahl und schaute mich gründlich um, bis ich sicher sein konnte, daß meine Verfolger nirgends in Sicht waren. Wenn es Verfolger gewesen waren.

Falls die Männer mich wirklich hatten ausrauben wollen, waren sie vertrottelte Stümper. Ich habe nie genug Bargeld dabei, um einem einzigen Straßenräuber auch nur einen Tag zu finanzieren, ganz zu schweigen von einem Team.

Ich brütete über ihre Motive, während ich nach Hause zur Esplanade Avenue ging. Aber als die Straßenbeleuchtung über mir anging, hatte ich mir alles überlegt und war zu dem unabweislichen Schluß gekommen: Ich war einfach bloß hell paranoid. Der Fahrer des Lincoln wollte nur eine bestimmte Hausnummer finden. Und natürlich hatten die Männer im schwarzen Mantel nicht mich gejagt, sondern waren aufeinanderzugeeilt, um sich zu treffen. Der hinter mir war schneller gegangen, weil er gerade seinen Freund vor mir gesehen hatte. Und wenn der zweite tatsächlich der gewesen war, den ich im Hotel getroffen hatte, war es reiner Zufall. Mußte es sein.

Die müssen völlig baff gewesen sein, als ich wie ein Irrer reagierte und abhaute.
Als ich zuhause ankam, hatte ich den Vorfall schon fast vergessen.

VIERTES KAPITEL

Dienstagmorgen, 7. März

Eigentlich mußte ich die Frachtrechnungen kontrollieren.
Davor drückte ich mich, saß einfach zurückgelehnt im Drehstuhl hinter meinem Schreibtisch und grübelte über Brad Rutledge. Warum hatte ich ihn an der Kreuzung zwischen Royal und Dumaine Street getroffen, und mit was für einem Papier hatte er mir vor der Nase herumgefuchtelt? Das letzte Mal, daß er überhaupt gefuchtelt hatte, wie sich dann herausstellte. Warum hatte es mich so sauer gemacht? Wenn ich Les Borden glauben durfte, war es schlimm genug gewesen, um ihn zu erwürgen. Würde ich einen guten Mieter erwürgen, der immer pünktlich die Miete zahlte? Und falls ja, würde ich ihn dann in den Schrank hängen? Wozu? Zum Trocknen? Es war alles zu verwirrend.
Der Fernseher in meinem Büro war auf den Sportkanal eingestellt, und ich wurde von einem Pferd abgelenkt, das bis zur Werbung im Grand Prix sprang. Beim ersten Spot fragte ich mich, warum Dick van Pattens drei erwachsene Söhne immer noch auf dem Rücksitz seines Oldsmobile mitfuhren, anstatt selber Autos zu haben, mal von Häusern und Familien ganz abgesehen. Gerade hatte ich mir die Meinung gebildet, daß van Patten ein sehr strenger Vater sein mußte, als Steve Hicks an die offene Tür klopfte.
»Hallo, Matt. Hat der Typ dich gestern noch erwischt?«
Meine Füße fielen vom Schreibtisch, weil ich hochschoß. »Was für ein Typ?«
»So ein seltsam aussehender Kerl in einem schwarzen Regenmangel. Kam um vier und fragte, wo er meinen Chef finden könne. Und natürlich habe ich tüchtig mit dir angegeben.«
»Angegeben?«

»Ich habe ihm erzählt, daß du dich mit unserem ehrwürdigen Governor drüben im *Royal Sonesta* berätst. Er war ganz beeindruckt.«

»Aha. Na ja, der hat mich nicht ganz erwischt.«

»Der wird sicher noch mal kommen.«

»Darauf kannst du dich verlassen.«

Also waren diese Männer mir doch gefolgt. Und hatten nichts Gutes im Sinn, sonst hätten sie keine dunkle Straße für die Begegnung ausgesucht. Aber wozu? An Raub mochte ich nicht glauben. Hatten sie irgendwas mit Brad zu tun?

Wie Steve zu Recht folgerte, würden sie ja noch mal kommen.

Er klatschte, um meine Aufmerksamkeit zu bekommen. »Was glaubst du, wer gerade hier ist? Der Cowboy persönlich.«

»Tatsächlich? Er kauft doch sicher keine Möbel für seinen Stall.«

»Soll ich ihn nach hinten führen?«

»Mit allen gebührenden Ehrbezeugungen.«

Und ich sprang auf, um den großen Mann zu begrüßen, der beim Reinkommen beide Türpfosten berührte.

Charles »Cowboy« Eisenhardt ist bloß 1,90 Meter groß. Bloß, sage ich, weil er einen Eindruck von körperlicher Kraft und Größe erweckt, der seine tatsächlichen Ausmaße noch übertrifft.

»Wie geht's denn, Matty.« Er rückte seine Brille nach unten und betrachtete mich durch dicke Linsen. (Seine Augen sind das einzig Schwache an ihm.) »Die Bullen sagen, du kannst mir vielleicht helfen.«

»Ich hoffe doch, Cowboy.«

Er schob seinen eimergroßen Stetson mit der schmuddligen roten Feder am Band vom Kopf. Dieser rustikale Kopfputz verleiht ihm, wenn er will, etwas Komisches, und wenn er will, auch etwas Angsteinflößendes. Ganz, wie er will.

»Ich muß dich was über Brad Rutledge fragen.«

»Da kann ich dir auch nicht groß helfen. Sag mal, du hinkst ja.«

»Ja, verdammich.« Er drehte sich um und hob ein Hosenbein. Ein großer rot-grüner Bluterguß entstellte seine rechte Wade. »Auf der andern Seite habe ich noch so'n Ding.«

»Hast du dich mit einer Frau geschlagen?«

»So schlimm war's nicht. War bloß der gottverdammte Grizzly, den ich für den Zoo richten muß.«

»Ich habe gestern in der Zeitung ein Bild von dir gesehen. Da haben sie ihn mit Beruhigungsmitteln beschossen.«

»Das war nur, um den Ollen transportieren zu können. Der hat sich ziemlich eklig gefühlt, als er heute morgen aufgewacht ist.« Cowboy kratzte an dem Bluterguß. »Dabei hat er nur gespielt. Den will ich bestimmt nicht gegen mich aufbringen. Der ist doch das einzige Wesen in Louisiana, das noch verrückter ist als ich.«

Er schlug auf die Zigaretten in seiner Hemdtasche und guckte sich nach einem Aschenbecher um. Schnell holte ich eine Gebäckschale aus Steuben-Glas hervor und hielt sie ihm hin wie ein Opfer für einen zürnenden Gott.

Eisenhardt wußte nicht, daß ich extra seinetwegen mein ehernes Gesetz brach, nach dem in meinen Räumen nicht geraucht wird. Und er wäre auch nie drauf gekommen, warum ich das tat.

Ich weiß noch, es war im Frühjahr 1965, ich hatte meine Carnaby-Street-Phase, und trug mein Haar so lang, wie die guten Brüder bei den Jesuiten es gerade noch duldeten. Jeden Tag nach der Schule zog ich die Schuluniform aus und stieg in mein Gegenkultur-Wams aus gestreiften Hosen mit Schlag und einem geblümten Hemd. Ich war überzeugt, daß ich genau wie Donovan damals aussah, aber in Wirklichkeit kam ich wohl näher an Twiggy heran.

Eines Abends spät im Mai, ich hatte gerade meine Lateinprüfung bestanden und war ein stolzer High School Senior, scharwenzelte ich die St. Ann Street runter, um meinen Pilzkopf-Look herumzuzeigen. Aber ich lief für einen Jungen allein zu dieser Tageszeit zu weit. Ich war an South Rampart vorbei und schon den ganzen Weg zum Friedhof gegangen, als ich mit meiner Sterblichkeit in Berührung kam. Drei Rocker tauchten plötzlich auf, genau wie Kettenschwinger aus einem Horrorfilm.

»Was haben wir denn da? Eine kleine alte Tunte zum Abendbrot«, sagte das größte Rauhbein. Seine Augen glänzten von den Happy-Pills.

Der kleine, auch chemisch angefeuert, sprang herum und schrie: »Das ist unser Revier! Tod den Eindringlingen!«

Der mittlere war ein Macher. Er schwang seine Fahrradkette um den Kopf, um ihr Gewicht zu testen, und kam auf mich zu.
»Hab schon die ganze Woche keinen Hippie verdroschen. Also werde ich's diesem gut besorgen!«
Ich wich langsam zurück, bis ich an die Steinmauer des Friedhofs anstieß. Wenn ich nicht durch sie hindurchkonnte, hatte ich keine Chance, dem Schicksal zu entkommen, das sie für mich im Sinn hatten. Betteln würde den Sport für sie noch interessanter machen, und ein altmodischer Mädchenschrei würde kaum Retter, wohl aber mehr von ihrer Sorte herbeirufen.
Und dann betrat er den Schauplatz wie ein Schutzengel in Wildleder. Charles Eisenhardt kam gerade von einem Spaziergang über den Jahrmarkt zurück, wo er die meisten Preise beim Gulf South Circuit Rodeo gewonnen hatte.
Der Mann war einfach fabelhaft in seinem *Good-Guy*-Western-Aufzug: die Fransenjacke, die Texaskordel mit Nadelknoten aus Türkis und eine riesige Rodeo-Champion-Gürtelschnalle aus Gold und Silber.
Ich weiß noch, wie seine Augen gefährlich hinter denselben dicken Linsen glitzerten, die er heute noch trägt. Ich hatte über ihn auf den Sportseiten gelesen, aber jetzt traf ich den Cowboy zum ersten Mal persönlich.
»Ihr habt alle unerträglich schlechte Manieren.«
Seine Stimme war ruhig, wie es Leuten zukommt, die gewöhnt sind, daß man ihnen gehorcht.
Aber die drei Krieger waren so abgefahren, daß sie seine unerschütterliche Kraft nicht wahrnahmen. Der Kleinste, der sich von seinen Kameraden gedeckt fühlte, kam näher, schnaubend und kettenschwingend.
Cowboy griff mit leichter Hand die Kette in seiner Linken und ging dann in den Mann rein, hob ihn an den Achseln hoch und schüttelte ihn versuchsweise.
»Du bist zu klein.«
Und er warf ihn weiter weg, als ich eine Katze werfen kann.
Die anderen beiden kamen blitzartig von beiden Seiten auf Cowboy zu. Kühl schnappte er jeden am Lederkragen und schlug ihre

Gesichter zusammen, woraufhin sie jedes Interesse an dem weichlichen Hippie mit dem Blumenhemd verloren.

Während sie noch schluchzten und blutend davonkrochen, wandte sich mein Retter mir zu. Seine Stahlbrille glänzte im Licht des aufgehenden Mondes.

»Elfen wie du sollten nachts besser zuhause bleiben.«

Heute, zwanzig Jahre danach, konnte er mich unmöglich mit dem mißratenen Blumenkind in Verbindung bringen. Aber er war es allemal wert, seinen Marlboro-Qualm zu ertragen, der um meinen Büroventilator strömte.

Mein größter Sessel ächzte unter Cowboys hundert Kilo, und er überforderte die Ottomane mit seinen Füßen in Straußenlederstiefeln, den Stetson auf dem Knie. Der große Mann sah aus, als könne man ihn nicht einmal mit einem Kran bewegen, aber ich habe schon mal gesehen, wie er aus der gleichen Haltung heraus aufsprang und innerhalb von fünf Sekunden zwei Männer unters Kinn trat.

Das war, als wir zusammen ein Bier in der Decatur Street tranken, 1979. Es ging um die Beleidigung einer Dame, und es war nicht mal seine. (Sie war nicht einmal eine Dame.)

»Matt, die sagen, daß du den armen Brad zuletzt lebend gesehen hast.«

»Als zweitletzter.«

»Mhh.« Er nickte zur Decke. »Ja. Ich hatte nämlich einen Termin mit ihm, um zwei am Moon Walk. Als er nicht auftauchte, konnte ich ja nicht ahnen, daß man ihn aufgehängt hatte. Also habe ich da rumgesessen und mir einsam und allein den verdammten Fluß angeguckt bis um vier. Versetzt wie ein häßliches Mädchen.«

»Tut mir leid.«

»Der Junge hatte ein Auge auf ein Stück Land von mir geworfen, und wir wollten auch über ein paar Pferde verhandeln.«

»Ich hätte nie gedacht, daß du was von deinem Land verkaufen würdest. St. Tammany Parish ist jetzt heiße Ware.«

»Ja, aber ich kann nicht alles behalten. Ich könnte gerade mit dem Laden expandieren, und brauche eine ordentliche Summe.«

Ich versuchte nicht zu stöhnen, als er Asche verstreute. »Habe dem

Hombre also eine Dreimonatsoption gegeben. Nun muß ich wissen, ob sein Partner die übernimmt oder was.«

»Das ist ja ein ganz neuer Aspekt. Offenbar hatte Brad wichtige Dokumente dabei, als er mit mir gesprochen hat.«

»Meine Option vielleicht?«

»Das kann ich dir nicht sagen. Ich hatte einen epileptischen Anfall nach unserem Treffen und habe vollkommen vergessen, daß ich ihn überhaupt gestern gesehen habe.«

Er wirkte beunruhigt. »Du kriegst Anfälle?«

»Es ist nicht gerade so, als wäre ich von Dämonen besessen, Cowboy. Ich habe vor einigen Jahren einen Schädelbruch gehabt, und manchmal kriege ich immer noch diese Anfälle.«

»Schlimm, schlimm. Aber vielleicht kannst du dich doch noch mal an dieses Treffen mit Brad erinnern.«

»An etwas sicher. Aber wahrscheinlich nicht an genug, um das mit deiner Option zu klären, vorausgesetzt, das war überhaupt das Papier, um das es ging.«

»Ich würde gern an den Kerl rankommen. Wer immer es jetzt hat, kann damit gutes Geld machen.«

»So weit ich das sehen kann, brauchst du dein Land doch gut. Wie geht's den Pferden?«

»Schlank und fesch. So halte ich sie immer.« Er sprach um seine Zigarette herum. »Sag mal, Matt, warum kommst du nicht morgen vorbei und probierst meine neue Bahn aus? Du kannst dir das Pferd aussuchen.«

»Das ist eine starke Verlockung. Ich habe das ganze Jahr nur auf diesem Stuhl gesessen. Vielleicht sollte ich vorher Gymnastik machen, damit meine Beine nicht zu Pudding werden.«

»Bis um drei. Ich bin sicher, Jessica freut sich, dich zu sehen.«

»Ich würde sie auch gern wiedersehen. Danke, ich freue mich drauf.«

Weil die Bürotür noch offen war, konnte Edwina Devon, meine Mitstreiterin in der Casino-Initiative, unangemeldet hereinrauschen. Sie hielt eine Mappe mit Werbematerial, Rechnungen und Statistiken unter dem Arm.

»Hallo Matty. Komme ich ungelegen?«

»Nie. Du bist mir immer angenehm und herzlich willkommen, Liebes.«

Edwina ist eine von uns. Die Devons sind fast so lange in New Orleans wie die Sinclairs. Außerdem ist sie aus fast so gutem Stall wie ein echtes Glencoe-Füllen, zart und schlank, mit großen blauen Augen und langem, welligem Haar, das sie gerade aufgesteckt trug wie aus einer Zeichnung von Gibson.

»Schmeichler.« Sie ließ ihre Papiere auf meinen Schreibtisch fallen und wirbelte dann herum. »Oh, hallo, Cowboy! Ich habe dich hier nicht erwartet.«

Und ich hatte nicht erwartet, daß sie ihn küssen würde, aber sie unternahm genau das, indem sie sich auf ihre zierlichen kleinen Zehen stellte. Weil sie immer noch nicht an seinen Mund heranreichte, hob er sie ein Stückchen hoch.

»Hallo, Süße. Dein Freund Bill Oakes wird heute nachmittag bei mir draußen sein.«

»Ja, ich will, daß er mal Cricket ausprobiert.«

»Cricket?« Das Echo kam von mir.

»Sie hat Kost und Logis bei den Eisenhardts«, sagte Edwina. »Mein anderes Springpferd, Tam, auch.«

»Ich dachte, du hast deine Pferde im Audubon-Park.«

»Dort werden die Wege zu matschig, wenn es viel geregnet hat. Cowboy hat einen etwas erhöht liegenden Kiesweg, den man das ganze Jahr über benutzen kann, und er hat eine ganz tolle Hindernisbahn, die fast fertig ist.«

»Kommst du nicht mit?« fragte ich. »Gib du den Schritt an.«

Sie entfaltete ein Lächeln, aber mittendrin brach es zusammen.

»Nein, ich kann nicht. Morgen habe ich diese blöde Treuhändersitzung. Jedenfalls mußt du ihn bestimmt auf Cricket setzen. Du kennst doch mein braunes Springpferd, Matty.«

»Ich habe sie immer ausgeritten, wenn du im Ausland warst. Crikket und ich sind die besten Freunde.«

»Also gut dann. Ich werde also den Braunen satteln lassen und dann warten.« Eisenhardt beugte sich hinunter, um Edwina einen Abschiedskuß auf den Scheitel zu geben, winkte mit dem Hut und schlingerte nach draußen wie Matt Dillon in die Sonne.

Endlich küßte sie den Richtigen, mich, machte es sich auf dem Sofa bequem, schlug die Beine übereinander und ließ einen ihrer Riemchenpumps provozierend baumeln.
»Weißt du, wo ich Cowboy zum ersten Mal gesehen habe?«
»Nein. Und bitte erzähl es mir nie.«
Edwina Devon war in der Hippie-Ära das wildeste Mädchen unserer Clique. Die guten Schwestern vom Heiligen Kreuz schafften es nie, aus ihr eine normale Klosterschülerin zu machen; sie stand häufiger vor der Tür, als sie in ihrer Klasse saß. Ihre Freizeit verbrachte sie damit, die trübe Demimonde der Nichtkatholiken in den Kellerlokalen der Decatur Street zu erforschen.
Edwina war in diesem brütendheißen Juni erst sechzehn, als sie meinte, es sei schick, sich bei *Bertie's* herumzutreiben, einer Spelunke des »Galloping Goose«-Rockerclubs. Irgendwann in diesem Sommer verlor sie ihre Jungfräulichkeit an einen besonders abstoßenden Kretin namens Snake, voll der unbeirrbaren Überzeugung, daß ihre Liebe und Zuneigung ihn in einen ehrenwerten Bürger verwandeln würde.
Als sie einen Monat später ihre Tage nicht bekam, freute sich Snake über die Aussicht auf so eine kleine »Lumpenratte«, weil das seine Virilität bewies. Aber er hatte nicht vor, das Kind irgendwie zu unterstützen. Doch zu dem Zeitpunkt war Edwina auch wieder bei Sinnen und erinnerte sich daran, wer sie war und daß uneheliche Kinder nicht zur Devon-Tradition gehörten.
Erst nahm sie ihre Zuflucht zu einer Handvoll Abführmittel. Als die nichts halfen, kam ein Fastenanfall, gefolgt von Freiübungen und dem Versuch, den chinesischen Schrank ihrer Mutter hochzustemmen. Ich war ihre letzte Zuflucht.
In dem Sommer war ich neunzehn und verdiente an der Küste guten Lohn, also spielte Geld keine Rolle. Ich brachte sie sofort zu Doc Knight, dem einzigen fachkundigen Engelmacher im ganzen Delta, bevor Abtreibung legal wurde. Ich erinnere mich noch, daß im Wartezimmer eine Nummer von *Time* lag. Ich informierte mich über den Sechs-Tage-Krieg und die Einnahme von Jerusalem durch die israelischen Truppen, während der Doc auf der anderen Seite der Wand seine 150 Dollars verdiente.

Danach führte ich Edwina auf einen Orangensaft aus, weil sie zu jung war, um Alkohol zu trinken.

Zwei Monate später hatte ich die Ehre des ersten Tanzes mit ihr bei ihrem Debut im *Roosevelt Hotel.* Und sie war schlank und schön in ihrem weißen Abendkleid aus Taft.

Edwina wirkt jetzt etwas gebändigter, aber sie hat ihre entzückend vertrackte Lebhaftigkeit nicht verloren. Dieser Tage widmete sie viel ihrer Zeit und unzähmbaren Energie einer höchst verdienstvollen Angelegenheit, dem Kampf gegen das Casino-Gesetz.

»Ich mußte einen ganzen Stapel von Statistiken zuhause lassen. Es waren einfach zu viele, um sie alle mit herzuschleppen. Aber du solltest sie mal mit deinem Anwaltsblick lesen.«

»Ich hätte nichts dagegen, bei dir vorbeizukommen. Ich muß Lieutenant Washington um vier treffen, aber dann ist eigentlich Schluß für heute.«

»Frank? Warum mußt du ihn treffen?«

»Ich bin ein Mordverdächtiger.«

»Oh Matty, du machst Witze!« Aber ihre glitzernden Augen sagten, sie hoffte, daß ich keine machte.

»Ich scherze vielleicht, aber Frank war es durchaus ernst, als er mich bat, ihn bei *Brennan* zu treffen.«

Als ich bei dem Restaurant auf der Royal Street ankam, war ich auf die Minute pünktlich, aber Frank nicht. Ich ging auf den ziegelgepflasterten Hof, nahm einen der Eisenstühle, die in Reichweite des wassersprühenden Brunnens standen, und bestellte den ersten Sazerac des Tages. Ich nippte ihn langsam und las derweil *Barron's* von letzter Woche, als eine feste Hand meine Schulter quetschte.

»Matty, lädst du mich auf einen Drink ein?«

Ich schaute auf in faszinierend grüne Augen und ein angenehm geschnittenes Gesicht, eingerahmt von blauschwarzen Haaren, und all das bloß die Krönung einer geschmeidigen jungen Gestalt, die sich in weiches graues Kaschmir schmiegte.

»Lawrence Dale.« Dann fiel mir ein, daß der wirkliche Name des Dreckskerls was Italienisches war. »Oder wie heißt du gerade?«

»Lawrence ist ganz recht. Hast du was dagegen, daß ich mich setze?«

»Du tust es ja doch. Mordversuch bringt ganz schön was ein. Warum bist du nicht im Gefängnis, wo du hingehörst?«

»Ich bin in die Berufung gegangen.«

»Na, klar doch.«

Lawrence Dale mußte inzwischen 25 sein, aber er sah aus wie ein Erstsemester einer von den guten Ostküsten-Unis in seinem Oxfordanzug mit den gerade wieder in Mode gekommenen weiten Hosen – ein Stil, den solche wie er natürlich sofort übernahmen. Mit Mafiageld war dem Jungen seine New-England-Schule bezahlt worden. Jahrelang hatte man ihn so sorgfältig wie ein Gewehr poliert. Lawrence spricht gut akzentuiert, ein bißchen Boston, ein bißchen Yale, während sein sicheres Auftreten absichtlich etwas gebremst wirkt. Diese Figur des »nichtsnutzigen reichen Jungen« ist die ideale Verkleidung für einen kaltblütigen Killer, dessen Vorstellung von postkoitalem Vergnügen es ist, tödliche Herzmittel zu verabreichen.

Er nahm sich den Stuhl gegenüber und lehnte sich zurück, seinen rechten Knöchel übers linke Knie gelegt, damit man die Uhren auf seinen Socken sehen konnte.

»Stell dir vor: Der Richter mochte keine Homosexuellen.«

»Wer mag die schon?«

»Wir haben ein zwanzig Jahre altes Zitat in einer Zeitung gefunden, in dem er uns mit ›Tieren und Mutanten‹ gleichsetzt. Ich bin tief getroffen. Du nicht?«

»Nein.«

»Dieser stadtbekannte Heuchler hätte sich besser für befangen erklären sollen. Jedenfalls kriegen meine Anwälte eine Menge Geld dafür, genau das zu fordern.«

»Wenn man bedenkt, daß das Opfer, in diesem Fall meine unglückliche Person, ebenso schwul war wie der Täter, kann ich nicht einsehen, daß das stichhaltig ist.«

»Mensch, ich hoffe, du trägst mir das nicht nach, Matty.«

»Nein, natürlich nicht. Einige meiner besten Freunde haben schon versucht, mich umzubringen. Kaum ein Grund, böse zu sein.«

Das schnippte er zusammen mit einer Fluse fort.

»Das war geschäftlich. Jedenfalls, wir haben so wunderbar gevögelt, daß ich sicher war, dir ist es lieber, ich kriege die zehntausend Dollar als ein anderer.« Er rief Sid, den Kellner, mit einem gebieterischen Fingerzeig herbei. »Ich hätte gern eine Cherry Cola, bitte. Und bringen Sie noch einen für meinen Freund.«

Entweder wußte Sid oder er spürte es, daß Lawrence mehr war, als er schien, denn er bewegte sich auf diese Bestellung hin schneller, als ich ihn jemals habe gehen sehen.

Ich beobachtete, wie Sid zur Gartenbar sprintete, und wandte mich dann dem kleinen Gauner zu. »Der Besuch hinter Gittern scheint dir nicht geschadet zu haben.«

Ein elfenhafter Seufzer. »*Angola* ist halb so schlimm, wenn man reich und schön ist. Weißt du, ich habe diese schwarzen Brutalos dazu gebracht, sich wegen mir zu duellieren. Mit Zuckerrohrmessern.«

»Und was machst du in New Orleans? Noch mehr Geschäfte?«

»Hat nichts mit dir zu tun, Liebes. Du weißt doch, daß der Vertrag aufgelöst wurde, nachdem Manguno tot war.« Sein Lächeln hätte auch ein härteres Herz als meins zum Schmelzen gebracht. »Hat mit niemandem zu tun.«

»Warum hast du dir dann Limo bestellt? Als ob du nüchtern bleiben müßtest, damit du den Schießarm ruhig hältst.«

»Ich trinke nie. Ich kann mir nicht mal zehn Minuten eingeschränkter Leistungsfähigkeit leisten. Und die Pistole ...« Er öffnete seinen Mantel, um zu zeigen, daß er kein Schulterholster trug.

Ich sagte: »Sie ist über deinem linken Knöchel festgemacht.«

Er lachte und dementierte nicht. »Jedenfalls will ich, daß du weißt, daß wir auf derselben Seite stehen.«

»Was für einer Seite?«

»Der Konzern, für den ich arbeite, will auch nicht, daß in New Orleans Glücksspiele gemacht werden.«

»Mh ... Laß mich raten. Die Baptisten? Nein, das kann nicht sein. Wie ist es mit der Selbsthilfegruppe gegen Spielen?« Ich ließ das Eis in meinem Glas klirren. »Nein, das ist es, glaube ich, auch nicht.

Noch mal. Vielleicht aber ein paar Mafia-Truppen aus Nevada und Atlantic City, die die Knete lieber nicht teilen möchten. Ist das wärmer?«

»Ich gebe nie mit Namen an, Liebes.«

Sid tauchte superschnell mit unseren Getränken auf, und Lawrence konsumierte seine Cola elegant, in kleinen Schlucken, bevor er weiterredete.

»Die Leute, für die ich arbeite, würden dir 150 Prozent des Schätzwerts für deine Ufergrundstücke zahlen.«

»Um was damit anzustellen?«

»Aufbauen, abbrennen. Was juckt's dich?«

»Es interessiert mich. Schau mal, ich traue dir nicht gerade, Babyface. Übrigens, hast du Brad Rutledge umgebracht?« Er lächelte, und auf beiden Wangen erschienen Grübchen. Lawrence war immer noch ein zuckersüßes Wesen, trotz allem, was er war und tat. Ein Dorian Gray aus dem wirklichen Leben.

»Was ist mit ihm? Aufgehängt in einem Schrank vergessen?«

»Ich habe gehört, es soll richtig eklig gewesen sein.«

»Klingt das nach Profiarbeit? Ich arbeite sauber. Kein Kampf, kein Blut.«

»Weiß ich doch. Aber vielleicht sind einige deiner Kumpel nicht so ordentlich.«

»Wenn nicht, würden sie nicht lange im Gewerbe bleiben. Ich gebe dir mein Wort, daß aus meiner Organisation keiner Brad Rutledge umgebracht hat. Also, verkaufst du uns das Land?«

»Tut mir leid, kann ich wirklich nicht.«

»Sei clever, Matty. Du kannst das Geld nehmen und was Vergleichbares kaufen. Und alle Quälgeister abschütteln.«

»Weißt du, ich würde es ja machen.«

»Tatsächlich?«

»Wenn da nicht eine invariable Variable wäre. Meine Mutter.«

»Die Dame hat dir die freie Verfügung über ihren gesamten Grundbesitz gegeben. Sie muß deinem Urteil trauen.«

»Theoretisch. Sie vertraut mir, daß ich alles so mache, wie sie es will. Und sie will kein Land verkaufen.«

»Nie?«

»Nie, so lange sie lebt. Ihr Motto ist: ›Ich versuche gar nicht, alles Land der Welt zu kaufen, ich will nur das haben, was an meins angrenzt.‹« Ich versuchte den zweiten Sazerac. Er war besser, auch mit besserem Bourbon. »Mutter kauft Land, behält es, verpachtet es, zahlt Steuern dafür... Sie macht alles, was man mit Land machen kann, nur nicht verkaufen.«

Der entzückende kleine Mörder wischte sein beschlagenes Glas. »Kurzum, deine Mutter würde eher dir ein Höllenkommando auf den Hals hetzen, als uns das Grundstück zu verkaufen.«

»Genau das.«

Lawrence spähte durch enge Augenschlitze. »Vielleicht hast du wirklich keinen Spielraum. Ich sag dir was. Solange die Sinclairs das Grundstück haben, sind meine Leute zufrieden. Wir wollen gar nichts damit. Aber bitte setz dich mit mir in Verbindung, bevor du es irgend jemand anderem verkaufst. Meine Freunde werden jedes vernünftige Angebot überbieten.«

Er streckte mir eine geprägte Visitenkarte mit Briefkastenadresse entgegen. Dann stand er auf, ließ sie in meine Manteltasche fallen und küßte mich auf die Wange. »Mach dir nichts draus, Liebes, Italiener küssen immer in aller Öffentlichkeit.«

»Ich bin aber kein Italiener.«

»Ich zahle, wenn ich rausgehe.«

Er zwinkerte »Auf Wiedersehen« und glitt über den Hof Lieutenant Washington entgegen, der gerade hereinkam. Dale sah ihn und verbeugte sich.

Frank ging an ihm vorbei, ohne ihn gesehen zu haben, und setzte sich zu mir auf den Stuhl, den Lawrence freigemacht hatte.

»Wußtest du, daß er in der Stadt ist?« fragte ich.

»Ja, Matty.«

»Warum hast du ihn nicht festgehalten? Du weißt doch, er ist nicht sauber.«

»Jaja, an seinem linken Bein. Aber erinnerst du dich, was passierte, als wir ihn das letzte Mal hopsgenommen haben, weil er eine Waffe trug?«

»Ich war dabei.«

»Ich meine, vor Gericht. Der kleine Lord Fauntleroy blubberte den

Geschworenen was vor von Schutz brauchen, weil so eine Bestie ihn mal vergewaltigt hätte. Wir durften seine Vorstrafen nicht anführen, also haben sie ihn laufen lassen.« Sid brachte ihm amerikanisches Bier auf einem Tablett. »Es wäre einfacher gewesen, Shirley Temple für die Lindbergh-Entführung verurteilen zu lassen.«

»Der wird auch nicht ewig jung und süß bleiben.«

»Leute in seiner Branche leben ohnehin nicht lange. Aber der Junge könnte jetzt für uns nützlich sein.« Frank lehnte sich zurück und streckte seine Plattfüße. »Diesmal jedenfalls seid ihr auf derselben Seite.«

»Hat er auch gesagt.«

»Dale arbeitet für die Saccis aus Vegas. Sie sind schon wegen der neuen Spielsalons in Atlantic City ganz pampig. Stinkreiche Spieler von der Ostküste bleiben eher dort. Und jetzt haben sie Angst, das Südstaatler-Geschäft auch noch zu verlieren.«

»Und wenn erst unser Governor nicht mehr rauffliegt, dann müssen sie hundert Croupiers entlassen.«

»Wir haben ja augenblicklich jede Menge schlechter Schauspieler in der Stadt, die für das Casino sind und unheimlich dafür rühren. Warum sollten wir die Ökologie nicht etwas ausgleichen? Ich lasse den kostbaren Lawrence Dale einfach in der Stadt rumlaufen und ein bißchen Gegendruck machen. Der ist sowieso gefährlicher als alle anderen. Ehrlich gesagt, ich habe ihm erzählt, daß du hier sein würdest, damit er vorbeikommt und Hallo sagen kann.«

»Du bist ja ein richtiger Kuppler, Frank. Mit wem du mich wohl das nächste Mal zusammenbringen willst? Charles Manson?«

»Unterschätz mich nicht, Freundchen. So, wie ich mir das vorgestellt habe, wird dieser verrottete kleine Killer dein Schutzengel sein.«

FÜNFTES KAPITEL

Dienstagabend, 7. März

Edwina Devon lebt allein in Bywater, einem gerade wieder aufgemöbelten Stadtteil von New Orleans. Sie hatte die schmiedeeiserne Gartentür für mich angelehnt gelassen. Ich schloß sie wieder, bevor ich die breiten Eingangsstufen hinauf und durch die gekachelte Veranda ihres viktorianischen Hauses ging.

Ich brauchte nicht zu klingeln, weil sie auf der anderen Seite ihrer bleiverglasten, doppelten Türen schon wartete.

Sie nahm meine Hand. »Du bist pünktlich. Das habe ich gern.«

»Wir haben gar keine Zeit ausgemacht.«

»Dann kommst du eben gerade recht.« Sie führte mich durch den engen Flur, der mit chinesischen Wandteppichen dekoriert war. »Ich bin gerade erst heimgekommen, Matty. Ich habe noch Mineralwasser gekauft.«

»Hoffentlich prickelt's.«

Als wir das Wohnzimmer betraten, fühlte ich mich, als träte ich in die Bühnendekoration einer romantischen Farce. Alle Zutaten für ein Schäferstündchen waren da beisammen: Auf jedem Tisch Vasen mit Blumen, Berge frisch aufgeschüttelter Kissen, und sogar der Duft von Shalimar kam von überall her und nirgends.

Fünfzehn Jahre lang war Edwina meine Idealfrau gewesen, und ich hätte es immer toll gefunden, mit ihr zu schlafen. Da sie mein Interesse nun endlich zu erwidern schien, stand ich ganz zu ihrer Verfügung, obwohl ich Kissen, Parfüm und das Ambiente eines östlichen Harems nicht nötig gehabt hätte. Nur Edwina und ich im All, frei schwebend, das wäre meine Vorstellung vom Nirwana.

Edwinas Phantasien vom Akt der Vereinigung sind, wie bei den meisten Frauen, durch Filme und Liebesromane koloriert. Wenn sie auch nur geahnt hätte, wie sehr ich sie begehrte, dann wäre sie in heller Panik geflohen. Also versuchte ich, kühl zu bleiben und die Rolle zu spielen, die mir zugedacht war.

»Meine Güte, was für schöne Blumen.«

»Danke.« Sie deutete auf den Couchtisch. »Da liegen die ganzen Fotokopien. Sie sind sehr wichtig, guck sie dir genau an.«

»Mache ich bestimmt.«

»Wenn du mich bitte entschuldigen willst«, sagte sie beiläufig. »Ich muß nur schnell aus diesen warmen Kleidern raus.« Und so wurde ich mit den wirklich wichtigen Papieren allein gelassen, während sie sich ins Schlafzimmer zurückzog.

Ich fand ihre Stereoanlage, stellte das Radio auf Joy 102 ein, um stimmungsvolle Musik zu haben, und ließ mich auf dem Sofa nieder, um ihr zu ersparen, mich dort hinmanövrieren zu müssen.

Als Edwina fünf Minuten später auftauchte, trug sie bloß ein schlichtes Baumwollteil und hatte ihre Strumpfhose ausgezogen. Gottlob. Diese Dinger mit einigem Anstand auszuziehen, ist unmöglich, selbst wenn die Frau dabei hilft.

Ich hatte ihre Notizen auf dem Couchtisch ausgebreitet und spielte meine seriöse Anwalts-Nummer. »Ich habe alle Alternativen geprüft, Edwina, und ich glaube, wir schaffen es am besten, wenn wir nur mit kalten, harten Statistiken argumentieren. Niemand kann für Glücksspiel sein, der erst mal verstanden hat, was in Atlantic City passiert ist.«

»Ja, das stimmt«, räumte sie ernsthaft ein. »Deswegen haben wir ja auch diese Anzeige in der *Times-Picayune* geschaltet. Um unsere Sicht darzulegen. Möchtest du was zu trinken?«

»Mhh. Das gleiche, was du trinkst.«

Sie trank Madeira aus einem Kristallglas. Ich nippte an meinem und lächelte, als würde ich langsam warm werden.

»Nur aus Spaß«, fragte ich, »wieviel hat denn die Anzeige gekostet?«

»Das war durchaus kein Spaß. Allein der Platz kostete 7413 Dollars... und 69 Cents.«

»Für eine nichtkommerzielle Anzeige an einem Werktag?«

»Wir haben eine ganze Seite genommen. Übrigens hat die Initiative bloß 6000 in der Vereinskasse. Wer soll den Rest bezahlen?«

»Sieht so aus, als ob ich's tun müßte, wenn du keinen anderen Geldsack findest.«

»Das ist überhaupt nicht deine Aufgabe. Wir werden es schon irgendwie auftreiben.« Und sie setzte sich dicht neben mich, schlang den Arm um meinen Hals und massierte ihn gefühlvoll.

»Du bist sehr angespannt, Matty. Du solltest ein bißchen entspannen.«
»Du hast recht«, kühl und leidenschaftslos gab es ihr Besucher düster zu. »Ich habe im Laden Inventur für das Ende der Saison gemacht, und dann habe ich mich noch mit voller Kraft in diese Initiative-Arbeit gestürzt. Tut mir leid. Ich muß langweilig sein.«
Sie ließ ein Kissen in meinen Rücken fallen. »Aber gar nicht. Ich bin unheimlich gern mit dir zusammen.«
»Danke, Edwina, du bist so warmherzig und verständnisvoll.«
Sie kam in Kußnähe, und ich berührte zögernd, als ob ich nicht anders könnte, ihre Lippen und dann, als ich ihr Einverständnis spürte, ihre Zunge. Als ihr Atem schneller ging, nahm ich ihre Brüste unter dem Kleid in die Hand. Sie waren vollkommen – so, wie Franzosen sie lieben. Sie würden genau in Champagnergläser passen.
Ich streichelte ihre Brustwarzen mit kreisenden Bewegungen, während ich die Stelle hinter dem Ohr, an dem der Puls schlägt, liebkoste.
»Weißt du, meine Schöne, was du da tust?«
Ich fühlte, wie ihre Brüste unter meinen Händen anschwollen.
Sie ermutigte mich mit Küssen, während sie mein Hemd aufknöpfte und mit ihren zarten schmalen Händen über meine Schultern fuhr.
»Ich wollte es schon lange.«
»Nicht halb so lange wie ich.«
Ich fühlte, daß ich die Sache in die Hand nehmen mußte, also nahm ich sie auf meine Arme und trug sie durch den Flur in ihr Schlafzimmer, und unterwegs hielt ich an, um tiefe Küsse zu tauschen.
Edwina wog kaum hundert Pfund, so daß ich, weil ich leidlich bei Kräften bin, die Bettdecke beiseiteziehen und sie hinlegen konnte, ohne daß es unbequem wurde. Mit einer Frau zu schlafen, erfordert die raffinierteste Choreographie, und jede Unterbrechung im Lauf der Dinge kann ihre Stimmung zerstören.
Ehe ich zu ihr ins Bett ging, langte ich nach meiner Brieftasche und schüttelte den Pariser heraus. Ihr Körper wurde steif, als sie dieses

zudringliche Zugeständnis an den gesunden Menschenverstand sah.

»Ist nicht nötig, Matty, ich verhüte.«

»Aber ich nicht. Und ich will auch nicht schwanger werden.«

Nachdem ich alle Liebeskünste angewandt hatte und mich überzeugt hatte, daß sie befriedigt war, fiel ich aufs Kissen und war nur einen Herzschlag vom Schlaf entfernt. Sie preßte sich gegen mich, ihr warmer Atem bewegte das Haar auf meiner Brust.

»Du bist ein sehr guter erotischer Techniker.«

»Danke, Madam. Ich gebe mein Bestes.«

»Matty? Wie lange kennen wir uns schon?«

Ich unterdrückte ein Stöhnen. Nach jeder Art von Geschlechtsverkehr sinkt mein Blutdruck derartig tief, daß ich in den meisten Bundesstaaten als juristisch tot gelten würde. Wenn diese Beziehung dauern sollte, müßte sie lernen, meine postkoitale Schlafsucht zu respektieren. Aber jetzt war ich gezwungen, da der Dame nach tiefsinniger Unterhaltung verlangte, ihr zu folgen oder für einen Schurken gehalten zu werden.

Ich nahm sie in meine Arme. »Ich weiß noch, wie ich dich das erste Mal sah. Mutter ließ mich dich auf dem Schoß halten, während sie deiner Tante Lorette den Tee einschenkte. Ich glaube, es war Spätsommer, weil die Myrte im Garten hinten blühte und die Fuchsien immer wieder auf deinen brandneuen rosa gestreiften Sonnenanzug fielen. Du hast sie immer aufgehoben mit deinen molligen kleinen Händen und hast gesagt: ›Hübws!‹

»›Hübws‹?« Edwina lachte und lehnte sich an meine Schulter. »Ich war drei, als ich diesen Sonnenanzug bekam. Und du warst sechs. Du warst fast wie ein älterer Bruder. Wie kommt es, daß wir nie miteinander geschlafen haben?«

»Ich wollte ja immer. Vielleicht wäre es für dich wie Inzest gewesen?«

»Vor ein paar Jahren schon, aber jetzt nicht. Wir haben als Bruder und Schwester angefangen und sind jetzt eben zwei erwachsene Leute, die eine Menge gemeinsam haben. Glaubst du nicht?«

Ich nahm beide Hände hoch, um ein Gähnen zu verbergen. »Keine Einwände.«

»Also, dann laß uns drauf aufpassen, ja? Ich meine, laß uns ... ja, uns öfter sehen.«

»Aber Darling, ich dachte, du hast schon einen festen Freund.«

»Du meinst Brad? Oh, ich habe ihn wegen dieser Arbeit in der Initiative getroffen, aber wir sind nur ein paar Mal ausgegangen.«

»Das wußte ich nicht.«

»Der Typ hatte so schlechte Manieren und überhaupt keine Ahnung, wie man eine Frau behandelt. Natürlich bin ich dann zu seinem Partner, Bill Oakes, übergewechselt.«

»Klar.«

Sie rollte sich auf meinem Solarplexus zusammen.

»Du, ich glaube, eine Frau hat den armen Brad umgebracht.«

»Weil er keine Manieren hatte?«

»Er hat einem noch nicht mal die Autotür aufgemacht, meine Güte.«

»Eine Frau hätte ihn nicht umbringen können, selbst aus einem so wichtigen Grund nicht. Nur ein Mann ist stark genug, hundertvierzig Pfund hochzuheben – totes Gewicht, und ihn in den Schrank zu hängen ... Erzähl mir mehr über dich und Bill.«

»Ach, wir haben uns nur gelegentlich verabredet.« Ein Zucken der nackten Schulter. »Er erzählte mir, daß er gerne reitet. Aber davon abgesehen, haben wir nichts gemein.«

»Ich habe Oakes bei der Bum Phillip's Show gesehen. Er ist schön wie die Nacht, und man nimmt an, daß er mit seinem Bauunternehmen Millionen verdient. Dein Junge hat noch was vor sich.«

»Auf seine Art, ja. Der alberne Mann bettelt, ich soll ihn heiraten, er schleppt sogar den Ring mit sich rum. Aber Bill hat keine Kinderstube, Matty. Er kannte mich erst eine Viertelstunde, und schon hat er mir erzählt, ich hätte wunderbare Beine.«

»Wie krude.« Ich unterdrückte ein Gähnen. »Er hätte deine Beine angucken sollen und sagen müssen, du hast wunderbare Augen.«

»Ja, aber er weiß es nicht besser. Und er setzt sich sogar hin und guckt sich Woody Woodpecker-Trickfilme im Fernsehen an.«

»Keine Kultur.« Meine Stimme versagte. »Ich stehe mehr auf Tom und Jerry.«

»Es kommt noch schlimmer. Im Bett ist er ein absoluter Nichts-

nutz. Ich nehme ja an, er gibt sich Mühe, der Arme. Aber er hat einfach nicht deine Begabung.«
»Vielleicht ist er zu stark hingerissen. Warum hast du nicht einfach ein bißchen Geduld und zeigst ihm, was du willst?«
»Das ist so mühselig«. Sie rieb meine Schulter. »Es muß instinktiv kommen, glaubst du nicht? Jedenfalls, du und ich, wir sind so gut zusammen, laß uns das nicht wieder verlieren.«
Ich küßte ihr Haar. »Laß uns auch nicht das Naheliegendste verleugnen. Oder hast du vergessen, daß ich schwul bin?«
Sie bekam Falten um die Augen. »Dein Ding kam mir eben ganz schön normal vor.«
Endlich ließ sie mich schlafen.

Als ich etwa zwanzig Minuten später aufwachte, hatte ich hämmernde Kopfschmerzen und war desorientiert. Es dauerte einige Augenblicke, bevor mir klar wurde, daß ich in Edwinas Haus war und daß das ihre kühle Hand auf meiner Stirn war.
»Geht's dir gut, Matty? Du hattest einen Anfall.«
Verdammt. Und noch mal verdammt!
»Bist du sicher?«
»Na ja, du hast so seltsame leise Tierlaute von dir gegeben und hast mit Armen und Beinen um dich geschlagen und Schaum vor dem Mund gehabt.«
»Das war's. Tut mir leid.« Ich versuchte, mich aus dem Bett zu rollen, aber schaffte es nicht.
»Sag mal« – sie biß auf ihre Handknöchel – »ist es gemein, das jetzt zu fragen... aber ist das erblich?«
»Was?« Mein Hirn versuchte, sich wieder in Gang zu setzen. »Die Epilepsie? Nein. Ich bin als Kind gefallen.«
»Oh gut!« Sie klatschte, und schlug dann schnell die Hände über den Mund, um ihn zuzuhalten. »Entschuldige. Ich wollte bloß wissen, ob es deine Kinder nicht auch kriegen.«
»Jeder kann es kriegen. Aber es ist nicht ansteckend. Wirf mal meine Hose rüber.«

Bis um sieben hatte ich es nach Hause in die Esplanade Avenue geschafft. Ich kam durch die Tür und warf meinen Mantel auf den Flurtisch.

»Robin? Ich rieche Rauch!«

Offensichtlich riß mein ärgerlicher Ton ihn aus einer schmollenden Erstarrung. Er rollte sich von der Wohnzimmercouch und hielt seine kleine Nase zum Riechen hoch. »Nichts angebrannt. Oh, du meinst den Zigarettenrauch.«

»Und ich meine: Woher kommt der?«

»Ich war's nicht, Matty. Du weißt, ich gebe mich nie mit Tabak ab. Frag mal Sigrid, sie ist noch da hinten.«

Die Angeschuldigte kam aus der Küchentür und hielt ein Geschirrtuch, als ob sie gerade sinnvoll beschäftigt gewesen sei, aber es war trocken und noch zusammengefaltet. Und sie sah grauenhaft schuldbewußt aus.

Ich nahm meine strengste Haltung ein.

»Als du diese Arbeit übernommen hast, hast du mir gesagt, du rauchst nicht!«

»Habe ich auch nicht, Mister Matt. Ich meine, tue ich auch nicht. Ehrlich. Aber ich hab nur rumprobiert, was. Ich meine, nur ein Mal. Ich habe diese Zigarette da auf der Straße gefunden und dachte, ich versuch's mal. Aber ich hab nur angemacht und dann wieder ausgemacht.« Sigrid hatte mich zuvor schon häufig angelogen, und wie üblich waren ihre Ausreden derart kraus und hirnlos, daß nur ein Experte für gehobenen Schwachsinn sie hätte deuten können. »Ich finde es furchtbar«, blubberte sie weiter. »Das ist nix für mich. Nicht sauer werden, bitte.«

»In meinem Haus wird nicht geraucht, Sigrid!«

»Ja, Sir, Mister Matt. Ich meine, nein. Nicht rauchen. Ich schwöre, ich mach's nicht noch mal.« Und sie wich in die Küche zurück, weg von meinem heiligen Zorn.

Robin sagte: »Du hättest sie gar nicht eingestellt, wenn du gewußt hättest, daß sie raucht.«

»Genau.«

»Schmeißt du sie raus?«

»Nein, das heißt, noch nicht.«

»Ich bin froh, daß du ihr noch mal eine Chance gibst«, sagte er.

»Sie kann ja nichts dafür, daß sie in einem unzivilisierten rassistischen Land aufgewachsen ist.«

»Wie bitte?«

Ich hätte nicht nachfragen sollen, weil ihn das bloß ermutigte, mehr dieses Jargons der Westküstenliberalen zu ventilieren, dieser sonnigen Region, wo jedermann nobel, jesusähnlich und mittelklassig ist.

»Du kannst ja auch nichts dafür, daß du ein Südstaatler bist und deine Vorfahren Sigrids in Ketten hierhergebracht haben. Aber wenigstens versuchst du dreihundert Jahre Unterdrückung mit diesem Job wieder gutzumachen. Wie sollte sie auch sonst aus dem Teufelskreis von Fürsorge und Armut herauskommen?«

»Kommt sie auch gar nicht. Aber es gibt einen Hoffnungsschimmer. Mir fällt auf, daß sie extra lange dableibt, um die Küche fertig zu machen.«

»Sie kam übrigens auch spät. Ich mußte bis zwei warten, um sie reinzulassen. Dann bin ich zum Ausverkauf bei Brooks Brothers gegangen, aber um fünf war ich zurück, um sie zu beaufsichtigen.«

»Beaufsichtigen? Ein guter Vorarbeiter liegt nicht lässig auf dem Rücken.«

»Als Vorarbeiter empfehle ich dir, Blanche zu feuern. Sie hat die Hintertür ganz furchtbar zerkratzt.«

»Die haben wir gerade frisch gestrichen!« Ich zischte durch die Küche, wo Sigrid das Geschirr so heftig abwusch, wie sie noch nie im Leben abgewaschen hatte. Vielleicht hatte sie sogar Spülmittel genommen.

Ich stieß die Fliegentür zum Hof auf, um den Schaden zu begutachten. Der Fliegendraht war in seine Bestandteile zerlegt, und tiefe Kratzer waren auf dem Anstrich, der eine Woche alt war. Es sah so aus, als hätte Blanche eine gute Stunde lang ihre Nägel an der Hintertür gefeilt.

»Blanche! Wo bist du?«

Unser Untermieter, der Boxer, hörte den Mißton in meiner Stimme und kam in die Küche geschlichen, ihr Bauch hing so tief, daß sie einen Limbowettbewerb hätte gewinnen können. Ich zeigte auf das Zerstörungswerk.

»Warst du das?«

Sie senkte ihren Quadratschädel und grummelte leidend vor sich hin, bis ich merkte, daß ich mich mit der falschen Hündin abgab. Ich drehte mich um und sprach zur wahren Missetäterin.

»Sigrid? Warum hast du Blanche so lange im Hof gelassen?«

»Na ja, ich bin einkaufen gegangen, Mister Matt. Sie brauchten Gemüse, und der Hund hat draußen so friedlich geschlafen, daß ich sie da gelassen habe. Habe gedacht, das schadet nicht. Hat ja auch nicht.«

»Schadet nicht? Blanche ist ein Wachhund. Sie kann nicht arbeiten, wenn sie ausgesperrt ist.«

»Tut mir echt leid.«

»Eine ganze Einbrecherbande hätte hier drin alles auseinandernehmen können, und Blanche hätte nur...«

An der Tür kratzen können.

Ich machte eine schnelle Inventur in allen Räumen – Fernsehen, Stereoanlage, Bargeld... Es schien nichts zu fehlen. Professionelle Einbrecher hätten sich keine Mühe gegeben, so sauber zu arbeiten. Und was den Amateur betraf, der am ehesten in Frage kam, machte ich mir nicht vor, daß Sigrid zu ehrlich war, um zu stehlen, aber sie hätte die Sicherheit gebraucht, daß sie nicht erwischt wird. Außerdem wußte ich, wo sie, ihre Mutter und ihre sieben Kinder wohnten.

Ein lautes und aufgeregtes Bellen unterbrach meine düsteren Spekulationen. Blanche rannte im Flur herum, außer sich vor Wut, weil ein Schwarzer draußen vor der Eingangstür stand.

Lewis Wofford hatte es nicht nötig zu klingeln. Sein kaum mehr tragbares Riesenradio spielte eine Janet-Jackson-Platte derartig laut, daß die Fenster zerspringen konnten.

»Sigrid, du wirst abgeholt«, rief Robin unnötigerweise.

Sie kam in einer Sekunde aus der Küche und zog ihr Fuchsimitat an. »Bin am Montag wieder da, Mister Matt.«

»Wir freuen uns schon.« Ich öffnete die Haustür und sah zu, wie sie den Gartenpfad zum Tor hinuntereilte, wo ihr Freier seine Leidenschaft bewies, indem er das Radio von der rechten auf die linke Schulter hievte, damit er sie einhaken konnte.

Wofford war so dürr wie Sigrid fett, trug einen grünen Anzug und zog ein Bein leicht nach. Ein Möchtegern-Dandy. Daß sie einander verdienten, war das Schlimmste, was man über sie beide sagen konnte.

Wir hatten nicht vor, noch einmal auszugehen, also verriegelte ich die Tür, legte die Kette vor und ging dann zu Robin rein, der wieder in der Horizontalen war.

»Sag mal, Liebster. Du begrüßt deinen Kerl wohl nicht mit einem anständigen Drink wie jede gute Hausfrau?«

Er raffte sich hoch. »Ja, Meister. Sofort.« Aber er bewegte sich absichtlich langsam zur Bar. »Du denkst wohl nie daran, daß du zuhause um fünf Uhr fünfzehn erwartet wirst? Ich habe so lange auf dich gewartet. Du hast nicht angerufen. Du hast nicht geschrieben. Ich hatte Angst, daß dir was passiert ist.«

»Ich war bei Edwina ganz gut aufgehoben.«

»Ach ja?« Er schenkte den Bourbon ein, und schüttete als heimtückische Sabotage dann zuviel Bitter rein. Die Macht der Ohnmächtigen. »Was hast du denn mit Edwina gemacht, das so lange gedauert hat?«

»Wir haben über Initiative-Sachen gesprochen. Dann haben wir zusammen geschlafen, und sie hat gesagt, ich sollte ihr fester Freund werden. Dann hatte ich einen Anfall.«

Er erbleichte. »Das ist schrecklich!«

»Schon der zweite in drei Tagen. Du trägst am besten mal meine Pillen in die Apotheke und läßt sie von Sam untersuchen.«

»Ich habe gar nicht gemeint, daß der Anfall so schrecklich war. Wie konntest du sie bloß vögeln?«

»Auf die übliche Art.« Dann merkte ich, daß er vollkommen erschüttert aussah. »Edwina ist eine faszinierende Frau. Ich bete sie schon seit Jahren an.«

»Oh Matty!«

»Tut mir leid, mein Kätzchen. Ich hätte es dir gar nicht erzählen sollen.«

»Das Erzählen ist nicht das Problem, daß du es tust, ist furchtbar.«

Er war endlich fertig mit dem Cocktail und gab ihn mir.

»Das ist eine dumme Idee, daß du ihr fester Freund werden sollst. Ich hoffe, das hast du ihr gesagt.«

»Nein. Ich habe ihr gesagt, ich stehe zur Verfügung.«

»Was!« Es platzte aus ihm heraus. Er mußte noch mal anfangen. »Sie ist eine Frau!«

»Das ist mir nicht entgangen. Aber Edwina ist eine ganz besondere Frau, und es ist wunderbar, mit ihr zusammen zu sein.«

»Das ist die Midlife-Crisis, Matty. Du wirst grau und denkst, du müßtest endlich normal werden.« Er schenkte sich einen Schuß Kakaosirup ein und verdünnte ihn mit der gleichen Menge Milch, so stark, wie man es für die orale Einnahme gerade eben vertragen kann. Es hätte mich nicht gewundert, wenn er sich das Zeugs injiziert hätte.

»Und ich mache mir Sorgen«, klagte er. »Warum mache ich mir Sorgen? Du hast mir diese Hölle ja schon mal angetan.«

»Was quatschst du da?«

»Du und diese Frauen. Alle paar Monate kriegst du diese Appetitschübe auf Torten, aber es dauert ja nie länger als zwei Wochen.«

»Zwei Wochen?« Ich war zu faul oder zu stolz, mir mehr Bourbon in den Sazerac zu gießen, und trank ihn so.

»Seit ich mit dir zusammen bin, gab es diese Sekretärin, Brandi. Da hast du erst mal ordentlich was hingeblättert, um ihr eine neue Garderobe in deinen geliebten Herbstfarben zu kaufen.«

»Das waren ihre Lieblingsfarben. Und hast du vergessen, daß sie mir mal das Leben gerettet hat?«

»Dann war da noch dieser fette Operettenstar, die mit dem Symphonieorchester hier war. Eine ganze Woche lang bist du ihr wie ein Idiot hinterhergelaufen, ganz der tänzelnde Leibdiener.«

»Wenn du bloß was für Koloratur übrig hättest, würdest du sie nicht ›fetter Operettenstar‹ nennen.«

»Ich weiß noch, wie du sie aus der Telefonzelle raushebeln mußtest.«

»Das habe ich gern getan. Du hättest sie mal hören sollen: ›Meine Lippen, sie küssen so heiß.‹ Absolut berückend.«

»Dein Konto hat sie auch bezaubert. Das antike Schränkchen mit den goldenen Zierleisten, das du ihr gegeben hast, war einen ganzen Monatsgewinn wert.«

»Die Dame schaffte immer noch einen halben Ton höher, was eine Menge mehr wert ist.«

»Von mir aus kann sie mit der Votze pfeifen.« Er stürzte seine Schokolade runter. »Immerhin machte sie dann ja mit ihrer Tournee weiter, und du kamst zu mir zurück. Und wieder zu Verstand.« Er schlug die Hände zusammen und blickte mich bettelnd an. »Ich wünschte mir nur, daß ich nicht immer und immer wieder durch dieses absolute Elend hindurch müßte.«

Auf dieses Stichwort hin wich ich in den Flur zurück. »Abracadabra, weg mit dem absoluten Elend!« Mit einem Zauberer-Tusch zog ich die verzauberte weiße Schachtel aus ihrem Versteck unter meinem Mantel. Robins große braune Augen leuchteten auf, als wäre in seinem Kopf eine Wunderkerze angezündet worden.

»Ooh, Matty, du hast mir was mitgebracht! Lecker!«

Robin in einem Sumpf voller Krokodile, auf einer Eisscholle in der Arktis oder tief in der Hölle: Wenn er französisches Gebäck von La Marquise ißt, kann Robin nicht unglücklich sein. Er rannte nach Tellern und Gabeln, während ich nach der Fernbedienung griff.

»Gibt es was Besonderes?« rief ich von meinem Fernsehsessel aus, dem Sitz aller Autorität.

»Ein fabelhafter Film auf WGN um neun. ›Spartacus‹!«

»Ich kann's gar nicht abwarten.«

Wir sehen uns ›Spartacus‹ an, so oft wir können, bloß um Tony Curtis als Gaius zu sehen. Er war mit 34 noch jungenhaft und schön, seine unbehaarte Brust und die riesigen blauen Augen verliehen ihm Jugend und unschuldiges Aussehen. Und wie immer gab es einen kleinen Schönheitsfehler, den mißtönenden Akzent aus der Bronx. Robin und ich beugten uns vor, um alles gut mitzukriegen, als der tunikabekleidete »römische Sklave« Kirk Douglas als aufständischem Spartacus seinen Beruf mitteilte.

»Üch sünge Lüder.«

Dann hatten wir das Vergnügen, Curtis' »Lüd« zu hören, eine beinahe eintönige Rezitation, die im Tonfall New Yorker Arbeiter vorgetragen wurde. Die anderen Schauspieler in der Szene taten so, als hörten sie den reinen Tenor von John McCromick in seinen besten Zeiten trillern.

Der Film war 1960 rausgekommen, und offensichtlich hatte ihn damals niemand kitschig gefunden.
Nach dieser anfeuernden Szene ging ich in die Küche, um ein bißchen Kohl aufs Feuer zu werfen, aber Robin rief mich für den Höhepunkt zurück. Als sie gezwungen werden, als Gladiatoren gegeneinander zu kämpfen, liefern Douglas und Curtis sich etwas drittklassiges Fechten. Douglas verheddert sich irgendwie und muß den tragischen tödlichen Stich tun, so daß er schließlich seinen sterbenden Freund im Arm hält. Und während Curtis daliegt und sein Blut in den römischen Staub fließt, schaut er auf in die Augen seines Gefährten und sagt seine unsterblichen letzten Worte.
»Ück lübe düch, Sportakuhs.«
Robin und ich lachen dann immer, bis uns alles wehtut, und schalten ab. Der Rest des Films ist dann bloß noch heterosexuelles Gefasel und eine absolute Hängepartie.

SECHSTES KAPITEL

Mittwochnachmittag, 8. März

Nach dem Mittagessen fand ich Robin draußen vor dem Mercedes vor, wo er sich die Zeit damit vertrieben hatte, mit dem Radio herumzuspielen, das einzige Teil des Autos übrigens, das er sicher und ohne jedes Mißgeschick handhaben konnte.
Als ich die rechte Tür öffnete und mich auf dem Beifahrersitz niederließ, tippte er sich an eine imaginäre Chauffeursmütze.
»Wohin, Boss?«
»Zu den Eisenhardts. Du weißt doch, sie haben uns zum Reiten eingeladen.«
»Auf dem Pferd?«
»Worauf sonst? Auf einem Fisch? Es gibt nur eine Sorte Reiten.«
Er fuhr uns North Rampart hinauf, in Richtung Elysian Fields.
»Nichts für mich. Ich passe. Ich dachte, du hättest dir diese komischen engen Hosen angezogen, weil du dich gern verkleidest.«

»Ich trage diese Hose nicht als Verkleidung, sondern weil sie keine Nähte hat, die kneifen können.«

»Und diese Nazistiefel?«

»Damit meine Füße nicht durch die Steigbügel schlüpfen.«

»Wenn du es sagst.«

»Wenn man über Land geschleift wird, nur mit einem Fuß im Steigbügel, dann ist das sowohl peinlich als auch unbequem.«

»Ist ja gut, hab' ich doch gesagt.«

Der Tourist vor uns hielt an, wo gar kein Stopschild war, um sich die Karten zu legen. Ich langte hinüber, um ihn aus seinen Tagträumen herauszuhupen, und wir fuhren weiter.

»Gerade zu auf der I-10 bis zum Damm. Wir müssen über den See.«

»Oh Mann, da war ich nie.«

Auf der anderen Seite des Sees liegt St. Tammany Parish, zu erreichen über die 30 Kilometer lange Lake Pontchartrain-Brücke, die längste sechsspurige Brücke der Welt. Die beste Zeit zum Rüberfahren ist in der Abenddämmerung, wenn der westliche Himmel sich pink, orange und purpur einfärbt. Und suchen Sie sich jemanden, der Sie fährt, weil die Aussicht berauschend ist, kurz bevor die Sonne untergeht.

Ich versuchte mich unterwegs in pädagogischen Kommentaren.

»St. Tammany ist die Hauptstadt der Yuppies in Louisiana. So was wie das Marin County im Süden.«

»Das richtige ist bei uns«, behauptete Robin.

»Unser Freund Eisenhardt hat in den frühen Sechzigern 20 Hektar Wald gekauft, als man es noch für einen Appel und ein Ei kriegte, und hat sich aus der Wildnis ein Zuhause gerodet. Und dann, vor zehn Jahren, als es mit der Innenstadt bergabging –«

»Du meinst, mit der Rassenintegration?«

Ich ignorierte die liberalen Anzüglichkeiten. »– wurde es immer enger, und es gab mehr Kriminalität. Es kamen nicht mehr genug Steuern rein. Mit den Schulen wurde es immer schlimmer –«

»Weil es auch da Rassenintegration gab?«

»Zuerst hatten wir guten Südstaatler einen Ausweg gefunden. Im selben Jahr, als die Schulbehörde Schwarze und Weiße gemeinsam unterrichten mußte, trennte man nach Geschlecht. Sie haben ›getrennte, aber gleichwertige‹ Schulen für Jungen und Mädchen aufgemacht.«

»Verstehe. Damit deine Tochter nicht mit einem Schwarzen verkehrt.«

»Wenn ich eine Tochter hätte, würde sie zum Heiligen Herzen gehen und hätte überhaupt nichts mit Jungen zu tun.«

»Du klingst, als würdest du es ernsthaft überlegen – eine Tochter zu bekommen.«

»Ich kann gar nichts bekommen. Meine Gebärmutter hat einen Knick. Aber wir schweifen ab.« Ich beobachtete, wie die zahmen Enten sportlich durch die hohen, sich brechenden Wellen paddelten und zählte bis zum dritten Kilometerstein. »In den späten Siebzigern ärgerte sich eine Mutter über die schlechtere naturwissenschaftliche Ausbildung in der Mädchenschule und klagte, damit ihre Tochter in die Jungenschule gehen konnte.«

»›Getrennt, aber gleich‹ war dann doch nicht so gleich?«

»Vielleicht nicht, aber es war eine Möglichkeit, mit dem Problem fertigzuwerden. Dann mußten eben alle Schulen wieder koedukativ werden. Und natürlich reichte es der Mittelklasse bald, und sie flüchtete aus der Stadt. Eine beträchtliche Zahl zog hierher, weil die Landschaft schön ist und das Wasser frisch aus einer Quelle kommt. Und hier konnten sie eine neue lebendige Vorstadtgemeinde gründen.«

»Mit anderen Worten, ›Schwarze ausgeschlossen‹.«

»St. Tammany ist sehr schick geworden in der neuen Möchtegern-Elite – ob schwarz oder weiß.«

»Aber meistens –«

»Ist doch egal.«

Wenn Robin über Kinder und Integration weiter rumzirpen wollte, sollte er doch mit sich selber reden. Ich schob meinen Sitz zurück und sah die Kilometersteine und Enten vorbeisausen, bis wir am anderen Ende in Mandeville angelangt waren. Aber unser Ziel lag noch knapp 30 Kilometer weiter.

Das beträchtliche Eisenhardt-Anwesen liegt tief im Bayou. Cowboy braucht all das Land für sein Geschäft, das hauptsächlich mit

Tieren zu tun hat. Er versorgt, trainiert und zeigt Pferde und ist in der Gegend der Fachmann für alles, was da atmet, vom Reptil bis zum Primaten.

Sein zweites Unternehmen besteht im Zeugen und Aufziehen von Kindern.

Vor zwanzig Jahren gab es hier nicht mal eine Straße, und die jetzige verdient diesen Namen auch kaum. Mein Fahrer schien sich jeden Hügel und jeden Stein auf dem Weg genau eingeprägt zu haben, weil er keinen ausließ. Ich hielt mich mit beiden Händen am Sicherheitsgurt fest.

»Robin, dieser Weg ist gefährlich!«

»Deswegen fahre ich ja, so schnell ich kann, damit ich wieder runterkomme.«

Einen Moment lang bereute ich, ihm das Steuer überlassen zu haben und konnte mir durchaus vorstellen, daß ich selbst während eines krampfigen, schäumenden Anfalls sicherer gefahren wäre.

Meine Knöchel waren blau vor Anspannung, als wir den baumgesäumten Privatweg zu unserem Ziel, einem zusammengewürfelten Gebäude aus rohem, befleckten und gestrichenen Holz, herauffuhren. Eisenhardt hatte das Land selbst gerodet und das Haus und die anderen Gebäude selbst gebaut. Als dann später die Familie wuchs und Anbauten nötig wurden, schlossen sich seine älteren Söhne der Baukolonne an.

Missy begrüßte uns, als wir vorfuhren. Sie ist Cowboys dritte und jüngste Frau. (Und jetzt die einzig rechtmäßige.) »Hallo, Matty!« Sie winkte nur mit Fingern, weil sie beide Arme brauchte, um ihre Last, ein sehr großes Baby, zu tragen, das so blaß und blond war wie sie. »Charles ist draußen und baut einen Pferch. Geht nur rein und setzt euch.«

»Danke, machen wir.«

Ich hatte Missy vor zwei Jahren das erste Mal gesehen, als sie gerade sechzehn war und aus irgendeinem hohlen Baum in Kentucky kam. Ich war von ihrem fragilen Porzellangesicht mit diesen enormen Augen, das Ähnlichkeit mit einigen schäbigen alten Keene-Gemälden hatte, sehr beeindruckt.

Missy war aus dem Trailway Bus gestolpert, um ihr Glück in New

Orleans zu machen, und hatte all ihre weltlichen Besitztümer in einer braunen Lebensmitteltüte. Weil sie zu jung war, um drinnen zu arbeiten, hatte sie sich in derselben Nacht noch auf die Straße begeben, um das zu verkaufen, was sie zu verkaufen hatte – ihren zarten und schlecht ernährten Körper. Das Mädel hatte weder anständige Klamotten noch irgendwelche Lebenserfahrung, deshalb kriegte sie nur 20 Dollar pro Nummer. Und selbst das bißchen wurde ihr meistens noch geklaut. Sie hätte das Geschäft des Überlebens sicher irgendwann gelernt – oder wäre beim Versuch ermordet worden –, aber ihre verwahrloste Ungelenkheit weckte aus irgendeinem Grund Cowboys Retterinstinkt, und er nahm sie in seinem Haushalt auf.

Inzwischen hatte Missy einige gesellschaftliche Umgangsformen von ihren Mit-Ehefrauen gelernt und kleidete sich in der Öffentlichkeit mit einigem Schick. Aber daheim lief sie immer noch barfuß herum und ließ ihr taillenlanges Haar wild und zerzaust.

Ein dunkler und stämmiger Jugendlicher öffnete die Tür, ganz offensichtlich das Produkt von Cowboys zweiter Frau Carmen, einer feurigen halbindianischen Schönheit, die er in den frühen Siebzigern bei den mexikanischen Rodeos getroffen und geheiratet hatte. Die Señora hatte ihm fünf Kinder geboren und war mit den Jahren draller geworden, aber sie hatte immer noch ihre exotischen Reize.

Das Haupthaus war geschmackvoll in verschiedenen Stilen aus mehreren Epochen eingerichtet, die sich jedoch miteinander vertrugen. Ein erfreulich großer Teil der Möbel stammte aus *New Traditions*. Ich hatte über die Jahre Eisenhardt einige enorme Rabatte gegeben, obwohl er den Grund dafür nicht kennen konnte.

Wir wurden zum großen Erker des Wohnzimmers geführt, von dem aus man die Ställe und Pferche sehen konnte. Ich schob ein *Quarter Horse-Journal* beiseite, um Platz zu haben und setzte mich bequem hin. Durch das große Panoramafenster konnte ich Cowboy persönlich sehen, wie er einen Baumstamm so leicht auf der Schulter trug wie ich eine Angelrute.

Ein hübscher, ungefähr sechsjähriger Junge hüpfte rüber zur Küche und öffnete eine komplett ausgerüstete Bar. Er war rothaarig, mußte also Jessica gehören. Ich nahm nur der Form halber eine Flasche Limo und dankte ihm freundlich. Dann sah ich sie. Seine Mutter.

Jessica Clouet Eisenhardt ist die älteste Ehefrau und die einzige, die mir persönlich gefallen würde. Sogar in ihren Stallkleidern – Jeans und blaues kariertes Baumwollhemd – war ihre Raffinesse unverkennbar.

Ich sprang auf, um ihr die Wange zu küssen.

»Es freut mich, dich zu sehen, Jessica. Das ist mein Freund Robin Fearing.«

»Tag, Robin.« Sie streckte eine sonnenverbrannte Hand aus. »Reitest du heute mit uns?«

»Oh nein. Ich habe Angst vor Pferden«, erzählte ihr Robin. »Du kriegst mich auf keins drauf.«

»Kümmer dich nicht um ihn. Der Junge ist vom Karussell gefallen, als er drei war«, behauptete ich.

Unsere Gastgeberin lächelte. »Macht ja nichts. Hier gibt's genug zu tun, ohne daß man auch nur in die Nähe von Pferden kommt. ... Tippy? Komm mal her.« Der Sechsjährige reagierte mit einer Aufmerksamkeit, die heutzutage bei Kindern selten ist. »Warum zeigst du nicht Mr. Fearing ein paar von Papas Trophäen?«

»Ja, Madam.«

Robin zuckte über seine Entlassung die Schulter und begleitete Tippy in die Asservatenkammer neben den Ställen, wo die Rodeotrophäen aus zehn Jahren aufbewahrt wurden. Ich war dankbar, mit der Burgherrin allein zu sein.

Jessicas rote Haare waren grau und verblichen und ihr Gesicht von Tagen und Jahren in der Sonne gezeichnet, aber die Knochen waren klassisch und die Schönheit dauerhaft. Sie schob eine Tizian-Locke zurück und führte mich durch die Küche nach draußen.

»Wie hältst du dich, Matty?«

»Immer gleich, Liebes. Bei mir hat sich nichts geändert.«

»Das glaube ich.« Sie zog eine Augenbraue hoch. »Dein Freund Robin ist süß.«

»Sie sind alle süß.«

»Und trotzdem hoffe ich immer noch auf irgendeine Heiratsanzeige aus deiner Ecke, und wenn es nur deshalb ist, weil du der letzte Sinclair bist.« Ich kam ihr näher, atmete Stallduft und erinnerte mich an die Zeiten, als sie nach Jasmin roch.

»Vielleicht doch. Ich habe die Möglichkeit einer kommenden Generation noch nicht ganz ausgeschlossen.«

»Gut. Ich bin froh, daß es noch Hoffnung gibt.«

»Chuckie macht die Pferde für uns fertig. Die meisten unserer Pferde sind auf englischen Stil trainiert, aber Charles versucht immer noch, alle zum Western-Stil zu bekehren.«

»Es wäre leichter, mich zum Diesel zu bekehren, Liebes. Auf diesem 34-Pfund-Western-Sattel zu reiten ist so, als läge man in einer Wiege hinten in einem Lieferwagen. Es ist einfach zu viel zwischen Pferd und Reiter.«

»Das sage ich ihm auch immer. Ich bin froh, daß die Jungen alle englisch reiten – hauptsächlich, weil sie gern Hindernis springen.«

»Ohne von diesem Sattelknopf durchbohrt zu werden.«

Ich folgte ihr durch die alte Stalltür, über die Cowboy ein altes Hufeisen genagelt hatte, die offenen Enden nach unten, damit das Glück auf jeden fallen konnte, der drunter herging.

Fast alle dreißig Boxen in Eisenhardts Stall waren mit geschmeidigen und gut gepflegten Wettbewerbstieren besetzt, über manchen hingen noch die letzten Preise. Jessica ging eine Seite entlang bis nach hinten, hielt einen Moment an, um einem schwarzen Wallach die Nase zu streicheln. Dann, alles mit einer einzigen Bewegung, hob sie einen neunzig Pfund schweren Sack mit Maisfutter hoch und hievte ihn auf die Schulter. Ich eilte, ihr beizuspringen, aber sie trug ihn selbst und ignorierte meine helfenden Hände.

»Das ist doch nichts, Matty. Ich bin's gewöhnt.« Sie ließ den Sack runter, zog ein Taschenmesser aus ihren Jeans und klappte es auf. »Warum erzählst du mir nicht den neuesten Klatsch, wenn du schon hier bist?«

»Was gibt's denn zu erzählen?«

Sie nahm das Messer, um den Sack zu öffnen, und leerte ihn dann mit so leichter Hand in ein Stahlgefäß, wie andere Frauen Zucker in den Kaffee löffeln. »Wenn man Bettys Kolumne glaubt, dann sind Edwina Devon und du ja ein großes Gesprächsthema.«

»Seit wann liest du denn Bettys Kolumne? Du hast doch diese Kreise vor zwanzig Jahren hinter dir gelassen.«

Ja, es war zwanzig Jahre her.

Sie hatten sich bei der Fernsehshow für die Augenbank im Frühling 1966 kennengelernt. Jessica war eine der hübschen kleinen Schülerinnen vom Telefondienst gewesen, die Spendenzusagen aufnahmen. Eisenhardt tauchte als der farbigste und beredsamste »Gaststar« auf. Gemeinsam hatten sie Tausende für die Augenbank zusammenbekommen und die Temperatur im Studio an diesem ersten verzauberten Abend beträchtlich hinaufgetrieben.

Ich erinnere mich noch an den Aufschrei, als später in diesem Sommer Eisenhardt die Tochter einer unserer besten Familien zur Braut nahm. Die Clouets hatten zwar kein Geld mehr, aber ihr Name war immer noch bedeutend. Die Liebe der Debütantin zu dem Rodeo-Star galt als die Mesalliance der Saison.

»Ich esse keinen Brunch mehr bei *Brennan's* und trinke auch keine Daiquiries mehr unter Teri Chases Haartrockner. Aber manchmal erwische ich mich dabei, daß ich die Gesellschaftsseite lese. Das ist alles, was mich noch mit meinem alten Leben verbindet.« Sie lachte ein bißchen schuldbewußt. »Das reicht mir auch. Ich bin sehr glücklich hier, weißt du.«

»Das freut mich, Jessica.«

»Oh Matty, du kannst wohl nicht verstehen, wie das mit Charles ist. Er ist der sanfteste Mann, den du dir vorstellen kannst.«

Ich hatte gerade aus der Stalltür hinausgeschaut und gesehen, wie der sanfteste Mann, den ich mir vorstellen konnte, einen Eichenstamm glatt in zwei Teile zerlegte, mit einem einzigen Hieb seiner Doppelaxt. »Mhh. Das glaube ich.«

»Und wir haben die Kinder, die Pferde, das Land …«

»Und eine Menge Gesellschaft.«

»Das auch, ja.« Sie lächelte. »Mein Mann sorgt für uns alle. Es ist für alle genug da.«

»Du siehst glücklich aus, Liebes. Das ist das Wichtigste.«

Sie tat es wirklich.

Ihr ältester Sohn, Chuck, führte ein lebhaftes braunes Vollblut mit keck geflochtener Mähne und Schwanz durch den Gang.

»Das ist Edwinas Springpferd, Cricket. Sie sagte, du wolltest sie heute nachmittag ausführen.«

Ich mußte hinauflangen, um ihr Zaumzeug zu prüfen, das Pferd war beeindruckende 68 Zoll groß. »Cricket und ich sind alte Freunde. Wir werden uns gut verstehen.«

»Dann weißt du ja auch, daß sie zu unseren vornehmeren Gästen gehört. Cricket hat im letzten Jahr den ersten Preis beim Springturnier in Pin Oak gewonnen.«

»Sie bezahlt praktisch für sich selbst. Edwina hat ein gutes Urteil bei Pferden.« Ich ließ meine Hände automatisch über den Sattelgurt fahren, der eng anlag. Die Eisenhardt-Jungen sind alle gute Stallburschen.

»Aber sie ist ein bißchen unvorsichtig, wenn du mich fragst.« Jessica prüfte Crickets Zaumzeug und schnalzte. »Du weißt doch, wieviel Temperament dieses Mädchen hat. Ich würde nur einen guten Reiter auf ein Pferd wie sie lassen, und ich hätte auch gern vorher einen Beweis für seine Erfahrung.«

»Ja klar. Also?« Ich zog den linken Steigbügel unter meinen Arm, um ihn zu messen und um ihn durch eine Schlaufe zu ziehen. Dann ging ich herum und tat das gleiche auf der rechten Seite, während Cricket ihre Mähne schüttelte, ungeduldig, nach draußen zu kommen.

»Und gestern hat uns Edwina diesen Freund von ihr geschickt, Billy Oakes. Sie wollte, daß er Cricket reitet.«

»Na ja, er ist groß und sie ist ein großes Pferd. Sie passen gut zusammen. Und er soll ein guter Reiter sein.«

Jessica hob eine ihrer exquisiten Augenbrauen. »Matty, als Chuck dieses Pferd rausließ, guckte sich Mister Oakes das Sattelzeug einmal an, und ihm fiel der Kiefer runter. Jesus, der Mann reitet doch nur Western.«

»Edwina ist immer sehr behütet gewesen. Über Western hat ihr niemals jemand was erzählt.«

»Na, und Cricket ist nie daran gewöhnt worden, die Zügel über Kreuz zu haben, so mußte Chuck zurück und Top Man satteln.«

»Top Man ist daran gewöhnt, mit Cowboy zu reiten, also dürfte Bill Oakes kein Problem für ihn gewesen sein.«

»Nein, Bill fand ihn wunderbar – er wollte sogar versuchen, ihn uns abzukaufen. Kannst du dir das vorstellen? Charles würde eher eines der Kinder verkaufen.« Sie verscheuchte eine freche Fliege von der Stute. »Wir sind noch nicht fertig mit der Hindernisbahn. Aber zum Ausprobieren reicht's. Willst du heute springen?«

»Ich bin in der Stimmung. Cricket kennt ja die ganze Bahn, oder?«

»Wie ihren Huf. Ich bin froh, daß du wieder anfängst. Ich weiß noch, wie du der beste Reiter vom Southwest Circuit warst. Vor dem Unfall ... Arme Domina.«

Das bezog sich auf einen garstigen Frühlingsmorgen; wir waren beide sechzehn. Jessica hatte gesehen, wie mein Hannoveraner Springpferd, Domina, mitten über einem 1,20-Meter-Hindernis die Nerven verlor und uns beide in den Schlamm warf.

»Niemand würde dir Vorwürfe machen, wenn du das Reiten ganz aufgegeben hättest. Du warst ja sechs Wochen im Krankenhaus und kamst mit einem bleibenden Schaden wieder raus.«

»Ich beschwere mich nicht über die Epilepsie. Immerhin hat sie mich vor Vietnam bewahrt.«

Das Schlimmste war, daß die herrliche Domina ihr Bein gebrochen hatte und getötet werden mußte. Ich war ohnmächtig, so daß ich mich nicht daran erinnern kann, ins Hotel Dieu-Krankenhaus gebracht worden zu sein. Es blieb daher Jessica überlassen, den Tierarzt anzurufen und um den Gnadenakt zu bitten, der Stute zwischen die Augen zu schießen. Das Ende war für das Pferd schmerzlos. Für mich nicht.

Domina war unzählige Male über so hohe Hürden gesprungen, im Training und in Wettbewerben. Aber sie war an dem Morgen launisch, weil sie von Würmern geplagt war, und ich war so ein besessener Reiter, daß ich darauf bestand, daß sie diese Hürde nahm. Es wird mich immer quälen, daß der Unfall ganz und gar mein Fehler war.

Domina war das Geschenk zu meinem 13. Geburtstag gewesen, und ich liebte nur meine Mutter mehr als diesen Hannoveraner.

Chuck führte Jessicas Lieblingswallach, Doc, hinaus, der einen maßgefertigten englischen Springsattel aus gehämmertem Leder trug. Doc ist ein aufsehenerregender Palomino, dessen goldenes Fell das Rotgold von Jessicas Haaren ideal ergänzt. Sie griff in die Mähne, stieg auf und brachte ihn auf den Weg, während ich mich auf Cricket schwang und sie bat, den Schritt anzugeben. Ihr Trott war schnell und geschmeidig, und es kostete mich keine Minute, in ihren Rhythmus zu kommen. Ich überholte Jessica schnell, sie mußte zu einem kurzen Galopp beschleunigen, um vorn zu bleiben, und deutete auf den idyllischen Weg.

Das erste, was Cowboy getan hatte, als er sich auf seinem Land niedergelassen hatte, war, einen Reitpfad durch Wälder und durch Flüsse anzulegen. Er beschnitt überhängende Äste regelmäßig, damit Reiter sich nicht den Kopf aufschlugen, aber das meiste Gestrüpp blieb so, wie die Natur es gemacht hatte.

Jessica drehte sich im Sattel um, um mich anzugucken. »Am besten ist, du läßt die erste 1,20-Meter-Hürde aus. Charles hat gerade etwas Kies drumherum gestreut, um es eben zu machen.«

»Läßt du sie auch aus?«

»Ich nicht.«

»Dann kannst du wetten, daß ich's auch nicht mache.«

»Willst du mich immer noch schlagen, Matty?«

Wir haben früher in der gemischten Trainingsabteilung immer miteinander konkurriert. Jessica hat bei der Dressur immer mehr Punkte bekommen, und ich habe sie immer beim Springen geschlagen. Beim Querfeldein waren wir ungefähr gleich.

Ich sah die herrliche 1,20-Stein-Mauer gerade vor mir. An ihr wurde noch gebaut, Backsteine und Kies waren auf einer Seite aufgetürmt.

»Ist das dein Gefahrenpunkt?«

»Doc springt drüber, ohne auch nur schneller zu atmen. Guck mal.«

Ihr Rotbrauner hielt direkt auf die Mitte der Mauer zu, den Schwanz gerade, als ob er nichts so sehr wünschte, wie drüberzuspringen. Er ließ das Hindernis mit gut dreißig Zentimetern Luft unter sich. Glücklicherweise. Denn ein Sturz hätte sowohl Pferd als auch Reiter in eine sehr schwierige Situation gebracht.

Ich tätschelte Crickets Flanken und brachte sie in einen kurzen

Trab. Zwei Schritte von der Mauer entfernt, als ich ihr das Signal zum Springen zuschnalzte, scheute sie und ging nach links. Ich führte sie im Kreis herum und näherte mich wieder der Mauer, diesmal mit dem rechten Zügel stark angezogen und dem linken Bein fest angelegt, damit sie nicht den gleichen Trick noch einmal versuchte. Aber jetzt blieb die Stute einfach stehen. Es war höchste Zeit, sie die Gerte spüren zu lassen, aber ich hatte keine mitgenommen. Cricket hatte noch nie ein Hindernis verweigert.

War ich aus der Übung gekommen? Ich fühlte mich gedemütigt.

Jessica drehte sich im Sattel herum und rief etwas herüber.

»Hast du's dir anders überlegt, Matty? Hier kommt eine kleine Hecke, fast ein Meter hoch.«

Das kam ganz ohne Spott, aber ich fühlte mich immer noch wie ein Trottel. Vielleicht wäre Cricket wenigstens zu dieser Kleinigkeit bereit. Oder vielleicht machte sie auch nur ein winziges Zugeständnis, denn als ich mich zum Sprung aufrichtete und schnalzte, segelte sie leicht wie eine Gazelle über die Hecke. Nur ich nicht. Als ich zum Sprung ansetzte, weitete sich ihr Brustkorb und der Sattel glitt zur Seite. Und unglücklicherweise auch ich. Den Bruchteil einer Sekunde später rollte ich im grünen Gras und fragte mich, was passiert war.

In all den Jahren, in denen ich geritten bin, bin ich unzählige Male gestürzt, und wahrscheinlich habe ich mehr Zeit in der Luft zwischen Sattel und Erde verbracht als die meisten Leute auf dem Sattel. Aber irgendwie habe ich es immer noch nicht gelernt, anmutig zu landen. Dieser Sturz erschütterte jeden einzelnen Knochen, vom Steißbein die ganze Wirbelsäule hinauf ein kräftiger Peitschenhieb.

Jessica hörte oder fühlte meinen Wutschrei und kam zu mir zurückgeritten. Doc war über die Unterbrechung seines Spiels verärgert.

»Was ist passiert, Matty?«

»Ich bin vom Pferd gefallen ... Nein, stimmt gar nicht. Es war der Sattel. Aber ich bin in Ordnung. Kümmer dich um Cricket.«

»Ich hole sie.« Jessica wendete und galoppierte davon. Ich hatte Zeit aufzustehen und Erde und Gras von meinen Reithosen zu klopfen, bevor sie mit der schnaubenden und angewiderten Cricket zurückkam.

»Es tut mir leid, Matty. Der Sattelgurt scheint gerissen zu sein. Ich werde Chuck bestrafen, weil er ihn nicht kontrolliert hat.«

»Das hätte ich selbst tun müssen. Gib deinem Sohn nicht die Schuld. Es ist ja nichts passiert.«

»Bist du sicher, daß es dir gutgeht?«

»Ganz sicher«. Ich nahm Cricket am Zügel. »Reite die Bahn zu Ende. Ich führe das Mädel nach Hause. Ein Spaziergang wird mir guttun.«

Ich erwartete nicht, daß sie mir das glaubte, weil niemandem ein Spaziergang in Reitstiefeln guttut. Aber ich wollte mit dem Pferd allein sein.

Nach höflichem Protest wendete Jessica Doc zurück und nahm die Hürde, die zuvor meinen eigenen Ritt beendet hatte.

Nachdem sie außer Sicht getrabt war, hielt ich Cricket an und prüfte den Gurt. Er war fast ganz durchgeschnitten, genau unter dem Sattel, so daß ich es vorher nicht sehen konnte. Chuck hatte es auch nicht gesehen, es sei denn, er hätte Probleme geahnt. Und dafür gab es keinen Grund.

Wenn Cricket bei der ersten Hürde besser mitgemacht hätte, würde ich bestenfalls nach Hause humpeln. Vielleicht würde ich immer noch zwischen den Steinen und dem Kies liegen.

Eisenhardt arbeitete immer noch an seinem Pferch, aber als er meine traurige kleine Parade sah, legte er die Axt hin. »Was ist mit dir los, Matty?« Auf seiner Oberlippe lag Kautabak.

»Reiterpech.«

»Hat sie dich getreten?« Er nahm das Zaumzeug in die Hand. »Nein, ich sehe schon, es ist der Sattel. Was zum Teufel ist denn passiert?«

»Nichts weiter, Cowboy.« Es hatte keinen Zweck, ihm von der Sabotage zu erzählen. Er würde es früh genug rauskriegen. »Ich nehme an, der Gurt ist einfach kaputtgegangen. Muß ziemlich alt sein. Das passiert schon mal.«

»Schade. Das war Edwinas liebster Vielseitigkeitssattel.«

»Vielseitig war er ja auch. Sogar auf der Erde.«

Er schnalzte Cricket zu und führte sie in den Stall. »Es ist eine Schande. Aber es gibt in der Stallkammer noch reichlich Springsättel. Ich bringe dir einen.«

»Nein, ich habe für heute genug vom Reiten. Wie wäre es, wenn du mir ein paar von diesen schönen Tieren vorstellst?«

»Aber gern. Chuck!« Der emsige hausgemachte Stallbursche erschien und übernahm Cricket kommentarlos. Meine grasbefleckte Erscheinung bezeugte mein Abenteuer, und er war zu höflich, mich deswegen in Verlegenheit zu bringen. Cricket scheute, als sie fortgeführt wurde, schlug mit ihrem geflochtenen Schwanz und lud mich auf eine Revanche beim nächsten Mal ein.

Cowboy nahm einen Apfel aus einer gefüllten Tasche, blieb an der ersten Box stehen und nickte ihrem Insassen zu.

»Diese Stute hier ist ein schlechter Futterverwerter. Du kannst ihr fünf Pfund Mais, Getreide und Molke am Tag geben, und sie schüttelt es einfach ab. Nervös.« Er hob eine leere Dose Hufpolitur auf, um sie als Spucknapf zu benutzen. »Ich muß ihr immer noch extra Rübenbrei geben, damit sie in Form bleibt. Aber sie ist es auch wert. Das beste Rennpferd, das ich jemals hatte.«

Ich folgte ihm durch den Gang und erhielt eine kurze Geschichte des Lebens und der Verdienste jedes einzelnen Mieters, bis wir zur letzten und größten Box kamen. Das geschnitzte und bemalte Schild auf der Schwingtür erklärte den Fuchs dahinter als »Top Man«. Doch er brauchte keinen Titel, um Respekt zu erheischen. Er war ein bulliges Pferd, mindestens 60 Zoll groß und wog gewiß 1200 Pfund. Sein Rücken sah so aus, als sei er breit genug, um sich für ein Nickerchen auf ihm zusammenzurollen.

Cowboy viertelte den Apfel und reichte in der Hand ein Stückchen dar. Das Pferd betastete Obst und Finger mit sensiblen Lippen, zog lebhaft das eine aus den anderen hervor und mampfte es zufrieden.

»Der alte Top Man hat mir 'ne Menge Geld auf dem Parcours erjagt und eingefangen.«

Missy kam zu uns, über Heuhaufen steigend, und schmiegte sich wie ein Kätzchen, das gestreichelt werden will, an Cowboy.

»Robin heizt gerade meinen Lockenstab auf. Wir machen mich zurecht wie Lady Godiva.«

»Hauptsache, du versuchst nicht, dich wie sie anzuziehen.« Cowboy legte seine linke Hand unter ihre langen Haare und streichelte ihren Nacken, während er weitererzählte. Sie dehnte sich in seiner Armbeuge und schnurrte.
»Weißt du eigentlich, daß dieses Pferd mein bester Zuchthengst war. Der Bursche hier hat in einem Jahr 85 Stuten besprungen und trächtig gemacht.«
»Woher er das wohl hat?«
»Schade, daß ich ihn kastrieren mußte. Aber ich habe jetzt so viele Stuten, daß fast immer eine rossig ist. Er wurde dann zu aufsässig, hat mehrmals seinen Stall niedergerissen. Über eine Hürde zu springen, war für ihn 'ne Kleinigkeit. Und die Leute, die hier ihre Stuten abgeben, wollen auch nicht unbedingt Mischlingsfohlen.«
Als Missy uns verließ, um ihre Verabredung mit Robin und dem Lockenstab einzuhalten, kam von draußen ein lärmiger Gruß.
»Hallo, ihr. Ich hoffe, Top Man ist fertig für mich!«
Es war mein alter Freund Geoff Ramsey, der uns da zugrölte. In vollem Western-Ornat stapfte er in den Stall. Blaues Hemd mit Perlmuttknöpfen und stiefelgerechte Levis entsprachen allerdings eher seinem Körper als seinem Charakter.
»Wie geht's, Matty. Edwina erzählte, daß du heute reitest.«
Ich schüttelte seine Hand. »Ich wußte nicht, daß du's heute auch tust.«
»Klar doch. Ich habe eine Menge laufender Prozesse, und das Gericht zieht sich diese Woche fast jeden Tag früh zurück. Also kann ich in meinen förmlichen Roy Rogers-Reitanzug klettern und mal schnell rüberfegen.« Er klopfte sich auf den Bauch. »Ich habe neuerdings Gewichtsprobleme, siehst du. Und deswegen lasse ich einfach Top Man das Fett wegjoggen.«
Ich sagte: »Mir kommt's so vor, als würde das nur Top Mans Gewichtsproblem vergrößern.«
»Diese Diät geht von der Annahme aus, daß man keine schwere Mahlzeit zu sich nehmen kann, während man auf einem Pferd herumgaloppiert.«
»Chuck wird ihn in einer Minute fertig haben«, sagte Cowboy. »Der alte Junge kann Bewegung genausogut gebrauchen wie du.«

»Gut.« Als Geoff seine brandneuen Tony Lama-Stiefel bürstete, fragte ich mich, ob er wohl dachte, er könne an Cowboys Macho- und Reiterkünste heranreichen, wenn er sich so anzöge wie er. Obwohl die Wirkung nicht ganz überzeugend war. Er sah eher aus wie der Gewinner des dritten Preises bei einer Halloween-Party der Rotarier. »Ach, Matty, Ondine hat nach dir gefragt.«

»Wie geht's Ondine? Und den Jungs?«

»Den Jungs geht's gut, und Ondine eher noch besser. Weißt du, daß ›Paare im Gespräch‹ jetzt zwanzig Prozent Einschaltquote hat?«

»Müßte ich eigentlich, weil ich Werbezeit in dieser Show kaufe. Die scheint dem breiten Durchschnitt des Publikums zu gefallen.«

»Ist alles Ondines Verdienst. Sie hat jedesmal eine gute Mischung bei den Paaren: eins aus dem Sport, eines aus dem Showbusiness, eines aus unseren Kreisen.«

»Ganz normale Leute.«

»Genau. Hör mal, sie hat mir gesagt, daß sie noch Talente für die Aufnahme nächste Woche suchen. Sag mal, Cowboy, du bist doch ein berühmter Rodeoreiter.«

»Nicht mehr, bin's nicht mehr.«

»Du gehst immer noch als Sportsmann durch. Warum kommen du und deine Frau nicht in die Sendung?«

Eisenhardt spuckte in seinen Topf. »Welche Frau?«

»Na ... Jessica natürlich.«

»Nö, kann ich nicht machen, Geoff. Die anderen würden eifersüchtig werden.«

»Das sehe ich ein.« Cowboy ging nach draußen, um seinen Tabak loszuwerden, und Geoff wandte sich mir zu.

»Sag mal, Matty, warum kommen Edwina und du nicht dieses Wochenende raus ins Plantation House? Die Diener haben frei, die Kinder sind weg, und wir könnten auf der Terrasse ein paar schöne große Drinks schlürfen.«

Geoffs Plantation House stammt aus der Zeit vor dem Bürgerkrieg und wurde einst von Sklaven gebaut und bewirtschaftet. Heute ist es komplett restauriert und möbliert mit stilechten Antiquitäten, also eine historistische Fälschung mit modernen Installationen und

Elektrizität. Das Haus liegt unter einigen Eichen am Bayou La Fourche, mitten im Zuckerrohrland. Ich genieße gelegentliche Wochenenden dort und gebe mich der Muße und dem Luxus des alten Südens hin, der so nie existiert hat.

»Warum nicht? Ich könnte ein bißchen Zeit auf dem Lande ganz gut vertragen. Und vielleicht könnte ich unterwegs einen Sack Austern kaufen.«

Er zwinkerte. »Damit rechne ich.«

»Samstagabend dann also. Aber ich muß Edwina erst fragen.«

»Kein Problem. Ich habe gestern abend mit ihr gesprochen, und sie ist ganz dafür. Sie sagte, ich muß es noch mit dir abmachen.« Er lächelte. »Sie sagte, ihr brauchtet nur ein Zimmer. Ich glaube, dem Mädel ist es ernst.«

Chuckie führte Top Man durch den Gang. Automatisch prüfte ich den Gurt bis unter den Sattel und zog die Steigbügel für Geoff runter. Sie waren, wie nicht anders zu erwarten, schon auf ihn eingestellt, er hatte sie wahrscheinlich auch zuletzt benutzt. Ich hielt ihm den Sattel, während er sich nach oben hievte.

Ich spürte, wie Geoff und Top Man ein heimliches Abkommen schlossen, nicht hart zu arbeiten, und sie bewegten sich den Reitpfad hinunter.

Cowboy winkte ihnen mit seinem Hut. »Das Reiten wird seine Schenkel und seinen Hintern ein bißchen straffen, aber für diese Wampe nutzt es nichts. Die hängt einfach runter.«

Carmen brachte ihm seine stündliche Dose *Dixie*. Er benutzte den ersten Schluck, um sich den Tabak aus dem Mund zu spülen, und bedankte sich mit einem liebevollen Schlag auf ihren voluminösen Hintern. Das schien ihr zu reichen. Sie lächelte und kehrte zu ihren Küchenpflichten zurück.

Ich nehme an, wenn ein Mann drei Frauen hat, dann liebt er die Unterschiede zwischen ihnen. Also nimmt er sich eine schlanke Blonde, eine kurvige Brünette und einen Rotschopf, der einfach ... vollkommen ist.

»Willst du deine Stimmbänder anfeuchten, Matty?«

»Die Stimmbänder sind ganz in Ordnung, danke.«

»Wie wäre es mit einer kleinen Führung? Willst du den alten

Grizzly sehen?« Auf dem Weg nach draußen hob er ein dunkelhaariges Kleinkind hoch (Carmens), stemmte es auf seine Schultern und trug es mit sich herum. »Bieg links in den Weg ein. Wir gehen durch den Wald.«

Nach zehn Minuten Weg sagte ich: »Das muß ganz schön weit vom Haus weg sein.«

»Muß es auch. Der Bär muß weit weg sein, wenn meine Ladies ihre Tage kriegen. Das Zeug macht ihn wild, weißt du.«

»Ich habe mal was über Spaziergängerinnen gelesen, die in Stücke gerissen wurden, weil sie am falschen Tag in den Wald gegangen waren.«

»Meine wissen aber Bescheid. Und überhaupt ist ein Grizzly schlimm genug, auch wenn er bester Laune ist.«

Knapp einen Kilometer vom Stall entfernt war für den Bären ein Platz freigemacht worden. Cowboy führte uns um einen doppelten Käfig aus schmiedeeisernen Stangen, die in einer niedrigen Betonkonstruktion eingelassen waren. Aber der Insasse war nicht zu sehen.

»Ist er auf ein Bier rausgegangen?«

»Glaub nicht. Bruder Bär ist reingegangen, um aus der Sonne rauszukommen. Ich brauche kein Dach, weil die Wände fast vier Meter hoch sind, und dieser ausgewachsene Grizzly kann nicht besonders gut klettern.«

»Brauchst du für die Hochzeit zwei Käfige?«

»Ja. Ich muß den Bären so lange isolieren, bis er sich schön einsam fühlt. Dann setze ich eine hübsche Bärin nebenan in den Käfig.«

»Und woher weißt du, ob sie hübsch ist?«

»Wenn man ehrlich ist: so hübsch muß sie gar nicht sein, um diesem alten Burschen zu gefallen. Das Problem ist, die Bären sammeln sich gern zur Paarungszeit – so wie wir tanzen gehen. Dann können sie sich ihren Schatz aussuchen. Aber ich kann diesem nur eine einzige Sau anbieten. Dann lasse ich ihnen Zeit, sich durch die Gitter kennenzulernen.« Er zog an einem der Stäbe. »Gehärteter Stahl, acht Zentimeter dick. Sogar dieser Grizzly mit seiner halben Tonne schafft es nicht.«

»Klingt wie Flirten.«

»Muß doch sichergehen, daß er ernsthafte Absichten hat, weißt du. Manchmal sind sie furchtbar ungesellig und verletzen die Bärin. Aber wenn der Bär erst einmal gezeigt hat, daß er ein Gentleman ist, dann öffne ich die kleine Tür zwischen den Käfigen und lasse sie turteln. Im späten Frühling ist Paarungszeit, es ist also genau die richtige Zeit.«

»Mach einfach den Weißwein auf, leg ein Johnny Mathis-Album auf und laß der Natur ihren Lauf.«

»Ich muß sie nur allein lassen. Wenn zwischen ihnen dann alles stimmt, müßten wir im Januar zwei kleine Bärchen haben.«

»Du scheinst ja ein Experte in der Bärenzucht zu sein.«

»Hab meine persönlichen Tricks. Aber ich kriege jedes Tier schwanger – eingeschlossen den weiblichen Menschen.«

»Die Spezies besonders gut.«

Ich hatte ihn einmal gesehen, wie er seine »persönlichen Tricks« während eines besonders lauten und heftigen Streits mit Carmen anwandte.

Da ich mein ärmliches Spanisch von mexikanischen Monteuren an der Bay of Campeche gelernt hatte, verstand ich Carmens Spanisch, das noch mit Schimpfwörtern der Olmeg-Indianer gepfeffert war, nur schlecht, aber sie schien auf ihren Mann wütend zu sein, weil er sich das Verbrechen hatte zuschulden kommen lassen, sich nicht genug um sie zu kümmern. Ihr Teil der Debatte wurde geschrien und gekreischt und wild gestikulierend unterstrichen. Cowboy seinerseits stand, die Arme verschränkt, und lächelte zu ihr hinunter ... bis Carmen ihren Arm zurückriß, um ihn zu schlagen. Mit einer blitzschnellen Bewegung fing er ihn in der Luft auf.

»Esperate!« (»Warte!«)

Dann nahm er seine Brille ab und lehnte sich über sie, immer noch lächelnd.

»Hagalo pues.« (»Jetzt kannst du.«)

Sie sprang auf die Herausforderung an und verpaßte ihm einen derartigen Schlag, daß sich mein Kopf viermal um sich selbst gedreht hätte. Cowboy rieb bloß seine gerötete Backe und sagte: *»Te sientes mejor?«* (»Fühlst du dich jetzt besser?«)

Offensichtlich hatte sie ihre ganze Wut in einem Schlag rausgelassen, denn sie protestierte nicht, als er sie in die Arme nahm und auf ihren schmollenden Mund küßte.

»Hör zu, Matty. Ich und die alte Dame müssen noch was Persönliches erledigen. Bin sofort zurück.«

Die nächsten vierzig Minuten verbrachte ich damit, einige Zeichnungen über den wilden Westen von Frederic Remington an den Wänden zu studieren, während Cowboy seine »persönlichen Sachen« erledigte. Dann schickte er Carmen weg, damit sie das Essen kochte, das sich, wie ich mich erinnere, als hervorragend erwies.

Entweder unsere Stimmen oder Cowboys Zigarettenrauch hatten den schlafenden Grizzly geweckt, und der bräunliche Allesfresser rührte sich und polterte schwerfällig aus seinem künstlichen Bau, um sich zu beschweren. Auf die Hinterbeine aufgerichtet, war das Monstrum über 2,10 Meter groß, hatte hängende Schultern und Krallen, die noch länger aussahen als seine Zähne. Als er mich anschaute und schnüffelte, wich ich von dem Käfig zurück.

»Siehst du den Buckel auf seinem Rücken?« Mein Touristenführer deutete darauf. »Das sind schiere Muskeln, die diese Vorderbeine antreiben. Die Kiefer sind stark genug, um den Kopf eines Bullen zu knacken wie eine Eierschale.

»Das wäre ein teures Essen.«

»Der würde alles fressen«, sagte Cowboy. »Insekten, Wurzeln, Fisch, Nagetiere, Wild, Schweine« – er biß auf seine Zigarette und lachte – »sogar Tunten. Mein' es nicht persönlich.«

»Danke.«

»Aber übrigens, Bären sind nicht die einzigen Kreaturen, die hier gefüttert werden. Du wirst doch mit uns zu Abend essen? Die Ladies haben heute abend was Besonderes gekocht.«

»Ich würde schrecklich gern, Cowboy, aber wir haben ein langes, langweiliges Dinner mit Reverend Jack Dundy zugesagt.«

»Was hast du denn diesem Fernsehprediger zu sagen?«

»Gar nichts. Er will mir was sagen, und ich habe versprochen, um halb acht zuzuhören.«

Ich fand es schrecklich, sie so früh zu verlassen – die Pferde und Jessica – aber in der Dämmerung über die Lake Pontchartrain-

Brücke chauffiert zu werden und die Kilometersteine unter der roten Sonne zu zählen, war ein schöner Trost.

SIEBTES KAPITEL

Mittwochabend, 8. März

Die hübsche junge Kellnerin sah mit ihrer weißen Rüschenbluse und dem bodenlangen schwarzen Rock aus wie eine 16jährige, die sich als Erwachsene verkleidet hatte. Aber sie schwebte so graziös wie ein Mannequin durch *Arnaud's* eleganten Richelieu-Raum und führte uns zu meinem üblichen Tisch an der hinteren Wand mit der Täfelung aus Zypressenholz. Als Robin und ich unsere Stühle unter dem Gemälde von La Formidable Lady Irma einnahmen, lächelte die Pralinenschachtelschönheit und überreichte uns die Speisekarten, wobei wir ihre makellose Maniküre bewundern konnten. Dann wandte sie sich anmutig um, und ihr Rock raschelte beim Gehen.

Ich beobachtete sie, bis sie den ganzen Weg zurück an ihr Tischchen gegangen war, bevor ich die Speisekarte studierte.

»Robin, warum probierst du nicht ihre Krebse Wellington?«

»Haben sie hier keinen Catfish? ... Dieser Priester läßt die Leute ja gerne warten.« Robin spielte mit der Vase frischer Nelken und schaute zu den riesigen vorderen Fenstern, obwohl er durch deren strukturiertes Glas nicht hindurchsehen konnte. »Warum hast du ihm gesagt, daß wir uns bei *Arnaud's* treffen?«

»Er hat sich das Restaurant ausgesucht.«

»Du hättest ihm sagen sollen, er soll lieber ins Vieux Carre kommen. Es ist doch bloß über die Straße.«

»Warum ins Vieux Carre?«

»Weil, weißt du nicht mehr, was der Schnapsfahrer gesagt hat, wenn wir um Punkt acht Uhr dreiundzwanzig da sind, wir den ›strengen Meister‹ sehen können, wie er seinen ›nackten Leibsklaven‹ trifft.«

»Das ist ja nun das Letzte, was ich sehen möchte. Du wirst noch deine Dosis Verderbtheit später beim *Orangeman* kriegen.«

»Ach, ich kann's kaum erwarten. Das wird meine erste schwule Orgie sein.«
»Es soll gar keine Orgie sein.«
»Sollen wir wetten, daß ich eine draus machen kann ... Was heißt ›Pompano En Corute‹?«
»Jedenfalls kein Catfish. So gut wie à la maison wirst du ihn im Restaurant ohnehin nicht bekommen.«
»Ich mag es, so wie du ihn in Tomatensauce kochst.«
»Das ist Coubillion. Aber selbst in meinen Zauberhänden wird es nie mehr so gut wie damals, als ich ein Junge war. Wir haben immer diesen gefleckten Catfish gefangen, ausgenommen und über einem Feuer gleich am Ufer gebraten.«
»Wird das hier eine ›Es-war-einmal‹-Kinderstunde? Ich langweile dich nie mit so einem Zeug.«
»Du hast ja auch keine Vergangenheit.«
»Ich war auch mal ein Kind.«
»Mit Wonder Bread und ›The Brady Bunch‹ in Südkalifornien aufzuwachsen, das zählt nicht.«
Vielleicht ist es ein Zeichen schleichenden Alterns, wenn Kindheitserinnerungen immer strahlender, statt diffuser werden. Ich dachte an meine faulen Sommerferien in Grand Prairie, einem kleinen Bauerndorf, dessen Geschäftszentrum aus einer Baumwollverarbeitungsmaschine und einem Laden bestand. Wir lärmenden und schnatternden Jungen stapelten uns an den heißesten Julitagen in »Onkel« Aldus' Lieferwagen, der uns nach Bayou Cocodrie mitnahm.
Aldus Fontenot war gar nicht wirklich mein Onkel, aber er war verwandt genug, um nichts gegen ein weiteres Kindergesicht am Tisch zu haben, falls er es überhaupt bemerkte. Und es gab in der *garçonnière*, dem Zimmer unter dem Dach, das als Jungenschlafsaal diente, genug Platz.
Wenn ich jeden Juni mit meinem kleinen Koffer bei Onkel ankam, waren seine Äcker bereits gepflügt und bepflanzt. Also gab es auf dem Land nichts mehr zu tun, bis die Ernte am Ende des Sommers reif zum Einholen war. Während der heißen Ferienmonate bestand Onkel Aldus' Hauptbeschäftigung im Angeln. Und er war's zufrie-

den, einige unreife, aber begeisterte Hilfskräfte mitzunehmen, die das Boot schleppten und wildes Nußbaumholz für ein Feuer einsammelten.

Als Köder für unsere Fangnetze benutzten wir lebenden Barsch, den wir in Krebsnetzen gefangen hatten, die wir erst bei Sonnenuntergang runterließen, damit die Schildkröten sie nicht auffressen konnten. Wir paddelten mit dem Boot an den Netzen entlang und kontrollierten die »Bobber«, die verkorkten Flaschen, die auf- und abgingen, wenn ein Fisch angebissen hatte.

Niemals schmeckte ein Essen im Restaurant so gut wie Onkel Aldus' geräucherter Catfish Coubillion, auf dem offenen Feuer gekocht, während wir herumsaßen und seinen Geschichten über *les vieux temps* lauschten.

Ich sagte Robin, wir sollten mit dem Bestellen auf den dritten Mann warten, weil er ja bis dahin sicher nicht verhungern würde. Der Evangelist des Massenmarktes kam bloß zehn Minuten zu spät, um Farnpflanzen herumschlingernd und um schlanke dorische Säulen mit offenen Armen zu unserer Begrüßung wedelnd. Ich stand auf, in einer Geste des Respekts für sein Alter und seine schwächliche Verfassung, und schüttelte ihm die Hand. Sein Händedruck war die typische zweihändige Priestervariante.

»Ich bin froh, Sie hier zu sehen, Bruder!« strahlte er, als ob er mein geschrubbtes und lächelndes Gesicht gerade in der ersten Reihe seiner Kirche entdeckt hätte. Dann entdeckte er Robin. »Und auch Sie, Bruder!«

Der Reverend Jack Dundy trug ein beeindruckendes Silbertoupet und hatte eine Stimme mit einem Resonanzboden wie eine Baßtrommel. Sehr nützlich, um die Sünder heim zu Jesus zu rufen.

Er saß breitbeinig auf dem Stuhl und stopfte sich die weiße Serviette in sein Hemd. »Der Herr hat gewollt, daß wir uns am Essen erfreuen und damit des Lebens teilhaftig werden.« Und in diesem Sinne bestellte sich der gehorsame Diener des Herrn Krebscocktail, Austern in der geöffneten Schale und gefüllten Tintenfisch bei dem Kellner im Dinnerjackett. Aber mit beiden Händen winkte er den Weinkellner fort.

»Ich brauche weder Wein noch starke Getränke, mein Junge. Ich bin high mit Jesus!« Der Kronleuchter über seinem Kopf schüttelte seine Kristalltropfen zu einem klirrenden »Amen«.

»Ich brauche beides, Wein und starke Getränke«, erwiderte Robin und schnappte sich die Weinkarte. »Ich habe in diesem neuen Weinbuch alles darüber gelernt.«

»Wahrscheinlich ›Snoopys Weinführer‹«, vermutete ich. »Aber immerhin hast du den Unterschied zwischen weißem und rotem gelernt. Genieße es, solange du es kannst.«

Die Bundesregierung will Louisiana zwingen, das Mindestalter für Alkoholgenuß von 18 auf 21 hinaufzusetzen, wenn es keine Zuschüsse für den Straßenbau verlieren will. Darüber hat es eine Menge Ärger mit Barbesitzern gegeben, die an den Rotbäckchen gut verdienten. Sie führten an, daß jeder, der alt genug ist, für sein Land in eine Uniform zu steigen, auch alt genug sein muß, um sich in einheimischen Neppläden schröpfen zu lassen.

Für Robin ist das alles einerlei. Er ist immer gleich albern, ob nüchtern oder trunken.

»Ich nehme den weißen Burgunder, den Pouilly Fuissé 84. Es ist ein etwas versnobter kleiner Tropfen, aber auf seine Art unschlagbar.«

Ich sah, daß seine Wahl 36 Dollar die Flasche kostete und intervenierte. »Du nimmst den Beaujolais Blanc und hältst den Mund. Das ist ein Wein aus der Gegend, hat aber eine Neigung zum Kosmopolitischen.«

Als ob er die beiden hätte unterscheiden können! Ich hätte ihm Lambrusco aus einer Zweiliterflasche servieren können. Ein kleines Tischweinchen, aber international in seinen Ambitionen.

Der Kellner wartete noch, also widmete ich mich den Vorspeisen, während ich vorgab, dem heiligen Reverend zuzuhören.

»Sie und ich, Sinclair, sind uns ja nicht in allem einig«, räumte er großartig ein. »Aber ich habe mich heute abend von meinen Amtspflichten freigemacht, weil ich glaube, daß wir uns im Kampf gegen Satans Mächte zusammentun sollten.«

»Ich nehme die Schnecken-Kasserole als Vorspeise ... Satan?«

»In Gestalt des legalen Glücksspiels. Sünde und Verderben sind überall, Bruder Sinclair. Und jetzt wollen uns die sündhaften Ge-

schäftemacher auch noch die ganze Dekadenz von Neros Rom herbringen. Sodom und Gomorrah haben wir ja schon.«
Ich nahm mir vor, das nicht persönlich zu nehmen. »Und Austern Bienville, Fisch Pontchartrain und Salat des Hauses. Für Robin das gleiche.«
»Was? Ich habe mich noch gar nicht entschieden.« Mein anmutiger Dummkopf durchforstete immer noch die Karte nach etwas, was nach Catfish aussah.
»Im Catfish-Himmel werde ich mich dann auf deine Empfehlung verlassen ... Ich nehme Käse und Obst als Dessert und er die Mousse au Chocolat.«
Diese Wahl quittierte er mit einem billigenden Schnurren. Robin würde sich selbst nach Hühnerscheiße die Lippen lecken, wenn sie kunstvoll in Schokolade gerollt und mit Schlagsahne und Puderzucker bestäubt würde.
Als unser Wein serviert wurde, lehnte sich der Reverend in seinem Stuhl zurück, die Arme selbstgerecht verschränkt, um recht deutlich zu machen, daß er nichts trinken würde.
»Jesus hat Wasser in Wein verwandelt«, konnte ich mir nicht verkneifen.
»Nicht doch. Hat er nicht. Unser Herr Jesus Christus hat Wasser in Traubensaft verwandelt. So steht es in den Originalschriften.«
»Warum sollte er gutes Wasser verderben?« fragte Robin rhetorisch und schlürfte seinen Beaujolais. »Ein phonetischer kleiner Wein, aber mit elektrischem Geist.«
»Gott selbst beobachtet uns genau. Als Er auf das sündige New Orleans hinunterschaute und diesen Satansdiener Brad Rutledge sah, wie er die Gläubigen in Versuchung führen wollte, was glauben Sie, hat er da getan?«
Robin blinzelte. »Mann, was?«
»Er suchte ihn heim!« Und der gute Reverend suchte den Tisch mit einem Schlag heim, der die Teller wackeln und das Wasser in der Karaffe Wellen schlagen ließ.
»Glauben Sie, daß der Mord an Brad Gottes Tat war?« fragte ich mit ernstem Gesicht. »Das ist ja ein Verdächtiger, an den ich noch gar nicht gedacht habe.«

»Der Herr hat seine Instrumente. Er führte jemandem die Hand. Zweifeln Sie nicht. Und Sie könnten auch eines von Seinen Instrumenten sein, Sinclair, auch wenn Sie ein elender Sünder sind. Deswegen habe ich Sie hergerufen.«

»Reverend Dundy, ich glaube –«

»Jack«, verbesserte er jovial. »Nennen Sie mich einfach Reverend Jack. Das machen alle.«

»Wie Sie wollen. Auch wenn Ihre Leute und meine dasselbe Ziel haben, weiß ich nicht, wie wir dafür zusammenarbeiten sollten.«

»Warum nicht? Ihre feinen Reichen mit ihren schicken Klamotten und meine guten Christen sind doch attraktiv für jeweils verschiedene Bevölkerungskreise. Wenn beide zusammenarbeiten, können wir bei den Wählern eine Menge Unterstützung bekommen und auf die Abgeordneten richtig anständigen Druck ausüben.« Dann machte er sich über seinen Tintenfisch au Chambertin her, als sei er das Sinnbild alles Niederen und Bösen.

»Ich frage mich nur, ob Sie vielleicht auch bei meinen feinen Reichen etwas Geld sammeln wollen.«

»Für so eine gute Sache, aber ja doch.« Die Füllung fiel auf seine Serviette.

»Und es ihren guten Christen zum Verteilen geben.«

»Bruder Matty, wir haben doch die Massen. Meine Gefolgschaft ist arm, aber sie trägt das Wort Christi sehr engagiert weiter. Mit dem Geld von Ihren Leuten und dem Enthusiasmus von meinen können wir dieser Drohung des Lasters und des Verderbens entgegentreten.« Er schaute zum efeubewachsenen Balkon empor, als erwarte er, daß ein Chor Engel den Refrain sänge. Aber dort waren nur andere Gäste, die ihre à la Carte-Essen genossen, ohne an Laster und Verderben zu denken.

»Ein aufstrebender kleiner Wein, aber interessant in seiner Gediegenheit.«

»Sei still, Robin. Tut mir leid, Reverend Jack, aber diese Philosophie kaufe ich Ihnen nicht ab. Jede Hilfe von unserer Seite würde nur Ihre Organisation stärken.«

»Und was ist schlimm daran?«

»Heute wollen Sie mit mir gegen Glücksspiele arbeiten. Morgen aber würden Sie genauso überzeugt gegen jede Freiheit kämpfen, die mir teuer ist.« Er grübelte über seinem Tintenfisch. Er hatte seinen Teleprompter vergessen und die richtige Antwort nicht in seinem Repertoire, also faßte ich noch mal nach.
»Reverend, ich fürchte, Sie haben sich heute abend ganz vergeblich von ihren Amtspflichten befreit. Wir zwei werden uns nie über Mittel und Wege einigen.«
Der Prediger seufzte. »Na gut. Wenn ich nicht an Ihre Liebe zum Erlöser appellieren kann, dann lassen Sie uns über Geld reden. Verkaufen Sie mir das Uferland zum Schätzpreis.«
»Schätzpreis ist eine Menge weniger als das, was die Bauunternehmen dafür zahlen würden, warum sollte ich es Ihnen verkaufen?«
»Weil Sie wissen, daß ich das Glücksspiel aus der Gegend fernhalte. Wissen Sie, Jesus ist mir erschienen und hat mich gebeten, ihm einen, genau da, einen Tabernakel zu bauen. Jesus war ein Fischer, genau wie die Armen hier.«
»Gut, Sie können ihm ja ein Fangboot kaufen. Das Schlimmste, was ich den ›armen Leuten‹ antun könnte, wäre, Ihnen oder einer anderen religiösen Gruppe das Land zu verkaufen.«
»Warum das denn?«
»Weil das Land dann nicht mehr steuerpflichtig wäre und es in den öffentlichen Kassen weniger Geld für die ›armen Leute‹ geben würde.«
Reverend Jack sah verletzt aus. »Ich muß sagen, Sie tun mir leid, Bruder Matthew. Weil Sie das Licht noch nicht gesehen haben. Ich werde Jesus persönlich bitten, Sie zu ihm zurückzuführen.«
»Nicht nötig. Ich bin katholisch.«
»Na ja, das erklärt ja eine Menge. In der Tat.« Der Gottesmann schaute auf seine Rolex und stand auf. »Ich bin froh über unsere kleine Unterhaltung, Sinclair. Leider kann ich nicht zum Dessert bleiben. Ich muß jemanden im Vieux Carré treffen.« Er lächelte mit allen Jacketkronen in seinem Gesicht. »Um Punkt acht Uhr dreiundzwanzig.«
Robin spuckte Wein über seinen Teller.

ACHTES KAPITEL

Mittwochabend, 8. März

Mickey Dragos Freunde hatten die *Orangeman Bar* an der Frenshman Street für die Party und die Versteigerung gemietet. Der *Orangeman*, der beliebteste Treffpunkt im Schwulenghetto des Faubourg Marigny, liegt ganz zentral, eine Ecke vom Quarter entfernt.

Bevor wir reingingen, blieb Robin unter einer Laterne stehen und trug etwas Wimperntusche auf. Er prüfte sein Bild im Schaufenster des Buchladens nebenan und schlug versuchsweise die Augen auf und zu.

»Ich bin so aufgeregt. Alle haben mir immer erzählt, wie lustig es auf den *Orangeman*-Parties ist.«

»Schraub deine Hoffnungen nicht zu hoch. Das wird wieder mal eins dieser Inzucht-Dinger sein, wo jeder Mann im Raum mit jedem anderen schon mal auf der Matratze war.«

Das türstehende Rauhbein sah mich und winkte uns in die Menge, wo die Atmosphäre schon schwül und voller Essensgerüche war und alles in Bewegung, Körper an Körper unter schwachblauem Licht.

Die Skyliners jaulten aus der Musikbox: »Wenn ich dich nicht habe, habe ich nichts«.

Drei leichtbekleidete schwule Paare, die aussahen, als hätten sie ohnehin nichts, schoben Wange an Wange übers tellergroße Tanzparkett.

Ich packte Robin hinter mich und drängte mich durch die Menge. Als ich uns schließlich eine luftige Nische gefunden hatte, schaute er sich um wie ein Kind in Disneyland.

»Guck mal, all diese faszinierenden Leute! Es müssen alle hier sein, die wir kennen. Mickey hat wirklich 'ne Menge Freunde.«

Die Leute, die Robin in seiner Naivität als schicke Dandies in guter Garderobe und gewagten Posen ansah, waren bloß dieselben verzweifelt einsamen Außenseiter, die schon immer die verlockende Halbwelt dieser Stadt bevölkerten. Die meisten sind gezwungen, ihr wirkliches Leben vor der normalen Gesellschaft, in der sie leben und arbeiten, geheimzuhalten. Lange schon sind sie ihren Familien entfremdet und kehren jetzt nur noch in ihre einsamen Wohnungen heim.

»Das sind keine Freunde. Das sind zwanghafte Partytiere. Jeder von denen würde sogar zur Eröffnung eines Kanalisationsrohrs gehen.«

Den Ehrengast hatte man an einem Hintertisch fallenlassen, wo er vergebens versuchte, jedem Wohlmeinenden, der kam, um ihm die Hand zu schütteln, Freude und Enthusiasmus entgegenzubringen.

Mickey war der großzügigste Mann, den ich kenne, der gern für jedes Anliegen Zeit und Geld opfert. Er war immer der erste, der freiwillig für die Nachbarschaftsselbsthilfe Patrouille ging, ältere Wähler zu den Urnen fuhr oder die Kranken mit Plätzchen von Laura und dem anregendsten Klatsch besuchte.

Aber jetzt hatte er AIDS und brauchte selbst Besuch.

Mickey hatte seinen Job als Optiker verloren, sobald seine Krankheit sichtbar wurde. Seine Versicherung deckte nicht alles, natürlich, und schnell fraßen die Arztrechnungen seine kleinen Ersparnisse auf. Bald mußte er seine Möbel und Geräte verkaufen, um davon zu leben, bis auch die weg waren. Drei Wochen zuvor hatte man Mickey aus seiner Wohnung geworfen, mit kaum mehr als einem Bündel Kleider, die ihm nicht mehr paßten.

Und nun endlich hatte sich die Gruppe, der er immer so selbstlos zur Verfügung gestanden hatte, zusammengetan, um ihm etwas zurückzugeben. Ein früherer Liebhaber ließ ihn umsonst in einem Gästezimmer wohnen, und alle schwulen Restaurants in der Gegend schickten ihm abwechselnd ihr Tagesgericht. Es galt als taktvolle Selbstverständlichkeit, daß er nicht in ihren Räumen auftauchen würde.

Als die Reihe an mir war, ihm Respekt zu erweisen, ging ich rüber.

»Mickey, du siehst wunderbar aus!« Absurd, so etwas zu einem Sterbenden zu sagen. Er hatte abgenommen, seit wir uns einen Monat vorher getroffen hatten, und war nur noch Haut und Knochen. Ich umarmte ihn, was ich nie getan hatte, ehe er krank wurde, weil ich keine so warmherzige Person bin. Aber jetzt brauchte er es.

Mickey hielt seinen Kopf unten. Die Burgunderflecke des Karposi Sarkoms waren auf seinen hohlen Wangen sichtbar.

»Danke, daß du gekommen bist, Matt.«

»Das hätte ich mir doch nicht nehmen lassen. Ich freue mich, dich zu sehen.«

Ich ging beiseite, um den nächsten Lügner anzulassen. Das war bestimmt Mickeys letzte Party, und er war so bemitleidenswert müde, daß ich mich fragte, ob wir sie ihm hätten zumuten dürfen. Wir hätten die Versteigerung ja auch ohne ihn abhalten können – oder noch besser, einfach Geld sammeln können.

Don Hilton faßte mich am Revers und zog mich zu sich heran. »Oh, Matty«, sein Atem war heiß. »Wer ist dieses köstliche kleine Reh, das du da für uns alle mitgebracht hast, du guter Mann?«

»Brauchst dich gar nicht erst zu freuen, Don. Robin ist Privateigentum.«

»Du bist so gemein. Er ist der süßeste Junge hier drin.«

Don (*Impact*-Lesern bekannt als »reifer griechischer Athlet«) war vom Nacken bis zum Zeh in schwarzes Leder gekleidet, das schon formlos, zerkratzt und brüchig geworden war. Ich bin so alt, daß ich mich noch daran erinnere, als das Kostüm neu war und Don gut darin aussah.

Don ist ein laisierter anglikanischer Priester, der dadurch einen Ruf unter den Schriftgelehrten bekam, daß er behauptete, der christliche Gott liebe auch uns Homos. Eine ganz typische Unterhaltung mit ihm verläuft so, daß er Kapitel und Verse der Heiligen Schrift zitiert, um seine Überzeugung zu stützen. Wortwörtlich.

»Samuel 18, Vers 1«, verkündete er, einen Finger erhoben. »Die Seele Jonathans war in die Davids eingewoben, und Jonathan liebte ihn wie seine eigene Seele, stimmt's?«

»Männliche Paarbildung«, erzählte ich ihm. »Du glaubst doch nicht, daß alle Armeekumpel es in ihren Kasernenbetten treiben?«

»Nicht alle. Aber in Kasernen spielt sich weit mehr ab, als du denkst.« Und unverdrossen versuchte er es noch mal. »Und Gott wußte, daß Ruth und Naomi für Schwägerinnen sehr vertraut miteinander waren. ›Wo du hingehst ...‹ Ha!«

»Ruth war eine Fremde von einem ausländischen Stamm. Sie konnte nirgends anders hingehen als mit Naomi.«

»Sie hätte zu den Moabitern zurückgehen können, wenn sie nur gewollt hätte.« Dann folgt die immer absurde Beweisführung. »Und was ist mit Johannes 14, 23? Während des letzten Abendmahls, ›Einer der Jünger, den Jesus liebte, lag an Jesu' Brust‹.«

»Das ist bloß eine Redensart«, erwiderte ich ungewöhnlich geduldig. »Damals aßen die Leute zurückgelehnt auf Sofas und streckten ihre rechte Hand aus, um das Essen zu greifen. Also war der Mann zu deiner Rechten ›an deiner Brust‹. Das heißt nicht, daß du mit dem Typen geknutscht hast.«

»Du denkst genau wie diese bigotten und schlecht informierten Homophobiker. Aber die Bibel selbst spricht zu uns.«

»Sag doch Don, was ist mit dem kleinen Zitat: ›Und wer sich zu einem Manne legt wie zu einem Weibe, ist verabscheuungswürdig‹?«

Man sollte nie mit jemandem diskutieren, der von Jesuiten erzogen wurde. Probieren tun's ohnehin nur wirrköpfige Protestanten.

Also versuchte er es.

»Das waren bloß Vorschriften gegen homosexuelle Orgien, wie sie die Heiden veranstalteten. Die wahre Liebe eines Mannes für einen anderen wurde in der Heiligen Schrift nie verdammt.«

Derweil drückt Don seine eigene »wahre Liebe eines Mannes zu einem anderen« dergestalt aus, daß er ausgewählte fette Schwuchteln auf seinem Couchtisch fesselt und ihnen die Haare abrasiert.

(Meine eigene religiöse Philosophie ist einfach. Gott muß die Schwulen lieben, sonst hätte er nicht so viele erschaffen.)

Unser üblicher Schlagabtausch blieb mir jetzt erspart, weil Don an diesem Abend von seiner Apfelsinenkiste runterblieb, da er sich mehr für einen jungen Mann am Buffet interessierte, der hautenge Jeans und ein T-Shirt mit der Aufschrift »Ich habe kein AIDS!« trug (das Hemd war aber sehr alt).

Er deutete auf seinen Bierseidel. »Ich glaube, daß Barry und ich eine sehr schöne Erfahrung miteinander machen werden.«

Barry bezeichnet sich selbst als orthodoxen Juden und besteht darauf, immer eine Jarmulka zu tragen, sogar im Bett. Aber er hat einen ungeheuren Brustumfang.
»Ich freue mich für euch.«
Der Rummel war zu laut zum Flüstern. Don behandelte es vertraulich, indem er mir ins Ohr schrie.
»Ich kann ihn trotzdem nicht so ganz verstehen. Ich weiß, daß er eine aufrichtige, liebevolle Beziehung will, genau wie ich, aber er hört nicht auf, Andeutungen über Disziplin zu machen.«
»Und, was ist das Problem?«
»Ich bin noch nicht ganz sicher, ob er will, daß ich ihn schlage, oder ob er mich schlagen will. Ich möchte nicht gern das Falsche tun und ihn beleidigen. Was meinst denn du?«
»Einfach. Hol einfach deine gutmütige alte neunschwänzige Peitsche raus und geh auf ihn los. Entweder legt er sich hin und genießt es, oder er nimmt dir die Peitsche weg und schlägt dich. So oder so, du wirst es dann wissen.«
»Oh, genau das mach ich. Danke, Matty. Du bist besser als Ann Landers.«
»War mir ein Vergnügen.«
Clark Fidey schlich mit Unschuldsmiene ums Buffet herum und ließ Roastbeefscheiben in eine kleine Plastiktüte fallen. Seine Hände waren damit so beschäftigt, daß er mit dem Ellbogen winken mußte.
»Willkommen auf der Party, Matt. Hier gibt es eine gute Auswahl. Ganz unbestreitbar.«
»Ich hoffe, ich habe noch eine Chance, es zu probieren.«
Fidey war wissenschaftlicher Bibliothekar an der Münze, und ich wußte, daß er wahrscheinlich der beste Kenner der Geschichte des Grundbesitzes im ganzen Süden ist. Er könnte einem die Entstehungszeit jedes einzelnen Gebäudes in New Orleans nennen und genau zeigen, in welchem Jahrzehnt welcher Flügel angebaut wurde und welche anderen Anbauten gemacht wurden. Aber noch besser bekannt wurde er als der größte Schnorrer im ganzen Delta. Der Mann bezog seine Kleidung von der Wohlfahrt. Und was seine Farbauswahl betrifft, so reicht es, darauf hinzuweisen, daß es in

diesen Parkhäusern, wo sie verteilt wird, spät abends sehr dunkel ist.

Obwohl Fidey, soweit ich wußte, heterosexuell war, besuchte er jede schwule Veranstaltung, in die er reinkam, nicht nur wegen des Essens, sondern um gratis sexuelle Erleichterung zu bekommen. Für Frauen muß man Geld ausgeben, und sei es nur einen Dollar für Kaffee und Gebäck. Diese Extravaganz ist für einen Mann von Fideys anspruchslosem Gemüt undenkbar. Leider sah er weder nach was aus, noch war er jung oder hatte Charme, also hatte er es selbst in dieser leichtherzigen Masse schwer, gratis auch nur einen geblasen zu bekommen.

»Wie geht die Arbeit im zweiten Stock voran?« frage ich.

Er schob die dicke Tasche unter seinen Arm.

»Immer gleich. Die Geschichte ändert sich nie.«

»Man kann immer etwas Neues aus ihr lernen, oder?«

»Ich weiß noch, wie du immer dort warst, um deine Genealogie zu erstellen. Du warst besser als jeder Nicht-Professionelle, den ich kenne.«

»Danke. Aber ich bin nie weiter als bis ins 18. Jahrhundert gekommen.«

Fidey wollte sich gerade noch ein scharf gewürztes Ei in den Mund stopfen, dann, sich auf den dicken Bauch schlagend, überlegte er es sich noch einmal und nahm einen riesigen Schluck Maalox, das er griffbereit in seiner Tasche hatte.

»Aber die meisten Leute hören beim Krieg zwischen den Nord- und Südstaaten auf. Und weil wir in New Orleans sind, haben sie Angst vor dem, was sie finden könnten.«

Während ich mir eines der Eier aussuchte, konnte ich einen Fetzen typisch New Orleanser Party-Dialogs mithören.

»Süßer, meine Hämorrhoiden sind so schlimm, daß du beim Fikken den Rosenkranz beten kannst!«

»Aber ich bin Methodist.«

Ein Kellner stellte ein Tablett mit gefüllten Paprika ab, und Fidey sprang gleich hin.

Ich schlüpfte durch die Menge, die um Errol Rose herumstand, der rittlings auf einem Barhocker saß und unter einem Kreis von

Hühnchen Hof hielt. Er ist einer der wenigen international bekannten Künstler der Stadt, und er hat mit überscharfen Fotos, in denen er das Bizarre und Groteske in schroffem Licht und Schatten feierte, Bekanntheit erlangt. Deformationen gehört seine besondere Liebe, und er hat jede Abart in jeder Zusammenstellung abgelichtet.

Jemand reichte ihm eine Ampulle Äthylgas, das er inhalierte, bevor er mir zuwinkte. »Matty? Hast du schon mein neues Buch bestellt? ›Verzerrte Züge‹?«

»Noch nicht, Errol. Ehrlich gesagt, stehe ich nicht so auf nackte schwarze Zwerge.«

»Guck dir's mal an. In diesem hier sind nackte weiße Zwerge. Und tätowiert!«

»Ich kann's kaum erwarten. Danke.«

Ich kam an Lenny Muntz vorbei, der wahrscheinlich gerade als Frau ging, nach seinen gezupften Augenbrauen und den Pickeln zu schließen, die man sich durch dickes Pfannkuchen-Make-up holt.

Er balancierte ein Tablett auf seinen Knien, während er einer anderen Tunte seinen Arbeitstag beschrieb.

»Also dieser blöde Freier wollte keine Ketten oder Handschellen. Oh nein. Das wäre ja zu einfach gewesen. Es mußten Stricke sein, überall. Und ich hatte dermaßen mit diesen blöden Knoten zu tun, die an seinen Armen, am Oberkörper und runter bis zu den Beinen festzukriegen. Alles mußte ganz korrekt sein. Was der wohl denkt, was ich bin? Ein verdammter Pfadfinder?«

Sein Gefährte nickte über seiner Quiche. »Ich hasse Phantasien, die jedes Detail festlegen.«

»Ich auch.« Lenny machte ein Hängepfötchen. »Und rate mal! Nachdem ich ihn eine halbe Stunde lang festgezurrt hatte, alles schon in der Arbeitszeit, sagt das Arschloch mir. ›Ich muß mal aufs Klo‹. Ich war vielleicht wütend!«

»Und du hast ihn wieder losgebunden.«

»Brauchte ich nicht. War ja sein Bett.«

Pierre, der Spielzeugverkäufer, rief mich zu seinem Lieblingsplatz an die Bar rüber. (Im Holz sind schon Mulden für seine Ellbogen.)

»Hallo, Matty. Ist das nicht eine fabelhafte Party?«

»Abgesehen vom traurigen Anlaß.«

»Man trifft sich ja kaum noch, bei all diesen Krankheiten, die umgehen«, sagte Pierre bedauernd. »Jeder hat Angst rauszugehen ... Sag mal, ich habe das Silberding gesehen, das du gespendet hast.«

»Eine Dagobert Pèche-Silberschale«, sagte der Verkäufer in mir automatisch. »Ein Original, keine von meinen Kopien.«

»Ich kenne mich mit dem Zeug ja nicht aus, aber es sah wirklich gut aus. Hey, willst du sehen, was ich gespendet habe?« Er langte in seinen Musterkoffer und holte eine geflochtene Peitsche hervor. »Mein beliebtestes Stück hier, aus Spanien importiert. Handgeflochten aus geöltem Leder.« Er ließ sie genüßlich durch die Luft zischen. »Der Griff ist extra für eine Männerhand zugeschnitten, wie vom Goldschmied austariert. Willst du mal probieren?«

»Nein danke.«

»Man merkt es erst, wenn man's ausprobiert.«

Um mir weitere Diskussionen zu ersparen, nahm ich seine Trophäe und schlug mir auf den Schenkel. »Tut mir leid, Pierre, es tut weher, als ich will.«

»Ja, es tut ordentlich weh«, sagte er stolz und nahm das Schmerzensinstrument in beide Hände. »Es ist für Leute, die in S/M wirklich weit fortgeschritten sind. Aber wenn du Anfänger bist, könntest du mit einem kleinen Spielzeug beginnen.« Er hielt ein gefüttertes Lederpaddel hoch, das wie ein Baseballhandschuh über seine Hand paßte. »Ich habe welche, die nur ein bißchen kratzen.«

»Ach weißt du, alles, was härter ist als ein Knoten im Schnürsenkel, ist für mich zu herbe. Ich ziehe es vor, meine Vergnügen pur zu mir zu nehmen.«

Er lachte laut und schüttelte seine martialischen Handschellen-Ohrgehänge.

»Warte nur, bis du in meinem Alter bist. Du brauchst dann stärkere Reize – nicht immer nur dasselbe mit immer denselben Leuten.« Er zuckte die Achsel und sah einen Moment lang selber aus wie ›Dasselbe-bitte‹. Dann hellte sich seine Miene auf. »Na, sieh mal an, mit wem ich's hier zu tun habe. So ein Hühnerhabicht wie du hat seine eigenen Vergnügungen.«

»Ich bin kein Hühnerhabicht.«
Pierre blinzelte durch den dicker werdenden Zigarettenqualm.
»Nicht? Wie alt ist Robin?« Ich sagte es ihm nicht, weil er es schon wußte. »Ich nehme an, du liebst ihn, weil ihr so viel gemeinsam habt, oder?«
»Ich liebe ihn, weil ...«
Weil ich irgend jemanden lieben muß und weil er mich liebt. Aber das würde ich nie laut sagen.
Pierre wartete jedenfalls auch nicht auf eine Antwort, und er war auch schon wieder bei seinem Spiel.
»Und hier habe ich ein paar Brustwarzenzwicken für jeden Geschmack. Du kannst aussuchen: japanische, französische und australische.«
»Was ist der Unterschied?« Als ob mich das interessierte.
»Die japanischen haben Gummi oben dran. Nur ein bißchen härter als Wäscheklammern. Die kannst du an jedem benutzen.«
»Ich habe so meine Zweifel.«
»Die französischen haben Metallspitzen. Die tun weh.«
»Kann ich mir vorstellen. Ja.«
»Die australischen sind die besten.« Er leckte seine Lippen. »Sie haben Zähne vorne.«
»Aua.«
Ein gutgebauter Kellner ging an uns vorbei. Er trug eine Fliege aus rotem Leder und dazu passendes Zaumzeug. Sonst nichts.
»Hätten die Herren gern eine flüssige Erfrischung?«
»Ja, bleib hier, Süßes.« Peitschenschlagen macht durstig, und Pierre wählte sich einen großen Drink. »Ich habe ein besonderes Angebot, Matt. Könnte ich dich für metallene Hodenzangen interessieren?«
»Das könnte keiner.«
Genau da tauchte Robin zu meiner Linken auf und zog mich am Ärmel. »Ich habe gerade unser Lied gespielt. Hörst du's nicht?«
Es kam aus der Musikbox: Luther Vandross' Fassung von ›A House is Not a Home‹. Robin, nicht ich, hatte das zur Hymne unserer Beziehung erklärt, aber heute abend schien der Text besonders angemessen.

Ich kann nicht allein leben.
Mach ein Zuhause aus diesem Haus.
Wenn ich die Treppe raufkomme und den Schlüssel reinstecke,
Oh, bitte sei dann da ...

Ich lehnte mich gegen die Bar und sah mich unter unseren Freunden und Nachbarn, den Homos und den Außenseitern, all den Emigranten aus dem wirklichen Amerika, um. Aufgewachsen in einer Gesellschaft, die für sie keinen Platz hatte, jagten sie zwanghaft Abend für Abend in leidenschaftlicher Promiskuität einer Pseudo-Akzeptanz nach. (Was für ein Arschloch hat jemals beschlossen, diese Leute »gay«, lustig, zu nennen?) Und wenn ich Robin und unsere Parodie einer Familie nicht hätte, in die man heimkehren kann, wäre ich dann nicht ebenso selbstzerstörerisch?

Ich legte meinen Arm um seine Schulter und zog ihn näher, um ihn auf den Mund zu küssen, nur an diesem anormalen Ort eine normale Geste. Er schmiegte sich dankbar an mich, weil ich ihm noch nie in der Öffentlichkeit Zuneigung gezeigt hatte.

Doch selbst, als ich mit ihm so dastand, dachte ich an Edwina Devon und verglich sie mit Robin und die sonnige normale Welt mit dieser dunklen und unrühmlichen.

Wenn ich wählen könnte, würde ich mich ändern?

Gab es überhaupt eine Wahl?

Er lehnte an meiner Brust. »Laß uns tanzen, Matty.«

»Später vielleicht.« Eine Lüge.

Er verstand und zog sich schmollend zurück.

»Macht mir nichts. Felix hat mich gerade gefragt, ob ich mit ihm aufs Klo gehe.«

»Du bist mit mir zusammen, du kleine Nutte.«

»Nicht wegen Sex. Er hat da drin ein bißchen Koks. Er will, daß ich mit ihm eine Linie nehme.«

»Mach das und ich brech dir die Nase.«

»Oh, ich hasse es, wenn du so auf Macho machst.« Er wedelte mit seinem runden kleinen Hintern und drehte sich um.

»Du bist pur schon high genug!« rief ich ihm nach und beobachtete ihn, um sicher zu sein, daß er nicht auf die Herrentoilette ging.

Ralph Weitzel war in eine echt aussehende Polizeiuniform gekleidet, komplett mit Stern und Knüppel, aber man sah auf den ersten Blick, daß er nicht wirklich dabei war. Der Mann ist einer von Errols Starmodellen und kleiner als 1,20 Meter. Ralph hat dennoch keinen Mangel an engen Freunden, weil er praktisch dreibeinig stehen kann.

»Hallo, Matty. Mickey sieht ziemlich schlecht aus, oder?«

»Sehr. Schlimm. Vielleicht noch zwei Monate.«

»Du bist ein Experte?«

»Wir werden bald alle Experten sein. Mickey ist der fünfte, den ich kenne, der es gekriegt hat.«

»Und was ist mir dir? Machst du dir Sorgen?«

»Noch nicht. Robin und ich haben den Elisa-Test gemacht, und wir waren beide sauber.«

»Jedenfalls wart ihr es, als ihr herkamt.« Er grunzte und sah aus wie ein Cartoon im *New Yorker*. »Was würdest du machen, wenn du es hättest?«

»Ich habe eine 38er-Kur in meiner Schreibtischschublade.«

»Daran denken wir alle, ehe es uns passiert. Aber vielleicht würdest du auch lieber hoffen, wie Mickey. Vielleicht würdest du bis zur letzten Minute dranbleiben wollen.«

»Und auf einen brillianten Franzosen warten, der auf einem weißen Pferd mit einer Zaubermedizin angeritten kommt?«

»Darauf hofft jeder auf dieser Party.«

Die Versteigerung war ein Erfolg. Jeder gab weit mehr, als er sich leisten konnte, für eine der angebotenen Sachen aus. Meine Dagobert Pèche-Silberschale ging für zwanzig Prozent über dem Marktwert an einen Angestellten mit Schlips, der die nächsten zwei Monate Bohnen und Reis zu Mittag essen würde, um sie zu bezahlen.

Ich bezahlte über Preis für ein Mardi Gras-Poster von 1984, das sich in der Herrentoilette des Ladens gut machen würde, und Robin schmiß sein Taschengeld für einen malaysischen Wandteppich hinaus, der zu nichts paßte.

Die Hors d'œuvres und das Eis waren alle, das Tanzparkett leer, und der arme Mickey schlief an seinem Tisch. Ich nahm Robins Arm.

»Laß uns gehen, Kätzchen. Höchste Zeit, in die Nacht zu reiten.«

»Aber wir können noch nicht gehen, Matty. Errol sagt, er wirft noch Geld.«

»Was schnatterst du da? Errol hat in seinem ganzen Leben noch nicht mal eine Karnevalsmünze geworfen.«

»Das glaubst du. Aber er hat mir erzählt, daß er uns eine goldene Dusche geben will. Genau von dem Barhocker da.«

»Laß uns gehen.«

»Glaubst du, er hat es nicht ernst gemeint?«

»Ich weiß, daß er's ernst gemeint hat.«

Als wir rauskamen, waren die Straßen noch voller betrunkener und gefährlicher Leute. Robin war immer noch rosig vor Aufregung.

»War das nicht eine fabelhafte Party?«

»Sie hat ihren Zweck erfüllt. Der arme Mickey hat jetzt genug Geld für den Rest seines Lebens.«

»Mhh.«

»Alle haben deine Silberschale bewundert.«

»Ja, ich frage mich auch, wie ich mich bei der nächsten Versteigerung übertreffen soll. Und bei der übernächsten.«

Als wir zu Hause waren, trug ich den Grill nach draußen, um, wie immer, im Hof den Kaffee für den nächsten Tag zu rösten, weil ich die Küche nicht voller Rauch haben will. Außerdem liebe ich diese einsamen Momente.

Nach Augenmaß abmessend, schüttete ich ein Viertelpfund äthiopische Mokkabohnen in meinen schmiedeeisernen Topf. Herkömmliche Rezepte behaupten, daß diese Menge »zwanzig Tassen aromatischen, köstlichen Kaffees« ergeben. Vielleicht zwanzig für einen Yankee. Ich mache daraus acht oder zehn.

Kommerzielle Röster tun nichts weiter, als den Bohnen eine braune Farbe zu geben. Ich benutzte meinen Spezial-Kaffee-Röstertopf, der nie gespült wird und eine feine Schicht aus Ölen und Harzen angenommen hat. Ich röste die Bohnen langsam, bis sie wie französischer Kaffee dunkelbraun bis schwarz sind.

Ich rührte und bewegte die Bohnen mit einem langen Metallöffel. Der kalte Wind blies den dicken Qualm zum Mississippi, der fünf Blocks weiter östlich fließt. Ich ging aus dem Rauch hinaus und ließ meine Hemdschöße im Wind flattern.

Und ich genoß die gesegnete Einsamkeit und die Freiheit, über das Leben nachzudenken. Nicht im allgemeinen, nur über meins.

Welche wichtigen Daten würden wohl in mein Dossier kommen? Matthew Arthur Sinclair, männlicher Weißer, 38 Jahre, 1,75 Meter, 70 Kilo. Dunkle Haare, die grau werden, aber immer noch festsitzen. Gute katholische Erziehung. Finanziell abgesichert. (Es wird jedes Jahr leichter, Geld zu verdienen, und immer schwerer, sich zu verlieben.)

Keine Frau. Keine Kinder. Das bedeutet, auch keine Enkel. Nie. Wenn ich tot bin, ist es, als hätte es mich nie gegeben.

Ich hasse die Worte immer und nie.

Ich nahm den Rösttopf vom Feuer. Die Bohnen waren, so stark es ging, geröstet. Ich würde sie morgen früh, unmittelbar vor dem Aufgießen, mahlen.

Robin öffnete die Hintertür und rief nach mir.

»Matty! Edwina Devon ist am Telefon. Willst du drangehen?«

»Ja, will ich.«

NEUNTES KAPITEL

Donnerstagnachmittag, 9. März

Nach einem witzlosen Geschäftsessen ganz ohne Martini stand Steve schon an der Ladentür und winkte mit einem rosa Telefon-Notizzettel.

»Lucille Dooley rief an. Sie sagte, du kennst sie.«

»Nicht im biblischen Sinn. Lucille hat den *Blauen Garten* auf der Decatur Street.«

»Ich weiß. Ich meine, habe ich gehört. Sie sagte, sie will ihr ganzes Etablissement neu einrichten, also dachte ich, da wäre vielleicht viel Geld drin, und ich habe ihr gesagt, daß du vorbeikommst.«

»Warum bist du nicht hingegangen? Vielleicht hat sie ein paar Gratisproben rumliegen.«

»In dieser Hoffnung habe ich ihr genau das angeboten, aber sie wollte, daß du selbst kommst. Sagte, sie vertraue deinem Stilgefühl.«

»Dann gehe ich mal hin.«

Der *Blaue Garten* ist überhaupt kein Garten, sondern das berüchtigste Etablissement auf der übelbeleumdetsten Straße der Stadt. Die »Hostessen«, die dort arbeiten, können eine gefüllte Brieftasche auch in Hosentaschen von Matrosen sehen, die in einem Regenunwetter um Mitternacht noch einen Block weit entfernt sind. Und innerhalb von wenigen Sekunden sind sie hoch und aus der Bar heraus und haben ihre Raffgriffel an dem ganzen Mann und fragen ihn, ob er gerne eine »Party« hätte. Die Art von »Party«, die sie zu bieten haben, hat nichts mit Vorspeisen und Papierhüten zu tun. Sie besteht normalerweise ganz schlicht aus einem verwässerten Drink an der vorderen Bar und einem schnellen Gang nach oben.

Oben findet der ernsthafte Matrose ein ganz winziges Zimmer mit einem alten Bett, das bald auseinanderfällt, und einem jungen Mädchen, das auch leicht umzulegen ist. Dann erleben sie eine hastige Wäsche an einem tropfenden Waschbecken und einen Satz in die alten Sprungfedern.

Woher ich das alles weiß?

Fragen Sie nicht.

Die Besitzerin, Lucille, ist eine forsche Frau mit vorstehenden Augen, die ich kaum kenne und noch weniger mag. Aber an diesem Nachmittag grüßte sie mich überschwenglich und mixte meinen Sazerac mit echtem Wild Turkey aus einem sauberen Glas.

Ich probierte ihren Versuch. »Zuviel Bitter.«

Sie lehnte sich über die zersplitterte Resopal-Bar. »Beklagen Sie sich nicht. Es ist doch umsonst, oder?« Ihr Ausschnitt war so tief, daß ich, wenn ich gewollt hätte, ihre Brustwarzen hätte sehen

können. Wollte ich aber nicht. »Wir wollen ein bißchen mehr Stil in diesen Laden bringen, wissen Sie? Dann können wir vielleicht auch für etwas schickere Kunden interessant werden. Die aus der besseren Gegend.«
Ich nippte an ihrem Gebräu, obwohl es unglaublich stark war. »So sehr ich Ihnen was verkaufen möchte, ich muß Ihnen doch abraten.«
»Wovon? Mh?«
»Lucille, so eine Investition, die sie vorhaben, wäre schlecht angelegt. Die Leute aus den besseren Gegenden holen sich Callgirls. Sie kommen nicht in solche Slums wie hier im Quarter, nur weil die Möbel schön sind, selbst wenn Brooke Shields drauf rumläge.«
Sie zuckte die Achsel, als sei es ohnehin nicht ihr Geld. War es wahrscheinlich auch nicht.
»Ich will eines von diesen Messingbetten mit Vorhängen, ja?«
»Messingbetten haben keine Vorhänge.«
»Dann fangen wir eine neue Mode an. Kommen Sie und gucken Sie sich mal eines der Zimmer oben an.«
»Ich kann Ihnen genau sagen, wie es da aussieht, sieben Schichten Lack, ein wurmstichiges Nachttischchen und ein Bett, in dem kein nüchterner Mensch schlafen könnte.«
»Ja, stimmt. Also wir schmeißen das alte Zeug raus, tapezieren, legen ein paar Teppiche hin. Geben den Mädels einen netten Arbeitsplatz, damit sie vielleicht länger dableiben. Nun kommen Sie schon.«
Lucille nahm meine steife, widerstrebende Hand in ihre feuchte und riß mich die steile enge Treppe hoch in den ersten Stock. Ich trug meinen Drink auf Armeslänge von mir entfernt, weil ich fürchtete, die Reinigungskosten für meinen Kaschmirblazer würden jeden denkbaren Profit übersteigen.
Sie drückte die erste Tür auf, ohne zu klopfen, unterbrach jedoch glücklicherweise so früh am Abend noch kein leidenschaftliches Spiel.
»Was glauben Sie, was ein bißchen hübsche Tapete hier verändern könnte? Ich habe eine gesehen, die war rot und voll mit Mädels in Tangas.«

Ich trank aus, obwohl der Drink nicht sehr gut war. Ich brauchte ihn. »Lucille, Sie sollten eine andere Art Händler um Rat fragen.«

»Was für eine Art meinen Sie denn?« Sie nahm mir schnell das Glas aus der Hand, als fürchtete sie, ich würde es kaputtmachen oder klauen.

»Einer, dessen Geschmack mit Ihrem übereinstimmt. Kennen Sie die Werbung, in der der Ansager sich wie ein Sessel anzieht?«

»Ja, aber –« Nach dem »aber« hörte ich nichts mehr, weil mir plötzlich der Schädel dröhnte. Das Zimmer wirbelte um mich herum, und ich fiel hin, polterte in voller Länge auf den schmuddligen Boden.

Ich konnte noch mit letzter Kraft sagen: »Sie haben mir Drogen gegeben!«

Die Frau kam näher und stand über mir, mit ihrer Schuhspitze fuhr sie mir durchs Haar.

»Mhm. Habe aber den besten Bourbon genommen. Bestimmt.«

Als ich wieder zu Bewußtsein kam, sah ich, daß ich aus dem öffentlichen »Privatzimmer« weggetragen worden war. Durch trokkene und trübe Augen sah ich einen Schrank voller Cocktailkleider und einem Berg weiblicher Toilettengegenstände. Das mußte Lucilles Wohnung sein. Vom Winkel her zu schließen, aus dem ich die Greater New Orleans-Brücke im schwindenden Licht der Dämmerung sah, nahm ich an, daß wir im zweiten Stock waren.

»Paß auf. Er kommt zu sich.«

»Das macht nichts, Wolin. Ich habe ihn gut gefesselt, der geht nirgendwo hin. Und blaue Flecken hat er auch nicht.«

Meine Arme lagen ausgestreckt und waren mit billigen Nylonschlipsen, deren Farben ich unter anderen Umständen niemals tragen würde, ans Kopfteil des Messingbetts gefesselt.

Lucille war nirgends zu sehen. Statt dessen waren da drei Subjekte, die noch schlimmer aussahen: ölige Nudelfresser, die nach Knoblauch rochen.

Der fettigste der drei beugte sich über mich und fuhr über mein Revers, wo es nichts zu bürsten gab.

»Wie geht's Ihnen?«

Den hatte ich schon mal gesehen. »Ging mir schon mal besser.«

»Er kann jetzt sprechen«, sagte der an der Tür.
»Ja, Wolin. Geh du raus in den Flur. Wir wollen doch nicht, daß uns ein paar geile Matrosen die Geschäfte stören.«
»Bin direkt vor der Tür, Gino.« Die Tür ging auf und schloß sich wieder, und dann waren es zwei. Ich erinnerte mich jetzt an die geierhaften Züge und an meinen »Termin in Samarra«.
»Sie sind mir am Montag aus dem *Royal Sonesta* gefolgt.«
»Ja, wir hätten Sie da ins Auto gepackt, und es wäre alles ganz schnell gegangen. Aber dann mußten Sie ja Gespenster sehen und wegrennen ...«
»Rennt wie 'ne angesteckte Katze«, bemerkte sein Kumpel.
»... und wir mußten unser Gespräch verschieben.«
»Entschuldigen Sie die Umstände«, sagte ich zutiefst unaufrichtig.
Gino zuckte die Achsel. »Deshalb mußten wir's raffinierter versuchen. Haben uns Mrs. Dooleys freundliche Mitarbeit gesichert, und da sind wir ja nun endlich.«
»Endlich vereint.«
Er klopfte mir auf die Schulter. »Und Sie wollen sicher wissen, warum wir Sie so dringend sehen wollten?«
»Ich bin nicht neugierig.«
»Wir wissen das zu schätzen, Mr. Sinclair. Aber wir müssen mit Ihnen sprechen. Sehen Sie, wir haben da so ein kleines Immobiliengeschäft am Laufen. Und wir brauchen da ein bestimmtes Stück Land am Ufer.«
»Tut mir leid, damit kann ich mich gar nicht befassen.«
Fettauge lächelte mit dem halben Mund. »Wir wissen, daß das Zeug Sinclair-Eigentum ist, und deswegen wollen wir es Ihnen abkaufen, egal, ob auf die freundliche Tour oder auf die unfreundliche ...«
»Das Land, von dem Sie sprechen, gehört meiner Mutter.«
»Ja, aber Sie haben die juristische Verfügungsgewalt darüber, solange sie in Europa ist. Wir wissen das alles. Deshalb werden Sie uns das Ganze für einen netten und fairen Preis verkaufen, auch wenn er Ihnen vielleicht jetzt gerade nicht so fair vorkommt.«
»Ich spüre einen drohenden Unterton.«

»Ja, und meine Kollegen und ich haben einen ganzen Sack voll mit solchen Scheißuntertönen.«

»Dann hören Sie mal auf einen juristischen Rat, gratis. Jede Unterschrift, die unter Druck gegeben wurde, hält vor Gericht nicht stand.«

»Druck gibt's hier nicht. Was, Fanetti? Siehst du hier Druck?« Sein Kumpel schüttelte den Kopf, um ihm beizupflichten, daß es keinen gab.

»Mein Kollege hier ist ein anerkannter Notar.« Fanetti hielt sein Notarsiegel hoch, um zu zeigen, wie anerkannt er war. »Und außerdem, wenn man Wolin und Lucille mitzählt, haben wir drei Zeugen dabei, damit es richtig legal ist.«

Fettauge grinste darüber, wie ordentlich alles war. Was er nicht dazu sagte, war, daß es keine Möglichkeit gab, die Transaktion wegen ausgeübten Drucks anullieren zu lassen. Weil ich das Gelände nicht lebend verlassen würde.

»Ich unterschreibe nicht.«

»Wollen Sie nicht ein bißchen vernünftig sein? Das ist dumm. Aber Sie werden so oder so verlieren, Sinclair. Weil Ihre liebe süße Mama sicher zur Beerdigung nach Hause kommt, und ich glaube, mit ihr läßt sich's leichter verhandeln.«

Und ich dachte, laß Mutter es euch zeigen. Sie ist viel zäher als ich. Aber ich sagte: »Wenn ihr mich umlegt, Jungs, dann werden bald ein Haufen Leute hinter euch her sein.«

»Ach nein, Mann. Hinter uns nicht. Du schaffst dich selbst aus der Welt.«

Fanetti legte sein Notarsiegel hin und brachte sein zweites Requisit, eine durchsichtige Tüte mit weißem Puder, zum Vorschein.

»Genau, wie du's bestellt hast, Gino – 83prozentig rein.« Er warf die Tüte Gino zu, der sie über mein Gesicht hielt.

»Und so werden die Behörden es sehen. Matt Sinclair, dieser aufstrebende reiche junge Typ, geht aufs Ganze. Er lebt schnell. Er trinkt. Er tanzt. Er lutscht Schwänze.«

»Ja«, sagte ich. »Na und?«

»Und manchmal schnieft er eben auch einige Linien Koks, um sich zu entspannen.«

»Nie im Leben.«
»Na, du hast es heimlich gemacht.« Gino lächelte harmlos und streckte seine offenen Hände aus. »Deine Freunde und Geliebten werden geschockt sein, wenn sie erfahren, daß du mit 'ner Überdosis am Kai gefunden wurdest. Aber es wird keiner einen Aufstand machen. Sie sind genau der Typ ... Gib mir'n Spiegel.«
Fanelli reichte ihm einen verschmierten Handspiegel von Lucilles vollgestopftem Garderobentisch, und Gino legte ihn auf seinen Schoß, unter die Wampe. Er schlitzte die Tüte geschickt mit Daumen und Zeigefinger auf und leerte sie auf den Spiegel.
»Das hier sind zwanzig Milligramm fast reines Kokain. Glauben Sie, daß das reicht, Mr. Sinclair?«
»Ich würde sagen, ja.«
»Wir können es nicht spritzen, weil das Spuren hinterläßt. Also machen wir's auf die schicke Art.« Gino langte hinter sich, und Fanetti legte eine knisternde 50-Dollar-Note in seine Hand, die er dann zu einem schmalen Zylinder rollte.
»Sie haben Glück, wissen Sie? Wenn ich jemals um die Ecke gebracht werde, hoffe ich, daß sie es so tun. Hörst du, Fanetti?«
Fanetti lachte krächzend. »Nö, du bist der Mühe nicht wert.«
Gino lachte auch. »Hören Sie, Sinclair, wie wär's, wenn Sie einen großen Schniefer nehmen und es in vollen Zügen genießen?«
»Ist gut.« Ich spielte Gelassenheit. »Auf die letzten guten Momente, also. Was habe ich schon zu verlieren?«
»Das haben Sie gesagt.«
Diskret füllte ich meine Lungen mit Luft, um das üble Zeug über ihn und die Wände zu zerpusten. Aber gerade, als er den Spiegel in Puste- und Stäube-Nähe brachte, erriet Fanetti meine Absicht.
»Guck mal! Der will dir den Scheiß in der Gegend rumpusten!«
»Verdammt, du hast recht. Wir haben's mit einem richtigen Klugscheißer zu tun.« Gino legte den Spiegel hin und holte mit der Faust aus.
»Tu's nicht«, warnte Fanetti. »Schlag ihn nicht ins Gesicht.«
»Tun Sie's nicht«, fiel ich ein. »Ich kann das nicht ausstehen.«
»Was kümmert's mich, ob der das mag oder nicht?«
»Das gibt einen Abdruck, du Arschloch.«

»Na gut. Gib mir das Klebeband.«

Der auf alles vorbereitete Fanetti warf ihm eine zehn Zentimeter breite Rolle Klebeband zu.

»Wollte eigentlich nicht mit dem Scheiß arbeiten«, erklärte Gino, und riß 15 Zentimeter ab. »Weil jetzt muß ich das klebrige Zeug mit Alkohol von Ihnen abreiben, wenn Sie noch lebendig sind, sonst gibt es eine rote Stelle.«

Er gebrauchte beide Hände, um das Band über meinen Mund zu kleben, und rieb es richtig fest, damit es schloß. »Aber jetzt gibt es nur noch eine Art zu atmen, und das ist durch die Nase. Sie sollten sich zurücklehnen und das reine Kokain genießen.«

Er rollte die Banknote wieder zusammen und schlug sie gegen den Spiegel. »Fast beneide ich Sie, Sinclair. Sie haben auf Ihrem Weg dahin einen kleinen Vorgeschmack auf den Himmel.« Er packte eine Rasierklinge aus und schob das Häufchen Puder zu säuberlichen kleinen Linien zusammen, als würde er Erfrischungen für eine Party vorbereiten. Die Party war leider ich.

Gino richtete ein Ende seiner 50-Dollar-Röhre auf die erste Linie und das andere auf mein linkes Nasenloch, so sorgsam wie eine Mutter, die ihr krankes Kind füttert. Aber nichts passierte.

Fanetti erklärte ihm, warum nicht. »Er hält die Luft an«.

»Kann er ja nicht immer machen.«

Aber ich gab mein Bestes, und mußte bereits kräftig rot angelaufen sein, als ich die Tür aufgehen hörte.

»Paß auf, Gino«, sagte eine Stimme, die ich nicht zu hören erwartet hatte. Es war der Mann von draußen, Wolin, der so kühl wie ein Gletscher klang. »Leg den Spiegel auf die Erde und dreh dich um.«

Der Befehl wurde spürbar zögernd ausgeführt. Und dann herrschte einen Augenblick lang eisiges Schweigen. Als ich schließlich wieder zu atmen wagte, sah ich, daß Wolins Intervention zumindest teilweise auf den Lauf einer Automatik zurückzuführen war, der genau fünf Zentimeter von seiner linken Schläfe entfernt auf ihn deutete. Am anderen Ende befand sich der köstliche kleine Lawrence Dale, der, nach der tödlichen Tücke in seiner Stimme zu urteilen, um zehn Jahre gealtert schien.

»Nimm ihm das Klebeband ab.«

Wolin wagte nicht, seinen Kopf zu drehen, aber seine Augen bewegten sich wie verrückt.

»Hör mal, DiMarco. An dem hier haben Sie doch gar kein Interesse.«

DiMarco. Ich erinnerte mich, daß das Dales wirklicher Name war.

»Jede Menge. Das Klebeband.« Das Band wurde schnell abgerissen und hinterließ eine wunde Stelle. »Hast du schon was eingeatmet, Matty?«

»Nein, mir geht's gut.«

»Gino, dieser Mann hat nichts mit unseren Geschäften zu tun. Bind ihn los. Sofort.«

Gino war zu eingeschüchtert, um mit den Knoten herumzufummeln, und nahm seine Rasierklinge, um die Fesseln von meinen Handgelenken abzuschneiden. Ich mußte reiben, damit das Blut wieder floß, aber Gino hatte recht. Spuren hatten sie nicht hinterlassen.

»Da, siehst du? Der Mann ist unverletzt.«

»Das ist gut, *compagno* – gut für deine Gesundheit und dein Wohlergehen. Hast du Lust auf Krieg? Unsere Armee ist viel größer als eure.«

»Ach, weiß ich doch. Wir wollen keinen Ärger mit der Sacci-Familie.«

Dale zielte mit der Pistole auf seinen Unterleib. »Dann wirst du jetzt Sinclairs Lebensversicherung. Wenn er auch nur Nasenbluten kriegt, dann hast du Ärger mit mir und meinen Leuten.«

Gino und Fanetti tauschten einen vorsichtigen Blick und zuckten dann die Achsel.

»Wie Sie meinen, DiMarco. Wir lassen ihn in Ruhe.«

»Also, dann kriecht in eure Höhle zurück und laßt uns allein.«

Das unselige Trio machte nicht mal Anstalten, Einwände zu erheben, obwohl wir schließlich auf ihrem Territorium waren, sondern sie gingen einer nach dem anderen zur Tür heraus, wie eine Reihe zahmer Enten. Nachdem ich sie die zwei Treppen hatte runtertrappeln hören, rollte ich mich schwindlig vom Bett und schwankte durchs Zimmer, um sie vom Fenster aus zu beobachten. Ich sah ihre Köpfe aus dem Lokal kommen, sah, wie sie gegenseitig Entschuldigungen vorbrachten und dann die Dacatur Street in Richtung Canal Street gingen.

Dale-DiMarco verriegelte die Tür und sicherte seine Automatik. »Ich garantiere, daß die dich nicht mehr belästigen. Mein Papa ist größer als ihr Papa.«

Aber ich atmete erst dann wieder richtig, als alle drei außer Sicht waren. Erst dann zog ich die fleckigen und bauschigen Vorhänge zu und wandte mich meinem Retter zu.

»Danke, Lawrence, obwohl ich nie gedacht hätte, daß ich dir mal für irgendwas danken muß.«

»Gern geschehen.« Er zog seinen Perry Ellis-Trenchcoat aus und legte ihn auf den Schreibtisch. »Ich hatte nur ein brüderliches Auge auf dich, Bruder. Als du in diese Falle gestolpert bist, habe ich eine Stunde gewartet und habe dann mal geguckt, was sie machen.« Er schlüpfte aus seinem Anzugjackett und knüpfte seinen Schlips auf. »Lucille kann so viel erzählen, wenn sie eine Pistole an den Titten spürt.«

»Sag mir mal deine professionelle Meinung. Glaubst du, ihre Bande hätte Brad Rutledge töten können?«

»Glaube ich nicht.« Er ging zum Bett und setzte sich, die Sprungfedernd prüfend.

»Ist das deine ehrliche Meinung oder nur das berühmte Schweige-Kartell?«

»Es ist nicht Omerta, nur gesunder Menschenverstand. Ginos Gruppe will das Gleiche wie Rutledge. Also warum sollten sie ihn behelligen? Die hätten ihn erst mal alle Kosten für den Casinobau tragen lassen und hätten ihm später die Muskeln gezeigt. So arbeiten die.« Er zog die Bettdecke beiseite. Die Laken waren immerhin sauber. »Laß uns das Zimmer ausnutzen, was?«

»Wie bitte?«

Er schien jede Sekunde wieder jünger und sanfter zu werden. Seine großen grünen Augen schauten vorwurfsvoll.

»Würdest du nicht sagen, daß wir quitt sind, Matty?«

»Quitt? Zweimal hast du verdammt alles versucht, mich umzubringen. Und jetzt hast du mich einmal gerettet.«

»Fast quitt, also.« Er knöpfte sein Hemd auf und ließ es auf den Boden fallen. »Soixante-neuf, was hältst du davon?«
Sein Körper war immer noch jugendlich, und die Muskeln waren gut trainiert und hatten feste Umrisse wie die eines Turners.
Und ich sollte mich dafür schämen, was ich dann machte.
Aber ich machte es so gut.

ZEHNTES KAPITEL

Donnerstagabend, 9. März

Von Lucilles *Blauem Garten* aus ging, nein, rannte ich heim und stürzte gleich in meine altmodische Löwenklauen-Badewanne, wo ich die Sorgen und Sünden des Tages abwusch, als Robin, ohne anzuklopfen, mit dem kabellosen Telefon ins Badezimmer kam.
»Sam, dein Apotheker, ruft an.«
Ich trocknete die Hände an einem Flauschhandtuch mit Monogramm und nahm den Hörer.
»Hallo, Sam.«
»Matty, ich habe gerade diese Pillen analysiert, die Robin gebracht hat, und jetzt weiß ich, was mit dir los ist.«
»Ich brauche mehr Phenobarbital?«
»Nein, du brauchst überhaupt welches. Das sind nicht die Pillen, die ich für dich gemacht habe. Was du genommen hast, sind Imitationen aus Kalk und Saccharin. Die gleiche Größe und Farbe.«
»Können deine Angestellten das irgendwie –?«
»Keiner!« Er klang gereizt. »Ich besorge alle deine Rezepte selber.«
»Entschuldige. Du weißt, daß ich dir vollkommen vertraue.«
»Verziehen. Hör mal, ich glaube, da hat einer auf deiner Seite dran rumgefingert. Guck dich mal um.«
»Ich habe auch meine Vermutungen, wo ich hingucken muß.« Ich verabschiedete mich von ihm und gab den Hörer Robin zurück.
»Erinnerst du dich an den Zigarettenrauch?«
»Ja, aber Sigrid hat versprochen, nicht mehr im Haus zu rauchen.«

Ich hob mich aus der Wanne und platschte zum Arzneischrank.
»Sie hat nie geraucht. Sie hat nur ihren Freund gedeckt.«
»Lewis Wofford?«
»Ich stelle mir das so vor: Sigrid muß den Arsch ins Haus gelassen haben, um ihre primitiven Paarungsriten hier zu vollziehen, wenn wir nicht da sind.«
»Bist du sicher?«
»Deswegen hat Blanche auch die Hintertür zerkratzt. Sigrid mußte sie in den Garten sperren.«
»Sie hätte sonst Wofford lebendig gefressen.«
»Weil sie ein ausgezeichnetes Urteil in Charakterfragen hat. Wie jeder Junkie konnte unser ungebetener Gast nicht widerstehen und hat unseren Drogenvorrat überprüft.« Ich nahm die Flaschen mit meinen Pillen und jonglierte mit ihnen.
»Er hat dein Phenobarbital gestohlen?«
»Und Imitationen statt dessen hingestellt, damit ich keinen Verdacht schöpfe. Bis ich Anfälle hatte.«
»Was soll ich mit Sigrid machen?«
Ich war für seinen Gebrauch der ersten Person Singular sehr dankbar. Der Junge übernahm tatsächlich Verantwortung.
»Gib ihr zwei Wochen Abfindung und schick sie weg. Und tausch die Schlösser aus.«
»Und wenn sie nach einem Empfehlungsschreiben fragt?«
»Daß ich nicht lache.« Ich warf ihm die Flaschen zu. »Fahr mal rüber zu Sam und bring mir ein paar richtige Pillen. Ich gehe zu Fuß zum Club.«

Der Pyrrhus-Club ist archaisch, ein altmodischer athletischer und gesellschaftlicher Rückzugsort, den reiche weiße Christen besuchen, um dort ihresgleichen zu treffen und der anderen Sorte und vielleicht sogar dem wirklichen Leben aus dem Weg zu gehen. Ich bin nicht elitär, aber die Familientradition verlangt, daß ich meine 2000 Dollar pro Jahr zahle. Der Pyrrhus-Club wurde im frühen 19. Jahrhundert von einigen reichen Kreolen gegründet, und es hatte immer mindestens einen Sinclair unter den Mitgliedern gegeben.

Ich versuche, dreimal pro Woche auf den Nautilus-Maschinen zu trainieren und dann einige Züge zu schwimmen oder, wenn ich einen Partner finde, ein bißchen Squash zu spielen. Mein nimmermüder Ehrgeiz nach turnerischer Kondition macht mich manchmal ganz wild auf ein gutes Match.

Wie tief ich mich herablasse, um an ein anständiges Spiel zu kommen, war an dem Abend wieder offensichtlich – ich mußte sogar gegen einen Mann aus Yale namens Robert Barber III spielen. Bobs Familienvermögen ist erst eine Generation alt und wurde von seinem Vater verdient, einem Spediteur mit Namen Roberto Barbera. Der hat Schwielen an den Händen und eine viertklassige Erziehung ... und ist dreimal mehr wert als sein Sohn. Aber Barbera würde in diesen Club nicht aufgenommen werden oder auch nur aufgenommen werden wollen.

Wie die meisten frisch Arrivierten will Barber möglichst schnell die Tür hinter sich zumachen, wie er es auch andeutete, während er den Ball mit mehr Kraft als nötig gegen die Wand der Squashhalle warf.

»Sag mal, Matty, man hat mir gesagt, daß du dafür stimmst, George Fieldstone aufzunehmen.«

Ich fing einen Ball, der mit hundert Stundenkilometern zurückkam, und schlug ihn zurück.

»Aber voll. Er ist brilliant, sehr zivilisiert und hat wunderbare Umgangsformen. George wird für den Club ein Gewinn sein.«

»Aber der Mann ...« Er sah beiseite, als ob er sich ganz auf das Spiel konzentrierte. Niemand gibt gern zu, daß er bigott ist, es sei denn, er ist in der sicheren Gesellschaft anderer Bigotter. »Er hieß nicht immer Fieldstone, weißt du.«

»Einige der nettesten Leute anglifizieren ihren Namen. Vielleicht ist das ein Zeichen von Unsicherheit, aber nicht von schlechtem Charakter.«

Er lief röter an, als es seine Anstrengungen rechtfertigten, und hatte ja auch allen Grund dazu. »Hör mal, Matty, es geht darum, was er ist. Sein Hintergrund, sein Erbe, das ist alles ganz anders als bei uns.« Barber dribbelte den Ball so stark, daß er ihn selber unten halten mußte. »Ich habe nichts gegen Fieldstone persönlich, versteh doch, er ist ein guter Mann. Aber wenn du ihn reinläßt, mußt du die anderen auch reinlassen – die drängelnden Großschnäuzigen in den billigen Anzügen.«

Bis vor kurzem war die Gesellschaft von New Orleans ein sehr enger Zirkel. Die alten Familien setzten ihren ganzen blutleeren Stolz darein, alle ethnischen Minderheiten aus den elitären Karnevalvereinen wie Rex und Comus herauszuhalten. Man macht viel Aufhebens um die »Könige« der unzähligen Mardi Gras-Paraden, wo oft die hohlköpfigen Blaublütigen und die gesellschaftlichen Trittbrettfahrer unter sich sind. Es wird auch viel um sie hergemacht.

Obwohl sie über nichts weiter als diese dünne Basis verfügen, gewöhnten sich die »Könige« daran, sich so »zu fühlen«, wie die Cajuns sagen – zu glauben, daß sie wirklich königlich sind. Die Erwählten werden in monarchische Gewänder gehüllt, mit Perükken, Make-up und Zepter. So ausgestattet, klettern sie auf ihren Wagen, mit dem sie dann durch die Straßen ziehen und gleiten, auf fein gearbeiteten Thronen sitzend, von denen sie majestätisch hinunterwinken. Das karnevalistische Volk, völlig hingerissen von der Großartigkeit der Veranstaltung, reißt sich um die Blechmünzen und Plastikperlen, die von den Wagen geworfen werden. Die Masse verkörpert die hungernden Bauern alter Zeiten, die gekommen sind, um den Gesalbten zu huldigen und von ihnen Gefälligkeiten zu erbitten.

Rigide Mitgliedsregelungen schlossen selbst die bedeutendsten Juden und andere ungeliebte Minderheiten von der Übernahme einer Rolle in dem Heidenspiel aus. Bis vor kurzem hatten die daraufhin während Mardi Gras die Stadt für eine Woche verlassen. Aber vor einigen Jahren entschlossen sich einige der Entrechteten, ihren eigenen Verein aufzumachen, nur mit Geld und Begeisterung. Diese Innovateure beschlossen, daß sie schnell großen Eindruck machen wollten, und bezahlten Berühmtheiten Unsummen dafür, daß diese ihren Zug attraktiv machten. Und 1968, am Samstag vor Mardi Gras, rollte der Bacchus-Zug auf seine Jungfernreise.

Diese Neureichen waren klug und reich genug, sich den »König der Spaßmacher« für ihren Ehrenwagen auszusuchen. Und es gab

viel Gewisper hinter Fächern über die Tatsache, daß ihr erster Paradekönig ein Jude war.
Die Fahrt seiner Majestät Danny Kaye die Canal Street hinunter zog die größte Menge Leute an, die je zusammengekommen war, und er war der lustigste und unterhaltsamste Karnevalkönig, der je regiert hatte. Bis heute. Die Berühmtheiten von Bacchus machen ihren Zug immer noch zum beliebtesten der ganzen Parade.
»Wo ziehst du die Grenze?« wollte Bob wissen.
Ich mußte es sagen. »Früher hat man sie bei Italienern gezogen.«
Das wirkte. Barber, geborener Barbera, verpaßte den nächsten Ball, der in die Ecke sprang und ausrollte. »Meine Mutter ist aus Irland.«
»Irland ist noch schlimmer. Jedenfalls will ich gar keine Mauern niederreißen. Ich will ja nur, daß wir unsere künftigen Mitglieder individuell beurteilen.«
»Du schlägst eine Hierarchie nach Verdienst vor. Du würdest dann also jeden reinlassen, unabhängig von Rasse, Farbe und Glauben?«
»Das wäre dann ein besserer Club, jedenfalls interessanter. Ich werde hier fast schneeblind.«
»Ich habe eben nur Respekt vor unseren religiösen Traditionen, das ist alles.«
»Als Italiener solltest du wissen« – ich schoß den Ball zurück – »daß es die Römer waren.«
»Was?«
»Die Christus getötet haben.«
Damit knallte ich den Ball so stark, daß er hinter ihm ankam und von der Wand abschlug. Er versuchte nicht, ihn zurückzugeben, sondern ließ ihn ausrollen.
»Ja, ja, du hast recht.« Barber lächelte und sah beinahe menschlich aus. Er sah beinahe italienisch aus. »Ich stimme auch für deinen Freund.«
»Das weiß ich sehr zu würdigen.«
»Aber demnächst lassen sie auch noch Weiber rein. Dann wird es hier die Hölle sein.«
Das brachte mich ins Sinnieren darüber, zu was für einer Kreatur

er wohl abends heimging. Aber wir beendeten das Spiel ohne weitere Unterhaltung.

Für die meisten Mitglieder war es früh, und als ich mit dem Training fertig war, war nur noch ein anderer Mann in der Dusche. Ich hörte Wasser spritzen und das Grunz- und Einseif-Geräusch, als ich auf einen schnellen Guß rein- und wieder rausging.

Ich war schon abgetrocknet, gekämmt und zog gerade ein paar Kleinigkeiten über, als ich den anderen Einzelgänger traf.

Ein atemberaubender junger Löwe, nur mit einem Handtuch angetan, humpelte, fast zusammengeklappt, in den Umkleideraum. Er setzte sich flink auf die Bank und rammte sich die rechte Faust in den Rücken, schaute dann zu mir auf und warf die tropfnasse blonde Mähne zurück.

Er lächelte durch Tränen hindurch, seine Zähne waren so vollkommen wie der Rest.

»Sie müssen Matt Sinclair sein.«

»Muß ich gar nicht, ich will es.«

»Ich auch, glaube ich.« Er hob seine herrlich behaarte Brust zu einem schmerzhaften Seufzer und streckte die Hand aus. »Im Morenl wäre ich lieber jeder andere als Bill Oakes.«

Ich schüttelte seine Hand fest und widerstand einem Impuls, niederzuknien und sie zu küssen.

»*Enchanté,* Mr. Oakes.«

Ich weiß auch nicht, aber ich habe ein Ding mit Football-Mittelstürmern. Allein ihre Nähe erhöht meinen Blutdruck und läßt mein Herz schneller schlagen. Aber nach außen hin blieb ich cool.

»Nennen Sie mich Bill.« Er griff sich wieder an den Rücken und stöhnte auf. »1967. Einer von meinen eigenen Mannschaftskollegen hat mich im Getümmel geschnitten und für fünf Sonntage auf die Bank geschickt. Und das verdammte Ding springt immer wieder mal raus. Kann mich nicht rühren. So wie jetzt. Kann sein, daß es vier starke Männer braucht, um mich hier rauszuschleppen.«

»Haben Sie Chiropraktiker versucht?«

»Ja, ich muß fast jede Woche hingehen. Ich sollte den Typen fest anstellen.«

»Ich kann es Ihnen richten, wenn Sie nichts gegen begeisterte Amateure haben.«

»Im Ernst?«

»Ja.«

Er schaute an mir runter. »Ich passe.«

»Wie Sie wollen.« Ich zog meine Hose an, um seinen Eindruck von mir zu entfleischlichen. »Ohne mein Zutun sieht es so aus, als sei ich in das Hinscheiden Ihres Partners Brad Rutledge verwickelt.«

»Ja? Ich auch.«

Ich zog die Socken hoch und langte nach meinen zweifarbigen englischen Schuhen. »Wenn wir das Geheimnis um seinen Tod lösen, könnten wir vielleicht da rauskommen.«

»Ich bin ganz dafür.«

»Würden Sie mir was über den Mann erzählen?«

»Wenn ich kann. Brad und ich haben das Geschäft zusammen gehabt, aber ich glaube nicht, daß ich ihn überhaupt kannte.« Das wurde gegrunzt. Der köstliche Riese hatte immer noch zu starke Schmerzen, um sich ans Anziehen zu machen, und blieb zusammengekrümmt sitzen.

»Wußten Sie, daß er eine Option auf ein Stück von Eisenhardts Land hatte?«

Bill knirschte mit den Zähnen. »Das wußte ich verdammt noch mal nicht. Vor zwei Jahren habe ich Cowboy eine halbe Million für ein kleines Stück im Norden angeboten, das er noch nicht mal brauchte, und er hätte mir fast Tabak ins Gesicht gespuckt. Er sagte, er würde nie verkaufen.«

»Offensichtlich hat Brad erheblich mehr geboten.«

»Ich wüßte gerne, wieviel. Außerdem hätte ich die Option gern in der Hand. Wir könnten da oben gute Parzellen aufteilen.« Bill grub die Faust in den Rücken. Es half nichts.

»Wenn die Option Ihrem gemeinsamen Geschäft gehört, dann haben Sie sie bereits.«

»Wer sagt, daß er sie fürs Geschäft gekauft hat? Brad hätte auch mal ein paar Sachen für sich machen können.«

Ich thronte auf dem Massagetisch, um meine Schuhe zuzubinden. »Machte er öfter Geschäfte hinter Ihrem Rücken?«

»Ach, Verrat war sein zweiter Name. Ich wollte gerade die Zusammenarbeit auflösen und nach dem Casino-Geschäft mein Geld rausnehmen.« Eine Grimasse, und er unterdrückte ein Stöhnen.

»Nehmen Sie mal an, daß da kein Geld mehr war.«

»Wie bitte?«

»Also noch mal. Was wäre, wenn Brad das Geld aus Ihrer Partnerschaft herausgezogen hätte, um seine eigenen kleinen Investitionen nebenbei zu finanzieren. Etwa das Eisenhardt-Land?«

»Höchst illegal.«

»Ein tüchtiger Buchhalter kann auf dem Papier Verluste in der Partnerschaft aufweisen und Gewinne in seinen persönlichen Unternehmungen.«

»Das kann man, nehme ich an. Und Brad war schlau. Das muß man ihm lassen.«

»Okay, lassen Sie uns weitergehen. Hat Frank Washington Sie schon besucht?«

»Da können Sie drauf wetten. Normalerweise ist ja die Ehefrau die erste Verdächtige, aber Brad war Junggeselle, also kommt der Partner dran. Nicht, daß ich ihm viel zu erzählen gehabt hätte.«

»Hat Frank Ihnen zufällig ein Stück Seil zugeworfen und –?«

»Ja.« Er unterbrach mit der Ungeduld eines Mannes, der Schmerzen hat. »Ich kann einen Laufknoten und alle anderen Knoten binden, die Ihnen einfallen. Ich war Pfadfinder.«

»Man könnte sagen, daß Sie am meisten von dem Mord profitieren.«

»Könnte man.«

»Und man könnte auch darauf hinweisen, daß Sie Zugang zum Haus des Opfers hatten. Und daß Sie außerdem ein großer starker kräftiger Kerl sind und Ihnen Gewalt nicht fremd ist.«

»Ich war Mittelstürmer. Ich habe mein Geld mit Knochenbrechen verdient.«

»Und Sie hätten ein Männchen wie Brad auch ohne Galgen aufhängen können. Einfach auf Armeslänge zappeln und treten lassen können.«

»Momentan könnte ich noch nicht mal einer Frau den Rock heben. Sie haben eine lebhafte Vorstellungskraft.«

»Dann stelle ich mir vor, Sie treffen Brad und finden raus, daß er Ihr Geld genommen hat, um auf Cowboys Land eine Option zu kaufen. Stellen Sie sich vor, Sie geraten in Wut und der alte Football-Killerinstinkt erwacht.«

Bill schüttelte einige Wassertropfen aus den Haaren. »Sie denken also wirklich, ich, so brutal, wie ich bin, hätte ihn umgebracht?« Er erhob sich langsam, ohne seinen Rücken zu strecken. »Sie könnten gefährlich werden, wissen Sie das?« Er sah aus wie der Glöckner von Nôtre Dame, eine kurze Zeit lang beugte er sich über den Tisch und guckte auf mich runter, fletschte die Zähne und ließ die Muskeln an seinem Arm spielen. Ich konnte die Kraft beinahe durch ihn rieseln sehen, genug Kraft, um meinen Kopf gegen die Wand zu knallen und ihn herumwirbeln zu lassen.

»Okay, Matt.«

Er schlang das Handtuch neu um sich und legte sich bäuchlings auf den Massagetisch. »Tun Sie gegen diese Schmerzen, was Sie können.«

»Aber gern doch.«

Ich bin ein angelernter Amateur, weil ich vor etwa fünfzehn Jahren mit einem Chiropraktiker zusammengelebt habe. Damals war der Beruf in Louisiana noch nicht gesetzlich anerkannt, und die Leute, die ihn ausübten, wurden irgendwo zwischen Handlesern und Küchentischabtreibern eingestuft. Aber nachdem ich einige hundert Patienten verstohlen in seine Praxis reinwanken und wieder rausmarschieren sah, hatte ich der Disziplin Respekt zollen müssen.

Ich ließ meinen Daumen über Bills Wirbelsäule fahren, um die schlimme Stelle zu finden. Es war die übliche Sportverletzung, der erste Lendenwirbel.

»Da ist seitlich was verschoben.«

»Das sagen alle«, erzählte er den Bodenkacheln.

»Haben Sie was gegen Einrenken mit beiden Händen? Es tut ziemlich weh.«

»Entweder das, oder Sie müssen mich erschießen.«

»Sie haben's ja gewollt.« Ich öffnete meine Hände, um die knochigen Stellen unter dem Daumen hervorzukehren und legte sie unter dem Wirbel zusammen. Dann streckte ich die Arme mit gespannten Ellbogen und warf meine geballten 140 Pfund nach vorn, bis ein lautes Krachen von den gekachelten Wänden widerhallte, als Zeichen, daß er sich gelöst hatte.

Bills Stöhnen kam gedämpft, weil er sich in den Handrücken biß.

Nach einigen Sekunden hatte er wieder Luft und sagte: »Danke. Das war's.«

»Nach einer kleinen Massage werden Sie sich noch besser fühlen.«

Er hob die muskulösen Schultern und ließ sie wieder fallen.

»Machen Sie's. Ich bin ohnehin schon kompromittiert.«

Nach einigen Momenten entspannte er sich unter meinen Handgriffen und schloß die Augen.

Ich sagte: »Edwina Devon hat mir von Ihnen erzählt.«

»Mir auch.« Seine Antwort klang müde und traurig. »Ich bin in diese Frau verliebt, wissen Sie. Ich würde sie auf der Stelle heiraten, aber sie will lieber Sie haben. Können Sie sich das vorstellen?«

»Nicht, wenn sie Sie haben könnte. Nein, wirklich nicht.«

Ich grub meine Handflächen in seine Schultern, um die Verkrampfung zu lindern, und ging dann zu seinen Oberarmen über. Jetzt mußte ich schon zwanzig Zentimeter vom Tisch entfernt stehen.

»Sie ist wunderschön, Matt. Fein, raffiniert. Ich bete sie an, wahrhaftig.«

»Das verstehe ich.«

Nein, tat ich nicht.

Warum blubberte er mir etwas über eine Frau vor, wo doch ich seine Ohren hätte klingeln lassen können?

»Wissen Sie was?« Seine Augen waren geschlossen, seine Stimme versonnen. »Sie sagt, Sie sind ein besserer Liebhaber als ich. Und dabei sind Sie ein Schwu-, ein Homosexueller.«

»Vielleicht fällt es mir deswegen leichter, eine Frau zu lieben. Weil ich niemals ganz hingerissen bin. Ich kann es wissenschaftlich betreiben. Ein Mann muß immer so wirken, als hätte er die Kontrolle.«

»Als hätte?«

»Eine Frau erwartet von Ihnen, daß Sie das Vögeln vollkommen in die Hand nehmen. Und dann sollen Sie natürlich diese Macht benutzen, um ihr genau das zu geben, was sie will.«

»Gott weiß, ich habe es wirklich versucht. Aber verdammt, sie erzählt mir nie, was zum Teufel sie eigentlich will. Soll ich Gedanken lesen oder was?«

»Genau, Bill.« Ich ließ meine Finger über die verknoteten Muskeln seines Bizeps gleiten. »Prinz Wunderbar soll jeden Wunsch von Schneewittchens Augen ablesen und alle in großem Stil erfüllen. Das gehört zum Spiel.«

»Und wie mache ich das?«

»Wenn es sonst keine Zeichen gibt, nehmen Sie einfach an, daß sie den verfluchten Götzendienst komplett erwartet. Fangen Sie beim linken Ohr an und arbeiten Sie sich runter.« Ich arbeitete mich gerade selbst seinen Rücken runter, sanft seine Wirbelsäule entlangstreichend. »Edwina ist sehr empfindlich am Hals, wo ihr Puls schlägt, also bleiben Sie da zwanzig Sekunden. Dann streicheln Sie ihre Brüste und bewegen Ihre Handflächen immer um die Brustwarzen herum, bis sie schön hart werden.«

»Schön hart. Ja. Ach, du lieber Gott.«

Ich blieb beim Ton einer Medizinvorlesung.

»Bleiben Sie im selben Rhythmus wie ihr Puls, dann bekommen Sie sicher ein paar starke Reaktionen. Wenn sie bei jeder Bewegung ihren Kopf zurückwirft, das ist dann das Zeichen zum Weitermachen.

»Ja?« Bills Nackenhaare standen hoch. »Was soll ich dann machen?«

»Um die beste klitorale Stimulation hinzukriegen, könnten Sie sich die Frau mit dem Rücken zu sich auf den Schoß setzen. Dann langen Sie um sie herum, damit haben Sie alles unter Kontrolle.«

»Könnte ich ... ja.«

Ich grub meine Hände so stark in das Fleisch seines Rückens, daß es wehtat, und ließ dann los.

»Legen Sie Ihren linken Arm um sie herum und massieren ihre rechte Brust. Und mit zwei Fingern Ihrer rechten Hand halten Sie sanft ihre kleinen Schamlippen zusammen und reiben die Klitoris, die dazwischen liegt.«

Er schwitzte am Nacken, also pustete ich, um ihn abzukühlen. »Die ist extrem empfindlich, deswegen dürfen Sie sie außer mit der Zunge nicht direkt anfassen.«

»Oh ja ... meine Zunge.«

»Und während Sie das tun, nehmen Sie den Zeigefinger und prüfen derweil, ob sie naß ist.«

»Ja. Genau.«

»Wenn Edwina ihre Beine spreizt und kleine Seufzer ausstößt, dann heißt es, Sie können loslegen. Also geben Sie's ihr in einem regelmäßigen Rhythmus.« Bills Atem ging schneller, bis er beinahe keuchte. »Versuchen Sie's ... mit ... na, vier flachen Stößen auf einen tiefen. Und nach etwa zwei Minuten sehen Sie dann, daß ihre Brustwarzen ganz runzlig werden, und sie gräbt ihre Fingernägel in Ihre Arme, und am Oberkörper wird sie ganz rot. Und wenn sie dann schreit –«

»Óh, Scheiße!«

»– wenn sie schreit, dann wissen Sie, daß Sie sie richtig hochgebracht haben ... aber Sie sind dann noch nicht fertig. Dann hebt sie erst richtig ab. Ihre Möse saugt Sie dann regelrecht ein, und sie will es dann kräftig.« Bill dehnte seinen Rücken und hielt sich an den Tischseiten fest, während ich sein steifes Kreuz bearbeitete. »Ziehen Sie also ihre Beine hoch und geben Sie ihr alles, was Sie haben.«

»Moment mal! Alles, was ich habe, ist dann schon weg.«

»Versuchen Sie's mit Multiplikationen der fünften Wurzel – oder irgendwas anderem. Ich rechne mir Rabatte für den Ausverkauf aus. Jedenfalls, wenn sie dann aufhört, sich herumzuwerfen, und einfach ganz still liegt und schluchzt, dann wissen Sie, daß sie voll befriedigt ist und Sie loslassen können.«

Bill grunzte wie ein Bär und lag schlaff da.

»Es klingt bei Ihnen so machbar, und sogar beinahe einfach. Ich bin dankbar für den Rat und werde mich danach richten.«

»Hauptsache, es bringt die beiden Turteltauben zusammen. Sie dürfen mich Cupido nennen.«

»Mir wird schon ein Name für Sie einfallen.«

ELFTES KAPITEL

Freitagmorgen, 10. März

Ich kontrollierte gerade den Abzug für meine Anzeige im *New Orleans Magazine*, als Steve Hicks sich ins Büro lehnte und pfiff.

»Willst du einen Typen namens Bill Oakes sehen? Groß, blond, irgendwie kräftig?«

Ich schnellte hoch. »Steve, wenn du irgend jemanden siehst, der so toll aussieht, brauchst du nicht zu fragen. Schick ihn einfach rein.«

»Wie soll ich wissen, was du gutaussehend findest? Für mich sehen Nachtclubsängerinnen gut aus.«

»Du bist entlassen.«

Bill trug eine Vuitton-Aktentasche und stellte sie auf meinen Schreibtisch, bevor wir uns die Hand schüttelten. Sein blauer Dreiteiler war aus leichter Wolle, maßgeschneidert, und schien ihm trotzdem nicht zu passen. Mittelstürmer sehen in Anzügen immer komisch und zu kräftig aus ... ohne sind sie köstlich.

Ich unterdrückte einen Schwächeanfall und forderte ihn auf, Platz zu nehmen, aber er schüttelte seinen großartigen Kopf.

»Ich habe eigentlich gar keine Zeit. Hören Sie mal, Matty, ich habe heute morgen den Kram von meinem Partner aufgeräumt. Und als ich dieses Papier hier mit Ihrem Namen drauf fand, habe ich es gleich rübergebracht, weil ich ja weiß, daß Sie mit mir auch ehrlich sind.«

»Wie bitte?«

»Ach verdammt, Sie wissen, was ich meine.« Er blätterte durch einen Stoß Papier und zog eine Fotokopie hervor. »Das hier könnte es sein, was Brad Ihnen an dem Morgen gezeigt hat, bevor er starb.«

Ich kannte das Formular noch aus der Zeit, als ich meinen Stammbaum recherchierte.

»Das ist eine Seite aus den Mikrofilmen des Archivs, ein Auszug aus dem Melderegister von 1820. Was kann das mit mir zu tun haben?«

»Ich weiß auch nicht. Aber sehen Sie mal diese Notiz in Bleistift am Rand: ›Coulet-Mouton-Vigé-Sinclair‹.«

Ich ging mit dem Finger die Seite hinunter und blieb beim Namen Coulet stecken. Im Haushalt eines Bernard du Bois war eine freie Mulattin als Hausmädchen aufgeführt, Aglae Coulet, und ihre zwei Töchter, Catherine und Therese. Die Mädchen waren Viertel-Mischlinge. Coulet-Mouton-Vigé. Mir drehte es den Magen um.

Bill legte die anderen Papiere zurück und verschloß den Aktenkoffer. »Können Sie was damit anfangen? Hilft es irgendwie?«

Ich lachte, damit ich nicht anfing zu heulen. »Mein Freund, es könnte sein, daß Sie mir zu einem schlimmen Nervenzusammenbruch verholfen haben.«

»Tut mir leid. Ich dachte, Sie könnten es gebrauchen.«

»Sie haben recht. Diese Information ist lebenswichtig. Und ich bin sehr dankbar, Bill.«

»Gut.« Dann faltete er seine schinkengroßen Hände und sah verlegen aus. »Würden Sie auch was für mich tun?«

Ich sprang auf. »Ob ich ...! Alles, was Sie wollen, Sie große blonde Bestie.«

Er wurde rot. »Nicht so was. Ich meine ... würden Sie vielleicht ein Wort für mich bei Edwina einlegen? Sie wollen sie doch eigentlich nicht selbst, oder? Das wäre unmöglich. Aber sie gibt viel auf Ihr Urteil.«

»Was soll ich ihr sagen?«

»Nur, daß ich sie liebe.« Für ihn war es ein Akt schierer Verzweiflung, darum zu bitten, besonders einen wie mich. Ich war ganz sicher, daß er sie hoffnungslos liebte. »Und vielleicht auch noch, daß ich nicht so ein Tölpel bin. Bitte!«

»Ich werde für Sie sprechen, Bill.«

Nachdem ich ihn mit weiteren Dankeschöns verabschiedet hatte, rief ich Steve zurück.

Er zwinkerte, als er die Tür hinter sich schloß. »Was hat sich hier drinnen abgespielt, Matty? War dieser Riesentyp eine deiner Eroberungen?«

»Sei nicht albern. Du hast doch gesehen, daß er hetero ist.«

»Aber so hast du's doch gern. Ist doch eine größere Herausforderung, oder?«

»Es ist nicht wegen der Herausforderung. Es ist einfach nur ir-

gendwie normaler. Ich habe eben lieber einen richtigen Mann, nicht einfach noch 'ne Tucke.«
»Bei dieser Erkenntnis sollte ich eigentlich dankbar sein, daß du's nie mit mir versucht hast.«
»Geh mal und guck in den Spiegel, Steve. Du bist ja nicht gerade ein Hüne. Und ehrlich gesagt habe ich dich ja deswegen eingestellt. Keine Ablenkung.«
Er guckte in den Spiegel an der Wand und runzelte die Stirn über sein bleiches, wabbliges Gesicht mit dem zurückweichenden Haar.
»Was soll's. Ich habe immer noch meine Persönlichkeit.«
»Jedenfalls ist Bill vorbeigekommen und hat mir erzählt, daß ich jetzt dran bin – aber nicht auf diese angenehme Weise. Hast du Lilly Colemans Rechnung?«
»Kommt sofort.« Er brauchte dreißig Sekunden, um sie im Rechnungsordner zu finden. »Wofür?«
»Ich brauche ihre Telefonnummer.«
»Da hast du sie.« Steve drückte die Nummer in drei Sekunden und reichte mir den Hörer.
Das Hallo von Mrs. Coleman war tief und klangvoll.
»Hallo, Miss Lilly. Hier ist Matt Sinclair.«
»Oh, guten Morgen, Mister Matt. Diese neue Kommode sieht in meinem Schlafzimmer wunderbar aus. Sie rufen doch nicht etwa an, um sie zurückzunehmen?«
»Nein, Madam. Ich wollte Sie nur nach den Schokoladentalern fragen, die Sie mir dagelassen haben.«
»Die?« Sie schnalzte die Zunge. »Die wollten Sie doch.«
»Wann habe ich das gesagt?«
»Gleich, als Sie wieder aus Ihrem Anfall rauskamen. Sie murmelten immerzu was über Pfefferminz und von Talern, und deswegen habe ich Ihnen welche mitgebracht. Natürlich wissen Sie das jetzt nicht mehr.«
»Danke, Miss Lilly!« Ich sprudelte noch einige Dankesbezeugungen, sagte Auf Wiedersehen und griff nach meinem Mantel. »Steve, schick ihr die Tiffany-Tischlampe als Zugabe.«
»Zugabe? Aber mit der Dame haben wir schon Verlust gemacht. Hey, wohin gehst du denn?«

»Wo ich an dem Morgen hingegangen sein muß, als Brad starb. Zur alten Münze!«

In übelster Laune folgte ich Clark Fidey durch den Französischen Markt, wo er seine Künste anwandte. Er blieb beim ersten Stand unter dem Torbogen aus Zement stehen und drehte einen Pilz mißtrauisch hin und her.
»Der hier sieht ein bißchen welk aus, Ben. Ich würde es ganz gut finden, wenn du mir den zugibst.«
Der arme Ben zuckte zustimmend die Schulter, und Fidey legte diese neue Trophäe zu seiner von *Kreeger's* erbeuteten Einkaufstasche. Als ich eingewilligt hatte, ihn bei seinen »Einkäufen« zu begleiten, wußte ich nicht, wie peinlich es sein würde, mit jemandem zusammenzusein, der versucht, genau soviel zu schnorren, wie er einkauft. Aber ich brauchte seinen Sachverstand, und deswegen wandte ich mich einfach ab und gab vor, ihn nicht zu kennen, als er sich durch die Tische mit Waren hindurcharbeitete und seinen Salat oder seine Gemüsesuppe zusammenklaubte.
Ich kaufte einige besonders gute scharfe grüne Paprika mit echtem Geld. Fidey schüttelte darüber seinen Rattenkopf. (Er mußte sich die Haare unter einer trüben Glühbirne und mit einer stumpfen Schere selbst geschnitten haben.)
»Die kann ich nicht essen. Meine Magengeschwüre.«
»Du hast diese Geschwüre schon, seit ich dich kenne. Man kann sie operativ beseitigen, das weißt du doch.«
»Ist dir eigentlich klar, wie teuer Chirurgen heutzutage sind? Von Krankenhäusern und Krankenschwestern ganz zu schweigen. Ich nehme einfach mein Maalox.«
»Wenn du eine Operation brauchst, dann zahlt deine Versicherung den größten Teil.«
»Weißt du, wieviel Versicherungen heutzutage kosten?«
»Ganz wie du meinst. Was ist mit meinem Problem? Kann das sein, daß wir immer noch einen berechtigten Anspruch haben?«
»Unbestreitbar. Was du wohl brauchst, ist ein Beweis dafür, daß da irgendwo ein Fehler drin steckt, oder? Vielleicht hatte deine Vorfahrin, diese Emilie Mouton, doch kein Negerblut.« Es ging

um Louisianas Erbrecht, das während des 19. Jahrhunderts von rassischen Einschränkungen geprägt war.

»Vielleicht aber haben sie und Francis Vigé ihre Ehegelübde auch noch zehn Jahre später wiederholt, als es legal war.«

»Möglich. Einige Paare haben sich in eine Zivilehe geflüchtet, weil sie keinen Priester fanden. Und dann haben sie sich Monate oder Jahre später den Segen geholt. In dem Fall wäre es rechtskräftig.«

»Laß uns mal davon ausgehen.«

»Aber ...« Er hielt eine braune Banane hoch. Der Verkäufer winkte, und er steckte sie in seinen Sammlerbeutel. »Aber das passierte nur in einigen ländlichen Bezirken. Hier in New Orleans gab es immer einen Priester. Ganz unbestreitbar.«

»Nun, nimm doch mal an, daß sie unter einer Rechtsprechung verheiratet waren, die Mischehen nicht verbot.«

»Aber wo? Louisiana war schon am liberalsten im ganzen tiefen Süden. Du glaubst, deine Vorfahren sind vielleicht nach New York oder in die Karibik geflogen?«

»Und was wäre, wenn sie auf hoher See vom Kapitän getraut worden wären?«

»Einem Sklavenschiff?« Er lachte. Lange, denn Sauerstoff gibt's ja umsonst.

Ich sagte: »Es wäre genauso nützlich, wenn du rausfinden würdest, daß Emilie Mouton weniger als ein Achtel schwarz war.«

»Wenn die Frau auch nur ein Sechzehntel nachweisbares afrikanisches Blut hatte, dann war sie hier in diesem Staat rechtlich eine Schwarze.« Er fand eine Weintraube auf dem Boden und nahm sie an sich. »Wenn es im Archiv irgendwas gibt, um dein Problem zu umschiffen, dann finde ich es. Unbestreitbar. Laß uns in mein Haus gehen, und ich schreibe mir die Namen und Daten auf. Alle, die du weißt.«

Das Possessivpronomen in der ersten Person war eine Anmaßung. »Sein« Haus gehörte nämlich seiner Mutter, Abbie Fuller Fidey, einer entfernten Cousine von mir, die lange vor der Depression Erbin eines großen Grundbesitzes war. Jetzt gehörte ihr nur noch dieses einstmals großartige Haus im klassischen Stil auf der Royal

Street. Sie wurde zwangsweise von ihrem Posten als älteste Unterwäsche-Verkäuferin in New Orleans pensioniert, als letztes Jahr *Sears* die Tore seiner Filiale auf der Common Street schließen mußte. Alles, was jetzt noch zwischen ihr und der Ewigkeit lag, war ein winziger Sozialhilfescheck.

Und Clark war wahrscheinlich der älteste Mann in New Orleans, der nie für sich selbst gesorgt hat.

Als wir über die mürben Steinfliesen des Hauseingangs trotteten, blieb ich stehen, um die gezackte Brüstung über den korinthischen Säulen im ersten Stock zu bewundern. Und dann sah ich die Dame des Hauses im Garten an der Seite auf ihren Knien, wie sie mit einer Sichel matt durch einen Hexenkreis aus Pilzen fuhr. Ich ging, um ihr zu helfen, aber Fidey hielt mich am Arm.

»Meine Mutter kriegt ein bißchen Bewegung. Die Gartenarbeit tut ihr gut. Unbestreitbar.«

Mrs. Fidey richtete sich keuchend auf und schüttelte trockene Blätter aus ihrem spinnwebenfeinen Haar, offensichtlich ihre »gesunde Bewegung« momentan vergessend. Also konnte ich der Frau meinen Rücken zukehren und folgte ihrem ergebenen Sohn durch die vordere Veranda, an der die Farbe abblätterte, ins Haus. Das Innere war noch heruntergekommener als die Fassade, die Diele sah aus, als hätten Bauarbeiten begonnen und seien schon vor langem abgebrochen worden. Der Putz kam von der Decke und war stellenweise mit Gips ausgebessert worden. Nessel bedeckte zum großen Teil den Fußboden und einige der verblichenen und durchgesessenen Möbel. Tischböcke hielten eine Bohle, die als Kaffeetisch diente, und eine graue Schicht Staub bedeckte alles, wohin man auch sah.

Als ich über ein zusammengefallenes Kaminsims stieg, stellte ich mir vor, wie niederschmetternd diese Unordnung für eine so empfindsame Frau wie Mrs. Fidey sein mußte, und sagte es auch laut.

»Sie ist's gewöhnt«, sagte mein Gastgeber, als er mich in die Relikte einer Küche führte. Er machte seinen Füller auf und kritzelte »CLARK« über seine Gemüsetüte, bevor er sie in den Kühlschrank stellte. »Mom ist sehr ehrlich, aber wenn ich es nicht mache, dann

vergißt sie's vielleicht und ißt was davon. Dann fühle ich mich immer so knickrig, wenn ich sie nach dem Geld frage.«
»Kann ich mir vorstellen.«
»Sie hat Glück, daß ich hier lebe, wo doch die Kriminalität so schlimm ist.« Er winkte mir, ihm über die ausgetretene, knarrende Treppe in den ersten Stock zu folgen. »Was sie wohl ohne mich tun würde?«
»Frage ich mich auch.« Ich schaute durch das trübselige Treppenhaus entlang in eines der Schlafzimmer hinein. Es gehörte offensichtlich der Mutter, weil Kleider in einer Nische hingen, wo eine Kommode hätte stehen sollen. Verschiedene Schichten Tapeten aus allen Epochen kamen in Streifen herunter. Der Stuck an der Decke war lose, und die einzige Elektrizität war eine Deckenlampe, von der die Kabel runterhingen. Eine Ecke des Bettes stand auf einem Zementstein.
Das Zimmer war gefegt und gewischt, und dennoch sah es aus wie ein Bühnenbild eines Tennessee Williams-Stücks.
Clark öffnete die zweite Tür mit einem Schlüssel und winkte mich mit stolzer Geste hinein.
Weil ich eine ähnliche Grotte erwartet hatte wie die, die ich gerade gesehen hatte, hielt ich über den Geschmack und die Eleganz, die hier zum Vorschein kamen, die Luft an. Alle Möbel waren echte viktorianische Antiquitäten in erstklassiger Verfassung und mit Zitronenöl gepflegt. Die Tapete war neu, aber zur Mitte des 19. Jahrhunderts passend gemustert, und Vorhänge und Bettdecke waren aus feinem Samt.
Meine Augen schweiften über das Ölgemälde, das über dem goldverzierten Sekretär hing. Es war eine Szene aus der Bibel, im präraffaelitischen Stil. Die Gestalten waren blaß und rank.
»Ist das ein echter Rossetti?«
Fidey kreuzte die Arme und hob stolz den Kopf.
»Unbestreitbar.«
Gabriel Dante Rossettis sentimentaler Klassizismus ist längst nicht mehr modern, aber war es durch die gesamte spätere viktorianische Zeit hindurch. Und dieses Bild paßte genau an diese Wand und in diese Umgebung.

Ich weidete mich einige Augenblicke lang und hob einen Stourbridge-Millefiori-Papierbeschwerer hoch.

»Die Möbel sind unglaublich! Warum ist nicht das ganze Haus so?«

»Ist nicht nötig, Matty. Ich bin immer in diesem Zimmer.« Fidey hängte einen Mantel auf einen stummen Diener aus Mahagoni. »Ich konserviere nur die Struktur des Hauses, stütze die Balken, halte das Dach dicht – nur, was nötig ist.« Er bat mich, auf einem Betschemel mit geschweiften Beinen Platz zu nehmen. Er war bemalt und hatte Perlmuttintarsien und Museumsqualität. Ich tat's gern. »Ich habe jedes Buch über viktorianische Möbel gelesen, das ich finden konnte, und ich werde das Haus genauso herrichten, wie es um 1862 ausgesehen haben muß. Ich habe alle originalen Gesimse und Medaillons aufbewahrt. Hast du den Kamin unten gesehen? Der wird abgeschliffen und so gestrichen, daß man das Originalrelief sehen kann.«

»Sehr ehrgeizig.«

Er ließ seine Hand über die Rücklehne eines geschweiften Sessels gleiten. »Ich werde alles, was ich habe, in dieses Haus stecken. Es wird dann 500 000 wert sein, ohne die Möbel, wenn ich erst fertig bin. Ich werde das Schmuckkästchen von Marigny haben. So haben sie dieses Haus genannt, als Mom hier aufwuchs. Und ich werde ins *Dixie Roto* damit kommen. Wart's nur ab.«

»Auf was warten?«

»Daß Mom stirbt. Dann hole ich die Bauarbeiter.«

»Du willst erst an dem Haus arbeiten, wenn es dir gehört, ist das wahr?«

Seine Tür war noch angelehnt, und ich erwischte einen Blick auf Mrs. Fidey, die zu uns hereinschaute und wie ein Vögelchen über einer Handvoll Gartengemüse blinzelte. Clark schloß beiläufig die Tür und ließ sie draußen stehen und setzte sich an den Sekretär. Er öffnete die obere Schublade, in der sein Maalox lag, und nahm einen Schluck, ehe wir zum Geschäftlichen kamen.

»Was du willst, geht zurück bis auf die Zeit vor dem Bürgerkrieg.« Er schaute auf die Uhr. »Mittagszeit ist vorbei. Sobald ich wieder in der Münze bin, gehe ich zu den schwarzen Schachteln und kontrolliere die Register der St. Louis-Kathedrale und die vom Gericht. Ich mache dir Fotokopien, die so deutlich sind wie die Originale.

»Ich brauche bloß was Lesbares. Und beweiskräftig vor Gericht.«

ZWÖLFTES KAPITEL

Freitagnachmittag, 10. März

Er folgte mir, als ich von Clark wegging, ich roch sein »Version Originale«, noch ehe ich seine Hand auf meiner Schulter spürte. Lawrence Dale sah ernst aus.

»Matty, du mußt mitkommen.«

»Ich muß?«

»Mußt.« Er deutete auf eine schwarze Cadillac-Limousine, die drei Meter weiter an der Bushaltestelle parkte. Verkehrsregeln gelten für diese Leute nicht.

Theoretisch hätte ich Widerstand leisten können – die Royal Street schreiend runterlaufen können und sehen, ob es was brachte. Er wäre sicher nicht hinter mir her durch die Menge galoppiert und hätte gekreischt und geschossen. Aber auf lange Sicht konnte ich nichts dagegen unternehmen. Also lächelte ich ihn an, als hätte er mich zum Knutschen eingeladen.

»Wohin, Lawrence?«

Er öffnete die hintere Tür für mich. »Das *Roosevelt.*«

Das *Roosevelt* ist das älteste Luxushotel in New Orleans. Lange schon gehört es den Fairmonts, die es umbenannt haben, aber für uns Eingeborene wird es immer das *Roosevelt* bleiben.

Wir gingen durch den Eingang am Türsteher vorbei, der goldbetreßt glänzte, und trotteten über den orientalischen Teppich durch die Halle. Lawrence lenkte mich nach links und ging vor, um den Fahrstuhlknopf zu drücken. Unser Ziel war eine Doppelsuite im obersten Stock, in der obersten Preisklasse.

Zwei Primaten, die dringend eine Rasur brauchten, saßen wie schläfrige Wachhunde vor dem Zimmer. Weil sie sich unter Vertrauten entspannten, brauchten sie ja mit ihrem Zivilisationsgrad

niemanden zu beeindrucken. Also räkelten sie sich mit aufgekrempelten Ärmeln und deutlich sichtbaren Schulterholstern herum. Lawrence deutete nach vorne auf das Wohnzimmer, wo ich zu einer Audienz mit Thomas Sacci persönlich zugelassen war.
Der allmächtige Mann sah aus wie 60, war nicht größer als 1,50 Meter und hatte wenig Haare, die in langen Strähnen über seine Glatze gekämmt waren. Dieses wenig einnehmende Etwas war teuer verpackt in einem zweireihigen grauen Nadelstreifen von Redaelli, einem schneeweißen Hemd und handbemalter Krawatte. Er saß, oder vielmehr thronte, auf einem vergoldeten Kirchengestühl, das so hoch mit Kissen ausgepolstert war, daß er mit jedem, der vor ihm stand, fast auf Augenhöhe war. Er winkte uns mit einer manikürten Hand zu sich, und Lawrence näherte sich ihm so ehrfürchtig wie ein Kind, das dem Nikolaus begegnet.
Ich wußte nicht, ob man von mir auch erwartete, ihm wie Lawrence die Hand zu küssen. Aber dann beschloß ich, daß er sicher nicht von mir seinen Vier-Karat-Stein auf seinem Ring am kleinen Finger angehaucht kriegen wollte, und verbeugte mich einfach nur.
Wir haben, seit Chico Manguno im letzten Jahr im Gefängnis starb, in New Orleans keinen offiziellen Paten mehr. Verschiedene seiner Adjutanten kämpften noch um den Posten, und der, der nicht aufgab oder noch nicht abgeknallt war, wenn sich der Staub gesenkt hatte, würde es wohl werden. Sacci, der Capo aus Las Vegas, war vielleicht in die Stadt gekommen, um der einen oder anderen Gruppe eine Unterstützung zu gewähren.
Wenn ich mit im Wettbewerb wäre, würde ich, so dachte ich, auf seinen Rat hören.
Ich riß mich von seinem Anblick los und sah mich in der Suite um. Das einzig unordentliche Element war ein großer Überseekoffer, der ausgepackt und stehengelassen worden war. Es war ein schöner Koffer aus schwarzem Leder mit Messingbeschlägen, aber aus irgendeinem Grund mochte ich ihn nicht. Ich nahm den Stuhl, den Lawrence mir zuwies, er war unangenehm niedrig.
»Ich weiß von Ihrem enormen Einfluß, Mr. Sacci. Ich will nichts von Ihnen und hoffe inständig, daß Sie auch nichts von mir wollen.«

»Meine Organisation will nichts umsonst, Sinclair. Ich weiß, daß Sie ein rechtschaffener Bürger sind und uns nichts schulden.« Weil ich nun fest auf einem Stuhl saß, arbeitete er sich aus seinem heraus, kam rüber und war größer als ich. »Aber andere interessierte Kreise haben sich jetzt eingemischt, und wir müssen unsere Position halten.« Sein Daumen schnellte auf Lawrence zu. »Bring ihm was zu trinken.«

Der köstliche Page fragte nicht, was ich wollte, sondern ging einfach zur Bar, goß eine doppelte Dosis Wild Turkey in ein Glas mit Eis und suchte nach dem Bitter.

»Aber ich bin Ihnen nie auf die Füße getreten«, sagte ich.

»Nein, aber wir müssen über Ihr Ufergrundstück reden. Einige Konkurrenten von uns haben Ihnen, dieses Land betreffend, schon einen Vorschlag unterbreitet.«

»Den ich abgelehnt habe.«

»Aber sie waren sehr hartnäckig, habe ich gehört.«

»Das stimmt.«

»Und DiMarco hat Ihre Haut einmal gerettet. Aber er kann ja nicht immer danebenstehen, oder? Das nächste Mal könnten Sie nachgeben. Und verkaufen. Wer könnte es Ihnen verübeln?«

»Dieses Land bleibt in meiner Familie.«

»Sie haben, wie heißt das doch gleich, ›dynastische Ambitionen‹?« Er stolzierte auf dem Teppich herum und predigte den Vorhängen. »Ich nehme ja an, das ist normal für einen Mann. Sogar für Ihresgleichen. Klar, Sie wollen lange leben, Kinder und Enkel haben. Früher konnte ein Mann auch damit rechnen, wissen Sie. Aber wir leben heute in einer anderen Zeit. Ausländische Terroristen.« Er lächelte. »Einheimische Terroristen. Unglückliche Freunde. DiMarco, sogar du könntest doch ein unglücklicher Freund sein und Mr. Sinclair umbringen.«

Lawrence beugte den Kopf.

»Auf Ihren Befehl, *Signore*. Aber nicht für Geld.« Er legte eine Zitronenschale oben auf den Sazerac, brachte ihn mir und blieb ehrerbietig stehen, während ich seine Bemühungen kostete. Er war wunderbar, und ich sagte es ihm.

»Oder sagen wir mal so«, Sacci rieb sich die Hände, »er mag Sie.

DiMarco da ist eine Schwuchtel, aber er ist trotzdem ein guter Mann. Vollkommen loyal. Alle meine Männer beugen sich meinem Urteil.«
Er ging zu dem offenen Schrankkoffer hinüber und fuhr mit der Hand darin herum wie ein Zauberer auf der Bühne, der zeigen will, daß er leer ist.
»Hier paßt 'ne Menge rein. Und wir haben die Absicht, ihn selber zu packen. Holen dafür nicht den Zimmerkellner. Wissen Sie, was ich meine?«
»Ich glaube schon.«
»Sie brauchen ja keine Gedanken lesen zu können. Nur, daß wir uns verstehen. Und wir zur Ruhe kommen, beide. Keinem ist was passiert, richtig?«
»Ich verstehe sehr gut.«
»Dann lassen Sie uns ganz fair miteinander sein. Wie ist es, verkaufen Sie mir das Ufergrundstück zu hundertfünfzig Prozent des gegenwärtigen Marktwerts. Hier und jetzt.«
»Nein, Mr. Sacci. Ich werde das Land weder Ihnen noch sonst jemandem verkaufen. Es bleibt in meiner Familie.«
»Ist das Ihr letztes Wort?«
»Ganz bestimmt.«
»Wirklich schade, aber ich habe mir schon gedacht, daß Sie dickköpfig sein würden.« Sacci schaute zu den zwei Primaten hinüber, die seinen Blick gierig aufnahmen. Sie hatten Langeweile und freuten sich über etwas mörderische Bewegung. Aber dann wandte er sich von ihnen ab. »DiMarco?«
»Tut mir ehrlich leid, Matty.«
Lawrence beugte ein Knie und befreite die 22er Automatik, eine perfekte Waffe für innen, aus seinem Knöchelholster. Sie würde nicht zu laut sein oder ein zu großes Loch hinterlassen. Dann brachte er einen Schalldämpfer an, den er aus der Manteltasche geholt hatte. Sein Gesicht war während der gesamten Prozedur ausdruckslos, aber ich konnte sehen, daß er blaß geworden war. Das war wahrscheinlich auf seine intensive Konzentration zurückzuführen und passierte immer. Kein Grund für mich, geschmeichelt zu sein.

Ich stand auf und kippte den Sazerac runter, um mich zu betäuben. Lawrence nahm mir das leere Glas ab und stellte es säuberlich weg, bevor er sich an das härtere Geschäft machte.
Er packte meinen Nacken, seine Stimme war die eines Roboters. »Knie dich hin. So ist es leichter. Wirklich.«
Ich bin größer und stärker als er und hätte kämpfen können, nur um zu zeigen, auf welcher Seite ich spiele, aber diese Macho-Geste hätte nur dazu geführt, daß die beiden Wachhunde mich mit den Fäusten auf den Teppich gelegt hätten. Also ließ ich mich auf die Knie nieder und faltete die Hände vor mir – nicht zum Beten, sondern um nicht zu zittern.
Koffer hin und her, ich hatte beschlossen, daß das Drama ein Bluff war. Ein Capo, der so bekannt und renommiert war wie Sacci, würde einen Kaufmann aus dem Ort nicht in seiner Hotelsuite töten und dann in einem Überseekoffer durch die Hotellobby tragen lassen. So werden in den 80er Jahren die Geschäfte einfach nicht geführt.
Aber offenbar war Lawrence nicht in den Witz eingeweiht worden, denn ich fühlte den Druck des Schalldämpfers, den er in die lockigen Haare unten an meinem Kopf hielt. Er stand einen halben Meter entfernt, als er die Pistole entsicherte. Ein loyaler Familienmann.
»Wenn Sie es befehlen, *Signore*«, sagte er sanft.
Ich hörte jemanden tief einatmen. Vorbereitung auf einen Befehl?
»Ich frage Sie zum letzten Mal, Sinclair. Wollen Sie mir das Land verkaufen?«
»Was Sie mir auch antun, es bleibt in meiner Familie.«
Ich starrte auf den Teppich, bis das Muster verschwamm und undeutlich wurde. Wenn ich die Absichten des Capo falsch eingeschätzt hatte, würde ich es nie erfahren. Aber ich schloß trotzdem die Augen, weil ich nicht dabei sein wollte, wenn es passierte.
In den fünf Sekunden, die ich hatte, um zu überlegen, ob diese tapferen Worte meine letzten sein würden, konnte ich mich immerhin darauf verlassen, daß Lawrence ein Profi war und daß seine Finger sich nicht unbeabsichtigt um den Abzug schließen und mich zur Hölle schicken würden, ehe der Befehl kam.

Er wurde nicht gegeben. Statt dessen mußte Sacci mit irgendeiner Geste, die ich nicht sehen konnte, mir das Leben geschenkt haben, denn ich fühlte, wie die Spannung aus Lawrences Körper wich, obwohl er nichts weiter tat, als die Waffe von mir weg zu richten, sie sorgsam zu sichern und den Schalldämpfer abzunehmen.
Es blieb Sacci überlassen zu sagen: »Also gut, Sie tapferer Mann. Sie können jetzt aufstehen.«
Lawrence hielt die Hand hin, um mir auf die Füße zu helfen und ich nahm sie. (Was soll's.)
Der Capo hatte unsere Übung auf seinem Thron räkelnd genossen. »Sie scheinen beim Thema Immobilien ziemlich eigensinnig zu sein.«
»Es ist so, Sir. Ich weiß, daß Sie mich töten können.« Ich wischte einen Fussel von meinem Knie. »Aber wenn ich ihr Lieblingsgrundstück verkaufen würde, würde meine Mutter mich auch umbringen, und dann lieber Sie als sie. Weil, ich bin fast sicher, daß sie sich hinterher aufregen würde.«
»Ja? Ich habe auch eine Mutter. Und sie hat mich auch ein paarmal fast umgebracht.« Er lachte nur mit dem Mund. »Ich glaube jedenfalls, wenn Sie's mir nicht verkaufen, selbst wenn Sie eine Waffe am Kopf spüren, dann werden Sie es meinen Konkurrenten auch unter keinen Umständen verkaufen.«
»Dessen können Sie sicher sein, Mr. Sacci.«
»DiMarco? Bringen Sie ihn nach Hause.«
»Ja, Sir.«
Lawrence öffnete mir die Tür der Suite. Im Korridor führte er mich allerdings nicht sofort zum Fahrstuhl, sondern stieß unterwegs die Tür zur Feuertreppe auf. Dann schob er mich so schnell hindurch, daß die plötzliche Gewalttätigkeit der Bewegung mich überraschte. Er warf die schwere Tür hinter uns zu und drängte mich so fest gegen die Wand, daß mein Kopf dagegen knallte.
»*Pazzo!* Bist du verrückt!? Was zum Teufel denkst du, was hier los ist?«
Ich hatte ja gewußt, daß Lawrence Italiener war, aber er hatte noch nie so viele Emotionen gezeigt. Außer im Bett.
Die in guten Schulen hart erworbene Aussprache war in der Hitze

des Augenblicks verpufft, und er war zu seiner Muttersprache, dem Stakkato von Chicagos Little Italy, zurückgekehrt. Sein kühler WASP-Anstrich war auch weg. Er gestikulierte wie wild mit den Händen vor meinem Gesicht, als ob er einen Schwarm Mükken vertreiben müsse.

»Eh, was soll das, eh!«

Zum Glück sind die Sinclairs schon zu lange in diesem Land, um sich über irgendwas aufzuregen, und ich war daher in der Lage, ruhig zu bleiben.

»Ich habe von Thomas Sacci gehört.«

»Was ist dann los mit dir? Willst du dich umbringen? Um ein Haar hast du dich da drin umlegen lassen! Und ich! Ich hätte es tun müssen!«

Seine grünen Augen loderten. Ich packte seine Schultern.

»Ganz ruhig, Junge. Hast du nicht gemerkt, daß das nur ein Bluff war?«

»Ein Bluff?« Er hatte keine Luft mehr, und das kam nur noch gequetscht. »Hast du das geglaubt? Mein Gott!« Ich ließ seine Schultern los, weil sie so zitterten. »Ich kenne Sacci, seit ich 15 bin. Das macht zehn Jahre. Und ich mußte mehrmals mithelfen, diese Scheißkoffer danach runterzutragen. Der hat nicht geblufft, Matty!«

Jetzt gaben meine Knie nach. Ich glitt die Wand hinunter, bis ich mit einem Plumps auf dem Hintern landete. »Aber ich lebe noch.«

»Du lebst noch, weil er in der letzten Minute seine Meinung änderte. Er hatte schon die Hand oben, um mir den Befehl zu geben. Aber dann sah ich in seinen Augen, wie er sich überlegte: Wenn du eher sterben würdest als zu verkaufen, könnte er auch seine Feinde dich umbringen lassen. Du schützt unsere Interessen und wir sparen einen 600-Dollar-Koffer. Sacci ist ein Tier, Matty. Mach dir keine Illusionen über die ›Neue Mafia‹ und ihre legalen Unternehmungen.« Lawrence streckte die Hand aus, um mir zum zweiten Mal innerhalb von fünf Minuten aufzuhelfen. »Der ist wie alle anderen Paten nach oben gekommen, weil er Witwen und Waisen in den Rücken geschossen hat.«

»Warum arbeitest du dann für ihn?«

»Bist du ein Komiker? Ich bin nicht frei. Das ist hier wie in *Angola*. Ich hatte nie die Möglichkeit, aus Liebe zu heiraten.«

»Du hast dir deinen Lebensstil ausgesucht.«

»Ja, und für einen wie mich gab es auch so viele Chancen. Ich hätte in Chicago Friseur werden können. Oder vielleicht Transvestit.«

»Du bist klug. Du hättest alles werden können.«

»Na, ich bin eben die Abkürzung gegangen, ja? Ich klage ja auch nicht. Ich sage dir nur, wie es ist.« Er schnappte sich meinen Schlips, stellte sich auf Zehenspitzen und klopfte mir gegen den Schädel. »So läuft es: Wenn Thomas Sacci sagt, ›Scheiße‹, dann sagst du: ›Wieviel Pfund und welche Farbe?‹ Kapiert?«

»Pfund und Farbe. Ja, das verstehe ich, aber –«

»So überlebt man da!«

»Du übersiehst einen wichtigen Faktor, Süßie. Ich habe immer noch mehr Angst vor meiner Mutter als vor Thomas Sacci.«

»Deiner Mutter? Wieder deine Mutter! *Madre mia*. Du bist wirklich eine Schwuchtel!« Er glättete meinen Krawattenknoten sorgfältig und küßte mich hart auf den Mund. »Jetzt bringe ich dich nach Hause. Merk dir bloß, daß du diese Fahrt beinahe nicht sitzend hättest erleben können.«

Ich fühlte mich grandios, als ich vor meiner Haustür aus der Limousine klettern konnte. Aber der Stolz verflüchtigte sich schnell, als ich Frank in meinem Wohnzimmer sitzen sah, sein Heinecken in der Hand. Er hatte das Auto durchs Fenster gesehen.

»Thomas Sacci ist in der Stadt«, sagte ich schwächlich.

»Weiß ich. Und warum hieltest du es für nötig, ihn im *Roosevelt* zu besuchen?«

»Damit er sehen konnte, wie Lawrence Dale mich auf die Knie brachte und seine Lieblingskanone auf meinen Kopf richtete. Du gönnst ihm doch dieses kleine unschuldige Vergnügen, oder etwa nicht?«

»Wenn du es so sagst, nein.«

»Und wenn deine Jungs das *Roosevelt* schon so genau beobachten, vielleicht können sie mir dann einen Gefallen tun.«

»Klar. Was denn?«

»Wenn sie zwei von Saccis Gangstern mit einem schwarzen Überseekoffer durch die Lobby gehen sehen, möchte ich gerne, daß sie sie anhalten und nachgucken.«

»Wenn's weiter nichts ist.«

»Und wenn ich drin bin, dann möchte ich, daß du meinen würdevollen Umzug in das Sinclairsche Familiengrab arrangierst.«

»Warum nicht?« Er trank sein Bier aus. »Ich hatte gedacht, daß Lawrence uns helfen würde, aber das war wohl eine Illusion. Ich werde ihn jetzt verhaften lassen.«

»Nein, tu das nicht, Frank. Auf seine eigene komische Art ist er auf meiner Seite.«

Ich hörte das Telefon klingeln, und Robin kam rein und brachte den Hörer. »Es ist Clark Fidey.«

»So schnell schon? Entschuldige mich, Frank.« Frank winkte ab, und ich nahm den Hörer. »Ja, Clark?«

»Hallo, Matty. Ich rufe von der Münze aus an. Ich habe für dich eine gute und eine schlechte Neuigkeit über deine Abstammung.«

»Du arbeitest schnell.«

»Es war nur ein Dokument nötig. Aber falls du es dir nicht selbst zusammenreimen kannst, habe ich dir eine Zusammenfassung auf einen Bogen gelbes Dokumentenpapier geschrieben, der vor mir liegt.«

»Wird das meinen Anspruch erhärten?«

»Unbestreitbar. Ich habe von allem Wichtigen in deinem Fall Fotokopien gemacht und nehme sie mit nach Hause. Aber du mußt mich erst bezahlen, Matty. Vorher gebe ich nichts aus der Hand.« Er machte eine Pause, in der er etwas trank, wahrscheinlich Maalox. »Und ich habe das Gefühl, daß einige andere sich auch für diese Forschungen interessieren.«

»Vergiß die anderen. Ich bringe mein Scheckbuch mit.«

»Kaltes Bargeld. Ich glaube nicht an Steuern.«

DREIZEHNTES KAPITEL

Sonnabendmorgen, 11. März

Clarks Wunsch nach »kaltem Bargeld« konnte ich erst erfüllen, als die Banken öffneten. Es war also fast halb elf, als ich bei Fideys Haus ankam. Und, wer hätte es gedacht! Frank Washington war vor mir da und stand draußen auf der Veranda.

»Was machst du denn hier, Matt?«

»Ich will mit Clark sprechen. Erinnerst du dich, das Telefonat gestern? Er rief mich an, um mir zu sagen, daß er Informationen für mich hat.«

»Jetzt kannst du dich höllisch anstrengen, sie aus ihm rauszukriegen. Clark Fidey ist tot.«

»Tot?«

»Unbestreitbar. Er starb irgendwann heute am frühen Morgen.«

»Verstehe.« Und ich verstand.

Frank lehnte sich über die Haube des blau-weißen Polizeiautos und öffnete sein Notizbuch. »Heute morgen versuchte seine Mutter, ihn zur üblichen Zeit zu wecken und bekam keine Antwort. Nach ein paar Minuten kriegte sie Angst. Fidey hatte die Tür von innen verschlossen, also mußte sie die Polizei um Hilfe rufen. Der Verblichene wurde auf dem Boden gekrümmt aufgefunden. Er war höchstens zwei Stunden tot.«

»Wie schrecklich.«

»Die alte Mrs. Fidey ist noch oben. Sie weigert sich, den Raum zu verlassen, in dem er starb, und meine Männer bringen es nicht übers Herz, sie dazu zu zwingen. Die Arme hat jetzt gar nichts mehr.«

»Hatte sie vorher auch nicht.«

»Die erste Untersuchung ergab, daß der Verstorbene an einer massiven inneren Blutung starb.«

»Er hatte Magengeschwüre.«

»Es war aber schlimmer als Geschwüre, Matt. Er muß schwere Bauchschmerzen gehabt haben, hat erbrochen und blutigen Durchfall gehabt.«

»Bitte! Ich habe noch nicht gefrühstückt.«

»Ich habe den Mann nicht so gut gekannt. Vielleicht kannst du mir erklären, warum er nicht 911 angerufen und sich einen Krankenwagen bestellt hat, als die Symptome anfingen.«

»Das kannst du jeden fragen, der Fidey kannte.« Das Rollo seines Schlafzimmerfensters war offen, und ich konnte die Silhouette einer sitzenden Frau ausmachen. »Er haßte es, für seine Gesundheit Geld auszugeben. Er hatte schon lange Geschwüre und muß gedacht haben, wenn er, wie üblich, Maalox nimmt, dann kann er warten, bis die Krämpfe weggehen.«

»Verstehe. Und als er dann merkte, daß es ernst war, war er vielleicht schon zu hinüber, um noch anzurufen.« Frank notierte sich das kurz. »Vergiß übrigens die Geschwüre. Wir vermuten, daß der Verstorbene an Lebensmittelvergiftung starb.« Er schloß sein Notizbuch mit einem Knall. »Wir lassen den Amtsarzt in Ruhe eine Autopsie machen.«

Frank kletterte in seinen Sitz hinter die Legende vom »Freund und Helfer« und schnallte sich umsichtig fest, während sein junger Bursche anfuhr. Zwei Polizeiautos blieben zurück, um den Ort des Verbrechens zu bewachen. Ich versuchte trotzdem mein Glück im Haus.

Duffy lehnte sich an die Eingangstüre und machte die passenden Scherze.

»Was machst du hier, Matty? Du willst doch wohl nicht die forensischen Untersuchungen stören?«

»Ich möchte einfach raufgehen und Mrs. Fidey trösten, wenn du nichts dagegen hast.«

»Kann ja nicht schaden. Aber ich warne dich, es riecht ziemlich schlimm da oben.«

Abbie Fuller Fidey saß zusammengesunken in dem Sessel mit der gebogenen Rückenlehne, ihre Füße auf dem Teppich neben dem Schmutz, in dem Umriß ihres verstorbenen Sohnes.

Sie blickte vertraut auf das Rossetti-Bild und schien meine Anwesenheit nicht wahrzunehmen, bis ich sie am Arm berührte.

»Miss Abbie? Erinnern Sie sich an mich?«

Sie drehte sich so langsam um wie Norman Bates' Mutter im Keller von »Psycho« und sah auch keinen Deut besser aus.

»Erinnern? Natürlich. Du bist Clementines Junge, der kleine Matty.«

»Ja, Matt Sinclair.«

»Du bist auch sehr gut zu deiner Mutter. Sie hat mir das erzählt, als wir uns letzte Woche zum Tee trafen.« Ihre Stimme kam von weit her. Vielleicht hatte ihr der Polizeiarzt etwas gegeben, um sie in ihrer Trauer zu beruhigen.

Sie hatte seit Jahrzehnten schon nicht mehr mit meiner Mutter Tee getrunken.

Ich sagte: »Ich wollte Clark einige Dokumente bezahlen. Aber da er nicht da ist, kann ich sie ja Ihnen bezahlen?«

»Mich, bezahlen?« Sie stieß ein schwaches kleines Lachen aus. »Das wäre nett. Wahrhaftig. Er hat eine ganze Menge aus der Münze mitgebracht.« Eine klauenhafte Hand deutete darauf. »Da sind sie, im Schreibtisch. Was glaubst du?«

Ich öffnete den Sekretär und fand ein Bündel Fotokopien. Melderegister, Taufscheine, Urkunden über Hochzeiten, Geburten und Tode. Dokumente und Gerichtsprotokolle. Endlose Namen von Bewohnern New Orleans', die seit Generationen tot waren, Namen, die in ihren Nachkommen noch lebendig waren. Ich ging den Stapel rasch durch und fand nicht, was ich suchte.

»Aber es gab da eine Zusammenfassung von dem, was er herausgefunden hatte. Clark sagte, er würde es auf gelbes Dokumentenpapier schreiben.«

»Ein gelbes Papier. Nein, das kannst du nicht haben.«

»Kann ich nicht?«

»Weil, weißt du«, Mrs. Fidey zeigte ihre knorrigen Handflächen, »das gelbe Papier ist nicht hier.«

Ich schaute auf meine Füße, um sie aus dem Kot rauszuhalten und hockte mich vor sie.

»Wie kann das sein?«

»Weil« – sie sah kokett und geheimnisvoll aus – »er das an einen anderen Herrn verkauft hat.«

»Ich habe gestern abend mit Ihrem Sohn gesprochen.«

Sie nickte. »Das stimmt. Es war gestern abend. Gestern abend hat mein Sohn ein sehr wichtiges Forschungspapier verkauft. Über den

Rechtsanspruch der Vigé-Sinclairs, sagte er.« Sie strich über die feine Schnitzerei in der Sessellehne. »Ich kannte deinen Vater, Arthur, sehr gut. Wie fesch er auf meinem Debut aussah, in seiner Air Force-Uniform. Oh, und so ein guter Tänzer.«
»Ja, das war er.« Ich holte tief Luft und sprach ganz sanft. »Sagen Sie, Miss Abbie. Kam jemand her, um dieses Papier zu kaufen?«
»Sicher, für ›kaltes Bargeld‹. Clark besteht immer auf ›kaltem Bargeld‹. Mein Sohn ist sehr schlau.«
»Ich weiß.«
»Siehst du, wie schön er mein Haus hergerichtet hat? Es ist genau so, wie es aussah, als ich ein junges Mädchen war. Bald werde ich wieder Einladungen geben.«
»Ja, Madam.«
»Das Wohnzimmer unten ist wieder wunderschön. Elegant. Hast du es gesehen?«
»Ich hab's gesehen.« Ich war gerade durchgegangen, wieder Staub, zerfallenen Putz und heruntergekommenen Stuck umschiffend. Nur saß in diesem Zimmer eine alte Frau, die den Glanz ihrer Mädchenzeit in ihrer Fantasie wieder einfangen konnte.
»Ich muß Clementine zum Tee einladen. Vielleicht nächste Woche.«
»Ja, Madam. Wissen Sie noch, wer Clark für das gelbe Papier bezahlt hat?«
»Den Namen nicht. Das nicht. Aber er war sehr nett zu mir. Charmant und höflich.« Sie tippte mir mit einem langen gelben Fingernagel auf die Schulter. »Heutzutage nimmt sich kaum noch jemand die Zeit, höflich zu sein, weißt du? Es ist nicht mehr so wie zu der Zeit, als du und ich jung waren und jeder so gute Manieren hatte ... Und die Beaux einen umringten. Meine Tanzkarte war immer voll ...«
Ihre Augen schimmerten und konzentrierten sich dann wieder auf mich. »Weißt du noch, wie ich 17 war? Und wie du mich so fest gehalten hast, als wir getanzt haben? So skandalös fest, Arthur?«
»Ja, ich weiß es noch.«
»War ich damals nicht hübsch?«

Ich nahm ihre beiden Hände in meine.
»Du warst wunderschön, Abbie. Wie kein anderes Mädchen.«

VIERZEHNTES KAPITEL

Sonnabendnachmittag, 11. März

Ich hatte Clarks Fotokopienstapel auf meinem Schreibtisch ausgebreitet: Französische Dokumente auf einem Haufen, spanische auf einem anderen, englische auf einem dritten. Offizielle Dokumente, die die verschiedenen kolonialen Epochen New Orleans' repräsentierten. Vigés gab es hier seit 1721. Und einige von Fideys zusammengewürfelten Rechnungen und Unterlagen datierten noch früher. Aber alles war wichtig. Fidey hatte es dafür gehalten, und er war der beste seiner Branche.
Steve Hicks klopfte an meine offene Tür.
»Herman Gross ist draußen. Er sagt, du willst ihn sehen.«
Gross ist der aufdringlichste Immobilienmakler im ganzen Delta.
»Er hat gelogen.«
»Ich sage ihm also, er soll gehen.«
»Nein. Der würde sich nur in den Laden stellen und rumwinseln. Laß ihn besser rein.«
Ich warf die Fotokopien in meine Schreibtischschublade, bevor ich aufstand, um den Unwillkommenen mit einem festen Händedruck zu begrüßen.
»Guten Tag, Herman.«
»Gut? Erzählen Sie mir nichts von gut. Ich bin ein gebrochener Mann.«
»Tut mir leid. Würde Ihnen ein Drink wieder aufhelfen?«
»Vielleicht einfach eine Cola, wenn es keine Umstände macht.«
Herman Gross war eine schäbige Erscheinung in einem Anzug, der wahrscheinlich schon aus der Mode war, als er ihn seinerzeit kaufte. Ich unterdrückte ein Zähneknirschen, als er sich mit seinem geplatzten Polyester-Zwirn auf die reine chinesische Seide

meines Bürosofas niederließ. Vom Bewußtsein des ›Noblesse oblige‹ getrieben, gab ich ihm seine Coke classic mit einem Glas voll Eis. Er ignorierte das Glas und wischte die Flasche an seinem Ärmel ab, als mißtraue er ihrer Herkunft.

Ich thronte auf einer Schreibtischecke. »Welch glücklichen Umständen verdanke ich die Ehre Ihres Besuchs?«

»Will bloß ein bißchen plaudern. Ich habe Ihnen einen Vorschlag zu machen.«

Der Geschäftssinn verlangt, daß ich solchen Vorschlägen lausche.

Vor zwei Jahren hatte Gross eines der schönsten alten Häuser auf der Esplanade Street gekauft, einen Anstrich und ein Dach mit zehnjähriger Lebenserwartung drübergeworfen und es in fünfzehn Lilliputaner-Apartments portioniert. Er hätte einen Gewinn von 400 Prozent rausschlagen können, wenn er sie als Eigentumswohnungen verkauft hätte. Aber das reichte ihm nicht. Also traf er sich mit Anwälten und Leuten von der Stadt und wartete mit dem Plan auf, den obszönsten Profit daraus zu schlagen, den es gab. Der bestand natürlich darin, Ferien-Eigentumswohnungen draus zu machen. Laut Plan legten also Mr. und Mrs. John Q. Yankee eine lachhafte Summe Geldes plus Unterhaltskosten hin, um zwei Wochen im Jahr im glitzernden New Orleans in einem Ein-Zimmer-Apartment zu verbringen – sagen wir, die letzten beiden Märzwochen zum Beispiel. Die stolzen Käufer werden übers Ohr gehauen, weil sie schon im ersten Jahr von diesem Arrangement genug haben. Die Wohngegend nimmt auch nur Schaden, weil interessierte Dauermieter zugunsten von Durchreisenden abgewiesen werden. Die Hotels und Restaurants ziehen den kürzeren, weil die Yankees in diesem schrecklichen Apartment schlafen und in der klitzekleinen Küche essen.

Aber Herman Gross ist glücklich wie ein Schwein im Koben.

Und, zumindest theoretisch, bin auch ich glücklich, weil ich ihm Möbel für seinen widerlichen kleinen Karnickelstall verkaufe.

»Wollen Sie noch mehr Möbel kaufen, damit enge und schlecht geschnittene Wohnungen elegant aussehen?«

»Heute keine Möbel. Ich kaufe was Größeres.«

Er nahm sein Taschentuch und tupfte sich die Stelle unter seinem Kragen, wo die meisten Leute einen Hals haben.
»Ich werde Ihnen einen Gefallen tun. Sie werden mich küssen, wenn ich hier rausgehe.«
»Nein!«
»Würde ich denn lügen? Hören Sie einfach zu. Kann ja nicht schaden, oder?«
Der Mangel an Anmut in Mr. Gross ist für ihn kein Schaden, weil kaum jemand ihn anschaut. Es ist die Stimme eines Verkäufers, die sein Kapital ausmacht und Gross' ist tief, mit einem wunderbaren Timbre und einem warmen jiddischen Ton. Er benutzt dieses bemerkenswerte Instrument, um zu betrügen, zu schmeicheln und jeden von fast allem zu überzeugen.
Es wird von Herman Gross gesagt, daß er sein Anfangskapital mit Schlangenöl gemacht hat. Vielleicht hat er's an die Schlangen zurückverkauft.
Ich verkehre nicht mit ihm, aber ich habe gehört, daß Herman ein hingebungsvoller Familienvater ist, der 18 Stunden am Tag rumschnorrt, um seinen Haushalt mit mehr materiellen Gütern auszustatten als ein durchschnittlicher Despot im Mittleren Osten.
Ich glaube nicht, daß so ein übles Exemplar sich fortpflanzen sollte, aber dieser Mann hat zwei Töchter, beide nach Filmstars benannt. Die Mädels haben das Glück, nach der Mutter geraten zu sein, aber das kann auch einfach darauf zurückzuführen sein, daß sie denselben Schönheitschirurgen benutzen.
»Sie sind doch nicht etwa hier, um über das Ufergrundstück zu sprechen, oder?«
Er wirkte aufgeschreckt. »Wer hat es Ihnen erzählt?«
»Aus irgendeinem Grund denkt jeder gerade an dieses Stück Erde und Muscheln.«
»Ja, ich habe gehört, daß Sie einige gute Angebote bekommen haben. Es war früher ja begehrt.«
»Früher?«
»Vergangenheit.« Er wedelte mit der linken Hand. »Als es noch mit Sicherheit den Sinclairs gehörte.«
»Wir besitzen es nicht mit Sicherheit?«

»Es spricht sich so rum.« Er glubschte und zeigte ein paar Zähne, die durch einen Stacheldraht hindurch einen Maiskolben abnagen könnten. »Ihre Familie hat vielleicht gar keinen eindeutigen Anspruch.«

»Vielleicht nicht. Das stimmt.«

»Also ich werde darauf spekulieren. Ist das nicht fair?« Er trank die Flasche mit einem Gluck-Gluck leer. Ich bot ihm noch eine Cola an, aber er winkte ab. »Kann nicht noch mehr Kohlensäure trinken. Ich verliere die Kontrolle ... Ich bin also bereit, dafür zu zahlen, ob Ihr Anspruch nun rechtskräftig ist oder nicht. Bin ich nun nett oder was?«

»Sie sind sehr nett, Herman. Aber Sie sollten wissen, daß das Grundstück, um das es geht, meiner Mutter gehört und nicht mir.«

»Ja, aber Sie haben die Verfügungsgewalt, ich habe da so meine Quellen. Was bedeutet, daß Sie mit dem Land alles machen können, was Sie wollen, eingeschlossen Zucchini anbauen. Also können Sie es auch mir verkaufen. Und ein bißchen Geld für sich dabei machen. Lassen Sie mir den Spaß. Ihre Mutter wird Ihnen dankbar sein.«

»Und wieviel genau wären Sie bereit, für meiner Mutter Dankbarkeit zu zahlen?«

»Heutigen Marktwert. Okay, Sie können mich für verrückt halten, und das stimmt auch.«

»So verrückt nun auch wieder nicht. Der Marktwert ist unter normalen Umständen in ein paar Jahren eine Menge weniger. Und wenn das Casino durchkommt, wird sich der Wert vervierfachen.«

»Ja, aber was ist, wenn das Stück nicht mal Ihnen gehört? Wenn Ihr Anspruch nichts taugt, dann geht das den Bach runter.«

»Sie sind ein kluger Geschäftsmann, Herman.«

»Gottseidank, ich komme gut hin.«

»Ich glaube nur, daß Sie nichts in den ... äh ... Bach investieren würden, wenn Sie nicht davon überzeugt wären, daß unser Anspruch gültig ist.«

»Äh? Vielleicht nicht. Könnte mich einer verklagen, oder? Mich mit Papier eindecken. Also? Mein Schwager, Marvin, ist Anwalt. Also lasse ich ihn arbeiten. Die ganze Chose kann zehn Jahre dauern, und ich kann ja derweil die Miete kassieren. Ich werd's versuchen.«

»Es gibt eines, was ich Ihnen versprechen kann, Herman. Wenn ich mich entschließe, das Stück zu verkaufen, dann werde ich's Ihnen sagen, bevor ich mit anderen verhandle.«

Er hievte seine Körpermassen in eine aufrechte Position. »Was soll ich sagen? Das muß mir für eine Weile reichen.«

Und dann erzählte mir Mr. Gross den Witz mit dem Priester, dem Rabbi und dem Schinkensandwich, schüttelte warm meine Hand und verabschiedete sich.

Steve eilte, ihm die Tür zu öffnen, und kam dann zu mir zurück. »Hey, das ist ein alter Witz mit dem Priester, dem Rabbi und dem Schinkensandwich – ich habe gelauscht.« Steve nahm den Sessel. »Mal abgesehen von seiner Person, aber mich würde sein Angebot doch reizen.«

»Mich reizt es nicht, aber es heitert mich beträchtlich auf.« Ich erhob mich und warf Hermans leere Flasche in den Papierkorb. »Was meinst du, wo er das her hat?«

»Das mit dem Anspruch, der vielleicht nicht rechtskräftig ist? Ja, mmh.« Er schwang seine Füße über diesem Rätsel, aber dann zog er sie abrupt hoch. »Brad Rutledge hat es ihm erzählt.«

»Wozu? Brad wollte das Land doch selbst kaufen; er hat es gar nicht an einen anderen Makler verkaufen wollen.«

»Stimmt, stimmt. Doofe Idee.« Steve versuchte es noch mal mit dem Füße-Schwingen. »Aber wer wußte es noch? Du, ich, Bill Oakes und ...«

»Und der verstorbene Clark Fidey.«

»Der verstorbene Clark Fidey. Ja.«

Ich öffnete die Tür meines antiken Eicheneisschranks, der mit elektrischen Kühldrähten modernisiert worden war. »Clark deutete an, daß noch jemand an den Einzelheiten meiner Recherche über den Rechtsanspruch interessiert sei. Und dann bot ihm dieser jemand so viel Geld, daß er sich entschloß, ihm die Zusammenfassung zu verkaufen und mich warten zu lassen.«

»Verstehe.« Steve deutete auf eine Sprite, und ich warf sie ihm rüber. »Der jemand war Gross.«

»Mrs. Fidey beschrieb den Mann vage, der ihren Sohn besucht hat, bevor er starb, aber sie sagte, daß er charmant und höflich war, wie es Herman auch sein würde. Schon seit zwanzig Jahren charmiert er zaghafte alte Frauen aus ihren Elternhäusern hinaus.« Ich nahm mir eine Diät-Cola. Steve macht sich nichts aus Kalorien, aber ich.

Das Telefon klingelte. Steve nahm ab. Dann nickte er in den Hörer und gab ihn mir.

»Frank.«

Ich machte meine Cola auf. »Hallo, Frank.«

»Matt? Wir haben gerade den ersten Bericht vom Pathologen.«

»Schnelle Arbeit.«

»Die Autopsie beweist, daß wir mit der Lebensmittelvergiftung recht hatten.«

»Lebensmittelvergiftung?« Ich stellte den Lautsprecher ein, damit Steve mithören konnte.

»Die Analyse des Mageninhalts zeigt, daß er eine hohe Dosis giftiger Pilze zu sich genommen hatte. Willst du den lateinischen Namen wissen?«

»Nein.«

»*Amanita verna.*« Frank las aus dem Bericht vor, und nichts konnte ihn davon abhalten. »Sie haben ein hitzebeständiges Protein, das im ganzen Körper massive Zellschäden verursacht. Die Leber, die Nieren und das zentrale Nervensystem wurden zerstört, und das Opfer wird verwirrt und fällt in ein tödliches Koma.«

»Wie schrecklich für ihn.«

»Also? Was meinst du?«

Ich zuckte die Schultern für Steve. »Ich bin sprachlos.«

»Ein bißchen redseliger bitte, Matt. Wir haben gehört, daß du gestern mit Fidey zusammen warst, als er auf dem französischen Markt eingekauft hat.«

»Halb eingekauft, halb geschnorrt, so wie es seine Art war.«

»Das habe ich auch gehört. Woher hat er also die giftigen, die unbestreitbar in seinen Pilzen waren?«

»Nirgendwo her. Jedenfalls nicht, solange ich mit ihm zusammen war.«

Frank hat einen exzellenten Lügendetektor, sogar übers Telefon. Aber ich bin ein exzellenter Lügner, wenn es die Situation erfordert.

Ich hatte gesehen, wie Clark von Ben Pilze gekauft hatte. Unverdächtige Pilze. Warum sollte ich Ben Ärger mit der Polizei machen, die ihm durch unvermeidliche Gerüchte das Geschäft in Verruf brächte.

Ich machte weiter. »Er brabbelte irgendwas davon, daß er wunderbare Pilze zum Abendessen hätte. Aber er hat seine Einkaufstasche nicht geöffnet, um sie mir zu zeigen.«

»So war es also, Matt?«

»Nach allem, was ich weiß, hätte er sie auch am Washington Square pflücken können.«

Der Superbulle sandte ein gefährliches Schweigen aus, dann gab er's auf.

»Ach Quatsch, warum solltest du lügen? Es denkt sowieso keiner, daß du es warst.«

»Aber immer gern. Jederzeit.«

Als ich den Hörer auflegte, nickte Steve und sprang auf.

»Also hat Herman Gross Fidey umgebracht?«

»Herman Gross könnte nicht mal eine Limoflasche umbringen.«

Ich tat Eis in meine Cola und setzte mich wieder auf meinen Stuhl.

»Wer hat dann Fidey die Giftpilze gegeben?«

»Wer hatte Zugang zu seinen Lebensmitteln?«

»Niemand. Er hat sein letztes Essen zuhause gegessen.«

»Also?«

»Du glaubst doch nicht ...?« Es dämmerte, und sein Mund öffnete sich. »Es hätte doch nicht Clarks eigene Mutter tun können?«

FÜNFZEHNTES KAPITEL

Sonnabend, 11. März

Um drei rauschte Edwina in mein Büro, ohne zu warten, daß sie angekündigt wurde. Ich sah Steve hinter ihr, wie er die Schulter zuckte, und winkte ihn an die Arbeit zurück. Ich erhob mich, um sie zu begrüßen, als sie mich herrisch in den Stuhl zurückstieß.

»Ich weiß, daß ich zu früh bin. Aber ich konnte es nicht abwarten, dich zu sehen.«

»Ganz meinerseits.«

»Und außerdem ist es sehr aufregend, meinen Mann in seiner Arbeitsumgebung zu sehen. Du weißt schon, wenn er all die süßen kleinen Karriere-Sachen macht.«

»Steuerformulare für Angestellte auszufüllen ist nicht süß. Ich habe die letzte Stunde nichts weiter gesehen als Zahlenreihen und Prozentzahlen.«

»Vielleicht brauchst du Tapetenwechsel. Ich habe alles gepackt fürs Land.«

Ich langte nach ihrer Hand. »Ich auch.«

»Liebst du mich?«

Eine beiläufig hingeworfene Frage, aber unangenehm unfair unter diesen Umständen. Im besten Fall gibt es nur zwei vernünftige Antworten darauf. Die erste ist: »Liebe? Was ist denn das?«

Ich hatte ein überwältigendes Verwandtschaftsgefühl für Edwina, genoß ihre Gegenwart, freute mich jeden Tag, sie zu sehen, und vermißte sie, wenn sie fort war. Ich fühlte mich wie verrückt als Beschützer dieser Frau. Machte das alles zusammen Liebe aus?

Und außerdem begehrte ich sie körperlich, mehr, als ich mich jemals nach einem weiblichen Wesen gesehnt hatte. Und Lust, wo gehörte die in dieser Rechnung hin?

Ich nahm zur zweiten möglichen und vernünftigen Antwort Zuflucht.

»Ich habe dich immer geliebt, Edwina.«

»So wie ein großer Bruder, meinst du?«

»Jetzt gerade ein bißchen mehr.«

»Nicht genug. Ich will viel mehr.«

Ich stand auf, nahm ihr Gesicht in meine Hände und küßte ihre Augen, eins nach dem anderen. »Ich werde alles sein, was du willst, Liebes.«

Sie gab vor, das zu akzeptieren, ich schnappte meinen Mantel, ging in den Laden und rief Steve zu: »Ich gehe heute mal früh.«

Er sah von einer Rechnung hoch und zwinkerte: »Ja, das würde ich an deiner Stelle auch machen.«

Als wir endlich auf die Straße kamen, war es fast vier Uhr. Edwina ist so klein, daß sie drei Mal den Fahrersitz meines SEL 500 verstellen mußte, bevor wir die I-10 erreicht hatten.

Dann hatten wir eine Viertelstunde lang einen Smalltalk über die Oper und das Ballett von New Orleans, in der sie mit ihrem unsittlichen Antrag hinter der Hecke blieb. Sie sprang unmittelbar südlich von Donaldsonville dahinter hervor.

»Weißt du was? Ich war heute bei meinem Gynäkologen.«

Nichts Böses ahnend, schien mir das Gesprächsthema so gut wie jedes andere zum Autofahren.

»Erzähl mir alles.«

»Ich war irgendwie beunruhigt. Der alte Doktor Stein stellte so ein bißchen verschmitzt fest, daß ich ja noch nie ein Kind hatte, und dann hat er mich nach meinem Alter gefragt.«

»Verstehe.«

»Dann begreifst du sicherlich, daß es Zeit ist, daß wir heiraten.«

Ich war gottlob angeschnallt, sonst wäre ich vom Sitz gefallen. »Wie bitte? ›Wir‹?«

»Meine biologische Uhr läuft ab. Liest du keine Zeitschriften? Es ist gerade *das* Gesprächsthema, daß Frauen in unserer Generation lieber Karriere gemacht haben als Kinder. Und nun kommen sie an das Ende ihrer fruchtbaren Jahre, und sie halten inne, um ihr Leben noch einmal zu überdenken. Sie fangen an, Tagträume über sanfte Geburt zu haben, über Stillen um zwei Uhr nachts, über den Windelservice, über die Ausverkäufe vor Schulbeginn und Elternabende –«

Ich unterbrach, bevor sie zur ersten heiligen Kommunion kam. »Ja, das verstehe ich ja. Aber, Darling, was hat das mit mir zu tun?«

»Du bist selber schon fast 38, Matty.«
»Ganz und gar 38.«
»Magst du Kinder nicht?«
»Ich weiß nicht. Ich kenne keine.«
»Jedenfalls kannst du doch nicht ganz den Gedanken daran aufgegeben haben, selber welche zu kriegen.«
»Nicht ganz.«
Ich habe oft an die Möglichkeit gedacht, Vater zu werden.
Jeder Mann fühlt irgendeine Verpflichtung, seinen Namen weiterzugeben. Und außerdem hätte ich gern jemanden, um ihm mein Geld zu hinterlassen.
»Was wäre also natürlicher als du und ich? Wir mögen die gleichen Leute, die gleichen Parties. Und wir sind beide ›Winter‹, und deshalb werden unsere Sachen farblich immer zusammenpassen.«
»Das ist echte Übereinstimmung, stimmt.«
»Denk dran, was wir für ein gutes Team wären. Zusammen könnten wir ein paar schöne kleine Devon-Sinclairs machen und sie zur Montessori-Le-Monde-des-Enfants schicken.«
»Die Klamotten und die Kinder sind gut und schön. Aber was ist mit dem Leben, das ich jetzt führe?«
»Das schwule Zeug?« Sie winkte es fort. »Du müßtest gar nicht so große Zugeständnisse machen. Fast jeder Ehemann betrügt seine Frau mit irgend jemandem. Also kannst du dich ruhig mit Robin rumdrücken. Oder dem Jungen der Woche. Das ist mir egal, solange du dich nicht ansteckst.«
»Das erinnert mich an meinen Freund Rod York.«
»Den kenne ich nicht.«
»Dieses italienische Mädel aus Gentilly verführte ihn zur Ehe. Sie schwor hoch und heilig, daß sein schwuler Lebensstil ihr nichts ausmachen würde.«
»Und, stimmte das?«
»Nein. Weil in dem Moment, als die Gelübde abgelegt waren, sie vollkommen vergessen hatte, daß Rod homosexuell war. Und dann ließ ihn die neue Mrs. York nach sechs Uhr abends nicht mehr alleine raus.«
»Wie unfair!«

»Ohne Scherz. Ich traf den armen Wurm ein Jahr später, und er war aus Frust um zehn Jahre gealtert. Er hatte abgenommen. Seine Augen hatten dunkle Ringe ...«

»Der arme Mann!«

»Und die Moral von der Geschicht' ist: Wenn eine sexuell normal veranlagte Frau eine Tunte heiratet, wird's einem von beiden schlecht gehen.«

»Aber diese schreckliche Frau war Italienerin, hast du gesagt. Daß die unvernünftig sind, ist ja bekannt, oder?« Sie langte herüber und drückte meinen Arm. »Wir sind doch schließlich zivilisierte Leute.«

»Manche ja. Ich kann außerdem nicht aufhören, an meinen Rivalen zu denken. Bill Oakes.«

»Was denkst du?«

»Daß der Mann hoffnungslos in dich verliebt ist.«

»Ja. Es ist süß.«

»So, wie ich nie eine Frau lieben könnte.«

»Du bist also nicht vollkommen. Na und?«

»Bill ist außerdem athletisch, reich und hat keine genetischen Defekte. Warum willst du deine Dynastie nicht auf seinem Samen begründen?«

»Weiß der Himmel, das würde ich auch, wenn er Waise wäre. Aber man heiratet ja nicht nur einfach einen Mann. Man heiratet seinen ganzen Hintergrund mit.« Sie nahm die Ausfahrt 12. »Du solltest mal seine Familie in Mississippi sehen. Alles Baptisten. Sie essen Beutelratten, meine Güte!«

»Eine gute Frau kann einen Mann kultivieren.«

»Aber keine Schwiegermutter. Ich bin nicht naiv, Matty. Ich weiß, wie du bist. Und daß du niemals alles für mich sein könntest. Aber ich würde immer noch lieber ein bißchen von dir haben als alles von jedem anderen Mann. Wir sind einfach toll zusammen. Ist denn das so schwer zu verstehen? – Da ist die Brücke. – Du und ich sind füreinander gemacht. Das steht fest, seitdem wir Kinder waren.«

»Ich fühle mich geschmeichelt, Darling.«

Ich sann der Schmeichelei nach, während wir die berühmte Sunshine-Brücke von Donaldsonville überfuhren. Als sie 1962 gebaut wurde, war sie die berüchtigtste Steuergeldvergeudung unseres Country-Sängers und Gouverneurs. Jimmie Davis hatte die 30 Millionen-Dollar-Brücke in Auftrag gegeben, ein moderner Bau mit zwei Bögen und vier Spuren, völlig unbeeindruckt von der Tatsache, daß sie nirgendwohin führte, wohin irgend jemand fahren wollen würde. Die Brücke verband zwei Feldwege durch sumpfiges Land miteinander. Sie wurde nach Davis berühmtestem Werk getauft: »You Are My Sunshine«.

Governor Davis gab Konzerte statt politischer Reden und gewann zweimal Wahlen in Baton Rouge. (Wir in Louisiana ziehen einen Unterhalter immer einem Verwalter vor.) Davis war bekannt dafür, daß er seinen Palomino mit in seine Residenz brachte, damit das Pferd sehen konnte, wie er Gesetze unterschrieb, und daß er gegen Ende jeder gesetzgeberischen Tätigkeit eine Band bestellte, die »It Makes No Difference Now« spielte.

Und mit alldem war Jimmie Davis wahrscheinlich ein so guter Gouverneur, wie wir seit dem Sieur de Bienville keinen mehr hatten.

Immerhin sang er richtig.

»Wir halten auf dem Highway in Belle Rose an«, sagte ich meinem Fahrer. »Wegen unserer Austern.«

»Ich kann mich nicht an irgendwelche Fischstände da erinnern.«

»Wir kaufen sie ja auch nicht.«

Auf mein Zeichen hin bog sie in die Zufahrt eines alten Bauernhauses im alten Acadia-Stil ein. Wir brauchten nicht zu hupen, als wir unter dem Pecannußbaum parkten. Der Herr des Hauses hatte uns vom Feld aus gesehen, sprang vom Traktor, um uns zu begrüßen, und winkte.

»Eh, Neg'! Ou t'etais fourer?«

»J'etais ici et la bas. Edwina? Dies ist Roy Robicheaux. Er war auf dem Montageboot 21 mein Vorarbeiter, aber jetzt hat er sich in den Niggerhimmel zurückgezogen. Ein Leben fürs Krabbenfischen, den Austernfang und fürs Bisamrattenfallen Stellen.«

»Ach, wirklich?« Edwina streckte die Hand aus und Roy nahm sie, um seinen Schluck aus der Bierdose herumgrinsend.

»*Mais*, sie ist ein hübsches kleines Ding. Spricht sie denn kein Französisch?«

»Nur *chu de poule*.«

»Na, du kannst ihr dann ja beibringen, richtig zu sprechen.«

Edwina nahm meinen Arm. »Matty? Natürlich spreche ich Französisch.«

»Aber bloß den europäischen Dialekt. Cajuns nennen das ›Hühnerarsch-Französisch‹ wegen der albernen Umständlichkeiten.«

Roy und die meisten anderen Cajuns aus dem unteren Teil der Region führen ihre Familien auf die Acadianer zurück, die 1755 aus Kanada vertrieben wurden. Meine Verwandten aus dem mittleren Louisiana sind im strengen Sinn keine Cajuns, weil sie von französischen Siedlern abstammen, die nie in Kanada waren. Aber heutzutagen werden alle Französischsprachigen in Louisiana Cajuns genannt, und wir können uns auch ohne Schwierigkeiten verständigen.

»Hey, Matt«, erklärte Roy. »Ich freue mich, dich diesmal mit einem Mädchen zu sehen. Ich fing schon an zu überlegen, ob was mit dir nicht in Ordnung ist.«

»Millionen Sachen sind mit mir nicht in Ordnung, Roy. Hauptsächlich aber das, daß ich heute abend gern frische Austern essen möchte und keine habe.«

»*Mais*, da hast du genau an der richtigen Stelle angehalten, *Neg'*. Guck mal, was ich da unter der Garage habe.«

Kühl, im Schatten der Garage standen drei neunzig-Pfund-Leinensäcke voller Austern. Mir wurde der Mund wäßrig nur vom Hinschauen.

»Bin schon unten an den Docks gewesen und hab welche verkauft, aber die besten Salzaustern habe ich hier. Und die alte Dame, sie will sie nicht alle saubermachen, also nehmt euch zwei.«

»Wir haben nur eine kleine Party, Roy. Ein Sack ist das äußerste, was wir essen können.«

Ich fühlte eine feuchte Schnauze an meinem Handrücken und langte hinter mich, um sie zu streicheln. »Hallo, Phideaux.«

Edwina wich zurück. »Kennst du den Hund?«

»*Mais* sicher«, erklärte ihr Roy. »Matty weiß zu gut Bescheid über

Tiere, er würde nie einem den Rücken zudrehen, mit dem er noch nicht Bekanntschaft geschlossen hat.«

»Aber er sieht so seltsam aus, mit diesem komisch gefleckten Fell. Und diesen blauen Augen.«

»Phideaux hier ist ein reinrassiger Catahoula-Hund. Die einzige Rasse, die aus Louisiana kommt.«

»*Mais*, er kann ein Kaninchen sogar durch einen Fluß hindurch aufspüren. Catahoulas sind die schlauesten Hunde, die es gibt.« Roy ging zu Boden, um mit seinem Stolz zu balgen, und kam sandig und naß wieder hoch. »Ich hab mal versucht, Matty ein Hündchen zu geben, aber er wollte es nicht.«

»Blanche würde eifersüchtig. Sie ist in den Jahren.«

Nachdem ich meine Beute in den Kofferraum gelegt hatte, nahm Edwina das Steuer, prüfte im Rückspiegel ihren Lippenstift und brachte uns zurück auf den Highway 308 bei Bayou La Fourche.

»Roy ist ja ein ziemlich farbiger Charakter«, bemerkte sie nach fast einem Kilometer.

»Und von einer schnell aussterbenden Sorte.«

»Und ein Mann, den zu kennen sich lohnt, wenn man Austern braucht. Du hast doch nicht mehr an der Küste gearbeitet, seit du die Uni verlassen hast. Wie bist du all diese Jahre mit ihm in Kontakt geblieben?«

»Roy hat mich angerufen, als ich gerade in Loyola fertig war. Seine alte Ma-mère wollte ihr Testament machen, und es gibt sehr wenige Anwälte, die Französisch sprechen.«

»Warum wollte sie das?«

»Weil sie kein Englisch spricht, und sie wollte ein Testament, das sie verstehen konnte.«

»Ein vernünftiges Anliegen.«

»Ein Testament kann in beliebigen Sprachen geschrieben werden, und deswegen kann man diesen alten Cajuns ja auch weiterhelfen, wenn man sie genug kennt und sich drum kümmert. Ich mache alles Juristische für die Robicheaux'.«

»Du hast natürlich Französisch in der Schule gelernt. Aber woher hast du diesen Cajun-Dialekt?«

»Aus der Zeit, als ich klein war. Meine Eltern fuhren jedes Jahr nach Europa, und deswegen haben sie mich zu meinen Fontenot-Vettern nach Grand Prairie verschifft.«

»Ohh!« Sie zog ein Gesicht im Rückspiegel. »Warum haben sie dich dahin geschickt?«

»Warum nicht? Es war billiger als Sommercamp und mindestens genau so gesund. Ich konnte da den ganzen Sommer über barfuß gehen, nur nicht in die Messe.«

»Für meinen Geschmack ein bißchen zu ländlich. Meine Vorstellung vom Landleben ist eine Nacht im alten Plantation House – 21 Zimmer im Bayou La Fourche und so viel Geschichte drumherum. Beneidest du Geoff und Ondine nicht?«

»Nicht die Bohne. Das Ding ist ein Krebsgeschwür. Das Haus schluckt alles Geld, das sie verdienen, plus jede freie Stunde.«

»Ich glaube, Geoff kann es sich leisten«, sagte Edwina.

Geoff Ramsey war in meinem Jahrgang in der Juristischen Fakultät in Loyola. Nach dem Examen haben wir zusammen im Büro des Staatsanwalts gearbeitet und sind gemeinsam mit 11 000 Dollar Dienstbezügen im Jahr verhungert.

Jetzt kommt Geoff auf 60 000 Dollar als Zivilrichter, was fast so viel ist, wie ich mit dem Möbelverkauf verdiene. Und Ondine schafft einen respektablen Lebensunterhalt ran, indem sie »Paare im Gespräch« produziert. Doch zusammen haben sie immer noch nicht genug, um diesen Familienstammsitz mit Dienerschaft in gutem Zustand zu erhalten. Zum Glück ist das Ding von einigem historischen Interesse und zieht Gruppen und Logiergäste an. Die Eintrittsgelder reichen aus, um davon das Mädchen und den Gärtner zu bezahlen.

Das einstöckige Haus im neogriechischen Stil wurde von einem irischen Architekten namens Henry Howard entworfen und 1846 für einen Colonel und Zuckerrohr-Pflanzer aus Louisiana gebaut. Geoff ist der Ur-Ur-Urenkel dieses alten Colonels von der Seite der Mutter her.

Es war ein Wochenende mit Arbeit. Die Angestellten hatten alle drei Tage frei gekriegt, und wir waren allein. Also trug ich unsere Koffer durch die breite Eingangshalle und ging auf das Lee-Schlafzimmer zu. Es ist nicht nach dem großen General benannt, sondern nach dem großartigen Bett mit halbem Baldachin und dazu passenden Stücken, das 1840 von einem Tischler namens Lee aus Cincinnati hergestellt und vor dem Bürgerkrieg mit einem Floß den Mississippi heruntergeschafft worden war.

Ich packte aus und hängte unsere Naturfasern in den Schrank, ehe ich zu den anderen in die Küche ging. Anders als die meisten Küchen aus der Zeit ist diese an das Haupthaus angebaut, nur durch eine dicke Brandmauer getrennt. Sie hatte noch den originalen Holzkohleofen, den kupfernen Sahnetiegel und eine Räucherkammer. Aber es gibt auch einen neuen Gasherd mit Mikrowelle unter dem Clementine Hunter-Original an der Brandmauer.

Ondine wendete ein sündhaft luxuriöses Stück Rindfleisch in der Marinade. »Willkommen zu einem Wochenende für Selbstversorger – mit harter Arbeit.«

»Danke, Liebes. Ich bin entzückt.«

Ondine Bourge Ramsey ist um zwei Ecken meine Cousine, was keine besondere Auszeichnung ist. Alle alten Familien hier in der Gegend sind miteinander verwandt. Sie hat eine Figur, die man früher als ›angenehm mollig‹ bezeichnete. Es ist von allem ein bißchen zu viel da, aber alles an den richtigen Stellen.

»Donnie und Gordon schlafen bei ihrer Großmutter. Also ist hier heute abend alles nur für Erwachsene.« Sie lachte und warf ihr Haar. »Um es mal so zu sagen.«

Ihr Handlanger Geoff hatte meinen Sack Austern schon geöffnet, robbte auf der Erde herum, und knackte sie wie jeder Flußcajun.

»Weil die Kinder weg sind, können wir vier ja so tun, als wäre es wieder 68 und wir alle zwanzig Jahre jünger. Will jemand einen Joint rauchen?«

»Ich nicht«, sagte ich. »Ich esse zuviel, wenn ich rauche. Aber mein Magen weiß genau, daß ich nicht zwanzig Jahre jünger bin.«

Edwina hatte bereits die Ärmel aufgekrempelt und stand am Hackbrett. »Mir geht's hier gut, wenn ich das Gemüse schnitzle.« Sie versuchte, mir einen Pilz in den Mund zu stecken, aber ich duckte mich.

»Wo hast du den her?«

»Vom französischen Markt. Was glaubst du denn?«

»Ich weiß nicht. Vielleicht irgendwo von draußen.«

»Er ist paranoid, der Ärmste. Er hat den Dienstagnachmittag mit Jessica Clouet verbracht, und er weiß, daß ich eifersüchtig bin.«

»Sie ist schön, elegant, und ungemein behütet.« Ich wußte, wo sie den Topf mit dem doppelten Boden hatten, nahm ihn herunter, griff nach Milch, Butter und Mehl und begann, die französische weiße Soße zuzubereiten.

Edwina attackierte ein Bündel grüner Zwiebeln. »Ich weiß noch, wie ärgerlich wir alle waren, als Jessica Cowboy geheiratet hat.«

»Ja, das ist verständlich.«

»Ja. Wir haben alle gesagt: ›Was sieht er bloß in ihr?‹ Er, der berühmte Rodeo-Star, und sie nichts als ein Schulmädchen.«

»Ich sehe in ihr, daß sie wohlhabend ist.« Geoff hob einen Ellbogen, um mit seinem Austernmesser hebeln zu können. »Das Land über dem See muß fast eine Million wert sein. Und die Hälfte gehört Jessica persönlich.«

Ich warf die Gewürze in den Topf.

»Bist du sicher?«

»Mein Vater war der Anwalt der Clouets, und er hat das Arrangement besorgt. Es war ohnehin nur Papierkram. Es gab keine Konkurrenten.«

Ondine wischte sich die Hände ab, öffnete den Schrank und holte ein Tarot-Spiel heraus. »Aber warum lebt sie noch mit ihm? ... Hier, Matty, misch die Karten.«

»Die Scheidung war nur eine Formalität, damit Cowboy eine andere Frau heiraten konnte. Sie hatten nie vor, sich zu trennen.«

»Mein Gott, ist die verständnisvoll.«

»Geoff, bewahr den Austernsaft auf, ich brauche ihn für die Sauce.« Ich öffnete Ondines Holzkasten und faltete das seidene Taschentuch auf.

Edwina sagte: »Ich glaube, ein Mann sollte so viele Frauen haben, wie er glücklich machen kann.« Dann dehnte sie sich wie eine Katze, die glücklich gemacht wurde.

Tarotkarten sind größer und schwieriger zu handhaben als ein Bridgespiel. Ich drehte einige herum und mischte dann nach Vorschrift. Viermal, siebenmal, dann neunmal.

Geoff naschte eine besonders üppige Auster und schüttete sie sich in den Hals. »Das Gleiche passierte mit Carmen auch: Scheidung, mehr als großzügige Abfindung, und dann vergaß sie einfach irgendwie auszuziehen, als er Missy heiratete.« Er öffnete noch eine und hielt die Schale Edwina hin. Sie nahm sie mit einem Knicks. »Mit Nummer vier probiert er es besser nicht noch mal. Er kann es sich nicht leisten.«

»Bist du fertig?« Ondine nahm mir die Karten ab und legte sie auf dem Sideboard aus. »Das bist du, Pentakel-König, König der Münzen, der Geschäftsmann.«

»Warum kann ich nicht Schwerter-König sein?« nörgelte ich.

Geoff sagte: »Laß ihn Gläser-König sein. Der Trinker.«

»Nein«, sagte Edwina. »Er sollte der Stäbe sein. Der mit dem großen Zauberstab.«

»Vielen Dank.«

Ondine ignorierte uns alle. »Das da bist du. Sechs Schwerter – eine sehr wichtige Entscheidung, die du treffen mußt. Das hier kreuzt dich. Sechs Gläser – eine emotionale Entscheidung.«

»Bis jetzt liegst du richtig.«

»Die hier liegt über dir.« Sie nannte die Karte nicht beim Namen, aber ich sah sie.

»La Mort? Das ist der Tod!«

»Aber die Karte heißt nicht Tod«, sagte Ondine schnell. »Sie ist gut. Sie bedeutet eine Veränderung.«

»Aber der Tod bringt einem eine Menge bedeutsamer Veränderung von dauerhafter Natur.«

Sie legte eine andere Karte hin. »Das hier ist unter dir, als Ursache der Angelegenheit – Le Pendu, der gehängte Mann.«

Edwina stand neben mir und schaute auf die Karten hinunter. »Der gehängte Mann?« Das Telefon an der Wand klingelte, und Geoff stand auf, um dranzugehen.

»Ja? Ist dran, Donnie ... Hon? Es sind die Jungen.«

»Ich rede im Wohnzimmer.«

Ondine legte die Karten auf den Schrank, ging hinaus und hinterließ ein lastendes Schweigen. Edwina brach es schließlich.

»Na ja, er ist ja nicht wie der arme Brad gehängt. Dieser Mann hängt an seinen Füßen. An den Füßen ist nicht so schlimm, oder?«

»Auch nicht gerade gut«, räumte Geoff ein. »Aber eben nicht tödlich. Ich meine, mit der richtigen Seite nach oben ist viel schlimmer.«

Ich nutzte den Moment, um nach der Soße zu gucken, die noch keine Blasen warf, aber ich hatte keine Zeit mehr, die gelbe Zwiebel zu hacken, weil Ondine wieder reinkam. »Sie brauchten eine formelle Erlaubnis, um ›Miami Vice‹ zu sehen. Ich sagte: ›Warum nicht? Ich finde die Klamotten gut‹.« Sie schaute uns an, und merkte, daß sie die einzige war, die sprach. »Oh! Also zurück zu den Karten. Hör mal, Matty, der gehängte Mann bedeutet nur eine Phase der Introspektion, eine Neubewertung deiner privaten Philosophie.«

»Ach. Ist das alles, was er bedeutet?«

»Ja, wirklich ... Das ist hinter dir: Der Zauberer. Du hast dich vorher verantwortlich gefühlt, aber jetzt nicht mehr.«

Edwina lehnte sich über den Tisch, das Kinn in der Hand. »Ich hoffe, das heißt, daß ich jetzt die Sache in der Hand habe.«

Die Hellseherin las weiter. »Das liegt vor dir. Der Turm, in den der Blitz eingeschlagen hat.«

»Es tut mir leid, daß ich gekommen bin.«

»Na, das heißt eine Krise. Aber es ist eine Art reinigende Zerstörung. Du kannst deinen jetzigen Lebensstil aufgeben und einen besseren aufbauen ... Das bist du. Der Narr.«

»Sie hat recht. Gebt mir eine Kappe und Schellen.«

»Das sind die Leute um dich herum – der Mond.« Ondine strich ihr Haar zurück. »Jemand in deiner Umgebung betrügt dich, Matty. Und es ist ein gefährlicher Betrug. Weil die nächste Karte ein siebenfaches Schwert ist – Gefahr im Dunkel.«

»Das trifft auf jeden zu, der in der Stadt wohnt.«

»Noch eine Karte, keine Sorge. Und es ist –« Sie schüttelte den Kopf. »Verdammt. Der König der Schwerter, auf dem Kopf.«

»Das könnte ich sein. Ich war am Mittwoch auf Edwinas Pferd, und ich wurde abrupt umgedreht.«

Ondine schaute uns an. »Nein, das ist nicht Matty. Das ist eine böse, gewalttätige Person« – sie zeigte auf die Sieben – »die ihn töten will«.

SECHZEHNTES KAPITEL

Sonnabendabend, 11. März

Nachdem wir wie Hausangestellte unser Essen in der Küche selbst gemacht hatten, zogen wir uns alle in unsere Zimmer zurück und stiegen in Galagarderobe. Geoff und ich trugen Smokings im Stil der dreißiger Jahre über Rüschenhemden, und die Damen kletterten in dekolletierte Vorbürgerkriegsroben mit weiten Röcken aus raschelndem Samt. Dann dinierten wir wie Lords und Ladies im Herrenhaus zusammen im Kerzenlicht und bedienten uns von der Wärmeplatte aus Sterlingsilber.

Die ersten beiden Austern aßen wir roh und ohne Zutaten. Die nächsten beiden wurden mit Zitronensaft besprenkelt, und dann gab es drei mit heißer Cocktailsauce. Die Hauptvorspeise waren meine gebackenen Austern, die alle Esser ordentlich lobten.

Edwina fragte: »Wie heißt dieses Gericht, Matty?«

Geoff sagte: »Ich nenne es ›gut‹. Gib Ondine das Rezept.«

»Es gibt kein Rezept. Man schwenkt einfach das Gemüse in Butter, gibt ein bißchen Weißwein dazu, geriebenen Käse und Semmelbrösel –«

»Wieviel von jedem?«

»Genug.«

Ondine zog sich noch sechs ›Austern gut‹ in der Schale heran. »Frag ihn erst gar nicht nach Maßen. Er hat in seinem Leben noch nie was abgemessen.«

»Ich improvisiere alle meine Gerichte, und deswegen sind sie nie gleich. Ich habe kochen gelernt, indem ich Tante Prudence beobachtet habe. Sie hat immer alle ihre Zutaten nach Augenmaß bemessen, und irgendwie war immer alles richtig.«

Ondine sagte: »Die einzigen englischen Wörter, die sie kannte, waren: ›You wanna eat?‹ Und natürlich wollte ich immer essen.«

Edwina sah mißtrauisch aus. »Was weißt du denn von Mattys Tante?«

»Ich habe einen Sommer mit ihnen verbracht. Das war in dem Jahr, als Clementine meine Eltern überredet hat, mit ihnen auf der Queen Mary zu verreisen.« Sie halbierte zart eine Auster, damit sie zwei Bissen hatte. »Ich glaube, es ist eine alte französische Sitte. Die Pariser pflegten ihre anstrengenden Kinder in die Provinzen zu schicken, damit sie dort bei den Bauern lebten.«

Ich löffelte noch etwas weiße Sauce auf Edwinas Austern.

»Onkel und Tante bekamen hundert Dollar, um mich einen Sommer lang aufzunehmen, und das war geschenkt. Es kostete sie nicht einen Nickel, mich durchzufüttern.«

»Auf einem Bauernhof gibt es immer mehr als genug frisches, natürliches Essen«, sagte Ondine. »Und das Leben war herrlich. Jeden Morgen habe ich die Hühner mit Mais gefüttert und Caillette, Tantes gefleckte Kuh, gemolken.«

»Und als der Sommer vorbei war, sprach Ondine Cajun wie eine Eingeborene.«

»Es blieb mir gar nichts anderes übrig. Die Alten verstanden kein Englisch. Aber ich habe die simple Einfachheit da sehr genossen. Den ganzen Sommer lang hatte man außer dem Schild vor Bordelons Kramladen nichts zu lesen: ›Regal Bier schmeckt besser hier‹.«

»Onkel Aldus spannte den Wagen an, um zu Bordelon rüberzufahren und einen 45 Pfund schweren Block Eis und einen Sack grobes Salz zu kaufen. In der Zwischenzeit schlug Ta-Tante die frische Sahne von Caillette und Eier, die warm aus dem Nest kamen.«

»Und ich holte die *Sabotierre*, die Eismaschine heraus.« Ich schenkte Edwina Milch nach. »Wir haben Säcke auf den Eisschrank gelegt, um ihn zu isolieren, und haben dann Ondine draufgesetzt.«

»Habe mir mein Chou abgefroren.«

»Die Kinder wechselten sich mit dem Drehen der Maschine ab, bis sie sich nicht mehr rühren konnten, und dann hat ein Erwachsener übernommen. Wenn das Eis zu dick wurde, um die Schaufel zu drehen, dann *c'est fait.*«

Ondine legte die Gabel nieder. »Und das war purer Eiskrem, aus hundert Prozent frischen Zutaten. Ich weiß noch, daß Matty am meisten drehte. Aber er ließ mich die Schläger ablecken. War das nicht süß von ihm?«
»Das kommt drauf an«, sagte Geoff mit vollem Mund. »Was hast du ihn lecken lassen?«

Nach dem Essen sprang ich auf und fing an, das Geschirr abzuräumen, um zu zeigen, daß ich kein Chauvinist war. Aber Ondine scheuchte mich fort.
»Danke für die gute Absicht, Matty. Ich staple einfach alles in die Spülmaschine.«
»Wenn du mich nicht brauchst, habe ich ja Gelegenheit, mit deinem Alten zu sprechen. Geoff? Wie wär's, mich in der Bibliothek zu treffen. Ich habe da meine Papiere.«
Edwina schob die Lippe vor. »Wollt ihr beiden euch davonmachen und eine Herrenrunde aufmachen?«
»Wir sprechen bloß über Juristisches. Aber Damen sind zugelassen, wenn du zuhören willst.«
Geoff trug seinen Cognac in die Bibliothek und setzte sich entspannt auf das antike Sofa. Es war aus Rosenholz, vor 150 Jahren von einem Deutschen namens Belter handgeschnitzt. Der originale Samtbezug war schon vor langer Zeit verrottet und durch einen anderen ersetzt worden, aber sonst war das Stück genau so, wie es hergestellt worden war.
»Ich rede gern über juristische Theorien, wenn du sicher bist, daß der Fall nicht vor meiner Richterbank landen wird.«
»Das wäre mir gerade recht.« Ich öffnete meine Aktentasche. »Hier sind die Papiere, die Clark Fidey für mich in der Münze und in der Bibliothek des Supreme Court gefunden hat. Ich habe den ganzen Morgen lang versucht, durch den Wirrwarr durchzusteigen, und es gibt nur eine Möglichkeit, es zu interpretieren. Wir haben keinen eindeutigen Anspruch auf das Ufergrundstück.«
»Wie ich es verstanden habe, hat die Familie deiner Mutter das Land hundert Jahre lang besessen.«
»Es wurde meinem Ur-Ur-Urgroßvater, Francis Vigé, nach dem

Bürgerkrieg vererbt. Aber weiter davor ist es sehr windig.« Ich las aus meinem Notizbuch. »Versteh das, wenn du kannst: Francis Vigé heiratete 1860 eine gewisse Emilie Mouton, und sie schenkte ihm acht Kinder. Aber nur zwei, John und Pauline, wurden erwachsen. Emilie starb 1878, und Francis nahm sich eine zweite Frau, Agnes Breaux, wie es in der Zeit üblich war, und fing von vorne an. Mit ihr hatte er einen Sohn, Henry, und dann starb er ohne Testament.«

Geoff pfiff. »Hast du Dokumente, um das alles zu beweisen?«

»Alle aus dem Archiv. Das Vermögen, das groß war, wurde zwischen der Witwe und den überlebenden Kindern aufgeteilt. Das Ufergrundstück ging an John und Pauline, die Kinder von Emilie.«

»Ist das die umstrittene Erbschaft? Könnte es sein, daß es doch ein Testament gibt? Vielleicht ein handgeschriebenes?«

»Nicht möglich. Francis konnte kaum seinen Namen schreiben.«

»Nimm mal an, er hatte illegitime Kinder.«

»Ich habe die Kirchenregister – Namen, Taufen und Todesfälle, für jeden. Alle hintereinander. Pauline starb ohne Testament, und ihr Stück fiel an John. Und seitdem ist das Grundstück in gerader Vigé-Linie an meine Mutter gegangen, die die letzte aus Johns Familienzweig ist.«

Geoff schlürfte seinen Cognac und zuckte die Schulter. »Kommt mir wasserdicht vor. Wo ist der Pferdefuß?«

»Brad hat so lange die städtischen Archive durchpflügt, bis er was ziemlich Unangenehmes im Einwohnerregister von 1820 fand.« Ich hielt Brads Fotokopie hoch. »Emilie Moutons Mutter, Therese Coulet, war während dieser Zählung eins von zwei Kindern, und aus dem Register geht deutlich hervor, daß sie ein Viertelmischling war.«

Geoff mahlte gedankenverloren mit den Kiefern. »Bist du sicher, daß Therese die Mutter von Emilie ist?«

»Ich habe das die ganze Linie runter verfolgt, habe die Namen und Geburtsdaten verglichen. Ja, die Verbindung wurde vollzogen, und sie würde auch vor Gericht standhalten.«

»Verstehe.«

»Also Emilie selbst sah weiß aus, aber sie muß ein Achtelmischling gewesen sein: unter dem Gesetz von Louisiana eine Negerin. Du bist Anwalt, also kannst du dir die genauen gesetzlichen Verwicklungen ja vorstellen.« Ich entfaltete fotokopierte Seiten des Civil Code und las vor: ›Hindernisse einer gradlinigen Verwandtschaft: Rassenmischung‹.«

Die Eintragung stammte von 1894, und mein Auge schweifte weiter hinunter zu einem älteren Code von 1808 auf Seite 24. Ich versah Artikel 3 mit einem Sternchen und reichte es Geoff rüber. Er las laut: »›Freie Personen und Sklaven können keine Ehe miteinander schließen; solche Heiraten einzugehen ist verboten und die Ehe ungültig; das gleiche gilt für freie weiße Personen, die mit freien farbigen Personen die Ehe schließen.‹ Da ist es also – entschuldige den Ausdruck – schwarz auf weiß. ›Die Ehe kann von den Beteiligten selbst, jeder interessierten Person oder dem Justizminister für ungültig erklärt werden‹.«

»Und Brad war teuflisch interessiert«, sagte ich. »Wie eine Reihe anderer Leute auch.«

Er gab mir die Papiere zurück und schüttelte den Kopf. »Diese alten Gesetze gegen Rassenmischung würden vor dem Supreme Court nicht mehr bestehen.«

»Wenn überhaupt eine Klage zugelassen würde. Aber ich bezweifle doch, daß dieses konservative Gericht seine feinen Hände ausgerechnet in diesen Misthaufen tauchen würde.«

»Du hast leider recht. Sie haben recht. Also hätte Brad dich zumindest in Tinte ersäufen und dich jahrelang mit Rechtsstreitigkeiten behelligen können. Sind deine Ansprüche versichert?«

»Du machst wohl Witze. Wir hatten das Stück Land hundert Jahre lang.« Ich knallte das Papier hin. »Weißt du, was stinkt? Wenn Francis und Emilie nur noch zehn Jahre gewartet hätten, wäre es legal gewesen. Zwischen 1870 und 1894 galt diese Bestimmung nicht. Wenn daher Emilies Kinder Ehen geschlossen hätten, waren die gültig, obwohl sie juristisch Neger waren.«

»Was ist mit der nächsten Generation?«

»Diese Kinder waren nur ein Zweiunddreißigstel Neger und damit vor dem Gesetz Weiße. Ihre Ehen wurden auch anerkannt.«

»Also haben wir nur ein schlechtes Glied in der Kette.«

»Mehr brauchen sie auch nicht. Die Ehe von Francis und Emilie galt nicht. Die Kinder waren Bastarde, und ihr Anspruch wäre komplett auf den legalen Erben übergegangen.«

»Und Francis hatte andere Erben.«

»Seinen Sohn Henry, von der weißen Frau Agnes Breaux. Er war Vigés einziger legitimer Erbe. Alles klar?«

»Daher haben also hundert Jahre später die Nachkommen von Henry Vigé das Recht auf das Land.«

»Es ist Millionen wert. Oder die wird es wert sein, wenn das Casino durchkommt. Also brauchte Brad nur die Geburts- und Eheregister durchzusehen und diese Erben aufzuspüren.«

»Glaubst du, das hat er gemacht?«

»Und ich glaube, das hat er mir erzählt, an dem Morgen, bevor er starb.«

»Ach? Erinnerst du dich jetzt?«

»Stücke schwirren in meinem Kopf herum, und ich versuche sie einzufangen, um einen vollständigen Gedanken zusammenzubringen. Aber das muß es gewesen sein, worüber ich wütend war.« Mir vorzustellen, meiner Mutter mitzuteilen, daß sie ihr wertvollstes Stück Land verlieren würde. Das war das Schlimmste dabei. Aber ich sagte zu Geoff: »Stell dir vor, Brad hat die Nachkommen von Henry Vigé gefunden und ihnen ihren Anspruch abgekauft.«

»Wenn ja, warum haben sie sich noch nicht gemeldet?«

»Vielleicht weil sie nicht wußten, was sie da verkauften. Da gibt es Methoden, so was zu tun.«

»Klar, so Tricks mit fehlenden Erben«, sagte Geoff. »Joe Shmoe kommt zu mir und sagt: ›Hallo, Fremder, ich gebe dir zweihundert Dollar für deine Interessen an City Park Lane.‹ Und ich sage: ›Meine Güte, da habe ich gar keine Ansprüche, in City Park Lane. Ich kriege zweihundert Dollar für nichts.‹ Dann stellt sich heraus, daß Shmoe das Schuldenregister studiert hat und rausgefunden hat, daß mein Urgroßpapa City Park Lane vor 150 Jahren im Poker gewonnen hat. Also hatte ich doch einen Anspruch auf das Grundstück, das er jetzt für eine Million verkaufen kann.«

»Würdest du da nicht stinksauer werden?«

»Darauf kannst du einen lassen, daß ich stinksauer würde«. Er grinste. »Ich hätte sogar Joe Shmoe umbringen können.«
»Aber es gibt Hoffnung. Ich glaube, daß Clark Fidey was gefunden hat, bevor er ... äh ... versehentlich starb.«
Geoff sah interessiert aus. »Hat er dir das erzählt?«
»In seinen Worten ›Unbestreitbar‹. Clark rief mich an, um mir zu sagen, daß er wegen meiner Abstammung eine gute und eine schlechte Nachricht für mich hätte.«
»Hah! Das ist ein alter Witz. Die schlechte Nachricht ist, daß du am Ende bist. Die gute ist, du darfst von seinem Dach springen.«
»Er schwor, daß es etwas sei, das ich wissen wollen würde.« Ich hob den Stapel Fotokopien. »Aber dann sagte er auch, daß er seine Schlußfolgerungen auf ein Blatt gelbes Dokumentenpapier geschrieben hätte, und das ist weg.«
»Wohin denn?«
»An Herman Gross verkauft, der heute morgen reinschleimte, um mir meine Ansprüche abzukaufen.«
»Dann waren Clarks Ergebnisse positiv.« Mein guter Gastgeber stand auf und leerte sein Glas mit Cognac. »Du mußt in diesen Papieren irgendwo die Antwort haben. Wenn er sie gefunden hat, gibt es keinen Grund, warum du es nicht könntest.«
Als das Geschirr abgewaschen und -getrocknet war, war es nach zehn, und alle Sterne am Himmel. Die Sterne und der Mond. Ondine ging nach oben, um die Betten aufzuschlagen. Edwina nahm unseren Gastgeber am Arm und führte ihn durch den Ballsaal.
»Weißt du, ich glaube, daß dieses Haus ein vollkommener Ort für einen Hochzeitsempfang wäre.«
»Für unsere war er das«, stimmte Geoff zu.
»Er liegt weit raus aus der Stadt. Aber es gibt genug Platz, und alle Brautjungfern könnten über Nacht bleiben. Wir werden einen großen Empfang machen.« Sie vollführte eine Ballerinadrehung unter dem Kristallkronleuchter. »Und die Fotografen werden begeistert sein. Kannst du uns nicht auf der »Heirats«-Seite von *Town and Country* sehen? ›Die Matthew Sinclairs aus New Orleans in Louisiana‹.«

»Oh. Matty ist also der glückliche Bräutigam?«
»Wer sonst?«
»Bei dir weiß man nie. Deine Rollenbesetzungen sind unberechenbar.«
Geoff und Edwina traten vor die Tür, um in der kühlen Abendbrise, die von der Bay her wehte, ein wenig zu frösteln.
Einen Moment allein gelassen, um in Einsamkeit nachzudenken, nahm ich meinen Drink mit in die Bibliothek, um die Aussicht auf die Terrasse durch die offenen Glastüren zu genießen.
Piafs und Sarapos »A Quoi Ça Sert l'Amour« kam aus den versteckten Stereolautsprechern. Ich streifte meine Schuhe ab und legte mich auf die napoleonische Couch, um mir die Ballade anzuhören.
Ein junger Mann, der Rat in den Geheimnissen der Liebe sucht, fragt:

Wozu ist sie da, diese Liebe?
Sie erzählen immer Geschichten, die keinen Sinn geben.
Wozu ist die Liebe gut?

Und die wollüstige und ausschweifende Frau erwidert:

Die Liebe erklärt sich nicht.
Sie kommt, und wir wissen nicht, woher.
Und sie nimmt uns im Sturm.

In Französisch klingt es besser.
Während ich zuhörte, wie Piaf und Sarapo mit diesem universalen Thema verfuhren, beobachtete ich müßig Edwina und Geoff, wie sie draußen auf der Terrasse ›Ich Frau, du Mann‹ spielten, eingerahmt von Sternenfunkeln gegen violetten Himmel.
Sie wirbelte mit ihrer Krinoline einmal herum, wie Loretta Young, und wedelte mit ihrer Pelzboa unter seinem Kinn. Er beugte sich in Kußnähe zu ihr und sagte ihr etwas, das ich nicht hörte. Dann lachten sie zusammen.
Der Drink wärmte und kühlte mich, ich griff nach der Plattenhülle

von Piaf und Sarapo im *Bobino*. Darauf war ein Foto des winzigen ›Spatz von Paris‹ mit 47, ein eingeschrumpeltes Frauchen, die jedoch immer noch die unwiderstehliche Ausstrahlung ihres üppigen Hedonismus besaß. Neben ihr stand der 24jährige Theo Sarapo, der gutaussehende und anbetende Ehemann. Das Titelportrait war Anfang 1962 aufgenommen worden, weniger als ein Jahr, bevor die Feuersbrunst Piaf sich selbst verbrannt hatte – gestorben an zu viel Leben. Und fünf Jahre später sollte der hübsche junge Sarapo ihr in einem Autounfall folgen. Aber hier auf dem Album wenigstens blieben sie immer lebendig, warm und verliebt.
Sarapo sang die ewige Frage:

Ich, ich habe gehört, daß die Liebe einen leiden läßt.
Daß sie einen zum Weinen bringt.
Wozu ist die Liebe gut?

Und Piaf gab die einzig ehrliche Antwort:

Dazu ist die Liebe gut,
Freude geben, wenn du Tränen in den Augen hast.
Sie ist traurig und wunderbar.

Ondine rauschte mit raschelndem Kleid in die Bibliothek, ihren Drink in der Hand. »Also hier bist du. Ich habe dich gesucht.« Sie hob meine Füße hoch, damit sie darunterschlüpfen konnte, und hielt sie dann bequem auf ihrem Schoß, während sie nippte.
»Einsam, Matty?«
»Nein.«
»Glücklich?«
»Das auch nicht. Sag mal, Cousinchen, was glaubst du, wie ich mit einem Bart aussehen würde?«
»Wie ein Penner aus der Camp Street. Warum?«
»Weil ich vielleicht das Rasieren aufgebe. Jeden Morgen muß ich im Badezimmer in den Spiegel gucken und mehr graue Haare zählen. Und dann wird das Bild trübe und verändert sich, und ich kann mich sehen, wie ich in zwanzig oder dreißig Jahren allein alt

werde. Da stehe ich, eine verdorrte alte Tante, hutzlig auf den Stufen zur Haustür darum betend, daß irgendein junges Ding stehenbleibt und mit mir spricht.«

»Du wirst melancholisch. Alle alten Schwulen, die ich kenne, sind glücklicher als alte Junggesellen, die hetero sind.«

»Aber ich wäre kein Junggeselle, wenn ich hetero wäre. Ich wäre auch nicht mit der weiblichen Version von Robin gestrandet.«

»Wer weiß ... wenn du hetero wärst? Vielleicht würdest du kahl. Vielleicht hättest du nicht deinen Sinn für Stil und Farben. Vielleicht wärest du nicht so charmant.«

»Vielleicht wäre ich staubtrocken und langweilig. Aber desto leichter richtet man sich doch mit einem Abklatsch von normalem häuslichen Leben ein.«

Sie tätschelte meine Zehen. »Wo wir schon von normal sprechen, du hast nie eine Frau mit hergebracht. Ist es ernst zwischen Edwina und dir?«

»Wird täglich ernster. Warum?«

»Sie hat mir erzählt, daß sie dir einen Antrag gemacht hat.«

»Ist das nicht komisch? Was kann sie sich dabei bloß gedacht haben?«

»Daß du ein begehrenswerter, wiewohl bisexueller Mann bist.«

»Aber ich bin nicht bisexuell, Liebes. Das würde heißen: fifty-fifty. Bei mir ist es mehr achtzig-zwanzig.«

Sie fing an, mit meinen Zehen ›Das ist der Daumen, der schüttelt die Pflaumen‹ zu spielen. »In dieser Welt der Beinahe-Fast-Danebens reicht das vielleicht.«

»Ondine, du weißt, daß ich Frauen mag und immer gemocht habe. Manchmal verliebe ich mich sogar in eine. Aber es ist nur für kurze Zeit. Seit ich überhaupt irgendeine Sexualität hatte – ich glaube, seit ich sechs war –, habe ich mich immer zum männlichen Körper hingezogen gefühlt. Alle meine großen Leidenschaften galten Männern. Ich meine, wenn du mich jemals mit dem Kopf im Backofen findest, *cherchez l'homme!*«

»In deinem Fall meistens *cherchez* le football player! Aber denk mal an deine Tarotkarten. Der vom Blitz getroffene Turm bedeutet, daß du deinen ganzen Lebensstil ändern wirst.«

»Das will ich überhaupt nicht – Das kitzelt! ... Mein Stil ist für mich ganz natürlich.«

»Ich verstehe das unnatürlich Natürliche ganz gut.« Sie beschäftigte sich auch mit meinem kleinen Zeh. »Und du weißt auch, daß einige sehr nette Schwule heiraten.«

»Da fehlt es nicht an Beispielen, Cousinchen. Und für mich lag es immer relativ nahe, daß ich mich eines Tages in einer ›Vater ist der Beste-Fantasie‹ niederlassen werde. Eine schöne Frau, zu der ich einen Bezug habe, Kinder um den Eßtisch, und sonntags Messe.«

»Willst du das wirklich?«

»Ich weiß es nicht. Aber in den letzten fünf Jahren habe ich abends immer gebetet: ›Lieber Gott, mach mich normal, aber nicht jetzt.‹«

Sie zwickte den ›Kleinen, der sie alle auffrißt‹.

»Ich glaube, Edwina würde wunderbar zu dir passen. Ihr habt so viel gemeinsam, ihr sprecht dieselbe Sprache, seht gut zusammen aus. Warum nimmst du ihren Antrag nicht an, machst viele kleine Devon-Sinclairs und lebst den amerikanischen Traum?«

»Sex aufgeben?«

»Oh, aber das brauchtest du nicht. Ich treffe mich immer noch mit ... Freundinnen.« Sie zuckte die Schultern unter ihrer Samtstola.

»Sehr diskret.«

»Klar würde ich lieber mit einer Frau leben. Aber wenn ich das getan hätte, hätte ich meine beiden Jungen nicht. Und sie bedeuten mir alles. Ich mußte mich entscheiden.«

»Ohne Bedauern?«

»Ohne. Wenn du ein paar Zugeständnisse machst, siehst du, daß du ein normales Leben glücklich führen kannst.«

Es gab kichernde Bewegung an der Terrassentür; Edwina stolzierte herein zu uns, Geoff an der Hand führend.

»Matty! Wir haben eine prima Idee, um Geld für die Initiative zu sammeln!«

»Soll ich's fragen? Soll ich's wagen?«

»Wir beide treten in ›Paare im Gespräch‹ auf.«

»Das ist eine gräßliche Idee.«

»Nein, gar nicht!« Ondine übernahm ihr Anliegen, sprang von der

Couch und riß mich vor Begeisterung fast auf den Boden. »Oh, macht das doch! Ein Auftritt in der Show würde Geld für die Initiative und gleichzeitig Gratis-Werbung bringen. Die meisten unserer Freunde waren schon da, um Geld für irgendeine Sache zu sammeln. Außerdem seid ihr beide so fotogen zusammen – ihr wärt ein wunderbares Paar!«

»Die Show basiert auf Demütigungen, Cousinchen. Du bringst Leute mit Selbstachtung da rein und walzt sie mit peinlichen Fragen nieder.«

»Es gibt keine peinlichen Fragen«, warf sie mir vor. »Nur peinliche Antworten. Frag mal Nixon.«

»Ach wirklich? Wie wär's denn mit: In welcher Haltung pinkeln Sie gern?«

»Das haben wir nie gefragt, Matty.« Dann kam sie ins Schwanken. »Na ja, vielleicht hast du gehört: Wann pinkeln Sie gern? Aber es ist meistens harmloses Zeug so wie ... mhh ... Weißt du, welches Edwinas Lieblingsfilm ist?«

»›Der Mann, der vom Himmel fiel‹«, sagte Edwina prompt. »Oder alles mit David Bowie. Oh, er ist so aufregend, Matty. Ich bin schon mal mit ihm ausgegangen.«

»Toll. Ich auch. Mein Lieblingsfilm ist ›Spartakus‹.«

»Mit Tony Curtis? Jaha!«

»Seht ihr? Das ist doch nicht so intim«, drängte Ondine. »Oder sie könnten Edwina fragen, was Mattys Lieblingsessen ist.«

»Schildkröte mit scharfer Sauce«, gab ich zu.

Ondine hielt meine Hände. »Siehst du? Es tut gar nicht weh. Ist ein ganz harmloser Spaß. Und du hilfst mir in dieser Woche aus einer Verlegenheit. Wir haben unsere Paare aus dem Sport und aus der Unterhaltungsbranche, aber es fehlt uns noch eines.«

»Die normalen Leute?«

»Na, ja, so kannst du es auch nennen. Tootie und Geraldine Jones kommen und Octave Doucet und seine Frau.«

Jetzt hatten sie mich am Boden. »Octave kenne ich schon mein Leben lang. Und Tootie und Geraldine sind nette Leute.«

»Siehst du? Es wird Spaß machen!« Edwina hüpfte und küßte mich. Es war also alles beschlossen.

SIEBZEHNTES KAPITEL

Sonntagabend, 12. März

Ich war sowohl aufgekratzt als auch erschöpft, als unser Wochenende auf dem Lande offiziell vorbei war und Edwina mich am Gartentor abgesetzt hatte. Ich schloß hinter mir ab, ging über die Terrasse und öffnete die Vordertür. Robin wartete schon im Flur und eilte, um fast ehrerbietig meinen Mantel zu nehmen. Ich bemerkte, daß das Haus weit sauberer war, als es Sigrids Fähigkeiten erlaubten.

»Matty? Erzähl mir ...« Er stammelte und versuchte es noch mal. »Wie war dein Ausflug mit deinesgleichen?«

»Sehr ereignisreich.« Ich riß mir die Kleider vom Leib, während ich durchs Schlafzimmer ging, und er zockelte hinter mir her, als tue er das immer, und hob sie auf. »Edwina hat mich gebeten, sie zu heiraten.«

»Sie heiraten!« kreischte er. »Das kannst du nicht! Du bist schwul!«

»Ach, hast du das auch bemerkt?« Ich knöpfte mein Hemd auf und reichte es ihm, damit er sich nicht zu bücken brauchte. »Aber ich komme auch langsam in die Jahre. Denk mal, vielleicht will ich Kinder, ehe ich zu alt bin, um sie Huckepack zu tragen.«

»Du willst keine Kinder. Du willst bloß kleine Sinclairs!«

»Warum nicht? Als das letzte männliche Glied meiner Familie hätte ich Grund genug, nach rechtmäßigen Erben Ausschau zu halten.«

»Aber nicht mit Edwina.« Seine Stimme wurde weinerlich. »Diese Frau ist ja nun nicht gerade unberührt.«

»Ich auch nicht.«

»Aber warum bist du so sicher, daß sie dir treu sein würde?«

»Mein Lieber, wer um Gottes willen würde das denn wollen?«

Robin ließ meinen Bruno Magli-Schuh fallen. »Was?«

»Wenn eine Frau eine Affaire hat, dann wird sie strahlend und aufregend. Sie gibt herrliche Parties und bittet darum, tausend Mal am Tag gevögelt zu werden.« Ich knöpfte meine Hose auf und ließ sie fallen. »Ich ziehe die atemberaubende Ehebrecherin jedenfalls der grauen Maus vor, die jedes Interesse verloren hat.«

»Das ist sehr großzügig von dir. Du kannst es mit einer Frau auf die Dauer nicht aushalten und läßt jemand anders die niederen Arbeiten machen.«

»Spotte nur.« Das Bett war schon aufgeschlagen. Ich setzte mich drauf, um die Socken auszuziehen. »Aber ich hatte ein sehr erhellendes Gespräch mit einer gewissen Lesbe, die mit Mann und Kindern ihre Erfüllung gefunden hat.«

»Deine Cousine Ondine?«

»Sie riet mir, die Sache voranzutreiben und zu heiraten. Ihre Botschaft war, daß Schwule in heterosexuellen Beziehungen ganz glücklich werden können. Mit einigen kleinen Kompromissen.«

»Kompromissen?« Er sortierte: Hemd in die Wäsche, Anzug zur Reinigung, Schlips in den Schrank. »Wie etwa die lästige kleine Tunte rausschmeißen?«

»Ich brauche dich gar nicht rauszuschmeißen. Du könntest hier bleiben, so lange du willst.« Ich schlüpfte unter die Decke. Es war heute abend nicht kalt genug, um mich in einen Schlafanzug zu zwingen, und ich liebe es, Satin auf der Haut zu spüren.

»Ach ja? Und wo würdest du wohnen?«

»Bei Edwina, natürlich. Falls wir heiraten würden, müßte ich das wohl.«

»Und du würdest mich hier wie ein schändliches Geheimnis halten, so wie Susan Hayward in ›Back Street‹?« Robin wandte sich ab und zerknüllte mein Unterhemd. »Ich sehe mich schon welken und vom Alter verwüstet herumschleichen, damit ich dich einmal im Monat auf einen verstohlenen Kuß treffen kann.«

»Ich glaube kaum.«

»Kein Leben. Keine Zukunft.« Seine Stimme brach. »Von den anständigen Leuten verachtet.«

»Überdramatisiere jetzt nicht. Du bist erst neunzehn, meine Güte. Du kannst überall hin und kannst sein, was du willst.«

»Aber ich will hier bleiben und mit dir zusammen sein. Ich habe seit dem Tag, an dem wir uns getroffen haben, keinen anderen Mann angesehen.« Er sah zu mir hin, und ich sah, daß sein Gesicht naß war. »Liebst du mich nicht?«

»Liebe? Was ist –? Natürlich liebe ich dich. Natürlich.«

Er wischte sich mit dem Unterhemd die Augen. »Ich weiß, daß das, was wir haben, nur vorübergehend sein soll – du stößt dir die Hörner ab oder so was. Aber du bist jetzt mein ganzes Leben, Matty.«
Ich glaubte, daß er es glaubte, oder jedenfalls glaubte, es zu glauben. Ich streckte die Arme aus. »Komm schon, Kätzchen. Es ist nichts entschieden.«
Er hob die Decke, kroch neben mich ins Bett, und schmiegte sich an meine Brust. »Wenn ich Babies von dir haben könnte, dann würde ich welche kriegen. Aber was kann ich machen?«
Darauf gab es natürlich keine Antwort. Also hielt ich ihn fest.

ACHTZEHNTES KAPITEL

Montagmorgen, 13. März

Ich stand im Morgengrauen auf, angetan mit meinem ältesten wollenen Morgenmantel, der noch in Gebrauch ist, und machte die Gasheizung in meinem Arbeitszimmer an.
Clarks Bündel Fotokopien mußte durchgesehen, -gelesen und neu sortiert werden, bis sie ihr ein- und zweihundertjähriges Geheimnis hergaben. Fidey war der beste Familienhistoriker der Stadt gewesen. Und nun war es an mir, Zuflucht beim zweitbesten zu suchen. Bei mir, *moi-même.*
Kurz vor sieben riß sich Robin aus dem Bett, meinem Bett, und schaltete das Frühstücksfernsehen an, bevor er uns den Kaffee machte.
»Wir können doch zusammen Mittag essen, oder?« Sein Ton war nicht hoffnungsvoll. Aus gutem Grund.
»Heute nicht. Ich muß wie ein Biber bis um drei im Laden arbeiten, und dann habe ich versprochen, zu Ondines Fernsehsender rüberzuspringen. Wir nehmen heute nachmittag ›Paare im Gespräch‹ auf.«
Seine Laune erhellte sich. »Du und ich?«
»Sei nicht blöd. New Orleans ist ziemlich dekadent, aber es ist

noch nicht so weit, ein schwules Paar in einer Familiensendung ... Wo ist mein Kaffee? ... Edwina wird meine Partnerin sein.«

»Dann sollte dein Partner Edwina dir jetzt den Kaffee holen. Das sollte sie tun.« Er blieb beim Fernseher stehen, um umzuschalten, bevor er zur Kaffeemaschine ging.

»Du ziehst am besten deinen Kamelhaarmantel an. Bob Breck sagt, daß es heute nur zehn Grad wird.«

»Bob Breck ist nur 1,50 Meter groß. Was weiß der schon?«

»Er hat ein Examen von der University of Michigan. Das haben sie gerade hier im Fernsehen gesagt.«

Robin schaffte es schließlich, mir eine Tasse Kaffee zu bringen, die heiß genug war, um das ganze Zimmer zu heizen, und nahm eine kaum lesbare Fotokopie hoch, um auf dem Schreibtisch Platz für sie zu schaffen.

»Was ist das? Ich kann bloß das Datum lesen, 1715.«

»Weil es auf Französisch ist.« Ich nahm es ihm weg. »Ein einfaches Vermögensgeschäft. Das muß ein Sklave gewesen sein, den mein Vorfahr, Louis Vigé, für sein Haus gekauft hat ... Nein, es ist zu früh ... Heiliger Strohsack!«

Ich hatte diese Quittung unzählige Male gesehen, als ich durch das Bündel blätterte, aber hatte vorher ihre Bedeutung nicht erkannt. Fidey schon.

»Das muß es sein, Robin! Wir haben den Anspruch.«

Er legte seine Hand auf meine Schulter und schüttelte den Kopf.

»Was bedeutet es?«

»Es ist die gute und die schlechte Nachricht über meine Ahnen, genau wie Fidey gesagt hat.«

NEUNZEHNTES KAPITEL

Montagnachmittag, 13. März

Ich war genau pünktlich, um halb vier, und Edwina kam zur Tür, einen Seidenschal um den Hals bindend.

»Ich kann nicht mit dir schlafen, Matty. Ich habe meine Tage.«

»Was hat das damit zu tun?«

»Ich habe dann einfach keine Energie.«

Mein Protest kam nur aus höflicher Galanterie. Außerdem hätte ich unglaubliche Schwierigkeiten gehabt, sie in diesem Augenblick zufriedenzustellen. Robin hatte mich an dem Morgen völlig ausgezehrt, indem er sogar den Heißwassertrick benutzt hatte, um durchschaubarerweise meine Brautwerbung zu sabotieren.

»Ich hoffe, es war kein Fehler, weiß anzuziehen.« Und sie wirbelte herum, um ihr weiches Woll-Ensemble mit einem Schößchenjakkett über einem sehr engen wadenlangen Rock, beides in Winterweiß, betont durch eine eisblaue Bluse, zu zeigen. Meine eigenen Sachen paßten im Stil und zeitlich zu ihren, sie zitierten die Fünfziger mit ihrer bequemen Weite. Ich mag Bundfaltenhosen, weil man in ihnen atmen kann, ohne bullig auszusehen.

Sie band sich eine Cartier-Uhr um. »Es ist schon fast Zeit. Laß uns dein Auto nehmen.« Sie schloß ihre Vordertür zweimal ab, schaltete die Alarmanlage ein und riegelte ihre Gartentür ab. »Ich habe dich heute morgen vermißt. Warum hast du nicht angerufen?«

Ich hatte mich erst einen Abend vorher von Edwina getrennt und sollte sie ein paar Stunden später schon wieder treffen, aber für eine Frau war das offensichtlich eine vollkommen logische Frage. Wie hatte ich bloß (dickfellig und unsensibel) den ganzen Morgen verstreichen lassen können, ohne sie meiner Anbetung zu versichern? »Ich steckte bis zu den Ohren in uralten Dokumenten und habe nach Beweisen dafür gesucht, daß wir Sinclairs ein bestimmtes Stück Land am Fluß unbestreitbar besitzen. Ich habe schließlich das fehlende Steinchen gefunden.«

»Das ist nett. Aber gab es kein Telefon in der Nähe?«

Als wir den Sender erreichten, winkte uns Paretti, der Abteilungsleiter, in ein TV-Studio und rief in den Raum.

»Hey, Ondine? Dein Gesellschaftspaar ist da!«

Ich blieb stehen, um ihn zur Rede zu stellen. »Warum nennen Sie uns so?«

Er guckte ausdruckslos und kratzte seinen kahlen Fleck mit Sommersprossen.

»Na, gucken Sie sich doch mal an.«

Edwina lehnte sich an meine Schulter. »Matty, wir sehen wirklich aus wie aus den Society-Nachrichten.«

Ich ließ mich, über Kabel steigend, fortführen. »Zum Geier, beim Etikett ›Gesellschaftspaar‹ denkt man doch an regelrechte Noël Coward-Typen, an Salonlöwen, die in Cafés rumhängen, zu viel trinken, nackt in Brunnen springen und alberne Parties planen.«

»Na und?«

»Und: Ich arbeite durchschnittlich sechzig Stunden die Woche.« Wir bückten uns unter einem Mikrofongalgen. »Ich hätte nicht mal Zeit für die ›Gesellschaft‹, selbst wenn ich wollte.«

»Hat doch keiner böse gemeint. Irgendwie müssen sie uns doch nennen ... Da ist Ondine.«

Ondine kam angerannt, ein Brett für Notizen in einer, eine Stoppuhr in der anderen Hand.

»Oh, ich bin so froh, daß ihr beiden pünktlich seid. Die anderen Paare sind schon da. Geht zum Make-up.«

»Make-up?«

Octave Doucet saß bereits an einem Garderobentisch, mit einem Tuch im Kragen. Er winkte zu mir rüber.

»Hey, Matty, *viens-'oir*; ich habe eine Geschichte für dich.«

Ich habe mir Octaves Geschichten schon angehört, als wir noch in meinen Sommern in Evangeline Parish zusammen in den Bayous angeln waren. Sie sind immer unterhaltsam und fast nie wahr.

»Oui, j'apres t'ecouter.«

»Kennst du noch unseren guten Freund, Mr. Elbe?«

»Den Akkordeonspieler?«

»Ja, Bruder. Und sieh mal, der war letzten Samstag oben bei Schnook, quetschte sein Akkordeon, spielte ›Bayou Teche Two-Step‹, tanzte rum, trank sein Bier, amüsierte sich und wußte von nichts.«

»Das tut Elbe nie.«

»*Mais* ja. Er wußte noch nicht mal, daß seine Hosennaht hinten aufging und du alles sehen konntest, was er drunter hatte. Also als er mit dem Two-Step fertig war, setzte er sich hin, und diese alte Dame, sie geht zu ihm hin und sagt ganz diskret ›*Tu connais ton sac pend?*‹ (Weißt du, daß dein Sack runterhängt?) Und Elbe, er grinst bloß und ist echt glücklich und schluckt sein *Dixie* und sagt: ›*Madame, si tu peux la siffler, mon, je peux la jouer!*‹ (›Meine Dame, wenn Sie blasen können, kann ich spielen!‹)«

Ich lachte mit ihm, als Edwina hereinkam und sich zu uns an den Make-up-Tisch setzte.

»Was hat der Mann dir erzählt?«

»Das ist nur in Cajun witzig.«

Sie prüfte ihr Bild im beleuchteten Spiegel. »Habe ich genug Farbe im Gesicht?«

»Noch ein bißchen mehr und du siehst aus wie eine psychedelische Erscheinung.« Ein Maskenbildner versuchte mich mit einer Puderquaste zu verfolgen. Ich winkte ihn fort. »Wir sind hier nicht auf der Bühne, wissen Sie. Die Kamera kommt nahe ran.«

»Ohh, ich sehe scheußlich aus.« Sie zog eine Grimasse, aber akzeptierte die Puderquaste von dem Mann. »Ich hätte meine Haare machen lassen sollen.«

Die Bühnenarbeiter hatten alles fertig, und wir wurden gebeten, es uns auf drei georgianischen Sofas steif und ungemütlich zu machen. Es war Ondines Idee gewesen, für ihr Programm auf die übliche Spiel-Ausstattung zu verzichten und statt dessen ›Paare im Gespräch‹ wie ein bürgerliches Wohnzimmerspiel nach dem Abendessen aussehen zu lassen. Die Pappwand war in einem gedeckten lila Muster tapeziert. Wir Mitstreiter sollten uns auf Louis-Quatorze-Zweisitzern tummeln und mit nachgemachten Gänsekielen ausweichende Antworten auf unhöfliche Fragen auf Tablettchen mit Blumenmuster kritzeln. Vasen voller unechter Blumen dekorierten die Tischchen mit geschwungenen Beinen, auf denen auch echte Porzellantassen standen.

Der Zeremonienmeister, Bud Hinkler, sollte uns von einem antiken Tisch aus in Verlegenheit bringen, wo er seine Fragekarten

aufklappen konnte und deren unsäglichen Inhalt mit einer Ernsthaftigkeit verlesen konnte, die der Bekanntgabe des Nobelpreises angemessen gewesen wäre.
Hinkler hatte ein Examen in Kommunikationswissenschaft von der Tulane University, was ihn dazu qualifizierte, vierzig Stunden pro Woche als Herrenausstatter in der Canal Street zu arbeiten. Sein blond-gutes Aussehen und die Tatsache, daß sein Chef ihm erlaubte, Anzüge auszuborgen, hatten ihm einen halbstündigen Fernsehjob jeden Montag eingebracht.
Wie üblich gab es kein Publikum im Studio, und daher hatte Hinkler auch niemanden anzuwärmen. Statt dessen kündigte er einem imaginären Haus voller wild applaudierender Fans, die hinter der Bühne von einer Geräuschmaschine vertreten wurden, die Show und die Mitspieler an.
»Aus der Welt des Entertainment haben wir die Ehre, den Jazz-Giganten ›Tootie‹ Jones und seine schöne Frau, Geraldine, begrüßen zu dürfen.«
»Die schöne Frau Geraldine« hatte drei Kinne – oder vier, je nachdem. Aber sie hatte Tootie und ihre drei Kinder durch die ersten zwanzig Jahre der Karriere des »Jazz-Giganten« hindurchgebracht, und er war anständig genug oder auch klug genug, sie nicht abzuschaffen, nachdem er es geschafft hatte.
»Und aus der Welt des Sports bringen wir Ihnen den gewinnendsten Jockey, den unsere Bahn je gesehen hat, Octave Doucet und seine wunderhübsche Braut Everlina!«
Octave hielt die Hände überm Kopf zusammen, um den Applaus entgegenzunehmen; Everlina bedeckte ihr Gesicht und errötete.
Octave verdiente leicht 100 000 Dollar pro Jahr und hätte jede Art Frau heiraten können, die er wollte – sogar eine »Amerikanerin«. Aber er wollte eine Braut, die Französisch sprach, die Cajun-Musik gut fand und ein himmlisches Pouce Bourée kochen konnte. Wie jeder gute Cajun war er also heimgekommen, um sich eine Seelengefährtin zu suchen. Und tatsächlich hatte er sich die jüngere Schwester der Frau seines Bruders ausgesucht, ein Mädchen von sechzehn. Schwägerinnen zu heiraten war in ihrer isolierten Kultur eine Notwendigkeit gewesen, als es keine Single-Clubs gab und

man niemanden kannte, mit dem man nicht durch Blut oder Heirat verwandt war; und es ist unter den Französisch-Louisiana-Bewohnern immer noch üblich. Everlina war einen Kopf größer als ihr Mann und ziemlich drall, was einen über die Logistik des Paarungsaktes spekulieren ließ. Offensichtlich hatte sich Octave jedenfalls einen Melkschemel oder was ähnlich Nützliches besorgt, denn seine Braut war sichtlich schwanger.

»Jetzt haben wir unser Gesellschaftspaar hier, die Teilnehmerin am World Cup, Edwina Devon, und ihren Verlobten, Matt Sinclair, den antiken Mann – Nein, ich mache nur Witze, Leute. Er ist noch nicht so alt. Matts schöner Laden, *New Traditions*, sponsort uns.«

Schon wieder das »Gesellschaftspaar«? Ich wollte in die Ritze unter den Sessel kriechen. Aber statt dessen winkte ich diskret in die Kamera. Als sie auf einen anderen Narren zielte, zupfte ich Edwina am Ärmel und flüsterte: »Verlobter?«

»Na ja, sie brauchten irgendeine Bezeichnung. Es wäre entweder Verlobter oder ›Freund‹ gewesen. Dann hätten sie dich als meinen ›Freund‹ vorgestellt. Hättest du das lieber gehabt?«

»Nein.«

Hinkler deklamierte aus der Tiefe seines Zwerchfells. »Wie Sie wissen, bekommen Sie für jede richtige Antwort 100 Dollar für Ihr Team. Und das Paar mit den meisten richtigen Antworten bekommt den Preis von ein ... tausend ... Dollar!«

Der Tontechniker spielte das Band mit der Fanfare und noch eins mit Applaus ein. Wir Spieler taten ganz aufgeregt bei der Vorstellung, Edwina sprang zahm auf und nieder, als wäre sie beim Sackhüpfen für wohltätige Zwecke.

»Erst mal wollen wir festhalten, daß Tootie und Geraldine Jones ihren gesamten Gewinn der Sichelzellenanämie-Gesellschaft spenden wollen!« (Applaus vom Band.) »Octave und Everlina Doucet spielen für ihren liebsten guten Zweck, den Tierschutzverein. (Noch mehr Applaus vom Band.) »Und Edwina Devon und Matt Sinclair spielen für« – er blinzelte auf seine Karteikarte – »die Initiative gegen ein Spielcasino? In New Orleans.« (Applaus vom Band, kaum hörbar. Ich hatte den starken Verdacht, daß der Tontechniker für das Casino war.)

Nachdem er die einzige Art von Konversation gemacht hatte, zu der er fähig war, und den Frauen zu ihren Kleidern gratuliert hatte, schickte Hinkler sie nach hinten in den angeblich »schalldichten Raum«, in Wirklichkeit die Damentoilette im nächsten Stock.

»Hier ist die erste Frage für euch Männer.« Er klopfte auf eine Pappkarte. »Sagen Sie uns, was ist der Lieblingsfilm Ihrer Lady?«

Ich erwischte Ondine dabei, wie sie mir hinter der Kamera zuzwinkerte und fragte mich, in was für einer Patsche wir gelandet waren. Tootie sagte, Geraldine möge »Die Farbe Lila«, und Octave war sicher, daß Everlina »Rocky IV« dreimal gesehen hatte. Oder war es »Rocky III« viermal?

Ich erwähnte Edwinas Lieblingsfilm mit David Bowie, ohne ihre eigene Geschichte mit ihm anzuführen. Und ich hoffte inbrünstig, daß sie es auch nicht tun würde.

Die nächste Frage war der Hit.

»Männer? Wenn Ihre Lady sich ›romantisch‹ fühlt, wie sagt sie's Ihnen?«

Oh, meine himmlischen Tage. Wenn Edwina sich ›romantisch‹ fühlte, wie der Clown es nannte, häufte sie Blumen im ganzen Zimmer auf, verspritzte Parfum auf die Glühbirnen und ›zog sich etwas Bequemeres an ...‹ Alles schien mir so gräßlich aufgesetzt. Als er mich also als ersten fragte, guckte ich ernst und sagte: »Sie gibt mir einen Kuß.«

»Einen Kuß. Das ist sehr nett. Und bei Ihnen, Tootie?«

Tootie erwiderte mit unerbittlicher Würde: »Geraldine kocht mein Lieblingsessen: Schweinebraten, Maisbrot und Rübenkraut.« Er lächelte. »Und dann legt sie eine Irma-Thomas-Platte auf. Das ist sehr romantisch.«

»Ganz gewiß.« Hinklers leerer Kopf nickte. »Nun Mr. Doucet. Octave? Was tut Everlina, um dir zu zeigen, daß sie in romantischer Stimmung ist?«

»*Mais*, sie zeigt's mir einfach, Brother.«

»Sie ... mh?«

»Ja, sie zeigt mir's, ja. Ich kapier's dann schon. Und hab noch nie Nein gesagt, was?«

»Um ... Können wir das senden?«
Am Ende dieser konservierten Demütigung hatten Tootie und Geraldine den Preis gewonnen und spendeten 1800 Dollar an die Sichelzellenanämie. (Sie waren dreißig Jahre verheiratet und hatten daher einen unfairen Vorsprung, fand ich.) Octave und Everlina bekamen 600 Dollar für ihre Hunde und Katzen. Und unser Team kam mit elenden 400 Dollar für die Initiative dabei weg.
Ich war schon wieder am Garderobentisch und schrubbte die Schminke vom Gesicht, als Mel, der Nachrichtensprecher, hemdsärmlig durch das Studio ging und ein Blatt hochhielt.
»Es gibt gute Neuigkeiten, Leute!« Er wedelte mit dem Papier. »Und wir können Gott für die rotärschigen Baptisten aus Nord-Louisiana danken. Nach einer Debatte, die das ganze Wochenende dauerte, hat das Abgeordnetenhaus gerade die Casino-Vorlage abgelehnt!«
Alle jubelten.
Tootie war glücklich, daß die Touristen nicht von seinem guten Jazz abgelenkt werden würden und statt dessen die Abende beim Würfeln im Casino verbringen konnten.
Octave freute sich, daß die richtigen Spieler weiterhin legal auf der Rennbahn spielen mußten.
Und Edwina und ich waren im siebten Himmel.
»Wir haben's geschafft, für ein Jahr!« Sie trällerte. »Die Stadt ist sicher.«
Reverend Jack Dundy hatte sich gerade ins Studio geworfen, angetan mit seinem telegenen blauen Hemd und roten Schlips, begierig danach, interviewt zu werden und es als sein Verdienst zu preisen. Edwina und ich blieben, um ihn zu hören.
»Die Wähler von Louisiana wollen, daß ihre Abgeordneten das Richtige tun«, versicherte er Mel. »Sie sind gute Christen.«
Mel, der kein Christ ist, lächelte trotzdem. »Sie würden also sagen, daß es vor allem religiöse Überlegungen waren, die die Vorlage gestürzt haben?«
»Beten vor allem«, erklärte der Mann Gottes mit erhobenen Händen und zitternder Stimme. »Das Beten hat diese Stadt vor Sünde und Korruption bewahrt.«

Als er aus den Kulissen trat, fühlte ich mich verwegen genug, um ihm lässig entgegenzutreten.
»Sagen Sie mal, Reverend Jack. Haben Sie Ihre Verabredung einhalten können?«
Die fetten Beulen unter seinen Augen warfen Falten. »Wie bitte?«
»An dem Abend, als wir uns zum Essen trafen, wissen Sie noch? Sie mußten jemandem im Vieux Carré treffen. Um genau acht Uhr dreiundzwanzig.«
Sein großes Gesicht weitete sich zu einem breiten Grinsen.
»Oh ja, klar. Das ging sehr gut. Wirklich sehr gut.«
Die Franzosen haben eine Redensart: »Es gibt für jeden Schuh einen Fuß.«

ZWANZIGSTES KAPITEL

Montagabend, 13. März

Nachdem Ondine die Lüge hervorgesprudelt hatte, daß wir die beste Schau aller Zeiten hingelegt hätten, verabschiedeten Edwina und ich uns und gingen zusammen aus dem Studio. Es war halb sechs und wurde gerade dunkel.
»Matty?« Sie nahm besitzergreifend meinen Arm. »Es ist ein so schöner Abend. Laß uns zu *K-Paul* essen gehen.«
»Da hast du recht. Aber laß mich erst meinen Anrufbeantworter abhören.«
»Vertraust du Robins Zettel nicht?«
»Würdest du das denn?«
Keine Antwort. Ich zog meinen Pieper an der ersten Telefonzelle heraus, wählte meine Büronummer und ließ ihn piepen. Vier Nachrichten kamen. George D. war aus Atlantic City zurück und jetzt (da dic Frage beantwortet war) hatte unsere Initiative seine volle Unterstützung. Pierre sagte, er hätte unsere Unterhaltung auf der Party genossen, und fragte, ob ich was dagegen hätte, wenn er mit Robin ausginge. (Hätte ich.) Dan, der laïsierte Priester, rief an,

um zu fragen, ob ich Lust hätte, zu einer Party in seiner Wohnung zu kommen, auf der alle als ihr Lieblingsfilmstar erscheinen. (Hatte ich nicht.) Der letzten Nachricht galt mein Interesse. Nach einem Klicken hörte man Charles Eisenhardts Stimme.

»Matt? Hier spricht Cowboy. Ich glaube ernsthaft, daß jemand versucht, dich umzubringen. Ruf mich an, so schnell du kannst.«

»Edwina? Hast du Cowboys Telefonnummer?« Sie hatte sie wegen ihrer Pferde im Kopf und ich wählte die Nummer in vier Sekunden.

Cowboy war beim ersten Läuten selbst dran.

»Ja?«

»Matt hier. Ich habe gerade deine Nachricht gekriegt.«

»Bin froh, daß du anrufst. Ich fing an, mir Sorgen zu machen.«

»Angefangen? Ich habe da schon Übung.«

»Hör mal, ich habe gerade den Sattel kontrolliert, mit dem du gestürzt bist. Der Gurt ist sauber durchgeschnitten.«

»Bist du sicher?«

»Volltreffer. Also habe ich überlegt, wer gewußt hat, daß du kommst und wer das Ding hätte durchschneiden können.«

»Und deiner bescheidenen Meinung nach, wer?«

»Bis jetzt ist es nur eine Meinung. Aber bevor ich was unternehme, möchte ich dir den Beweis zeigen. Willst du's sehen?«

»Ich komme sofort.«

Ich hatte zwar die vorgeschriebene Menge an Phenobarbital wieder in meinem Körper, aber ich konnte noch nicht selber wieder fahren, also übernahm Edwina das Steuer. Auch sie fuhr angespannt und zu schnell, lenkte bei Claiborne auf die zweite Überholspur und schnitt dann einen Lastwagen. Ich hielt mich an meiner Armlehne fest und versuchte, sie abzulenken.

»Willst du wissen, was ich rausgefunden habe?«

Sie raste auf die Auffahrt zur I-10. »Was rausgefunden?«

»Wie ich das Stück Land von meiner Mutter vor den gierigen Wölfen rette.«

»Oh ja. Dein fehlendes Stückchen.« Jedenfalls war sie genügend abgelenkt, um auf einer Zufahrt Autos reinzulassen. »Deine Vorfahrin Emilie Vigé war also doch nicht ein Achtel schwarz?«

»Doch. Und wurde bei der Volkszählung von 1810 als freie farbige Frau gezählt.«

Edwina scherte an dem Schild nach Baton Rouge nach rechts aus. »Du konntest also da nichts machen.«

»In eine Richtung. Aber Clark Fidey ist auf der anderen Seite weiter zurückgegangen. Er entdeckte eine Quittung von Francis Vigés Ur-Urgroßmutter. Sie war eine Afrikanerin von der Sklavenküste, die als Amme nach New Orleans verkauft wurde.«

»Vigé ist also ... äh ...«

»Mindestens zu einem Sechzehntel schwarz. Und nach dem Gesetz in Louisiana machte ihn das so schwarz wie ein Mau-Mau-Häuptling.«

»Dann war seine Ehe mit Emilie also keine Rassenmischung.«

»Nein, weil sie beide schwarz waren, war ihre Verbindung legal, und unser Anspruch ist vollkommen eindeutig nachvollziehbar. Aber seine folgende Ehe mit der weißen Frau Agnes Breaux war null und nichtig. Ihre Erben haben keinerlei Ansprüche.«

»Die waren in den letzten drei Tagen mal ganz reich und dann ganz bankrott. Gut, daß sie nie rausfanden, wie nahe sie dran waren.«

»Vielleicht haben sie das ja.«

»Warum glaubst du das?«

»Rutledge hat mir angeblich ein ›Stück Papier um die Ohren gehauen‹ an dem Morgen. Ich nehme an, daß das seine Option auf ihren Anspruch war, unterschrieben von Henry Vigés Erben oder den Erben.«

»Höchstwahrscheinlich.«

»Aber es wurde nie ein solches Papier bei ihm entdeckt.«

Es dauerte einen Moment, bis sie das verdaut hatte. »Du glaubst, daß diese unbekannten Erben plötzlich merkten, was sie weggegeben hatten? Dann haben sie Brad zuhause getroffen und ihm das Dokument abgenommen?«

»Ich nehme an. Obwohl, nicht ohne ihn vorher umzubringen.«

»Aber wir wissen nicht mal, wer sie sind?«

»Wenn wir die Archive in der Münze durchforsten, werden wir's wissen. Oder wenn sie an die Öffentlichkeit gehen und ihre Ansprüche anmelden. Kommt darauf an, was zuerst passiert.«

»Dann ist die Frage gelöst. Das Uferland ist deins. Und nicht nur das, du kannst dann Ansprüche auf das gesamte Eigentum geltend machen, das an Henry Vigé ging. Ich wette, deine Mutter wird begeistert sein.«

»Sie wird das nie herausfinden.«

»Willst du deine Ansprüche nicht geltend machen? Sie könnten Millionen einbringen.«

»Es wäre kaum jahrelange Arbeit und die Gerichtskosten wert. Um nicht davon zu sprechen, meine ›Roots‹ öffentlich zu machen.«

»Du hast natürlich recht.« Sie nahm ihre Hand vom Schalthebel, um meine zu halten. »Solange wir nicht darüber reden, habe ich nicht das Geringste gegen einen Hauch von Teerfarbe in meinen Kindern.«

»Wessen Kinder?«

»Unsere, Matty.« Sie tätschelte mir besitzergreifend die Knie. »Ich bin gewöhnt zu kriegen, was ich will.«

»Wirst du auch, Darling.«

Als wir auf das Eisenhardtsche Anwesen fuhren, wartete Cowboy schon vor dem Haus auf uns. Er trug einen warmen Schaffellmantel. Es ist nördlich vom See kälter als südlich, und er war besser als wir auf die eisige Nacht eingerichtet.

Aber er sah überrascht aus, Edwina zu sehen.

»Unerwartetes Vergnügen, Mädel. Dachte, Matt kommt allein.«

»Ich kann noch nicht fahren«, sagte ich ihm.

»Tut mir leid, daß sie all die Unannehmlichkeiten hat.«

»Mir macht der Ausflug nichts aus«, sagte Edwina schnell. »Ich geh' schnell rein und besuche Jessica.«

»Kannst du nicht. Die Damen und die Kinder sind zu der Pferdeschau nach Baton Rouge gefahren.« Er schaute auf seine Uhr. »In einer Stunde sind sie allerdings zurück ... Ich muß dir was in der Stallkammer zeigen. Komm.«

Wir folgten seinem breiten Rücken ums Haus zu den Ställen. Das Hufeisen über der Tür hatte einen Nagel verloren und hing schief.

Eisenhardts Stallkammer war links. Die Wände waren innen voller

Bänder und Fotos von preisgekrönten Pferden, die über Hindernisse sprangen.

Der verdächtige Sattel lag auf dem Arbeitstisch.

Edwina schoß nach vorne. »Oh, das ist mein bester englischer Ledersattel.«

»Es ist bloß der Gurt«, versicherte Eisenhardt ihr. »Ich kann das leicht reparieren. Aber ich dachte, erst sollte Matt den Schaden sehen.«

Ich hielt das zerrissene Band unter die hin- und herschwingende Lampe. Es war deutlich mit einem scharfen Messer dreimal durchschnitten worden.

»Sabotage«, sagte ich.

Cowboy schob seine Brille hoch. Sie mußte geputzt werden.

»Es gibt noch mehr. Ich hab noch was im Haus, was ich dir zeigen muß. Bin sofort zurück.« Und er überließ uns unseren Untersuchungen.

Edwina fuhr mit ihren Fingernägeln in Orchideen-Pink über den Schnitt. »Das ist unglaublich. Ich wußte nicht, daß es hier mitten auf dem Land Vandalen gibt.«

»Wir haben es hier nicht mit zufälliger Zerstörung von Vandalen zu tun, Liebes. Jemand wollte mich aus dem Weg schaffen. Mich persönlich.«

»Du bist paranoid, Matty. Alle mögen dich. Die müssen es auf jemand anderen abgesehen haben. Vielleicht auf mich. Es war mein Sattel.«

»Cowboy glaubt das nicht.« Ich hob den Gurt hoch und fühlte einen so eisigen Hauch, daß ich zitterte. Und es war nicht der Nachtwind aus den Sümpfen. »Moment mal, Edwina. Ich dachte gerade an etwas, das Roy Robineaux gesagt hat: Ein Mann, der Tiere kennt, würde niemals einem den Rücken zukehren, mit dem er noch nicht Bekanntschaft geschlossen hat.«

Sie untersuchte den Sattel auf weitere Schäden.

»Ich nehme an, nicht.«

»Besonders dann nicht, wenn das Tier wild und gefährlich wäre.«

»Würde ich auch denken.«

Ich ergriff ihren Arm. »Wir müssen hier weg!«
Sie ließ den Gurt fallen. »Aber warum?«
»Weil ich eine dumme Tucke bin, darum.« Ich raste auf die Tür zu und zog sie hinter mir her. »Weißt du, wer genausogut wie Ölarbeiter und Matrosen Knoten binden kann?«
Edwina schüttelte den Kopf, aber dann kam die Antwort von irgendwo aus der Nähe einer glühenden Zigarette im Dunkel.
»Rodeoreiter.«
Charles Eisenhardt kam durch den Gang auf uns zu, er füllte ihn fast ganz aus und blockierte unseren Weg. Seine dicken Linsen glitzerten unter der einen Glühbirne.
»Das hast du gedacht, stimmt's? Ein Mann, der Kälber einfängt, kann einen guten Knoten binden.«
»Mehr als das, Cowboy. Einer, der geschickt mit Tieren umgeht, würde niemals einem Grizzly den Rücken zukehren.«
Er grinste breit. »Nein, das würde ich nie tun.«
»Wie hast du dann diese Flecken hinten an deinen Beinen gekriegt?«
»Sag's mir.«
»Als du den armen Brad aufgehängt hast, hast du ihn einfach über den Rücken geworfen, während er um sein Leben strampelte, stimmt's?«
»Es war sonst nichts da, woran ich ihn hätte aufhängen können.«
»Und er hat heftig getreten.«
»Hat er. Klar doch. Obwohl es sein eigener verdammter Fehler war. Wenn er das Papier rausgegeben hätte, dann hätte ich nicht so grob mit ihm sein müssen.«
»Aber es war keine Option auf dein Land, nicht wahr? Du hast ihm nie eine gegeben.«
»Natürlich nicht. Ich habe die Geschichte erfunden, damit ich mit dir in Kontakt bleiben konnte. Nur für den Fall, daß dein Kopf wieder so klar wurde, daß du dich erinnertest.«
»Brad hatte eine Verzichtserklärung über die Ansprüche auf unser Ufergrundstück. Ich nehme an, du hast das für die Erben von Henry Vigé getan.«

»Kluger Junge. Du hast es erfaßt, genau.«

»Es muß Jessica sein.«

»Meine Frau war eine leichte Beute. So vertrauensselig, daß sie das Papier unterschrieben hat, ohne es mir zu erzählen, weil sie daraus eine Überraschung machen wollte. Und weißt du, was dieser Schleimer ihr dafür gegeben hat? Erbärmliche 500 Dollar. Fünfhundert für einen Rechtsanspruch, der Millionen wert sein könnte.«

»Und du hast ihn also getroffen, damit du den Anspruch zurückbekommst. Natürlich hat er ihn dir nicht geben wollen.«

»Er dachte, das Gesetz wäre stärker als Cowboy. Dumm für so einen gebildeten Mann. Ich habe dieses Seil hier auf seinem Couchtisch liegen sehen wie ein Geschenk des Himmels, und also habe ich den Hombre wie ein Kalb mit dem Lasso gefangen und ihn aufgehängt. Dann habe ich den Schemel in den Schrank gestellt und seine Buxen runtergezogen, damit es aussieht, als hätte er sich einen runtergeholt wie die Typen in Channel Six.«

»Und dann hast du das Dokument mitgenommen.«

»Verbrannt. Und nun muß ich mit dir fertig werden, Matty. Tut mir echt leid, weil du mir nie was getan hast. Aber du weißt ja, meine Ladies gehen vor.« Cowboy spuckte die Zigarette auf die Erde und trat drauf. »Ich wußte, daß Brad seinen Partner bei dem Geschäft übers Ohr haute, also dachte ich, nur er und ich wüßten von dem Anspruch. Als ich rausfand, daß er es dir auch erzählt hatte, sah ich ein Problem. Du könntest deinen Anfall abschütteln und dich dran erinnern, daß ich das beste Motiv hatte, ihn umzubringen.«

»Du hattest auch die beste Gelegenheit, Crickets Gurt durchzuschneiden.«

»Ich dachte, ich könnte Glück damit haben. Wenn sie dich abgeworfen hätte und du dir dabei den Kopf aufgeschlagen hättest, wärest du nicht mehr groß lästig geworden.«

»Aber das Pferd hat nicht mitgemacht. Es hat die Hürde verweigert, wo du den ganzen Kies aufgeschüttet hattest.«

»Als ich dich zurückkommen sah, wußte ich, daß ich's noch mal probieren mußte, und heute abend war meine Chance. Ich mußte nur noch dies hier holen.« Er langte in seine Manteltasche und holte ein Pistole mit Perlmuttgriff heraus, für den Fall, daß ich mich entschloß, mich gegen ihn zu wehren, was ohnehin vollkommen undenkbar wäre. »Zumindest mußt du nicht in dem tuntigen Blümchenhemd sterben, das du anhattest, als ich dich zuerst gesehen habe.«

Also hatte er den Vorfall doch all die Jahre über behalten.

Ich fühlte mich gedemütigt.

»Sieh mal, Matt, heute abend hatte ich einen schlichten kleinen Unfall mit dir vor. Du solltest von Cricket zu Tode getrampelt werden, wenn sie einen ihrer Anfälle hatte.« Er wirbelte die Knarre am Abzug um einen Finger. »Aber wer soll jetzt glauben, daß sie euch beide totgetreten hat? Das kompliziert die Sache.«

Edwina stemmte die Hände in die Hüften. »Jetzt tut's mir leid, daß ich mitgekommen bin!«

»Mir auch, Mädel. Weil ich dich da raushalten wollte. Ich habe noch nie 'ne Frau getötet.«

»Willst du uns erschießen?«

»Nein, das wäre irgendwie schwierig zu erklären. Erschossene sehen auch immer erschossen aus, weißt du. Geht einfach den Weg da entlang und bewegt euch.«

Während wir vor ihm hergingen, hing Edwina an mir, zitternd und über Äste und Steine auf dem Pfad stolpernd. »Um Himmels willen, wenn ich gewußt hätte, daß wir wandern gehen, hätte ich keine Schuhe mit Absätzen angezogen.«

»Mach dir jetzt darum keine Sorgen«, sagte ich.

»Aber das sind meine besten Roger-Vivier-Pumps!«

»Ich kauf dir ein Paar neue.«

»Du wirst uns hier rauskriegen, oder?«

Das war ein Befehl.

»Ja, Liebes.« Ich drehte mich um, ohne langsamer zu werden. »Hör mal, Cowboy. Das war alles umsonst. Jessicas Anspruch ist nichts wert.«

Er ging nicht langsamer oder senkte auch nur seinen Revolver.

»Brad hat mir erzählt, daß die erste Frau deines Urahnen eine Farbige war. Die Kinder waren Bastarde.«

»Aber der Mann, Francis Vigé, war selber zu einem Sechzehntel schwarz. Er war auch farbig.«

»Was heißt das?«

»Seine Ehe mit meiner Ur-Ur-Urgroßmutter war legal. Die Ehe mit Jessicas weißer Urahnin war Rassenmischung. Sie hat keinen Anspruch auf irgendein Vigé-Vermögen und hatte nie einen.«

»Du mußt ja unheimlich in der Geschichte rumgewühlt haben.«

»Habe ich auch.«

»Aber ...« Er grinste. »Vielleicht werden die, gegen die wir vor Gericht gehen, nicht so helle sein wie du. Jedenfalls habe ich heute abend nichts zu verlieren.«

Ich verbrachte mehrere Minuten damit, ernsthaft nachzudenken, bis Cowboy die Prozession anhielt. Beim Grizzlykäfig.

Er zog die Tür zur Käfighälfte des abwesenden Grizzlyweibchens auf. »Rein mit euch.«

Edwina zögerte. »Matty, willst du nicht mit ihm kämpfen?«

»Das wäre ein kurzes und blutiges Spektakel. Nein, mache ich nicht.«

Ich hätte dem großen Mann davonrennen und sein Alibi damit zerstören können, daß er mich mit einer Kugel hätte anhalten müssen. Das wußte er. Aber er wußte auch, daß ich nicht wegrennen und eine Frau hier alleine sterben lassen würde. Ich nahm Edwinas kalte Hand und führte sie in den Käfig.

Cowboy schlug die Tür hinter uns zu und sicherte sie mit einem Vorhängeschloß. »Was hier passiert ist: Ihr wart in romantischer Stimmung. Deshalb seid ihr hergekommen und habt gevögelt.«

»Wir beide?«

»Ihr fühltet euch der Natur verbunden und so weiter und dachtet: Wäre es nicht witzig, es in einem Bärenkäfig zu treiben?«

Edwina stampfte mit ihrem zarten Fuß auf. »Das ist das Albernste, was ich je gehört habe. Ich habe es noch nie in einem Käfig getrieben! Na ja, jedenfalls nicht in einem Bärenkäfig.«

»Ich nehme mal an, ihr dachtet, die Verbindungstür wäre abgeschlossen und der alte Junge könnte nicht raus zu euch. Aber diese Art von Geruch regt den Bären echt auf, und deshalb ist dieser hier aufgewacht und kam raus, um zu gucken, was los ist.« Er zuckte die Schulter. »Als ihr es gemerkt habt, war es zu spät, rauszukommen, und es gab diesen furchtbaren Unfall. Ich nehme nur dieses Schloß ab, wenn es vorbei ist, und dann werden wir alle tüchtig weinen.«

Edwina zitterte. »Er bringt jetzt diesen Bären hier rein, damit der uns auffrißt?«

»Ich fürchte, ja.«

Cowboy bewaffnete sich mit einem Stock und schloß die Tür des benachbarten Käfigs auf. »Ihr braucht euch nicht lange zu langweilen. Ihr kriegt bald Gesellschaft.«

Er klopfte laut an die Wand des Betonkäfigs, bis der riesige Grizzly, eine halbe Tonne schwer, wütend raustaumelte, weil er überrascht war, in seiner Ruhe gestört zu werden.

»Hört auf mich. Es ist leichter, wenn ihr nicht dagegen kämpft. Macht euch ganz schlaff, und er wird es für euch schnell machen.«

Er benützte seinen Stock, um den Grizzly zu schubsen und führte ihn zur Tür, die die beiden Käfige verband.

»Komm schon, alter Junge. Du kriegst heut abend ein spätes Abendessen.«

Ich kann ziemlich gut klettern, also hatte ich die Möglichkeit, an der Käfigseite hochzukommen. Aber Edwina nicht. Die ewige Optimistin.

»Vielleicht hat er keinen Hunger.«

»Er braucht nicht hungrig zu sein. Nur –« Dann schüttelte ich ihren Arm und flüsterte: »Schnell. Gib mir dein Tampax!«

»Was?« Aber sie zögerte nur eine Sekunde. Dann, zu ihrem ewigen Ruhm, hockte sich meine errötende Dame einfach hin, und der Watteklumpen lag warm und feucht in meiner Hand.

Edwina duckte sich vor meinem Wurfarm, als ich das vollblütige Geschoß in eine genau berechnete Flugbahn zielte und warf. Ich habe ein gutes Auge und hatte das Ding genau da, wo ich es haben wollte. Platsch, ins Auge des Grizzly. Der Bär bäumte sich erst auf, dann schnüffelte er ungläubig an der potenten Mischung aus Blut und Hormonen. Vor dem Tier begriff der Mann, was geschehen war, aber er hatte keine Zeit zu entkommen. Der Grizzly röhrte wütend und richtete seinen Zorn dann gegen das einzige Lebewesen in seiner Reichweite.

Ich kletterte auf die Seitenwand des Käfigs, hob Edwina drüber und in Sicherheit und ließ mich dann selbst zur Erde fallen, um sie fest an mich zu pressen, während der Kampf tobte.

Cowboy hatte recht. Es wäre einfacher gewesen, wenn er nicht gekämpft hätte – und wenn er nicht so stark gewesen wäre.

Ich betete, daß der Bär erst seinen Kopf abreißen würde, damit das Leiden vorbei war. Und ich nicht mehr in sein Gesicht sehen mußte. Aber so gnädig lief es nicht. Der große Mann starb langsam, während der Grizzly ihn in grotesker Weise umarmt hielt, was ihm langsam das Rückgrat brach. Er war zu stolz, um zu schreien, bis zur letzten Sekunde, und dann hatte er nur genug Luft für einen leisen, traurigen Seufzer, als er auf dem Boden starb.

Edwina zitterte heftig in meinen Armen.

»Was ist passiert? Ist er tot?«

»Er hatte keine Chance. Cowboy ist auf das einzige Geschöpf in der ganzen Stadt gestoßen, das schlimmer ist als er.«

Wir gingen zurück zum Haus, wo ich den Sheriff von St. Tammany Parish anrief, der innerhalb von zehn Minuten zur Stelle war. Es gab in dem Fall keinen Zweifel. Der Bär und die blutigen Stücke seines Gegenüber waren noch zusammen im Käfig eingeschlossen, als die Männer vom Audubon Zoo mit ihren Beruhigungspfeilen kamen. Einige fragten, warum Edwina und ich da waren, und wir sagten, wir seien vorbeigekommen, um über Crikkets Hormonzyklus zu sprechen.

Das Schlimmste war, als später die Witwen kamen, alle drei gebeugt und vor Kummer schluchzend. Ich hielt Jessica lange im Arm, so wenig es ihr auch half.

Was ich ihnen nicht erzählte, war, daß Cowboy Brad Rutledge umgebracht hatte. Mein Wissen würde nur anmaßend scheinen, und es war müßig, einen Toten anzuklagen. Tod aus Versehen. Wenn sie eine bessere Idee hatten, sollten sie sie beweisen.

Der Sheriff mag sich gedacht haben, daß ich mehr wußte, als ich sagte, aber er ließ uns nach einer Stunde gehen, nachdem das Protokoll geschrieben und unterschrieben war.

EINUNDZWANZIGSTES KAPITEL

Montagabend, 13. März

Robin wartete in der Diele auf mich, als ich heimkam. Er überreichte mir wortlos meinen Nachttrunk und ließ mich ihn austrinken, bevor er sprach.

»Du bist furchtbar spät. Ich war krank vor Angst.«

»Mit gutem Grund. Heute habe ich viel zu spät endlich erkannt, daß Cowboy Brad Rutledge umgebracht hat.«

»Er hat ihn in den Schrank gehängt?«

»Genau. Und wenn ich nicht nur Sperrholz im Kopf hätte, dann hätte ich es viel früher rausgekriegt«, sagte ich auf dem Weg ins Schlafzimmer. Robin hatte die Gasheizung angestellt, und es war einladend warm. »Es gibt nicht viele Männer, die stark genug sind, um eine arme Seele einfach hochzuhalten und zu hängen. Und der Bluterguß, den er mir auf seinem Bein gezeigt hat, war schon grün, und ich hätte wissen müssen, daß er nicht frisch von dem Morgen stammen konnte.«

Ich warf meine Klamotten ab, und Robin kam hinter mir her, hob sie auf und faltete sie, als ich ohne Pyjama ins Bett fiel.

»Und übrigens, Edwina lädt dich zu ihrer Hochzeit ein.«

Er fror ein, meine Hose in der Hand. »Ihre Hochzeit? Ich? Was ist mit dir?«

»Na ja, ich werde auf der Bühne stehen. Ich bin der Brautführer.«

Da lachte er, zu laut. Ungläubig. »Brautführer?«

»Wer sollte sonst die Ehre haben? Ihr Vater ist tot, und ich bin ihr am ehesten ein Bruder. Übrigens, ich habe auch die richtigen Klamotten dafür.«

»Du wirst wunderbar aussehen, wenn du mit ihr durch das Kirchenschiff gehst, Matty. Vollkommen. Ich hatte Angst, du wolltest der Bräutigam sein.«

»Das Arrangement wäre nichts geworden. Edwina dachte, sie wollte einen Sinclair, der auf Parties glänzt.« Ich knipste die Leselampe aus. »Aber in Wirklichkeit will sie einen guten Mann, der ihr gesunde Kinder macht und der sie rückhaltlos liebt. Das wird

sie bei Bill Oakes haben.« Ich klopfte auf das Kissen neben mir. »Wenn sie jemals ein Gelüst auf gelernte Liebeskünste bekommt, kann sie mich anrufen. Er auch, was das angeht.«
Robin seufzte, als wäre er gerade von Bauchschmerzen befreit worden. Dann hängte er meine Hose auf und schlüpfte neben mir unter die Decke. »Also folgst du nicht Ondines Rat.«
»Nein, ich folge Polonius' gutem Rat.«
»Wem?«
»Wie in ›Hamlet‹ festgehalten. Es heißt:
›Dies über alles: sei dir selber treu,
Und daraus folgt, so wie die Nacht dem Tage,
Du kannst nicht falsch sein gegen irgendwen‹.«
Robin lag neben mir, und seine weichen Locken wärmten meine Wange.
»Ick lübe düch, Spotakuhs.«

Robins Hochzeit

Aus dem Amerikanischen
von Bernd Kempker

Für Louise Ihde Ulan

Die sich nie über das zweifelhafte Vergnügen beklagt hat, meine beste Freundin zu sein.

PROLOG
SAMSTAGNACHMITTAG

Rodger Lloyd blieben noch vier Minuten zu leben.
Der namhafte Wahlkampfmanager hielt eine Flasche Pernod hoch, schüttelte seinen Kopf und lachte leise.
»Nein. Du würdest natürlich nicht trinken. Aber es macht dir doch nichts aus, wenn ich einen nehme? Ich bin ein bißchen nervös, aber du weißt ja nun, warum dieser Abend so wichtig war.«
Rodger Lloyd war an seinem letzten Lebenstag sehr elegant gekleidet in einen wollenen Nadelstreifenanzug, für sein Chicagoer Zuhause ideal, für den Oktober in New Orleans möglicherweise jedoch zu warm.
Er drehte seinem Besuch den Rücken zu und nahm ein Glas von der Anrichte, das vom Hotel im Französischen Viertel als Hausservice fein säuberlich in Papier eingewickelt worden war. Dann hatte er gerade Zeit genug, sich einen Brandy einzuschenken und zum Mund zu führen, nicht aber, ihn zu probieren, bevor die siebzehn Zentimeter lange Klinge des Fischermessers zwischen seine Schulterblätter sauber durch die Lunge gestoßen wurde.
Rodger Lloyds Mörder sah, wie er nach vorne taumelte, das Glas zu Boden fallen und wegrollen ließ, und mit beiden Händen über sich ins Leere faßte. Der Ermordete schwankte und schlug in voller Länge dumpf auf den Teppich. Der Mörder kniete sich neben ihn und überzeugte sich, daß die Verletzung tödlich war, bevor er in aller Ruhe das Hotelzimmer verließ, den Korridor hinunterging und sich einer Gruppe Touristen anschloß, die auf den Fahrstuhl wartete.
Eine Sekunde, nachdem die Tür zugefallen war, quälte sich Rodger Lloyd auf die Beine. Sein scharfer Verstand war nie so klar gewesen wie in dieser letzten Minute vor dem Erlöschen. Nach seiner Berechnung blieben ihm gerade genug Blut und Atem, sein Buch mit Vogelzeichnungen auf

dem Nachttisch zu erreichen. Verzweifelt klammerte er sich an die Seiten und hatte kaum noch Kraft, die richtige Farbtafel aufzuschlagen und dann seinen Kopf auf das offene Buch zu legen, zum Sterben. Denn er wußte, wer ihn ermordet hatte.

Aber er sollte nie erfahren, warum.

1
MONTAGABEND

»Eine *Nasen*operation?«

Mein erster Offizier, Steve Hicks, klopfte auf sein Klatschblättchen. »Cher ist doch tatsächlich hingegangen und hat sich die Nase operieren lassen! Es geschehen Zeichen und Wunder. Wer hätte das gedacht?«

Steve war zu unserem üblichen Montagabendritual abkommandiert, dem Zusammenzählen der Außenstände. Aber ein Thema von nationaler Bedeutung, wie diese Prominentennase, konnte auch den Gewissenhaftesten von der Arbeit ablenken.

Er wartete mit dem Rechner in der Hand auf meinen Kommentar.

»Und?«

»Die arme Cher ist ein Skalpell-Junkie«, sagte ich. »Hast du die Gesamtsumme der Umsatzsteuer?«

»Versteh mich nicht falsch, Matt. Ich habe nichts gegen die medizinische Wissenschaft.« Er gab mir seinen Schreibblock mit den doppelt nachgerechneten Endsummen. »Als sie sich zum Beispiel die Zähne richten ließ, habe ich das völlig eingesehen. Ein Geburtsfehler. Und als sie dann dieses Brust-Lifting machte...«

»Zweimal.«

»Zweimal. Na, jedenfalls brachte mich das auch nicht aus

der Fassung. Habe mir wahrscheinlich gesagt, daß ich davon nichts verstehe.«

»Richtig. – Wo ist die Rechnung vom Schlafzimmer im Kolonialstil?«

»Unter deinem linken Ellbogen. – Aber dann muß sie tatsächlich hingehen und diese Nasenoperation machen lassen. Also ehrlich, sie war doch vorher schon wunderschön!«

»Das sehe ich auch so. – Es gibt bereits drei Vorbestellungen für das Queen Anne-Sofa. Mit der traditionellen Polsterung, versteht sich.«

»Cher war eine klassische Schönheit! Sie hatte diese königliche Kleopatranase. Eine Nofretetenase. Und was hat sie jetzt?«

»Was?«

»So eine *Heather Locklear*-Nase. Eine *Connie Selleca*-Nase!«

»So 'ne Süße-Stewardessen-Bambi-Nase.«

»Ja, genau.« Er schlug in die Luft. »Und heute, als hätten wir noch nicht Ärger genug, muß auch noch die verdammte Börse fünfhundertundacht Scheißpunkte in den Keller rutschen!«

»›Wenn die Leiden kommen, so kommen sie in Geschwadern.‹ – Wirf mir mal den Rechner rüber.«

Steve schnipste ihn auf meine Schreibunterlage und streckte sich in seinem Drehsessel, daß es nur so quietschte.

»Sag mal, Matt. Vielleicht sind unsere ganzen Überstunden hier für die Katz'. Wo jetzt alle auf dem Markt über Nacht um zwanzig Prozent ärmer geworden sind, könnten unsere Kunden anrufen und einige dieser Bestellungen stornieren.«

»Keine Angst. New Orleans ist schon seit Ewigkeiten in der Depression, aber unsere Kunden hatten immer Geld.«

Durch die Ölkrise wurde ein wesentlicher Teil von Louisianas Küstenindustrie stillgelegt. Besonders die Tourismusbranche hatte unter der allgemeinen Rezession zu leiden wie kaum ein anderer Wirtschaftszweig. Die Nachrichtensprecher der Lokalsender leiern die zweistelligen Arbeitslosenzahlen schon nur noch herunter, die Sozialämter sind überlastet, und Pipelineschweißer, die es früher auf fünfzehnhundert Dollar die Woche brachten, lungern jetzt vor den Werkstoren herum und hüten für einen Vierteldollar deinen Wagen. Das beweist zumindest Unternehmungsgeist.

In einer solchen Reaganomiczeit besitzen die Leute weniger, geben weniger aus, reparieren soweit es geht die alten Sachen und verzichten auf neue.

New Orleans' Warenhäuser schließen ihre Innenstadtfilialen in der Canal Street und ziehen raus zu den Einkaufszentren der weißen Vorstädte. Zu den Lehrern, Buchhaltern und städtischen Bediensteten, die nach wie vor ihre Gehaltsschecks erhalten.

Mein Laden, *New Traditions*, hat dagegen keine Probleme und wird hier in einer Ecke des alten Französischen Viertels bleiben. Ich führe ein rezessionsimmunes Unternehmen, weil wir schon immer die Wünsche derer befriedigt haben, die man früher als »Großbürgertum« bezeichnete. Unsere erstklassigen Stilmöbelproduktionen sind sehr teuer, doch unsere Klientel ist sehr reich. Ob gute oder schlechte Zeiten, wer hat, der hat.

Wenn ein hier ansässiger Fabrikant eine ökonomische Krise spürt, schließt er möglicherweise eine Anlage und setzt dreihundert Arbeitnehmer auf die Straße. Aber seiner Frau wird er den neuen Caffieri-Sekretär mit Ormolueinfassung und Intarsien nicht abschlagen. Und sie wird ihn dann bei mir aussuchen kommen.

Steve fiel zum Thema Chers Nase nichts mehr ein, und er erwog gerade die Machbarkeit einer Haartransplantation bei diesem »Kerl mit dem Lolly«, als das Bürotelefon zu einer willkommenen Unterbrechung schrillte. Es war nach Geschäftsschluß, also meldete ich mich einfach mit »Matt Sinclair«.

»Matty? Hier ist Sylvia.«

Sylvia war die exzentrische Frau meines Cousins ersten Grades, George Sinclair. In ihrem ganzen Leben hat sie nie etwas auch nur annähernd Interessantes von sich gegeben.

»Hallo, Liebes.«

Ich schaltete mein Telefon auf den Schreibtischlautsprecher um, damit ich gleichzeitig Rechnungen durchgehen und brummeln konnte.

»Mein Gott, ich störe dich nur ungern, aber ...«

Dann hörte ich die Angst in ihrer Stimme und geriet für eine Sekunde in Panik. »Worum geht's? Stimmt was nicht?«

Was soviel hieß wie: »Ist Pip etwas zugestoßen? Hat er ein zu hohes Hindernis nehmen wollen und ist ins Gatter gefallen?!«

»Ich bin nicht sicher.« Jetzt war Sylvias Stimme wieder in einer beruhigenden Weise unentschlossen wie alles andere an ihr auch.

»Die Polizei sagt, ich soll mich an einen Rechtsanwalt wenden.«

Also keine Krise meines Lieblingsneffen. Ich widmete mich wieder meinen Rechnungen.

»Ich kann dir einen guten empfehlen. Wie du weißt, praktiziere ich selbst nicht mehr.«

»Aber ein anderer Rechtsanwalt würde ein Honorar verlangen, das würde der doch?«

»Zweifelsohne. Wo liegt das Problem?«

»Lieutenant Washington meint, ich könnte ... Das ist alles so merkwürdig ...«

»Was ist merkwürdig?« Ich war wieder alarmiert. Frank Washington arbeitete im Mordkommissariat.

»Bin irgendwie in einen Mord verwickelt.«

Ich schmiß meine Unterlagen auf einen Haufen. »Du?!«

»Ja, ist das nicht komisch?«

»Nein. Stehst du wegen irgend etwas unter Anklage?«

»Der Lieutenant hat das so noch nicht gesagt, aber ...«

»Von wo rufst du an?«

»Ich bin zu Hause.«

»Rühr dich nicht vom Fleck, und sag keinen Mucks, ich bin gleich da.« Ich hängte ein und griff nach meinem Mantel.

»Steve, du bist heute abend solo. Ich werde woanders gebraucht.«

»Du wirst...?« Er mußte sich von mir keine Anweisungen holen, als er meinen Platz einnahm, genauso wenig wie ich ihm welche geben mußte. Steve hat diese acht Jahre für mich gearbeitet und braucht keine Anweisungen. Vermutlich könnte er die Geschäfte von *New Traditions* über einen ganzen Monat führen.

Allem Fleiß zum Trotz fehlte es Steve Hicks dennoch an dem besonderen *Je ne sais quoi*, das nötig ist, um aus einem von zwei Dutzend beliebigen Möbelgeschäften im Französischen Viertel ein einzigartiges und gewinnträchtiges Unternehmen zu machen. Er ist heterosexuell.

Ich lief durch den dunklen Ausstellungsraum und schloß mir die Tür zur Royal Street auf. Die Straßenlampen sprangen gerade an, und Touristen in schreienden T-Shirts schoben sich seitwärts voran und glotzten dabei zu den eisernen Balkons hoch. Im Zickzack schlängelte ich mich durch diese Herde, in der man sich herumschubste und dann mit nasalem Yankeeakzent entschuldigte.

Die sechs Blocks zurück zu meinem Haus, wo ich den Wagen hatte, waren ein ziemlicher Streß. So etwas wie Parkplätze gibt es nicht im Viertel. Ich beeilte mich, so gut es ging.

Mein Cousin und ich hatten beinahe nichts gemeinsam als unseren Familiennamen. Nichtsdestotrotz war seine Familie meine einzige Nachkommenschaft.

Sylvia und George lebten ihr Leben in unauffälliger Verzweiflung in einem verfallenen Arbeiterviertel südlich der Canal Street. Die Rasen da unten sind geschnitten, nicht geschniegelt. Die Autos vor den Häusern sind weder neu noch teuer, aber dafür sind sie auch nicht aufgebockt.

Als ich meinen burgunderfarbenen SEL 500 vorsichtig durch die Straßen lenkte, konnte ich sehen, wie hinter verschmierten Fenstern Rollos und Vorhänge aufgezogen wurden. Ein Mercedes ist in diesem Teil der Stadt eine Seltenheit. Und eigentlich war das auch ein Sinclair.

In unserer Elterngeneration hatte die Depression die Wirtschaft und das Familienvermögen so gut wie vernichtet. Um 1935 war vom Namen Sinclair nichts mehr übrig außer dem Namen selbst, zwei gutaussehenden Brüdern und einer baufälligen alten Villa in der St. Charles Avenue. Zum Glück war mein Vater, Arthur, groß, schneidig und der beste Tänzer im ganzen Delta. Er tat, was alle Sinclairs in Geldnöten zu tun pflegen. Sie heiraten. Clémentine Vigé war nicht groß, nicht schön, aber eine optimale Partie. Bei meiner Seele, meine Mutter ist die geistreichste Frau der Welt.

Arthurs jüngerer Bruder, James Lane, war schlecht beraten und heiratete aus Leidenschaft. Die Braut hatte irisches Blut und eine erstaunliche Figur, aber sonst kein Merkmal einer traditionellen Sinclairfrau.

James Lane Sinclair starb '52 bei einem Autounfall. Er ließ die Witwe und einen dreijährigen Sohn ohne jeden Penny zurück.

Jetzt war mein leiblicher Cousin George achtunddreißig Jahre alt und immer noch ohne jeden Penny. Er unterrichtete Werken an der McDonogh High-School für glatte zweiundzwanzigtausend im Jahr.

Ich parkte auf der Straße, weil sich die Auffahrt aus Dreck und Muschelsand durch die letzten drei morgendlichen Regengüsse in knietiefen Schlamm verwandelt hatte. Vor mir stand der Wagen von Frank Washington, gleichfalls auf sicherem Grund. Es war ein ziviler Wagen, der aber leicht als das LTD-Crown-Victoria-Modell zu erkennen war, mit dem beinahe die gesamte Polizei von New Orleans ausgerüstet war.

Noch bevor ich die Veranda überquert hatte, öffnete Sylvia die Tür, und der Oktoberwind zerrte an ihrem Großmutterkleid aus Musselin voller Essensflecken.

Georges schlechter Geschmack, was Frauen betraf, könnte den seines Vaters noch übertreffen. Mein Cousin hatte Sylvia in den späten Sechzigern geheiratet, als er als Kriegsgegner vor der Einziehung stand und sie ein langhaariges, mit Liebeskränzen geschmücktes Blumenkind war. Jetzt lebte sie immer noch irgendwo in den späten Sechzigern. Ihr Gemüt war von psychedelischen Drogen aufgeweicht, sie trug gebatikte T-Shirts und sang Joan Baez Songs auswendig.

Wie vor zwanzig Jahren trug sie ihr Haar lang und geflochten. Ihr ausgefranster Zopf zeigte ein stumpfes Schwarz, das schon halbwegs zu einem freudlosen Grau verwelkt war.

Trotz all ihrer Makel war ich ihr zu Dank und Liebe verpflichtet, denn sie gab mir meinen Neffen Philip. Aufgeweckt, charmant und gutaussehend, brachte der Junge jeden Raum, den er betrat, zum Leuchten. Der Kaminsims war beladen mit seinen Sporttrophäen und Ehrenzeichen von der St. Boniface High-School und denen seines Bruders Ronald.

»Oh Matt, danke, daß du gekommen bist! Das ist alles so...«

Auf meinen eindringlichen Blick hin schluckte sie ihr »albern« hinunter und wandte sich ihrem Besucher im Wohnzimmer zu. »Kennst du Mr. Washington?«

»Nur zu gut.« Ich ging an ihr vorbei, um ihm die Hand zu geben. Frank ist ein großer, imposanter Mann, genau richtig für seinen Beruf. Er war einer der ersten schwarzen Lieutenants in seinem Bezirk und ist nach wie vor eines dieser noch selteneren Geschöpfe: ein ehrlicher Cop. »Beinahe fünfzehn Jahre her, als ich mir meine ersten Sporen in der Staatsanwaltschaft verdient habe.«

»Damals hattest du noch Ideale.« Frank hielt ein Lächeln dem Ernst der Situation nicht für angemessen. Aber er zuckte mit seinem Schnurrbart als Hinweis, daß er unter anderen Umständen dazu durchaus gewillt gewesen wäre.

Sylvia fuchtelte aufgeregt mit ihren mit türkisfarbenen Kürbisblüten bereiften Armen. »Es ist alles nur so, weil ich damals im College einen Freund hatte.« (Ich vermutete, daß ein Lügendetektor bei dem Begriff »Freund« einen klaren Ausschlag gezeigt hätte.) »Und am Samstag hatte er diesen schrecklichen Unfall.«

»Unfall? Ich meine, er wurde vorsätzlich ermordet«, warf Frank säuerlich ein. Er hielt mir eine auf Seite drei aufgeschlagene *Times Picayune* hin. »Hast du über den verstorbenen Rodger Lloyd gelesen?«

»Diesen Wahlkampfmanager aus Chicago? Auf *Channel Eight* habe ich in Margarets Sendung was darüber gesehen.«

Der Vorfall hatte mich nicht weiter interessiert, obwohl es nur acht Blocks entfernt in einem Hotel der Bourbon Street passiert war. In New Orleans grassiert die Gewalt: Drogen, Banden, Sex... Oder einfach die Töte-einen-Mann-dann-kriegst-du-die-Uhr-einfacher-ab-Variante.

Frank Washington sagte: »Das war kein gewöhnlicher Raub, Matt. Das Opfer wurde nicht bestohlen, es waren keine Drogen im Spiel, und er war auch nicht homosexuell.«

»In welchem Fall es ihm nur recht geschehen wäre.«

»In diesem Fall hätte er möglicherweise einen der üblen einheimischen Jungs auf sein Zimmer geladen und wäre jeder seiner Abscheulichkeiten ausgeliefert gewesen.«

»Wie dem typisch amerikanischen Schwulen-Tickan.«

»Aber das war's nicht. Genausowenig paßt es in irgendein anderes der Fremder-trifft-Mörder-Muster. Er wurde mit einem Fischermesser getötet.«

»War er Fischer?«

»Nein, er war anscheinend Vogelbeobachter.«

Frank zuckte bei dieser Information unwillkürlich mit seinem Schnurrbart. »Die Mordwaffe gehörte Lloyd wahrscheinlich nicht, also muß sie jemand in sein Zimmer mitgebracht haben.«

»Was auf einen vorsätzlichen Angriff schließen läßt.«

»Langsam kommst du der Sache näher. Wir vermuten, es

war weniger eine Zufallstat als eine gezielte Abrechnung.«
Ich überflog den dreispaltigen Artikel mit einer Abbildung des sympathisch und attraktiv aussehenden Rodger Lloyd.
»Wer würde einen Wahlkampfmanager umbringen wollen?«
»Vielleicht kannst du es mir sagen, Matt.« Frank hob eine Augenbraue, nur eine, was ich höllisch gern auch könnte. Aber meine funktionieren nicht unabhängig.
Trotzdem probierte ich es, aber beide hoben sich. »Wie meinst du das?«
»Bist du nicht heftig bei den Bürgermeisterwahlen engagiert?«
»Nur, weil Armand Voitier mein Cousin dritten Grades ist.«
Wie in den meisten Wahlkämpfen der letzten Jahre hatten wir drei Schattierungen von Politikern zur Auswahl: Farley Berber, einen weißen Red-Neck auf der politischen Rechten, einen Schwarzen namens Moses Jones mit einer heroischen Vergangenheit in der Bürgerrechtsbewegung zur Linken, und irgendwo dazwischen ein Gemäßigter mit gemischtem Blut. Meinen Cousin Armand.
»Aber ich mache keine Politik für seine Kampagne«, sagte ich Frank.
»Kanntest du Rodger Lloyd?«
»Nur was ich aus *Newsweek* weiß.«
»Dann hat er gar nicht für Voitier gearbeitet?«
Ich gab ihm die Zeitung zurück. »Armands Wahlkampf wird von seinem Anwaltskollegen Edward Stokes gemanagt.«
Er warf einen Blick auf das Foto. »Im Moment vermuten wir noch keinen politischen Zusammenhang, trotzdem müssen wir alle Möglichkeiten in Betracht ziehen.«
»Ich teile deine Einschätzung, was die Schwere des Falles betrifft. Was aber hat Sylvia mit all dem zu tun? Nur weil sie und Lloyd im College ... äh ... ›Freunde‹ waren?«
Sylvia drehte ihren Ehering am Finger. »Das kommt wohl

daher, weil ich die letzte Person war, die Rodger besucht hat.«

Das war eine weitere Überraschung. Lloyd war zwar ein zweitklassiger Wahlkampfmanager gewesen, doch für eine einfache Hausfrau wie Sylvia hatte sein Milieu immer noch den Hauch des Exklusiven. Aber selbst wenn sie im College miteinander geturtelt hatten, warum sollte er sie nach all den Jahren aufsuchen?

Wenn sie ein Teil meiner Vergangenheit gewesen wäre, würde ich es vorziehen, es dabei zu belassen.

»Mrs. Sinclair hat diesen Umstand keinesfalls abgestritten«, beteuerte Frank.

»Also... ich ging da rauf«, erzählte sie in freimütiger Dummheit.

»Hör auf, Sylvia. Sag kein Wort mehr ohne den Rat deines Rechtsanwalts.« Ich wandte mich Frank zu. »Erzähl du mir lieber, wie ihr auf sie gekommen seid.«

Er verschränkte seine Arme und schloß wie zum auswendig Aufsagen seine Augen. »Wir haben den Tatort entsprechend den Vorschriften Zentimeter für Zentimeter abgesucht. Wir fanden ein Stück Altpapier in der Tasche des Opfers, auf dem eine örtliche Telefonnummer stand. Es war die von Mrs. Sinclair.«

»Das ist belanglos und zufällig. Du schwingst hier den schweren Hammer des Gesetzes und schüchterst eine arme Frau ein, nur wegen einer notierten Telefonnummer?«

»Warte, da ist noch mehr.« Frank öffnete seine Augen und zog seinen unvermeidlichen Notizblock hervor. Wieder zuckte der Schnurrbart. »Um ein Uhr fragte Mrs. Sinclair einen Angestellten an der Rezeption nach Mr. Lloyds Zimmernummer.«

Sylvia zog an ihrem verschmierten Kleid, um eine Falte glattzustreichen. »Rodger sagte mir seine Nummer, und ich hab' sie mir auf ein Kleenex geschrieben, dann habe ich mir die Nase geputzt und...« Ich warf ihr einen Blick zu, der einen Tintenfisch hätte erbleichen lassen, und sie hielt den Mund.

Frank machte weiter. »Um zwei Uhr fand man Mr. Lloyd tot auf. Und hier ist noch etwas, das ich dir gern mitteilen möchte, Matt.«
Er griff in seine Manteltasche und reichte mir eine Mappe mit 13 mal 18 Hochglanzfotos.
Es waren keine Pressefotos.
»Muß das sein?«
»Es ist nur in deinem Interesse.«
Widerwillig sah ich die Aufnahmen durch. »Ausgezeichnete Farbabzüge. Mr. Lloyd wurde also in den Rücken gestochen, und verursachte eine beachtliche Blutlache auf dem Teppich.«
»Korrekt.« Frank nickte. »Warum?«
»Warum?«
Er deutete auf eine der Aufnahmen. »Das Blut ist über den ganzen Teppich verteilt, weil das Opfer sich nach der Tat noch bewegt hat, wie du siehst.«
»Einverstanden, er kroch, um Hilfe zu holen.«
»Schau mal richtig hin, Matt. Der Spur nach wurde Lloyd drüben bei der Anrichte erstochen. Das Telefon stand dort rechts von ihm, er schleppte sich aber in die entgegengesetzte Richtung zum Nachttisch. Er wollte zu dem Buch mit den Audubon-Abbildungen.«
»Er hat doch wohl nicht damit gerechnet, es noch lesen zu können.«
»Unwahrscheinlich.«
»Was also sagt uns das? Eine ›Sterbebotschaft‹?«
»Wie bei Ellery Queen? Möglich.« Frank zauberte ein Vergrößerungsglas aus seiner Brusttasche. »Und wenn du genau genug hinschaust, erkennst du, daß sein Kopf direkt auf der Abbildung einer Grasmücke lag, als er starb.«
Obwohl ich sehr gute Augen habe, benötigte ich seine Linse.
»Ja, jetzt sehe ich es: die Grasmücke. Und nun? Wirst du daraus schlau?«
»Ich nicht. Aber ein Ornithologe wie Lloyd, es bedeutet ›Sylvia Borin‹. Das ist der lateinische Name.«

»Du glaubst also, Lloyd wollte den Hinweis geben, daß er von jemand mit dem Namen ... Sylvia ermordet wurde?«

»Außerdem hat Mrs. Sinclair zugegeben, sie sei die einzige gewesen, die Lloyd in der Stadt mit diesem Namen gekannt hat.«

»Gib nie etwas zu, Sylvia.« Dann schlug ich einen ebenso verständigen wie herablassenden Ton an: »Woher hätte sie wissen sollen, wen dieser Mann alles gekannt hat?« Daraufhin trat diese Hinterwäldlerin von Frau einen Schritt vor, rang die Hände und fing wieder an. »Na, ich war mir so sicher, weil er doch erst, na, so vier Tage in der Stadt gewesen war, und...« Ihr konfuser Zustand hätte sie geradewegs auf den elektrischen Stuhl befördert. Ich legte eine Hand auf ihren Mund und sagte in meiner besten Plädoyertonlage.

»Hör zu, Frank, du hast nichts, was für eine Anklage ausreicht. Selbst wenn du diese ›Sterbebotschaft‹ zur Grundlage machst, kann Lloyd genausogut auf jemand mit dem Namen ›Vogel‹ hingewiesen haben. Oder einen ›Feder‹gewichtsboxer oder selbst einen Buchmacher.«

»Da gibt's nichts zu deuteln. Wie du leicht feststellen kannst, sind die Seiten rechts von ihm blutig und zerknittert, als ob er genau diese Abbildung gesucht hätte.«

»Vielleicht siehst du das alles falsch. Was ist da auf der anderen Seite?«

»Wird dir wohl nicht weiterhelfen. Das ist ein Cuculus canorus: der gewöhnliche Kuckuck.«

Sylvia kaute an ihrem Zopf. »Kennen wir jemand, der ›Kuckuck‹ heißt, Matty?«

»Durchaus möglich.« Ich stellte das automatische Verteidigungsprogramm an und legte los. »Oder möglicherweise einen Geisteskranken. Lloyd könnte auch einen Deutschen aus dem Schwarzwald gemeint haben. Oder einen Schweizer Uhrmacher. Diese angebliche ›Sterbebotschaft‹ hat nicht einmal den Rang eines Indizienbeweises. Und wo bleibt dein Motiv?«

»Ich wußte, daß du mit dem ganzen Hokuspokus kommen würdest. Das macht jeder Verteidiger.« Der Lieutenant seufzte und legte seinen Notizblock beiseite. »Als Beweismaterial reicht das für den Staatsanwalt nicht aus; trotzdem könnte uns Lloyd einen Wink gegeben haben, wo wir suchen sollen. Die Analyse der Haar- und Faserproben liegt noch nicht vor. – Bringst du mich zum Wagen?«

»Es wird mir eine Ehre sein.«

Wir ließen Sylvia weiter auf ihren schmuddeligen Teppich starren und wateten durch die schlammige Auffahrt zu Franks Polizeiwagen. Der Funk war ausgeschaltet. Ich fand einen trockenen Fleck und lehnte mich gegen seinen Kotflügel.

»Was kannst du mir über Rodger Lloyd erzählen?«

Er zuckte die Schultern. »Männlicher Weißer, einsneunzig groß, blond-blau, siebenundvierzig Jahre alt...«

»Nicht die Standarddaten.«

»Okay, er galt in Politikerkreisen als ›Image-Doktor‹.«

»Das bedeutet, daß er irgendwelchen Kandidaten erzählte, wie sie sich verkaufen müssen, um die größtmögliche Wählerzahl zu erreichen.«

»Genau. Und da sind wir auch schon mitten drin im dicksten, heißesten, teuersten Bürgermeisterwahlkampf in der Geschichte von New Orleans. Einer der drei Kandidaten könnte ihn für die Vorwahlen herbestellt haben.«

»Oder er könnte als Tourist hiergewesen sein.«

»Ja? Das könnte ich auch.« Frank öffnete die Wagentür und bugsierte seine wuchtige Gestalt hinter das Lenkrad. »Hör mal, Matt. Ich bin sicher, deine Cousine hat keinen Schimmer, daß sie verbotene Pflanzen in ihrem Blumenkasten wachsen läßt. Diesmal habe ich nichts gesehen.«

Er fuhr in die Banks Street raus und im Zickzack weiter, um vorsichtig den Schlaglöchern auszuweichen, so, als ob er Sorge um das Gemeindeeigentum hätte.

2
MONTAGABEND

Ich patschte zurück ins Haus, um mich mit meiner Klientin zu beraten.

»Oh, Matt! Danke, daß du sofort rübergekommen bist. Ich war so aufgeschmissen, weil George länger in der Schule ist. Ich wußte wirklich nicht, wen ich anrufen sollte.«

»Ich bin der Richtige.«

Sie führte mich in ihre schmutzige Küche und wischte festgetrocknete Krümel von der Resopaltischplatte.

»Ich habe für heute mit keinem Besuch gerechnet, sonst hätte ich ein Zimmer aufgeräumt.«

Sie stützte ihren Ellbogen auf die letzte Ausgabe der *Cosmopolitan* und bot eine Schale mit Schokoladenplätzchen an.

Ich nahm mir eins als Honorarvorschuß. »So weit – so gut, jetzt wo das Gesetz gegangen ist, kannst du mir, und nur mir, *alles* erzählen.«

»Dann übernimmst du den Fall?«

Das Honorar schmeckte hart, fade und fettig. Zuviel Backfett.

»Ich hoffe, das ist erst gar nicht nötig. Was ist nun mit deiner Beziehung zu dem Opfer? Wann hast du Rodger Lloyd zum ersten Mal getroffen?«

»Anfang der Siebziger. Ich studierte Soziologie in Newcomb, und Rodger war so eine Art Lehrbeauftragter an der Tulane-Universität.«

»Ihr wart eng befreundet?«

»Puh ...« Sie starrte auf den Herd. »Das ist schwer zu sagen.«

»Ich bin nicht vom *People Magazine.* Sagen wir einfach, ihr hattet eine intime Beziehung.«

»Ja, okay.« Sie nahm jetzt die Waschmaschine ins Visier. »Aber es war komplizierter als das, verstehst du? Ich war schon mit George verheiratet. Er war für zwei Jahre in Vietnam.«

»Ich erinnere mich. Du hattest also eine Affäre mit dem Verstorbenen, während dein Ehemann seine Zeit in Übersee abgerissen hat.«

»Ich konnte nichts dafür.«

»Mir ist gleich, ob du nichts dafür konntest.«

»Das war irgendwie ... mein Karma, Schicksal.« Das Angebot eines weiteren Plätzchens schlug ich aus. »Rodger war ein faszinierender Vortragsredner, und alle Tussis in der Klasse waren total verrückt nach ihm. Er sprach mich immer ganz direkt an, so, als ob er mich mit den Augen festhalten wollte, verstehst du? Und dann hat sich das ganz natürlich entwickelt.«

»Ich bin nicht dein Beichtvater.«

»Den Kurs hab' ich jedenfalls mit eins abgeschlossen.«

»Das tut nichts zur Sache. Hast du mit Lloyd all die Jahre Kontakt gehabt?«

»Wo denkst du hin.« Sie schien aus ihrer Starre zu erwachen und sah mir klar in die Augen. »Er hat die Stadt ziemlich schnell verlassen, und ich habe nie wieder etwas von ihm gehört, bis diese Woche.«

»Großartig. Dann werden wir einfach vorbringen, daß du nach all den Jahren nicht das geringste Motiv hattest, ihn umzubringen, selbst wenn es ein Ex-Lover war.«

»Genau, aber ... es gab eine üble Szene.«

»Die gibt es meist.«

Sie spielte mit ihrem Zopf. »Ich nahm an, wir hätten irgendwas, na, Existentielles gemeinsam, aber er stand einfach auf und ging.«

»Bis vor ein paar Tagen.«

»Genau. Und dann kommt er hier einfach reingeschneit und will wieder anbändeln.«

»Ich komm' nicht mehr mit.« (So war's auch.) »Glaubst du, Rodger Lloyd hat dich immer noch geliebt?«

Der bloße Gedanke ließ sie erschrecken. »Wo denkst du hin? Der hat flachgelegt, was ihm in die Quere kam.«

»Hattest du Angst, er würde deinem Mann von eurer Affäre erzählen?«
»George wußte schon alles.« Sie widmete ihre Aufmerksamkeit wieder der Waschmaschine. »Als Ronald sechs und Philip fünf war, hatte ich eine meiner Depressionen. Das war, als ich mit allem nicht mehr fertig wurde und nach Pineville mußte.«
»Beinahe zehn Jahre her. Ich erinnere mich.«
Pineville ist die Psychiatrische Anstalt des Staates Louisiana. Sylvia wurde als »drogeninduzierter Psychose«-Fall diagnostiziert und in eine Zwangsjacke gesteckt. Wir dachten alle, sie wäre dazu verdammt, den Rest ihres elenden Lebens unter Thorazin zu verbringen, Körbe zu flechten und in Pantoffeln herumzuschlurfen. Doch sie wurde noch im gleichen Monat in die Obhut ihres Mannes entlassen.
»Mein Therapeut dort hat mir gesagt, ich sei auf einem Schuldtrip, und ich solle mich mit George über Rodger aussprechen. Also habe ich am nächsten Besuchstag die ganze Geschichte ausgepackt.«
»Dann weiß George von dir und Lloyd.«
Sie nickte brav. »Ich mußte es ihm sagen.«
»Und, war das Bekenntnis gut für die Seele?«
»Vielleicht.« Sie seufzte und sackte zusammen. »Zwei Wochen später machte es dann knacks, als sie mir noch mehr Strom durch die Birne jagten. Aber für unsere Beziehung war das nicht besonders toll.« Sie drückte sich aus ihrem Sessel und schlurfte zum Herd. »Ich hatte das Gefühl, es gibt Dinge, die ein Mädchen besser für sich behalten sollte.«
»Amen.« Ich persönlich bin nur geständig, wenn es nicht weiter wichtig ist.
»Willst du Kaffee? Ich habe Maxwell-House-Instant.«
»Nein danke.«
»Ich mache ihn genau nach Rezept. Ich koche ihn immer erst auf, wie die richtigen Gourmet-Küchenchefs.«
»Wie kam schlußendlich Lloyd wieder in dein Leben?«

»In Bettys Klatsch-Spalte habe ich gelesen, Rodger käme in die Stadt. Hätte mir nie träumen lassen, daß er mich wieder sehen wollte. Damals war alles so endgültig.« Sylvia versuchte mit zitternder Hand, eine heiße braune Flüssigkeit in eine »Die beste Mama der Welt«-Tasse zu schütten. »Auf jeden Fall war es einfach für ihn, mich zu finden. Mein Name hat sich nicht geändert, und wir stehen im Telefonbuch.« Sie fügte dem Gebräu einen Löffel Zucker bei und kam an den Tisch zurück. »Letzten Mittwoch kam er vorbei, als ich allein war. Er saß genau da, in diesem Stuhl, und ich hab' ihm Limo und Pudding angeboten.«

»Selbstverständlich.«

»Aber er wollte es nicht.«

»Nein?«

»Er hatte wohl gerade gegessen. Dann hat er mir erzählt, was er all die Jahre so getrieben hat.«

»Langsam, Sylvia. Irgendwas geht hier nicht auf. Wenn du deinem Mann schon alles erzählt hattest, welchen Ärger konnte Lloyd dir dann machen?«

Sylvia zog ihren Kopf ein wie eine Schildkröte, die sich in ihren Panzer zurückzieht. »Es war einfach keine gute Nachricht. Das ist alles.«

Sie verschwieg etwas, und das war dumm. Ich versuchte es andersrum. »Erzähl mir alles, was am Samstag passiert ist.«

»Es hat an dem Morgen schwer geregnet, erinnere ich mich. Da habe ich ihm einfach einen Brief geschrieben und ihn gebeten, mich in Ruhe zu lassen.« Sie benutzte die *Cosmopolitan* als Untersetzer, und das Titelfoto von Paulina hatte nun einen nassen braunen Ring. »Um zehn kam dann die Sonne raus, also steckte ich den Brief in meine Tasche und nahm einen Bus zu Rodgers Hotel, um den Brief persönlich abzugeben. Ich dachte mir, ich appelliere an sein besseres Selbst.«

»Du hast mit ihm gesprochen?«

»*No way, José.* Ich hab' an seine Tür geklopft und gerufen, aber keine Antwort bekommen. Dann habe ich versucht, den Brief unter der Tür durchzuschieben, aber der Teppich war zu dick. Ich habe ihn wieder in meine Tasche gesteckt und bin gegangen.«

»Du hast an der Rezeption nach seiner Zimmernummer gefragt. Hast du beim Rausgehen mit noch jemandem gesprochen?«

»Nein, ich hatte es eilig. Ich konnte ja nicht ahnen, daß Rodger abgemurkst würde. Wie sollte ich das wissen?«

»Du bist nach Hause gegangen?«

»Nö, was sollte ich denn hier. Samstags gibt Philip seine Reitstunden, weißt du, und Ronald ist ein ziemlicher Langweiler, weil er immerzu vorm Computer hockt. George war angeln, was sonst. Jedes Wochenende steigt er in seinen *Pick-up* und fährt zum Angeln. Das ist sein ein und alles.«

»Wenn nicht nach Hause, wohin bist du dann gegangen?«

Sie beugte ihren Kopf, um am Kaffee zu nippen. »Ich bin einfach zur Uferpromenade hoch. Ich wollte bei einem Ladenbummel die Rodgergeschichte vergessen.«

»Dafür brauch' ich Beweise, Zeugen. Hat dich jemand gesehen?«

»Am Samstagnachmittag war alles gerammelt voll. Da wird mich wohl keiner gesehen haben.«

Was zu verstehen ist. Ich hätte sie nicht bemerkt, selbst wenn ich mit ihr eine Telefonzelle hätte teilen müssen.

»Hast du etwas gekauft?«

»Wer kann sich das heutzutage leisten? Ich bin die Frau eines Werk-Lehrers. Nein, ich bin nach Hause gegangen und habe eine Thunfischkasserolle fertiggemacht, dann sind sie alle zur üblichen Zeit zum Essen hereingestürmt.«

Ich beugte mich vor und zog den schlaffen Vorhang zur Seite. Wie Frank mir gesagt hatte, war eine prächtige Cannabis Sativa im Blumenkasten. »Schmeiß das weg.«

Sie zwinkerte mir zu. »Aber Matt, das ist meine Entspannung.«

»Pflanz afrikanische Veilchen an. Die Polizei wird wiederkommen, und nicht alle werden so wohlmeinend kurzsichtig sein wie Frank Washington.«

Die Haustür war zu hören, und Sylvia hob ihren Kopf etwas. »Die Jungs sind von der Schule zurück.«

Im Unterschied zu ihr sprang ich erfreut auf, um ihn zu begrüßen. Sie beide. Beim Anblick von Philip konnte ich nicht anders als lächeln. Natürliche Umstände hielten mich für immer davon ab, eigene Kinder zu zeugen, also mußte ich mich mit Verwandten zweiten Grades begnügen. Der jüngere Sohn meines Cousins, »Pip«, war zwar technisch nicht mein Neffe, aber blutsverwandt genug, um ein Gesandter für die Zukunft und mein Agent der Unsterblichkeit zu sein.

Glücklicherweise erfüllte Pip jede Hoffnung und Erwartung an einen Erben.

Pip war ein Jahr jünger als sein Bruder Ronald, aber schon fünf Zentimeter größer und gutaussehend wie ein echter Sinclair. Der arme Ronald dagegen schlägt ganz nach seiner Mutter, was ihn kurz und untersetzt aussehen läßt, mit einer dickglasigen Brille. Nicht sonderlich Sinclair-like. Die Männer in meiner Familie haben Adleraugen. Nicht einer in der Reihe meiner Vorfahren hat jemals eine Brille benötigt.

»Onkel!« Pip sprang herbei und umarmte mich. »Bist du gekommen, um mir Fahrstunden zu geben?« Er machte gerade seinen Führerschein, und ich hatte mich bereit erklärt, ihn etwas fahren zu lassen.

»Nein, aber morgen abend hole ich dich vom Reitstall ab.«

Ronald hielt sich im Hintergrund und schenkte mir ein ernstes Nicken.

»Guten Abend, Onkel Matt.« Das war alles, und damit begab er sich wieder auf sein Zimmer, um mit seinem Computer zu spielen. Sylvia brachte mich zur Tür und auf die Veranda hinaus, wo man uns nicht hören konnte. »Danke, daß du mit dem Lieutenant gesprochen hast. Du glaubst doch nicht, daß er mich verdächtigt, oder?«

»Nein«, sagte ich, meinte aber: »Noch nicht«.

Wind kam auf, und sie schlang ihre Arme um sich.
»Was sag ich bloß George?«
»George?«
»Er wird stocksauer sein.«

3
DIENSTAGMORGEN

»Du willst wirklich kein Frühstück?«
Zum Zeichen seines guten Willens wie auch seines Diensteifers hielt Robin die Bratpfanne hoch.
»Nein danke, Kleines, nur Kaffee. Mach mal den Fernseher an.«
Während Robin zum Buffet ging und den Fernseher einschaltete, öffnete ich meine Vitamin- und Mineralstoffefläschchen und reihte die Pillen nach Größe und Farbe auf.
Je älter ich werde, desto größer wird auch die Zahl und Vielfalt der Diätergänzungen: Choline fürs Gehirn, Vitamin-B-Komplex für die Haut, Eisen fürs Blut, Selen für das Haar, Dolomit für die Knochen, und dann selbstverständlich Zink.
Das mit dem Zink verrate ich nicht gleich jedem.
Jetzt, wo wir wieder gerade kein Hausmädchen hatten, versuchte Robin, sich nützlich zu machen und schenkte mir meinen Kaffee mit der vorgeschriebenen Menge an Milch und Zucker ein. Ich besitze das Haus im Queen-Anne-Stil seit dreizehn Jahren. Eine bunte Mischung von schläfrigen Hausboys kam und ging im Zweimonatsabstand. Dabei mußte nur unser Apartment im Erdgeschoß geputzt werden, der erste und zweite Stock sind vermietet. Die Arbeit war nicht zu schwer und die Bezahlung ordentlich. Aber, Gott sei's geklagt!, es gibt keine ehrenwerte

Bedienstetenklasse mehr. Sie ist längst durch die Sozialfürsorgeklasse ersetzt.
Robin verschüttete etwas Zucker, und kleine weiße Körner sprangen glitzernd auf dem Damast herum. Mein kleines Dummerchen war als Haushaltshilfe nicht gerade eine Wucht, doch hatte ich ihn ja nicht aus Nützlichkeitserwägungen heraus erwählt.
»Hast du meine alten Arbeitsklamotten gefunden?« fragte ich.
»In der hintersten Ecke vom Kofferraum. Das Zeug trieft von Öl und Schmierfett.«
»Geht nicht anders auf einem Pipeline-Kahn.«
»Du hast seit fünfzehn Jahren nicht mehr Off-shore gearbeitet. Wo willst du die Sachen jetzt noch tragen?«
»Auf der Bywater-Kostümparty morgen abend. Thema sind die Zeitungen, und wir sollen uns als unsere Lieblingsschlagzeile verkleiden.«
»Oh, wie toll! Meine ist die mit den Leihgroßmüttern, die Drillinge kriegen.«
»Karen hat ein Thema für uns gefunden. Aber wahrscheinlich ist es nicht das.«
»Karen?« Robin hielt den Kaffeepott mit beiden Händen umklammert. »Ich habe deine Einladungskarte gesehen. Ich dachte natürlich, du nimmst *mich* mit.«
Tunten lieben Halloween, Karneval und jede andere Ausrede, sich in haarsträubende Kostüme zu verpacken, die zu allen anderen Zeiten verboten wären.
»Sorry, Liebes. Ich habe es Karen schon versprochen.«
»Aber mein Kostüm und alles.«
»Das kannst du dann an *Mardi Gras* tragen.«
»Vanna White ist vielleicht bis dahin schon passé.«
Er untersuchte sein Spiegelbild im Deckel der silbernen Zuckerdose. »In letzter Zeit werde ich dir immer weniger wichtig und Karen immer mehr. Deine ganze Zeit verbringst du mit diesem Fisch.«
»Es ging ihr sehr schlecht nach der Geschichte mit Lucas.«

»Ja, ich weiß. Sie hat gedacht, er liebt sie, dabei war es nur das Geld ihres Alten. Ich hätte gern solche Probleme.«
»Und als guter Freund habe ich sie etwas aufgemuntert.«
»Nach beinahe vier Monaten sollte die Schlampe doch wohl wieder bei Laune sein.«
Ich ließ das Thema fallen. Höflich wie ich bin, vermied ich, ihm ins Gesicht zu sagen, daß ich es ganz simpel genossen hatte, mich einmal mit meinesgleichen zu unterhalten. Jemandem mit Witz, Energie und einem IQ über dem Sandwichlevel.
Doch meine »bessere Hälfte« wollte mich nicht so einfach in Ruhe meinen Kaffee genießen lassen.
»Matty?... Matty, bitte schau mich an.«
Dagegen hatte ich nichts einzuwenden. Der Knabe war mit großen braunen Augen und goldenem Haar noch genauso süß wie am Tag unserer ersten Begegnung. Ein Doppelgänger von Sandra Dee als »Gidget«.
Er holte tief Luft. »Wie du weißt, sind wir jetzt drei Jahre zusammen.«
»Drei berauschende Jahre... Mach mal lauter.«
Er griff hinter sich und drehte abwesend am Lautstärkeregler.
»Und in all der Zeit hast du dich nie wirklich zu unserer Beziehung bekannt.«
Auf dem Bildschirm wurde »Bürgermeisterwahlen« eingeblendet, also machte ich pst!, um mir den Bericht anzuhören.
»Die letzten Umfragen zeigen weitere Gewinne von Armand Voitier mit 31%. Gefolgt vom Liberalen Moses Jones, der von 22% der Befragten unterstützt wird. Der einzige Republikaner im Rennen, der konservative Farley Berber, bleibt mit 18% weit abgeschlagen.«
Das war ermutigend.
Die Stimme des Sprechers wurde tiefer. »Der möglicherweise mit der Wahl in Zusammenhang stehende Mord an dem namhaften Wahlkampfmanager Rodger Lloyd bleibt

weiter ungelöst. Vermutungen zufolge versuchte Rodger Lloyd auf seinen Mörder hinzuweisen, als er mit dem Kopf auf einem aufgeschlagenen Vogelbildband starb. Bekannt ist nur, daß Lloyd Kontakt zu Sylvia Sinclair aufgenommen hatte, einem Mitglied der einflußreichen Familie selben Namens.«

Verdammt!

Robin quasselte weiter. »Ein Bekenntnis! Hast du verstanden?«

Im Fernsehen lief jetzt Werbung, also widmete ich ihm wieder meine Aufmerksamkeit.

»Was willst du überhaupt, Robin? Du brauchst nicht zu arbeiten. Ich versorge dich mit Essen, Unterkunft, Taschengeld, Kreditkarten ...«

»Sicher, *jetzt.* Aber alles das hört mal auf.« Er zeigte auf das Fenster hinter mir. »Welche Garantie habe ich, daß du mich nicht noch in derselben Sekunde hinauswirfst, in der ich mein gutes Aussehen verliere?«

Ausgerechnet dieses Fenster zeigte auf den Hinterhof mit den Trauerweiden. Ich ging auf seine Befürchtung, in den Hinterhof geworfen zu werden, nicht ein und sagte einfach: »Du bist erst einundzwanzig.«

»So? Wie lange noch bin ich einundzwanzig?«

»Ah ... fünf Monate ... vierzehn Tage ...«

»Und dann werde ich zweiundzwanzig sein. Und danach dreiundzwanzig, ohne etwas in der Hand zu haben!«

Ich legte soviel Vernunft in meine Stimme wie ich konnte. »Es tut mir schrecklich leid, Liebes, aber den Lauf der Zeit kann ich nun mal nicht aufhalten. Was erwartest du von mir?«

»Du sollst mich heiraten.«

»Was?!«

Ich wartete auf ein Kichern oder ein anderes Zeichen, daß der Vorschlag ein Scherz war, doch sein Gesicht zeigte nur das gewohnte Schmollen.

»Beweise, daß du es ernst meinst, wenn du sagst, daß du mich liebst.«

Wegen einer Tasse Kaffee war ich zum Eßtisch gekommen, nun wäre ein Schuß Bourbon genau das richtige.

»Um Himmels willen, Robin. Ich kann mir dich zwar als Mädchen gekleidet und mit gezücktem Ehevertrag vorstellen. Aber der wäre trotzdem nirgends legal.«

»Ich habe nicht den konventionellen Weg gemeint.« Er drehte sich um und blätterte einen Stoß Papiere auf dem Buffet durch. »Wir können zur Metropolitan-Gemeindekirche gehen und ein Partnerschaftsgelöbnis ablegen wie David und Jonathan in der Bibel.«

»Es gibt keine biblische Grundlage für schwulenspezifische Arrangements.«

Er zog ein Stück schwuler Literatur hervor, gedruckt auf rosa Holzpapier und las: »Samuel: Kapitel 18, Vers 3. Schlag es nach.«

»Ich kenne die Stelle. Aber diese schwulen Heiratszeremonien sind nichts als eine Farce.«

»Wir kennen andere Paare, die's gemacht haben.«

»Andere Paare stellen auf jede nur denkbare Weise ihren schlechten Geschmack unter Beweis. Es gibt auch nicht ein Gran Hoffnung, daß ich in einem solchen öffentlichen Schaustück auftrete.«

»Es muß gar nicht öffentlich sein. Wir würden einfach einen Empfang für einige unserer Freunde geben.« Er faltete seine Hände wie ein kleines Evamaskottchen hinter der Windschutzscheibe.

»Schlichte handgeschriebene Einladungen...«

»Du willst deine Geschenkwunschliste für Silberbestecke im Maison Blanche hinterlegen?«

»Wenn sie Geschenke bringen...«

»Und wie wär's mit einem aus Eis modellierten Schwan oder einem fetten Italiener, der ›*Oh promise me*‹ singt.«

»Ooh, Matty! Das wäre himmlisch!« Dann stoppte er mitten in einer Pirouette, und ihm fiel die Fluppe runter. »Du hast mich eben bloß verkohlt, stimmt's?«

»In der Tat.«

»Du hältst mich wohl für entbehrlich.«

»Natürlich nicht, Kleines.«
Natürlich war er es. Wer ist es nicht?

4
DIENSTAGMORGEN

Auf dem Polizeipräsidum von New Orleans in der Broad Street meisterte ich das Labyrinth von Abteilungen im zweiten Stock bis zu Lieutenant Frank Washingtons Büro. Er sah mich durch die offene Tür und winkte mich rein.
»Schnapp dir einen Stuhl, Matt.« Er war gerade beim Brunch, eine aufgerissene Tüte Beignets aus dem Café du Monde lag auf seinem Schreibtisch. Er wischte sich den Puderzucker vom Schnurrbart. »Zwölf Jahre in der Möbelbranche, und jetzt bist du zurück beim Strafrecht.«
Ich nahm mir einen Holzstuhl. »Das Gesetz praktiziere ich genauso wie den Sex nur für wenige Freunde. Wie läuft die Lloyd-Untersuchung?«
»Sie läuft. Die Autopsie hat bestätigt, daß das Opfer gegen Samstag mittag starb. Das wissen wir vom Mageninhalt.« Er blätterte einen Formularstoß nach dem Gutachten durch. »Bei *La Marquise* hat er gefrühstückt. Wiener Gebäck.«
»Ist das eine Art, den Tag zu beginnen?«
»Das war dann auch der Anfang vom Ende. Ihm wurde einmal in den Rücken gestochen. Aber wenn es ordentlich gemacht wird, ist einmal genug. Der Leichnam wurde erst entdeckt, als das Hausmädchen am Sonntag zum Saubermachen kam.«
»Irgendwelche Haar- oder Faserproben?«
»Nichts. Wir haben es hier nicht mit einer Vergewaltigung zu tun, wo sich der Täter auf sein Opfer schmeißt. Der Mörder mußte Lloyd nie berühren.«

»Ein Punkt für uns. Mit ziemlicher Sicherheit hätte eine Frau Haare zurückgelassen.«

»Außer, es wäre zusammengebunden.« Er hielt den Bericht hoch und legte ihn vor mich hin. »Die Frau deines Cousins hat keine Vorstrafen. Aber sie hatte ein Motiv, eine Gelegenheit, kein Alibi, und da gibt es noch die ›Sterbebotschaft‹, die auf Sylvia weist.«

»Das reicht nicht für den Bezirksstaatsanwalt.«

»Im Fernsehen verurteilen sie mit weniger.«

»In den Zeitungen auch. Unglücklicherweise.« Ich las nur den Schlußsatz des Berichts. »Von unbekannten Täter oder Tätern.«

»Ich weiß, Sinclairs hassen Publicity.«

»Dir kann das ja egal sein. Frank, ich habe mir den Fall nochmals durch den Kopf gehen lassen. Könnte Rodger Lloyds ›Sterbebotschaft‹ nicht etwas ganz anderes bedeuten?«

»Das wäre?«

»Vielleicht deutet ›Grasmücke‹ auf einen Sänger.«

»Ich habe alle Varianten durchgespielt. Sängerinnen werden allenfalls als ›Drosseln‹ oder ›Kanarienvögel‹ bezeichnet, nicht als ›Grasmücken‹.«

Frank massierte mit einer Hand seinen Skalp und hoffte wohl, so seine vom Aussterben bedrohten Haarwurzeln wiederzubeleben.

»Dann habe ich telegrafisch bei der Chicagoer Polizei angefragt, ob sie im Bekanntenkreis des Opfers jemanden mit dem Namen ›Borin‹ oder ähnlich finden können. Schließlich war ich noch hinter allem her, was jemals mit Federn zu tun hatte: Pfeilschmiede, Präparatoren, Revuetänzer...«

»Ich sehe schon, du bemühst dich.«

»Hey, ich hab sogar das Irren-Register gezogen und alle auf eine psychiatrische Vergangenheit hin abgeklopft. Und du wirst es nie erraten... Das hat uns schnurstracks zurück zu Mrs. Sinclair geführt.«

»Geisteskrankheit?«

»Die Lady war unseres Wissens dreimal wegen schweren Depressionen in Behandlung.«

»Jedermann ist von Zeit zu Zeit deprimiert.«

»Nach einem Selbstmordversuch mußte sie eine Elektroschock-Therapie über sich ergehen lassen, oben in Pineville.«

»Ihr Aufenthalt in der Psychiatrie war mir bekannt.«

»Gedankenlose Leute nennen die Anstalt auch ›Kuckucksnest‹.«

Er schwenkte seinen Drehsessel dem Fenster zu, um sich am malerischen Anblick von Orleans' Gemeindegefängnis zu erfreuen. »Eine psychisch labile Frau könnte die verrücktesten Dinge tun, wie etwa...« Er zuckte mit den Schultern. »Einen treulosen Liebhaber töten, der den heiligen Bereich von Haus und Herd bedroht. Alle Hinweise führen zu Sylvia Sinclair.«

»Aber sie war's nicht.«

»Nur mal als Gedankenspiel, gibt es eine verdächtigere Person?«

»Es muß noch Leute mit einem besseren Grund gegeben haben, ihn zu beseitigen.«

»Soweit wir wissen, war der Verstorbene fremd in der Stadt. Wer hätte in drei Tagen einen solchen Haufen Haß auftürmen können? Ein Page wegen zu wenig Trinkgeld?«

»Der Mann muß hier mit jemand Kontakt gehabt haben. Nehmen wir mal an, Lloyd wäre nicht nur nach New Orleans gekommen, um Sylvia zu treffen.«

»Das soll ich annehmen?«

»Und auch nicht wegen der Langusten.«

»Oder Raddampferfahrten oder den nackten Ladies in der Bourbon Street? Okay.« Er hob die Hände zu einer Segensgeste. »Aus persönlicher Zuneigung zu dir nehme ich das alles einmal an.«

»Lloyd muß aus geschäftlichen Gründen gekommen sein. Das Rennen ums Bürgermeisteramt kommt in die heiße Phase. Vermutlich wollte er hier mit einem der Kandidaten arbeiten.«

Frank verschränkte seine Hände hinter dem Kopf. »Hier stehe ich, am Rande meiner Kräfte vor lauter Annahmen, und jetzt kommst du mir mit Spekulationen.« Er lächelte müde. »Beweise es, Matt.«

5
DIENSTAGABEND

Die Audubon Park-Stallungen sind über eine umständliche Route erreichbar, durch das Zoogelände, über die Eisenbahnschienen, am Seeufer entlang und dann durch den Park. Ein von den Jahren und dem Wetter ausgebleichtes Holzschildchen ist der einzige Wegweiser. Es gibt nur eine Möglichkeit, die Stallungen zu finden, wenn man jemandem folgt, der schon einmal da war.

Als ich in die Zufahrt einbog, sah ich Pip auf dem Holzgeländer des Sattelplatzes thronen. Er schlug mit einer Reitgerte gegen seine Stiefel und rief in Richtung seiner Reitschülerin. Eine fettleibige Dame im besten Alter drehte auf dem Rücken eines faulen Morgan schnaufend und keuchend ihre Runden.

»Schauen Sie auf Ihren Sitz, Mrs. Boudreaux!... Absätze runter! Wadenmuskeln strecken!«

Ich hielt bei der Stalltür, ohne mich vorerst bemerkbar zu machen, und verfolgte den Unterricht. Aus dem Stall winkte mir Karen Peloquin zu, die Besitzerin. »Hallo, Matty! Hast es ja doch noch geschafft rauszukommen bei dem Sauwetter heute morgen.«

Karen hatte in ihrer Pubertät die unvermeidliche Mädchenverzückung an Pferden durchgemacht. Doch anders als die meisten hat sie diese Besessenheit nie abgelegt, weshalb ihr ihr Dad zum Collegeabschluß die Stallungen kaufte.

Sie lebte auf dem Anwesen und verbrachte die meiste Zeit bei den Pferden. Es gibt Schlimmeres.
Karen bürstete sich Staub und Heu von der Reithose und warf ihre Arme um mich. »Etwas mehr Regen, und du hättest Alligatoren reiten können statt Pferde.«
»Es heißt, diese schuppigen Grünen seien gute Schlammgänger.«
»Du bist spät dran, Matty.«
»Wie kommst du darauf?«
Sie küßte meinen Hals. »Ich habe dich vermißt.«
Sie hatte eine üppige Figur, und ihr natürlich gelocktes Haar war kupfern gefärbt. Es wellte sich noch genauso, wie ich es aus Miss Lindas Herumtobzimmer kannte, als wir dreijährige Rabauken waren.
»Ich dachte, *ein* Sinclair würde dir erst einmal genügen.«
»Der Kleine hat dein Blut, was?« Sie hielt einen Arm um mich geschlungen und wandte sich dem Unterricht zu. »Philip ist unser jüngster Lehrer, und auch unser bester. Er ist immer ausgebucht.«
Die Stimme meines Neffen drang vom Reitplatz herüber.
»Rücken gerade! Lehnen Sie sich nicht in die Kurven, Mrs. Boudreaux. Das ist kein Fahrrad.«
Ich zuckte die Schultern, als ob der Stolz mich völlig verzehren würde.
»Der Junge kennt seine Pferde.«
»Besser, er kennt seine Schülerinnen. Ich glaube, die meisten sind in ihn verliebt.«
»Zehen rein, Edna! Noch eine Runde im Trab. Und wenn Sie diesmal den Rücken gerade halten, bekommen sie einen Kuß.«
Der massige Rücken richtete sich sichtlich auf.
»Diese Frauen würden nie eine Vertretung akzeptieren. Ich bin froh, daß er so zuverlässig ist.«
»Er läßt nie mal eine Stunde aus?«
»Nie. Punkt neun ist er jeden Samstag morgen da. Ich hätte ihn gerne an mehr Nachmittagen hier.«

»Da muß er sein Algebrabuch reiten.«
In diesem Moment machte Mrs. Boudreaux' Klepper halt und türmte einen Haufen Mist mitten auf die Bahn, würdevoller als alles, was Mrs. Boudreaux zustande gebracht hatte. Eine besonders häßliche Promenadenmischung von Hund brachte Karen einen gutgekauten Ast. »Immerhin ist es auch ein wenig dein Verdienst, Matt. Du bezahlst schließlich die Stunden und fährst den Jungen zu all den Pferdeshows.«
»Wahrscheinlich habe ich mehr von diesen Wettkämpfen als er, ich erlebe dabei meine Jugend noch einmal.«
»Und dann hast du dich ins Zeug gelegt und ihm Dickens gekauft.«
Sie warf den Stock in eine Baumgruppe, und der Köter machte sich hinterher.
»Das war sozusagen sein Geburtsrecht, Liebes. Sinclairs und Pferde haben schon immer zusammengehört.«
Da ich keine eigenen Söhne gezeugt habe, fand ich es ganz natürlich, daß die Georges die Familientradition aufrechterhielten. Die Finanzierung des Trainings ließ mich daran zumindest teilhaben.
An Ronalds viertem Geburtstag brachten wir ihn zu seiner ersten Reitstunde, so wie es bei Sinclairs Brauch ist. Aber der bloße Anblick der Tiere hat ihn verschreckt und er hat derart laut gebrüllt, daß wir nie wieder eine Neuauflage übers Herz brachten.
Ganz anders mit Philip, ein Jahr später. Von Anfang an war er mehr in seine Reitstunden vernarrt als in Spielzeug oder Fernsehen. Er hörte genau zu, nahm seine Abwürfe stoisch hin, und mit acht Lenzen sah es aus, als sei er ein Teil vom Pferd.
»Dein Neffe hat jede Reitertrophäe im Süden gewonnen. Das ist erstaunlich bei einem Mann.«
Ich spielte Empörung. »Bei einem Mann?«
Sie lächelte kokett und schaute mich herausfordernd an. »Da hilft alles nichts, Matt. Reiten ist kein Sport für Männer.«

»Wir haben den stärkeren Oberkörper.«

»Das ist es ja gerade. Ein Pferd lenkt man nicht mit roher Kraft; verlangt sind Technik und Einfühlungsvermögen.« Karen strich mit ihren technisch-einfühlsamen Händen über meinen Oberkörper. »Sieh mal, diese schweren Arme und Brustmuskeln sind ja ganz nett, aber sie werfen dich aus der Balance.« Sie klopfte sich auf ihr umfangreiches Hinterteil. »Der niedrigere Schwerpunkt hält Frauen im Sattel. Wir sind die geborenen Reiterinnen.«

»Warum sind dann alle Jockeys männlich?«

»Politik.«

»Schau an.«

»Er wird mit Mrs. Boudreaux gleich fertig sein. Laß uns reingehen.«

Karen winkte mich durch die Stalltür unter dem Hufeisen hindurch.

Ich sagte: »Apropos Politik, Liebes, wie läuft die Spendenaktion *Uptown?*«

»Wie am Schnürchen, Matty. Der komplette *Garden District* ist für Voitier. Am Donnerstag treffe ich die Gruppe und sammle ihre Spenden ein.«

»Deine Arbeit könnte glatt zwanzigtausend Stimmen wert sein. Armand ist dir sehr dankbar.«

»Ich unterstütze ihn gerne. Er ist der Kandidat der denkenden Bevölkerung.«

»Wir werden sehen, wie unser Mann morgen nacht bei der Bywater-Party ankommen wird.«

Karen hatte eine schlimme Liebesaffäre hinter sich, und für mich gab es zwei Möglichkeiten, ihren Kummer zu lindern. Sie in den Wahlkampf meines Cousins einzuspannen, war die zweite. Jedenfalls hatte sie sich mit einer solchen Leidenschaft engagiert, daß sie inzwischen als wichtigste Einzel-Helferin angesehen wurde.

»Wen willst du heute, Matty? Tam ist schon seit Tagen nicht mehr stramm bewegt worden.«

»Dann wird sie sich auf mich freuen. Wir werden im Park einen ordentlichen Galopp hinlegen.«

Tam ist ein Vollblutspringer und gehört meiner Freundin Edwina Devon Oakes. Ich halte mir kein eigenes Pferd mehr, aber einige Besitzer lassen mich reiten, wenn sie selbst keine Zeit dazu haben. Die Pferde brauchen das ebenso wie meine Oberschenkelmuskeln.

Karen streifte einen Halfter über den Kopf der Stute und führte sie aus der Box. »Willst du sie selbst striegeln?« Sie machte Tams Halfter am Querbalken fest und gab mir den Striegel.

»Sicher. Dann bekomme ich gleich ihre Stimmung mit.« Ich hielt die Stute am Halfter und bürstete mit kreisförmigen Bewegungen Hals und Schultern. Eine Schicht grauer Staub löste sich. »Du bist wohl in deinen Stall reingerollt, Tam.«

Pips Pferd Dickens war schon fertig gestriegelt von einem Stallgehilfen namens Chico. Der Wallach schnaubte in Vorfreude und warf seinen Kopf zurück, soweit der Strick es zuließ.

Bei meiner ersten Begegnung mit Dickens auf der *Texas Horse Auction* hatte ich angenommen, er sei nach dem Autor des David Copperfield benannt. Aber nach einer Runde auf der Koppel drängte sich mir die Vermutung auf, daß ich es mit dem Leibhaftigen zu tun hatte. Dieser Wallach würde jedem Einfaltspinsel, der ihn nichtsahnend besteigt, den Krieg erklären, Wille gegen Wille. Im Zweischritt: voller Galopp, voller Stopp. Ich mag es nicht sonderlich, wenn jeder Ritt mit einem lebensgefährlichen Tauziehen um die Kontrolle des Kopfes von meinem Pferd beginnt. Pip dagegen liebt den Wettkampf. Nach einigen Testritten gab es für ihn kein anderes Pferd mehr zu seinem dreizehnten Geburtstag.

Ich hob den Sattel von dem Balken mit der Aufschrift »Tam« und machte ihn auf ihrem Rücken fest. Karen stand mit dem Zaumzeug daneben. »Laß dich von Pip nicht zu einem Rennen hinreißen, bei dem du im Staub landest. Ich will dich morgen in guter Form haben.«

»Morgen?«

»Ich habe mich schon so darauf gefreut.« Sie legte ihre Arme um mich, und ihre Locken streiften mein Kinn. »Letzte Woche hast du mir den ganzen Mittwoch versprochen. Erinnerst du dich?«

»Selbstverständlich.« (Eine Lüge) »Ausgezeichnet, ich komme um zehn vorbei, und wir frühstücken bei *Brennan's*.«

»Zehn ist okay, aber...« Die Locken kitzelten. »Ich dachte nur, wir sollten erst *das eine* machen und dann frühstücken fahren.«

»Da habe ich nichts einzuwenden. Und dann werden wir...«

»Zurückkommen und *das eine* machen.«

»Nun ja...«

»Dann machen wir einen Ausritt am See entlang.«

»Das klingt vernünftig, aber...«

»Und dann kommen wir zurück und machen's.«

»Karen, ich denke nicht...«

»Und dann spazieren wir etwas am Ufer entlang. Natürlich stimmt uns das so wunderschön romantisch, daß wir richtig Lust kriegen...«

»Es zu machen?«

»Ja!«

»Schatz, mit siebzehn hätte ich so ein Programm wahrscheinlich gewissenhaft eingehalten. Nur, ich hatte für morgen an ein weniger auszehrendes Programm gedacht. Ich wollte die drei Kandidaten fürs Bürgermeisteramt überprüfen.«

»Ich wette, ich weiß, woran du denkst!« Karen warf ihre Locken zurück. »Den Mord an Rodger Lloyd untersuchen?«

»Ich hab da noch ein paar Fragen.«

»Was für ein Spaß!« Sie machte einen Sprung. »Du willst den wirklichen Killer zur Strecke bringen, um Philips Mami zu schützen!«

»Ich bilde mir nichts darauf ein.«

»Laß mich mitgehen. Ich werde dir helfen.«

»Entschuldige, aber das muß ich allein tun.«
»Wie du willst.« Sie legte ihre Arme um meinen Hals, sprang liebevoll an mir hoch und ließ mich ihre weichen Brüste spüren.
»Wenn du es vorziehst, legen wir uns grad hierhin und...«
»Nein! – Das heißt, ich kann nicht!« Ich gab auf und küßte ihre Nase. »Einverstanden, Liebes. Du kannst mir beim Detektivspielen helfen.«
»Großartig!« Sie wickelte mich in eine Umarmung, als Pip gerteschwingend hereinmarschierte.
»Hört mal, ihr beiden. Die Zuchtkoppel ist auf der anderen Seite.«
Karen löste sich von mir. »Dein Neffe hat die Sinclairsche Brunst geerbt, allerdings ohne ihr Feingefühl.«
»Du mußt den Jungen entschuldigen. In seinem Alter ist er eben zu ungeduldig zum Flirten.«
Sie seufzte: »Zeiten sind das!« und verließ uns.

6
DIENSTAGABEND

Pip trieb sein Pferd auf dem Weg über den Parkplatz zu einem schnellen Trab an.
»Was hältst du von einem Rennen zum See, Onkel?«
»Tam muß erst warm sein, wenn es dir nichts ausmacht.«
»Dann warte ich auf dich im Wäldchen.« Er wendete Dikkens, forderte ihn zum Galopp und jagte voraus.
Tam und ich begannen in einem flotten Tempo, und zehn Minuten später hatten wir ihn eingeholt. Er wartete unter einer Eiche.
Seine blauen Augen funkelten spöttisch. »Wir sind zwei-

mal um den Park in leichtem Trab, und ein Nickerchen war auch noch drin. Wer wird wohl langsam alt, Onkel? Du oder diese Stute?«

»Vielleicht sind wir gerade im Augenblick mit Reife und gesundem Menschenverstand gesegnet worden.«

»Laß uns ein Stück weit zusammen reiten. Dickens und ich werden Rücksicht auf dich nehmen.« Eine Zeitlang war Pip in Gedanken, bevor er sagte: »Karen spricht ziemlich oft von dir.«

»Wir reden schon seit Jahren voneinander.«

»In letzter Zeit kommt es mir vor, als sei es ernsthaft. Hast du Heiratsabsichten?«

»Du weißt selbst, daß das wenig wahrscheinlich ist.«

»Man sagt, im letzten Jahr wär's mit Edwina Devon beinahe soweit gekommen.«

»Ich hätte beinahe darüber nachgedacht. Jeder Mann ist ein Opfer seiner dynastischen Ambitionen.«

»Du würdest heiraten, bloß um Kinder zu haben?«

»Gut möglich, aber ich brauche sie nicht, dank dir. Ich habe an dir alles, was man an einem Sohn haben könnte.«

»Vielen Dank.« Philip strahlte. »Dann ist das nichts Ernstes zwischen dir und Karen?«

»Ein ganz zwangloses Vergnügen. Richtig.«

»Kriegt man sie schwer zum Orgasmus?«

»Gütiger Himmel!« Um ein Haar wäre ich vom Pferd gefallen. »Du bist reichlich jung für solche Diskussionen.«

Er hob seine Schultern. »So denken auch meine Eltern. Hast du gewußt, daß mir Ronald alles beigebracht hat, was ich über Fortpflanzung weiß. Damals war er acht.«

»Wer hat es Ronald beigebracht, wenn ich fragen darf?«

»Er hat es aus einem Buch, ist doch klar. Wahrscheinlich wird er's nie zu praktischer Erfahrung bringen.«

»Mach deinen Eltern keinen Vorwurf. Die meisten Erwachsenen haben Hemmungen, mit ihren Kindern über Sexualität zu sprechen.«

»Besonders über ihre eigene. Mom und Dad haben glatt

behauptet, sie hätten mich beim Warenhaus Holmes bestellt, als ich mal nachgefragt habe.«

»Ich nehme an, weil Holmes unbeschränktes Rückgaberecht gewährt.«

»Im letzten Jahr habe ich dann herausbekommen, daß meine Empfängnis mit einem einmonatigen Fronturlaub während Dads zweitem Vietnamaufenthalt zusammenfiel.«

»George war Scharfschütze bei der Infanterie. Auf Urlaub kam er regelmäßig mit Ordenspangen auf seiner Uniform nach Hause. Äußerst eindrucksvoll.«

»Sag mal, Onkel, wie bist du eigentlich um die Einberufung herumgekommen?«

»Onkel Sam hat mich nicht gewollt.«

»Ich kapiere.« Er lächelte verschmitzt. »Die haben keine Schwulen genommen.«

Ich lachte, denn ich bin gegen solche Anspielungen im großen und ganzen immun. Besonders, wenn sie von jemandem kommen, den ich liebe.

»Mach dich nicht lächerlich. Sie haben eine ganze Menge Schwule genommen, nur keine Epileptiker.«

»Deine Anfälle? Mein Vater hat mir erzählt, wie es passiert ist. Du hast dir beim Reiten den Kopf aufgeschlagen.«

»Einspruch. Beim Reiten habe ich mich nie verletzt. Die Ursache war ein abrupter Stopp. Mein Kopf schlug auf ein Geländer, seitdem habe ich die Anfälle.«

Unvermittelt fing Dickens plötzlich zu galoppieren an, und Pip mußte ihn zügeln, um in Sprechweite zu bleiben.

»Ich kann mich daran erinnern, wie du einmal hingefallen bist, als ich noch sehr klein war. Du schlugst um dich und hattest Schaum vorm Mund. Ich bekam einen ziemlichen Schreck, doch dann hat mir Mutter erklärt, es wäre nichts Ernsthaftes und du würdest gar nichts merken.«

»Von einem großen Anfall bekomme ich nichts mit. Nur danach habe ich höllische Kopfschmerzen.«

Er drehte sich im Sattel, um mich anzusehen.

»Du tust so, als sei das nichts. So ein Anfall kann doch fatale Folgen haben.«

»Äußerst selten.« Tam schüttelte ihre Mähne, eine Bremse hatte sich auf ihrem Hals niedergelassen. Ich klatschte sie ihr weg. »Gewöhnlich dauern die Anfälle nur einige Minuten und sind nicht weiter schlimm. Käme es allerdings einmal zu einer Reihe von Krämpfen, würde ich wahrscheinlich ersticken.«

»Wie bitte?«

»Die Atmungsmuskeln würden sich verkrampfen.«

»Macht das nicht Angst, Onkel?«

»Nein, solange ich meine Pillen nehme, habe ich keine Anfälle.«

»Dann nimm sie auch regelmäßig.« Pips Laune hellte sich auf, und er wechselte in schnellen Trab. »Schau, da vorne!« Mit seiner Gerte zeigte er in Richtung einer Reiterin auf einer besonders schönen *Saddlebred*-Stute.

»Ist sie nicht hinreißend?«

»Das kann man auch erwarten. Auf der *Southern American Saddlebred Auction* soll sie 15 000 $ gekostet haben.«

Pip warf lachend seinen Kopf nach hinten. »Ich spreche von dem Füllen obendrauf, Onkel! Schau dir nur diese unheimliche Kruppe an! Perfekte Konstitution. Am liebsten würde ich dazusteigen und sie die Nacht durchreiten.«

»Glaub mir, ich kenne die Dame, das wären zuviel PS für dich.«

Ich gab mich tadelnd, aber insgeheim dachte ich: »Herrgott sei Dank ist er nicht schwul. Die Schuld würde *mir* zugeschoben.«

Wir galoppierten an Geraldine und ihrem kruppenwiegenden Pferd vorbei. Sie war die einzige Reiterin im Park mit einem Westernsattel. Die beiden bummelten weiter, als ob sie gerade einen Tausendmeilenrindertrieb hinter sich hätten.

Mein vom Sex gestachelter Neffe beschenkte sie nur mit einem flüchtigen Blick, der allerdings saß. Keine Frau gebärfähigen Alters entging seiner Aufmerksamkeit. »Um

Mädchen kennenzulernen, gibt es keinen besseren Sport als Reiten. Die wenigen Kerle im Wettbewerb sind wie du.«

»Gutaussehend?«

»Schwul. Also ist die Bahn frei für mich.«

Wir galoppierten zurück zum Hof, trabten dann durch die Einfahrt und stiegen ab. »Chico!« Ich rief in die Scheune. »Aqui esta Tam.«

Der Stallbursche erschien und übernahm ihre Zügel.

»Wollen Sie sie lieber selbst abspritzen, Señor?«

»Nein, danke vielmals. Wenn du einmal ein Pferd gewaschen hast, weißt du, wie das mit dem Pferdewaschen ist.«

»Einige Besitzer machen am liebsten alles selbst.«

»Weibliche Besitzer, richtig?«

»Also ... nun, wo sie es sagen, ja, Ladies.«

»Sie halten Pferde für ein bißchen groß geratene Babies mit Hufen und Mähnen.«

Ich kenne Frauen, die jeden Nachmittag mit Vergnügen drei oder vier Stunden ihre Pferde waschen und bürsten, ihnen Karotten zu fressen geben und der Hätscheleien mehr. Mit ihrem besonderen Sinn für all diese überflüssigen Zuwendungen behandeln sie ihre Pferde wie Schoßhündchen oder Kinder. Ich meinerseits bin Pferden nie anders als würdevollen, arbeitenden Geschöpfen begegnet, niemals als Haustieren. Und ich bin sicher, daß ihnen das auch lieber ist.

7
DIENSTAGABEND

An der Ecke zur Napoleon Avenue mußte er an einer roten Ampel halten, als auch schon ein Schwarm Ghettokinder mit ihren Gummiwischblättern vom Mittelstreifen gelaufen kam, um dreckiges Wasser auf meiner Windschutzscheibe zu verschmieren. An Pip vorbei legte ich einen Vierteldollar in die dreckige kleine Hand, die durch die Scheibe gestreckt wurde. Sie hatten uns auf redliche Weise erwischt.

Pip strich mit seiner Handfläche kreisförmig über den Schaltknüppel. »Welchen Weg willst du nehmen, Onkel?«

»Du bist der Fahrer.«

»Dann fahren wir die St. Charles runter.« Er nahm die nächste links. »Meine Lieblingsstraße.«

»Jedermanns Lieblingsstraße.«

In unserem Postkartenstädtchen ist St. Charles die malerischste aller Avenues, mit riesigen Eichenbäumen, grünen Straßenbahnen, die auf dem Mittelstreifen hinunterrattern, aber vor allem den herrschaftlichen alten Häusern. Immerhin sieht man nicht gleich auf den ersten Blick, daß die meisten zu Eigentumswohnungen umgebaut wurden. Unseres jedoch nicht.

Pip hielt am 1900er Block und legte ein perfektes paralleles Einparkmanöver hin. Er schaltete den Motor aus und blickte auf das hübscheste Haus im ganzen Block, einundzwanzig Räume auf drei Etagen, bekrönt mit einem spanischen Ziegeldach.

»Das Sinclair-Haus. Mir wird nie zuviel, es anzusehen.« Per Knopfdruck senkte er die hinteren Scheiben. »Das gehört alles dir, stimmt's, Onkel?«

»Nur auf dem Papier, Pip. Du weißt, daß meine Mutter das Nutzungsrecht hat.«

»Versteh' ich nicht.«

»Wie es Louisianas Pflichtteilbestimmungen vorschreiben, mußte Vater das Haus mir überschreiben. Aber er gab Mutter das alleinige Nutzungsrecht des Besitzes auf Lebenszeit. Sie darf alles damit machen, außer es verkaufen.«
Er drehte sich auf seinem Sitz um. »Und sie hat nichts besseres im Sinn, als es an diese Nonnen zu vermieten. Sowas Blödes.«
»Die Schwestern vom St. Martin-Orden benutzen das Haus als Pflegeheim. Ich habe nichts dagegen. Immerhin halten sie das alte Gebäude gut in Schuß.«
»Aber würdest du nicht gern selber hier wohnen?«
»Du liebe Zeit! Ich könnte mir den Unterhalt und das Personal für so ein riesiges Haus gar nicht leisten. Robin und ich würden in all diesen Räumen nur herumirren. Da geht's mir in der Esplanade besser.«
Ich sah eine Polizeihosteß nahen und gab Pip ein Zeichen, vom Bordstein zu fahren, bevor sie uns den Weg verstellen und mein Kennzeichen notieren konnte.
An der nächsten roten Ampel hielt Pip an, im Rückspiegel behielt er das Haus weiter im Blick.
»Das wird eines Tages meins sein, oder?«
»Deines und Ronalds, als meine Haupterben.«
»Ronald kannst du vergessen. Er ist nur an genügend Platz für seinen Computer interessiert. Mein Bruder wüßte mit einem solchen Haus rein gar nichts anzufangen.«
»Aber du?«
Er lächelte, und seine Zähne entsprachen in ihrer Vollkommenheit seinem Erbe.
»Und wegen der Einrichtung würde ich meinen Onkel Matt konsultieren.«

Das Haus in der Banks Street roch leicht nach der verbotenen Pflanze im Küchenfester, und ich hoffte, Sylvia möge sie verbrannt haben. In eine indische Baumwollbluse und einen glockenförmigen Rock gehüllt, begrüßte sie uns an der Tür. Ich bin alt genug, um mich noch daran zu erinnern, daß sie ihr früher einmal gepaßt und gestanden hatten.

»Nett von dir, daß du Philip abgeholt hast, Matt.« Sie strich über das weizenblonde Haar des Jungen. »Es macht mir Angst, wenn er im Dunkeln heimkommt.«

»Aber ich geh' grad wieder raus ins Dunkle, Mom.« Pip gab ihr einen flüchtigen Kuß. »In der Schule ist Tanz, hast du's vergessen?«

»Oh, Liebling. Wann kommst du wieder?«

»Das hängt von meinem Glück ab ... Ich meine, die Party kann lange dauern.«

»Drei oder vier Abende die Woche bist du mit Mädchen unterwegs. Ich verstehe das nicht.«

Sie verstand es wirklich nicht.

Ronalds Tür stand offen. Er war eine garantiert langweilige Gesellschaft, doch hatte ich ihm nun mal meine Aufwartung zu machen. Ich trat in sein Zimmer, wo er wie üblich über seinem Computer saß.

»Hallo, Ronald.«

»Hallo, Onkel Matt.« Er schaute nicht auf.

»Gehst du mit Pip zum Tanzen?«

»Nein, er hat eine Verabredung. Ich nicht.«

»Die bekommst du nie, wenn du nicht mal zum Telefon greifst.«

»Ich würde mir nur freundliche Körbe einfangen. Ich denke, Mädchen stehen auf Jungen, die reiten können.« Er bewegte den Curser planlos hin und her. »Wie mein Bruder.«

»Wenn's darum geht, stehe ich jederzeit für Unterricht zur Verfügung.«

Ronald stubste seine runtergerutschte Brille wieder an ihren Ort.

»Nein, vielen Dank, Onkel. Ich will nicht in etwas einsteigen, das ich nicht kontrollieren kann.« Er wandte seine Aufmerksamkeit wieder seinem Keyboard zu, wo er offensichtlich gerade an einem Basic-Programm arbeitete. »Hier beherrsche ich alles.«

Als ich den Wallach für Pip kaufte, wollte ich Ronald etwas Gleichwertiges schenken, und er hat den Computer samt Nebengeräten gewählt. Er schlägt völlig aus der Sinclairfamilie.

»Aber du bist doch selber Sportler«, sagte ich mit gezwungener Herzlichkeit.

»Hmm. Hab' meinen dritten schwarzen Gürtel gemacht, letzten Monat«, brummelte er, als sei es nichts.

Da Ronald ein wenig klein für sein Alter ist, wollte sein Vater ihn unbedingt Judo lernen lassen, zur Selbstverteidigung. Er war, wie man so hörte, ziemlich erfolgreich.

»Gratuliere.«

»Hmm.«

Mir ist schleierhaft, wie sich ein schwitzend errungener Sieg über jemand von gleicher Größe mit der Beherrschung eines temperamentvollen Ungeheuers von zwölfhundert Pfund vergleichen läßt. Sowohl hinsichtlich der Leistung als auch, was den optischen Reiz betrifft. Dennoch wäre ich der Fairneß halber zu Ronalds Judokämpfen gegangen und hätte ihn genauso angefeuert wie Pip mit seinen Pferden. Mein Glück war, daß er weder mich noch seine Eltern je mit solch einer Einladung belästigte. Er absolvierte einfach seine Kämpfe und schleppte anschließend seine Trophäen nach Hause, die sich allerdings ziemlich mickrig neben den großen Reiterfiguren seines Bruders ausnahmen.

Ich durchforstete gerade mein Gehirn nach einem weiteren ermutigenden Gedanken, als Sylvia in der Tür erschien. Ich hätte nie gedacht, daß ich ihre Gesellschaft einmal so begrüßen würde. Ich lächelte sogar.

»Matt?« Ihre Stimme war kleinlaut und jammrig. »George will mit dir über diese Geschichte reden, in der ich drinstecke.«

Also folgte ich ihr zum üblichen Konferenzort, dem Küchentisch, und sie schloß bedeutsam die Tür hinter uns.

Sylvia muß mich diesmal erwartet haben, denn ihre Frauenmagazine waren hübsch ordentlich auf den Papierstapel zurückgeräumt.

Mein Cousin George war einsneunzig groß, schön und wohlgebaut wie jeder Sinclair, hockte im Moment aber zusammengesunken über einer Dose Dixie-Bier. Eindeutig nicht seine erste heute. Als ich auf dem Stuhl ihm gegenüber Platz nahm, schaute er verdrießlich zu mir hoch. Seine Augen waren gerötet.

»Die Bullen sind alle Arschlöcher, Matt. Meine Frau hat nicht einmal die *Kraft,* einen Mann zu erstechen.« Er ballte seine Fäuste. »Wenn sie das Schwein umbringen wollte, hätte sie dazu eine Pistole genommen. Sogar *Sylvia* hat soviel Grips.«

»Die werden sagen, sie hätte keine die Zeit gehabt, eine zu kaufen.«

»Brauchte sie gar nicht. Ich habe eine 38er Taurus Target Master in meinem Nachttisch. Gereinigt und immer geladen.«

»Die Polizei glaubt, sie hat ein Motiv.«

»Ich weiß alles über diese Geschichte, die sie mit Lloyd gehabt hat.« Er blickte trotzig. »Sylvia war damals ziemlich naiv.«

»War sie das?«

»Und dieses Schwein war so eine Kanone von College-Professor. Langer, blonder Sexprotz.«

»Er hat mich an dich erinnert, George«, sagte sie dumpf.

»Ja, ja. Egal, sie war einsam. Was passiert ist, ist passiert.«

Sylvia spielte mit ihrem Zopf. »Ich war bisher nicht ganz ehrlich zu dir, Matt. Mein Mann sagt, ich soll es so erzählen, wie es war.«

»Die Wahrheit? Ist ja toll.« Ich setzte mich rittlings auf einen Stuhl. »Es wird mir eine besondere Freude sein.«

Sie schaute auf die bekleckerte Plastiktischdecke. »Rodger ist mir weggelaufen, weil ... Ich habe ihm erzählt, ich bekäme ein Kind.«

»Schwanger?« Meine Stimme überschlug sich wie im Stimmbruch.

»Ich war völlig aus dem Häuschen, so überglücklich, daß

ich dieses wunderschöne Geschöpf auf die Welt bringen würde.«

Für die Dauer eines Wimpernschlags leuchtete etwas von Sylvias früherer Schönheit auf, als sie noch jung war und überschwenglich von den Versprechungen des Lebens. Zu einer Zeit, da andere Mädchen indische Baumwollblusen und lange Zöpfe trugen. »Ich dachte, Rodger wäre genauso glücklich.«

»Und er war nicht aus dem Häuschen?«

»Nicht die Spur. Er sagte, es sei mein Problem. Er würde sich nicht auf eine längere Beziehung mit einer Spitzmaus einlassen, die zu blöd sei, ihre Pille zu nehmen.« Sie schaute verstohlen auf ihren Mann, aber der blickte nicht von seinem Bier auf. »Rodger hätte für mich einen Engelmacher bezahlt. Aber eine Abtreibung wäre eine Ablehnung des Lebens gewesen, verstehst du? Schlechtes Karma.«

»Also ging Lloyd in den Norden zurück, und du hast sein Kind geboren.«

»Mein Kind.«

»Hast du das deinem Mann gesagt?« Ich fragte, als sei er nicht anwesend. Doch plötzlich war er es.

»Wen zum Teufel kümmert das!« Er knallte die Bierdose auf den Tisch, und sie schäumte über. »Als ich sie in Pineville besuchte, erzählte mir Sylvia von ihrer Geschichte mit Lloyd während meiner Vietnamzeit, und, daß er sie geschwängert hatte. Punkt.«

»George sagte mir, wir sollten es einfach vergessen«, gestand sie demütig ein.

»Und warum auch nicht?« Die Bierdose sprach erneut. »Vergiß den Krieg. Vergiß alles, was uns wegen ihm zugestoßen ist. Es ist vorbei.«

»Anscheinend ruft Rodger Lloyd alte Erinnerungen wach«, sagte ich.

Sylvia schaute auf ihren Ehemann, um sich seiner Zustimmung zum Sprechen zu versichern, aber der war wieder zu seiner Bierdose zurückgekehrt. Sie fuhr ohne ihn fort.

»Rodger erzählte mir, er wäre schon zweimal verheiratet und geschieden gewesen.«

»Das erzählten die Klatschspalten auch.«

Sie nickte. »Aber er meckerte, weil beide Frauen ihm nur Töchter geboren hatten. Zusammengenommen vier Mädchen. Rodger wollte aber einen Sohn, und darum hat er gesagt, er wäre wegen seines Sohnes gekommen. Was sagst du dazu?« Sie warf einen schrägen Blick auf ihren Mann, der sich nicht bewegt hatte. »Nach all den Jahren ohne ein Wort nannte er mein Kind ›seines‹.«

»Lloyd wollte eine Beziehung zu dem Jungen?«

»Ich habe gesagt ›*No way, José!* George ist jetzt der Vater des Jungen.‹ Aber dann drehte Rodger durch. Er brüllte, er habe viel mehr zu bieten, weil er diese Bürgermeisterwahlen für seinen Klienten gewinnen würde, und er wäre auf einem richtigen Erfolgstrip. Er hat noch 'ne Menge mehr erzählt, wie er's anstellen wird und so, aber ich habe nicht hingehört.« Sie biß sich auf die Lippen. »Dann sagte er, er habe Rechte. Das stimmt doch nicht, oder?«

»Nur, was du ihm zugestehst.«

»Also basta. Das habe ich mir auch gedacht. Rodger hat gedroht, sich selbst unserem Sohn vorzustellen und ihn entscheiden zu lassen.«

»Das war also der Grund des Briefes. Ihn davon abzubringen.«

»Den Jungen in Ruhe zu lassen. In seinem eigenen Interesse.« Mit einem Kugelschreiber rührte sie in ihrem Kaffee.

George schüttete sein Bier runter. »Jedenfalls hat der Kleine nie einen anderen Vater gekannt als mich, und dabei soll es bleiben.«

»Wie wichtig ist es dir, es dabei zu belassen?«

»Nicht genug, um Rodger Lloyd zu töten, wenn du *darauf* anspielst. Wie auch immer, ich habe nicht einmal gewußt, daß das Schwein in der Stadt ist.«

»Ich wollte ihn da nicht reinziehen«, sagte Sylvia. »Du weißt, wie George die Wände hochgehen kann.«

Die nächsten zwei Minuten saßen wir stumm da. Als ich schließlich das Schweigen brach, war mein Hals trocken. »Welcher von den Jungen war Lloyds? Pip oder Ronald?«

Sylvias Haltung versteifte sich, und sie blickte mir herausfordernd in die Augen. »Das habe ich nie jemandem verraten. Selbst meinem Mann nicht.«

»Es spielt keine Rolle!« George schlug mit beiden Händen auf den Tisch. »Jetzt gehören sie beide mir!«

Sylvia zuckte erschrocken zusammen, dann packte sie seinen Arm. »Für Matty spielt es natürlich eine Rolle. Kapierst du nicht? Er hat Angst, sein Geld einem falschen Sinclair zu überlassen. Das ist es doch wohl, stimmt's, Matty?«

Ich gab ihr keine Antwort, denn das war es.

»Vergiß ihn!« George schmiß beim Aufspringen seinen Stuhl um, und ein Adrenalinstoß ließ mich ebenfalls hochfahren, bereit zu kämpfen oder zu fliehen. »Wir haben dich nie um dein gottverdammtes Geld gebeten. Weder meine Frau und ich noch die Jungs!«

Sylvia erschrak, bückte sich dann und hob den Stuhl auf. »George, bitte. Matt ist in Ordnung.«

George kam auf mich zu. In seinen Augen stand Wut, und ich spürte seinen warmen Atem auf meinem Gesicht. »Wer zum Henker ist auf dich angewiesen? Von mir lernen die Jungen echte Werte. Mit ihren *Händen* zu arbeiten!« Er hob eine große, schwielige Hand. »Sie lernen, wie man einen Voltmeter benutzt, Strom anschließt, damit sie mal zu was taugen! Du springst hier nur geziert herum, als wärst du Don Johnson, und setzt den Jungs Flausen in die Köpfe! Sie haben schon Allüren wie Reichensöhnchen.«

Ich wich vor ihm zurück. »Tut mir leid, George. Ich wollte ihnen nichts geben, was nicht gut für sie ist.«

Er riß die Kühlschranktür auf und nahm sich ein weiteres Bier. »Nur weil du nicht Manns genug bist, eigene Kinder zu machen, kommst du hierher und willst mir meine stehlen!«

»Ich wollte nicht...«

Er schmiß die Kühlschranktür zu, und ein Dutzend kleiner Magnete in der Form von »Peanuts«-Figuren sprangen auf das klebrige Linoleum. »Wir brauchen deine gottverdammte Einmischung in unser Leben nicht! Meine Frau hat niemals jemanden umgebracht, und die Polizei kann uns gar nichts!«

Damit stapfte er aus der Küche und ließ Sylvia und mich in der peinlichen Situation schmoren.

Sie seufzte bedrückt und sammelte geschäftig die Magnete auf. »Entschuldige, Matt. Er sollte besser mit dem Strom schwimmen, aber... Er ist einfach ausgeflippt.«

»Ich weiß, Sylvia.«

»Er wird sich wieder beruhigen. Natürlich ist er dankbar für alles, was du für die Jungen getan hast. George ist nur deshalb so deprimiert, weil er ihnen so etwas nie bieten konnte, materielle Dinge eben.« Mit dem Finger polierte sie dieses kleine schwarzhaarige Mädchen, das Charlie Brown ständig den Fußball wegnimmt. »Er kriegt diese Arme-Verwandten-Chose nicht auf die Reihe. Ich fürchte, er hat noch eine zu junge und unreife Seele.«

»Nein, *ich* bin hier im Unrecht.« Ich holte einen Linus unter dem Tisch hervor. »George hat schon recht, daß ich immer eigene Söhne wollte. Vermutlich habe ich mich da wirklich zwischen ihn und seine Söhne gedrängt.« Dieses Eingeständnis fiel mir ausgesprochen schwer, und ich merkte, wie sich meine Kehle zusammenschnürte. »Ich werde weiterhin alle Rechnungen bezahlen, die in meinem Büro ankommen. Aber ich werde nicht versuchen, die Jungen wiederzusehen.«

Sie rieb Snoopy zwischen ihren Händen. »Du kannst sie sehen, wann immer du willst. George will nur, daß du sie behandelst wie seine Söhne, so wie er das auch tut.«

»Deshalb wurde er so fuchsteufelswild?«

»Die Jungs selbst haben keine Ahnung, begreifst du jetzt? Niemand außer mir hat je gewußt, wer von den beiden nicht von meinem Mann ist.«

»Lloyd muß es gewußt haben.«
»Wie denn? Ich habe es ihm nie gesagt.«
»Wenn du schon ein Kind hattest, als ihr euch kennengelernt habt, dann mußte seiner der jüngere Sohn sein.«
»Oh ...« Sie schaute abwesend. »Ja, vielleicht war es so. Aber ich habe ihm den Namen nicht gesagt.«
»Er hätte die Namen doch einfach von den Trophäen im Wohnzimmer ablesen können und dazu den Namen ihrer Schule. So wäre es ganz einfach gewesen, sie aufzustöbern.«
»Er hat es aber nicht getan, richtig? Er ist abgekratzt, bevor er die Möglichkeit dazu hatte.«
»Davon müssen wir ausgehen.«

8
MITTWOCHMORGEN

Ich öffnete Karen die Wagentür, und bevor sie ihre Beine elegant unter das Armaturenbrett schwang, schlug sie sie herausfordernd übereinander, damit ich die neue kurze Mode auch angemessen würdigen konnte.
»Diese Detektivsache beginnt Spaß zu machen. Spielen wir heute Emma Peel?«
Ich setzte mich hinters Lenkrad und zog den Sicherheitsgurt an ihr vorbei, um sie anzuschnallen. »Du bist ein wenig zu drall für Emma Peel. Versuchen wir es mit Perry Mason und Della Street.«
»Ich fühle mich nach ›Vierziger Jahre‹ heute. Und gekleidet bin ich für eine elegante Komödie in schwarz-weiß.« Sie glättete den Rock ihres Kostüms. »Es ist schön, mal aus den Stallkleidern herauszukommen.«
»Du wirst sie dir vielleicht zurückwünschen. Wir werden Politiker interviewen.«

Sie kontrollierte ihr Make-up im Spiegel der Sonnenblende und zog ihre Nase kraus. Selbst kraus war sie niedlich.

»Na schön, Perry. Wie ist der neueste Stand im *Fall des geschlachteten Vogelbeobachters?*«

»Wir wissen beide, daß Sylvia Rodger Lloyd nicht ermordet hat. Das ist unser Ausgangspunkt.«

»Schon kapiert, Chef. – Woher wissen wir das?«

»Weil Pip eine Mutter braucht.«

»Ah! So weit, so gut. Was ist aber mit ihrem Mann George? Er hätte den Anruf von Lloyd am Nebenapparat belauschen können, und mit Sicherheit hat er ein Fischermesser, damit...« Sie sah mich finster dreinschauen und korrigierte sich. »Na hoppla! Okay, George ist es nicht, weil Pip einen Vater braucht, richtig so?«

»Ganz genau. Wer also wußte sonst noch, daß Lloyd in der Stadt war? Ich spinne mal selbst weiter. Natürlich der Mann, der ihn hier engagiert hat. Einer der Kandidaten.«

»Wenn Armand ihn hergerufen hätte, hätte er es uns erzählt.«

»Und mal angenommen, jemand anderes hat ihn für Armand bestellt.«

»Wäre das möglich?«

»Werden die *Saints* diese Saison gewinnen? Alles ist möglich.«

»Dann werden wir heute eine inoffizielle und verdeckte Ermittlung über ihn und die beiden anderen Kandidaten durchführen. Moses Jones und Farley Berber.«

»Zuerst schauen wir bei Berbers Westernbekleidungsgeschäft vorbei, draußen am Veteran's Highway.«

»Ich habe mir immer seine Werbespots angesehen. Sie sind zwar fürchterlich schmalzig, aber er verkauft eine Menge Cowboyanzüge.«

»Jetzt verkauft er sich selbst.«

Die Vorderfront von *Berbers Rodeo*-Warenhaus war umschlossen von einem falschen »Schwartebretter«-Zaun aus

Aluminium. Wir gingen durch die Schwingtüren, vorbei an einer »Indianerdecke« aus Polyester, einem sonnengebleichten Longhornschädel aus Plastik und einem Ständer mit »geräumigen Jeans« für »zwanzig Prozent unter Preis!«.

Die waren echt.

Ein schwarzes »Cowgirl« mit einem »Ya'at«-Akzent führte mich zum Büro von ihrem Boß. Ein falscher Amboß hielt die Tür auf, und wir konnten direkt reinmarschieren.

»Hallo, Farley. Haben Sie eine Minute Zeit?«

»Na, wenn das nicht Matt Sinclair ist, in voller Größe.« Berber erhob sich und schüttelte meine Hand. »Und wer ist dieses flotte Cowgirl, das Sie da anschleppen?«

»Das ist Karen Peloquin, meine... Assistentin.«

Karen war sichtlich beunruhigt. »Cowgirl?«

Doch trat sie einen Schritt vor und streckte freundlich ihre Hand hin. »Sie sehen genauso aus wie im Fernsehen.« Es sollte wie ein Kompliment klingen, was ihr mit keiner erdenklichen Anspielung auf das Äußere unseres Gastgebers hätte gelingen können.

Farley Berber war über einsfünfundachtzig groß und schlaksig, eine Bohnenstange von Mann. Das Problem wurde kaum durch einen stahlblauen Cowboyanzug samt passender Stiefel gemildert, was ihn wie einen Sektquirl aussehen ließ. Gutwillige Seelen würden sein Erscheinungsbild als »lincolnesk« bezeichnen. Andere könnten zu einem Ausdruck greifen wie »würde den Teufel das Grausen lehren«. Das unschöne Antlitz wurde gekrönt von ergrauendem welken Haar, mit Topfschnitt und Tolle. Hier stand der Inbegriff eines Bauerntölpels.

Er zeigte uns ein ländlich einnehmendes Breitmaulgrinsen, das er wahrscheinlich von Andy Griffith kopiert hatte, und wies auf seine als langer Ast gestylte Bar. »Wachst rüber und bedient euch.«

»Vielen Dank, aber wir haben gerade erst...«

»Dann zieht euch 'n paar Baumstümpfe ran und nehmt den Druck von den Füßen.« Zum Glück gab es auch ganz normale Stühle, auf die wir uns setzten, um dann Berbers Büro in Augenschein zu nehmen.

Der Raum war zu einer Mischung von Notunterkunft der Grenzpolizei und Wahlkampfzentrale mutiert, mit »Berber for Mayor«-Plakaten über Frederick Remington-Drucken und Stapeln von Wahlkampfbroschüren, beschwert mit Requisiten wie Friedenspfeifen und Tomahawks. Eine sorgfältig gearbeitete Reproduktion von *Sharp's Carbine 50*-Büffelgewehr schmückte die Innenwand. Farbe und Maße waren originalgetreu, und es hätte als echt gelten können, wenn die Büchsenmacher im Bürgerkrieg mit Plastik gearbeitet hätten.

Ich nahm eine der in rot, weiß und blau gedruckten Wahlkampfbroschüren. Moses Jones war links abgebildet und schwarz wie ein mit verbranntem Kork beschmierter Melchior. Rechts sah man meinen Cousin Armand Voitier auf einem überentwickelten Foto, damit er so dunkel wie möglich erschien. Den Ehrenplatz in der Mitte nahm selbstverständlich Berber ein. Die große weiße Hoffnung der Stadtpolitik. Ich klopfte auf das Bild.

»Es sieht so aus, als seien Sie dieses Mal der einzige weiße Kandidat.«

»Das hat doch nichts zu sagen. Unsere beiden letzten Bürgermeister waren schwarz. Weiß ist nicht sonderlich günstig für mich.«

Um nichts in der Welt konnte ich in seiner Abbildung einen anderen Vorteil erkennen, als den, seine weiße Hautfarbe vorzuzeigen.

»Bin ja richtig geschmeichelt von Ihrem Besuch«, fuhr er fort. »Ist Voitier bereit, aufzugeben und mir seine Unterstützung vor die Füße zu werfen?«

Ich kicherte ein wenig mit, um dann zur Sache zu kommen.

»Wir untersuchen den Mord an Rodger Lloyd.«

»Der arme Hund hat sich erstechen lassen?« Er zeigte kein Interesse.

»Wir versuchen zu rekonstruieren, was er zuletzt gemacht hat. Haben *Sie* ihn hergebeten als Ihren Image-Berater?«

»Zum Kuckuck, nein. Mein Image war schon perfekt. Denken Sie, ich brauche ein neues?«

»So, wie ein Baby Milch braucht«, dachte ich. Ich sagte aber: »Sie hätten ja ein paar *Last Minute*-Veränderungen vornehmen können, um Ihren Wahlkampf zu retten.«

»Mein Wahlkampf läuft prächtig, danke der Nachfrage.«

»Aber die Umfragen führen Sie als abgeschlagenen Dritten.«

»Na und?« Er streckte seine langen Beine auf seine Ottomane, ein hölzernes »Pulverfaß«, das wahrscheinlich nie etwas anderem als seinen Füßen Platz geboten hatte. »Natürlich habe ich das von Anfang an für ein verlorenes Rennen gehalten. Nein, hier wollte kein anderer Republikaner den Job, und da habe ich die fünfhundert Dollar Kandidatengebühr hingelegt und war dabei.«

»Ich verstehe. Um an kostenlose Werbung für Ihr Geschäft zu kommen, haben Sie sich einfach als Kandidat aufstellen lassen.«

»Das ist starker Tobak, Leute! Die Republikaner bezahlen meine Plakate und Sendezeiten. Die schicken diesen Kerl Ollie Dunn, der sagt mir, wo ich hingehen und was ich sagen soll, und dann sitzen sie alle da und spitzen die Ohren. Hey, für einen armen Jungen vom Land ist das viel Aufmerksamkeit.«

»Dann haben Sie also gar keine politischen Ambitionen.«

»Ich bin schon ein reicher Mann, mein Warenhaus läuft prima, was will ich mehr?«

Die Frage war rhetorisch, erhielt aber einen Moment später dennoch eine Antwort, als Berbers Frau Kim in einer Wolke von »Opium« hereinschwebte. Ihr Anblick ließ ihn den Atem anhalten und von seinem Platz aufstehen.

Ein zierlich-exotisches Wesen, das mit ihrem schwarzen, beinahe hüftlangem Haar im gleichen Maße atemberaubend war wie ihr Mann dröge. An Kim Nguyen Jefferson Berber erinnerte aber auch gar nichts an Country, ihr wollenes Gianni Versace-Kostüm mit knielangem Rock kam direkt aus der Vogue. Diese Frau würde es verschmähen, in einen Laden wie *Berbers Rodeo*-Warenhaus auch nur ihren Fuß zu setzen, stünde für sie nicht die Ladenkasse offen.

Ohne ein Wort an uns zu richten, nahm sie ein Päckchen Gauloises aus ihrer Handtasche und zog sich eine Zigarette.

Wie die meisten hübschen Frauen ist auch Karen von jeder Schönheit fasziniert und konnte ihre Augen nicht von der orientalischen Femme fatale lassen. Ich selbst schaute mir Farley an, wie er in Kims Gegenwart kleiner zu werden schien, die Schultern beugten sich stärker, er wurde älter und zahmer, als ob sie durch ihre bloße Nähe seine Kraft und Männlichkeit schwächen würde.

Nie habe ich einen Mann gesehen, der so unter der Knute seiner eigenen Frau gestanden hat. Durch ihn wurde der unrühmliche Daseinszustand des Weiberknechts zu neuer Höhe und Würde geführt.

»Grüß dich, Matty«, sagte Kim mit kaum hörbarem Akzent und beugte sich zu mir rüber, um mir neckend ihr kleines Goldfeuerzeug hinzuhalten. Karen schenkte sie keinerlei Beachtung. Ich halte nichts vom Feuergeben, für wen auch immer, aber diesmal wollte ich eine Szene vermeiden. Sie inhalierte tief im französischen Stil. »Lange her.«

»Ziemlich. Ich habe dich nicht mehr gesehen, seit ... bevor du glücklich verheiratet warst.«

Ein nervöses Stirnzucken war zu sehen, bevor es durch ein sprödes Lächeln ersetzt wurde. Kim war eine, die den Kopf oben behalten hatte.

Dieser Blume des Orients war ich zum ersten Mal Mitte der sechziger Jahre begegnet, kurz nachdem sie als schwangere Braut eines schwarzen G.I.'s, Obergefreiter Clerow Jefferson aus der Heiratsrepublik Gretna, in die USA gekommen war. Schnell hatte sie heraus, wo es langging. In Louisiana war Rassentrennung noch gesetzlich verankert und gehörte zum Alltag. Kim erkannte sehr bald, daß sie auf der falschen Seite stand, finanziell gesehen, also ließ sie Mann und Kind in der West Bank-Sozialbausiedlung zurück und zog auf die andere Flußseite.

Das Mädchen hatte es in jenen Tagen schwer, Arbeit zu finden, denn sie war mit Akne gestraft, schlechten Zähnen und einem Körper ohne jede Weiblichkeit. Doch mit ungebrochenem Fleiß und Ehrgeiz arbeitete die magere vietnamesische Immigrantin Sechzehnstunden-Tage als Barmädchen und Animierdame in den Seemannsspelunken der Canal Street. Mit schnellen Nummern in der Damentoilette vom *Lucky* verdiente sie sich ihre Ersparnisse. Als sie genug für Zahnchirurgie, Abhobelung der Gesichtshaut und Silikonimplantate beisammen hatte, konnte sie ihren Preis entscheidend erhöhen und den Stadtteil wechseln.

Während der Masters & Johnson-Welle stieß Kim dann auf eine neuartige Marketingtechnik und baute ein einträgliches Beratungsunternehmen für Sexualprobleme auf.

Soweit ich mich erinnere, empfahl sie damals alles andere als einen lockeren Lebenswandel.

»Seit beinahe zwei Jahren sind wir sehr glücklich miteinander. Stimmt's nicht, Liebling?« Mrs. Berber schenkte dem Dreikaratdiamanten mit Marquis-Schliff an ihrem Ringfinger ihre ungeteilte Aufmerksamkeit. Und wer wollte sie dafür tadeln?

»Glücklich wie ein Maultier beim Rosenfressen.« Er wollte seiner Frau auf die Schulter klopfen, schlug aber in die Luft, da sie eine Idee zur Seite gewichen war.

Wir waren auf dem Vet's Highway schon zwanzig Blocks bis zur *I-Ten*-Auffahrt in Richtung New Orleans gefahren, als Karen meine Gedanken unterbrach.

»Seit wir Berber verlassen haben, bist du stumm. Woran brütest du?«

»Maultiere fressen keine Rosen.«

»Was ist das?«
»Sie tun's nicht. Ich habe doch meine Sommer immer auf Onkel Aldus' Farm verbracht.«
»Sicher, weit oben in Cajun-Land. Also?«
»Also kenne ich Maultiere. Kurz vor dem Verhungern würde so ein Vieh vielleicht *versuchen,* Rosen zu fressen, wäre aber mit Sicherheit nicht sehr glücklich darüber.«
»Natürlich nicht. Aber ich sehe nicht, was...?«
»Na, ein Esel würde Rosen fressen. Ein Esel würde beinahe alles fressen. Glücklich wäre auch er nicht darüber. Aber er würde die Lippen wegen der Dornen so zurückziehen, daß er grinsend *aussehen* würde, verstehst du nun?«
»Okay, aber was hat das zu tun mit...?«
»Der Bauernspruch heißt ›Lächeln wie ein Esel, der Rosen frißt‹, doch Berber hat es verdreht.«
»Ein alltäglicher Versprecher.«
»Natürlich, weil er ein ausgewachsener Scharlatan ist. Die einzigen Maultiere, die dieser Stadtheini je gesehen hat, haben Touristen durchs Viertel gezogen, in blitzenden roten Kutschen. Und außerdem sagt heute *keiner* mehr ›starker Tobak‹. Kennst du jemanden, der ›starker Tobak‹ sagt?«
»Nein. Kenne ich nicht.«
»Selbst Festus sagte nie ›starker Tobak‹. Und wenn George ›Gabby‹ Hayes noch lebte, würde selbst *er* nicht ›starker Tobak‹ sagen.«
Inzwischen hatten wir die Hochstraße über dem Superdome erreicht. Die riesige Anzeigentafel warb für das Saints-Spiel am Sonntag.
Karen klappte die Sonnenblende herunter und zog sich im Spiegel die Lippen nach.
»Soso, Farley Berber ist ein Scharlatan. Sind das nicht die meisten Politiker?«
»Ja, aber in diesem Fall werde ich herausfinden, was für eine Art von Scharlatan.«

»Da hast du recht.«
Fünfzehn Minuten später bekam ich meine Antwort in Armand Voitiers Zentrale, in einem ehemaligen Ladengeschäft in Gentilly.
Armand war aufgestanden, um mir die Hand zu schütteln. Distinguiert, mit Stahlrandbrille, war er groß wie die meisten Voitier-Sinclairs. (Mit einsfünfundsiebzig bin ich der Wicht des Clans.) An diesem Nachmittag wirkte er sonderbar und nackt in einem kurzärmeligen Hemd.
Armand Voitiers Persönlichkeit und sein ganzes Auftreten verlangten förmlich nach einem Dreiteiler, den er auf jedem Foto und zu jeder Gelegenheit trug. Wahrscheinlich schlief er sogar in einem. Mein Cousin war amtlich und wenn man die Arithmetik bemüht zu einem Viertel Schwarzer. Er hatte somit genug weißes Blut, um die Prüfungen des ehrwürdigen *Autocrat Club* zu bestehen. Seine goldbraune Gesichtsfarbe war heller als die Farbe einer Einkaufstüte, und sein Haar hatte eine so milde Krause, daß noch ein feinzinkiger Kamm hindurchkam. Seine Frau, Claudia, war sogar noch heller, und jeder Yankee hätte sie für eine Weiße gehalten.
Er hatte eine Schachtel mit Wahlkampfflugblättern beiseite geschoben, seinen Stuhl Karen angeboten und winkte mich auf eine Pappkiste.
»Wir haben beide Gegner bis auf die Knochen durchleuchtet, Matt. Wenn du die Angaben zu Berber willst... Eddie, gib sie ihm.«
Armands Anwaltskollege, Ed Stokes, war ein kleiner und gepflegter Mann, der seinen Anzug nicht einmal bei harter Arbeit in großer Hitze ablegen würde. Er nahm ein schreibmaschinenbeschriebenes Blatt Papier und las tonlos vor: »Farley Berber wuchs in Atlanta auf und machte auf der Universität von North Carolina seinen Abschluß in Betriebswirtschaft.«
»Dann ist er nicht der ungebildete Bauerntrampel, den er darstellen möchte.«
»An ihm gibt es überhaupt nichts Ländliches. Sein Vater,

Isaac Berber, hatte ein Bekleidungsgeschäft auf der Peachtree Avenue. Mit einem fing er an, und mit drei hörte er auf. Farley begann mit drei und brachte es zu einer Ladenkette von siebenundzwanzig Rodeo-Warenhäusern im ganzen Südosten.«

»Ein gewitztes Bürschchen.«

Armand nahm eine Videokassette. »Diese Junge-vom-Land-Pose ist dabei ziemlich einträglich. Möchtest du einen seiner Werbespots sehen?«

»Danke, der Genuß wird sich in Grenzen halten.«

Zu spät, das Band war drin und lief.

Armand hatte es sich auf der Ecke des Schreibtisches bequem gemacht, um sich einen Augenblick mit leichter Unterhaltung zu gönnen.

»Natürlich hat er sie seit seiner Kandidatur nicht mehr laufen lassen. Wir haben eine Raubkopie.«

Ich hatte schon Fernsehwerbung für Berbers Rodeo-Warenhaus gesehen, aber in diesem Zusammenhang war mir Armands zuversichtliches Lächeln und wie er sich über den Bart strich sehr verständlich.

Der Hintergrund erinnerte an eine Kindershow aus den frühen Fünfzigern: Eine Cowboy-Schlafbaracke, an der Wand Zier-Winchestergewehre, ein Ballen Heu und in der Bühnenmitte ein Sägebock mit Westernsattel. Darauf saß Berber, in einem silbrig glitzernden Cowboyanzug. Er sah aus wie eine Zange.

»Alle Mann herkommen zu Berbers Ro-day-o Warenhaus!« jauchzte er dem Fernsehpublikum zu. »Jede Menge Sonderangebote und Sachen wie aus den alten Dorfläden mit den Eisenöfen. Sie werden's nicht glauben. Jeans für alle Größen, für Dicke und Dürre und Stiefel aus jedem Leder. Hoo-Hey! Beim Vet's Highway in Kenner. Ein kurzer Ritt und freie Parkplätze für Roß und Wagen ...«

Karen schaute entrüstet. »Dieser Clown erhebt Ansprüche, unser nächster Bürgermeister zu werden?«

Armand zuckte die Schultern. »Ich persönlich bin der Meinung, der Kerl ist eine Schande für die Republikaner, aber was kann man machen? Er hat die Rassistenstimmen im Sack.«

»Es sei denn, sie finden heraus, daß er Jude ist«, kam es verschlagen von Ed Stokes.

Armand zerknüllte ein Blatt Altpapier. »Da lassen wir die Finger davon.« Er zielte auf den Papierkorb und traf. (Basketballstar bei den *Brother Martin!*) »Wenn wir ihn als Juden bloßstellen, wird er erzählen müssen, wie stolz er immer schon darauf war. Er wird anfangen, Jiddisch zu sprechen und die Fahne Israels schwenken. Dann muß ich allen zeigen, daß ich kein Antisemit bin und überall *Bagels* essen und aus dem Talmud zitieren.« Er schüttelte seinen Kopf. »Das kostet mindestens die Hälfte meiner schwarzen Stimmen.«

Ed grinste mich an. »Schwarze hassen Juden.«

»Ich weiß.«

»Wenden wir uns erfreulicheren Dingen zu.« Armand schlug sich aufs Knie. »Ich bin froh, daß du Karen mitgebracht hast. Ich wollte ihr schon lange persönlich danken für alles, was sie für den Wahlkampf getan hat.«

Sie lächelte. »Laden Sie mich einfach zur Siegesfeier ein.«

»Durch Sie wird es eine Siegesfeier. Ihre Wahlwerbung könnte den Ausschlag geben zwischen Gewinnen und Verlieren.«

»Das hoffe ich.« Karen lehnte sich vor. »Für Matts Cousin kann ich nicht genug tun.«

»Halber Drittel-Cousin«, sagte ich. »Unser gemeinsamer Ur-Urgroßvater war Maximillian Sinclair.«

»Der größte Plantagenbesitzer in drei Bezirken«, fügte Armand hinzu. »Seine Frau, Matts Ahnin, war schottischer Abstammung. Nach ihrem Tod heiratete er meine Ahnin, Therese Voitier, eine freigelassene Sklavin von den Westindischen Inseln. Unsere Linie hat den Doppelnamen übernommen, um uns vom weißen Familienzweig zu unterscheiden. Schließlich ließen wir den Namen Sinclair fallen.«

Karen schaute uns abwechselnd an und wägte die Ähnlichkeit ab.

»Das muß etwa zur Zeit des Bürgerkriegs gewesen sein.«

»Maximillian fiel bei Shiloh, und danach kämpfte jeder seiner Söhne und jeder kräftige Sinclair für die Konföderierten«, sagte ich. »Weiße und Farbige.«

Ed pfiff. »Das läßt du besser nicht durchsickern, Armand. Daß deine Vorfahren Rassisten waren.«

»Ich zeige nicht überall meine ›Söhne der Konföderierten‹-Karte herum, soviel ist sicher. Nehmt euch bitte von den Getränken. Leider können wir nichts Härteres anbieten.«

»Karen und ich sind nicht zum Trinken hergekommen. Wir sind an einer inoffiziellen Untersuchung.«

Karen erhob sich. »*Der Fall des geschlachteten Vogelbeobachters.* – Ich nehme irgendeinen Diätsaft.«

»Sie meinen diesen Mord im Französischen Viertel? Die Zeitungen erwähnten eine Sinclair.« Ein ungewohnt mißbilligendes Stirnrunzeln. Der Name Sinclair, in einem anderen als wohltätigen oder gemeinnützigen Zusammenhang veröffentlicht, war ein Schandfleck für uns alle.

»Sylvia ist mit meinem ersten Cousin, George, verheiratet. Jemand von der Polizeiwache hatte die Medien benachrichtigt, bevor ich überhaupt wußte, was passiert war. Ich konnte ihren Namen da nicht mehr heraushalten.«

»Die George Sinclairs? Von diesem Zweig hören wir nicht viel.«

»Es sind... Privatleute. Bis gestern.« Karen überblickte die Getränkeauswahl. Ich hob den Finger. »Eine Diätcola für mich, Liebes. Verdoppelt das Koffein. Das brauch' ich jetzt. Der Ermordete hieß Rodger Lloyd.«

»Ich habe von ihm gehört«, sagte Armand. »Eddie?« Ed Stokes war anscheinend die menschliche Datenbank des Büros. Er hielt die entsprechenden Unterlagen schon in den Händen. »Seit beinahe zehn Jahren bietet Rodger Lloyd im ganzen Land seine Dienste an. Er arbeitete für unterlegene Kandidaten in New York, Chicago und Los Angeles. Für siegreiche in Youngstown, Albany, Portland, Omaha und Fargo. Als wir uns vor sechs Monaten zur Wahl stellten, bot er uns zu den üblichen Konditionen Imageberatung an.«

»Kein Interesse.« Mein Cousin schüttelte seinen Kopf. »Stell dir vor, so ein Yankee kommt hier runter und erzählt mir, wie ich zu meinen eigenen Freunden und Nachbarn sprechen soll. Das ist doch grotesk.«

»Für dich, ja. Aber vielleicht waren die anderen Kandidaten da nicht so selbstsicher.«

»Na ja, Matt, der arme Farley Berber braucht so viel Imagepflege, wie er nur kriegen kann. Eine Generalüberholung, angefangen beim Gerippe.«

»Sehe ich auch so. Aber er bestreitet, Lloyd kontaktiert zu haben.«

»Eine andere Möglichkeit ist mein werter Gegner zur Linken, Moses Jones. Bedenke aber, daß der wahrscheinlich eher mit Al Campanis Blues tanzt als einen weißen Mann um Hilfe zu bitten.«

»Ganz deiner Meinung. Aber Karen und ich werden ihm so oder so einen Besuch abstatten.«

9
MITTWOCHNACHMITTAG

Moses Jones hatte seine Zentrale in der Canal Street eingerichtet, nur zwei Blocks von der Iberville-Sozialbausiedlung entfernt. So konnten seine Wähler jederzeit vorbeischauen und ihre politischen Anliegen diskutieren, Flugblätter zur Verteilung abholen und nebenbei freien Kaffee und die Sandwiches der guten Frauen von der *First Zion Baptist Church* genießen. Wenn gegen Ende des Monats die Lebensmittelmarken ausgingen, war dies hier ein besonders beliebter Versammlungsort.

Wir stiegen vorsichtig durch den Laden, um keine kummergeplagten Mütter anzurempeln oder etwa auf ihre herumkrabbelnden Sprößlinge zu treten. Karen schien in diesem Milieu etwas ängstlich zu sein und hielt sich an mich geklammert, als ich die verantwortliche Person ansprach. Eine riesige farbige Frau mit einem großäugigen Baby auf dem Schoß saß an einem Spieltisch und füllte Briefumschläge. Sie schaute von ihrer Arbeit auf und rief nach hinten ins Büro.

»Moses? Hier draußen sind Weiße.«

Das Baby nuckelte an einer Limoflasche und gab keinen Kommentar.

Jones war ein schlanker, unerhört gutaussehender Mann von sehr dunkler Hautfarbe. Sein Wahlkampf baute darauf, daß er der einzige wirklich schwarze Kandidat war. Er hatte nicht einmal daran gedacht, um weiße Stimmen zu werben, statt dessen steckte er sein ganzes Medienbudget in Werbung auf schwarzen Sendern. Seine Verdienste in der frühen Bürgerrechtsbewegung wurden darin erwähnt. Sein Harvard Jura-Abschluß hingegen nicht.

Nach dem ersten Blick in meine Richtung nahm er eine trotzige Debattierhaltung ein. Dann entspannte er sich und lächelte. »Hallo, Matt. Für einen Moment dachte ich, Sie seien irgend so ein weißer Reporter.«

»Irgend so ein Weißer.« Ich schüttelte seine Hand und stellte Karen vor.

»Miss Peloquin, der Wahlkampfblitz des *Garden Districts*. Ich wünschte, ich hätte Sie auf meiner Seite«, sagte Jones.

»Ich bin geschmeichelt«, antwortete sie liebenswürdig.

»Sind Sie beide am Spionieren für Armand?«

»Das natürlich auch. Aber daneben untersuchen wir die Rodger Lloyd Sache.«

»Der politische Berater?«

»Haben Ihre Leute ihn zu Rate gezogen?«

»Machen Sie Witze? Lloyd arbeitete nur für weiße Kandidaten.«
»An Armand hat er sich gewandt.«
Auf seinem Gesicht erschien ein selbstgerechtes Lächeln. »Genau wie ich Ihnen gesagt habe. Voitier gilt überall als weiß, außer auf seinem Taufschein. Und glauben Sie bloß nicht, unsere Leute wüßten das nicht.«
»Sparen Sie sich die Rhetorik. Ich versuche herauszufinden, wer einen Mann umgebracht hat.«
»In dieser Stadt werden jede Woche drei oder vier Schwarze ermordet. Aber da schaut kein in Schale geworfener Detektiv vorbei.«
»Fünfundneunzig Prozent dieser Fälle bedürfen keiner Untersuchung, weil es sich um familiäre Auseinandersetzungen handelt. Der Rest ist zumeist drogenbezogen.«
»Ordentlich durchgeführte Sozialprogramme werden diese Statistiken grundlegend ändern.«
»Wer wird dafür zahlen?«
Er durchstöberte seine geistigen Aktenordner nach einer vorgefertigten Antwort, als ein etwa achtjähriger dürrer Junge durch die offene Tür schaute und langsam hereingeschlichen kam, als fürchte er, Prügel für seine Ängstlichkeit zu bekommen. Jones drehte sich auf dem Absatz herum, schnappte sich den Jungen mit beiden Händen und schwang ihn bis auf Augenhöhe hoch.
»Kommste mal wieder zu Besuch, Eustis? Wo haste denn deinen kleinen Arsch versteckt gehabt?«
»Ich war bei meine Mamas, Mista Moses«, war die klagende Antwort. »Aber sie und Travis sin gestern wohin wech.«
»Nu geh mal rüber zum Tisch da und nimm dir 'ne Stulle, ja? Und Milch trinken, nich Limo. Verstanden?«
»Sicha, Mista Moses.« Eustis verdrückte sich zum Eßtisch und schaute immer noch umher, als wolle er etwas klauen. Jones zwinkerte mir zu.
»Sehen Sie die Vorteile einer zweiten Fremdsprache?«

»Ich wette, Ihre Sandwiches sind für den Jungen heute die Hauptmahlzeit.«

»Da werden Sie gewinnen.« Er seufzte leicht und zündete sich eine Zigarette an. »Seine Mutter gibt all ihr Geld und ihre Lebensmittelmarken an ihren Zuhälter ab. Sie hält Eustis gerade so lange bei sich, um Anspruch auf Sozialhilfe zu haben. Dann gibt sie ihn weg zu jedem, der ihn nehmen will.« Er inhalierte den Rauch, als wäre es lebensspendendes Oxygen. »Solche wie ihn gibt es Hunderte. Tausende.«

»Was können Sie mir von Lloyd erzählen?«

»Ich persönlich weiß nichts. Und von der Straße war auch nichts zu hören. Ich wette meine neue Krawattennadel, das war kein einfacher Raubüberfall aus Liebe oder wegen Geld.«

Ich hielt Karens Hand, als wir durch South Claiborne zurückgingen. Nicht aus dem Wunsch, besonders hetero zu wirken, sondern weil es die natürliche Art, ist mit einer Frau zu gehen.

Als wir am Friedhof mit seinem über den Ziegelsteinmauern sichtbaren Mausoleum aus Marmor und Granit vorbeikamen, fragte sie: »Wie denkst du über Jones?«

»Zumindest ist er kein Scharlatan.«

»Ein Harvard-Mann, der städtischen schwarzen Jargon spricht?«

»Ja, aber er ist aufrichtig in dem, was er tut.« Wir überquerten die Straße zum Parkplatz unter der *I-Ten*-Überführung. »Er hätte aus dem kleinen Eustis Kapital schlagen können, wenn er ihn mit auf ein Wahlkampfposter genommen hätte. Er hätte jeden von denen benutzen können. Aber er hat's nicht getan.«

»Das klingt, als ob du ihn bewunderst.«

»Warum nicht? Moses ist gebildet, intelligent, ehrlich und idealistisch.«

»Dann strampeln wir uns für Armand ab, bloß weil er dein Cousin ist?«

»Weil er für die Stadt das meiste tun kann. Denk daran, daß Armand Cleverneß, Verbindungen und die Reputation besitzt, unsere Tourismusindustrie zu verbessern, mehr Konferenzen hierher zu bringen und Steueranreize durchzusetzen, die die Abwanderung einträglicher Unternehmen verhindern. Mein Cousin ist sein ganzes Leben lang Politiker gewesen.«

»Und den Interessen der tonangebenden Oligarchien ergeben, während Moses darauf beharrt, sein eigener Herr zu sein.«

»Mitnichten ›sein eigener Herr‹, Liebes. Nat Ortigue persönlich zieht bei Moses die Fäden.«

»Der Bauunternehmer?«

»Und herrschende Patriarch aller schwarzen Gewerkschaften der Stadt. Er könnte die Voitier-Sinclairs zum Frühstück kaufen, soviel Geld hat der, und alles *self-made.*«

»Nat Ortigue soll aber äußerst konservativ sein.«

»Unwesentlich rechts von Vlad dem Pfähler.«

Wir erreichten den Wagen, und ich war wieder einmal erleichtert, daß er das öffentliche Parken ohne Spuren von Vandalismus überstanden hatte. Ich löste auf Karens Seite die Zentralverriegelung, ließ sie einsteigen und ging dann um den Wagen zur Fahrerseite.

»Warum sollte ein Kapitalist wie Ortigue am Kandidaten der Armen Interesse haben?«

»Ortigue hat von allem etwas, nur noch keinen Bürgermeister. – Sicherheitsgurt? – Armand war natürlich nicht zu haben. Aber Moses fiel in seine Preisklasse.«

»Teures Hobby.« Sie reichte mir das Gurtende, und ich befestigte es für sie.

»Aber lukrativ. Ist sein Mann erst einmal im Amt, wieviel städtische Bauprojekte fallen dann wohl in seinen Schoß?«

»Müssen sie da nicht geheime Ausschreibungen machen und das billigste Angebot nehmen?«

»Theoretisch. Aber mal angenommen, der Stadtrat muß über eine Notreparatur entscheiden?«

»Wie ein Riß im Deich?«
»Oder ein richtiger Durchbruch. Keine Zeit für Ausschreibungen, richtig? Nun, da holen wir doch am besten die alten, verläßlichen *Ortigue-Bauunternehmen.*«
»So also umgehen die das.«
»Und selbst wenn der Stadtrat Angebote reinholt, gibt es immer Gründe, die gegen das billigste sprechen. Wir sind hier in New Orleans.«
»Meinst du, Moses würde sich von Ortigue unterkriegen lassen, wenn er im Amt ist?«
»Wahrscheinlich hält er sich für resistent. Laß ihm den Glauben.«

10
MITTWOCHABEND

Meine Off-shore-Montur paßte mir nach fünfzehn Jahren immer noch, und ich freute mich darüber. Karen war ihrerseits mit einem Babykleidchen und passendem Sonnenhäubchen kostümiert. So eingekleidet, parkten wir in der Alvar Street und gingen die Burgundy hoch zu Pauline. Die Lichter und der Lärm der Halloween-Party wiesen uns den Weg.
Bywater ist eine vom Bürgertum »rückbesiedelte« Gegend im berüchtigten neunten Bezirk. Nach der erzwungenen Rassenintegration in den sechziger Jahren floh die weiße Mittelklasse in die Vororte, und die schönen alten Häuser wurden zu Mehrfamilienhäusern umgebaut. Doch vor einigen Jahren hatten einige *Baby-Boomer* genug von den Backsteinschachteln ihrer tristen Wohnanlagen und kehrten in die Stadt und nach Bywater zurück. Sie kauften die Häuser für das Dreifache des Erlöses ihrer Eltern und bauten sie wieder zu Einfamilienhäusern um.
Bywater wird nun zu gleichen Teilen von Schwarzen und

Weißen bewohnt. Doch bleibt die letztere Gruppe die meiste Zeit unsichtbar und kommt hinter ihren Eisentoren und Einbruchsgittern nur noch zu Nachbarschaftstreffen hervor oder für die gelegentliche Party. Zumindest einmal im Jahr werfen die Aktivisten und Macher von Bywater alle zusammen ihre Baulanderschließungsgutachten und Renovierungsprojekte über Bord, um sich schick anzuziehen, vollaufen zu lassen und rumzuflirten.

An diesem Abend waren für die Sicherheit zwei Polizisten bereitgestellt, die an der blauweißen Außenwand lehnten. Sie warfen einen kurzen Blick auf unsere Kostüme und winkten uns durch zum Fest im Hinterhof.

Das Gebäude war gut eingezäunt, und die Gäste wurden am Ende des Durchgangs von der Hauptgastgeberin Joanie begrüßt. Entsprechend dem »Lieblingsschlagzeilen«-Thema war sie als Papst gekleidet.

»Hallo, Matt!« Ihre Umarmung wickelte mich meterweise in weißen Satin. »Schön, dich zu sehen, auch wenn es nur einmal im Jahr ist.«

Ich gab ihr meine Einladungskarte. »Das Ereignis der Saison würde ich nie auslassen.«

Karen sagte: »Tut mir leid, ich habe meine Einladung verlegt.«

Joanie lachte. »Kein Problem. Ich kenne Sie, Karen.«

»Nicht heute abend.« Meine Begleiterin zog zum Gruß ihre Kopfbedeckung. »Heute abend bin ich Baby Jessica. Und Matty ist einer von diesen tapferen Ölarbeitern, die mich aus dem 18-Inch-Rohr gezogen haben.«

»Meinen Glückwunsch. – Die Band ist spitze heute. Kostümeraten ist um elf und Schlammringen um zwölf.«

»Ich wußte gar nichts von einem größeren sportlichen Wettkampf.«

»Carol und ich sind schon die ganze Woche am trainieren. Nehmt euch einen Tisch am Ring und setzt auf mich.« Unsere Empfangsdame zeigte zu einem Tisch hinter uns. »Bevor ihr euch in die Menge werft, müßt ihr noch unseren nächsten Bürgermeister wählen.«

Bywaters jährliche Probewahl ist unser bestes Barometer für die Stimme der Achtundsechziger-Generation, und ich verfolge das Ergebnis immer mit großem Interesse.

Karen und ich nahmen uns je einen Stimmzettel, kritzelten »Voitier« darauf und warfen sie in die Wahlurne. Joanie schaute uns unverfroren über die Schultern. »So läuft das heute schon den ganzen Abend. Meistens Voitier.« Sie wandte sich vier Partyhasen in Weintraubenmasken zu, die ihre Einladungen vorzeigten.

Ich nahm Karen bei der Hand und bahnte uns einen Weg durch die im Rhythmus der Band pulsierende Menge.

Ein Ersatz-*Bork* in Richterrobe und faserigem Bart aus Bindfäden verschüttete Scotch über einen Jitterbug-Tänzer, der Gorbatschow darstellen wollte und dazu seinen kahlen Schädel mit roter Tinte dekoriert hatte. Angestellte und Bewohner des Wohlfahrtskrankenhauses waren mit grünen Chirurgenkitteln und »Bier-Therapie« verkündenden Schildchen »verkleidet«. Einige Frauen improvisierten einen Look durch unmäßig aufgetragenes Make-up, das sie als Hommage an Tammi Faye Bakker, die TV-Prediger-Gattin, runterlaufen ließen. Die beliebteste Persönlichkeit des Abends war Ollie North, sofern ich die Gäste in Uniform mit ihren zerkleinerten »Iran-Contra«-Akten richtig verstand. Wir kämpften uns durch arabische Waffendealer, Iraner und Contras. Ein Witzbold verkörperte Gary Hart mit Hilfe des simplen Kunstgriffs, sein Haar zu fönen und den Hosen-Reißverschluß offen zu lassen.

Ich fand für uns einen Tisch neben der Schlammgrube und ging dann für unsere Drinks zur Bar. Ivan Boesky stand vor mir an, Hand in Hand mit Max Headroom.

Jake, den Chef-Barkeeper, kannte ich und er mich auch.

»Sazerac für dich, Matt«, konstatierte er. »Was noch?«

»Pink Squirrel.«

»Oh, bist du heute abend mit Robin da?«

»Einem *wirklichen* Girl.«

»Großartig! Ich wußte immer, daß du noch die Kurve kriegst.«

Karen hatte meinen Stuhl mit ihren Füßen freigehalten als ich zum Tisch zurückkam.
»Ich bin froh, daß wir nicht neben den Lautsprechern sitzen. Ich muß dir nämlich was sagen.«
Ich reichte ihr den Drink und nahm ihre Füße vom Stuhl.
»Ich höre.«
»Warte mal.« Sie beugte sich über ihr Glas und nahm einen langen Schluck aus dem Strohhalm. »Gut. Oh, sie spielen gerade ›Through The Eyes of Love‹. Laß uns tanzen.«
Ich nickte und nahm einen Schluck von meinem Sazerac, bevor ich sie in meine Arme schloß. Der Innenhof war voll mit weiteren Midlife-Romantikern, also steckten wir unsere sechzig Quadratzentimeter Rasen unter Sternen und bunten Lichtern ab und tanzten eng umschlungen. Sie drehte eine Haarlocke von mir in ihren Fingern.
»Ich mag dein Eau de Cologne.«
»Das ist Aftershave. Eau de Cologne ist für Schlappschwänze.«
»Matty?« Unvermittelt hörte sie auf zu tanzen. »Das, was ich dir sagen muß... Halt dich fest. Die Sache ist die: ich bin schwanger.«
»Upf?« Beinahe wäre ich über ihren linken Fuß gestolpert. »Aber wie konnte das...?« Mein Herz drohte meinen Brustkorb zu sprengen.
»Wir haben immer...«
»Nicht von dir. Ich bin mindestens im fünften Monat.« Sie schaute schuldbewußt und verängstigt zugleich. »Mit Lucas war ich nicht sonderlich vorsichtig, weil ich ein Kind haben wollte, dachte ich. Wir *wollten* heiraten.«
Wir waren mitten in der wogenden Menschenmenge stehengeblieben. Ich drückte sie an mich und setzte unseren klaustrophobischen Walzer fort.
»Wie lange weißt du es?«
»Über zwei Monate. Meine Periode war überfällig, und ich habe mir einen von diesen Schwangerschaftstests gekauft. Ich habe das Plastikröhrchen auf meinen Schreib-

tisch gestellt und erst mal einen Ausritt gemacht. So hatte ich eine Stunde, um über Lucas nachzudenken.« Karen legte ihre Arme um meinen Nacken, als sei sie am ertrinken. »Wie er meine Stallungen verkaufen und in irgendwelche seiner Projekte investieren wollte. Ich konnte ihn einfach nicht heiraten, oder?«

»Selbstverständlich nicht.«

»Als ich in mein Büro zurückkam, zeigte das Röhrchen diesen verräterischen Ring. Ich wußte nicht, ob ich glücklich oder unglücklich sein sollte.«

Ich gab irgendein besänftigendes Geräusch von mir und dachte insgeheim: Fünf Monate? Zu lang. Zu spät.

»Ich habe daran gedacht ... du weißt ... es nicht haben zu wollen. Aber ...« Sie begrub ihren Kopf an meiner Brust. »Ich bin neununddreißig, Matty. Es könnte meine einzige Chance sein, Mutter zu werden. Ich lasse der Natur besser ihren Lauf.«

»Ich verstehe.«

»Ich bin so froh.« Sie sah eher erleichtert als froh aus. »Ich habe Bücher über die Lamaze-Methode bestellt. Und nun ... werde ich einen Coach benötigen.«

»Einen Coach?« Mir wurde schwummrig.

»Ich weiß, es ist eine große Bitte.« Ihre Fingernägel gruben sich in meine Arme. »Würdest du mitkommen und mir beim Atmen helfen, bitte?«

»Ich?« Im Moment konnte ich mir nichts weniger Erquickliches vorstellen als den Anblick einer mit dem Kind eines anderen Mannes kreißenden Frau.

Jetzt ja sagen und später versuchen, da wieder herauszukommen, war alles, was ich tun konnte. Ich drückte sie an mich.

»Natürlich, Liebling.«

»Oh, danke! Ich wußte, daß ich mit meinem besten Freund rechnen kann. Jetzt brauche ich den Drink.« Sie ließ ihren Arm an meinem heruntergleiten und nahm meine Hand, als wir zum Tisch zurückgingen. »Immerhin hat sich keiner mit unseren Drinks davongemacht.«

Ich zog Karen ihren Stuhl vor, und sie beugte sich, um an ihrem Pink Squirrel zu nippen. »Auf die Zukunft.«
Ich hielt meinen Sazerac hoch. »Auf die nächste Generation. Soll sie ... Karen!! Was ist los?!«
Ihre Augen traten erschrocken hervor, und im nächsten Moment krümmte sie sich und stürzte zu Boden, wo sie sich in atemlosem Todeskampf wand.

11
MITTWOCHNACHT

»Wir konnten Miss Peloquin retten. Aber, es tut mir leid, sie hat das Kind verloren.«
Der Arzt hielt seine Hand auf meine Schulter gelegt und sprach mit berufsmäßigem Mitgefühl, weil er keinen Zweifel hatte, daß ich das unschuldige Wurm gezeugt hatte.
Meine Erleichterung war gleichwohl uneingeschränkt. Für das Baby hätte ich etwas Bedauern hegen können, aber Frauen in unseren Kreisen gebären nun mal keine unehelichen Kinder und ziehen sie auch nicht groß.
»Kann ich sie sehen?«
»Ich glaube, das wird ihr guttun. Aber nur kurz.«
Karen schien zu schlafen, bis ich unmittelbar über dem Bett war, dann öffnete sie halb ihre Augen. Sie sah beinahe so blaß aus wie das Laken und sehr jung ohne jedes Make-up. Auch ihre Stimme war schwach und kindlich.
»Hallo, Matty. Tut mir leid, daß ich den Schlammringkampf vermasselt habe.«
Ich zog einen Stuhl ran und nahm ihre Hand.
»Es gibt immer ein nächstes Jahr.«
»Danke, daß du mir das Leben gerettet hast.«
»Machst du Witze? Auf der Party waren drei Ärzte. Die

kamen zu deiner Rettung geflogen und steckten dir diesen Tubus in die Kehle. Dann ist die Polizei mit dir hierhergeeilt zur Magenpumpe.«

»Aber jemand hätte ihnen erzählen müssen, daß mein Drink vergiftet war.«

Ich spürte einen leichten Druck von ihrer Hand. »Wer würde mich töten wollen? Was denkst du?«

»Liebling, ich habe keinen Schimmer.«

»Ich habe keine Feinde ... Hör mal, Matty.« Sie begann zu flüstern. »Man hat mich vergiftet, weil wir den Mörder von Rodger Lloyd jagen.«

»Ich will ja nicht eitel erscheinen, Liebes. Aber wäre bei einem solchen Motiv nicht *ich* das Ziel gewesen?«

»Vielleicht haben sie die Drinks verwechselt.«

»Unmöglich. Ich habe in meinem Leben noch keinen Pink Squirrel getrunken.«

»Dann war ich wohl aus irgendeinem Grund näher dran, den Mörder zu finden, als du.«

Frank Washington war draußen beim Schalter und trommelte seine Finger.

»Was hat sie dir erzählt?«

»Nichts. Sie weiß nichts.«

»Nun, *ich* weiß etwas. Die Analyse von Miss Peloquins Drink zeigt eine große Menge Ergotamin, ein bekanntes Abtreibungsmittel. Eine Idee, woher es kam?«

»Mit Sicherheit nicht.«

»Hör zu, Matt.« Seine Hände waren zu einer friedfertigen Geste erhoben. »Einige Leute werden vermuten, sie hätte es sich selbst verpaßt.«

»Das ist verrückt! Warum?«

»Die Lady war alleinstehend und schwanger. Genug für ein ›Warum‹.«

»Wir leben im Jahr 1987, Frank. Abtreibungen sind legal.«

»Nicht für sie. Der Fötus war schon zu weit entwickelt. Und als Reitstallbesitzerin hatte Miss Peloquin Zugang zu dem Mittel. Ergotamin wird von Veterinären zur Geburts-

einleitung benutzt.« Er zeigte mir den Bericht. »Deine Freundin hat die Dosis einer Stute genommen.«
»Jemand hat es ihr untergeschoben, Frank. Es war versuchter Mord.«
»In Ordnung. Diese Hypothese haben wir auch verfolgt. Aber am Tatort gab es für uns nicht viel zu untersuchen. Zu der Zeit, als das Gelände gesichert, die Masken abgenommen und Ausweise kontrolliert wurden, waren die meisten Gäste schon in alle Winde zerstreut. Von den Neugierigen, die sich noch rumtrieben, hatte keiner mehr etwas zu verbergen.«
»Das ist der Vorteil, wenn man Gift benutzt. Der Täter kann zur Zeit der Einnahme schon über alle Berge sein.«
»Somit hätten wir einen Mord und eine Vergiftung, beide in Zusammenhang mit der Bürgermeisterwahl.«
»Nicht unbedingt.«
»Und Matt Sinclair sieht sich verstrickt in beide.« Frank sah betont gemessen auf mich herab, um so den Größenunterschied zu betonen. »Du weißt, ich bin Atheist.«
»Was soll das heißen?«
»Ich glaube nicht an Koinzidenzen.«

Ich fand Jake an seinem angestammten Platz hinter der Bar in Pat O'Briens Hof. Ohne Aufforderung servierte er mir meine morgendliche Bloody Mary.
»Das geht auf mich, Matt. Ich habe dir zu danken. Du hast die Polizei überzeugt, daß die Drinks in Ordnung waren, als du sie geholt hast.«
»Ich habe dir beim Mixen zugeschaut. Und außerdem hat Karen der erste Schluck nicht geschadet.«
»Jemand muß Miss Peloquins Drink präpariert haben, als ihr Tanzen wart. Problemlos bei der Menschenmenge.«
»So einfach wieder nicht. Laut Chemiker war die Verbindung nicht schnell löslich. Sie mußte mindestens eine Minute eingerührt werden.«
»Ziemlich gefährlich selbst wenn man nur mit einer Maske gesehen wird.«

»Ich nehme an, der Giftmischer hat beobachtet, wie ich die Drinks holte, und dann selbst einen Pink Squirrel bestellt. Er hatte Zeit genug, das Ergotamin in seinen eigenen Drink zu rühren. Dann brauchte es nur Sekunden, um an unserem Tisch vorbeizugehen und den Austausch vorzunehmen.«

»Klar, so könnte es gehen.«

»Also denk mal hart nach. Hat irgend jemand außer mir noch einen Pink Squirrel bestellt?«

Sein Kiefer fiel herunter. »Verdammich! Ja! Ich fand es noch witzig. Der Kerl direkt nach dir bestellte das gleiche. Er zeigte nur drauf und sagte, er nähme auch so einen.«

»Er? Es war ein Mann?«

Das verwirrte Jake. »Ich nehm's an. Es war halt jemand mit einer Ronald Reagan-Maske. Hatte den Eindruck von einem Mann.«

»Weiß oder schwarz?«

»Weiß...« Er kratzte sich den Kopf. »Oder es könnte auch ein hellhäutiger Schwarzer gewesen sein.«

»Groß oder klein?«

»Mir fiel weder das eine noch das andere auf. Einfach durchschnittlich bei allem.«

»Was hatte er an außer der Maske?«

»Da ist mir auch nichts aufgefallen. Tut mir leid, Matt, ich habe dir schon mehr gesagt, als ich weiß.«

12
DONNERSTAGMORGEN

Als ich in den Laden spazierte, fiel Steve aus allen Wolken.

»Joanie hat kurz reingeschaut und uns von Karen erzählt. Wir haben dich heute nicht zur Arbeit erwartet.«

»Karen ist außer Gefahr.« Ich ging zum Büro durch. »Also geht's ganz normal wieder an die Arbeit.«
Steve folgte mir. »Normales Arbeiten in einem schmierigen Arbeitsoverall?«
»Ich hatte keine Zeit, nach Hause zu gehen.« Ich schloß die Tür hinter uns und öffnete meinen Chippendale-Armoire, wo ich immer eine Ersatzgarnitur aufbewahre. Blazer, Hose, Hemd, Schlips und Unterwäsche, alles farblich abgestimmt.
»Dann hast du auch nicht geschlafen.«
»Vielleicht bin ich etwas weggedöst im Wartezimmer.«
»Muß äußerst erholsam gewesen sein.« Steve nahm die Schecks vom Tag von meinem Schreibtisch, jeder mit angehefteter Rechnung. »Diese sind für Philip. Unterricht bei St. Bonifaz, Veterinärrechnung für Dickens,... Wirf mal einen Blick auf seine Hufschmiedrechnungen...«
Ich hielt sie auf Armeslänge und pfiff. »Dieses Pferd hat eine höhere Schuhrechnung als ich. Bei Hüten ist sie dafür niedriger.«
»Anzunehmen. Das dicke Ende kommt erst noch.« Er reichte mir seinen Füllfederhalter. »Dein anderer Neffe Ronald bringt es dieses Mal auf zweihundert Dollar für Rechennetzzeiten. Hat er da nicht schon wieder überzogen?«
»Sicher.« Ich beugte mich über den Schreibtisch und unterschrieb die Schecks, ohne weiter nachzulesen. »Aber ich lasse es laufen. Vielleicht ist dieser Monat eine Ausnahme.«
»Das sagst du jeden Monat. Ich glaube, du läßt Ronald aus Schuldgefühl all diese Rechnungen anhäufen.«
»Schuld für was?«
»Einfach, weil du Pip vorziehst.«
»Das ist wahr und für alle sichtbar. Aber solange ich sie gleich behandle, ist mein Gewissen rein.«
Steve schnippte mit seinen Fingern zu dieser Erklärung.
»Anscheinend schaltet sich das Computergenie an jedem Wochentag wie ein Uhrwerk um punkt 18:01 Uhr ins Re-

chennetz ein. Und samstags verbringt er den ganzen Tag daran.«

Ich zog das untere Hängeregister heraus, wo ich meine Ersatzsocken aufbewahre.

»Wenigstens wartet er bis zur Niedrigtarifzeit.«

Er nahm die Schecks an sich und einen Bogen Briefmarken.

»Wenn es dir nichts ausmacht, verschicke ich die jetzt, damit ich hier nicht länger rumhängen und auf deine Blöße schauen muß.«

»Geh schon. Es ist ohnehin zuviel Neid in der Welt.«

Ich wechselte gerade meine Unterwäsche (abgelegt unter »U«), als das Schreibtischtelefon klingelte. Es war mein Privatanschluß, also ging ich selbst ran.

Die Stimme am anderen Ende war Sylvias. Hysterisch wie immer.

»Matty! Die schlimmste Sache der Welt ist gerade eben passiert!«

Mein Herz stand still. »Pip?«

»Nein, es ist George. Die Bullen waren mit einem Haftbefehl da und haben ihn mitgenommen.« Sie heulte nun so hemmungslos, so daß ich fürchtete, sie würde das Telefon rausreißen.

»Sylvia? Reiß dich zusammen und lies mir den Haftbefehl vor.«

»Alles?«

»Warum haben sie ihn verhaftet?«

»Warum, Mord, natürlich.«

»Was heißt ›natürlich‹?«

Die Erklärung kam stockend, unterbrochen von gequälten Schluchzern.

»Sie haben herausgefunden, daß das Messer, mit dem Rodger umgebracht wurde, aus Georges Angelkasten war. Und natürlich hatte er den hinten auf der Ladefläche von seinem *Pick-up*, als er am Samstag fischen fuhr. Wer hätte es also sonst benutzen können?«

»Was hat George gesagt?«

»Er hat die Sphinx gespielt. Noch nicht mal verteidigt hat

er sich und sich einfach von diesen Säcken abführen lassen.« Ihre Stimme hatte eine ohrenzerfetzende Tonhöhe erreicht. »Wie konnte er mir das nur antun?«

Ich beendete das Gespräch und wähle Frank Washingtons Nummer. Er nahm gleich beim ersten Klingeln ab und knurrte. Mit vollem Mund.

»Also gut. Wo habt ihr ihn hingebracht?«

Ich hörte ihn sorgfältig kauen und hinunterschlucken, bevor er antwortete.

»Ist das die Kurzform für ›Hallo Frank, wie geht's heute morgen? Übrigens, ich habe gehört, daß mein Cousin George gerade in Gewahrsam genommen worden ist. Würdest du mich bitte über seinen Status aufklären?«

»Richtig.«

»Ja dann, mir geht's gut, danke. Richtig, wir haben neue Beweise entdeckt, die uns zwangen, einen Haftbefehl für Mr. Sinclair ausstellen zu lassen.«

»Die Mordwaffe?«

»Dieses Fischermesser ist aus einem Sonderverkauf von Osborne. Einige seiner Lehrlinge werden bezeugen, daß sie ihm im letzten halben Jahr eins verkauft haben.«

»Wahrscheinlich gibt es davon ein Dutzend.«

»Aber seins ist weg.«

»Jemand hätte es stehlen können.«

»Die Heinzelmännchen? Und es paßt zu Lloyds ›Sterbebotschaft‹. Sie hätte auf Sylvia weisen können, nicht als Mörderin, aber als Motiv.«

»Hör zu, Frank. Lloyd wurde in den Rücken gestochen, und er starb erst nach einigen Minuten. Amateurarbeit.«

»Wer sagt, dein Cousin sei ein professioneller Killer?«

»Aber er *war* es. George hat zwei Jahre in Vietnam gedient.«

»Ich komm' nicht mit.«

»Er hätte eine solche Schlamperei nicht gemacht, Frank. Er war ausgebildet, an den Feind ranzuschleichen und seine Kehle von einem Ohr zum anderen durchzuschneiden. Sofortiger Tod. Keine ›Sterbebotschaften‹.«

»Das wäre, als würde er seine Signatur drunter setzen. Ist George dumm?«

»Nein. Und genausowenig gewalttätig.«

»Du bist als Zeuge seines guten Charakters herzlich eingeladen. Morgen früh wird in Richter Waldrons Gericht die Kaution festgesetzt.«

»Ich werde da sein.«

»Du kannst dir deine Redekünste sparen, Matt. Dein Cousin hat einen Pflichtverteidiger beantragt.«

»Einen Pflichtverteidiger? Warum hängt er sich nicht gleich mit einem nassen Laken auf?«

»Er kann sich keinen Rechtsanwalt leisten.« Es raschelte am anderen Ende. »Und da ist noch was anderes zu deiner Beglückung. Ebensowenig will er auch nur einen Cent annehmen von... Hier ist das Originalzitat: 'dieser Süßarschschwuchtel von meinem Cousin.‹ Hmm. Welche der wohl gemeint hat.«

»*Welchen* er gemeint hat!« Ich versuchte, den Hörer nicht allzu hart aufzuschlagen, als ich die Verbindung unterbrach.

Schließlich und endlich war ich ordentlich angezogen und halbwegs durch die Gehaltsabrechnung durch, als eine Stunde später Steve an meine Tür klopfte. Beim Eintreten strahlten seine Augen.

»Matt, die schönste, exotischste, orientalischste Puppe ist gerade hereinspaziert. Geschwebt, sollte ich sagen. Wie ein seltener Schmetterling.«

Dann glitt Kim an ihm vorbei zu einem theatralischen Auftritt in ihrem zweireihigen Trenchcoat aus Lammleder. Ich erhob mich, um ihr im Geiste Sir Walter Raleighs den Hof zu machen.

»Enchanté, Mrs. Berber. Willkommen in meinem bescheidenen Etablissement.« Ich nahm ihren Mantel und hängte ihn auf einen gepolsterten Bügel, während sie ihre Handtasche aus Schlangenleder festhielt. Sie war rot, abgestimmt auf ihr Adolphokostüm. »Darf ich Ihnen vielleicht etwas zu trinken anbieten?«

Ich liebe diese aufwendigen Beweise der Galanterie bei Frauen, die es wirklich zu schätzen wissen. Getreu dem Grundsatz: Behandle eine Hure wie eine Lady und eine Lady wie eine Hure.
»Ich bin nicht zum Möbeleinkaufen hierher gekommen, Matty.« Sie war kühl wie ein Löffel auf dem Augenlid. »Aber wenn das Angebot steht, nehme ich einen Cognac.«
»C'est mon plaisir.« Ich wählte einen fleckenfreien Kristallschwenker und füllte ihn zur Hälfte mit Courvoisier. Kim nippte anmutig, um sich dann auf meinem Fauteuil niederzulassen. Dabei überkreuzte sie ihre schlanken Beine wie für eine Strumpfhosenwerbung.
Sie hatte das Aussehen einer asiatischen Prinzessin, gepflegt und exquisit. Und himmelweit entfernt von jenem obdachlosen, hungrigen Kind, das einmal fürs tägliche Überleben um ein Armeelager herumgeschnorrt hatte, in den Ruinen eines vom Krieg zerstörten Landes.
An ihrer Stimme oder ihren Äußerungen war nichts Zerbrechliches.
»Machen wir es kurz, ich bin gekommen, um dir von unserer Verbindung zu Rodger Lloyd zu erzählen.«
»Eine Verbindung? Dein Mann versicherte mir, es gäbe keine.«
»Mein Mann...« Unbewußt schnitt sie bei diesem Wort eine Grimasse. »Es war auch nicht Farley, der Rodger für seinen Wahlkampf engagiert hat.«
»Verstehe. Dann warst du es.«
»Ein Imageberater war aus meiner Sicht notwendig.«
»Unbestreitbar. Wie bist du auf diesen gekommen?«
Sie nahm ihr Bein herunter und ließ ihre Bruno Magli-Schuhe von den Füßen gleiten.
»Ich traf Rodger vor sechs Jahren, als wir zusammen für einen Wahlkampf in Houston arbeiteten.«
»Mir war nicht bekannt, daß du in der Politbranche warst.«
»Es ging um Sex. Das hat immer zusammen gehört.«

»Für die Demokraten auf jeden Fall.«

»Ich war verantwortlich dafür, Hostessen bereitzustellen, für Senator Huddles Spenden-Parties.«

»Sagt man das so? ›Bereitstellen‹?«

Sie überging meinen Einwurf mit einer kurzen Handbewegung; ihre Fingernägel waren lang und rot.

»Ich habe Vorsorge getroffen und nur Texas Girls angestellt, so daß wir nie die Staatengrenzen überqueren mußten. Damals jedenfalls wurden Rodger und ich Freunde.«

»Und nachdem sich Berber für die Bürgermeisterwahlen aufstellen ließ, hast du deinen Freund gebeten, runter nach New Orleans zu kommen und deinem Mann zum Sieg zu verhelfen.«

»Ich habe mir nicht vorgemacht, daß wir eine Chance hätten, ins Rathaus zu kommen.« Sie rollte sich in dem Sessel zusammen wie eine exotische Katze. »Wenn Farley wenigstens sein Ansehen verbessern könnte. Sich etwas Respektabilität erwerben... Vielleicht gäbe das genug Auftrieb, um ihn in den Stadtrat zu hieven oder in den Schulrat... Wir hätten mehr Einladungen...«

»Du hast alles schön geplant. Die Frau hinter dem Mann.«

»Was erwartest du von mir? Er ist nicht bedeutend, aber doch alles, worauf ich setzen kann.« Sie hob ihre zarten Schultern. »Ich werde mein Möglichstes tun, um ihm aufzuhelfen.«

»Ist es dir jemals in den Sinn gekommen, auf dich selbst zu setzen?«

»Was meinst du damit?«

»Sieh dir doch bloß an, wieviel du schon erreicht hast und wie weit du seit Saigon oder Bien Hoa gekommen bist. Oder woher auch immer.«

»Long Binh.« Sie sprach die Silben, als hätten sie keine Bedeutung. »Ich bin Realistin, Matt. Ich weiß, daß ich ein gewisses Maß an Geschick habe, aber kein wirkliches Talent. Keine Bildung oder einsetzbare Fertigkeiten.« Sie trank den Cognac aus, schüttelte ihren Kopf und stellte das Glas ab. »Als ich zehn Jahre alt war, entdeckte ich mein einzig verkäufliches Kapital. Die G.I.'s bezahlten mir Zigarettenstangen, die ich gegen Essen für meine Familie eintauschen konnte.«

»Auch ich bin Realist. Für Zeit und Ort damals hattest du keine Alternative.«

»Ich benutzte meine Weiblichkeit dazu, erst mein Leben zu kaufen und dann die Überfahrt in die Staaten. Dann für Kleider, Wohnungseinrichtung...« Sie hielt ihre Hand von sich und beobachtete, wie der Diamant kleine farbige Funken gegen die Deckenbeleuchtung warf. »Ich habe immer kapiert, sollte ich jemals dem Leben etwas abgewinnen, würde es ein Mann sein müssen, der es mir gibt.«

»Aber jetzt hast du eigene Mittel. Energie, Fleiß und einen klugen Kopf für Geschäfte...«

»Was mir zusammengenommen einen gesicherten Arbeitsplatz als Geschäftsführerin eines vietnamesischen Restaurants verschaffen würde. Schau dich um, Matt. Diese Frauen, die du unten am One Canal Place Pelze und Schmuck kaufen siehst, sind keine Tycoons. Sie sind die Frauen und Töchter von Tycoons.« Sie öffnete ihre Handtasche und zog eine Puderdose aus geschnitztem Elfenbein heraus für einen Schnellcheck ihres Make-ups. »Ihr Männer habt die Macht und das Geld in dieser korrupten Welt.«

»Farley hat die Macht und das Geld erworben. Und nun ist es deine Sache, dich um die gesellschaftliche Stellung zu kümmern.«

»So ist es wohl.« Sie sah müde aus und für einen Augenblick beinahe so alt, wie sie war. Dann steckte sie die Puderdose zurück in ihre Handtasche und schlüpfte mit ihren zierlichen Füßen wieder in die Designerschuhe. »Im Moment wäre ich schon mit etwas Achtung zufrieden.«

»Das wäre ich auch.« Ich half ihr in den Mantel und brachte sie zur Tür. »Danke, daß du wegen Lloyds Anstellung ehrlich warst.«

»Das hat nichts mit ehrlich zu tun.« Sie warf ihr langes, glänzendes Haar zurück. »Rodgers Assistent ist in der Stadt und hat mit uns gearbeitet. Du hättest es in jedem Fall herausgefunden.«

13
DONNERSTAGNACHMITTAG

»Zuerst, wie geht es Karen?« rief Armand noch in der Sekunde, in der er mich sah. Ich schloß die Tür hinter mir, räumte Wahlkampfflugblätter von einem Stuhl und nahm Platz.

»Sie ruht sich im Moment aus, und es geht ihr gut. Ich werde sie morgen nach Hause bringen können.«

»Gleich, als wir davon erfuhren, haben wir ihr Blumen geschickt«, sagte Ed Stokes mißmutig. »Ich weiß, sie wird für den Wahlkampf nicht weiter zur Verfügung stehen.«

»Sie sagte, sie sei immer noch bereit.«

Für eine knappe Sekunde hellte sich Armands Blick erwartungsfroh auf, bis ich hinzufügte: »Aber ich werde sie nicht lassen. Von diesem Spiel ist sie zurückgetreten.«

»Warum?« Ed erhob sich halb aus seinem Sessel. »Du glaubst, sie sei wegen ihrer Verbindung zu uns vergiftet worden?«

»Vielleicht?«

Mein Cousin schüttelte seinen Kopf. »Wenn uns jemand hätte stoppen wollen, warum bringt er nicht einfach mich um? Ich bin erreichbar.«

»Ich weiß nicht, wieso Karen zum Ziel wurde. Aber bevor ich es nicht weiß, wird sie abgeschirmt bleiben.«

»Du hast recht«, kam es pragmatisch von Stokes. »Tot wäre sie uns ja keine große Hilfe.«

»Vielen Dank für deine Besorgnis.«

Er kickte einen zusammengeknüllten Autoaufkleber in die Ecke.
»Du weißt, wie ich das meine.«
»Ich weiß, daß sie zigtausend in die Kasse gebracht hätte, die für uns jetzt verloren sind.«
Armand fächelte sich mit einem Flugblatt Luft zu. »Wir versuchen, es mit anderen Mitteln auszugleichen. Aber im Moment schreiben wir rote Zahlen wegen der Fernsehwerbung, Papier- und Druckkosten.« Er hielt seinen Taschenrechner hoch. »Ich will keiner von diesen Kandidaten sein, die über ihre Wahlkampfschulden stolpern. Keine weiteren Ausgaben auf Kredit und keine ungesicherten Darlehen mehr.«
Ed lockerte seine Krawatte zwei Fingerbreit. »Du weißt, die Hälfte unserer Gläubiger erwarten nicht einmal eine Rückzahlung.«
»Mach dir nichts vor. Diese Machtspekulanten rechnen damit, auf die eine oder andere Art auf ihre Kosten zu kommen. Am Tag meiner Vereidigung klopfen sie an meine Tür für Posten, öffentliche Aufträge... Nein!« Armand warf seinen Füller hin, daß er hochsprang. »Ich bin nicht diese Sorte Politiker. Haben wir denn alle unsere auflagenfreien Spendenquellen erschöpft?«
Ed stöhnte. »Bei diesen Börsengeschichten halten sich alle mit Unterstützungen zurück. Da kann ich uns nur viel Glück wünschen.«
Ich sagte: »Alle politischen Aktionsgruppen haben sich zu Wort gemeldet, außer die der Schwulen. Aber sie stehen hinter dir.«
»Sag ihnen meinen Dank und daß ich alles nehme, was sie haben. Auch bin ich dankbar für jede Werbung. Homosexuelle haben einen ausgeprägten Sinn für staatsbürgerliches Verhalten.«
»Müssen wir haben. Wenn wir nicht an einer Sozialpolitik mitarbeiten, werden wir ihre ersten Opfer sein.«
Ed erhob einen Finger. »Da bleibt noch eine fette demokratische Katze, an deren Schwanz wir bisher nicht gezo-

gen haben. Dick Dickerson hat noch nicht Stellung bezogen.«

»Dickerson?« Armand prüfte den Namen und schüttelte seinen Kopf. »Klar ist er ein Multimillionär und der Politik ergeben. Aber er wählt die konservative Ecke.«

Ich sagte: »Er hat sich als Demokrat eingetragen, weil das bis vor zehn Jahren die einzige Partei in Louisiana war. Außerdem ist er bekannt als Befürworter der weißen Vorherrschaft.«

»Dann besteht keine Aussicht, daß er bei uns einsteigt«, antwortete Armand.

Ed hob sein Haupt. »Besteht schon, wenn dein blütenweißer Cousin rübergeht und ihn ein wenig streichelt. Spielst du mit, Matt?«

»Ich melde mich freiwillig. Im Namen der Sache werde ich so weiß und beredsam sein, wie ich kann.«

»Du wirst ihn nur überreden können, wenn du ihn findest«, sagte Armand skeptisch. »Dickerson besitzt Juno-Lebensmittel, einen der größten Konzerne im Staat. Aber ich habe mir sagen lassen, er sei nie in seinem Büro anzutreffen.«

»Das weiß doch jeder. Also werde ich ihn in seinem zweiten Unternehmen auftreiben.«

»Was ist das?«

»Spekulieren in relativer Pferdegeschwindigkeit.«

14
DONNERSTAGNACHMITTAG

Robin hüpfte auf dem Beifahrersitz vor Freude.

»Da bin ich seit drei Jahren hier in New Orleans, und jetzt komme ich zum ersten Mal zur Rennbahn.«

»Ich habe sie auch vernachlässigt. Grundsätzlich reite ich lieber Pferde, als auf sie zu wetten.«

Wir haben zwei Rennbahnen in der Gegend mit ganzjährigem Rennprogramm. Das Essen und die Atmosphäre sind gewöhnlich besser als die Pferde und Jockeys, doch kann ein Liebhaber wie ich durchaus einen Nachmittag in angenehmer Umgebung, mit geschickten Einsätzen und bescheidenen Gewinnen genießen.

Wie gewöhnlich war der Parkplatz an einem Werktag nicht überfüllt, und wir konnten direkt vor dem Clubhaus parken. Ich zahlte Eintritt und Programm und ging die Rolltreppe nach oben voran.

»Denk daran, wir sind nur für zwei Stunden hier. Ich muß noch ins Büro zurück.«

»Mr. Dickerson ist mit seinen Wetten bestimmt völlig beansprucht«, rief Robin in meinen Rücken. »Warum gehst du nicht zu ihm, wenn er etwas anderes macht?«

»Dick Dickerson macht *nie* etwas anderes.«

Wir gingen durch das Restaurant, vorbei an leeren weißen Tischen zur Linken und vollen zur Rechten. Betriebsausflüge und Wohltätigkeitsveranstaltungen hatten verschiedene Säle für den Nachmittag belegt. Wir gingen die Treppen hinunter zu den besten Tischen, direkt an der Fensterfront, mit Panoramablick über die ganze Rennbahn. Mein Mann war einfach zu erkennen, ein großer und robuster Texaner mit vorzeitig ergrautem Haar. »Dick führt alle seine Geschäfte von hier aus, wann immer er in der Stadt ist.«

Es war beinahe ein Uhr, Zeit für die Korrespondenz, und Dickerson zog gerade Bilanz an seinem üblichen Tisch bei der Treppe am anderen Ende des Raumes. Er brütete über der *Racing News* und sah erst auf, als ich mich neben ihn gesetzt hatte und um die Menukarte bat.

»Hallo, Matt. Was halten Sie von Hickory Doc?«

»Stammt ab von Doctors Daughter, mit Woodman als Vater. Gutes Blut.«

»Yeah, ich weiß, das Pferd kann rennen. Aber es gibt nur fünftausend an Preisgeld.« Er klopfte auf die Zeitung. »Will der Besitzer ihn rennen lassen? Wird der Jockey ihn laufen lassen? Was denkst du?«

»Ich habe keine Insiderinformationen.«
»Aber schauen Sie hier: Locksmith wird sich plazieren, das weiß ich. Ich würde den Familienschmuck drauf verwetten.«
Robin machte es sich auf der anderen Tischseite bequem und studierte sein Programm.
»Ooh, Matty! Yellow Ribbon! Ist das nicht ein wunderhübscher Name?«
Dickerson winkte mit seinem Füllfederhalter ab. »Der ist ein Flop. Die letzten fünf Starts hat er keinen Pfennig gebracht.«
»Aber ich liebe den Namen.«
»Also los, setz auf ihn.« Ich schob eine Fünfdollarnote über den Tisch. »Das wird dich Umsicht lehren.«
Dickerson schob einen Zwanziger rüber. »Für den kleinen Einlauf: Nummer zwei und Nummer neun. Schlag zu.«
Robin führte seine übliche Pantomime bei totalem Nichtverstehen auf, also übersetzte ich. »Geh zum Sonderschalter und wette Zwei auf Sieg und Neun auf Platz.«
Robin wiederholte diese Anweisungen einige Male zur Verdauung und trippelte dann wieder die Treppe hoch zu den Wettschaltern.
Dick unterstrich die »Wahl des Tages« auf seinem Rennzettel. »Auf wen tippen Sie für den großen Einlauf?«
»Eigentlich bin ich nicht zum Wetten gekommen, sondern um Sie hier in Ihrem Büro zu treffen.«
»Na dann, meine Sekretärin ist gerade in der Kaffeepause. Was kann ich für Sie tun?«
»Ich arbeite für Armand Voitier in den Vorwahlen.«
Er blickte skeptisch. »Erzählen Sie mir nur nicht, ich soll mein Geld auf diesen alten Kameraden als Bürgermeister setzen.«
»Er ist der Gewinnpunkt bei einem Rennen mit drei Pferden. Hier draußen bekommen Sie keine bessere Quote.«
Dick schob seine Salatplatte zur Seite, lehnte sich im Stuhl zurück und betrachtete mich wie ein Pferd mit unbekanntem Stammbaum.

»Und was bliebe für mich unterm Strich?«
»Sie könnten ein paar Sachen durchbringen.«
»Na dann.« Er schob seine Lippen nach außen und faltete sein Programm fürs nächste Rennen. »Machen Sie einem alten Hasen nichts vor. Voitier würde auch nicht *einen* öffentlichen Auftrag in meine Richtung schieben.«
»Müßte er auch gar nicht. Armand ist mehr als alle anderen darauf aus, das Steuereinkommen der Stadt zu erhöhen. Er will großen Unternehmen Anreize geben, damit sie hier bleiben. Wer profitiert also? Konzerne wie Juno-Lebensmittel.«
Aus dem Farbfernseher über uns kam die Durchsage, daß die Pferde die Startmaschine erreicht hatten. Robin lief zum Platz runter, um das Pferd mit dem niedlichen Namen persönlich anzufeuern. Durch das Fenster konnte ich ihn auf und ab hüpfen und mit den Armen winken sehen.
Im Gegensatz dazu war Dick derart abgestumpft, daß er gar nicht erst aus dem Fenster sah, sondern das Rennen stumm nickend an unserem Fernsehmonitor verfolgte. Erst, als die Pferde in die Zielgerade einbogen, wandte er sich ab.
»Und der Sieger ist: Yellow Ribbon, mit großem Vorsprung!« verkündete der Ansager. »... Harrys Boy, Pot O'Gold, Bye Bye Now, Abdication, Friendly Tom, Hikkory Doc und ... Locksmith!«
Eine Minute später kam auch schon der vom Sieg errötete Robin zurück. »Ooh, mein Pferd hat all die anderen geschlagen! Was mache ich jetzt?«
Dick riß seine Tickets zu Konfetti.
»Du hüpfst jetzt zurück zu einem dieser kleinen Fenster und sammelst deine Gewinne ein.«
»Hey, das macht Laune!«
Und schon rannte der glückliche Narr ticketwedelnd die Treppe hoch.
Mein Tischnachbar schraubte die Kappe von seinem Mont Blanc und malte einen Kreis um die Zahl drei. »Was halten Sie von Lady Night mit einer Quote von sieben zu eins?

Hat sich die letzten fünf Mal im Geld plazieren können.«

»Gute Gewinnquote. Ich kannte sie als Fohlen. Sie rennt gerne.« Ich überflog das Programm. »Sie wurde nie mit Medikamenten behandelt, was für eine gute Kondition spricht. Die Buchmacher führen sie zwar mit keiner guten Zeit, aber der Rennstall trainiert nie bis an die Grenzen.«

»Hinzu kommt ein ausgezeichneter Jockey, auch wenn er schon zwei Monate kein anständiges Preisgeld mehr hatte. Ich kann mir nicht vorstellen, daß er sie ausreizt.«

Ich zeigte mit meinem Kinn in Richtung eines am Fenster sitzenden, fett und glücklich aussehenden Paares. Er in einer schweren Goldarmbanduhr und sie im Zobel. »Aber die Besitzer der Stute sitzen dort drüben. Ich denke, sie hätten gerne ein Foto von ihrem Pferd im Siegerkreis.«

»Ich ebenfalls.« Dick griff nach seiner Brieftasche. »Wollen Sie setzen?«

»Warum nicht? Setzen Sie mich mit für zwanzig. Auf Sieg.«

So ging man wissenschaftlich ans Wetten ran. Das Pferd kennen, den Jockey und dazu den Besitzer. Die Buchmacherlisten ansehen und dann die Gewinnquote analysieren.

Robin setzte sich wieder zu uns und blätterte noch außer Atem ein neues Bündel Geldscheine durch. »Stell dir vor! Ich dachte, ich bekäme nur etwa zehn Dollar. Aber dieser Typ gibt mir doch ganze *hundert*!«

»Die Quote war zwanzig zu eins«, klärte ich ihn kurz auf.

»So kann man ja wunderbar Geld verdienen.«

»Das werden wir beide jetzt auch machen«, sagte Dick. Er schob meinen Zwanziger und einen von sich über die Tischdecke. Die Hälfte auf Sieg und die andere Hälfte auf Platz auf das Pferd Nummer drei, Lady Night.«

Meine »bessere Hälfte« schaute bestürzt. »Aber Matty! Es läuft doch ein Pferd mit dem Namen ›Robins Pride‹ in diesem Rennen. Wie kannst du nicht auf ihn setzen?«

»Auf sie. Es ist ein Damenrennen. Namen haben jedenfalls nichts mit Geschwindigkeit zu tun. Robins Pride macht immer in der Geraden schlapp, und wir haben hier die längste Gerade im Land.«

Dick schnaubte. »Kleiner Freund, dieses Pferd ist dermaßen langsam, daß es ein Licht auf dem Kopf hat, um im Dunkeln noch nach Hause zu finden.«

Robin straffte seine Schultern, die es auch nötig hatten.

»Nun gut, ganz bestimmt werde *ich* auf meinen eigenen Namen setzen!«

»Mach nur. Investiere unser Geld und schmeiß deines zum Fenster raus.«

Als der Gong ertönte, ging ich zum Fenster, um den Start zu sehen. Zehn Sekunden später konnte ich mich wieder setzen.

»Das Pferd Nummer drei, Lady Night, hat seinen Jockey aus der Startbox geworfen«, plärrte der Lautsprecher.

»Ich habe Ihnen doch gesagt, daß sie gerne rennt«, sagte ich niedergeschlagen. »Man kann ihren Enthusiasmus nur bewundern.«

»Meine Bewunderung sei hiermit kundgetan.« Dick hielt unsere Tickets in Händen, so hatte er das Vergnügen, sie zu zerreißen.

»Aber das Rennen ist noch nicht beendet«, widersprach Robin. »Euer Pferd könnte noch erstes werden.«

»Davon bin ich überzeugt. Nur, solange kein Jockey drauf sitzt, zählt es nicht.«

»Oh.«

Als Robins Pride mit Längen gewann, sagte keiner der Anwesenden ein Wort.

Nach dem nächsten Rennen besaß Dick ein überall mit Kreuzen versehenes Programm und einen Haufen zerrissener Tickets zu seinen Füßen. Er trank seinen dritten Rusty Nail aus und bestellte einen vierten.

»Ich kann nicht den *ganzen* Tag Pech haben. Ich sag' Ihnen was, Matt. Ich werde mir Ihre Politikgeschichte mal anhören.«

»Danke.«
»Zusammen mit den beiden anderen Kandidaten, nur der Fairness halber. Ich werde Moses Jones und Farley Berber einladen, einen ausgewählten Sprecher ihres eigenen Standpunktes zu schicken.«
»Sie meinen eine Dreierdebatte?«
»Ohne genaue Regeln. Eher wie eine intelligente Diskussion unter bürgerlich Gleichgesinnten. Ihr kommt alle am Freitag zu mir nach Beaumont raus, und dann haben wir den ganzen Abend Zeit.« Reuig betrachtete er sein Programm und legte es beiseite. »Jedenfalls wäre es schön, wenn Sie den neuen Zuchthengst testen könnten, den ich gerade angeschafft habe.«
»Es wird mir eine Freude sein«, sagte ich, ohne weiter zu überlegen, denn ich hatte keine Wahl.

15
DONNERSTAGABEND

Ich war kaum zurück von meinem Ausflug und wollte gerade meine Arbeit in Angriff nehmen, als Steve mich unterbrach.
»Matt? Da ist ein junger Mann für dich draußen. Kein Einheimischer. Dazu ein Yankee, seinem Akzent nach.«
»Ein Tourist?«
»Hmm ... kein Plastikschildchen mit Namen. Weder Bermudashorts noch Polyesterblümchenhemd. Schleppt eine Aktentasche mit sich rum anstelle einer Instamatic ...« Er schüttelte seinen Kopf. »Ich würde sagen: kein Tourist.«
»Ich kümmere mich um ihn.«
Der geschmeidige junge Nicht-Tourist schlenderte durch die Tür, wechselte seine aalglatte Aktentasche in die linke Hand und streckte die rechte hin. »Mr. Matt Sinclair?«

»Matt« sprach er mit flachem »a« und schwachem »d«. Es war kein Dialektforscher nötig, um zu kapieren, daß er aus dem Mittleren Westen kam.
»Nolo contendre.« Ich eilte ihm um den Schreibtisch herum entgegen, weil mir die Höflichkeit in den Knochen steckt und weil, glücklicherweise, die »a's« an diesem Yankee das einzig Flache waren. Sein Geschäftsanzug war europäisch geschnitten und die Hose enganliegend genug, um die untere Körperhälfte ganz unseriös zu betonen. Sein rotblondes Haar fiel in lockeren Wellen auf seine Schultern, als sei es onduliert.
»Ich bin Raymond Harris.« (Wieder dieses flache »a«, und das »i« klang wie »e«.) »Lieutenant Washington sagte, wir könnten uns gegenseitig vielleicht helfen.«
»Was für ein brillanter und scharfsinniger Mann er doch ist, Mr. Harris.« (Ich sprach »Harris« aus wie »Paris«.) Ich schüttelte seine Hand länger, als es sich für eine normale Begrüßung ziemt und wunderte mich, wieso Frank wußte, daß ich bald Geburtstag hatte.
Mr. Harris schien verwirrt und errötete leicht.
»Als ich die Untersuchung in Sachen Rodger Lloyd erwähnte, sagte mir der Lieutenant, Sie seien mit der Verbrecherszene vertraut und ich mit dem Opfer. Vielleicht sollten wir unser Wissen in einen Topf werfen.«
»Na, dann rein ins Vergnügen.«
Ich öffnete die Tür meines Bürokühlschranks, einer antiken, viktorianischen Kühlbox, welche mit einem neuen Motor und einer Kondensatorspule modernisiert worden war. »Wie steht's mit einem Drink? Mit Alkohol oder ohne?«
»Oh, danke.« Er blickte an mir vorbei in den Kühlschrank. »Der Orangensaft wäre genau das Richtige.«
»Paßt auch hübsch zu Ihren Farben.« Ich schüttelte die Flasche, bis es schäumte, und füllte ihm ein Kristallglas zu Ehren seiner Pfirsichhaut und seiner grünen Augen. Ich schob das Glas in seine Hand, berührte dabei seine Finger und führte ihn zum Fauteuil.

Mr. Harris nahm die Aktentasche sittsam auf seinen Schoß und nippte an seinem Orangensaft. Er taxierte mich über den Brillenrand hinweg, als ich mich auf die Ecke meines Schreibtisches setzte.

»Sie sind eindeutig ein ›Winter-Romantiker‹.«

»Pardon?«

»Ihr Typ. Wir klassifizieren Leute entsprechend den Farben verschiedener Jahreszeiten. Das Fahlrosa Ihrer Haut und Ihr dunkles Haar machen Sie zu einem Wintertyp.«

»Ich weiß Bescheid über Jahreszeiten-Farben. Wir haben die Tabellen und Muster immer in Reichweite, damit wir die Innenausstattung eines Kunden entsprechend seiner Persönlichkeit gestalten können.«

»Aber wir unterteilen auch nach ›Kleidung & Persönlichkeits‹-Typen. Ihr Auftreten ist weder großspurig noch besonders auffällig wie beim ›dramatischen‹ Typ.«

»Das tut mir leid.«

»Sie sind zu sinnlich für den ›klassischen‹ und ganz sicher bei weitem nicht männlich genug für den ›natürlichen‹.«

»Du meine Güte.«

»Damit sind Sie ein ›Romantiker‹. Sie haben dieses künstlerische Flair, das weiche, lockige Haar mit einer Andeutung von Grau... Die atemberaubenden Augen... Die gute Figur...«

»Die Hinterseite meiner Figur dankt.«

»Und Ihre Kleidung bezeugt ein einnehmendes Wesen, taktilen Reizen zugetan. Der Kaschmir-Blazer, eng an der Taille, Hose mit Bügelfalten in perlgrau... Paßt genau.« Dann senkte mein neuer Spielkamerad seine Wimpern und lächelte scheu. »Schwul, richtig?«

»Richtig rum und anders rum.«

»Ich wußte es.« Er schlug seine Beine übereinander und trank den Saft leer. »Heteros haben kein Auge für Farbe und Stil. Das ist mein Geschäft.«

»Farbe und Stil?«

»Präzise. Ich war Rodgers Medien- und Image-Experte.«

»Ach so! Sie also stutzten seine Kandidaten für die Videokameras zurecht?«

»So klingt das zwar albern, aber im wesentlichen stimmt es. Wenn ein Kunde uns beauftragt hat, analysierte Rodger seine Stärken und Schwächen, was das politische Klima im Distrikt betraf, und dann schrieb er für ihn die Reden und Werbespots. Mein Job war das Äußere des Mannes. Das Erscheinungsbild ist wichtig, wissen Sie.«

»Ohne jeden Zweifel. An Ihrem kann ich mich kaum sattsehen.«

»Ooh, danke.« Das Kompliment stärkte sichtlich sein Rückgrat. »Man sagt, Richard Nixon wäre schon 1960 gewählt worden, wenn er für die Debatten einen besseren Make-up-Mann gehabt hätte.«

»Was Sie nicht sagen.« Wahrscheinlich hatte Mr. Harris das schon tausendmal vorgekaut und gab es nun ein weiteres Mal zum besten.

»Sagen Sie ehrlich, glauben Sie, Ronnie wäre heute Präsident, wenn er sein Haar nicht färben würde?«

»Er leugnet es.«

»Ich wette, er nimmt Nancys Farbe. Die machen das, wenn sie ganz alleine auf der Ranch sind, spät nachts, und niemand sie erwischen kann.«

»Höchstwahrscheinlich. In jedem Fall hege ich die größte Achtung für Ihren Berufsstand, Mr. Harris.«

»Wenn Sie es nicht richtig aussprechen, wäre ich Ihnen verbunden, wenn Sie einfach Raymond sagen.«

»Sehr angenehm, Raymond. Ich habe gelesen, daß Ihre Firma verantwortlich für das Wahlkampffinale mehrerer Kandidaten war.«

»Wobei einige als völlig hoffnungslos eingeschätzt wurden. Rodger war einer der Top ten im Lande. Einige Kandidaten riefen sogar an, bevor sie überhaupt aufgestellt waren, um sicher zu sein, daß wir für sie zur Verfügung stünden. Berber hat Glück gehabt, uns zu bekommen.«

»Wie wahr. Es gibt wohl kaum jemand, der Ihre Dienste dringlicher nötig hätte.«

»Seit ich eingeflogen bin, haben wir intensiv an seinem neuen Image gearbeitet und bereits Werbespots gedreht. Da sehen Sie dann den Unterschied, den ein wenig Sachverstand ausmacht.«

»Darauf freue ich mich schon. Erzählen Sie mir, was Sie über Ihren verstorbenen Arbeitgeber wissen.«

Die Pfirsichfarbe seiner Wangen vertiefte sich zu einem hellen Korallenrot, was signalisierte, daß er weniger preisgeben wollte, als er wußte.

»Rodger war ein sehr brillanter und komplizierter Mann. In letzter Zeit hat unsere Arbeit den Verlauf vieler Wahlen geändert, und er war stolz auf seine neue Macht und sein Prestige.«

»Ein ziemlich erfolgreicher Mann also.«

»In gewisser Hinsicht.«

Ich wurde aufmerksam. »Und finanziell?«

Raymond versuchte erfolglos, in seinem Stuhl eine bequeme Position zu finden. »Wenn ein Mann zwei Ex-Frauen zu unterhalten hat und vier Töchter in teuren Schulen studieren läßt, bleibt nicht mehr viel für die Firma.« Sein Tonfall verriet unterdrückte Bitterkeit.

»Oder gar Gehaltszahlungen an andere?«

»Während der vergangenen zwei Jahre habe ich für die Hälfte meines Wertes gearbeitet. Rodger hatte versprochen, wenn wir erst einige Wahlen gewonnen und uns etabliert hätten, wäre er in der Lage, mir eine Teilhaberschaft anzubieten. Fifty-fifty.«

»Was nie geschah.«

»Und ich hab's verdient, Matt. Es gab niemanden, der loyaler gewesen wäre als ich. Mein Herz und meine Seele stecken in diesem Geschäft. Er hat einfach jedes Gramm Energie aus mir herausgepreßt.«

»Je mehr ich von Lloyd erfahre, desto zwingender erscheint mir seine Ermordung.«

»Ja, mir auch.« Dann schaute er auf, erschrocken. »Aber, beim Hermes, *ich* hätte es nicht getan. Ich bin ein viel zu großer Feigling. – Bekomm' ich noch etwas Orangensaft?«

»Sie können alles haben.« Ich reichte ihm die Flasche und legte meine Hand auf seine. »Was denken Sie über Lloyds sogenannte ›Sterbebotschaft‹? Man fand ihn mit dem Gesicht auf einem Buch mit Vogelzeichnungen.«

»Das stand in den Zeitungen.« Raymond schenkte sich geziert ein viertel Glas nach.

»Hatte das irgendeine Bedeutung für Sie?«

»Kaum. Rodger versuchte, mich für Ornithologie zu interessieren. Er dachte, es würde helfen, unsere Klienten und ihre Gegner als Vögel zu charakterisieren.«

»Wie Berber?«

»Er sagte, Berber sähe aus wie ein Bussard, aber wir würden ihn zu einem Adler ummodeln.«

»Sehr schlau.«

»Moses Jones war eine Krähe, klarer Fall.«

»Was sonst?«

»Und Armand Voitier sah er als Pinguin, weil er so förmlich und verklemmt ist.«

»Hat er jemals einen Kandidaten mit einer Grasmücke verglichen?«

»Oh, ich verstehe, was sie meinen. Nein. Und auch nicht mit einem Kuckuck.« Raymond öffnete seine Aktentasche. »Aber Rodger war ein anerkannter Experte für alle möglichen Arten von Vögeln. Er schrieb Artikel für Zeitschriften wie *Bird Watcher's Digest*. Ich habe seinen letzten veröffentlichten Artikel mitgebracht, falls es Sie interessiert.«

Vögel interessieren mich kaum mehr als das Sexualleben von Ed Meese, aber ein gründlicher Ermittler ermittelt gründlich.

Raymond reichte mir die Zeitschrift, die er beim ersten Artikel aufgeschlagen hatte. Den überflog ich kurz.

»... Die im Wald lebende Art ist erkennbar an ihrer braungefleckten Brust und verwendet ein äußerst ausgeklügeltes System zur Verständigung.« War von Lloyd zu lesen. »Über zwei Tage beobachtete ich persönlich ein Männchen, welches sein ganzes Repertoire von Rufen vom vollen D über das hohe C seines Balzgesangs trällerte, die ganze Tonleiter hinauf bis zu einem eindringlichen Staccatowarnschrei, eine ganze Oktave höher.«

Ich war in Gefahr, sitzend einzuschlafen.

»Wie faszinierend. Ich schätze, der Mann war wirklich ein Kenner seiner ... Vögel.«

»Er behandelte sie besser als Menschen. Nahm zumindest mehr Rücksicht auf sie. Wollen Sie den Artikel behalten?«

»Wenn es Ihnen recht ist. – Wann haben Sie zum letzten Mal mit Lloyd gesprochen?«

»Letzten Mittwoch rief er mich an. Drei Nächte, bevor er umgebracht wurde.«

»Erwähnte er irgendwelche Feinde, die er hier hatte?«

»Nein. Alles, worüber er sprechen konnte, war sein Sohn.«

Mein Herz setzte aus. »Sein Sohn?«

»Rodger sagte, er sei nach St. Boniface rausgefahren und habe ihn im Schulhof gesehen. Da der Junge mit seinem Bruder zusammen war, ging er nicht zu ihm hin.«

»Ein Name? Sagte er Ihnen den Namen seines Sohnes?«

Raymond schüttelte verneinend seinen Kopf. »Nur, daß er beabsichtigte, ihn allein zu treffen.«

»Aber dazu kam es nie.«

Ich hörte Steves »Rasieren und Haareschneiden«-Klopfen an der Tür. Da er genau wußte, wen ich bei mir hatte, war er diskret genug, nicht einfach reinzuplatzen.

»Matt? Willst du diese Personalsitzung immer noch um halb sechs?«

»Sicher, laß die Leute rein.« Ich öffnete die Tür und wandte mich zurück zu Raymond. »Wie wär's, wenn wir beim Abendessen weiterreden?«

»Oh?« Tatsächlich hatte er mit der Einladung gerechnet, war aber immerhin verschämt genug zu zögern. »Wenn Sie sich etwas davon versprechen.«

»Das tue ich.« Ich notierte den Namen seines Hotels, brachte ihn zur Bürotür und nahm mit einem warmen Händedruck Abschied. Das war alles, denn Steve stand mit verschränkten Armen da und beobachtete jede Bewegung.

Nachdem Raymond gegangen war, eilte ich zu meinem Schreibtisch zurück und griff zum Telefon. »Nur eine Minute, ich will nur schnell bei *Kitt* einen Tisch reservieren.«

Steve zeigte sein bewährtes süffisantes Grinsen. Es schien sich nach neun Jahren Arbeit für mich in seinem Gesicht eingenistet zu haben wie ein Kaffeefleck.

»Ich wußte, du würdest diesen Jungen mögen, Matt. Er ist der gleiche Typ wie Robin: kurz, blond und blühend.«

»Wir können den jungen Mr. Harris nicht mit Robin vergleichen. Der hat noch was anderes zwischen seinen Ohren als geschlagene Sahne.«

»Dann bin ich mir allerdings sicher, Robin wird nicht den leisesten Anstoß daran nehmen, wenn du die Nacht bei *Kitt* mit einem vernunftbegabten Wesen verbringst.«

»Er wird es nie erfahren. Ich werde einfach zu Hause anrufen und ihm erzählen, ich hätte bis spät zu arbeiten und würde mich hier auf dem Sofa hinhauen. Das werde ich Robin sagen.«

»Das sagt du ihm ungefähr einmal im Monat. Ich glaube eigentlich nicht, daß er das schon mal gefressen hat.«

Ich fischte aus meiner Hosentasche eine Zehn-Dollar-Note. »Hier. Schick Gary, er soll mir einige von diesen Schaffellteilen holen.«

»Glaubst du, die sind genauso sicher?«

»Hmm. Vielleicht hast du recht. Bleib' wohl besser bei den Latex. Aber sag ihm, er soll ja nicht diese affigen farbigen Dinger bringen. Das letzte Mal habe ich mich wie im Zirkus gefühlt.«

Versunken betrachtete er das Hamilton-Porträt. »Wieviele willst du?«

»Für eine Nacht werden's ein Dutzend tun.«

»Du Angeber!«

16
DONNERSTAGNACHT

Hinter einem mit Speerspitzen verzierten Eisentor liegt das exklusivste Etablissement von South Louisiana, auch das, welches am wenigsten Werbung benötigt, der *Kitt Club*. Die Mitgliedschaft ist durch und durch schwul, Heteros werden im Interesse der Privatsphäre auf dem gesamten Grundstück nicht geduldet, unter keinen Umständen noch Vorwänden.

Ich führe meine *Dates* hierher wegen dem köstlichen Neunzehntes-Jahrhundert-Dekor, um in das romantische Ambiente einzutauchen und die schillernde Gesellschaft gleichgesonnener Seelen zu zelebrieren. Ganz zu schweigen von *Kitts Cuisine*, die es mit jedem europäischen Sternerestaurant aufnehmen kann. (Die Küchenchefs haben wir dem *Maxim* ausgespannt.) Last but not least bleiben für den späten Abend die besonderen Annehmlichkeiten des zweiten Stocks.

Selbst für New Orleans sind zwei Männer, die zusammen in ein Hotel einchecken, eine zu abartige Vorstellung. Und nach Hause, zu Robin, kann ich eine neue Liebschaft nicht unbedingt bringen.

Kaum hatten wir unsere Plätze eingenommen, kam schon meine Lieblingskellnerin Didi auf Bleistiftabsätzen angestakst und brachte meinen Cocktail. Ich kannte sie schon, als sie noch Danny hieß, und damals, vor ihrer Operation, konnte ich eigentlich mehr mit ihr anfangen. Und dann wieder denke ich, daß wohl jeder Mann ziemliche Verkrampfungen in der Leistengegend kriegt bei dem Gedanken, daß einer sich freiwillig entmannen läßt.

Didi scheint ihre Wahl jedoch nicht zu bereuen und ist um ihr operativ erworbenes Frausein so liebevoll besorgt, wie es nur eine Bekehrte sein kann.

»Zuerst einen Sazerac.« Sie beugte sich zum Bedienen und führte dabei ihre Silikonerrungenschaften in C-Schalen-

Format vor. »Und was wünscht dein junger Freund?« Ihre falschen Wimpern fächelten ihm zu. »Ich fürchte, wir servieren nichts, was so lecker ist wie er.«
»Da kommt kein Küchenchef ran. – Raymond ist ein Freund des Orangensafts.«
»Diesmal mit Wodka«, ergänzte mein Begleiter.
Schmollend verzog Didi ihre purpurnen Lippen und sagte langsam: »Einen Srew-oo-driver, den preß' ich dir frisch.«
»Bitte nur die Orangen. Du mußt doch hoffentlich nicht noch die Kartoffeln auspressen«, sagte ich mitfühlend. »Die Menükarte brauchen wir nicht. Bring uns Austern zum Appetitanregen. Mit dem frischesten Topping, was immer es ist.«
»Er hat gerade die Käsesauce komponiert.«
»D'accord. Und die Languste kannst du schon mal kalt machen. Den Salat bitte mit dem Hausdressing.« Ich wandte mich zu Raymond, der nun plötzlich verärgert dreinblickte.
»Trauen Sie mir nicht?«
»Wenigstens mein Dessert möchte ich mir selbst aussuchen, wenn Sie erlauben.«
»Unsere erste kleine Krise. Also gut, Herzchen, was möchten Sie denn gerne?«
»Apfelkuchen?«
»Hier gibt es nichts derart prosaisch allamerikanisches. Bring meinem Freund die Apfelcharlotte, Didi. Und, falls Ben Gruber auftaucht, fragst du ihn bitte, ob er sich zu uns setzt?«
»Ben ist in der Toilette und markiert wahrscheinlich den dicken Harry. Falls er jemals rauskommt, schicke ich ihn rüber.« Sie wackelte zurück zur Bar und versicherte sich nur einmal kurz über ihre Schulter, daß ich ihr nachsah.
Raymond schaute sich scheu um. »Wenn jeder hier drin schwul ist, können wir dann Händchen halten?«
»Aber sicher.«
»In einem Restaurant habe ich das noch nie gemacht.«

»Das hier ist *unsere* Welt.«
Er griff nach meiner Hand, ließ sie aber sofort wieder los, als wir urplötzlich nicht mehr allein waren.
»Hey, Matt?« Nicht der erwartete Gruber störte uns, sondern ein anderes, betrüblicheres Clubmitglied. Wie ein schwarzer Engel stieg er zu uns herab und wedelte eine großformatige Zeitschrift. »Ich muß dir was zeigen!«
Dennis Quinns Anzug schlotterte um ihn herum, und sein Hemdkragen stand weit ab von seinem dürren Hals. Der arme Teufel fiel schneller vom Fleisch, als er mit dem Kauf neuer Kleider nachkommen konnte. Und so vermochten auch sie nichts an seiner Erscheinung ändern.
Ich strengte mich an, heitere Unbeschwertheit zu verbreiten.
»Hallo, Dennis! Bitte setz dich zu uns.« Ich stellte kurz meinen Kleinen vor, und um die Einladung zu unterstreichen, zog ich einen Stuhl zurück. Dennis wollte sich langsam in den Stuhl gleiten lassen, als er plötzlich mit kraftlos gewordenen Knien auf seinen knochigen Hintern sackte.
Trotz allem hatte er seit Monaten nicht mehr so glücklich und lebhaft ausgesehen wie heute abend. Oder, seit er es wußte.
»Schau hier, Matt.« Er legte die Zeitschrift vor mich hin.
»Hast du die neueste *Spin* gelesen?«
»Wohl kaum.« Ich erkannte das Bild von Sting auf der Titelseite.
»Ist das nicht so ein Teenager Rockmusik-Blatt?«
»Gewöhnlich geht's nur um Musik. Aber diesmal steht ein ungeheuer wichtiger Artikel drin.«
Raymond beobachtete diskret den Neuankömmling. Mit Sicherheit hatte er die hautfarbenen Hansaplasts überall auf dem ausgemergelten aschgrauen Gesicht zur Kenntnis genommen und fragte sich nun, was sie verdeckten.
Dennis reichte mir die bereits aufgeschlagene Zeitschrift.
»Sie haben in Israel dieses neue Rezept erfunden.«
Ich überflog den Artikel, und Raymond las den Titel über meine Schulter hinweg. »AIDS: Frontbericht.«

Dann schaute er wieder auf Dennis, und es dämmerte ihm. Seine Augen weiteten sich erschrocken, als würde er seinem leibhaftigen Tod begegnen.
Dennis beugte sich über die Zeitschrift. »Schau, dieses Rezept wurde vom Weizmann-Institut in Israel entwickelt, sie nennen es AL 721. Verstehst du? Das Heilmittel ist bereits perfektioniert!«
»Perfektioniert?«
»Die Substanz ist nicht giftig wie AZT und wird für ein Zehntel des Preises erhältlich sein. Hier steht's schwarz auf weiß.« Seine Hand zitterte auf der Seite. Sie war verfärbt von violetten Kaposi-Sarkom-Flecken. »Ein Mann war selbst zum Sprechen zu schwach und mußte in einem Rollstuhl nach Israel gebracht werden. Die gaben ihm dieses Zeug, und jetzt dirigiert er einen Chor in Hoboken!«
Raymond war verblüfft. »Hoboken?«
Zartgefühl war jetzt angesagt. »Dennis, sollte dies wirklich das Heilmittel sein, wäre das der wissenschaftliche Durchbruch dieses Jahrhunderts.«
»Aber ja. Das ist es!«
»Aber warum steht das dann nicht auf der Titelseite der *New York Times* anstatt in einem Teenie-Popheftchen?«
Er zog den Kopf zwischen die Schultern. »Es ist nur eine Frage von Tagen, wann es die großen Zeitungen bringen. *Spin* hat's nur zuerst aufgetan, das ist alles.«
Ohne ein Wort brachte Didi Raymonds Screwdriver und stöckelte zurück zur Bar, sie wollte nicht in diese Unterhaltung reingezogen werden.
Dennis unterstrich mit seinem fleischlosen Finger den Titel. »Von vierunddreißig Testpersonen sind noch dreiunddreißig am Leben. Ist das kein Beweis?«
»Wie lange schon ›noch am Leben‹?«
»Ein ganzes Jahr. Das Zeug besteht aus Eigelb und killt den Virus.«
Raymond glotzte nun unverholen. »Einfache Eidotter?«
»Sicher! Jeder, der das Rezept kennt, kann es selbst herstellen.«

»Die magische Formel«, sagte ich.
»Keine Magie, moderne Technik. Genau hier ist die Antwort!«
Dennis' Augen glühten wie die aller Fanatiker, die Unglaubliches glauben müssen. »Es ist natürlich geheim. Aber diese kleine Firma in L. A. hat das Patent, und jetzt warten sie auf die Zustimmung des Ministeriums, bevor sie es als Medikament verkaufen können.«
»Das kann ewig dauern.«
»Aber es wird unheimlich Druck gemacht. AL 721 kann schon in einem Jahr allgemein erhältlich sein. Du wirst schon sehen.«
»Ich hoffe, du behältst recht, Dennis.«
»Aber sicher. Und ich bin der erste, der in der Apotheke anstehen wird.« Er blickte kurz auf seine Hände und zog befangen die Jackenärmel über seine Flecken. »Sobald ich wieder in Form bin, haue ich auf die Pauke, wie es hier noch keiner gesehen hat. Du bist eingeladen!«
Ich lächelte irgendwie und drückte seine Schultern.
»Versprochen, ich werde da sein.«
»Großartig!« Dennis nahm die Zeitschrift und faltete sie sorgfältig. Er versuchte, vom Tisch aufzustehen, doch es gelang ihm erst beim zweiten Anlauf. »Ich werde die Botschaft verbreiten. Das wird *jeden* interessieren!«
Raymond und ich nippten stumm an unseren Drinks. Nach einigen stärkenden Schlucken hauchte er: »Eidotter also?«
»Ginseng, Rhinozeroshorn, Laetril, Fetische und Zaubersprüche... Jetzt eben Eidotter. Warum nicht?«
Er runzelte die Stirn. »Wenn nun aber dieses AL 721 das versprochene Heilmittel ist?«
»Was wenn?«
»Und wenn diese miese Firma in L. A. innerhalb von einem Jahr die Zustimmung erhält und das Zeug auf den Markt bringt?«
»Was dann?«
»Hat Dennis dann noch ein Jahr?«
»Sie belieben zu scherzen!«

Schließlich kam Ben Gruber an unseren Tisch, nahm gewissenhaft einen anderen als den gerade verlassenen Stuhl und stellte seine Dose Dixie auf den Tisch, ohne Glas. Wir alle drehten uns kurz nach Dennis um und sahen, wie er am anderen Ende des Raumes seine Zeitschrift aufschlug und seine weltbewegende Neuigkeit einem Tisch mit Architekten verkündete. Ben verrückte seinen Stuhl, um nicht mehr hinsehen zu müssen.

»Jedem, der hier reinkommt, hält er seine erbärmliche Illustrierte unter die Nase, als ob es wahr würde, wenn nur genug daran glauben. Mir wird ganz elend, wenn ich den armen Teufel sehe.«

»Es könnte einer von uns sein«, erinnerte ich ihn.

»Das sagst du mir? Fünf meiner besten Freunde sind tot, und vielleicht ein Dutzend sehen aus wie Dennis.«

»Ben, das ist erst der Anfang der Seuche. In Faubourg Marigny soll es eine Straße geben mit einem Fall in jeder einzelnen Wohnung.«

»Ich werde ab jetzt doppelte Gummis drüberziehen.«

Ben Gruber ist ein großer muskulöser Brocken mit einem rasierten Meister Propper-Schädel. Er ist Vorsitzender der schwulen politischen Aktionsgruppe und Florist. Ben schwenkte sein Dixie, fand es fast leer und winkte Didi für ein neues.

»Also Matt, falls du mich wegen Armand hergebeten hast, kann ich dir mitteilen, daß die SPAG mehr als achttausend für ihn gesammelt hat.« Er prostete uns vor dem letzten Schluck mit seiner Dose zu. »Sag deinem Cousin, wir werden ihn entweder unterstützen oder aber verfluchen, was immer er für hilfreicher hält.«

»Warum ihn?« Raymond sprach zu Bens breiter Brust. »Was hat denn Voitier für die Schwulen getan?«

»Er hat im Senat gegen die Homosexuellengesetze gestimmt, für eine bessere AIDS-Forschung und Behandlung und für das Verbot von Diskriminierung am Arbeitsplatz oder bei der Wohnungssuche aufgrund sexueller Ausrichtung.«

Didi stellte die nackte Dose Dixie vor Bens Nase und trödelte dann noch etwas herum, bis Ben ihr beiläufig einen liebevollen Klaps auf den Hintern gab. »Deshalb ist Voitier unser Kandidat.«

»Aber dieser andere Schwarze, Jones, scheint doch noch Liberaler zu sein«, warf mein Kleiner ein.

Didi gab ein undamenhaftes Schnauben von sich, ein Rudiment vergangener Männerzeiten, und nahm in schockierender Pflichtvergessenheit den freien vierten Stuhl ein.

»Moses Jones sieht ausschließlich schwarz. Er hält sich für liberal, aber was Schwule betrifft, Fehlanzeige.«

»Mein Gast hier braucht ein wenig Nachhilfe«, sagte ich ihm. »Raymond hat mit Farley Berber Werbespots gedreht.«

»Vergiß diesen Irren!« Ben hatte meine Gabel stibitzt und schlug eine rhythmische Begleitung an die Blumenvase. »Er gehört zu den Ultrakonservativen. Berber würde unsere Leute nicht einmal vorlassen. Er erklärt Homosexualität rundweg für anomal und akzeptiert sie nicht als mögliche Lebensform.« Er richtete die Gabel auf Raymond. »Ihr Kunde würde uns glatt wieder ins Ghetto, den Untergrund, zurückjagen.«

»Als ob du jemals dort gewesen wärst«, sagte ich.

Ben Gruber ist meines Wissens der einzige Mann, der unter eigenem Namen in schwulen Pornostreifen aufgetreten ist. Er leidet unter chronischem Mangel an Schamgefühl.

»Ich meinte ›uns‹ ganz allgemein.«

»Ich mag ja mit Berbers Ideologie nicht übereinstimmen.« Raymond rührte seinen Screwdriver um. »Dennoch bin ich verpflichtet, mein Bestes für ihn zu tun.«

»Ich hoffe, sie haben nicht allzuviel Ehrgeiz in die Kampagne gesteckt. Berber ist dermaßen weit abgeschlagen, daß er nicht einmal die Schlußlichter der anderen sieht.«

»Wir haben ihn abgeschrieben«, belehrte ich.

»Selbst wenn er vorne dabei wäre, hätte es keine Bedeutung.« Raymond lutschte an seinem Strohhalm. »Schließlich sind es nur Vorwahlen.«

»*Nur* Vorwahlen?« Ben verschluckte sich an seinem Bier. »Für Voitier sind das die wichtigsten!«
Ich tätschelte Raymonds Knie. »Ich gebe Ihnen als Yankee besser einen kurzen Überblick der Politik in New Orleans. Unsere Wähler sind ungefähr zur Hälfte weiß und zur Hälfte schwarz und ziemlich gründlich polarisiert.«
Er nickte. »So ist das heutzutage in den meisten Städten. In Philly war's einundfünfzig zu neunundvierzig. Die Schwarzen für Wilson Goode und die Weißen für Frank Rizzo. Es ist schwierig, eine Koalition zusammenzubringen.«
Ich hielt meinen Zeigefinger hoch. »Aber in der Geschichte von New Orleans gibt es eine einzigartige Koalition.«
Ben stöhnte. »Uh ah. Gott behüte, daß Matt uns eine seiner berüchtigten Geschichtsvorlesungen hält.«
»Denn die Geschichte von New Orleans ist auch die Geschichte der Sinclair.« Jetzt konnte mich niemand mehr aufhalten. »Mein sechsfacher Urgroßvater, Artur St. Clair, immigrierte 1745, als es nur das Französische Viertel gab. Seitdem hat immer zumindest ein Sinclair innerhalb der Stadtgrenze gewohnt.«
Raymond gab nicht einmal vor, beeindruckt zu sein. »Aber was haben Ihre Vorfahren mit der heutigen Politik zu tun?«
»In grauen Kolonialzeiten haben sich die meisten betuchten europäischen Siedler schwarze Sklavinnen als Geliebte genommen.«
»Die weißen Frauen waren zum Abgewöhnen«, fügte Ben hinzu.
»Und wenn dann eine Sklavin einem Franzosen einen Sohn schenkte, erhielten gewöhnlich beide ihre Freiheit. So entstand eine neue Schicht: freie farbige Frauen und Männer.«
»Die fruchtbar waren und sich vermehrten.« Mit einer kreisförmigen Handbewegung spulte Ben die Erzählung schneller auf ihr Finale zu. »Eine ganze Klasse von Menschen, die nicht weiß sind, aber auch nicht schwarz. Und ihr bester Repräsentant ist Armand Voitier.«

Raymond schaute nachdenklich. »Ich nehme doch an, daß die Mulatten auf beiden Seiten in der Minderheit sind?«

»Das sind sie«, sagte ich. »Aber wenn Voitier in die Endrunde kommt, dann wird er unser nächster Bürgermeister.«

»Wie stellen Sie sich das vor?«

Ben übernahm die Vorlesung. »Wenn Voitier bei den allgemeinen Wahlen auf Moses Jones trifft, wird er der weißeste Kandidat sein. Also bekommt er die weißen Stimmen und die der schwarzen Mittelklasse. Rechnen Sie mit.«

Didi zupfte an seinem Arm. »Andererseits, tritt er gegen Farley Berber an, entpuppt sich Voitier als schwärzester Kandidat. So erbt er die schwarzen Wähler und die liberalen Weißen. Leichter Sieg.«

Raymond überdachte die Lektion. »Ich glaube, ich hab's. Ihr befürchtet, Moses Jones schluckt in den Vorwahlen die liberalen schwarzen Stimmen. Wenn dann Farley die konservativen Weißen gewinnt, packt euer Mann Voitier auf keinen Fall die Endrunde. Richtig, Matt?«

»Jetzt haben Sie's kapiert. In diesem Fall wären die Chancen zwischen den anderen beiden ausgeglichen, wie in Philadelphia. Weiß gegen Schwarz. Einundfünfzig zu neunundvierzig.«

Mein Kleiner lächelte wie Delilah mit der Schere in der einen und Samsons Locke in der anderen Hand.

»Dann wäre unsere Strategie ja klar. Um Berber im Rennen zu behalten, müssen wir Voitier rausschmeißen.«

Didis Augen blitzten. »Matty, wie konntest du nur diese Natter an deinem Busen nähren.«

»Vor kaum einer Minute wolltest du ihn noch für deinen eigenen Busen. Gib mir den Schlüssel.«

Sie sprang hoch und beugte sich vor, damit ich meinen Zimmerschlüssel aus dem Versteck in ihrem Décolleté herausziehen konnte.

»Aber jetzt mußt du nicht gleich nach oben stürzen. Euer Dîner wird gleich kommen.«

»Wir werden warten.«

»Ich nicht.« Ben schüttete sein Bier runter und stand auf. »Ich stürze rauf. Und ich werd' zwei Rubber nehmen. Bis dann, Matt.«

»Viel Glück. Ah ...« Ich rief hinter ihm her. »Wer ist dein Partner?«

»Hab' keinen mitgebracht.«

Raymond machte große Augen. »Das ist aber verdammt sicherer Sex.«

»Ben war früher *der* Draufgänger des Clubs. Einmal hat er an einem Nachmittag sieben Bewunderer aus den Jackson-Kasernen beschäftigt. Vier Soldaten und drei Offiziere.«

Er strich sich übers Haar. »Ich hab nie gedient. Aber irgendwo bin ich Ben schon mal über den Weg gelaufen. Oder ist das nur ein frommer Wunsch?«

»Er ist so 'ne Art Filmschauspieler. In dem Klassiker *Tom Dickin' Harry* soll er die Hauptrolle gespielt haben.«

»Oh, das ist ein prima Film. Hab' ihn gesehen.«

»Nun, ich nicht. Und ich will noch nicht einmal wissen, ob er Tom oder Harry gespielt hat.«

17
FREITAGMORGEN

Als mich die Sonne durch die Augenlider kitzelte, erwachte ich. Ich zog mir das Kissen übers Gesicht, und langsam dämmerte mir, daß ich im zweiten Stock vom *Kitt* war und dazu noch vor dem Einschlafen vergessen hatte, das Oberlicht zu schließen. Ich tastete mich an der Bettkante entlang und holte das nach. Vor einer Dosis starkem Kaffee wird ein Sünder wie ich nie bereit sein, dem neuen Tag mit seinen Versprechungen und Verpflichtungen ins Auge zu sehen.

Dann spürte ich, daß da jemand neben mir lag, mit dem

ich höchstwahrscheinlich mehrere Verbrechen gegen Gott und den Staat Louisiana begangen hatte. Doch vorläufig war ich nicht gewillt, meinen zerzausten Schädel nach einem passenden Namen zu durchkämmen.

»Sag, Herzchen?« Ich redete durch das Kissen. »Dieses Telefon dort bringt uns den Zimmerservice.«

»Noch nicht, Matty. Jetzt ist es fast Zeit.« Mit einem Auge beobachtete ich, wie Raymond aufstand, ohne Boxershorts. Er tapste über den Perserteppich und öffnete die Anrichte aus der Zeit King Edward's, in der der stillose, anachronistische Fernseher verborgen war.

»Zeit für was?«

»Sie haben gesagt, um eins nach acht: *Channel six*.« Er drückte seine Pfirsichzehe auf den Knopf, und der Bildschirm begann zu flimmern. »Unser neuer Werbespot.«

Der Schauplatz war das Ufer des Pontchartrain Sees. Im Vordergrund stand, markig und vom Wind zerzaust, Kandidat Farley Berber in seinem grünkarierten Flanellhemd, Khakihose und flatternder McGregor Cordjacke.

»New Orleans ist eine vitale und wachsende Stadt«, sagte er mit überzeugter Ernsthaftigkeit zur Kamera. »Und wir werden dafür sorgen, daß sie in die rechte Richtung wächst...«

»Das ist die sechzig Sekunden Version«, sagte Raymond. »Wie findest du sie?«

Ich rollte aus dem Bett. »Unglaublich.«

Die Metamorphose des schlacksigen, sägebockreitenden Bauerntölpels in diesen glaubhaften *Mann der Straße* ließ mich sprichwörtlich vor Ehrfurcht erstarren.

Der Kandidat spreizte im Fernsehen seine Spinnenfinger wie ein Zauberer, der etwas Wunderbares aus dem heiteren Himmel erscheinen lassen wird.

»Wir werden neue Unternehmen in diese Region bringen, damit die Steuereinnahmen steigen und wir neue Arbeitsplätze schaffen können. Wir werden die Verschwendung unserer Steuern in der Stadtverwaltung beenden und das Geld ins Schulsystem für unsere Kinder stecken...«

Vor lauter Aufregung hüpfte Raymond wie ein Teufel aus der Kiste auf und ab.
»Seine Anzüge habe ich erst einmal verschwinden lassen, die machten ihn nur dünn. Und, sie hatten *alle* die falschen Farben. Er hatte einfach nichts Anständiges in seinem Kleiderschrank. Ich mußte ihm ein rauheres Image geben, also habe ich bei L. L. Bean neue Kleider bestellt und ließ sie mir per Expreß zuschicken.«
»Brillant!« Ich griff hinter seinem Rücken zum Videorecorder und drückte die »Record«-Taste. Zwar wurde nur noch die zweite Hälfte des Spots aufgezeichnet, doch das würde genügen, Armand einen tüchtigen Schreck einzujagen.
»Siehst du, Matt? Was ihm fehlte, war dieses Macho-›Mann-der-Tat‹-Aussehen, und ich denke, das habe ich geschafft, was meinst du?«
»Du hast viel mehr geschafft, als ich je für möglich gehalten hätte.«
Raymond schlang seine Arme um die Knie. »Als erfolgreicher Geschäftsmann ist er allgemein bekannt, also brauchen wir seine Intelligenz gar nicht besonders herauszustellen. Wir müssen aber New Orleans' Wählern zeigen, daß er ein *richtiger* Mann ist. Du weißt, was ich meine?«
»Da hast du dir deine Arbeit ja förmlich auf den Leib geschnitten.«
»Sein Haar habe ich selber frisiert, mit einer halben Flasche Mousse und Fön habe ich ihm so 'ne Art Waldlook verpaßt.« Auf dem Bildschirm zeichnete er Berbers Umrisse nach. »Das Make-up war dann leicht, bis auf diese schreckliche Nase. Ich habe eine volle halbe Stunde gebraucht, bis dieses Ding passend und natürlich aussah.«
»Wenn du genug von diesen Werbespots bringst, vergessen die Wähler vielleicht die ›Binden Sie Ihr Pferd draußen an‹-Werbung.«
»Das ist unsere große Hoffnung. Wir haben aber ein Problem, die Gelder sind ausgegangen.«
»Ausgegangen?«

»Nun, Farley hat so viel Geld wie möglich bereitgestellt, ohne dabei sein Unternehmen zu belasten. Das Geld von den Republikanern ist nämlich aufgebraucht. Und jeder, der aus Herzensgüte gespendet hatte, hat gegeben, was er konnte. Die Menschen erwarten von Wahlkampfspenden eine Beteiligung am Erfolg. Wer unterstützt schon gerne einen Verlierer.«

»Er kann sich also keine Sendezeit mehr leisten?«

»Fürchte, nicht. Aber falls unser Mann in der Debatte heute abend einen guten Auftritt hat, könnten wir wieder dabei sein.« Er schlug sich die Hand vor den Mund. »Mist! Ich sollte dir das gar nicht alles erzählen. Du bist schließlich der Feind!«

»Nur zu wahr. Aber wenn du dir mal die Menükarte schnappst, spendiere ich dir ein Frühstück. Soweit reicht die Freundschaft.«

Es war beinahe Mittag, als ich zum Haus zurückkam, um mich frisch anzuziehen. Robin begrüßte mich nicht wie üblich an der Tür, sondern saß wie festgewachsen auf der Wohnzimmercouch und spielte den versunkenen Zeitschriftenleser. Ein Irrtum war ausgeschlossen, er schaute in den *New Yorker*.

»Hallo, Schätzchen.«

Keine Antwort. Und ich begriff, daß ich die schweigende Behandlung verabreicht bekam, die ich eigentlich als Erholung hätte schätzen sollen. Jedoch war ich in der Pflicht, zumindest einen symbolischen Versöhnungsversuch zu starten.

»Bedrückt dich irgendwas?«

»Nein!«

»Gut.«

Er schmiß die Zeitschrift hin. Mit solcher Wucht, daß die Seiten umblätterten und sie zuschlug.

»Warum sollte ich wohl bedrückt sein, bloß weil du mich angelogen hast von wegen die ganze Nacht im Laden verbringen?!«

Woher wußte er? Wie *viel* wußte er?
»Nicht die ganze Nacht, natürlich. Vielleicht hast du angerufen, als ich gerade bei Felix war, um ein paar Austern zu holen.«
»Felix?« Er sprang auf. »Zufälligerweise weiß ich von deinem Rendezvous bei *Kitt*, mit jemand *anderem.*«
»Wer hat dir das gesagt?«
»Ich weiß es halt!«
Seit langem hatte ich Robin im Verdacht, bei *Kitt* einen geheimen Verbündeten zu haben. Irgendein Kunde oder Angestellter, der bei jeder ehestandsverletzenden Handlung meinerseits zum Telefon stolzierte. Aber es war zwecklos zu versuchen, den Namen des Agenten herauszubekommen.
Schwuchteln sind genau wie Frauen. Sie bauen ein verstecktes Netz von Spitzeln und Saboteuren auf, das jeden Ort und Schritt im Leben überwacht.
»Aber Schätzchen!« Ich legte meinen Arm um ihn. Wütend oder nicht, er fühlte sich immer noch warm an und roch angenehm nach *V. O.* ... »Ich hab' doch nur aus Rücksicht auf deine Gefühle gelogen. Ich wollte dich nicht beunruhigen.«
»Da bin ich dir aber dankbar!« Er riß sich los, drehte mir den Rücken zu und deklamierte zur Wand hin in einer Art, die an Doris Days »empörte Jungfrau«-Filme erinnerte. »Gerade erst letzte Woche hatten du und ich ein langes Gespräch über unsere Beziehung. Hat dir das denn nichts bedeutet?«
»Beziehungsgespräche« sind beinahe niemals von irgendeiner Bedeutung, und jenem hatte ich mit Sicherheit nicht genau zugehört, aber ich sagte: »Natürlich hat es das.«
»Wir hatten uns doch versprochen, von nun an treu zu sein, hast du das vergessen?«
»Treu? Nun, wenn möglich, bin ich das. Die Sache bei *Kitt* gestern nacht war geschäftlich.« Ich zog meinen perlgrauen Kashmirblazer aus und reichte ihn automatisch Robin, der ihn automatisch annahm.

»Du meinst, dieser Pinkel hat dich *bezahlt*?« Er ging in Richtung Schlafzimmer, und ich folgte ihm.
»Er hat Farley Berbers Wahlkampf gemanagt. Hab' ganz schön was aus ihm rausgekriegt.«
»Ooh, ich wette, jeden Tropfen. Wann immer etwas in engen Hosen daherkommt ...«
»Wer hat dir das mit den Hosen gesteckt?«
»... hast du schon vergessen, daß ich auch nur *existiere*.« Er stapfte rüber zum Wandschrank und schwang die Schiebetür mit einer Gewalttätigkeit zur Seite, die mich schaudern ließ. »Ich habe dich geliebt, und *nur* dich, seit dem Tag, an dem wir uns trafen. Einen anderen Mann habe ich nicht einmal angeschaut. Und du behandelst mich wie Dreck!«
»Zu dir komme ich nach Hause. Bedeutet das nichts?«
»Es bedeutet, daß du einen Sklaven willst, der hinter dir herräumt, deine Unterhosen wäscht und deine dummen Cajunrezepte kocht. Das ist alles, was es bedeutet.«
Er wählte einen hölzernen Kleiderbügel und hängte meinen Blazer akkurat auf beide Schulterpolster. Dann drehte er sich rasch um und warf sich in die klassische Seifenoper-Pose: Brust raus, Kinn hoch.
»Vor drei Jahren habe ich eine Karriere aufgegeben für dich.«
»Und dafür war ich immer dankbar.«
Er hatte in der Eingangshalle des Roosevelt Hotels Freier aufgelesen, das war seine »Karriere«, aber es wäre nicht sehr galant gewesen, darauf hinzuweisen.
Ich zog Hemd und Krawatte aus, und er griff sie mir weg.
»Aber in all der Zeit habe ich kein bedeutungsvolles Zeichen deiner Liebe bemerkt.« Die Krawatte wanderte zurück zum Krawattenständer, das Hemd in den Wäschekorb.
»Ich sag' dir was, Schätzchen. Du bist bloß depressiv, weil der Winter kommt. Wie wär's, wenn du heute nachmittag runter zum One Canal Place bummelst und dir was Hüb-

sches zum Anziehen kaufst? Einige Angorapullover werden dich heiterer stimmen.«

Ich zog mein T-Shirt über den Kopf, und er fing es auf halbem Weg zum Boden auf. »Mir Kleider zu kaufen, bedeutet rein gar nichts. Sie sind, ef...ef...« Er warf seine Arme in die Luft. »Sie sind vergänglich!«

»Ephemer.«

»Ich will kein Angora. Ich will geliebt werden und gebraucht!«

»Ich liebe dich, so sehr ich vernünftigerweise kann. Gib mir den blauen Nadelstreifen.«

Er nahm den Anzug aus dem Schrank und schmiß ihn nach mir. »Zeig es, Matty!« Mein weißes Leinenhemd war noch eingepackt von der Wäscherei, und er warf es mir zu wie ein Frisbee. »Zeig's der Welt!«

»Das ist absurd.«

»Nichts als ein einfacher Gang zum Altar. Einfache Worte: ›Ich will‹. Liebende machen das.«

»Erbarmen! Aber doch nicht zwei Männer!«

»Ich will ein zeremonielles Partnerschaftsgelöbnis. Kein Geld, keine Pullis...« Er hielt meine rote Grenadinekrawatte hin wie eine spanische Würgschraube. »Laß mich wissen, wenn du dich entschieden hast!«

Dann schleuderte er die Krawatte in meine Richtung, marschierte in sein Zimmer und schloß die Tür, um einen Lysistrata-Boykott zu beginnen.

Sonderlich beunruhigt war ich nicht. Ich zog mich schnell und ohne jede Hilfe an. Ein Nachteil der Jugend ist der überwältigende Geschlechtstrieb. Ein Mann meines Jahrgangs hält das Zölibat länger aus als jedes Kind.

18
FREITAGNACHMITTAG

Eine Stunde später führte ich in der Wahlkampfzentrale meines Cousins den Berber Wahlkampf-Spot einem aufmerksamen Publikum vor. Armand nahm seine Stahlrandbrille ab, aber unscharf sah die Situation keineswegs sonniger aus. »Mein Gott, er ist ein ernstzunehmender Kandidat geworden.« Er deutete auf den Bildschirm. »Wenn ich nicht Bescheid wüßte, würde ich selber für diesen Mann stimmen.«

»Wir haben unsere ganze Munition gegen Moses abgefeuert und unsere rechte Flanke außer acht gelassen.« Ich spulte das Videoband zurück. »Letzte Woche noch waren Berbers Wähler hauptsächlich Rassisten mit Grundschulbildung. Mit diesem neuen Image könnte er jeden aufrechten Konservativen gewinnen.«

Er seufzte tief. »Seien wir ehrlich, unsere Woche ist das nicht. Zuerst wird Karen außer Gefecht gesetzt, und uns gehen die *Uptown*-Wähler durch die Lappen. Und nun haben sie einen aussichtsreichen Republikaner im Rennen.«

»Aber...« Ed Stokes suchte nach einer hoffnungsvollen Anmerkung. »Du hast gesagt, sein Wahlkampfbudget reiche nicht mehr, das hier zu senden.«

»Sagte meine Quelle. Aber wenn sich bei Berber die kleinste Chance zeigt, in City Hall einzuziehen, wird Geld reinkommen.«

Armand stand von seinem Stuhl auf und ging auf und ab. »Wenn ich jetzt Farley Berber wäre, würde ich zu den fetten Typen gehen, die sich bisher zurückgehalten haben, und ihnen dieses Band vorspielen.«

»Er ist dir weit voraus. Heute abend hat er mit dir und Moses Jones eine Live-Debatte im Fernsehen. Und wetten, er trägt seinen neuen Look, nachgeschminkte Nase und all das.«

»Vielleicht ist er nicht gut in Diskussionen.«
Ed hatte die Augen auf die Brust seines Gegenüber geheftet: »Was macht das schon? Er muß sich einzig und allein hinstellen, gut aussehen und weiß sein.«

Die Abenddebatte wurde vom *Forum für eine gute Regierung* gesponsert und aus dem UNO-Auditorium der Universität übertragen. Es war die letzte Wahlkampfshow für die Kandidaten.
Um den Wettkampf zu verfolgen, hätte ich hinter die Bühne gehen oder mich zu Armands Fraktion setzen können, aber ich nahm mir einen dieser gelben Schreibblocks und pflanzte mich mitten ins Publikum, dessen Reaktionen ich hören und fühlen wollte.
Den ersten Test, gerade auf der Bühne sitzen, ohne herumzuzappeln oder die nackten Schienbeine zu zeigen, bestanden alle drei Kandidaten. Dann erklärte ein Professor der Politikwissenschaft die Spielregeln und beglückwünschte uns alle miteinander zu unserer Beteiligung am demokratischen Prozeß.
Moses Jones verlor beim Münzenwerfen und mußte als erster aufs Podium. Er rhythmisierte seine Eröffnungsworte wie ein Erweckungsprediger oder Rapsänger, unterstützt von Schulterzucken und geballter Faust. Der Bürgermeister von New Orleans könne und müsse die Probleme der schwarzen Bevölkerung lindern, forderte er, wie zum Beispiel Schuleschwänzen, Kriminalität und ledige Mutterschaft. Daß diese Krisen alle durch einen von keinem Bürgermeister aufhaltbaren, inneren moralischen Zerfall verursacht wurden, unterließ er allerdings zu erwähnen. Doch seine Wähler waren zahlreich vertreten und billigten jede Ermahnung mit tief empfundenen »Amen's« und »Ja, ja's« während der ganzen Ansprache.
Armand war als nächster dran, er stand steif und aufrecht wie zum Appell da. Seine nüchterne Rede über neue Industrieansiedlungen mit besserer fachlicher Ausbildung und Steueranreizen enthielt manches gute Argument, aber sie

zündete nicht. Um mich herum begannen die Leute zu flüstern, wo sie anschließend ihre Langusten verzehren wollten. Ich schrieb »zzzz« auf meinen Block.

Farley Berber war der letzte Redner, und all die Jahre, die er auf dem Bildschirm weite Jeans feilgeboten hatte, waren nicht umsonst gewesen. Mit nie für möglich gehaltener Eloquenz offenbarte er allen, daß er bereit sei, für Herzensgüte, das Schulgebet und die alten Werte sein Leben zu lassen. Daß diese Grundsätze nichts mit dem Regieren einer Stadt zu tun hatten, war Nebensache in einer Welt, die Ronald Reagan auf einer weit verschwommeneren Grundlage ins höchste Amt des Landes gewählt hatte. Meine Nachbarn hörten ihm zu und nickten, als ob ihre Wertschätzung für seine Redekunst uns alle in einfachere Zeiten zurückführen könnte.

In der Mitte von Farleys Ansprache entdeckte ich im hinteren Teil des Auditoriums Raymond Harris, wie er den Redner mit kaum sichtbaren Handzeichen dirigierte. Langsamer ... schneller ... lauter ... still ... Er machte eine zarte Faust, und eine Sekunde später knallte der Republikaner seine eigene zu einem wirkungsvollen politischen Schlag auf den Tisch.

Nächster Programmpunkt waren Fragen vom Publikum. Selbstverständlich antworteten die Kandidaten nicht wirklich auf die gestellten Fragen, sondern benutzten sie lediglich als Sprungbrett für eingeübte Kurzreden. Jones tadelte Berber milde, er würde die von den bürgerlichen Rechten ausgeschlossenen Armen vernachlässigen. Woraufhin Berber behutsam andeutete, Jones habe das blutende Herz eines Gesinnungsliberalen, aber leider keine praktischen Vorschläge zur Finanzierung seines Sozialprogramms.

Voitier wurde von beiden überhaupt nicht erwähnt, sie sprachen ziemlich unverblümt über seinen Kopf hinweg. Ich fragte mich, ob diese Taktik tatsächliche Komplizenschaft war oder ob der Liberale und der Konservative unabhängig voneinander entschieden hatten, ihren Gegner auf dem Mittelstreifen zu ignorieren.

Zur Krönung des Abends offerierte das Forum hinten im Auditorium ein Buffet. Vorgeblich eine Gelegenheit zu informellem Geplauder mit Kandidaten, war es in Wahrheit eine Fabulierkonferenz. Wahlkampfhelfer überschütteten Journalisten und Kommentatoren mit ihrer Version von den wahren Vorgängen auf der Bühne, aus Furcht, diese würden den eigenen Ohren Glauben schenken.

»Farley Berber hatte die beste Show heute abend«, erklärte Ollie Dunn vom republikanischen *State Central Committee*. »Weil er den Menschen dieser Stadt gibt, was sie haben wollen. Die Rückkehr zu altmodischen Werten.« Warren von *News 8*, ein Schwarzer, nickte höflich und behielt seine Gedanken für sich.

Ein wohlhabend aussehender Gewerkschaftsfunktionär hatte sich Lynn von *TV 6* geschnappt. »New Orleans ist ein Teil des ›Neuen Südens‹«, tat er kund. »An den Reaktionen können wir abschätzen, daß Moses Jones' Unterstützung durch weiße Wähler anwächst.«

Unser Ed Stokes hatte Angela von *Eyewitness News* erobert. »Armand spricht als einziger Kandidat substantielle Themen an. Und die Leute schätzen an ihm, daß er nicht zu den Vertretern eines ›Persönlichkeitskults‹ gehört. Einfach solides, gutes Regieren.«

Weit gefehlt, Ed! Da unser Mann (machen wir uns nichts vor) keine erkennbare Persönlichkeit hat, versuchen wir, seine Fadheit zur Tugend zu drehen.

Millie von der *Times Picayune* saß am Rande der Schlacht und warf Stenokürzel auf den Block. Ich setzte mich beiläufig neben sie und versuchte mitzulesen.

»Spionieren, Matt?« Mit einem Lächeln hielt sie mir die Seite hin. »Lesen Sie Stenographie?«

»Nein. Aber ich werde Ihnen erzählen, was da oben auf der Bühne wirklich ablief.«

Sie lachte und verdrehte ihre dunklen Augen zu einem Neumondblick.

»Tun Sie sich keinen Zwang an, aber ich mache nur eine Sondersendung über die Frauen der Kandidaten.«

»Auch da kann ich Ihnen helfen. Claudia Voitier hat als Sozialarbeiterin abgeschlossen. Sie ist eine vorbildliche Ehefrau und Mutter von vier Kindern, die all ihre Freizeit verschiedenen Wohltätigkeitsveranstaltungen widmet.«

»Gehobene Wohltätigkeit«, bemerkte Millie. »New Orleans Symphonie, Opernclique, Freunde des Zoos ... Mrs. Voitier ist auch ziemlich fotogen, Frisuren von Teri Case und Kleider von Perry Ellis, Größe 36. Unsere Zeitung führt eine Akte über sie, dicker als das Telefonbuch.«

»Da kann ich nichts mehr hinzufügen.«

»Dagegen ist Mrs. Moses Jones Chorleiterin ihrer Baptistenkirche und kauft bei Catherine. Weder schick noch sexy, doch beliebt bei schwarzen Arbeitern.«

»Bei mir ebenso. Sie ist echt.«

»Die große Story aber, sofern ich sie schreiben könnte...« Millie unterstrich eine Stenoglyphe, »...wäre Mrs. Farley Berber. Sie ist schön, exotisch, mysteriös...«

»Und eine abgebrühte Karrierefrau.«

»Richtig.« Sie wartete auf einen Kommentar von mir, und als der ausblieb, sagte sie es. »Mir ist bekannt, daß Mrs. Berber eine Edelnutte war.«

»Amm ... Hmm?« Es war sozusagen meine Pflicht, mich hierzu sehr dumm zu stellen.

»Und davor eine *billige* Nutte.«

»Ich bitte Sie, Millie. Vermeiden Sie jede Andeutung auf ihre Herkunft.«

»Sie sind ein Gentleman?« Es war eine Frage.

»Wenn man sieht, wie viele aufgedonnerte Hühner in dieser Stadt rumrennen, werden wir Berber nie schlagen, wenn er auch noch die Stimmen der Prostituierten einfängt.«

»Prostituierte wählen nicht. Sie sind Nachtmenschen. Aber selbst wenn ich es wollte, könnte ich keine Kim Berber-Story bringen. *Times Picayune* ist eine Familienzeitschrift.«

»Sie könnten doch mit einer versteckten Anspielung...«

»Nur die Tatsache ausschlachten, daß die Vergangenheit der Frau nie diskutiert worden ist? Ich täte es, wenn ich sie hassen würde. – Ich hasse niemanden.«

Ich fand Raymond mit einem Plastikteller voller unbestimmbarer Happen beim Buffet. »Wahlkampffraß«. Er spießte etwas Undefinierbares auf seine Plastikgabel. »Nicht so verlockend wie der Notproviant im Krieg, aber es hält uns in Schwung.«

»Meine aufrichtigen Glückwünsche, Raymond, dein Mann hat heute abend eine ordentliche Vorstellung gegeben.«

»Danke dir. – Ist das hier wohl Hähnchen? – Rodger hat die Rede geschrieben. Aber das Image ist meine Kreation.«

»Deine gute Arbeit könnte Berber zum Bürgermeister von New Orleans machen.«

»Matty, du Schmeichler.«

»Denk mal darüber nach.«

19
FREITAGABEND

Als ich nach der Debatte in die Esplanade Avenue heimkam, hätten mich die dunklen Fenster alarmieren müssen. Normalerweise waren um diese Zeit alle Lichter an, die Öfen glühten in jedem Zimmer, und Robin lag zusammengerollt in seinem Pyjama auf dem Sofa und schaute *In der Sonne Kaliforniens*. Als ich ins Haus ging, erschienen mir die Räume bedrohlicher als nur dunkel und kalt. Eine schwere, unfreundliche Stille umgab mich. Ich ging zurück zum Schlafzimmer, um meine Jacke selbst aufzuhängen. Dann begann mein Herz zu hämmern.

Der Schrank war halb leer. Robins gesamte Kleider weg. Die kleine Schlange ließ es also darauf ankommen. Er dachte, er könnte mich zu diesem demütigenden »zeremoniellen Partnerschaftsgelöbnis« zwingen, wenn er sich für ein paar Tage irgendwo versteckte.

Ich fragte mich nur, wo. Nicht, daß es etwas ausmachte.

Das Schweigen im Haus wurde plötzlich so dick, daß mir das Atmen schwerfiel. Also drehte ich die Stereoanlage an und wollte JOY 102 hören, aber sie war von FM auf den Plattenspieler umgeschaltet worden. Und Luther Van Dross' Version von *A House Is Not A Home* bellte und zwitscherte aus den Boxen:

I'm not meant to live alone.

Turn this house into a home…

Unser Lied. Das hatte Robin absichtlich gemacht.

Ohne die Nadel zu heben, schaltete ich das Gerät ab, und Luthers Stimme verlangsamte sich zu einem Baß, bevor sie schwieg.

Ich zündete die Gasheizung an, kochte mir mein Essen, was ich sowieso besser kann als Robin, dann fläzte ich mich in meinen Lehnsessel, um in die Röhre zu starren. Ted Koppel wollte über AIDS reden, also schaute ich mir *Frank's Place* vom Video an. Es ist eine echte Wohltat, eine Sendung über New Orleans zu sehen, die weder von unglaubwürdigen Voodoopraktikern handelt noch schlechte Aufnahmen von *Mardi Gras* zeigt.

Ich sah meinen alten Nachbarn Fran Roberts in einer Hollywoodverfilmung eine Restaurantszene in New Orleans spielen und wünschte mir, das Französische Viertel wäre auch in Wirklichkeit so malerisch und raffiniert beleuchtet. Und, daß wir alle unser Leben weichgezeichnet und mit Filtern vor den Scheinwerfern leben könnten.

Ich fand meinen Pyjama auf Anhieb und fiel ins Bett. Nach drei Jahren hatte ich mich zwar an Robin gewöhnt, aber ohne ihn ging's auch.

Ich lag mit offenen Augen da, bis die Uhr eins schlug, dann machte ich meine Leselampe an, griff zum Telefon und wählte den *Kitt Club*.

Der Oberkellner rief Didi ans Telefon, ihre Antwort hörte sich dann aber eine Spur zu ungezwungen an.

»Hallo, Matty? Du möchtest eine Reservierung machen?«

»Zu dieser Zeit? Nun mach mal halblang. Wo ist Robin?«

»Du liebe Güte, wie soll *ich* das wissen? Er ist *dein* Liebhaber.« Ihre Stimme hatte einen Unterton. »Was du vergessen zu haben scheinst, zu deiner Information.«

»Keine Spiele. Ich will ihn zurück.«

»Nun ... das liegt an *dir*, oder?«

»Sag's ihm einfach.« Ich hängte ein.

Falls es nicht Didi war, die Robin Unterschlupf gewährte, wußte sie mit Sicherheit, wo er war. Diese Schwuchteln helfen sich doch immer gegenseitig. Ich fühlte mich *dépaysé*, was in Französisch verbannt bedeutet und in Cajun schlicht elend. Ich stand auf, goß mir ein Glas Milch ein und ein wenig Brandy, bevor ich erneut einzuschlafen versuchte.

Ich war nicht auf diese spezielle kleine Tunte angewiesen, es gab genug andere mit denselben allgemeinen Qualifikationen. Und doch fühlte es sich nun mal so natürlich an, ihn in einer kalten Nacht in den Armen zu halten. Natürlicher als nicht.

Ein Schatten meiner selbst tauchte am nächsten Morgen in *New Traditions* auf. Es waren noch keine Geschäftsstunden, also schloß ich die Tür mit meinem eigenen Schlüssel auf.

Steve Hicks erhob sich hinter einem Sofa im Queen Anne-Stil und wedelte mit einer Handvoll Preisschilder.

»Hey, Matt? Gute Debatte gestern abend.«

»Apf? A-hm.«

Dann machte er den Fehler und schaute mich an.

»Ach du lieber Himmel! Was zum Teufel ist mit *dir* passiert?«

»Wieder nicht geschlafen letzte Nacht.«

»Diese Ränder unter deinen Augen würden einem Waschbären alle Ehre machen.«

Früher oder später fände es Steve ja doch heraus, also erzählte ich ihm die Wahrheit. »Robin hat mich verlassen.«

»Was hat er sich dabei nur gedacht? Du hast seinen kleinen Arsch doch ausgehalten.«

»Würde ich auch sagen. Gediegene Restaurants, Kreditkarten, Spesen... Es gab nichts, was er nicht haben konnte. Kennst du irgendeine Ehefrau, die besser behandelt worden ist als dieser kleine Windhund?«

»Also nein. – Wie lange ist es mit euch beiden denn gut gegangen?«

»Mir ist es fünfzehn Jahre lang gut gegangen. Robin *nie.*«

»Aber...« Steve legte seine Preisschilder nieder. »Ich vermute, du ... mh ... willst ihn zurück?«

»Ich glaube schon.« Ich zuckte die Achseln. »Sicher.«

Auf dem Weg in mein Büro heftete er sich an meine Fersen.

»Ich weiß nicht, wie das mit deinesgleichen ist. Aber wenn eine Frau einen Mann verläßt, ist sie A: entweder fertig mit ihm oder sie versucht B: etwas zu erzwingen.«

»Es ist B. – Ich brauche einen Kaffee.«

»Ich habe gerade frischen gemacht. Nun?«

»Nun, ich hoffe, er ist heiß.«

»Nun, was will er?«

Ich griff nach meiner »Wer ist wer?«-Tasse mit den *Saints*-Spielern. Sauber war sie nicht, aber was machte das.

»Versprichst du, nicht zu lachen?«

Er kreuzte die Hände vor seiner Brust. »Eher sterbe ich.«

»Er will mich heiraten.«

»Ampf! Ampf!« Steve versuchte mannhaft, seine Lippen aufeinandergepreßt zu halten, aber schließlich gab er auf, krümmte sich und platzte vor Lachen.

»Das ist zuviel für mich, Junge, Junge.« Der Kaffee war zu heiß, aber mit Milch war er widerlich.

»Hahaa-Ha!« Immer noch wiehernd und japsend, fiel er

auf die Couch und fuchtelte. »Hey, Matt? Darf... Darf ich dein Trauzeuge sein?«

»Du kannst Zeuge deiner fristlosen Entlassung sein, wenn du nicht aufhörst.«

Aber er konnte nicht oder wollte nicht. »M... muß er versprechen, eure Kinder zu Katholiken zu erziehen?«

»Es wäre natürlich keine konventionelle Hochzeit. Was er will, ist ein schwules ›zeremonielles Partnerschaftsgelöbnis‹.«

Schließlich erholte sich Steve und setzte sich auf.

»Davon habe ich gehört. Dann trittst du also vor den Traualtar mit ihm?«

»Man müßte mich nackt und in Flammen vor den Traualtar zerren.«

»Okay, bleib dir selber treu. Du findest ein anderes Kind, das dein Bett wärmt.«

Ich ignorierte diesen neunmalklugen Kommentar. »Was Robin will, ist ein Zeichen der Verbindlichkeit. Legal und verpflichtend.«

»Das ist der Ehestand.«

»Es gibt andere Möglichkeiten. Ich hatte die ganze Nacht Gelegenheit, darüber nachzudenken. Die ganze verfluchte Nacht.« Ich probierte den Kaffee. Er war gut, schließlich hatte ich die Bohnen übers Wochenende selber geröstet. Dann kniete ich hin und drehte das Safeschloß.

»Steve, wie ist die Kombination?«

»Mein Geburtstag, hast du's vergessen?«

»Nein, ich habe nicht vergessen, daß die Kombination dein Geburtstag ist. Aber ich habe das verdammte Datum vergessen!«

»Schäm dich. Siebzehn-zwei-achtundvierzig. Ich bin ein Wassermann.«

»Meinen Glückwunsch.« Die dicke, feuerfeste Tür öffnete sich beim ersten Versuch. Meine Akten waren alle fein säuberlich sortiert und gestapelt. »Ich rufe Buddy an, meinen Versicherungsvertreter, und lasse eine Police auf Robin ausstellen.«

»Gute Idee. Das wird ihn täuschen.«
»Ich will ihn nicht täuschen.«
Ich suchte die entsprechenden Papiere heraus und kickte die Tür zu. »Im Falle meines vorzeitigen Ablebens sollte er Sicherheiten haben. Ich stelle die Police auf Robin aus, und er soll die Prämien bezahlen, so wird die Ausschüttung kein Teil meines Nachlasses.«
»So braucht er auch nicht auf die gerichtliche Testamentsbestätigung zu warten. Nun gut, aber du bist ein verhältnismäßig junger Mann. Vielleicht will er nicht vierzig Jahre lang auf deinen kleinen Liebesbeweis warten.«
»Das muß er nicht. Und dies hier bekommt er auch.« Ich warf Steve das amtlich beglaubigte Päckchen aus dem Safe zu. Er wickelte es aus.
»Das ist die Urkunde von deinem Haus.«
»Für eine einfache Übereignung des Besitzanspruchs. Jean soll es in die juristische Form tippen.«
»Du gibst dein Haus weg?«
»Nicht das ganze. Wenn ich seinen Namen zusammen mit meinem auf die Urkunde setze, gibt ihm das die legale und verbindliche Partnerschaft, nach der er so lechzt, aber ohne dieses peinliche Spektakel, vor dem mir graut.«
Steve faltete die Urkunde wieder zusammen.
»Dennoch ist das sehr großzügig von dir.«
»Er ist fast drei Jahre mit mir zusammen. Der Junge verdient irgendein Zeichen der Anerkennung. Sein richtiger Name ist übrigens Robert Fischbach, Jr., sag das Jean. Ich möchte nicht, daß er wegen eines Formfehlers seines Anspruchs beraubt wird, falls mir irgendwas passiert.«
»Wann brauchst du es?«
»Morgen ist früh genug. Dann schicke ich es mit dem Kurier, als Zeichen meiner ehrenhaften Absichten.«
»Hallo, Onkel?« Es war Pip, seine Augen voller Erwartung, der an den Türpfosten klopfte. »Bin ich zu früh?«
»Nein, komm nur rein. Ich bin froh, daß deine Mutter dir erlaubt hat zu kommen.«
»Mom hat nichts dagegen, wenn ich mit dir rumhänge.

Dad ist nicht gerade begeistert, aber er kann es mir nicht verbieten.« Er schwang sein Handköfferchen über seinen Kopf. »Ich kann's kaum erwarten, abzuhauen.«
»Na dann los. Der Wagen ist aufgetankt, und du fährst uns den ganzen Weg rüber nach Beaumont, Texas.«
»Fantastisch!«
»Die *I-Ten* führt geradewegs dorthin. Ich werde die meiste Zeit tief schlafen.«
»Macht mir gar nichts. Hey, warum trägst du Jeans statt Reithosen?«
Ich nahm meine Reisetasche. »Ich bin ein geborener Diplomat, Pip. Unser Gastgeber ist ein reinblütiger, demokratischer Texaner, im Ponderosa-Look, also habe ich Jeans angezogen und die Reithose eingepackt. Wenn er uns dann zum Reiten einlädt, bin ich sowohl auf Western als auch auf Englisch vorbereitet.«
»Und was ziehst du an, wenn wir auf ungesattelten Pferden reiten?«

20
SAMSTAGABEND

Dick Dickerson hatte sein Geld in alle herkömmlichen Formen von Geschäft und Vergnügen investiert und immer noch einige Millionen übrig. So entschied er, als Abschreibungsprojekt ein Pferdespital und ein Gesundheitscenter für Pferde mit dem modernsten technischen Schnickschnack zu bauen.
Die D. O. D.-Pferdefarm, hundertvierzig Morgen groß, rühmt sich seiner chirurgischen Abteilung, einer Intensivstation und der fortschrittlichsten Forschungslabors. Mir dagegen gefällt das Reiten, solange Mann und Pferd meilenweit durch grüne Wiesen galoppieren können, ohne auf eine Mauer oder einen Zaun zu stoßen.

Pip bog sanft in die Einfahrt und parkte neben einem Zwei-Pferde-Anhänger mit dem D. O. D.-Signet. Ich befreite mich gerade vom Gurt, als Linda, Bobs Frau, schick gekleidet in einen Fransenrock, sich von den versammelten Partygästen auf dem Rasen löste und zu unserer Begrüßung herbeigelaufen kam.

»Hallo, Matty! Gerade hatten wir einige Nachbarn zum Lunch hier. Tut mir leid, daß du sie verpaßt hast.«

»Ich bin sicher, die haben sich auch ohne mich bestens unterhalten.«

»Möglich.« Sie blickte kurz auf die illustre Gruppe von überwiegend steinreichen texanischen Pferdezüchtern mit goldenen Gürtelschnallen und Texaskordeln. »Die anderen politischen Franktionen waren schneller als du.«

Ich nahm ihre Hand und erblickte auch schon Moses Jones in seinem städtischen maßgeschneiderten Dreiteiler, den eine goldene Uhrkette so richtig zur Geltung brachte. Er winkte, und ein Manschettenknopf blinkte auf in der untergehenden Herbstsonne.

»Ich grüße Sie, Matt«, rief er. »Ich bin bereits mit den Massen eingetroffen.«

Vergeblich versuchte er, seine auf Hochglanz polierten Schuhe aus Korduanleder nicht zu beschmutzen, als er durch den von Pferdehufen aufgewühlten Hof ging.

»Wer zuletzt lacht, Moses.«

Ich stellte meiner Gastgeberin Pip vor, der in seiner Rolle als Adjutant sowohl meine als auch seine Tasche trug, und Linda war so taktvoll, ihn als Erwachsenen zu begrüßen.

»Sind Sie für's Gepäck verantwortlich, Philip? Ich zeige Ihnen den Weg zum oberen Stock.«

»Ich gehe die Sachen auspacken, Onkel«, versicherte er. »Du kannst hier bleiben und derweil über Politik reden.«

»Ich freue mich schon darauf. Alle politischen Überzeugungen sind schließlich hinreichend vertreten.«

Mein Neffe folgte Linda ins Haus und schwang dabei die Taschen, als seien sie federleicht. Ich wandte mich der dritten politischen Sprecherin der Runde zu.

Falls es überhaupt jemanden gab, der sich noch weniger für ein Leben auf einer Pferdefarm eignete als Moses, war das Kim Nguyen Berber.

Die kleine orientalische Blume – wie immer erlesen gekleidet in ein St. Laurent-Kostüm mit kurzem, engem Rock –, bahnte sich auf acht Zentimeter hohen Absätzen ihren Weg durch den Hof. Als sie mich erreicht hatte, hielt sie sich an meinen Armen fest, um ihr Gleichgewicht nicht zu verlieren.

»Hallo, Matty. Willkommen im Wilden Westen.«

Ich betrachtete sie von Kopf bis Fuß und umgekehrt.

»So gehst du aber nicht reiten.«

»Hast du jemals von einer Orientalin gehört, die reitet?«

»Nein, habe ich nicht. Aber wo ist denn dein rodeovernarrter Ehemann?«

»Er wird nicht vor Einbruch der Dunkelheit kommen, wenn's zu spät ist zum Reiten.«

»Tatsächlich? Und was verursacht die Verspätung?«

»Bleibt es unter uns?«

»Sicher.«

Sie stellte sich auf die Zehenspitzen, um mir ins Ohr zu flüstern, wobei mich ein Hauch ihres Opiumparfums erreichte. »Weil der Blödmann Angst vor Pferden hat. – Als er zwölf Jahre alt war, wurde er während eines Geländerittes vom Pferd geschleudert, seither hat er sich nie wieder auf eines gesetzt.«

»Das behalte ich für mich, versprochen«, sagte ich so leise, daß Moses, der sich uns näherte, es nicht hören konnte.

»Ich vertraue dir.« Kim überprüfte, ob ihre Schuhsohlen noch heil waren. »Wenigstens erwartet niemand von mir, daß ich mich auf eines dieser Dinger setze.«

»Du siehst in dieser Umgebung aus wie Porzellan im Elefantenladen. Wie kommst du mit den Texanern zurecht?«

»Immer dasselbe. Alles Scheißeimer. Sie gaffen. Sie winken. Sie tun groß...«

»Laßt sie ruhig groß tun«, warf Moses ein. »Heute Nachmittag habe ich dreien beim Großtun geholfen und dafür drei ansehnliche Spenden eingehandelt.«
Ganz gleich, wie deplaziert er sich anzog, der Mann wußte die Gunst der Stunde zu nutzen, und ich beglückwünschte ihn dazu.
Kim schaute an mir vorbei und lächelte. »Ooh, was haben wir denn da!«
Pip hatte unsere Taschen ausgepackt und kam auf die Terrasse. Sie stieß mich an. »Für sowas würde ich auf mein übliches Honorar verzichten.«
»Mein Neffe Philip. Fünfzehn Jahre alt.«
»Genau das richtige Alter.«
Die Party schien sich bereits aufzulösen, als unser Gastgeber, Dick Dickerson, seine Lunchgäste verabschiedete und sich zu uns gesellte. »Hallo, Matt.« Er klopfte mir auf die Schulter. »Sind Sie für morgen zum Springen aufgelegt?«
»Ich habe gehofft, daß Sie fragen würden. Ich möchte vor dem Frühstück wenigstens einmal den ganzen Parcours reiten.«
»Wir haben einen Fuchswallach namens Joseph, der wie auf Sie zugeschnitten ist. Gute Manieren. Er ist zwar ein bißchen faul, aber ich denke, Sie werden ihn schon wach kriegen.«
»Faule Pferde zu motivieren ist meine Spezialität. Hoffentlich ist er ein Frühaufsteher.«
»Da bin ich überfragt. Vor zehn Uhr schaue ich nicht aus dem Fenster. Nun möchte ich euch aber meinem neuesten Baby in der Ost-Koppel vorstellen.«
Pip runzelte die Stirn. »Ein Baby?«
»Ein Pferdebaby.«
»Oh, so eins könnte mir gefallen.« Und schon rannte er unserem Gastgeber den ganzen Weg runter zum Fohlenstall voraus. Damit Kim sich auf dem unebenen Rasen nicht eines ihrer makellosen Fußgelenke brach, bot ich ihr meinen Arm an. Glanzschuh-Moses tastete sich Schritt für Schritt voran.

Als sich Dick gegen den Zaun lehnte, stellte sich Pip in derselben Haltung neben ihn, um das neue Fohlen zu bewundern.
»Schaut euch diese Schönheit an. Sie heißt Mumtaz.« Dick wies zärtlich zu ihm hin. »Beide Eltern waren Derby-Kämpfer. Dieses kleine Mädchen ist erst fünf Wochen alt und rennt schon ganz von selbst.«
Mumtaz sprang auf langen, dürren Beinen in ihrer Koppel umher, freute sich ihres jungen Lebens, ihrer frischen Kraft und über den Oktoberwind in ihrer Mähne.
»Perfekte Konstitution, starker Charakter, beste Qualität«, stellte ich fest. »Es könnte sein, daß Sie ein weiteres reinrassiges Risiko am Hals haben.«
Das Füllen hielt inne, um beim einzigen anderen Pferd in der Koppel, einer kurzbeinigen Mähre mit breiter Kruppe, zu trinken.
Pip hing gespannt über dem Zaun. »Das ist nur die Amme, richtig? Dieser Ackergaul kann doch nie die Mutter von Mumtaz sein.«
Dick lachte. »Genau das wollte ich euch zeigen. Die genetische Mutter des Fohlens ist Prinzessin Iris, Gewinnerin des Dreijährigen-Lorbeerkranzes. Aber ihre Leihmutter ist Molly dort. ›Dieser Ackergaul.‹«
»Mir geht ein Licht auf. Embryoverpflanzung.«
Pip legte seinen Kopf schief. »Wie geht das?«
Ich konnte ihm die Fakten, soweit ich sie aus dem *Horseman Magazine* kannte, weitergeben. »Der Züchter nimmt ein befruchtetes Ei von einer berühmten Zuchtstute wie Prinzessin Iris und pflanzt es einer Leihmutter ein. Auf diese Weise kann eine hervorragende Stute mehrere Nachkommen im Jahr produzieren, ohne daß ihre Karriere als Rennpferd beeinträchtigt wird.«
»Eine Leihmutter?« sagte Pip ungläubig. »Ich dachte, nur Menschen täten sowas.«
»Die Stute lehnt das Fohlen nach der Geburt nicht ab, sondern hält es für ihr eigenes und zieht es selber auf.«
»Die alte Molly ist ja nicht gerade ein toller Anblick«,

räumte Dick ein. »Und sie könnte auch nicht schneller laufen als jemand von uns. Aber wie ihr seht, ist sie eine erstklassige Mutter.«

Molly hatte ihren Kopf umgewandt und stupste die junge Derbykämpferin mit der Schnauze zärtlich zu einer vielversprechenden Zitze.

Moses schnalzte mit der Zunge. »In der Tat, das genetisch Höherwertige muß um jeden Preis erhalten werden. Ich bin froh, daß sie diese Technologie noch nicht vor hundertfünfzig Jahren hatten. Man hätte schwarze Frauen dazu gezwungen, weiße Kinder zu gebären und großzuziehen.«

»Ich will mich nicht über die ethischen Probleme der Leihmutterschaft auslassen, aber die Natur ist voller Beispiele«, verteidigte Dick. »Einige Vogelarten tun dies gewohnheitsmäßig.«

»Enten sind nachlässige Glucken«, sagte ich. »Früher, auf der Farm von Onkel Aldus, haben wir der Henne immer Enteneier ins Nest geschmuggelt.«

Moses blickte zweifelnd. »Fühlte sich die Henne nicht über's Ohr gehauen, wenn anstatt junger Hühnchen junge Entchen ausschlüpften?«

»Ganz und gar nicht. Sie dachte, es seien ihre eigenen Kleinen. Ich erinnere mich, wie sie sie antreten und um den Hof marschieren ließ. Schließlich brachte sie ihnen noch bei, nach Futter zu kratzen.«

»Wurde sie nicht mißtrauisch, als sie zu quaken anfingen?«

»Erst später, als die kleinen Entchen zum Schwimmen in den Weiher watschelten, da flatterte die arme Glucke am Ufer auf und ab und kreischte in Todesangst.«

Dick lehnte über dem Zaun und lachte. »Adoption ist allgemein verbreitet. Der unscheinbare Klepper hat neulich seinen hübschen, jungen Schützling zum Galoppieren ermutigt und dabei sogar erfolglos versucht, mit ihm Schritt zu halten. Molly hat mir bereits fünf Fohlen geboren. Jedes einzelne mit Spitzen-Rennblut. Nur die besten Eigenschaften werden vererbt.«

Dann gab Kim ihren einzigen Kommentar zum Thema.
»Ist die Eigenschaft, eine gute Mutter zu sein, keine, die wertvoll genug ist, weitergegeben zu werden?« Damit machte sie auf dem Absatz kehrt und ging zum Haus zurück.

Farley Berber kam genau richtig zu den Cocktails. Er trug eine Wildlederjacke, die ihm wundersamerweise stand. Raymond hatte ihn offensichtlich sowohl für öffentliche als auch privat-gesellschaftliche Anlässe eingekleidet.
Das Abendessen im Haupthaus der D. O. D.-Pferdefarm hätte Ben Cartwright und Söhnen zur Ehre gereicht. Hop Sing persönlich hätte keinen besseren Schweinebraten hinzaubern können. Das Maisbrot war mit frischen Eiern und Milch vom Tage gebacken. Das Gemüse kam aus Lindas Garten, dazu wurden Schüsselchen mit frischer Butter herumgereicht.
Während des ganzen Essens erging sich unser Gastgeber am Kopfende des Tisches in langen Reden, erzählte Witze und drängte die Gäste, sich zu bedienen. Erst nachdem die Teller abgeräumt waren, sprach er die Gesellschaft offiziell an. Er rückte seinen Stuhl zurück und stellte sich ganz formell vor uns hin.
»Linda und ich möchten Ihnen, unseren politischen Gästen, danken, daß Sie uns heute abend mit Ihrer Anwesenheit beehren. Wir entschuldigen die Damen und wenden uns noch einem Verdauungsbrandy und Zigarren zu.«
Wie beim Klingelzeichen zum Schulschluß sprangen Linda und Kim auf.
»Wir werden uns den Herren wieder anschließen, nachdem Ihnen schlecht geworden ist von diesen scheußlichen Zigarren und Sie den Raum mit Tabakgeruch zugenebelt haben«, sagte Linda mit süßer Stimme. Und sie hakte sich bei Kim unter für den Abgang.
Ich sehnte mich auch nicht nach einer Lunge voll Rauch und hätte es bevorzugt, ihnen nach draußen zu folgen. Aber das war nicht mein Auftrag.

Pip hingegen wirkte aufgekratzt von seiner Aufnahme in unsere Männerrunde. Er war in seinem Element, wie die Cajuns zu sagen pflegen.
Mit beiden Händen hielt er seinen Sitz umklammert, als hätte er Angst, heruntergeschmissen zu werden.
»Die Debatte ist eröffnet, während wir die Zigarren herumreichen«, forderte Dick uns auf. »Das wird zu einer lebendigen und unterhaltsamen Diskussion beitragen.«
Farley sagte: »Ich werde mich stolz und glücklich schätzen, Ihnen meine persönlichen Ansichten über alles darzulegen, Dick.« Das lateinamerikanische Hausmädchen stellte eine silberne Zigarrenschachtel vor ihn auf den Tisch. Er beäugte das Angebot, wählte sich eine Corona und rollte sie dann zwischen beiden Händen. »Und ich habe bemerkt, daß Mister Jones dort keine Angst hat, es mir gleichzutun.«
»Oh, ha! Was haben wir denn hier?« Dick nahm sich eine Royal Lonsdale. »Unaufdringlicher, hinterhältiger Vorstoß von Rechtsaußen? Matt, können Sie parieren?«
»Mein Cousin Armand wäre genauso stolz und glücklich, seine Ansichten zu äußern.« Das mit dem Rauchen ließ ich lieber. »Leider kann er das nicht zu Pferde, weshalb es in mein Ressort fällt.«
»Eins zu Null für Sie!« Dick steckte die Zigarre in seinen Mund und applaudierte mit beiden Händen. »Um eines klarzustellen, ich werde Mr. Voitier nicht bestrafen, weil er nicht selber hergekommen ist. Er hat in Matt einen hervorragenden Abgesandten.«
»Ich diskutiere Sie heute abend unter den Tisch, Farley«, ich tauschte mit Kim einen Blick. »Und morgen reite ich Sie in Grund und Boden.«
»Hmh?« Er konzentrierte sich auf das Anzünde-Ritual. »Wie die Sache steht, werde ich Sie nicht beim Wort nehmen können.«
»So gern Sie das täten.«
»So gerne ich das täte, richtig, aber ich muß sofort nach dem Frühstück zurück nach New Orleans. Geschäfte.«

»Sehr bedauerlich«, sagte Dick großzügig. »Und Sie, Mister Jones? Werden Sie morgen mit uns reiten?«
Moses zündete sich seine Panatela an, wölbte dabei schützend eine Hand über das Ende und paffte fachmännisch, damit sie gleichmäßig anbrannte.
»Ich fürchte, ich bin dazu nicht in der Lage. Wissen Sie, ich bin im Ghetto geboren, Bruder. In meinem Viertel gab es keine Pferde. Ich hatte noch nicht einmal ein Fahrrad.« Er schwenkte seine Zigarre zu einem gewichtigen »nein« hin und her. »Es ist traurig, aber ich muß sagen, daß die armen schwarzen Kinder von New Orleans nie das Glück hatten, an diesem höchst gesunden Sport teilzuhaben. Ich habe jeweils nach der Schule im Audubon-Park als Stallbursche gearbeitet, Pferde gestriegelt und gesattelt, damit die weißen Leute reiten konnten. Mir selber wurde das Reiten nicht gestattet. Nein, Sir.« Die Panatela wanderte zurück in seinen Mund und er paffte selbstgerecht.
Das war nun eine brillante Taktik, Passiva in Aktiva umzumünzen, und ich bewunderte ihn dafür. Gleichzeitig erinnerte ich mich, daß Vater und Großvater Jones Prediger in einer der reichsten Baptistenkirchen des Staates gewesen waren. Wenn er nie ein Fahrrad besessen hatte, dann deshalb, weil er lieber im Cadillac seines Vaters fuhr, der alle zwei Jahre einen neuen kaufte. Und was auch immer er über Armut und Schwarzsein in New Orleans wußte, kam vom Hörensagen.
Pip wählte sich ganz nonchalant einen Stumpen aus der Zigarrenschachtel. Auf einen bedeutungsschweren Blick von mir warf er ihn mit derselben Nonchalance zurück.
»Für ein Gespräch über Weltanschauungen bin ich gut gewappnet«, sagte ich.
Dick ließ Asche in einen Basalt-Aschenbecher fallen. »Angenommen, wir reden statt dessen über Politik? Regieren ist Politik, stimmt's? Vor und nach den Wahlen – Farley?«
Berber nahm Haltung an.
»Farley, noch vor zwei Wochen hätte ich keinen müden

Penny für Ihre Chancen gegeben. Aber in diesen neuen Spots haben Sie verdammt gut ausgesehen.«
»Schönen Dank auch für Ihre Ermutigung.«
»Aber ich hätte gerne noch mehr von der Kampagne gesehen. Zu schade, daß dieser Lloyd-Junge sich hat umbringen lassen.«
»Wir haben inzwischen auch ohne ihn gearbeitet«, kam es kurz angebunden von Berber.
»Aber mit seinen Reden und nach seinem Spielplan, stimmt's?« Es kam keine Antwort. »Stimmt.« Dick deutete mit seiner Zigarre auf Moses. »Ihre Kampagne ist sehr wirkungsvoll und sehr ökonomisch eingesetzt. Ihre Maschinerie hat jede Frau und jeden Mann, die möglicherweise für Sie stimmen werden, erreicht, und Sie haben wohl jeden überzeugt, der zu überzeugen war.«
Moses nickte in seine Krawatte hinein. »Ja, wir haben gute Arbeit geleistet.«
»Aber eine Mehrheit haben Sie damit noch nicht. Das ist schlecht.«
Ich machte mit Handzeichen auf mich aufmerksam. »Voitier hat die Mehrheit der Stimmen.«
»Das hat er. Heute. Aber der Verlust von Miss Peloquins aktiver Unterstützung wird die Anzahl der weißen Wähler verringern. Mehr als jeder andere muß der Spitzenkandidat über seine eigene Schulter blicken. Unser Freund zur Rechten ...« Dick strich mit dem Finger am Tischtuch entlang, »schleicht sich langsam an euch ran.«
Das Mädchen kam mit dem Brandy. Dieses Mal durfte sie auch mich bedienen. »Sie sagen, jeder von uns hat seine Pluspunkte und seine Minuspunkte. Eine Chance, zu gewinnen und eine Chance, zu verlicren.«
Moses legte seine Finger in der Form eines V's an den Rand seines Brandyglases. »Eine Zeit zum Säen und eine Zeit zum Ernten.«
Berber hob sein Glas hoch, damit sich das Mädchen nicht hinunterbeugen mußte.
»Eine Zeit zum Trauern und eine Zeit zum Tanzen. Ich sag

Ihnen was, Dick. Warum unterstützen Sie nicht einfach den Kandidaten, den *Sie* als Wahlsieger sehen möchten?«

Dick lehnte sich vor und tippte auf Berbers Revers. »Weil es andersrum geht, Farley. Jeder Kandidat, den ich unterstütze, ist so sicher wie das Amen in der Kirche derjenige, den *ich* als Wahlsieger sehen will.«

Ich sagte: »Weltanschauung ist ihm schnurz. Er will den Sieger unterstützen.«

»Und ob ich das will.«

Das Mädchen kam zurück und füllte Pips Glas mit einer köstlichen bernsteinfarbenen Flüssigkeit. Apfelsaft. Ich gab ihr ein diskretes Zeichen, Daumen hoch, und sie lächelte und verschwand wieder in der Küche.

»Genug der Politik.« Dick nahm das Gespräch wieder in die Hand. »Laßt uns über Pferde reden.«

Pip schaute entzückt. »Oh, ja!«

»Hier habe ich eine gute Geschichte für euch. Bei der Vollbluterauktion in Houston letzten Monat habe ich den schönsten Zuchthengst aller drei Landkreise gesehen. Flaming Brand aus dem Stammbaum Firefly. Diese Linie hat Sieger seit sechs Generationen. Ihr werdet den Preis nie erraten.« Dick forderte uns alle auf. »Ratet!«

Moses und Farley konzentrierten sich geflissentlich auf ihre Zigarren, also riet ich.

»Der Preis für den Stammnamen? Mindestens 200 000 $.«

»Versuch's mit achtzig.«

»Was ist der Haken?«

»Das habe ich auch gesagt. Also untersuchte ich Lunge, Beine, Zähne. Sogar mein eigener Tierarzt hat ihn sich angeschaut. Da schien kein Haken zu sein.« Dick stieß seinen Stuhl zurück. »Egal, es war ein so famoses Tier, ich mußte es ausprobieren. Also ritt ich es ein paar Mal, nur gerade um die Koppel. Das war mein Fehler.«

»Aha, ein schlechter Schauspieler.«

»Durchgedreht, glaube ich. Hört zu. Am zweiten Tag

nahm ich ihn raus auf die südliche Weide für eine kleine Übung. Nur gerade für einen netten, schnellen Trab. Kleinster Druck mit den Knien, zarter Stoß mit den Fersen, okay?« Er legte seine Zigarre weg und schwang beide Arme. »Das verrückte Pferd raste in gestrecktem Galopp los!«

»Mit Ihnen drauf?«

»Das Viech hätte *mich* nicht lange oben gehabt«, gab Berber offen zu.

Dick hustete, schüttelte seinen Kopf und wedelte den Rauch weg. »Ich blieb im Sattel, okay... Aber ich will verflucht sein, wenn ich dieses Roß irgendwie hätte lenken können! Stellt euch vor, wie ich mit meinen ganzen zweihundertundzehn Pfund am rechten Zügel gerissen habe und nicht einmal den Kopf dieses Tieres drehen konnte.«

Ich fragte: »Hatte Brand die Gebißstange zwischen seinen Zähnen?«

»Nein, er hat den Stahl ganz einfach nicht wahrgenommen, oder ihm war's gleich. Dieser Hengst ist schlichtweg verrückt!«

»Ich wäre abgesprungen.«

»Sicher, Matt, aber da ist nun der Haken. Wir rasten rauf, über das Bächlein, zu dieser Steinmauer. Ich wußte, daß sie auf unserem Weg lag, aber das Pferd konnte sie nicht sehen. Und es war verrückt genug, in dieses Ding hineinzurasen. – Sehen Sie mein Dilemma?«

Pip nickte: »Wenn Sie einfach abgesprungen wären, hätten Sie das Pferd verlieren können.«

»Genau. Und wenn nicht, dann wohl uns beide.«

Farley hustete. »Nun lassen Sie uns nicht so zappeln. Wie ging's weiter? Was haben Sie gemacht?«

»Nun, als ich diese immens hohe Mauer nur noch drei Meter von uns entfernt geradewegs auf uns zuschießen sah, und ich das Pferd immer noch nicht drehen konnte, gab ich schließlich auf und ließ mich runterfallen.«

Pip saß wie gelähmt. »Und dann, was passierte dann?«

»Habe drei gebrochene Rippen.«
»Nein, ich meine mit Brand.«
Dick lehnte sich zurück und lachte. »Wie ein echter Reiter gesprochen. Ein Junge nach meinem Herzen.« Er seufzte kurz auf. »Nun, das werdet ihr mir nie glauben. Aber dieser verrückte Hengst steuerte auf diese Mauer zu und verlangsamte nicht im geringsten. Er ging hoch und nahm die ein Meter fünfzig hohe Mauer wie nichts.«
Ich saß auf dem Rand meines Stuhls. »Sauber?«
»Und er war nie zum Springen trainiert worden.«
»Sie haben gut reagiert, Dick. Ich bin sicher, das Pferd hätte den Sprung nicht geschafft, wenn Sie oben geblieben wären.«
»Auf gar keinen Fall. Aber es hätte es trotzdem versucht.«
Pip schwellte die Brust. »Ich hätte das Pferd gewendet. Oh, Sir! Lassen Sie mich ihn reiten. Bitte!«
»Tut mir leid, mein Sohn. Niemand wird dieses Pferd reiten. Es ist verdammt viel zu gefährlich.«
Farley sah seinem Rauch nach, wie er sich um den Kronleuchter herum auflöste. »Ich glaube, wenn das Viech mir gehörte, würde ich Hundefutter aus ihm machen.«
»Da käme ein Pfund auf dreihundertfünfzig Dollar. Nichts da.« Unser Gastgeber nippte an seinem Brandy. »Als erstes werde ich nochmals ganz genau den Stammbaum unter die Lupe nehmen, um herauszufinden, ob diese Familie den Wahnsinn im Blut hatte. Wenn nicht, kann ich ihn als Zuchthengst behalten.«
Ich stellte mich auf die Seite meines Neffen. »Wenn Sie die schlechten Angewohnheiten von Brand heilen könnten, wäre er ein Preisspringer.«
Pips Augen leuchteten. »Überlassen Sie ihn mir, Mr. Dikkerson. In einer Saison werde ich einen Gentleman aus ihm gemacht haben. Und dann bringe ich Ihnen eine Wand voll Schleifen.«
»Von einem Sinclair ist das ein verlockendes Angebot. Ich werde es mir überlegen.«

Es war fast Mitternacht. Der Mond war voll, was sich auf gewisse Leute nachteilig auswirkt, es zieht an ihren Körpersäften und treibt sie auf die Straßen, wo sie sich schlecht benehmen und Chaos verursachen. Aber es war meine Lieblingszeit im Monat, genauso wie die Nacht meine Lieblingszeit des Tages ist.

Ich saß alleine auf der Veranda hinter dem Haus und schaute über die Weiden. Die anderen Gäste hatten sich entschieden, drinnen im Warmen zu bleiben, aber mir gefiel's draußen, ich wollte es kühl haben und wach sein.

Als sich eine Wolke zwischen mich und den Mond schob, hörte ich das Trippeln einer anderen Nachteule. Kim Berber kam heraus, warm eingewickelt in einen bodenlangen schwarzen Nerz.

»Noch auf, Matt? Fast alle anderen drinnen sind zu Bett gegangen oder umgekippt.«

»Ich kann nicht schlafen. Ich liebe das gesunde Landleben, aber ich hänge immer noch am alten, dekadenten New Orleans.«

»Ich auch. Die wirkliche Metropole der Zocker.« Kim rollte sich im Stuhl neben meinem zusammen, ließ ihre Schuhe auf den Boden plumpsen und zog die Beine an. »Ich wünschte, ich wäre jetzt zu Hause. Dieser ganze Ausflug war eine Pleite für uns.«

»Wie willst du das wissen?«

»Mein ›Herr und Meister‹ hat den ganzen Inhalt seiner Reden am Tisch bekannt gegeben, und dazu benötigte er ungefähr vier Minuten.«

»Wohingegen die meisten Politiker beinahe zehn Minuten etwas zu sagen haben.«

»Ich weiß, alles ist eine Sache der Persönlichkeit, aber Gott sei Dank kam dieser Harris und hat unsere Werbespots gemacht. Wenn wir ehrlich sind, ohne Rodger Lloyd mit seinen Reden hat mein Mann nicht die Spur einer Chance.«

»Habt ihr euch überlegt, auf seine politischen Grundsätze anzuspielen? Ein Mann wie Dickerson ist geneigt, die Konservativen zu begünstigen.«

»Aber Dick will als Liberaler gelten. Wenn er, ohne seinen Geschäften zu schaden, einen Demokraten unterstützen kann, wird er es tun.« Sie streckte sich. »Das schließt unseren Freund Moses aus. Er will die Körperschaftssteuer und die Sozialhilfeausgaben erhöhen, verschwendet also eigentlich hier draußen seine Zeit. Außer er ist wegen der Landluft gekommen.«
»Kann ich mir nicht vorstellen.«
»Aber ein gemäßigter, industriebewußter Demokrat muß Dick gefallen.«
»Das ist ein Punkt für uns.«
»Und vergessen wir nicht die sozialen Schichten. Du bist von derselben Schicht wie Dickerson, und Voitier ebenfalls. Ihr habt ihn hübsch eingewickelt.«
Wir hörten oben im Kinderzimmer einigen Aufruhr, und dann Linda, die ihr Jüngstes wieder in den Schlaf sang.
Kim spreizte ihre purpurrot lackierten Zehen und schwieg einen langen Moment. Schließlich sagte sie: »Ich wäre eine gute Mutter gewesen.«
»Vermißt du deines manchmal?«
»Mein was?«
»Dein Kind. Erinnerst du dich nicht?«
»Oh, das.« Sie schien weit weg zu sein. »Das war Clerows Kind, nicht meines.«
»Du hast es geboren.«
»Ich habe getan, was ich mußte, um ins Land zu kommen. Aber während der ganzen Schwangerschaft fühlte ich mich, als trüge ich ein Paket für jemand anderen mit mir herum.«
»Eine neuartige Ansicht.«
»Du würdest schon verstehen, wenn du es gesehen hättest ... schwarz, mit gekräuseltem Haar. Von mir war rein nichts an diesem Kind.«
»Dann fiel es dir also nicht weiter schwer.«
Sie neigte ihren Kopf, als ob sie sich über einen besonders dummen Schüler ärgerte. »Matt, ich mußte meine *wirkliche* Familie in Long Binh zurücklassen. Sie waren mein

eigenes Blut, meine Mutter und meine Schwestern. Ich träume immer noch von ihnen, genau so, wie ich sie zuletzt gesehen habe, als sie hinter mir herwinkten.«

»Wo sind sie jetzt?«

Dumme Frage. In dieser Sekunde glitzerten ihre Augen, und ihre Unterlippe zitterte. Es war das erste Anzeichen irgendwelcher Gefühle in dieser Frau, die ich jemals gesehen hatte.

»Oh vergiß es. Die Frage tut mir leid«, sagte ich schnell, aber natürlich war es zu spät.

21
SONNTAGMORGEN

Pip hatte ein Einzelzimmer erhalten, und so weckte ich ihn nicht auf, als ich schließlich zu Bett ging.

Ein Mann schläft am tiefsten und erholsamsten auf dem Land. Im Morgengrauen wachte ich ohne Hilfe des Weckers auf und zog meine Reitsachen an. Vor dem Frühstück würde ich die Reitwege für mich allein haben. Und in den kühlen Morgenstunden entwickelte das mir zugedachte Pferd, Joseph, gewöhnlich den größten Ehrgeiz.

Im Haus war noch alles still, so daß ich niemanden auf meinem Weg zum gleichfalls leeren Sattelplatz antraf.

Als ich in den Stall ging, begegnete ich keinem Lebewesen außer sanft schlummernden Pferden und hatte im Sinn, Joseph selbst zu striegeln und aufzuzäumen. Doch mußten die Stallgehilfen vor meinem frühen Überfall gewarnt worden sein, denn der Fuchs war schon fertig gesattelt und wartete im Gang. Der Name »Joseph« war in den Ledersattel eingraviert, es gab kein Vertun.

Ich hatte bei meinem Pferd mit einem alten Gaul gerechnet

und war überrascht von der Schönheit des Tieres. Ich machte einen Schritt zurück, um seine Rennpferdkonstitution und sein strahlend rotes Fell zu bewundern.
Er war genauso darauf erpicht rauszukommen wie ich und warf in Vorfreude auf die Bewegung seine Mähne.
Der Stallbursche war nirgends zu sehen, um Dankeschön zu sagen, also kontrollierte ich den Sattelgurt und den Backenriemen, stellte mir die Steigbügel auf die richtige Länge ein und führte das Tier durch den Mittelgang.
Faule Pferde bedürfen gewöhnlich kleiner körperlicher Anreize, und so nahm ich eine Reitgerte aus dem Regenschirmständer am Eingang, bevor ich aufsaß. Ich lenkte Joseph gerade über den Sattelplatz, als ein lateinamerikanischer Stallgehilfe namens Pancho mit Schaufel und Eimer um die Scheune kam. Er winkte mir zu, und ich winkte zurück. Dann blickte er erschrocken, hielt seinen Eimer in die Luft und brüllte:
»Para! Para! Ese caballo es el loco!«
Die Worte wehten um meine Ohren, als ich mein Pferd zu schnellem Trab aufforderte, bis dann endlich mein verschwommenes Morgengehirn die Übersetzung lieferte:
»Halt! Das ist das verrückte Pferd!«
Doch zum Umkehren war es zu spät. Sobald wir erst einmal die Freiheit des offenen Geländes erreicht hatten, bäumte sich das Pferd (natürlich Dicks berüchtigter Flaming Brand, nicht der träge Joseph) beinahe senkrecht auf, fiel hart auf seine Hufe und ging in vollem Galopp durch.
Mir blieb keine Zeit, mich über meine Unfähigkeit zu schämen, einen Hengst von einem Wallach zu unterscheiden. Statt dessen ließ ich einfach die Peitsche fallen und versuchte, Herr der Lage zu werden. Ich faßte die Zügel kürzer und setzte mich aufrechter in den Sattel. Dort konnte ich mich trotz im Weg hängender Äste zwar problemlos halten, bis er sich ausgelaufen hätte, aber lenken konnte ich nicht. Ich zog am rechten Zügel für eine enge Wende, hatte damit aber genausowenig Glück wie Dick.

Brand schien das nicht weiter zu merken. Wenn er in die falsche Richtung laufen würde, könnte er uns beide töten. In erster Linie mich.

Meine Eingeweide zogen sich zu einem harten Knoten zusammen, als ich merkte, daß die von uns eingeschlagene Richtung die gleiche war, die das Pferd schon vorher einmal so siegreich gegangen war. Es ging auf die gleiche Steinmauer zu. Wenn ich wie Dick abspringen und mich mit ein paar gebrochenen Rippen zufriedengeben würde, könnte Brand mit seinem Sprung Erfolg haben oder eben nicht. Blieb ich sitzen, war das nicht gerade wahrscheinlich.

Ich konnte mir nur zu gut Dicks Vorhaltungen ausmalen, wenn ich das Pferd in seinen Untergang laufen lassen würde. Ich ließ es darauf ankommen. Auf der Reitschule hatte man uns erklärt, wie man ein Pferd, das nicht auf die Zügel reagierte, zur Kehrtwende bewegen konnte, aber immer nur theoretisch. Ich hatte nie jemanden gekannt, der dies im vollen Galopp fertiggebracht hätte. Aber die Wand war nur noch dreißig Meter entfernt, und die Reihe war nun an mir, Lektion siebenundzwanzig auszuprobieren.

Ich warf mich nach vorne auf den Pferdehals, klammerte mich mit der Linken ans Leben und griff mit meiner Rechten zu seinem Maul. Dann riß ich direkt am Trensengebiß mit genügend Hebelkraft am Zügel und zerrte den Kopf herum. Knapp zehn Meter vor der Wand drehte er nach rechts ab. Ich setzte mich zurück in den Sattel, als Brand in langsamen Galopp und dann in einen unterwürfigen Trab wechselte. »Okay, du hast gewonnen«, sagte er.

Am liebsten wäre ich aus dem Sattel gesprungen, hätte den Boden geküßt und das Pferd zurück in den Stall gebracht, doch das wäre lausige Reitkunst. Man darf schlechtes Benehmen niemals dadurch belohnen, daß man absteigt und dem Pferd eine Pause gibt. Ich regierte ihn sadistisch hart mit den Schenkeln.

Offensichtlich hatte Pancho Alarm geschlagen, denn ein

Dutzend Zuschauer warteten auf dem Sattelplatz. Die Stallgehilfen, mein Gastgeber und all die anderen Gäste standen wie zum Abzählwettbewerb aufgereiht da und beobachteten mit gefalteten Händen und mit offenen Mündern meinen Erfolg.

Dick schritt vor, wütend und erleichtert zugleich, und nahm Brand am Zügel.

»Matt, hast du Selbstmordtendenzen? Ich weiß, du bist ein erstklassiger Reiter, aber ich habe dir doch gesagt, daß Brand verrückt ist.«

Ich nahm die Füße aus dem Steigbügel und ließ mich zu Boden gleiten. Meine Knie hätten mich beinahe nicht mehr getragen.

»Ich verfüge sehr wohl über Gottvertrauen, Dick. Aber ich dachte, es sei Joseph, als ich aufstieg.«

»Wie? Kannst du nicht lesen?«

Er sah sich das Pferd kurz an und übergab es dann einem Stallburschen. »Alle Boxen sind deutlich angeschrieben.«

»Brand war nur nicht in seiner Box. Er stand schon im Gang, gesattelt und reitfertig.«

»Aber niemand hat die Erlaubnis, ihn zu reiten. Komisch, er hat Josephs Sattel und Zaumzeug. Wie konnte das passieren? Pancho?«

Der Stallgehilfe, der versucht hatte, mich zu spät und dann noch in der falschen Sprache zu warnen, schüttelte nur seinen Kopf.

»*Yo no comprendo nada de eso, Senõr Dick*. Ich hab' das Pferd heute nicht angerührt.«

»Wer hat ihn dann gesattelt?« Keine Antwort. Dick drehte sich um hundertachtzig Grad zur versammelten Mannschaft. »Ich möchte wissen, welches Misthirn Brand aus der Box genommen und in den Gang gestellt hat.«

Kim Nguyen Berber hielt ihre Arme um sich geschlungen und blickte kühl in die frische Morgenluft.

»Jemand, der Matt Sinclair töten wollte.«

Schweigsam und kreidebleich folgte mir Pip zurück auf

mein Zimmer. Als ich in einen Sessel sackte, nahm er den gegenüberliegenden und zog mir meine Reitstiefel aus.

»Glaubst du, was Kim gesagt hat, Onkel? Daß jemand versucht hat, dich umzubringen?« Seine Stimme zitterte so, als wäre sie immer noch nicht aus dem Stimmbruch.

»Welches Motiv könnte jemand von diesen Leuten haben, mich umzubringen?«

»Keines, da bin ich sicher.« Doch während er sorgfältig den Staub von meinen Stiefeln wischte und sie in die Ecke stellte, sah er nicht im geringsten überzeugt aus. »Es sei denn, einer der anderen Kandidaten fürchtet deine Hilfe für Armand.«

»Ich kann nicht mehr tun, als ein bißchen Geld sammeln. Dafür würde keiner eine Haftstrafe riskieren.«

»Mit Sicherheit nicht. Aber wie solltest du, nur aus Versehen, auf diesem gefährlichen Pferd gelandet sein?«

»Es muß eine einfache Erklärung geben.«

Ich grübelte einige Minuten und schnippte dann mit den Fingern. »Angenommen, einer der Stallburschen sollte den großen Roten für mich satteln, und er hat es falsch verstanden. Vielleicht ist er Analphabet und konnte die Schilder nicht lesen. Später hat er es dann aus Angst, seinen Job zu verlieren, nicht zugegeben.«

Pip strahlte vor Erleichterung. »Das muß es sein. Bestimmt.«

Es klopfte einmal an der Tür, und Dicks Stimme rief: »Matt? Ich muß mit Ihnen sprechen.«

Pip öffnete unserem Besucher die Tür und schloß sie diskret hinter ihm.

Dick trug einen langläufigen 38er Special in einem Gürtelhalfter.

»Können wir vor Ihrem Neffen reden?«

Pips Augen schauten mich bittend an.

»Er ist alt genug, um alles zu hören, was Sie zu sagen haben.«

»Schön. Sie glauben wahrscheinlich noch, einer der Stallgehilfen hätte Ihnen heute morgen Brand gesattelt.«

»Das hat hohe Wahrscheinlichkeit.«
»Matt, ich will Ihnen keine Angst machen, aber von denen war es keiner.«
»Ich möchte ja nicht widersprechen, aber woher wissen Sie das?« Ich zeigte auf den leeren Sessel, aber er entschied sich dafür, herumzuwandern.
»Schauen Sie, ich habe keinem der Gehilfen gesagt, welches Pferd Sie reiten würden. Ich wußte nicht einmal, zu welcher Zeit Sie aufstehen.« Er lehnte sich gegen den Fensterrahmen und sah hinaus. »Dachte, wenn Sie losreiten wollen, würden Sie einfach in den Stall gehen und es den Burschen selbst sagen.«
»Was sollte dann aber Brand im Gang? Und mit dem Sattelzeug von dem anderen Pferd?«
»Jemand will Ihnen ans Leder, Matt. Was anderes fällt mir dazu nicht ein.«
Ich warf einen Blick auf Pip, der erneut verängstigt dreinblickte. Also achtete ich darauf, meinen analytischen Tonfall beizubehalten.
»Wie konnte er sein schmutziges Geschäft ungesehen verrichten?«
»Der Stall war leer.« Dick fuhr sich mit den Fingern durch sein weißes Haar. »Pancho erzählte mir, er habe auf der anderen Hofseite schon eine gute Stunde Heu verteilt, bevor er Sie sah. Und der Gehilfe, der eigentlich Dienst hatte, Miguel, kam zu spät, weil er seine Frau zum Begräbnis ihrer Schwester fahren mußte. Also war niemand da, der gesehen hat, was passiert ist.«
»Dann war es purer Zufall, daß der Stall heute morgen unbesetzt war. Sagen Sie mal, Dick. Was würde passieren, wenn einer der Burschen in den Stall käme und jemand beim Satteln dieses Pferdes ertappen würde?«
»Wenn es ein Fremder wäre, würde er ihn mit einer Heugabel in Schach halten und ein Höllenspektakel veranstalten.«
»Und wahrscheinlich würde der Eindringling verhaftet wegen versuchten Pferdediebstahls.«

»Wahrscheinlich. Warum? Woran denken Sie?«

»Ein verflucht hohes Risiko. Was darauf hindeutet, daß die Person kein außenstehender Fremder war.«

»Wenn Miguel da drin auf einen Hausgast gestoßen wäre, hätte er dem Mann oder der Frau in schrillem Spanisch gesagt, daß Brand gefährlich und nicht zu reiten sei.«

»Dann hätte wiederum Mann oder Frau gesagt: ›Oh, na sowas. Dann nehme ich ein anderes.‹ Und niemand hätte ein dunkles Motiv vermutet.«

»Klingt plausibel.«

»Demnach hätte unser anonymer Stallbursche ein Recht, sich dort aufzuhalten.«

»Sie meinen, wer immer den Austausch vorgenommen hat, war einer von uns.«

»Genaugenommen einer, der gestern abend Ihre Geschichte über Brand gehört hat. Wer wußte sonst noch, daß ich einen Wallach zum Reiten erwartete? Sie würde ich ausschließen, Dick.«

»Danke.«

»Wenn Sie mich nämlich hätten töten wollen, hätten Sie nie ein so wertvolles Tier geopfert.«

»Da liegen Sie richtig.« Dick setzte sich endlich hin und streckte seine Beine aus. »Ich hätte Ihnen den Kopf mit einem Gewehr weggeschossen und vorgeschützt, im Schlamm ausgerutscht zu sein. Wenn ich ein Motiv gehabt hätte, was ich nicht habe.«

»Ebenso können wir Kim Berber als Verdächtige ausschließen. Ich halte sie nicht für groß oder stark genug, einen Sattel auf ein Pferd zu bekommen, selbst wenn sie wüßte, wie es geht.«

»Was nicht anzunehmen ist.«

Pip schaute uns abwechselnd an wie bei einem Tennismatch. »Soll ich das alles aufschreiben?«

»Nicht nötig, mein lieber Watson«, sagte ich.

Dick studierte seine Reitstiefel in Nilpferdgröße. »Und über Farley müssen Sie auch nicht weiter nachdenken. Er hat Angst vor Pferden, habe ich herausbekommen.«

»Angst, sich draufzusetzen. Kim sagte, er hätte einmal einen bösen Sturz bei einem Ausritt gehabt. Was ihn zu einem Verdächtigen wie jeden anderen macht.«
»Wie kommen Sie darauf?«
»Wenn Farley reiten konnte, hat er nicht vergessen, wie man ein Pferd aus dem Stall führt, sattelt und zäumt.«
»Aber warum sollte er Sie auf einen Durchgehhengst setzen wollen? Sind Sie etwa ausschlaggebend für den Wahlkampf Ihres Cousins?«
»Lassen Sie die Schmeicheleien. Nein, Farley hat nicht den geringsten Grund, mich um die Ecke zu bringen. Moses Jones war mal Stallbursche, hätte also ebenfalls die Kenntnisse gehabt. Nur wiederum nicht das Motiv.«
»Und dieser ›Sohn von Ham‹ würde in keinem Stall herumstapfen, wo möglicherweise seine kostbaren Schuhe ihren Glanz einbüßen würden.«
Er nahm seine Pistole aus dem Halfter. »Hier, nehmen Sie das.«
»Danke, aber ich wäre lieber gerade jetzt nicht bewaffnet.«
»Sie haben diese Woche wenig Glück gehabt, alter Knabe. Ihre Freundin vergiftet sich. Ihr Cousin wird wegen Mordes verhaftet. Und zur Krönung wären Sie um ein Haar über den Jordan geschickt worden. Wie ich das so sehe, brauchen Sie Schutz. Nehmen Sie ihn wenigstens, solange Sie hier sind.«
»Pip und ich werden packen und gleich verschwinden. Auf der Heimfahrt sind wir jedenfalls sicher.«
»Ihr Wort in Gottes Ohr.« Dick steckte seine Pistole zurück, zog seine langen Beine ein und erhob sich. »Hey, Sie waren ja verrückt, nicht abzuspringen. Aber danke, daß Sie das Pferd gerettet haben.« Er beugte sich vor und schüttelte mir die Hand. »Voitier hat von mir zehntausend bekommen und zehn von meiner Frau.«
»Besten Dank.«
»Es ist weitaus weniger als der mögliche Wert von diesem Hengst.«

Sobald sich die Tür hinter ihm geschlossen hatte, sprang Pip auf und klopfte mir auf den Rücken. »Gut gespielt, Shakespeare! Wenn jemand dich töten wollte, um Armands Wahlkampf zu sabotieren, ging der Schuß nach hinten los.«

»Als einleuchtendes Motiv kann ich daran immer noch nicht glauben.«

»An was dann?«

»Vielleicht werden wir das nie erfahren.«

22
SONNTAGNACHMITTAG

In Armands eleganter Zentrale waren sechs Frauen und eine Schülerin als freiwillige Helferinnen dabei, Briefe einzutüten, gestärkt von lauwarmem Kaffee aus Styroporbechern, während sie die wichtigen Themen des Tages diskutierten: Glasnost, die vakante Stelle im Bundesgericht, und Chers Nase.

Eine hellhäutige Frau mit goldfarbenen Augen schwenkte ein Flugblatt.

»›Und der Jäger ist zurück aus den Bergen.‹ Sie sind im Hinterzimmer, Matt.«

Armand saß in Hemdsärmeln vor einer Schreibmaschine und tippte blind in ehrfurchtgebietendem Tempo.

Ed Stokes bediente eine altmodische Rechenmaschine, ohne dabei allerdings auf sein Anzugsjackett zu verzichten.

»Neuigkeiten aus Texas, Matt?«

»Zweimal Neuigkeiten. Die gute Nachricht ist, daß Dikkerson Armand unterstützt und diesen Scheck schickt.« Ich hielt ihn meinem Cousin vors Gesicht.

»Zwanzigtausend.« Er überprüfte den Betrag und reichte den Scheck an Edward weiter. »Was ist die schlechte?«

»Er wollte seinen Einsatz mit den anderen beiden absichern. Die haben je fünftausend bekommen.«

»Ratten!«

»Für Moses wird es keinen großen Unterschied machen, aber Farley könnte so viel Fernsehzeit kaufen, daß er wieder im Rennen wäre.«

»Farley ist bereits wieder drin«, seufzte Ed. »Während er in Texas war, bekam seine Zentrale eine ganz schöne Überraschung geliefert.«

»Eine nackte Kuh?«

»Noch schöner als das«, sagte Armand. »Es war ein gedeckter Scheck über einhundert Riesen. Genug, um ihm Werbespots auf jedem Kanal zu kaufen.«

»Wer will ihn so oft sehen?«

Ed zog einen Papierstreifen mit Zahlenkolonnen aus seinem Rechner. »Soll ich's ihm sagen, Armand? Okay. Das meiste kam von den staatsbürgerlich gesonnenen Arbeitern der Delta-Handtaschenfabrik. Jeder einzelne von denen gab einen Tausender. Was sagst du dazu?«

»Unglaublich. Ohne allzu tief zu schürfen vermute ich, daß jeder dieser treuen Spender kurz zuvor einen Bonus erhalten hatte, möglicherweise elfhundert.«

»Höchstwahrscheinlich. Doch weitaus interessanter ist die Tatsache, daß die Delta-Handtaschenfabrik einer Firma gehört, die einer anderen Firma gehört, die wiederum ...« Er machte eine Pause für die Fanfare. »Niemand anderem als Nat Ortigue gehört.«

»Er unterstützt Moses.«

»Aber jetzt macht er überall auf eitel Sonnenschein. Ortigue und seine Frau habe für Berber je zehntausend gespendet.«

»Ich verstehe. New Orleans' Politik, wie gehabt.«

Armands Stärke lag bei den weißen Wählern. Also versuchte Ortigue, seine Rassistenstimmen anzuzapfen, indem er sie einem noch weißeren Mann der anderen Seite zulenkte. Waren die weißen Stimmen geteilt, könnte Jones möglicherweise mit klarer Mehrheit die ersten Vorwahlen

gewinnen und um die lästigen Stichwahlen herumkommen. So war Ortigues beste Investition Spenden für Berbers Wahlkampf. Armand sagte: »Vergiß die Raddampfer-Veranstaltung nicht, Matt.«
»Karten habe ich gekauft, aber erzähl mir nicht, daß ich hingehen soll.«
»Und ob du sollst. Du wirst meine Kandidatur vertreten.«

»Matt?« Dennis Quinn stand vor meiner Bürotür, die pfirsichfarbenen Hansaplaststreifen wirkten größer unter dem grellen Bürolicht.
Steve begleitete ihn mit gemessener Miene, wie man sie auflegt, wenn man die langsamen Schritte eines Kranken mitgeht.
Ich erhob mich und schaltete auf Lächeln.
»Hallo, Dennis. Setz dich und erlaub' mir, dir etwas zu trinken holen.«
»Tomatensaft?« Er winkte Steve beiseite und nahm auf dem Fauteuil Platz. »Ich kann kaum etwas bei mir behalten.«
Steve half ihm aus dem Mantel, und man konnte die bekannte Ausgabe des *Spin* aus der Innentasche hervorschauen sehen. Dennis deutete darauf. »Hab' ich überall herumgezeigt. Alle sagen, sie sei verdammt gut.«
Steve stand unruhig mit dem Rücken zur Wand da und schlich langsam zur Tür, als hätte er mit dem senseschwingenden Tod persönlich ein Stelldichein. Schließlich machte er einen halben Diener und drückte sich rückwärts aus dem Büro.
Inzwischen hatte ich etwas Tomatensaft als Bloody Mary gewürzt und überlegte mir, daß ihm die scharfe Sauce nichts anhaben würde. Ich schenkte ein hohes Glas voll und drückte eine Zitronenecke auf den Rand. Er nahm es in beide Hände und riskierte einen vorsichtigen Schluck.
Ich beobachtete ihn, in Sorge um meinen pakistanischen Teppich. »Was kann ich für dich tun?«

Sein ausgedehnter Seufzer schien ihm den letzten Atem zu nehmen.
»Hab' noch was zu verkaufen, Matt.«
»Sehr schön. Was willst du mir anbieten?«
»Du sagtest, der Sekretär im Eßzimmer könnte dich interessieren. Was ist er dir wert?«
»Ich werde vorbeischauen und ihn schätzen.«
Er sah runter auf seine Hände und dann sehr schnell wieder hoch.
»Du wirst ihn dir holen, wenn ich ausziehe?«
»So ist es abgemacht«, versicherte ich. »Nicht bevor du ausziehst.« Nach einigen gräßlichen Minuten gezwungener Heiterkeit rief ich Steve, damit er Dennis in ein Taxi setzte. Dann schloß ich meine Bürotür und schlug Didis Telefonnummer nach, und hackte die sieben Nummern in den Apparat. Die Antwort war ein müdes »guck-gucku«.
»Didi? Hier ist Matt.«
»Ooh! Oh, Matt?« Es gab eine kurze Verzögerung, während der (kein Zweifel) Robin auf Zehenspitzen zum anderen Hörer rüberschlich und sein riesiges Ohr an die Muschel drückte. »Nun, hallo! Wie geht's?«
»Gräßlich. Ich schicke dir einige Unterlagen zum Weiterleiten an Robin. Wo immer er sich aufhält.«
»Oh... Gut...« (Buzz... buzz)
»Wir ... ich meine, *ich* werde darauf warten. Noch was?«
»Ja. Sag Robin... Nein, nichts weiter.« Ohne ein »auf Wiederhören« legte ich auf.
Steve schaute herein. »Matt? Es ist halb sechs. Wir schließen jetzt.«
»Gute Idee.« Ich warf ihm den Briefumschlag zu. »Den soll Gary auf seinem Heimweg bei Didi vorbeibringen.«
»Vielleicht willst du damit noch etwas warten?«
»Warum?«
»Leiste keine Abbitte für Untreue, bevor sie nicht vorüber ist. Die ›andere Frau‹ ist gerade draußen. Raymond Harris.«

»Bitte ihn herein.« Steve stand einen Moment lang dumm grinsend da. »Gute Nacht, und schließ die Tür hinter dir. – Und erledige diese Unterlagen für Didi so schnell wie möglich.«

»Wie Sie befehlen, Chef.« Er salutierte.

Raymond kam schüchtern herein und setzte sich wie beim letzten Mal hin, mit seiner Aktentasche auf den Knien.

»Wie läuft's im Feindeslager?« fragte ich.

»Was weiß ich?« Er zuckte die Schultern. »Ich bin nicht länger auf derselben Linie mit dem Feind, Matt.«

»Oh? Das ist eine gute Nachricht.«

»Mein Ehrgeiz war immer, dafür zu sorgen, daß die Klienten optimal aussehen. Aber was du da gestern abend nach der Debatte gesagt hast, hat mir zu denken gegeben. Was passiert, wenn ich tatsächlich helfe, einen Schwulenhasser ins Rathaus zu bringen?«

»Und in der Folge wegen Homosexualität geschnappt und inhaftiert wirst.«

»Oder irgendein anderer. Nein. Ich habe den Job zwar gebraucht, aber soviel ist er auch nicht wert.«

»Ich bin sicher, daß es für Berber ohne dich recht schwierig wird. Wo sie gerade Lloyd verloren haben, ist deine Arbeit wichtiger denn je.«

»Das hat auch Farley gesagt. Er hat mir mehr Geld angeboten.« Raymond schluckte. »Aber ich habe ihm gesagt, er soll sich von einigen gottesfürchtigen Familienvätern das Haar frisieren und sein Make-up richten lassen.«

Ich lachte mit ihm.

»Da meine Arbeit jetzt beendet ist, fliege ich dummerweise noch heute abend nach Chicago.«

»Das finde ich bedauerlich.« Ich nahm seine Hand. »Es war mir eine große Freude, dich kennengelernt zu haben.«

Er lächelte scheu. »Ich hoffe es«, er öffnete den Verschluß seiner Aktentasche. »Ich bin in erster Linie vorbeigekommen, weil ich dir helfen will, Rodgers Mörder zu finden. Nicht, daß er mir etwas bedeutet hat, verstehst du. Aber

es sollte nicht die falsche Person dafür bestraft werden.«
»George Sinclair ist bestimmt die falsche Person. Aber ich habe weitere Namen auf meiner Liste.«
Er zog einen braunen Umschlag hervor und starrte hinein.
»Wenn Rodger in Chicago getötet worden wäre, würde deine Liste einen ganzen Ordner füllen.«
»Seine früheren Feinde habe ich noch gar nicht bedacht.«
»Bei der Art und Weise seiner Geschäftsführung war es irgendwie unvermeidbar, sich Feinde zu schaffen. Darum habe ich dir auch einige Daten besorgt. Mein verstorbener Boss hatte einige schmutzige Tricks im Ärmel.« Raymond wedelte mit seinem Kuli. »Ich war nicht bei all seinen Manövern dabei, aber er prahlte damit, Klienten einen Rundumservice zu geben.«
»Was für einen Service?«
»Er ließ unseren Mann nicht nur gut aussehen, sondern tat sein Bestes, damit der Gegner schlecht aussah. Das war seine Taktik.«
Er zeigte auf eines dieser Aufsatzhefte mit den schwarzweiß bekleckten Umschlägen.
Meine Lehrerin in der zweiten Klasse, Schwester Margaret, pflegte uns so eins als Illustration für läßliche Sünden zu zeigen.
Ich fragte: »Wie weit wäre er dabei gegangen?«
»Bis zum Ende. Rodger schickte Agenten in die Heimatstädte der Männer, damit sie Zeitungen und Polizeieintragungen durchsahen. Schulfreunde interviewten, Armeebekannte …«
»Farley Berber hat das alles von ihm verlangt?«
»Nein. Aber er wußte so oder so nicht, was ablief. Die Drachenlady hat die Show geschmissen.«
»Lloyd soll Kims fixe Idee gewesen sein!«
»Und sie war seine. Die beiden gingen ran wie liebestolle Chicagoer Straßenkatzen. Unter Garantie haben die hier in seinem Hotelzimmer einige Frühlinge gefeiert.« Er zuckte

mit seinen Schultern. »Aber das ist nicht weiter wichtig.«

»Vielleicht nicht. Mal angenommen, Lloyd hätte überall herumgeschnüffelt und nicht den kleinsten Skandal gefunden?«

»Im Kindergarten vielleicht«, spöttelte Raymond. »Jeder Erwachsene hat irgendeine Verrücktheit oder dunkle Affäre, die zu einem größeren Fall aufgebauscht werden kann. Ein Mann raucht einen Joint auf einer Studentenverbindungsparty oder schummelt bei einem wissenschaftlichen Schulquiz, und zwanzig Jahre später erscheint es als Schlagzeile.«

»Wenn er unter dem moralischen Mikroskop liegt.«

Er klopfte auf das Aufsatzheft. »Das war besonders wirksam während einer Dreier-Vorwahl.«

»Wie das?«

»Lloyd brachte zwei Gegner dazu, sich gegenseitig ihre Leichen aus dem Keller hervorzuzerren, während unser Klient sich zurückhielt und über das Waschen dreckiger Wäsche herzog.«

»Keine schlechte Strategie, wenn sie funktioniert.«

»Das ist einfacher, als du glaubst.« Er reichte mir das Notizbuch, und ich schlug die erste Seite auf: »New Orleans, Bürgermeister.«

»Hat dein Boss hier irgendwelche Kellerleichen gefunden?«

»Allerbeste, die waren nie am Tageslicht. Zum Beispiel fand er Moses Jones' Namen in den Akten für die Eintreibung von Unterhalt bei der Sozialfürsorge von New Orleans.«

»Mit welcher Aussage?«

»Im Jahr 1972 beantragte ein sechzehnjähriges Mädchen Sozialhilfe und gab Jones als Vater ihres Kindes an. Bis heute hat er das Kind weder anerkannt noch jemals unterstützt.«

»Ein anderer Moses Jones.«

»Nein. Sie hat eine vollständige Personenbeschreibung gegeben. Sie hat ihn kennengelernt, als er als Rechtshilfeanwalt für mißbrauchte Kinder arbeitete. Wie gefällt dir das?«

»Völlig untypisch. Moses war '72 glücklich verheiratet und ein engagierter Anwalt.«

»Ich weiß.« Der junge Mann lächelte verschlagen. »Das ist besonders pikant, denn Jones predigt leidenschaftlich wie Jesse Jackson den Wert einer guten Familie und verantwortlicher Vaterschaft.«

»Ich halte es aber trotzdem nicht für wahrscheinlich.«

Raymond schüttelte den Kopf. »Du bist nicht auf dem laufenden, Matty. Wahr oder nicht, diese Anklage ist in der Gerichtsakte. Wir brauchen lediglich eine Kopie an die Zeitung zu schicken und so timen, daß Jones vor den Wahlen keine Zeit mehr für eine Widerlegung bleibt.«

»Wahr oder nicht, wenn es in zugänglichen Akten steht, kann niemand wegen Veröffentlichung verklagt werden. Und wenn du es jemand anderen ausplaudern läßt, bleibt dein Mann sauber. Richtig?«

Er lächelte ein hämisches Yankeelächeln. »New Orleans ist so provinziell, daß wahrscheinlich die Wissenschaft der schmutzigen Politik noch nicht bis zu dir vorgedrungen ist.«

»Machst du Witze? Bei uns hier lernt man schmutzige Politik in der Sonntagsschule. Wir haben in Louisiana bei solchen Bluffs einen ganz besonderen Dreh.«

Raymonds Züge hellten sich auf. »Sag ihn mir. Ich liebe solche Kniffe.«

»Wenn ich eine Wahl gegen, sagen wir, Huey Long gewinnen will, dann lasse ich meinen Freund Jake in der gleichen Wahl kandidieren. Ich zahle seine Anmeldegebühren und weitere Ausgaben. Jake benutzt alle seine Fernsehspots, um Huey Long zu diffamieren, und meine Hände bleiben sauber.«

»Was ist aber, wenn Jake in *deine* Wählerschaft eindringt?«

»Kleinigkeit. Eine Woche vor den Wahlen scheidet Jake aus

dem Rennen mit einer leidenschaftlichen Rede über Huey Longs schmutzige Taktiken, die seine Familie belastet hätten.«

»Gemein, verdorben und hinterhältig. Das wird sie in Chicago begeistern.«

»Ich habe da noch eine Frage, deren Antwort ich lieber nicht kennen würde. Hat mein Cousin dunkle Flecken?«

»Nur einen, Matty, dafür ist es aber ein großer und bedrohlicher. Rodger hatte herausgefunden, daß Armand Voitier im College als Weißer angesehen wurde.«

»Unmöglich! So hell ist er nicht.«

»Das glaubst du nicht? Er hatte mindestens drei weiße Freundinnen und eine feste Beziehung während seiner Studienzeit in Berkeley.«

»Kalifornien? Na, dann glaube ich alles. Die kennen da drüben kaum den Unterschied.«

»Das war in den Sechzigern, als jeder auch noch in der Bürgerrechtsbewegung war«, sagte Raymond sachlich. »Das hat sie nicht einmal interessiert.«

»Im tiefen Süden der späten Achtziger ist es von einigem Interesse.« Ich knallte meine Faust hart auf den Tisch. »Verdammt! Armand hatte schon immer politische Ambitionen. Wie konnte er nur ein solches Risiko eingehen?«

»Ist ja nichts Schlimmes passiert. Ich meine, es kam zu keiner Heirat oder so Mulattenbabies.«

»Das bleibt sich gleich. Wenn er auch nur den Anschein erweckt hat, seine Herkunft zu verleugnen, kann er seine Chancen bei den schwarzen Wählern begraben. Sie halten ihn ohnehin schon für weißer, als es für ihn gut ist.«

»Genau das hat Rodger auch gesagt, als er damit rausrückte.«

Ich schaute mit gewissem Appetit auf sein Aufsatzheft. »Was wirst du nun damit machen?«

»Schmutzige Tricks waren Rodgers Spiel, nicht meins.« Er schloß seine Aktentasche, behielt aber das Notizbuch in seiner Hand. »Bringst du mich zur Tür, Matty?«

Wir durchquerten den dunklen Ausstellungsraum, und ich

zog meinen Haustürschlüssel hervor. »Ich werde dich zum Flughafen bringen.«
»Nein, meine Fahrt ist schon geregelt. Aber vielen Dank für's Angebot.« Er senkte seinen Kopf und betrachtete mich einen langen Augenblick durch seine dicken Wimpern. Dann hielt er mir das Notizbuch hin. »Ich überlaß es jetzt dir. In Erinnerung an alte Zeiten.«
Ich drückte das Dokument an mein Herz. »Ich danke dir, Liebes. Ich hoffe, wir werden wieder mal ›alte Zeiten‹ erleben.«
»Es ist eine kleine Welt, in der wir leben. Besonders die schwule.«
Er lächelte, und dann hatte ich ein unwiderstehliches Bedürfnis. Draußen war es dunkel und die Royal Street beinahe leer, aber es blieb ein törichtes Unterfangen. Ich machte mir keine Gedanken über die Konsequenzen, sondern nahm ihn in meine Arme und küßte ihn fest.
Ich kam erst wieder zu klarem Verstand, als die Kugel durch die Bleiglastür schlug, ihn in die rechte Schläfe traf und seine linke Gesichtshälfte wegriß.
»Raymond?!«
Ich fiel mit ihm zu Boden, und er starb in meinen Armen, noch bevor sein Gesichtsausdruck sich verändern konnte. Seine Augen standen immer noch offen.
Ich legte den Jungen so vorsichtig wie einen Lebenden auf den Boden, entriegelte dann das Türschloß und riß die Tür auf, was gleichfalls töricht war. Denn der Schütze hätte immer noch da draußen warten und erneut anlegen können.
In dem Weg auf der anderen Straßenseite? Auf dem Balkon im zweiten Stock? Ich stand, ein lebensgroßes Ziel, da und suchte ihn. Aber nichts war zu hören oder zu sehen. Und kein zweiter Schuß.
Es war sehr still, so, wie eine Straße in der Stadt nach einer Episode der Gewalt nur sein kann. Jeder außer Matt Sinclair zieht seinen Kopf ein und betet, daß, was immer es auch ist, vorübergehen möge.

Ich wählte erst die 911, dann Frank Washingtons Privatnummer. Er kam zwanzig Minuten nach dem Leichenwagen, die Tür hatte ich für ihn offengelassen. Frank walzte mit flatternden Rockschößen ins Geschäft und schnappte nach Luft, als er Raymonds Körper sah.

»Mein Gott, das ist Robin! Das hast du mir nicht gesagt!«

»Nein, Frank. Der Name dieses Mannes ist Raymond Harris. Aber erst einmal vielen Dank für dein schnelles Kommen.«

Er schaute genauer hin, hielt dann inne und legte eine Hand über sein Herz. »Oh. Mann, du hast ja Blut auf deinem Mantel. Mußt ihm ziemlich nah gewesen sein, als der Schuß abgefeuert wurde.«

Ein Streifenpolizist kam durch die Tür herein und hielt eine durchsichtige Tüte mit einer Patronenhülse hoch.

»Wir wissen jetzt, daß er direkt von der anderen Straßenseite kam. Der Schütze hatte keine Zeit, die Hülse aufzuheben.« Er reichte Frank ein Klemmbrett mit dem vorläufigen Bericht.

»Er hatte für gar nichts Zeit«, fügte ich an. »Als ich die Tür aufschloß und rausging, war er bereits verschwunden.«

Frank las den Bericht sorgfältig durch. »Du hattest schon geschlossen?«

»Ja. Raymond und ich waren allein hier.«

»Nur du und das Opfer, Raymond Harris, hmm? War er ein Freund?«

»Er war erst einige Tage in der Stadt, wir... Ja, ein Freund.«

»Willkommen in New Orleans.« Er ging nach draußen, warf einen kurzen Blick auf die Straße, kam zurück und untersuchte die Tür, indem er einen Finger durch das pfenniggroße Loch in der Scheibe steckte.

»Hatte verdammt gute Augen, der Junge. Durch eine Bleiglasscheibe in einen unbeleuchteten Laden genau ins Schwarze zu treffen, von einer dunklen Straße aus.«

»Er konnte Raymonds blondes Haar durch das Fenster sehen«, sagte ich. »Der Kleine war ein leichtes Ziel.«
Zwei der Coroner bedeckten die Aluminiumbahre, hoben auf Kommando an und trugen Raymond weg. Er war nicht schwer. Leicht zu heben.
Wir Sinclairs zeigen nie viele Emotionen, doch mußte ich reichlich verstört ausgesehen haben. Frank faßte mich bei der Schulter.
»Tut mir leid, Matt. Ich weiß, daß dies hart für dich ist.«
»Nein, nicht für mich. Mach dir um mich keine Sorgen.«
»Im Moment wenigstens halten wir deinen Namen da raus. Aber morgen schon wissen alle Zeitungsleute, daß es dein Laden ist und du der einzige Zeuge warst.«
»Das ist jetzt nicht wichtig.«
»Dann habe ich noch ein paar Fragen. Die meisten Morde müssen innerhalb von vierundzwanzig Stunden gelöst werden ...«
»Oder sie werden nie gelöst. Ich weiß.«
»Dann versuch, mir einen Hinweis zu geben. Was brachte das Opfer nach New Orleans?«
»Raymond kam von Chicago runter, um an Farley Berbers Fernsehspots zu arbeiten. Sein Arbeitgeber war der verstorbene Rodger Lloyd.«
»Der Mord von letzter Woche? Also gibt es eine Verbindung.« Frank nahm die Kappe von seinem Bic. »Zwei Arbeitskollegen aus Chicago, von unbekannten Tätern im Abstand von neun Tagen und zwei Häuserblocks umgebracht. Die Mordwaffen waren zwar verschieden, aber ich glaube nicht an zufällige Zusammentreffen.« Er notierte »Siehe Rodger Lloyd« auf den Rand der Originalakte. »Die Antwort liegt möglicherweise irgendwo im Norden. Es sei denn, du kennst hier in der Stadt jemanden mit einem Motiv.«
»Absolut niemanden. Er kannte außer den Berber-Wahlhelfern und mir keinen.«
»Ich möchte die Berber-Gesellschaft nicht zu genau unter

die Lupe nehmen. Die mußten ihn ja geradezu lieben für seine Arbeit an den Werbespots. Und was dich betrifft ...«

»Ich dürfte ihn auch geliebt haben.«

»Das habe ich so geraten.« Er machte sich keine Notiz über diesen ins Auge springenden Sachverhalt und ließ mich sehen, daß er keine machte. »Matt, ich will ja nicht davon sprechen. Aber Robin könnte ein Motiv gehabt haben.«

»Was?!«

Er winkte beschwichtigend mit seiner Hand. »Ich weiß, daß er nicht zu einem Mord fähig ist. Aber es könnte jemand anderem so vorkommen. Und da wäre noch eine weitere Überlegung, die du besser in Betracht ziehen solltest. Angenommen, der Schütze hatte es gar nicht auf Harris abgesehen?«

»Nun, dann ...« Ich machte eine Pause und merkte, worauf er hinaus wollte.

»Ich?! Du glaubst, er hat auf *mich* gezielt?«

»Wie du selbst festgestellt hast, kannte niemand in der Stadt Raymond Harris. Matt Sinclair kennt jeder.«

»Ich war nicht der Adressat, Frank. Ich bin direkt danach rausgerannt und stand auf dem Bürgersteig. Wenn er mich gewollt hätte, wäre eine weitere Investition von zwanzig Pfennigen für eine Kugel nötig gewesen.«

»Aber nur dann, wenn er nach dem ersten Schuß nicht Hals über Kopf weggerannt ist?«

Frank sah mich von oben bis unten an. »Wir sind so gut wie fertig. Ich schlage vor, du bringst dieses Kashmirjakkett geradewegs dort rüber zur Moon-Reinigung. Solche Proteinflecken sind höllisch schwer rauszukriegen.«

23
SONNTAGABEND

Als ich nach Hause in die Esplanade Avenue kam, waren die Lichter an, die süßlichen Töne von Luther Van Dross erfüllten das Haus, und aus der Küche drangen Rauch und würzige Gerüche.

Auf das Signal der zufallenden Haustüre hin kam Robin in meine Arme herbeigelaufen. »Oh, Matty! Ich habe die Unterlagen vor einer Stunde erhalten. Ein Haus auf meinen eigenen Namen! Jetzt *weiß* ich, daß du mich liebst!«

Meine Arme schlossen sich wie von selbst um ihn. »Liebes...«

Er plapperte weiter. »Ich habe Langusten besorgt und mache dir gerade Jambalaya und einen scharfen Cajunkartoffelsalat.«

Schließlich bemerkte er meine Anspannung. »Was ist los? Das sollte der beste Abend unserer Beziehung werden!«

»Es ist etwas passiert...«

»Was ist...?« Er schreckte zurück. »Matty, ist das Blut auf deinem Ärmel?«

»Von Raymond Harris. Er wurde heute abend erschossen.«

»Raymond?« Robin hielt Abstand. »War er nicht derjenige...?«

»Ja. Auf seinem Rückweg nach Chicago. Er hat mir gerade auf Wiedersehen gesagt, als es passierte. An der Tür.«

Es war unnötig zu sagen, daß wir uns geküßt hatten. »Sie haben keine Ahnung, wer es war.«

»Oh, das tut mir leid, Matt.«

»Mir auch.« Ich zog meinen blutigen Mantel aus und reichte ihn Robin. »Ich hoffe, dir macht es nichts aus, wenn ich nichts essen kann.«

»Nein, das verstehe ich. Ich werde einfach alles in Tiefkühlbeutel füllen. Die haben solche blauen und gelben Linien, die beim Verschließen grün werden.«

»Gut.«

Ich hätte um den jungen Raymond Harris geweint, wenn Sinclairs weinen würden. So aber verbrachte ich den restlichen Abend einfach im Wohnzimmer, mit ausgeschaltetem Telefon und einem Buch, das ich nicht las. Robin besaß genug Einfühlungsvermögen, im Hintergrund zu bleiben und mich meinen dunklen Träumereien nachhängen zu lassen. Das Schlafzimmertelefon klingelte einige Male, und ich hörte ihn charmant die Einladungen der Anrufer zu den verschiedenen Festen und Soirées ausschlagen.

Um Viertel nach zehn klingelte das Telefon zum letzten Mal, und Robin hielt es diesmal für wichtig genug, mich zu stören. Er kam auf Zehenspitzen ins Wohnzimmer geschlichen, versicherte sich vorsichtig, daß ich nicht schlief oder tot war und flüsterte. »Es ist Sylvia.«

»Ich gehe besser ran.« Ich schaltete das Telefon vor mir ein und nahm ab.

»Hallo, Sylvia.«

»Matt? Wir sind alle bestürzt hier. Gerade haben wir in den Nachrichten gehört, daß ein Mann in deinem Laden ermordet wurde.«

»Sein Name war Raymond.«

»Philip ist beinahe zusammengebrochen, als es gemeldet wurde. Er hatte solche Angst. Warte, ich gebe ihm den Hörer.«

»Onkel?« Die Stimme meines Neffen war auch in einer Stunde wie dieser fähig, meine Stimmung zu heben. »Ich wäre vor Schreck beinahe gestorben. Sie hätten *dich* töten können!«

»Nein, ich glaube nicht, daß sie es auf mich abgesehen hatten.«

»Paß bitte auf dich auf.«

Robin war so taktvoll, mich in meinem Bett alleine zu lassen, aber dennoch schlief ich nicht eher ein, bevor ich die Uhr fünfmal schlagen gehört hatte.

24
MONTAGMORGEN

Ich stelle mir nie einen Wecker, wache aber gewöhnlich gegen sieben Uhr dreißig von selber auf. Am Tag nach Raymonds Ermordung kam ich nicht ins Eßzimmer, bevor es beinahe zehn war.

Robin saß mit der gegen einen Kerzenständer gelehnten *Times Picayune* am Tisch. Er richtete sich auf. »Eier zum Frühstück, Matty?«

»Nein, nichts. – Bist du schon am Zeitunglesen?«

»Raymond Harris' Bild ist auf der dritten Seite. Er war wirklich süß.«

»Ich will es nicht sehen.«

»Du findest es wohl schrecklich, so was zu sagen.«

Ich wollte nicht erst auf den Kaffee warten und nahm seinen, trotz Milch und Zucker. »Was?«

»Ich kann einfach nicht anders, als mir dauernd vorzustellen, was passiert wäre, wenn ich mit dir im Laden gewesen wäre. Der Killer hätte *mich* für ihn gehalten und erschossen.«

»Aber er hat es nicht getan.«

»Ich sollte mir keine Gedanken darüber machen, oder?«

»Nein, das solltest du nicht. Gib mir den zweiten Teil. Ich will sehen, wie es im Wahlkampf steht.«

Robin zerlegte die Zeitung. »Farley Berber hat in den Umfragen wieder zehn Punkte gewonnen.«

»Kannst sie behalten.«

Ich reihte gerade meine tägliche Vitamindosis vor mir auf, als das Küchentelefon klingelte. Robin ging zum Abnehmen in die Küche, kam mit der Hand über dem Hörer wieder zurück und seine Lippen sagten mir ›Frank Washington‹.«

»Hallo, Frank.«

»Überraschung. Wir haben einen Verdächtigen für den Mord gestern abend.«

»Dem Himmel sei Dank! Wer ist es?«

»Dein Cousin George Sinclair.«

»Du bist ein mieser Komiker, Frank. George ist inhaftiert.«

»Nicht mehr seit zwei Uhr gestern nachmittag, als die Lehrergewerkschaft für ihn die Kaution hinterlegt hat.«

»Zwei Uhr?«

»Er hatte ausreichend Zeit zum Duschen und Rasieren, einen Spaziergang zu machen, seine Pistole zu laden und bis halb sechs in der Royal Street zu sein.«

»Das ist schon absurd.«

»Harris wurde mit einer 38er getötet. George Sinclair gibt zu, eine 38er Target Master zu besitzen, doch wir konnten kein ballistisches Gutachten einholen, weil er sie verloren zu haben scheint. Und er besitzt keine Alibi. Tut mir leid, wir haben ihn vor einer Stunde wieder in Gewahrsam genommen.«

»Mein Cousin ist Raymond Harris nie im Leben begegnet, und noch viel weniger hatte er einen Grund, ihn zu töten.«

»Das bringt mich auf eine erschreckende Theorie, Matt. Wenn er nun gar nicht den kleinen Harris töten wollte? In meinen Augen war er hinter dir her.«

»Mir? Weswegen?«

»Weswegen? Geld! Wach mal langsam auf. Was hast du denn so in der Hinterhand?«

»Es reicht für einige Bequemlichkeit.«

»Knapp eine Million, würde ich schätzen.«

»Nirgendwo knapp.«

»Und es ist weiter kein Geheimnis, daß George dein nächster Sinclair-Verwandter ist. Man wird schon für weniger umgebracht.«

»Wenn ich mich einer Sichtweise befleißigte, die so durch und durch zynisch ist wie die deine, dann würde ich deine Theorie als Fliegenscheiße bezeichnen.«

»Ich höre.«

»Die Sinclairs haben Adleraugen und felsenfeste Hände.

Und jeder einzelne von uns kann eine Mücke auf zweihundert Meter kastrieren.«

»Was heißt, ihr seid eine schießfreudige Sippe.«

»Das heißt, falls George mich töten wollte, wäre ich tot.«

Kaum hatte ich aufgelegt, beugte sich Robin über mich und strich mir die Krawatte glatt. »Warum versuchst du nicht mal, auf andere Gedanken zu kommen, Matty? Laß uns zum Lakeside-Zentrum rausfahren und nach Vorhängen schauen.«

»Wir haben bereits Vorhänge.«

Er klatschte in die Hände. »Oh, die waren okay für *dein* Haus. Aber das ist jetzt *unser* Haus.«

»Wodurch sich die Architektur des Gebäudes nicht grundsätzlich verändert.«

»Oh, ich sprühe nur so vor Ideen. Was hältst du von Fuchsiensatin für das Bad?«

»Ich glaube, mit dir als Hausbesitzer habe ich einen Alptraum für Innenarchitekten erschaffen. Auf jeden Fall beschäftigen mich im Moment wichtigere Dinge.« Ich blätterte die letzte Seite von Raymonds Notizbuch um. Ich hatte mir jede Eintragung eingeprägt. »Gestern abend wurde ein Mann ermordet, und hier steht vielleicht das Motiv.«

»Könnte das Motiv auch für Rodger Lloyd gelten?«

»Es könnte.«

»Was ist mit Karen?«

»Da sehe ich nichts.« Ich schob das Buch in meine Aktentasche. »Karen ist nichts weiter als eine enthusiastische politische Aktivistin.«

»Wenn sie so unwichtig für jedermann ist, warum hat sie dann jemand vergiftet?«

»Genau das muß ich herausfinden. Noch heute werde ich zu allen Kandidaten gehen.«

»Meinst du, die Büros sind über Mittag besetzt?«

»Vor den Wahlen werden sie wie die Wahnsinnigen arbeiten.«

Ich erhob mich. »Ich werde die Jungs anrufen und einladen, mit mir zu kommen. Ein Ausflug wird ihnen gut tun.«

25
MONTAGMITTAG

Pip parkte auf dem freien Gelände von North Claiborne unter der *I-Ten*-Überführung.
»Das ist kein sonderlich gutes Wohnviertel«, kommentierte Ronald.
»Darum habe ich meine beiden tapferen Neffen mitgebracht.« Ich nahm meine Aktentasche und öffnete die Tür. »Bleibt beim Wagen.«
Moses Jones' Zentrale in einem Ladengeschäft wimmelte immer noch von hungrig aussehenden Frauen und Kindern. Als ich hineinging, plauderte Moses gerade mit einigen seiner Wähler und trug dabei ein kicherndes kleines Mädchen auf seinen Schultern. Damit sie auch was zu reiten hatte, bewegte er sich auf und ab.
Das Kind trug geflickte und aufgetragene Kleider, war aber fast zu Tode gestriegelt mit seinen drei Zöpfchen, die sorgfältig gekämmt und gebunden waren.
»Matt Sinclair!« Moses wechselte das Kind auf seine linke Hüfte und gab mir die Hand. »Wir sprachen gerade über diesen ermordeten Mann. Wie war noch sein Name? In den Zeitungen steht, er arbeitete für Rodger Lloyd.«
»Raymond Harris. Er war auch mein Freund.«
»Oh.« Für eine Sekunde blickte er verlegen, dann setzte er das Mädchen vorsichtig auf ihre Füße. »Jawanda? Du gehst dort rüber und hilfst deiner Mutter.« Moses zog mich in sein weniger bevölkertes Büro.
»Schreckliche Geschichte mit den beiden Männern. Und völlig sinnlos.«

»Für irgend jemand haben diese Morde ihren Sinn gehabt. Wahrscheinlich war es in beiden Fällen das gleiche Motiv.«
»Aber warum?« Seine Augen wurden schmaler. »Hat es etwas mit den Vorwahlen zu tun?«
»Darüber habe ich nachgedacht.« Ich grub in meiner Aktentasche. »Das einzige, was Raymond und sein verstorbener Arbeitgeber gemeinsam hatten, waren unangenehme Informationen über die Kandidaten.«
Moses war hellwach, er stemmte die Arme in die Hüften, lehnte sich zurück und ließ seinen stolzen Kopf hängen. »Schießen Sie los.«
»Zu Moses Jones ... Sie müssen entschuldigen.« Ich blätterte durch Raymonds Aufzeichnungsbuch und fand die entscheidende Eintragung. »Im Jahr 1972 erzählte eine Minderjährige namens Della Watkins dem Büro zur Durchsetzung von Unterhaltsansprüchen, Sie wären ...«
Mit ausgestreckter Handfläche signalisierte er mir: »Stopp.«
»Ich weiß schon! Ich weiß, wie es weitergeht. Ich soll der Vater des Kindes von diesem Mädchen sein.«
»Sind Sie es?« Ich legte das Notizbuch auf seinen Schreibtisch und nahm ein hölzernes Lineal. »Ich habe es nicht geglaubt.« Das Lineal legte ich am Buchrücken an und riß vorsichtig die relevanten Seiten heraus, während Moses auf- und abmarschierend seine Version erzählte.
»Dieses Mädchen wurde von ihrem eigenen Vater sexuell mißbraucht. Ihrem leiblichen Vater! Ich war vom Gericht als ihr Vormund eingesetzt, denn niemand in der Familie wollte eine Aussage machen.« Er beschimpfte die Wand. »Natürlich nicht! Und alle Nachbarn waren eingeschüchtert, also standen das Kind und ich allein gegen das System. Und dann, als es ernst wurde, das arme Mädchen – sie hieß Della, ja? – bekam Della ein Baby. Aber ihren eigenen Vater angeben?! Und als er ihr befahl, mich zu beschuldigen, blieb ihr keine Wahl.«
Ich gab ihm die Seiten. »Wurde der Fall jemals geklärt?«

Er nahm sie, ohne sich anscheinend über ihre Bedeutung im klaren zu sein.

»Nicht offiziell. Es steht nur mein Dementi in der Gerichtsakte. Wenn Sie das Mädchen jetzt aufspüren würden, würde sie sicherlich die Wahrheit sagen.«

»Es sei denn, sie hätte einen Grund, es nicht zu tun.«

»Vor ihrem Vater muß sie keine Angst mehr haben. Er starb vor ein paar Jahren bei einer Messerstecherei.«

»Und wenn jemand sie bezahlt hat, Sie nicht zu entlasten?«

»Ihr Zynismus geht mir etwas zu weit. Meine Wähler kennen mich.«

»Aber nicht das Büro zur Durchsetzung von Unterhaltsansprüchen. An Ihrer Stelle würde ich die ganze Wahrheit veröffentlichen.«

»Warum das?«

»Bevor jemand die *halbe* Wahrheit herumerzählt.« Das Buch der läßlichen Sünden verschwand wieder in meiner Aktentasche. Es hatte noch einen Auftritt vor sich an diesem Nachmittag.

»Richtig.« Jetzt sah sich Moses die Seiten in seiner Hand kurz durch. »Ich weiß, was Sie meinen. Vielen Dank, Matt.«

»Das ist nicht die schlimmste Nachricht. Jemand könnte die Idee haben, daß diese Angelegenheit ein Motiv darstellt.«

»Für was?«

»Mord. Sowohl Rodger Lloyd als auch Raymond Harris hatten die nötigen Informationen, um Ihrem Wahlkampf zu schaden. Und sie starben beide einen unnatürlichen Tod.«

Die Gesichtszüge des Kandidaten verfinsterten sich. »Matt, Sie denken doch nicht, *ich* könnte diese beiden Männer getötet haben!«

»Sie nicht. Aber angenommen, jemand anderes hat es ohne Ihr Wissen für Sie getan.«

»Haben Sie jemand im Auge?«

»Ihren so leidenschaftlichen Anhänger, Nat Ortigue.«

»Unmöglich.«

»Ortigue will Sie unbedingt im Bürgermeisteramt haben. Und er hat genug Gangster auf der Gehaltsliste, um alle seine Wünsche erfüllt zu bekommen. Er muß nur mit dem Finger drauf zeigen und einmal grunzen.«

»Ich räume ein, der Mann hat ein paar schlechte Angewohnheiten.« Moses rollte die inkriminierenden Seiten zusammen und drehte sie wie den Hals eines Hühnchens um. »Aber jemanden kaltblütig umbringen ist nicht sein Stil.«

»Wer sagt das?« Ich schloß meine Aktentasche. »Sie kennen in diesem Spiel Ihre Partner nicht. Nat Ortigue ist mit Muskeln in seine Position gekommen.«

»Mir ist seine Reputation bekannt.«

»Und wenn er nie jemanden umgebracht hat, dann nur, weil niemand mutig genug war, ihn herauszufordern.«

»Hey, *das* hier sind die Tatsachen des Lebens.« Moses ging zur Bürotür und sah hinaus auf die Sandwich- und Doughnutesser. »Sehen Sie Florence Leonhard dort drüben in dem rosa Pullover? Ihr sechsjähriger Tevis ist hoffnungslos zurückgeblieben.« Er drehte sich schlagartig um. »Der Junge wurde *gesund* geboren, Matt. Wissen Sie, wie er zu dem Gehirnschaden kam?«

»Nein. Das weiß ich nicht.«

»Er kaute bleihaltige Farbe von den Fensterbänken der St. Thomas-Siedlung. So kam das!«

»Das tut mir leid.«

»Babies kauen nun mal Farbe, richtig?« Er schlug mit der geballten Faust in die Luft. »Also wachsen Hunderte dieser Kinder behindert auf, und niemand gibt auch nur einen Pfifferling drauf. Es ist die Aufgabe der Stadtverwaltung, diese Gebäude für unsere Kinder sicher zu machen. Aber bisher hat kein Bürgermeister von New Orleans, ob schwarz oder weiß, es für wichtig genug gehalten. Diese Leute da draußen sind die Machtlosen. Sie *brauchen* einen Moses Jones in der City Hall.« Er kam zu seinem Schreib-

tisch zurück. »Und zu diesem Zeitpunkt brauche *ich* ein hohes Tier unter den Machtspekulanten, um mich in die Position zu bringen, ihnen helfen zu können.«
»Nicht diesen.«
»Hören Sie zu, Matt. Wenn ich einmal im Amt bin, werde ich mit Nat Ortigue schon fertigwerden, das weiß ich.«
»Verbrennen Sie sich nicht die Finger.«

Pip fuhr uns über die *I-Ten* auf dem schnellsten Weg von Moses Jones' Innenstadtzentrale zu Farley Berbers Rodeo-Warenhaus draußen am Airline Highway.
Ich ließ meine Neffen durch die Ständer mit Westernbekleidung stöbern, während ich zum Büro nach hinten ging, dessen Tür immer noch offen stand. »Hallo, Farley. Haben Sie einen Moment Zeit?«
Der Kandidat trug immer noch seine »Mann-der-Tat«-Kleidung von L. L. Bean. Die Cowboyanzüge hatte Raymond wahrscheinlich vergraben.
»Klar doch, Matt.« Er sprang hinter seinem Schreibtisch auf und streckte mir seine Hand zur Begrüßung hin.
Die Ärmel seiner karierten Holzfällerjacke waren hochgeschoben und entblößten die gelbhäutigen und haarlosen Unterarme eines alten Mannes. Er winkte zur Bar hin. »Nehmen Sie sich einen Drink. Ich schätze, Sie können einen gebrauchen, nach der Sache mit dem armen jungen Kerl. Direkt in Ihrem Laden, habe ich gehört.«
»Raymond war ein Freund.«
»Was denn? Wußte nicht, daß ihr euch näher kanntet.« Er rollte seinen Stuhl zurück. »Harris war ein guter Mann. Er verstand sein Geschäft.«
»Es muß Sie ganz schön aus dem Konzept geworfen haben, als er Ihren Wahlkampf hingeschmissen hat.«
»Das kann ich Ihnen flüstern. Aber solange er hier war, hat er sich gut ins Zeug gelegt. Es tut mir aufrichtig leid, daß er umgebracht wurde.« Er öffnete mir eine Zigarrenschachtel, und ich schüttelte meinen Kopf. »Haben Sie irgendeine Idee, wer der Täter ist?«

»Nach meiner Ansicht ist es der gleiche wie der Mörder von Rodger Lloyd, Raymonds Arbeitgeber.«
»Im Radio sagten sie, dieser Schurke sei wieder im Knast.« Farley schlug seine Beine übereinander, die in den Cordhosen schon nicht mehr so schlaksig wirkten.
»Das haben Sie falsch verstanden. Mein Cousin George ist unschuldig.«
»Das werden wohl zwölf aufrechte Männer entscheiden.«
»Nein, das wird meine Sache sein.« Die Bar war ordentlich gefüllt und wies eine Flasche Wild Turkey für einen guten Sazerac auf. Doch wollte ich nicht mit einem steifen Drink in seiner Schuld stehen und beließ es bei einem Glas Tomatensaft. »Ich werde den richtigen Mörder finden, bevor es überhaupt zur Verhandlung kommt.«
Berber streckte sein Kinn vor. »Selbst Perry Mason wartet bis zur Verhandlung.«
»Rodger Lloyd war ein wandelndes Motiv. Wenn er für einen Wahlkampf arbeitete, setzte er sich hin und grub alle versteckten Skandale der rivalisierenden Kandidaten aus.«
»Das sind schmutzige Tricks, denen ich persönlich niemals zustimmen würde.«
»Grund genug, daß ihn jemand umbringt. Denken Sie nicht?«
»Mag sein.« Berbers Augen bewegten sich. »Aber da der Mann für mich arbeitete, mußte er nicht hinter mir herspionieren.«
»Mußte er nicht.« Ich kippte den Tomatensaft runter. »Mein Cousin George wurde beschuldigt, aus Eifersucht gehandelt zu haben. Seine Frau und das Opfer hatten in den frühen Siebzigern eine Affäre.«
»Manche Männer haben ein langsames Gedächtnis und einen schnellen Jähzorn.«
»Wenn das das Motiv war, warum nicht einen aktuelleren Hahnrei?« Ich stützte mich auf die Schreibunterlage und beugte mich zu ihm rüber. »Wie Sie selbst.«

Farleys dünne Schultern versteiften sich. »Worauf spielen Sie an?«

»Sie machen Anspielungen. Ich stelle fest, daß Ihre Frau Kim und Rodger Lloyd ein Verhältnis hatten.«

Er schaute von mir weg und zuckte schwach die Achseln. »Jede Frau braucht ein Hobby. Meine macht sich nichts aus Bridge.«

»Sie haben die Affäre stillschweigend geduldet?«

»Ich habe die beiden nicht unbedingt zugedeckt, aber ich hatte keine Probleme damit.« Er drehte seinen Sessel auf den Rollen herum und sah zum Fenster hinaus.

»Ich bin ein alter Mann, Matt. In mancher Hinsicht sogar noch älter als das. Meine Frau ist sehr schön. Ich kann nicht ohne sie leben und mache also Konzessionen. So einfach ist das.«

Er drehte sich nicht wieder um und starrte aus dem Fenster auf einen asphaltierten Weg. Ich ließ ihn da sitzen. Er hatte seinen Handel abgeschlossen und würde dazu stehen.

Draußen auf dem Parkplatz hatten meine Neffen das Autoradio aufgedreht. Ein verabscheuungswürdiger Top-Forty-Sender spielte »La Bamba«. Die neue Version von Los Lobos, da auch Richie Valens tot ist.

Ronald kletterte auf den Rücksitz, und Pip übernahm das Steuer.

»Hast du etwas erfahren, Onkel?«

»Farley Berber ist unschuldig.«

»Wie mein Vater.«

»Ich weiß, und wir werden den richtigen Mörder finden. Nur nicht hier beim Rodeo-Warenhaus.«

In Armand Voitiers Zentrale saß eine Viertelschwarze vor einer Videoaufzeichnung der Donnerstagabenddebatte und schüttelte ihren Kopf. »Schlüsselworte ist genau das, was wir brauchen. Was meinst du, Matt?«

»Okay, ›Führerschaft‹, ›staatliche Verschwendung‹, ›moralische Werte‹, ›Betonung der Ausbildung‹, ›Korruption auf höchster Ebene‹ ... Stell sie in jede Reihenfolge, die du willst.«

»Sag das mal den Jungs. Sie sitzen drüben und schreiben die Rede für heute abend.«

Im Hinterzimmer versuchte Ed Stokes, aus der Spreu vergangener Reden ein rhetorisch brauchbares Weizenkorn herauszulesen. »Wie wär's damit? ›Wir werden dem Hafen von New Orleans seine einstige Vorherrschaft als zweitgrößte im Land zurückgeben!‹«

»Gut.« Armand übertrug es in die Schreibmaschine. »Jetzt sag mir, wie?«

»Ich...« Ed überflog erfolglos die Rede. »Okay, du wirst eine Expertenstudie in Auftrag geben.«

»Was für Experten?« Armand schaute von seiner Tastatur auf und erspähte mich. »Hallo, Matt. Wirf mal einen Blick auf Farleys neuestes Flugblatt.« Er reichte es mir rüber.

Es war wie das vorherige, zeigte aber zwei anstelle dreier Fotos. Der Text betonte, die Republikaner stünden für Mutterschaft und die amerikanische Fahne ein, ohne dabei Steine nach ihren liberalen Gegnern zu werfen.

Ich machte ein Flugzeug draus. »Wenn sie genug von denen verteilen, denken die Wähler am Ende, es wäre ein Zweimannrennen.«

»Und vergiß nicht, daß Moses auf seiner Seite ins gleiche Horn stößt. Jede seiner bisherigen Reden war gegen seinen ›ehrenwerten Gegner, Mr. Berber‹ gerichtet«, sagte Armand ärgerlich. »Sie haben sich gegen uns verbündet, wir aber müssen sie getrennt behandeln.«

Edward fing mein Flugzeug auf. »Wie stellst du dir das vor?«

»Wir haben zwei Gegner. Aber denkt dran, wir müssen fürs erste nur einen schlagen.« Mein Cousin nahm einen Schluck warmer, fader Cola. »Wir gehen wie ein Wolfsrudel vor, entscheiden, welcher unserer Gegner schwächer ist, und versuchen, an seine Stimmen zu kommen.«

Die *Times Picayune* lag zusammengerollt im Abfalleimer, und ich fischte sie mir heraus. »Die Umfrage von heute morgen zeigt Gewinne von Farley, Moses hat sich so in etwa gehalten. Er scheint der Verwundbarere zu sein.«

»Hinzu kommt, Schwarze wählen nicht im gleichen Verhältnis wie Weiße.« Edward befestigte eine Büroklammer an der Spitze des Flugzeugs und warf es zu mir zurück.

Armand nickte beifällig zu seiner Entscheidung. »Wir schreiben Farleys Wählerschaft ab und konzentrieren uns also auf Moses.«

»Check.« Edward nahm sich einen Schreibblock. »Wo führt uns diese Strategie hin? Sollen wir Werbezeit bei den schwarzen Rundfunksendern kaufen?«

»Geldverschwendung«, fuhr Armand dazwischen. »Moses hat dieses Medium so gründlich abgedeckt, daß die Leute denken würden, es wäre einfach eine weitere Werbenummer für ihn.«

Edward machte eine Notiz und unterstrich sie. »Wie wär's mit einem persönlichen Auftritt in den Sozialbausiedlungen?«

»Keine gute Idee. Wir würden höchstwahrscheinlich nicht nur ausgeraubt, die Leute würden auf eine so späte Geste auch empfindlich reagieren. ›Für wen hält er sich, dieser weiße Nigger?‹«

»Die Sozialbausiedlungen sind fest in Moses' Hand«, stimmte ich zu. »Aber die armen Arbeitnehmer sind immer noch zu haben. Sie verachten die Klasse der Sozialhilfeempfänger und werden jede Minute konservativer.«

Armand nahm mir die Zeitung ab und schnitt ein Gesicht.

»Schau dir diese riesige unentschiedene Wählerschaft an. Alle werden sie am Wahltag zu Hause bleiben, es sei denn, wir geben ihnen einen Grund, hinzugehen. Einige wirst du ihnen hoffentlich auf dem Raddampfer geben.«

»Ich werde meine ganze Eloquenz aufwenden.«

»Hör mal zu, Matt.« Armand nahm seine Brille ab. »Ich möchte dir sagen, daß uns allen hier das mit dem jungen Harris sehr leid tut.«

»Ich werde versuchen, einiges an ihm gut zu machen, indem ich seinen Mörder finde.«

»Glaubst du an eine Verbindung zum Fall Lloyd?«

»Ich denke, sie wurden vom gleichen Mann umgebracht. Möglicherweise wegen ihres Wissens.«

Armand machte sich wieder an seine Rede, er zog das Blatt Papier zur Überarbeitung aus der Maschine. »Was könnten sie gewußt haben?«

»Uns interessiert nicht, was sie über die anderen wußten. Uns hat nur zu interessieren, was sie über dich wußten.«

»Was ist das?« Er fragte leichthin im Ton eines unschuldigen Mannes.

»Daß du im College als Weißer gegolten hast.«

»Ich...? Oh, Lord!« Er stützte seine Ellbogen auf den Schreibtisch und barg sein Gesicht in beide Hände. »Das war mein Jahr in Berkeley. Das waren verrückte Zeiten.«

Ich nahm mein Notizbuch hervor und blätterte durch das Voitierkapitel. »Unglücklicherweise sind unsere Zeiten nicht verrückt. Sie sind lediglich gemein.«

»Ich weiß, ich weiß.« Er sprach hinter vorgehaltener Hand. »Versuch, das zu verstehen, Matt. Als ich in Südkalifornien ankam, hatte ich diesen unheimlichen Kulturschock. Ich sah diese ›Junge neue Welt‹ da drüben, ohne Vorurteile, keine getrennten Eßräume. Wohnheime für Weiße... Wohnheime für Farbige...« Er nahm seine Hände herunter, schaute mir aber nicht in die Augen. »Ich weiß, wie das jetzt aussieht. Aber damals schien nichts Falsches daran zu sein.«

»Als Weißer zu gelten?«

»Ich schwöre, nie habe ich jemandem erzählt, daß ich Weißer bin.« Armand atmete einmal tief ein und sagte es. »Ich habe einfach nicht erwähnt, daß ich es nicht bin.«

»Und diese kalifornischen Hippies kannten den Unterschied nicht.«

»Teufel noch mal, jeder war dunkel von der Sonne. Ich sah weder anders aus noch sprach ich anders. Und, niemand behandelte mich anders. Nach einer Weile habe ich mich auch nicht mehr anders gefühlt.«

»Alles das könnte man erklären, nur nicht, daß du mit einer Weißen geschlafen hast.«

»Das wissen sie auch?« Er schüttelte seinen Kopf. »Schlimmer als weiß, sie war blond. Kirsten Norgaard. Sie studierte Anthropologie, brillant, leidenschaftlich, und schön wie kein anderes Mädchen.« Er schloß seine Augen, vielleicht, um sie sich in Erinnerung zu rufen. »Eines Abends im Frühjahr hatten wir alle eines dieser philosophischen Gespräche und saßen um eine Chiantiflasche mit Kerze. Erinnerst du dich an sowas?«

»Das war in meiner Generation dasselbe«, sagte ich. »Weihrauch, Pot und billiger Wein.«

»Genau. Wir hatten Day-Glow-Poster von Peter Max an den Wänden. Diese Vorhänge mit Perlen dran...«

»Stroboskoplampen, Omabrillen und *The Incredible String Band.*«

»Du weißt also, wie es war, Matt. Wir waren alle Kinder einer großen Familie. – Willst du Kaffee? Nein?« Er stand auf und ging in seinem Büro umher, im grellen Neonlicht des Jahres 1987. »Und eines Abends dann lag ich auf meiner Bude, meinen Kopf in Kirstens Schoß...« Er ging zur Kaffeemaschine und goß sich einen Becher exakt randvoll, ohne etwas zu verschütten.

»Ich trank Bali Hai aus einem Weinschlauch, und wir hatten mit einer ganzen Gruppe diese wichtige Diskussion über Selma und Bull Conners.« Er trank vorsichtig von seinem Kaffee und runzelte die Stirn. »Ich habe gesagt, daß ich gerne mit Doctor King mitmarschiert wäre, und daß einige meiner Vorfahren Sklaven gewesen sind. Weißt du, was Kirsten daraufhin gesagt hat?«

»Ich weiß, was jede Frau aus dem Süden gesagt hätte.« Auf dem Schreibtisch lag eine Schere, und ich beschäftigte mich damit, die verräterischen Notizbuchseiten herauszuschneiden.

»Alles was das Girl sagte, war, ›Hey Leute! Army hat Negerblut. Ist das nicht groovy?‹ Als ob ›Negerblut zu haben‹ mich noch lange nicht zum Schwarzen macht. Was sagst du dazu?«

»Groovy.«

»Ich habe es tatsächlich selbst geglaubt. Das war im Zeitalter des Wassermanns. ›*The times they were a-changing.*‹ Kennst du das Lied noch?«

»So ging es mir auch. Nur, die Zeiten haben sich nie besonders geändert, Armand.«

»Das habe ich ganz gut mitbekommen, als ich schließlich im Frühjahr nach New Orleans zurückkam. Noch in der Minute, als ich aus dem Zug stieg, kehrte die ganze Spannung wieder.« Er stellte den Kaffeebecher hin, er schmeckte nicht nach Bali Hai. »Auf dem Bahnhof standen diese beiden Trinkbrunnen nebeneinander. ›Weiße‹ und ›Farbige‹. Willkommen daheim in der Realität, Bimbo. Das ›Zeitalter des Wassermanns‹ ist vorbei.«

»Tut mir leid, Cousin.«

Er seufzte und schüttelte unmerklich den Kopf. »Also nahm ich meinen angestammten Platz in der Gesellschaft wieder ein, ging zur juristischen Fakultät von Tulane, traf mich mit Töchtern der schwarzen Aristokratie... Ich schrieb einen letzten Brief an Kirsten, ich hätte mich in ein anderes Mädchen verliebt.« Er lächelte schwach. »Und nach ein paar Jahren habe ich es dann auch getan.«

»Claudia ist eine wundervolle Frau.«

»Und von meiner Art.« Er sah mir nach diesem Trip durch zwei Jahrzehnte bis heute fest in die Augen. »Letztendlich bin ich froh, wie es gekommen ist. Weißt du, wenn ich Kirsten geheiratet hätte, dann wäre ich dort in Kalifornien geblieben und zum Weißen geworden. Das wäre wie eine Amputation meiner eigenen Geschichte gewesen.«

»Wenn dieses unangenehme Stück deiner Geschichte jemals zu Tage kommt, werden dich die weißen Männer hier lynchen wollen.«

Er schüttelte seinen Kopf. »Da wird nicht mehr viel zu lynchen sein, wenn die schwarzen Frauen erst einmal mit mir fertig sind.«

26
MONTAGNACHMITTAG

Ronald warf sich in den Rücksitz. »Das war ein ziemlich politischer Tag, Onkel. Du hast alle drei Kandidaten interviewt. Denkst du, einer von ihnen hat Mr. Lloyd getötet?«

»Ein besseres Motiv als dein Vater hatten sie allemal. Darüber hinaus habe ich noch keine Schlüsse gezogen.«

Pip drehte den Zündschlüssel um. »Jetzt kommt der beste Teil des Ausflugs. Wir fahren zur Sinclairvilla.«

»Genauer, zum St. Bernadette-Schwesternheim.«

Eine junge Nonne öffnete uns die Eingangstür, und die Äbtissin, Schwester Jeremy, wartete im Salon auf die Besucher.

»Ich bin so froh, daß Sie kommen konnten, Matt.« Für Zivilkleidung war sie nicht fortschrittlich genug, aber sie trug eine moderne Ordenstracht in Marineblau mit dreiviertellangem Rock und einem kurzen Schleier über ihrem grau werdenden Haar. »Und wer sind diese gutaussehenden jungen Männer?«

»Darf ich Ihnen meine Neffen vorstellen, Schwester: Philip und Ronald. Zwei weitere Sinclairs.«

Einer war es zwar nicht, aber das verschwieg ich.

»Und was für nette Jungs sie sind.« Sie sprach sie ohne jeden herablassenden Ton an. »Matthew kommt jedes Jahr zum Tag der offenen Tür und nimmt seinen Besitz in Augenschein.«

»Ich traue Ihnen natürlich keine Sekunde über den Weg, Schwester. Sie könnten dieses Haus nach meinem Rundgang in eine Bowlinganlage oder ein Spielcasino verwandelt haben.«

Schwester Jeremy trat einen Schritt zurück. »Wieso, Matthew, selbstverständlich haben wir das gemacht. Aber wir haben die Bahnen sorgfältig mit Teppichen verdeckt und die Glücksräder draußen im Schuppen versteckt. Sie werden uns auch dieses Jahr nicht auf die Schliche kommen.«

Eine neue Besuchergruppe beanspruchte ihre Aufmerksamkeit, und sie entschuldigte sich. »Nehmt bitte von dem Tee und dem Kuchen. Und dann steht es euch frei, nach Belieben herumzuschauen, mit Ausnahme der belegten Gästezimmer.«

Pip nahm den Tisch mit Erfrischungen nicht weiter zur Kenntnis. Er blickte durch die Eingangshalle, die Treppe hoch, zur Balustrade.

»Onkel Matt, das ist so riesig. Wie in einem alten Film.«

»Ich erinnere mich, wie ich da oben zusammengekauert gesessen und durch die Holzstäbe auf die Gesellschaften meiner Mutter heruntergesehen habe. Wenn ich die Augen zukniff, konnte ich mir beinahe selbst als Dreijährigem zuschauen. Kommt mit. Ich zeige euch die oberen Stockwerke.«

Pip stürmte vor mir den zehnstufigen Treppenabsatz hoch, und Ronald zockelte hinterher.

Im zweiten Stock angelangt, nahm ich meine gewohnte Rolle als Führer ein. Ich hatte diese Führung schon früher gegeben.

»Von größtem historischen Interesse sind die Familienporträts der Sinclairs an der Wand. Sie sind immer noch in chronologischer Anordnung aufgehängt.«

Ich hielt beim Ölgemälde am Ende der Treppe an. Selbst ein schmeichlerischer Porträtist hätte diesem hageren Sujet mit seiner blassen Haut, der markanten Nase und dem fliehenden Kinn zu keiner ansehnlichen Darstellung verhelfen können.

»Dieses Porträt von Juan Pedro San Claro stammt aus dem Jahre 1798. Er war unser erster Vorfahre, der in der Neuen Welt geboren wurde.«

»San Claro?« Ronald schob sich seine Brille die Nase hoch. »Ich dachte, wir wären französisch. Warum hatte er einen spanischen Namen?«

»Wie ihr wißt, stand New Orleans zwischen 1760 und

1800 unter spanischer Herrschaft. Jeder, der es zu etwas bringen wollte, schwor König Carlos von Spanien den Gehorsam und nahm die Sprache an.«

Pip war bereits vom nächsten Porträt angezogen worden, einer beachtlichen Brünetten. »Wer war sie? Kann ich die Geschichte zurückdrehen und mit ihr ein *Date* haben?«

»Catherine Potin war die Tochter eines französischen, in Mobile stationierten Hauptmanns. 1775 wurde sie Juan Pedros Braut in der St. Louis-Kathedrale.«

Ronald schaute von einem Porträt zum anderen und zurück.

»Wie hat sich dieser Widerling so eine Puppe zulegen können.«

»Juan Pedro hat sie nicht durch sein Aussehen gewonnen. Sein Vater, Artur St. Clair, hatte das größte Vermögen in der ganzen Kolonie aufgehäuft.«

Pip war sichtlich beeindruckt. »Ein Donald Trump des achtzehnten Jahrhunderts? Das ist ja phantastisch.«

»Kurz nach seiner Emigration aus Frankreich wurde Artur zum Geldverleiher. Er verteilte an Wert verlierende Kreditbriefe der Westindienkompanie und erhielt harte Livres zurück. Gold.«

»Klingt nicht sonderlich moralisch«, war Ronalds Meinung.

»In den Kolonien damals gab es noch keine Bankaufsicht. Wie dem auch sei, Juan Pedro wurde seinem Aussehen zum Trotz als der begehrteste Junggeselle seiner Zeit angesehen.«

»Er hatte es geschafft«, hauchte Pip.

»Es reichte, um die schönste Braut der Gegend zu gewinnen. Unser Familienvermögen hat über die Generationen zu- und abgenommen. Doch ist es Tradition, daß Sinclairs, die Vermögen erben, Schönheit und Charme heiraten.«

Pip klatschte in die Hände. »Guter Deal! So können dann die mit Schönheit und Charme beerbten Sinclairs das liebe Geld heiraten!«

»So war es üblich.«

Er preßte seine Lippen zusammen.
»Wäre schön, wenn mein Vater sich an diesen Brauch gehalten hätte.«
»Du solltest stolz auf ihn sein, Pip. George ist ein feiner Kerl mit soliden Wertmaßstäben. Geld ist nicht alles.«
»Außer, du hast keins.«
Ich fuhr mit meiner Geschichtsstunde fort. »Im Jahr 1800 wurde Louisiana von den Spaniern an die Franzosen zurückgegeben. Diese behielten das Gebiet nur drei Jahre, bis uns Napoleon an die Yanks verkaufte.« Wir waren zum nächsten Porträt gelangt, mit einem weniger unansehnlichen Vorfahren. »Juan Pedros Sohn, Matteo San Claro, war auf der Höhe seiner Zeit. Er wechselte erneut unseren Namen, zu Sinclair.«
»Wie er es auch bleiben soll, bis die Russen kommen«, bemerkte Ronald zynisch.
Pip studierte das Gesicht seines fünffachen Urgroßvaters. »Er sieht ein wenig aus wie du, Onkel Matt.«
»Das hat man mir schon früher einmal gesagt. Einige Züge kehren über die Generationen hinweg wieder. Der Nächste ist Matteos Sohn, John Sinclair, genannt nach dem Präsidenten Adams. Er starb jung am Fieber. Und hier haben wir Johns Sohn Maximillian, dem die größten Plantagen der Region gehörten. Er hatte zwei Frauen. Die zweite war schwarz.«
Ronald blickte zweifelnd um sich. »Ich sehe aber kein Bild von ihr da oben.«
»Das wirst du auch nicht. Wir stammen von der weißen ab.«
Ich hielt vor dem größten und vollendetsten in der Reihe der Porträts. Es zeigte einen großen, blonden Reiter in konventioneller Reitkleidung, seine Reitpeitsche baumelte nachlässig über der Schulter.
»Dies wurde 1883 gemalt. Ernest war mein Urgroßvater und euer Urur.« Ich schaltete die Beleuchtung über dem Porträt ein. »Er war Maximillians jüngster weißer Sohn, und der einzige, der nicht für die Konföderierten ins Feld

gezogen ist. Er studierte während der Kriegsjahre in Frankreich.«

Pip würdigte das Kostüm, die kecke Neigung des Hutes und den unbekümmerten Ausdruck seiner Lippen. Die Kunst des viktorianischen Malers war es gewesen, daß sie sich unter unserem Blick zu einem Lächeln zu formen schienen.

»Sieht rassig aus. Hätte ihn gerne kennengelernt.«

»Da hättest du keine Freude dran gehabt. Ernest war ein gefährlicher und gewalttätiger Irrer. Die Familie verlor beinahe alles, als sie auf den Süden setzte. Aber das wenige, was blieb, vergeudete dieser Mann mit Wein, Spiel und Frauen.«

»Frauen?«

»Kein Grund zur Begeisterung. Niemand hat eine größere Schande über unseren Namen gebracht. Seit diesem Mann hat kein Sinclairkind mehr den Namen Ernest getragen oder wird es je.«

Ronald legte seinen Kopf auf die Seite, und das Licht reflektierte in seinen Brillengläsern. »Scheint ganz so, als hätten wir einen faulen Apfel im Familienbaum.«

»Da waren einige, aber Ernest war der schlimmste. Er begann schon schlecht.« Ich war begierig wie immer, generationenalten Familienklatsch weiterzugeben, wie er von Tantchen in Küchen erzählt wurde. »Schon als Kind war er ein berüchtigter Tyrann und Sadist. Er verging sich an kleinen Kindern, hilflosen Vögeln und Tieren. Mit zunehmendem Alter lernte er, seine ungezügelte Natur zu verbergen. Und das so erfolgreich, daß er in die besten Salons eingeladen wurde und die liebenswertesten Mädchen im Süden umwerben durfte.«

»Ich wette, er wird sie auch gehabt haben«, sagte Ronald respektlos. »Er ist genau der Schlag, auf den Mädchen anscheinend stehen.«

»Kein Zweifel. Er gewann die Hand von Genevieve Stevens, einer reichen, schönen und wohlerzogenen Tochter der Konföderierten. Doch selbst in ihrer charmanten Gesellschaft wurde er Jahr für Jahr böswilliger und gefährlicher. Er mißhandelte Genevieve und ihre Kinder. Einmal schmiß er sie genau diese Treppe hinunter. Sie wurde zum Krüppel, und das Baby, mit dem sie schwanger war, wurde getötet. Die moderne Psychiatrie würde Ernest einen Soziopathen nennen.«

Pip schien bei diesem Begriff zusammenzuzucken.

»Du meinst, dein Urgroßvater war verrückt?«

»Nicht im rechtlichen Sinne. Der Mann wußte Recht und Unrecht zu unterscheiden, hat sich aber einfach nicht darum geschert. Seiner langen Liste von Greueltaten setzte er im Jahr 1910 die Krone auf. Im Rausch hatte er einen Wutanfall und erschoß einen schwarzen Farmer oben in der St. Landry-Gemeinde.«

Pip blickte zum Porträt hoch, als wolle er die Gedanken des Abgebildeten ergründen, der schon lange tot, begraben und nur noch einigen wenigen Sinclairs bekannt war. »Weshalb?«

»Es brauchte keinen Grund. Vielleicht hat der Mann nicht schnell genug seinen Hut gezogen oder ihn ›Monsieur‹ genannt.«

»Soll das heißen, unser Urgroßvater wurde wegen Mord aufgehängt?«

»Wie denn. Der Fall wurde über Jahre verschleppt, bis alle Zeugen Zeit hatten, zu vergessen oder zu sterben. Schlußendlich wurde es dann als ›Notwehr‹ ausgegeben. Und Ernest hat das mit einem dreitägigen Saufgelage in Shantytown gefeiert.«

»Er wird sich da wohl rausgekauft haben«, vermutete Pip erstaunt.

»Und nicht zu knapp. Als die Urgroßmutter Genevieve die Zahlungen an den Richter einstellte, gab es in seiner und ihrer Familie keinen Penny mehr.«

Ronald wechselte unbewußt in eine Boxhaltung, verlagerte sein Gewicht und ballte beide Fäuste. Er schien über dieses achtzig Jahre alte Verbrechen mehr verärgert zu sein als über jedes näherliegende.

»Erzähl mir nicht, daß er einfach so davongekommen ist! Ihm ist nichts passiert?«
Ich mußte entscheiden, ob sie alt genug für die Wahrheit waren. Pip jedenfalls sah schon aus wie ein Mann.
»Es ist ihm was passiert.« Ich wartete, bis sie mich beide anschauten. »Wenn manche Sinclairs sich zuweilen über dem Gesetz dünkten, dann gab es gelegentlich auch solche, die sich *für* das Gesetz hielten.«
»Was meinst du?«
Ich holte tief Luft und rückte damit raus. »Ernests Bruder, mein Urgroßonkel Louis, nahm ihn mit auf einen Jagdausflug. Ernest kam nie zurück.«
Zwei Paar große Augen, ein blaues, ein braunes, waren zugleich erschrocken und beeindruckt.
Ronald konnte als erster wieder sprechen.
»Du sprichst also von einer Exekution? Brudermord?«
»Eher so eine Art Vernichtung eines mißratenen Monsters. Bevor er noch jemandem weiteren Schaden zufügen konnte.«
Pip sagte: »Aber wie kann ein Mann seinen eigenen Bruder erschießen?«
»Es war kein Job, mit dem man Außenstehende beauftragte. Manchmal müssen wir die Schlechten selbst herauspflücken.« Ich klopfte auf seinen Arm. »Laß uns gleich zum letzten Porträt runtergehen. Der jüngste Herr in diesem Haus war mein Vater, euer Großonkel, Arthur Sinclair.«
»Er sah ganz schön gut aus«, sagte Ronald höflich.
Pip war schon weiter. »Es gibt immer noch Platz für *dein* Bild, Onkel.«
»Ich habe noch nicht Modell gesessen.«
Er schritt hinunter zum Ende der Halle und schlug gegen die nackte Wand. »Und genau hier kommt meins hin!«

27
MONTAGNACHMITTAG

Zurück in der Banks Street war Sylvias Küche schmuddeliger denn je zuvor, jetzt, wo George seine ohnehin geringe Kontrolle nicht mehr ausübte. Die Schloßherrin saß zusammengesackt am Eßtisch und nahm ein *Scooter*-Kuchenstück zu sich, das sie mit roter Limo hinunterspülte.
»Du willst wirklich nichts, Matt?«
»Ganz ehrlich. Danke.«
»Es wäre kein Umstand.«
»Da bin ich sicher.« Ich sah hinter den Vorhang, aber der Blumenkasten war weggenommen worden, wahrscheinlich erst kurz zuvor. Ich konnte eine schwache Spur seiner Ernte in der Luft wahrnehmen.
Sie las meine Gedanken und fächelte schuldbewußt die Luft. »Zu was lädst du uns also morgen abend ein?«
»Zu einer politischen Spendenveranstaltung. Das ›Forum Für Eine Gute Regierung‹ hat die *Julep Queen* für die ganze Nacht gechartert. Es gibt ein Essen, Orchestertanzmusik... Und am nächsten Morgen dann Frühstück.«
»Draußen auf dem Fluß?«
»Da sind normalerweise die Schiffe. Ich hatte vier Tickets für Steve und das Personal gekauft.«
Sylvia legte ihre Ellbogen auf eine Titelseite des *Star* mit Dolly Parton, die ihre Diätgeheimnisse zu enthüllen versprach.
»Und sie haben diese Möglichkeit ausgeschlagen?«
»Sie haben alle wegen Krankheit, Gesundheit oder Alter abgesagt. Da dachte ich, du und die Jungen, ihr hättet vielleicht Freude an der kleinen Kreuzfahrt.«
»Ich weiß nicht recht...« Ihre Stimme stockte. »Eigentlich sollte ich ja wegen dem armen George ziemlich down sein. Aber schließlich hat er deine Hilfe ja abgelehnt, er macht sein eigenes Karma. Gibt es etwas, das ich jetzt für ihn tun kann?«

»Deinen Mund halten. Wenn die Polizei erfährt, daß einer deiner Söhne von Rodger Lloyd ist, könnte das als noch stärkeres Motiv gelten.«

»Mann, was für ein Mist. Wenn es so wichtig für George gewesen wäre, hätte er doch wissen wollen, welcher Junge es war. Denkst du nicht? Aber er hat nie auch nur gefragt. Was passiert, wenn sie weiterbohren und ich es doch sagen muß?«

Auf einmal wollte ich es nicht mehr wissen. Wenn nun Philip der Bastard und nicht von meinem Blut wäre? Würde ich ihn dann weniger lieben?

»Das wäre also geregelt. Mit dem Dampfer, meine ich. Wir werden hingehen.«

Sie ging zur Tür, und als sie sie öffnete, hörten wir wegeilende Schritte. Das machte mich stutzig. »Wollte jemand hereinkommen?«

Sie schüttelte ihren Kopf. »Mach dir keine Sorgen, das war nur mein Sohn. Er horcht seit kurzem hinter Türen. Warum, weiß ich nicht.«

»Dann hat er unsere Unterhaltung über ihn gehört.«

»Nein, nicht er. Mein anderer Sohn.«

Die Decatur Street läuft am Fluß und den Lagerhäusern entlang. Geht man zur Poland Avenue, gibt es nur noch wenige Gebäude und noch weniger Straßenlampen. Kein Ort, den man nachts alleine aufsucht. Aber ich wollte meinen Wagen nicht unbewacht in dieser Gegend abstellen und erreichte schließlich das Haus von Dennis Quinn *sur baie et bleu*, wie die Cajuns sagen. Auf Schusters Rappen.

Dennis' viktorianisches Lebkuchenhäuschen war als Doppelhaus konstruiert worden, wurde aber später von Dennis und seinem verstorbenen Gefährten Wendall zu einem Wohnhaus umgebaut. An der Haustür hatten sie über dem Briefkasten eine echte Gaslampe angebracht, die aber nicht angezündet war, obwohl die Sonne schon in einem indigoblauen Abendhimmel versank.

Ich ging bis zum Eisentor und läutete. Es dauerte einige

Minuten, bis Dennis erschien und die Eingangstreppe hinunterschwankte, um mich einzulassen. Er hielt es in seinen eigenen vier Wänden nicht für nötig, die Pflaster zu tragen, und so sah man die himbeerfarbenen Flecken auf Gesicht und Armen, als er das Tor aufschloß.

»Abend, Matt.« Er atmete flach und seine Stimme klang kraftlos.

»Du must sagen, wenn das jetzt nicht die richtige Zeit ist, ich kann wiederkommen.«

»Keine Zeit ist mehr die richtige. Komm herein.«

Er ging vor mir den Treppenaufgang hoch, und ich mußte hinter ihm nach jeder überwundenen Treppenstufe warten. Vorsichtig tastete er sich mit seinem Zeh an jede neue Stufe heran, schob seinen Fuß über die knarrende Holzdiele, um dann behutsam das Gewicht vom hinteren auf den vorderen Fuß zu verlagern.

Dennis Quinn war nur zweiundvierzig Jahre alt.

Vor der Tür hielt er erneut und nahm sich die drei Briefe aus seinem schwarzen Briefkasten. Woraus ich folgerte, daß er seit dem Morgen des vorhergehenden Tages nicht mehr draußen gewesen war.

Ich schaute an ihm vorbei ins Innere des Hauses.

»Du sparst mit dem Strom?«

»Sieht wohl ganz schön düster aus, huh? Schalte mal besser ein paar Lampen ein.«

Ich folgte ihm erst durch das dunkle Foyer und dann durch das Wohnzimmer. Er und Wendall hatten ihre jährlich in der Mitte des Winters stattfindenden Curryparties hier unter einem holländischen Kronleuchter aus poliertem Messing aus dem achtzehnten Jahrhundert gegeben. Wir Gäste hatten auf Kissen vor einem hoch flackernden Kaminfeuer gelagert, von Platten mit indischem Essen gegessen, Weißwein getrunken und den Klängen des Sitarspielers in der Ecke gelauscht. Gutes Essen, gute Musik, gute Freunde.

Nun aber lag derselbe Raum im Dunkel, von einer einzigen Niedrigwattbirne erhellt und von Staub überzogen. Der Messingkronleuchter war schon lange für medizinische

Ausgaben verkauft worden. Der Kamin war kalt und enthielt nur noch dunkle Asche. Übrig geblieben war der große goldumrandete Spiegel darüber, der dem Raum einmal Licht und Tiefe gegeben hatte. Heute abend war er mit Chintz verhängt.

»Danke, daß du gekommen bist, Matt. Das letzte, was ich verkaufen mußte, waren unsere Picasso-Serigraphien. Ich vermisse sie, aber sie hielten mich drei Monate über Wasser. – Du wolltest den Sekretär sehen? Gleich hier im Eßzimmer.«

Der Queen Anne-Sekretär von 1730 hatte Museumsqualität und war aus Walnußholz gefertigt, mit geschwungenen Schubladen.

»Wendall hat ihn sich aus England schicken lassen«, sagte Dennis. Dann zog er sich einen Stuhl vom Eßtisch zurück und ließ sich hineinfallen. Der Gang von der Haustür hierher ins Eßzimmer hatte ihm die Energie einer ganzen Stunde geraubt.

»Er wurde aber von flämischen Tischlern gebaut«, erklärte ich ihm. »Die Schubladen sind dicker als bei britischen Konstruktionen.«

»Damals hat er zehntausend gekostet.«

»Jetzt ist er eine Menge mehr wert.«

»Wendall hatte ein Expertenauge. Meinst du nicht?«

»Absolut.« Ich zog die Schubladen auf und bewunderte die genau gearbeiteten Schwalbenschwanzverbindungen. »Ein Experte.«

»In den zwanzig Jahren unseres Zusammenlebens haben wir in der ganzen Welt nach den passenden Gegenständen für unser Haus gesucht.« Er hob einen Finger. »Wir mußten uns bei jedem einzelnen Stück einig sein. Das war unser Gesetz.«

Er griff über den Eßzimmertisch und berührte ein gerahmtes Foto, das ihn und Wendall vor dem Arc de Triomphe zeigte, während irgendeines unbeschwerten Sommers in Paris. Sie lachten beide und hielten die inzwischen veräußerten Picasso-Serigraphien hoch.

Jeder war auf seine Weise gutaussehend gewesen, Wendall, ein heller und hagerer Typ, Dennis dagegen dunkel und kräftig.

Es war nicht leicht, Dennis von damals in Dennis von heute zu erkennen.

»Ihr habt euch hier ein wunderschönes Heim eingerichtet.«

»Es war ein wirkliches Zuhause, Matt. Nicht nur wegen der Möbel und der Gemälde.« Er hielt das Foto in seinen zittrigen Händen und starrte darauf wie in einen Spiegel. Alle anderen Fotos waren verdeckt oder weggeräumt.

»Weil da unsere Liebe war. Das ist das Geheimnis. Als wir uns zum ersten Mal trafen, waren wir noch Collegejungs. Aber bei der ersten Berührung wußten wir beide, daß es für immer sein würde. Daß uns nichts trennen könnte.«

»Ich weiß, ich …« Ich klopfte auf die Seitenwand des Sekretärs. »Der wirkliche Wert würde bei zwanzigtausend liegen. Aber ich kann nur fünfzehn anbieten.«

»Die nehme ich.«

»Jemand anderes könnte vielleicht mehr bieten.«

»Ja?« Er war zu schwach, um aufzubrausen. »Wann denn? Nächstes Jahr?«

»Vielleicht willst du es im Familienbesitz behalten«, schlug ich mit größtmöglichem Taktgefühl vor.

»Keine Familie. Ich weiß deine Rücksichtnahme zu schätzen, aber ich habe niemanden, dem ich etwas hinterlassen könnte. Seitdem Wendall weg ist.«

»Sobald du ein besseres Angebot erhältst, stornieren wir diesen Kauf.« Ich zog mein Scheckheft hervor.

»Tausend Dank, Matt. Für alles.«

»Ich bin Geschäftsmann. Das Stück kann an Wert gewinnen, während du es für mich lagerst.«

Es gibt Leute wie Dennis, die Tausende von Dollars in Kunstgegenstände investiert haben, denen aber das Bargeld für Essen und Medizin fehlt. In solchen Fällen bin ich bereit, jetzt zu kaufen und erst später in Besitz zu nehmen. (»Wenn sie umziehen« heißt unser Euphemismus dafür.)

Auf diese Weise können sich Leute wie Dennis weiter an ihren schönen Sachen erfreuen.
Bis die Zeit kommt, da sie sie nicht mehr vermissen.
»Trotzdem gehst du ein ziemliches Risiko ein. Was, wenn das Haus abbrennt?«
»Ich bin versichert.« Ich gab ihm den Scheck und die Quittung. Zum Unterzeichnen lehnte er sich auf beide Ellbogen. »Der Sekretär gehört nun zu meinem Warenbestand.«
»Du kannst ihn dir in ein paar Wochen abholen.«
»Ich habe es nicht eilig. Glaub mir. Bleib ruhig sitzen, ich finde selbst hinaus.«
»Nein. Ich komme.« Er hievte sich aus seinem Stuhl, legte eine prankenartige Hand auf meine Schulter und benutzte mich den ganzen Weg bis zum Foyer als Krücke. »Dieser Junge, Raymond?«
»Ja?«
»Er war so jung, so hübsch...«
»Das war er.«
»Wer hätte geglaubt, daß er vor mir sterben würde?«
»Darauf weiß ich keine Antwort.«
Bei der Haustür lag die glorreiche Ausgabe von *Spin* auf dem Dielentisch, immer noch beim entscheidenden Artikel aufgeschlagen. Die Seiten fielen vom vielen Blättern auseinander, der Druck war überall verschmiert.
Dennis hielt an und legte seine Handfläche auf die Zeitschrift, als zöge er eine heilende Kraft heraus.
»Was hältst du von diesem AL 721?«
»Ich denke... Wo Leben ist, gibt es auch Hoffnung.«
Er überließ sich diesem Gedanken kaum länger als einige Sekunden, bevor er ihn mit einem müden Kopfschütteln verabschiedete.
»Nein, Matt. Ich bin mit dieser Sache beim Stadium der Resignation angelangt.« Er rollte das Magazin langsam zusammen und ließ es in seinen Messingabfalleimer fallen, wo es mit einem leise flüsternden Ton zu Boden rutschte.
»Ich glaube, ich bin jetzt bereit, Wendall zu treffen.«

28
MONTAGNACHT

Die Decatur Street mit ihren in der Nacht leeren Lager- und Warenhäusern lag verlassen da, und ein frischer Wind wehte vom Fluß herüber. Seit meiner Ankunft schienen Stunden vergangen zu sein, so dunkel war es inzwischen. Als Dennis' Licht hinter mir verschwand, bog ich rechts ein in Richtung Esplanade. Wie jeder Stadtbewohner ging ich zügig und sah mich immer wieder vorsichtig um, achtete aber nicht darauf, was vor mir lag.

Die beiden Männer hatten an der Ecke zur Louisa Street hinter einem Bretterzaun hockend auf mich gewartet. Als sie auf mich zusprangen, bewegte ich mich einen Schritt zurück, um nach einem Fluchtweg Ausschau zu halten. Doch dann schwenkte der kleinere von beiden eine Automatik präzis in meine Richtung.

»Kein' Schritt, Sinclair!«

Im ersten Moment hielt ich ihn für einen Weißen, wegen seiner hellen Haut, einer seltsam-trüben Schattierung von rosa. Dann sah ich sein gelbes, gekringeltes Haar und sein negroides Gesicht mit großen Flecken. Ein Albino. Sein Spießgeselle war eine Standardausgabe, tiefschwarz, mindestens einsneunzig groß, pockennarbig, und das Gesicht eines Bullterriers.

Beide Männer trugen Anzug mit Weste und lange behindernde Mäntel, weshalb ich ihnen vielleicht hätte davonlaufen können, nicht aber ihren Kugeln.

»Ich habe nicht viel Bargeld bei mir. Was wollt ihr?«

»Keine Cash. Wir sind nich' Räuber.« Die längere Gestalt trat hinter mich, klemmte meine Handgelenke mit der Rechten zusammen und nahm mit der Linken ein Büschel Stirnhaar, das er mit meinem Kopf nach hinten riß.

Sprecher war der Albino. »Hab' was Schönes und Hartes zum Schnuckeln für dich, Sinclair.« Dazu schob er mir den Lauf seiner Automatik beinahe sanft zwischen die Lippen bis hinter die Zähne. Langsam bewegte er ihn um meine Zunge herum. Ich schloß die Augen und versuchte, den Stahl und das Pistolenöl nicht zu schmecken.

»Du kommst doch auf'n Besuch. Irgendwelche Einwände?« Ich hielt meine Augen geschlossen, und er nahm's völlig korrekt als aufrichtiges Nein. »Aber mach dir man keine Sorgen, ankommen tust du erster Klasse.«

Eine der überlangen Cadillaclimousinen hatte in der Louisa Street geparkt und rollte jetzt mit ausgeschalteten Scheinwerfern heran. Der Fahrer war ein Schwarzer in grauer Livree, der weder nach rechts noch nach links schaute.

Der Albino öffnete die hintere Tür, und ich ließ mich nicht lange bitten, als sie mich ins Innere stießen, auf den Boden drückten und nach mir einstiegen.

Ich hatte beinahe genug Platz, mich der Länge nach auszustrecken, stellte ich fest, als der Wagen angelassen wurde und die Decatur Street hinunterrauschte. Ich ersparte mir, in den immer noch auf mich gerichteten Pistolenlauf zu sehen, und starrte statt dessen zum gepolsterten Wagendach.

Für einen Smalltalk war nicht der richtige Zeitpunkt.

Nach einer zehnminütigen Fahrt im schwachen nächtlichen Verkehr erreichten wir das Villier-Gebäude, mit dreißig Stockwerken eines der höchsten im zentralen Geschäftsviertel. Der Wagen schwenkte in den ebenerdigen Eingang der Parkgarage und kurvte dann drei Stockwerke hoch. Keine Wache war in Sicht, als ich in den Privataufzug gedrängt wurde. Erst, als ich den einzigen Knopf zur Penthousewohnung sah, wurde mir klar, wer den Vorfall in Szene gesetzt hatte.

»Das ist Nat Ortigues Büro.«

»Klappt noch gut mit deiner Birne.« Der Albino führte mich durch den sterilen Korridor und schloß eine Tür ohne Namensschild auf, die aber allein durch ihre Ausmaße darauf schließen ließ, daß sie zum wichtigsten Büro des Stocks gehörte.

Der weiße Teppich der Suite war dick genug, um unsere Fußschritte abzudämpfen. Die Sitzmöbel waren reichlich gepolstert, die Wände hatten Strukturtapete und die Decke Akustikplatten. Die Vermutung lag nahe, daß man in diesem Büro sehr laut schreien konnte, aber schon einen Schritt außerhalb nicht mehr gehört wurde.

Nat Ortigue selbst stand allein beim Fenster, uns seinen breiten Rücken zugewandt. »Laßt ihn hier und wartet draußen«, sagte er meinen Entführern.

Er drehte sich erst um, als sie uns mit lautem Türknallen verlassen hatten. Es war unschwer zu sehen, warum er auf seine Bodyguards verzichten konnte.

Ortigue war groß und so schwer wie ein Footballverteidiger, der im Ruhestand einige Pfunde zugelegt hatte. In den Fünfzigern hatte Ortigue als achtzehnjähriger Junge seine Karriere mit keinem anderen Vermögen begonnen als seinem ruchlosen Ehrgeiz und den eigenen Muskeln. Mit dreißig Jahren hatte er bei allen schwarzen Gewerkschaften der Golfküste eine solide Machtbasis aufgebaut. Jetzt konnte er Muskeln im Gros anheuern, und es würde nie mehr nötig sein, seinen maßgeschneiderten Mohair zu zerknittern.

»Guten Abend, Matt.« Seine Stimme war tief. Tubatief. »Ich danke Ihnen für's Kommen. Ich hoffe doch, Sie wurden nicht belästigt.«

Er streckte seine riesige rechte Hand vor, und ich bemerkte einen Onyxring mit einem dreikarätigen Solitär. An ihm wirkte er beinahe niedlich.

Ich ließ meine Hand flüchtig in seiner verschwinden. Wenn er das Ganze als einen Höflichkeitsbesuch meinerseits darstellen wollte, so würde ich kein Spielverderber sein.

»Mir war klar, daß es wichtig sein mußte.«

»Äußerst wichtig. Ich wollte Sie wegen meinem Mann Moses Jones sprechen. Guter Mann.«

»Der beste«, konnte ich ohne zu lügen zustimmen. »Ich kenne ihn seit der juristischen Fakultät.«

»So ist es. Setzen Sie sich doch.«
Ortigue wies gebieterisch zu einem ledernen Drehsessel und setzte sich dann an seinen Schreibtisch. Kein wirklicher Tisch zum Arbeiten, als vielmehr einer dieser Pingpong-Plexiglastische. Auf der Schreibunterlage lag ein einsamer Stoß Computerauszüge.
Ich setzte mich hin wie ein Kind im Zimmer vom Rektor, ähnlich winzig durch die Übergröße des Sessels.
»Ich bin ein vorsichtiger Hurensohn, Matt. Ich ließ Moses auf Herz und Nieren prüfen, bevor ich beinahe eine Viertelmillion meines eigenen Geldes in ihn investiert habe.« Er legte seine Salatschüsselhände auf den Stoß. »Ich kenne den Namen vom ersten Mädchen, das er geküßt hat, seinen engsten Armeefreund und die Marke der Zahnpasta, die er 1979 bevorzugt hat. Keine Überraschungen.«
»Verstehe.«
»Natürlich wußte ich von der Kleinen, die ihn als Vater ihres Kindes angab. Und ich wußte auch, daß es Verleumdung war.«
»Richtig.«
»Aber offensichtlich hätte das Rodger Lloyd nicht davon abgehalten, ihn damit anzuwichsen. Böser Bube.«
»Verstehe. Dann haben Ihre Leute einen guten Buben aus ihm gemacht?«
»Nein.«
»Oder aus seinem Angestellten Raymond Harris? Er verfügte ebenfalls über diese schädigenden Informationen.«
»Niemals. Und das ist auch der Grund, warum ich Sie hierher gebeten habe, Sinclair.«
Er sah mich durchdringend an, wie ein frisch zur Macht gelangter afrikanischer Diktator, der drauf und dran ist, einen politischen Rivalen zu massakrieren. Und zu verspeisen.
»Ich habe gehört, daß Sie in meiner Richtung nach einem Verdächtigen fahnden. Suchen Sie woanders.«
»Klar. Okay.« Ich begann, mich aus dem Suppentassenses-

sel herauszuretten. »Mehr brauche ich gar nicht zu wissen, ich komm' jetzt wohl ganz gut nach Hause...«

»Das reicht nicht. Sie müssen stärker überzeugt werden.«

»Muß ich nicht, nein.«

»Ich habe versucht, das für Sie zu klären, damit wir alle zu einem sauberen Wahlkampf zurückkehren können. Meine besten Leute habe ich darauf angesetzt, aber auf der Straße ist nichts herauszufinden. Absolut nichts.«

»Ich nehme mal an, jemand wie Sie kennt die Spitzel, die Drogendealer, Diebe.«

»Habe nie behauptet, ich sei Bill Cosby.« Er nahm den Stoß Papier und zerriß ihn. »Meine Schlußfolgerung lautet somit, die Opfer hatten möglicherweise einen persönlichen Feind. Jemand hätte ihnen von Chicago folgen können. Es muß ein unabhängig arbeitender Mann gewesen sein, denn das war *kein* Profikiller. Darauf gebe ich Ihnen mein Wort.«

»Ich glaube Ihnen sofort.«

»Prima. Dann haben wir uns ja geeinigt.« Er drückte auf den Knopf unter seinem Tisch, und seine beiden Gesellen trotteten herbei wie zwei kleine mechanische Figuren aus einer kunstvoll gearbeiteten deutschen Uhr.

»Gentlemen? Fahren Sie Mr. Sinclair nach Hause.«

Dankbar krabbelte ich aus meinem Sessel. »Kann ich diesmal sitzen?«

»Laßt ihn sitzen.«

29
DIENSTAGNACHMITTAG

Ich parkte am Kai, ohne den Motor auszuschalten, und ließ Robin hinter das Lenkrad rutschen. Er sagte: »Ich werde dich die ganze Nacht über vermissen.«

»Es ist nicht meine Schuld, daß du seekrank wirst.« Wegen

der Raddampferpassagiere um uns herum wagte er nicht, mich zu küssen, als ich nach meiner Kleidertasche auf dem Rücksitz griff. »Vergiß nicht, alles doppelt abzuschließen und die Alarmanlage einzuschalten.«

Sylvia und ihre beiden Söhne warteten im Inneren der Landungsbrücke auf mich. Sie bewegte sich nervös, als befürchtete sie, bis zur letzten Minute warten zu müssen. Als Verbeugung gegenüber dem formalen Anlaß hatte sie sich wenigstens das Haar gelöst, das nun in gekräuselten schwarzen und grauen Büscheln herunterhing.

Pip sah mich durch die Glastür kommen und winkte.

»Ahoi, Onkel! Hier sind wir!«

Ich ging zu ihnen rüber und nahm Sylvia ihren berstenden Kartonkoffer ab, als wir zur Rampe hinausgingen.

Sie folgte mir und fuchtelte mit ihrem freien Arm. »Mußt du nicht auf einen Schaffner oder sowas warten?«

»Ich habe unsere Schlüssel heute morgen erhalten.« Ich wog ihren Koffer in meiner Hand, mindestens dreißig Pfund. »Hast du vielleicht für eine Nacht nicht etwas zu viel eingepackt?«

»Ich wollte die Wahl haben.«

Ich war der erste, der an Deck ging und den luxuriösen Kreuzschiffduft von Holz und poliertem Messing einatmete. Pip kam direkt hinter mir und staunte über den Teppich im vorderen Salon der Kabinenklasse.

»Die Schiffe im Fernsehen sehen nicht so reich aus.«

»Das sind Yankeeboote. – Hier geht's lang. Wir sind auf dem Chartres-Deck.«

In Sylvias Kabine angelangt, untersuchte Ronald flüchtig die Dusche, während Pip die hölzernen Fensterläden aufdrückte und sich die bunten Bleiglasfenster näher ansah.

»Ich hatte kleine runde Bullaugen erwartet, Onkel. Das sind gewöhnliche Fenster.«

»Um so besser kann man dich sehen, mein Lieber.«

Sylvia ließ die Kofferschnallen aufspringen und breitete zwei altmodische Nylonkleidchen aus mit geblümten '67er Guccimustern. Eins war orange, das andere purpurrot.

»In welchem findest du, sehe ich schöner aus?«
Ich sagte nicht: »Im Duschvorhang«, sondern lächelte nur und schüttelte, von ihrem Stilempfinden verschreckt, meinen Kopf.
»Dann dieses da.« Sylvia schüttelte die purpurne Kostümierung auf. »Ich werde heute abend eine mysteriöse Lady in Violett sein.«
Sie beugte vor dem Ankleidespiegel ihren Kopf, um ihre Heimdauerwelle zu richten, dann nahm sie ihre Hände herunter, als seien sie zu nichts mehr zu gebrauchen. »Ich habe sie gestern abend aufgedreht. Ich wollte sie toupieren, aber sie sind wohl zu lang. Es kam sowas raus wie ein gekräuselter Pudelschnitt.«
»Eher was wie ein Basset«, murmelte Ronald vor sich hin.
Sylvia zog an einer ihrer Haarsträhnen.
»Matt? Kannst du mir helfen, es rechtzeitig bis zum Diner festzustecken?«
»Wir sind nicht *alle* geborene Frisöre, Sylvia.«
»Oh. Es tut mir leid. Ich habe das so selbstverständlich vorausgesetzt.«
»Ich werde den Jungen lieber ihre Kabine zeigen.«
Als Pip neben mir durch den mit grünem Teppich ausgelegten Gang ging, sagte er: »Wenn das hier das Schiff von *Love Boat* wäre, nähme ich Jill St. John mit in die Koje.«
»Ich habe sie draußen nicht gesehen. Du wirst dich mit deinem Bruder in die Koje hauen.«
»An der Landungsbrücke waren aber einige gutaussehende Frauen. Wieviel Zeit bleibt mir vor dem Essen, um die Nase in den Wind zu stecken?«
»Die Rettungsbootübung ist um halb sieben. Gegen sieben mußt du dann mit schwarzem Schlips an unserem Tisch sein.«
Ronald trug eine Sporttasche aus Segeltuch mit japanischen Schriftzeichen auf der Vorderseite. »Ich werde nicht zu spät kommen, Onkel.«
»Nein«, stimmte Pip zu. »*Er* nicht. Das einzige, was Ronald bisher bemerkenswert fand, war dieser unheimlich

aussehende Kerl, der ganz früh an Bord ging. Er sah aus wie ein weißer Schwarzer.«

»Ein Albino«, klärte ihn Ronald auf.

Als ich zu unserem Tisch im Eßsalon des Unterdecks kam, hatte ich Pip im Verdacht, sich schon vorher hierher begeben und die Platzkarten neu angeordnet zu haben. Wir waren in einem Verhältnis von drei zu eins in der Minderzahl gegenüber attraktiven Frauen, und Sylvia war umgeleitet worden zu einem anderen Tisch, näher beim Musikpodium.

Beinahe während des ganzen Essens hatte ich eine angeregte Unterhaltung mit einer üppigen Blondine über mein Alter (um die vierzig). Während ich die üblichen Antwortgeräusche von mir gab, unterhielt ich mich mit einer Zählung politischer Parteigänger, indem ich die Gäste nach ihrer augenscheinlichen Zugehörigkeit kategorisierte. Die Yuppies im Designerlook, weiße und schwarze, waren Armand vermutlich sicher. Die Polyesteranzüge mit Westernhemden hakte ich unter Farley Berbers Wählerschaft ab, und selbstverständlich würden die bescheidenen, überernährten Schwarzen unter uns Moses Jones unterstützen.

Ollie Dunn, der Führer der Republikaner, nahm das Mikrofon und pries die Kandidatur von Farley. Ein Mitglied der Schulbehörde schlug die Trommel für Moses und meine Wenigkeit sprach für Armand. Die politischen Ansprachen waren so entsetzlich lang wie langweilig. Besonders meine.

Dagegen war das Programm der New Orleans-Sänger und Musiker zu kurz gehalten. Als der Bandleader mit seiner Klarinette den letzten Ton spielte, klatschte Pip am lautesten. »Hey, das ist *richtiger* Dixieland-Jazz!«

»In Perfektion«, konnte ich zum Glück beipflichten.

Ronald klopfte mit einem Löffel an sein Glas. »Der Baß war etwas flach bei der letzten Nummer. – Schaut, da ist dieser Albino.«

Ich mußte mich seitwärts beugen, um Ortigues Männer, meine beiden Entführer, an einem hinteren Ecktisch auszu-

machen. Der Albino bemerkte mich im selben Augenblick, als ich ihn ausmachte und hob sein Glas zu einem ironischen Toast. Ich war kein Spielverderber.
Sobald die Roastbeefplatten geleert waren, erhoben sich die Ladies an unserem Tisch *en masse* und zogen zur Damentoilette.
Pip nahm sich eine Kaffeetasse und füllte sie auf. »Sieht aus, als hättest du mit Vicki einen Hit gelandet.«
»Vicki ist eine gelangweilte Hausfrau aus Rassistenland. Sie und ihre Freundinnen haben dieses spezielle Doppelzimmerarrangement, und sie sind auf der Suche nach einer kleinen Schiffsromanze, à la *Love Boat.*«
»Warum nicht? Sie ist sehr attraktiv.«
»Sie ist hinreißend. Aber warum soll eine solche Frau ihre Munition an mich verschwenden?«
»Kapiere.«
»Ich lasse jetzt das Dessert aus und dreh' eine Runde auf dem Deck.« Ich senkte meine Stimme. »Ich möchte sie nicht kränken. Kannst du der Dame in einfühlsamer Weise vermitteln, daß ich für sie nicht der Richtige bin?«
»Daß du ein falscher Fünfziger bist?«
»Ganz so mußt du es ja nicht drehen.«
Und mit einem flüchtigen Blick auf die Damentoilette stahl ich mich davon. Ich machte einen Umweg durch den vorderen Cocktailsalon, wo das übliche Kontingent an standhaften Kreuzfahrttrinkern hin und her schwankte. Sie zogen es vor, die ganze Fahrt auf Barstühlen zu verbringen und sich gegenseitig ihrer ewigen Freundschaft zu versichern. Einer dieser plumpvertraulichen Brüder, mit zerwühltem Haar und schiefem Schlips, versperrte mir den Weg.
»Hey, mein Freund. Beantworte mir und meinen Freunden doch bitte eine klitzekleine Frage. Nur so 'ne ganz ...«
»Wenn ich kann.« Damit sie sahen, daß ich nicht einer der ihren war, stellte ich mich so gerade hin, wie ich nur konnte.
Der Kerl kam daraufhin ins Schwanken und warf einen

Arm um meinen Hals, um nicht vollends aus dem Gleichgewicht zu kommen.

»Was hat Cher dazu gebracht, sowas zu machen?«

»Ich habe keine Ahnung.«

»Muß wohl ihr neuer Alter sein.«

Er zwinkerte verzögert. »Sonny hätte das nie zugelassen.«

»Vielleicht nicht.« Einen Drink schlug ich aus, half ihm aber auf seinen Hocker zurück und suchte frische Luft auf.

Auf dem Programm unter Deck stand immer noch Tanzmusik, und ich hoffte, das Deck wenigstens auf meinem Gang achtern für mich zu haben.

»Matty? Hier!«

Es war Sylvia, die sich in ihrem geblümten Kleid ängstlich an der polierten Teakreling wie bei einer Achterbahnfahrt festhielt. »Ich habe darauf gewartet, daß du rauskommst.« Sie sah ins Wasser und schnell wieder weg. »Ich habe solche Angst vor dem Fluß. Er ist so dunkel. Gibt es dort unten keine Schlangen?«

»Ein paar.«

Sie sah aus, als hätte sie schon mal welche gesehen. Ihre Pupillen waren geweitet, und sie roch nach Alkohol.

»Matty, ich war mit dir nicht ganz ehrlich über Rodger Lloyd.« Die Mississippibrise wehte ihr die Haarsträhnen ins Gesicht. »Ich bin sicher, es hat nichts mit seiner Ermordung zu tun. Aber du hast das Recht, es zu wissen.«

»Was?«

Sie gab ein heftiges, hustenähnliches Lachen von sich und drückte ihre Hände.

»Zuerst muß ich es allerdings jemand anderem sagen. Du verstehst schon. Ich denke, er sollte es als erster erfahren. – Aber in einer Stunde komme ich zu deiner Kabine.« Sie entfernte sich schwankend über das sanft schaukelnde Deck und griff alle paar Meter nach der Reling. Der Wind wehte ihr Kleid hoch genug, um die Sicherheitsnadel zum

Vorschein zu bringen, die die Spitzen an ihrem Slip festhielt.

»Wenn du dazu in einer Stunde noch in der Lage bist«, dachte ich. Als ich mich wieder zur Hafenseite wandte, sah ich einen Mann in langem Mantel, der mich neugierig beobachtete. Sobald der Albino sah, daß ich ihn wahrgenommen hatte, winkte er und schob ab.

Mir blieb nicht mehr als eine Minute des einsamen Nachsinnens über dem schwarzen Wasser, als Pip zu mir herübergeschlendert kam, lächelnd und atemlos.

»Ich hab' Vicki die schlechte Nachricht erzählt. Daß du schwul bist.«

»Vielen Dank. Sie war hoffentlich nicht allzu enttäuscht.«

»Nicht im geringsten. Denn dann habe ich ihr die *gute* Nachricht gesagt.«

»Die wäre?«

»Daß ich es *nicht* bin.« Er hob eine wohlgebogene Augenbraue und legte das Lächeln des Unbesiegbaren auf. »Schließlich kann ich alles, was du kannst, Onkel. Nur öfter.«

Ich würde sagen, er erinnerte mich an mich selbst in diesem Alter, doch ich war nie so hübsch, so selbstsicher.

»Mach mal 'nen Punkt, Superboy, ich bin sicher, diese Frau interessiert sich nicht für fünfzehnjährige Jungs.«

Er lehnte sich unbewußt in einer Pose gegen die Reling, wie es auch ein Jugendlicher in einem Noel Coward-Stück tun würde. »Ich habe ihr erzählt, ich sei achtzehn.«

»Ohne Bart?«

»Hab' gesagt, wir hätten ein bißchen Cherokeeblut.«

»Versuch die Nummer nicht bei einer früheren Anthropologiestudentin. Die Cherokees sind nie so weit ins Delta heruntergekommen. Wenn wir indianisches Blut haben, ist es von den Choctaw.«

»Werd' ich nächstes Mal dran denken.«

»Du bist viel zu jung, um in meine Fußstapfen zu treten.«

»Wir teilen auf. Du kriegst alle Männer auf dem Schiff. Ich nehme die Frauen. So kommen wir uns nicht in die Quere. Ist doch fair?«

»Mir fehlt die Energie für ein Bündnis. Komm lieber an meiner Kabine vorbei und hol dir ein paar Regenmäntel ab.«

»Sie hat ihre eigenen, geriffelt und mit französischen Kitzlern.«

Er bäumte sich wie ein Fohlen in seinem zweiten Frühling.

Ich fragte mich, ob ich jemals so jung gewesen war.

Ich hatte mich in meine Kabine zurückgezogen und war dabei, meine Kleider abzuwerfen, als ich ein leises Klopfen an der Tür hörte. Ich bedeckte meine Scham mit hochgehaltenem Hemd und ging aufschließen, in der Annahme, Sylvia habe ihren Weg zurückgefunden, aber es war Ronald im Morgenrock und Pyjama, mit einer Zahnbürste in der Hand.

»Ich muß bei dir übernachten.«

Ich war zu müde, um nach dem Grund zu fragen, zuckte nur mit den Schultern und zeigte auf das andere Messingbett. Er ging zum Waschbecken, benutzte seine Zahnbürste und fiel ohne ein weiteres Wort ins Bett. Ich machte es ihm nach und nahm meine nächtliche Dosis Dilantin und Luminal. Letzteres soll mir über das Schlafstadium hinweghelfen, in dem es zu Anfällen kommen kann. Außerdem haut es mich sofort um.

30
MITTWOCHMORGEN

Am Morgen weckte mich die Sonne durch das Fenster mit ihren warmen und grellen Strahlen. Das Schiff schaukelte nur leicht und hallte von ersten Frühstücksgeräuschen wider. Ich öffnete ein Auge und sah Ronald immer noch im anderen Bett liegen. Auf einen Ellbogen gestützt betrachtete er mich durch seine dicken Brillengläser wie eine Eule, als habe er konzentriert auf mein Aufwachen gewartet.

»Ich würde mich gern anziehen«, sagte er ruhig. »Aber ich habe Angst, bei Pip reinzuplatzen.«

Ich schwang mich aus dem Bett. »Angst? Was für ein Quatsch.« Ich zog meinen Samtmorgenrock an, taumelte den Korridor hinunter und klopfte kräftig an Pips Tür. Vicki aus Rassistenland öffnete die Tür, gekleidet nur in einen diagonal geschnittenen Satinslip, was ihr stand. Sie schaute erschrocken, als sie mich sah, und kicherte dann.

»Wir dachten, Sie wären der Zimmerservice.«

Pip räkelte sich immer noch in dem arg mitgenommenen Bett, sein blondes Haar fiel über seine Augenbraue.

»Ich habe nur ein bißchen kreolische Gastfreundschaft praktiziert, Onkel.«

Vicki wühlte überall nach ihrem Kleid herum, bis sie es schließlich in einem Haufen neben der Badezimmertür fand.

»Ihr Neffe hier ist so jung. Aber ich mußte ihm überhaupt nichts beibringen. Außer, daß Cherokees in diesem Teil des Deltas nicht ansässig waren.«

Pip zuckte die Achseln. »Ein Versprecher. Ich meinte Choctaw.«

Vicki rutschte in ihr tiefausgeschnittenes Abendkleid aus Seidenjacquard.

»Wie ich es hasse, in dieser Aufmachung zu meiner Kabine

im oberen Deck zurückzugehen. Was werden die Leute denken?«

Die Frühstücksplätze im Eßzimmer waren nur spärlich besetzt, da die meisten Feiernden immer noch vorgaben, es sei nicht morgen, und in der vorderen Cocktailbar weiterpichelten.

Meine abstinenten Neffen und ich waren schon bei unseren Omeletts, als der Republikaner Ollie Dunn allein die Treppe herunterkam. Er hatte sich eine Zeitung als Gesellschaft mitgebracht.

Ich rief ihm zu, sich zu uns zu setzen. »Willkommen zum Mittwoch, Ollie. Wieso trinken Sie nicht oben mit den Geldleuten?«

Er legte seine *Times Picayune* neben die Serviette.

»Ich kann nicht trinken. Ich bin Alkoholiker.«

»Tatsächlich? Ich habe mich immer gefragt, warum Trinker nie zugeben, daß sie Alkoholiker sind. Nur bekehrte Trinker tun das.«

»Es zugeben heißt, Verantwortung übernehmen. – Diese Eier im Glas sehen gut aus. Wo ist der Rest von eurer Gesellschaft? Die Lady?«

»Ich weiß nicht. Ich habe Sylvia eigentlich zum Frühstück erwartet.«

Ronald blickte von seinem Omelett nicht auf. »Mom frühstückt nicht immer. Vielleicht ißt sie nur ein bißchen Toast in ihrer Kabine.«

Pip sprang auf die Beine. »Ich werde sie fragen, ob sie etwas will. Bin gleich wieder da.«

Ollie schlug seine Zeitung auf. »Entschuldigen Sie meine Unhöflichkeit. Ich muß nur rasch was nachschlagen.«

»Wie wir in den Umfragen stehen?«

»Nein, ob die *Saints* diese Woche bestreikt werden. Seit fünfzehn Jahren kann ich zum ersten Mal ohne Papiertüte zu Heimspielen gehen.«

»Der Streik der *National Football League* hat uns die beste Saison verschafft, die wir je hatten«, sagte Ronald. »Diese Ersatzspieler wollen gewinnen.«

»Es wird mir leid tun, wenn sie gehen. Besonders John Fourcade.«
»Oh, Fourcade behalten sie.«
»Meine Meinung ist, alle behalten. Wir könnten die Playoff Spiele gewinnen.«
»Das wäre ein lang überfälliges Wunder. Bis jetzt hatten wir immer die kürzeste Saison der ganzen Liga.«
Ronald nickte grimmig. »Wir haben am Ende nicht einmal die Technik, Play-off-Eintrittskarten zu drucken.«
Vicki erschien in der Tür, blickte sich unsicher um, bis sie unseren Tisch sah, um dann im Abstand von zwei Sekunden erst zu lächeln und dann mürrisch dreinzublicken. Sie überspielte ihre Enttäuschung und gesellte sich dennoch zu uns.
»Hallo, Matt. Wo ist...?«
»Er wird in einer Minute zurück sein.«
»Oh.« Sie setzte sich auf den Stuhl neben Pips kalt werdendem Omelett.
Vicki wirkte nun sittsam und matronenhaft in ihrer Baumwollbluse. Doch leuchteten ihre Wangen immer noch verräterisch.
»Ich wollte nur bye-bye sagen, bevor wir von Bord gehen.«
»Er ist zum Kabinendeck gegangen, um seine Mutter zu finden.«
»Sylvia? Sie ist etwas ... komisch.«
»Sie haben sie also getroffen.«
»Nicht so richtig. Sie kam zur Kabine runter.«
»Philips?«
»Ja, und als sie an der Tür geklopft hat, nun ... ich war indisponiert. Ich mußte also im Badezimmer untertauchen, aber nur für eine Minute. Ich konnte sie durch die Tür hören...«
»Klang's komisch?«
»So heulig, wissen Sie? Dann ging sie, und Philip erzählte mir, daß sie nur Ronald gesucht hatte.«
»Oh, Ronald. Hat sie dich gefunden?«

»Nö.« Er las den Comicteil.

Ich schielte kurz auf Garfield und wandte mich dann wieder Vicki zu.

»Sind Sie Sylvia später noch mal begegnet?«

»Nein, wir haben den Raum nicht verlassen. Nicht, bis Sie uns heute morgen unterbrochen haben.«

»Sorry.«

Ollies Augenbrauen hoben sich. Vielleicht hatte er einen Leitartikel über die städtische Umsatzsteuer gelesen.

Wie alle sexuell entflammbaren Frauen war Vicki stets darauf aus, mehr zu erzählen als gut ist. Sie beugte sich über Pips Stuhl und flüsterte: »Dieser hübsche Neffe von Ihnen ist ganz erstaunlich. Welche Ausdauer!«

»Ah ...« Ich beobachtete Ollies Augenbrauen. »Da bin ich sicher.«

»Wir haben's dreimal gemacht.«

»Sehr ermüdend, könnte ich mir vorstellen.«

»Im Ernst. Wir waren beide total fertig und haben wie Klötze geschlafen.«

Ollie lächelte und reichte mir den Modernes-Leben-Teil. »Wie wär's, Matt. Möchten Sie ›Liebe Miss Einsame Herzen‹ lesen?«

Die liebe gute Miss. »Ja, würd' ich schrecklich gern.«

Als Pip zurückkam, war sein Omelett kalt. Er nahm seinen Platz neben Vicki wieder ein und legte beiläufig eine besitzergreifende Hand auf ihr Knie, als sei er ein schon etwas abgehalfterter Lebemann und sie seine langjährige Mätresse.

»Mutter war nicht in ihrer Kabine«, sagte er. »Aber sie hat ihre Handtasche auf dem Bett liegen lassen. Also habe ich auf dem Oberdeck gesucht, dem Kabinendeck, im vorderen Cocktailsalon ... Ich habe sogar eine Stewardeß gebeten, in der Damentoilette nachzusehen. Wo kann sie hingegangen sein?«

Ronald behielt seinen Kopf im Sportteil.

»Wo kann man auf einem Schiff denn sonst noch hingehen?«

»Wohin?« Plötzlich sah ich sie wieder an der Messing- und Teakreling entlangwanken und wie der Wind ihr Kleid hochwehte. »Wir sollten uns besser verteilen und jedes Deck absuchen. Ich werde den Kapitän bitten, einen Suchruf über alle Lautsprecher zu machen.«

Fünfundvierzig Minuten später traf ich den Kapitän des Schiffes auf halbem Weg zum Steuerhaus. »Es tut mir leid, Mr. Sinclair«, sagte er. »Wir haben jede Ecke auf diesem Schiff, die groß genug für einen Menschen ist, durchsucht. Ihre Cousine ist nirgends zu finden.«
»Über Bord kann sie nicht gefallen sein. Wenn man diese hohe Reling bedenkt.«
»Das ist auch meine Meinung. Ist es möglich, daß sie ... gesprungen ist?«
»Nein.«
»Dann ...« Er hob seine Handflächen. »Und wenn sie gestoßen wurde?«
Ronald war so leise näher gekommen, daß ich ihn nicht gehört hatte. Aber jetzt stand er auf einmal da und hielt Sylvias Handtasche in der einen Hand und einen geöffneten Brief in der anderen. Der Umschlag hatte keine Briefmarke und war mit einem einfachen »Rodger« adressiert.

31
DONNERSTAGMORGEN

Einen Tag später wurde Sylvias Körper auf einer Sandbank in der Nähe von Myrtle Grove angespült. Ich brachte meinen Neffen ein paar Lebensmittel.
Das Haus in Banks war ruhig, als ich Pip an der Tür begegnete. Sinclairs weinen nicht, klare Sache. Aber er wirkte bleich und ausgezehrt, als er mich fest umarmte.
»Ich vermisse sie so sehr. Was sollen wir ohne sie tun?«

Ich klopfte ihm auf die Schulter. Was soll man einem Jungen sagen, der gerade die wichtigste Person in seinem Leben verloren hat?

»Es tut mir so leid«, war alles, was ich herausbrachte. »Ich habe euch was zu essen mitgebracht. Ich habe vermutet, daß ihr noch keine Zeit zum Kochen gefunden habt.«

Wir gingen hinein und setzten uns an den Küchentisch, wo Sylvia so viele Stunden des Tages verbracht hatte, Jahre ihres Lebens. Sie hatte aufgebrühten Maxwell-Instant-Kaffee getrunken, Klatschblätter gelesen und Pflanzen aus dem Blumenkasten vor ihrem Fenster geraucht.

Pip sagte: »Ich könnte jetzt nichts essen, Onkel.«

»Du mußt dich wenigstens zu einer Kleinigkeit zwingen. Jetzt, wo dein Vater, hhmm... weg ist, müßt ihr morgen abend selbst die Totenwache halten.«

Ich konnte im Nebenzimmer Ronald erkennen, wie immer über seinen Computer gebeugt. *Business as usual.*

Als ich eintrat, um ihm mein Mitgefühl auszudrücken, sah er nicht mal auf.

»Ich versuche rauszufinden, was Rodger Lloyd an der Tulane-Universität unterrichtet hat.«

»Er ist davon besessen«, erklärte Pip die Lage. »In Mutters Brief stand, daß einer von uns Lloyds Sohn ist, und Ronald wird nicht eher ruhen, bis er rausgekriegt hat, wer von uns.«

»Es ist doch jetzt nicht mehr wichtig«, sagte ich leichthin.

»Wenn mein Vater nicht mein richtiger Vater ist, dann ist es wichtig.« Ronald rieb sich die Augen. Seine Brillengläser waren dermaßen verschmiert, daß ich mich fragte, ob er überhaupt noch durchsehen konnte. »Ich habe jetzt endlich Zugang zur Datenbank von Tulane bekommen. Dort sind Personalakten bis zurück ins Jahr 1965 gespeichert, aber leider nur für einige Fachbereiche.«

Ich sagte: »Als Anwalt mit gerichtlicher Zulassung muß ich dich darüber in Kenntnis setzen, daß *Hacking* in fremden Datenbanken gegen das Gesetz ist.«

»Ja, das weiß ich. Ich drucke es aus, bevor sie uns kriegen.« Er gab diesen Überlegungen nur ein paar Sekunden. »Ich mußte bloß ein Namensuchprogramm laufen lassen. Rodger Lloyd.« Er tippte auf ein paar Tasten. »Siehst du? Es gab glücklicherweise nur einen Mann dieses Namens in Tulane. Gott sei Dank hieß er nicht Jim Johnson oder Hank Brown.« Die Daten glitten endlos über den Schirm und Ronald mußte die Space-Taste tippen, um sie anzuhalten. »Siehst du? Hier haben wir's. Professor Lloyd ist im Jahrbuch der Abschlußklasse 1970 erwähnt, aber es scheint, als habe er Honorar für einen Lehrauftrag im Frühling 1972 erhalten.«

Pips Augen weiteten sich: »So?«

»Also zähl's an beiden Fingern ab. Jedes Baby, das während der ersten Periode empfangen worden ist, müßte jetzt siebzehn sein, so alt wie ich heute. Und wenn es in der zweiten Periode gezeugt worden wäre, dann ist es heute fünfzehn, dein Alter. Ich kopiere die Sachen auf meine Festplatte.« Dann tippte er auf ein paar weitere Tasten, und eine Minute später ratterten die Daten durch den Matrixdrucker, der am anderen Ende des Zimmers stand.

»Das klingt nicht schlüssig«, sagte ich.

»Ja. Also habe ich als nächstes die Militärakten meines Vaters gecheckt. Er hätte mich zeugen können, kurz bevor er nach Vietnam gegangen ist, wenn man davon ausgeht, daß ich keine Frühgeburt war. Dann ist er für einen dreißigtägigen Heimaturlaub zwischen seinen Dienstzeiten nach Hause gekommen, in dieser Zeit hätte er dich zeugen können.«

»Noch immer nichts Handfestes.«

Das Rattern des Druckers hörte plötzlich auf und verwandelte sich in ein schrilles Pfeifen.

Pip hielt sich die Ohren zu. »Er ist kaputtgegangen.«

»Nein, wenn er auf dem hohen F pfeift, zeigt er an, daß er ein neues Farbband braucht.« Ronald wieselte zum Drukker rüber und entfernte das Farbband. Das Geräusch erstarb. »Ich habe noch viele davon.«

Ich ließ mich hart auf das Bett fallen. »Pip, würdest du mir bitte meine Aktentasche aus dem Kofferraum holen.« Ich gab ihm die Autoschlüssel, er sah zwar verblüfft aus, aber er setzte sich ohne Diskussion in Bewegung.
Ronald drehte seinen Stuhl in meine Richtung: »Hast du einen weiteren Input?«
»Einen Artikel im *Bird Watcher's Digest*, geschrieben von Rodger Lloyd. Ich glaube, du wirst ihn sehr informativ finden.«

32
DONNERSTAGABEND

Zu Hause hatte ich kaum meinen Mantel ausgezogen, da rief mich Frank Washington an.
»Stell' dir vor, Matt. Dein Cousin George möchte dich sofort sprechen, unten in der Zelle.«
»Ach ja? Ich dachte, er will nichts mit mir zu tun haben. Irgendwas von wegen andersrum...«
»›Strapsentunte‹ nannte er es.«
»Danke dir.«
»Aber seine Trauer hat ihn wohl sanfter gestimmt. Willst du mit ihm reden?«
»Sollte ich wohl.«
Der Unterschied zwischen ›etwas tun sollen‹ und ›etwas tun wollen‹ ist ungefähr der zwischen Wunsch und Notwendigkeit. Ich will pikante Truthahnsauce zum Essen (sehr gerne möchte ich das). Ich soll meine Steuern zahlen (ich will es nicht, aber es ist unvermeidlich).
Da ich Rechtsanwalt bin, mußten wir uns nicht hinter einer Trennwand im Besucherraum sehen, sondern wurden in eine Kabine gewiesen, die Platz für einen Tisch und zwei Holzstühle hatte. George trug einen grünen Gefäng-

nisoverall mit den weißen Buchstaben »OPP« quer über den Rücken, war aber für einen frischen Witwer in bester Verfassung. So ausgeglichen hatte ich ihn schon seit Jahren nicht mehr gesehen, er lächelte und drückte mir fest die Hand, als wir uns setzten.

»Hallo Cousin. Vielen Dank, daß du gekommen bist.«

»Kein Problem. Beabsichtigst du, dir von mir helfen zu lassen?«

»Deshalb habe ich dich nicht hergebeten. Ich brauche keinen Gefallen.«

»So würde ich es nicht sehen. Dein Kautionsantrag wurde zurückgezogen, aber ich könnte das regeln...«

»Das ist nicht mehr nötig, ich habe überprüfbare Alibis für die Tage, an denen Lloyd und Harris getötet wurden.«

»Jemand sah dich fischen?«

»Fischen.« Er schnaubte verächtlich, als ob er es mit einem Idioten zu tun hätte.

»Ich habe noch nie 'ne Schnur ins Wasser gehalten. Das war nur meine Samstaggeschichte für Sylvia.«

»Na gut. Und in Wirklichkeit?«

»Kannst du dir das nicht denken? Ich war in beiden Fällen bei einer Frau, die das auch bezeugen wird.«

»Name?«

»Jetzt kann ich ihn dir ja sagen. Sie heißt Emily Gilcrest, und sie bedient im Bailey. Wir treffen uns seit zwei Jahren.«

»Das sieht nicht gut aus, George. Wenn die Frau dich liebt, wird sie freudig versichern, daß ihr Tag und Nacht zusammen im Bett ward. Wer würde das glauben?«

Er lächelte wie ein Mann mit dem Kreuz-As auf der Hand.

»Wir waren aber nicht im Bett. Wir waren mit ihrer sechs Jahre alten Tochter Anni bei der *Muppets Ice Show*, verstehst du? Es war für uns alle ein unvergeßliches Erlebnis. Die Kleine hat die Programme und die abgerissenen Karten aufgehoben.«

Ich versuchte, nicht wie eine Betschwester zu klingen. »Wie passend.«

»Wir verbrachten jede freie Minute zusammen. Emily und ich sind schon seit langer Zeit sehr verliebt.«

»Gratuliere. Warum hat sich ›Sehr Verliebt‹ dann nicht gemeldet und dich entlastet, als du dich wegen Mordes hast einlochen lassen?«

»Damit alle Welt von unserer Affaire weiß? Sylvia sollte es nicht wissen.«

»Du hattest Angst, daß sie dich verläßt?«

»Das war's nicht. Zwischen uns lief schon seit Jahren nichts mehr. Sie hätte etwas Gefährliches tun können.«

»Etwas Gefährliches?«

»Du hast Sylvia nicht gekannt, Matt. Die Frau litt unter ungeheuren Depressionen. Sie hatte schon mehrere Selbstmordversuche hinter sich. Das mit Emily hätte sie über Bord gehen lassen.«

»Das ist doch sowieso passiert.«

»Aber es war nicht unsere Schuld. Wir waren sehr diskret. Um die Gefühle meiner Frau nicht zu verletzen, war ich sogar bereit, im Gefängnis zu bleiben. Bedeutet das denn nichts?«

»Nur, daß du unglaublich dumm bist.«

»Ich dachte, ich müßte nur solange auf meiner Aussage beharren, bis die Polizei den wahren Mörder gefunden hat.«

»Sei nicht naiv. Seit sie dich haben, sind sie nicht mehr hinter dem richtigen Mörder her.«

»Aber ich war nicht wirklich gefährdet, Matt. Ich habe Lloyd schließlich nicht getötet, wie soll dann jemand beweisen können, daß ich es wahr?«

»Ein guter, politisch ambitionierter Staatsanwalt, der gegen einen unterbezahlten, überarbeiteten Pflichtverteidiger antritt, vor kriminalitätsgeplagten städtischen Geschworenen, könnte den Weihnachtsmann des Mordes am Osterhasen überführen.«

»Natürlich hätte Emily ausgesagt, wenn es schlecht ausgesehen hätte für mich.«

»Jeder Tag mehr, den sie wartet, macht es schwieriger, zu beweisen, daß die Geschichte nicht erfunden ist.«

»Das weiß ich. Aber um Sylvia müssen wir uns jetzt nicht mehr sorgen. Morgen kommen Elly und ihr kleines Mädchen und machen ihre Aussagen.«

»Vielleicht reicht das nicht, dich herauszubekommen, aber es wird zur Kenntnis genommen. Ich spreche mit dem Bezirksstaatsanwalt.«

»Und ich bin am Wochenende endlich zurück bei den Jungen. Dieser ganze Alptraum hat dann ein Ende.«

»Noch lange nicht. Wir wissen immer noch nicht, wer Rodger Lloyd mit deinem Fischermesser ermordet hat.«

»Hey, jeder kann hinten an den *Pick-up* dran. Das werden ein paar schwarze Halunken gewesen sein.«

»Irgendein schwarzer Halunke wäre nicht auf einen Drink in Lloyds Hotelzimmer eingeladen worden.«

»Matt...« George schien mit der Wahrheit zu ringen. »Deshalb dachte ich, es könnte Sylvia gewesen sein. Sie war verrückt. Ich meine, dafür konnte sie nichts, aber denkst du, sie könnte ihren Verstand verloren und diesen Kerl erstochen haben?«

»Und dann sich?«

»Wer sonst?«

33
WAHLTAG

»Schau! Es regnet!«

Steve verzog sein Gesicht. »War nicht nötig, hier mit dem Wetterbericht reinzukommen, Matt. Das ist schon den ganzen Tag so. Mann, ich habe dieses Sauwetter noch abbekommen.«

Ich schloß meinen tropfenden Regenschirm und steckte ihn in den Kupferständer an der Tür. »Aber weißt du nicht, was das bedeutet? Gott ist ein Gemäßigter!«

»Ah, darauf spielst du an.« Steve setzte sich auf die Arm-

lehne eines Schreibtischstuhls. »Die armen Leute bleiben in Scharen zu Hause.«
»Sie haben keine Autos. Sie haben noch nicht einmal Regenmäntel.«
»Das amüsiert dich wohl sehr.«
»Bestimmt riskieren sie es bei dem Regen nicht, mit ihren kostbaren Kleinen zu den Wahllokalen zu stapfen.«
»Und für Moses Jones zu stimmen.«
»Wählerapathie. Ich *liebe* sowas. Karen und ich haben den ganzen Nachmittag über gefeiert.«
»Freut euch nicht zu früh. Die Wahllokale schließen erst in drei Stunden.«
»Bis dahin sehe ich mir mit Pip die sensationellen Ergebnisse im Fernsehen an, bei ihm zu Hause.«
»Warum da? Sein Vater wird morgen entlassen.« Steve schaute ernst. »Und Armands Leute treffen sich alle im *Roosevelt* für die Wahlergebnisse.«
»Ich habe andere Punkte auf der Tagesordnung.«

In der Banks Street stellte Pip eine Schüssel mit warmem Popcorn vor mich auf den Küchentisch und schaltete den Tischfernseher ein. »Ronald wird es leid tun, das hier verpaßt zu haben. Er fand irgendeinen Judokampf in Baton Rouge wichtiger als die Wahlen.«
Auf dem Bildschirm gab Warren mit düsterer Miene die ersten Hochrechnungen bekannt.
»Armand Voitier führt klar mit 42% der Wählerstimmen.« Armands Name blinkte auf und wechselte auf der Anzeigentafel die Farbe. »Und unseren Rechnungen zufolge wird er diese Führung halten.«
»Juppie«! Pip schwenkte eine Faust mit Popcorn.
»Und Moses Jones hat sich vor Farley Berber auf den zweiten Platz geschoben«, verkündete Warren.
»Ich wußte es«, sagte ich. »Nach dem Wetterbericht war das vorherbestimmt.«
»Es wäre schön, wenn wir mehr solcher gemeinsamer Abende hätten. Aber mein Vater kommt morgen heim.«

Pip seufzte tief. »Dann ist alles wieder wie vorher.«
»Nichts wird so sein wie vorher, bevor nicht Lloyds Mörder gefunden ist.«
»Du sagst, sie hätten keine Beweise, Vater weiter festzuhalten.«
»Nein, sie haben die Zeugen des Verdächtigen vernommen und ihnen geglaubt. Aber es ist nun an der Zeit, sich um den Zeugen des Opfers zu kümmern.«
Mein Neffe lachte hohl. »Es gab keinen.«
»Es gab den stillen Zeugen. Lloyds Buch mit den Vogelabbildungen.«
Pip wühlte im Popcorn. »Dieses Grasmückenbild?«
»Nicht die Grasmücke. Das Opfer hat auf den Kuckuck gezeigt.«
Er lächelte schelmisch. »Kannte Lloyd jemand, der Kuckuck hieß?«
»Der Schlüssel ist nicht der Name, sondern ein einzigartiges Verhaltensmuster der Gattung. Es wird als Brutschmarotzertum bezeichnet.«
Er hob nur leicht seinen Kopf. »Was ist das?«
»Das Kuckuckweibchen brütet ihr Ei nicht selber aus. Sie schmuggelt es statt dessen in das Nest eines anderen Vogels, sagen wir eines Zaunkönigs. Dann brüten die Zaunkönige einen kleinen Kuckuck aus.«
»Eine Art Pflegekind.« Er schob mir das Popcorn rüber, und ich schüttelte meinen Kopf.
»Es gibt noch eine unangenehmere Nebenbedeutung. Siehst du, Kuckucks sind ein ganz schönes Stück größer als Zaunkönige. Wenn also der Kuckuck ausschlüpft, wirft er die anderen Zaunkönigbabies aus dem Nest, um alle Würmer für sich selbst zu haben.«
»Und was passiert mit den Zaunkönigbabies?«
»Sie sterben. Wenn sie es nicht täten, hätte der Kuckuck zuwenig Futter und *er* würde sterben.«
Pip hob sein Kinn. »Das hört sich grausam an. Aber so ist es in der Natur, nicht wahr? Die Stärkeren überleben.«

»Ich habe schließlich verstanden, was Lloyd mit seiner Sterbebotschaft sagen wollte. Er meinte ›den Kuckuck im Nest‹. Den falschen Erben.«

»Was ist das?«

»Er meinte dich, Pip.«

Mein Neffe schloß seine Faust fest um das Popcorn, und es knirschte.

»Hey, das ist doch nicht dein Ernst!«

»Lloyd hat Raymond Harris erzählt, er habe seinen Sohn gesehen. Wahrscheinlich hat er dich am nächsten Tag aufgesucht, um sich vorzustellen. Er könnte sogar geglaubt haben, du würdest dich freuen, ihn zu sehen.«

Pip biß grimmig auf seine Lippen. »Das hat er.« Er öffnete seine Hand und ließ das Popcorn herausfallen. »Dieser Narr hat geglaubt, er könnte hier reinkommen und mir meinen Namen und alles wegnehmen. Er hat sogar zugegeben, er sei völlig pleite und hätte nichts zu bieten. *Nichts*. Als sein Sohn hätte ich nichts.«

»Doch du hast das nicht gesagt. Du gabst vor, ihn als Vater zu akzeptieren, damit du in sein Hotel kommen und ihn töten konntest.«

Er schüttelte seinen Kopf. »Nein, das war nicht ich. Du vergißt meine Reitstunden jeden Samstag.«

»Deine Geschichte ist zerbröckelt, als mir klar wurde, daß der starke Regen an diesem Morgen eine Schlammlandschaft aus den Anlagen gemacht hatte. Die Reitstunden mußten abgesagt werden, hat mir Karen bestätigt.«

»Du warst so dumm, das nicht früher aufzuklären.«

»Blind und dumm. Du hast das Fischermesser deines Vaters geklaut.«

Pip stand auf und schaute auf mich runter. »Über Emily Gilcrest wußte ich seit Monaten Bescheid, und auch, wo Dad jeden Samstag seinen *Pick-up* parkte. Und, daß er die Fischerausrüstung nicht selbst benutzen würde.«

»So hattest du eine verdeckte Mordwaffe. Sag, hättest du George für den von dir begangenen Mord ins Staatsgefängnis gehen lassen?«

»In einer New-York-Sekunde. Dad war ein Verlierer und eine Belastung. Das einzige, was er getan hat, war, sich zwischen dich und mich zu schieben.«

»Ist das ein Kompliment?«

»Du warst der entscheidende Sinclair, Onkel, und alles, was ich sein wollte.« Dann verdunkelte sich auf einmal seine Miene. »Natürlich wollte ich nie schwul sein, aber alles andere. Reich, mächtig, angesehen... Du hast so gelebt, wie ich es wollte. Das war mein Geburtsrecht.«

»So etwas wie ein Geburtsrecht gibt es nicht.«

Pip schaute für einen Moment irritiert. »Nur aus Neugier, woher wußtest du, daß ich es war? Ronald hätte der falsche Erbe sein können.«

»Das Alibi deines Bruders ist unanfechtbar. Seine Netzrechnung zeigt, daß er zur Zeit des Mordes an Rodger Lloyd in eine Datenbank eingelogt war.«

Er nahm seine Büchertasche. »War das alles?«

»Mir ist noch was anderes unklar. Du hast Raymond Harris nie getroffen.«

»Gott sei Dank hattest du genug Anstand, diese Seite deines Lebens für dich zu behalten.«

»Und trotzdem hat mir Sylvia erzählt, du wärest bei der Nachricht von seinem Tod zusammengebrochen.«

»Es hätte dich treffen können.«

»Frank Washington sagt, mein Name sei für die Sechsuhrnachrichten noch nicht freigegeben gewesen. Wie konntest du dann wissen, daß ich Harris kannte?«

Er zog einen Stapel Bücher hervor. »Das war ein Fehler.«

»Kein Zweifel. Du hast mich und Raymond durch das Fenster gesehen.«

»Habe ich.« Seine Augen blitzten. »Küssend wie ein Schwulenpärchen.«

»Aber warum hast du ihn getötet?«

»Das war ein Fehler. Bevor wir nach Texas gingen, hörte ich dich und Steve über Robin reden. Du wolltest dein halbes Haus dieser kleinen Tunte überschreiben.«

»Das war ein Grund zu morden?«

Er klang kühl und sachlich, keinesfalls verrückt. »Zuerst habe ich versucht, dich zu beseitigen, bevor du den Vertrag unterschreiben konntest.«

»Als du mir zu dem verrückten Pferd verholfen hast.«

»Aber du bist ein zu guter Reiter, Onkel. Nachdem du unterschrieben hattest, mußte ich Dads Target-Pistole klauen und mir Robin vornehmen.«

»Und im Dunkeln hast du Raymond durch das Fenster für ihn gehalten.«

»Die Villa in der St. Charles Street war mein Erbe. Du hast es mir versprochen!«

»Du hast nur den letzten Teil unseres Gesprächs gehört, Pip. Ich habe nicht das alte Sinclair-Familienhaus überschrieben, sondern nur das in der Esplanade Avenue.«

»Also habe ich den falschen Mann aus dem falschen Grund getötet. Der Dumme war ich.« Er griff wieder in seine Büchertasche und nahm einen besonders gefährlich aussehenden 38er Revolver heraus. Ich versuchte, nicht zu zucken. »Die vermißte Pistole deines Vaters. Sie haben jeden Zentimeter im Haus danach abgesucht.«

»Nur nicht Mrs. Boudreaux' Spind im Reitstall.« Er wirbelte sie um seinen Finger. »Stell dir vor! Er ist geladen.«

»Ich bezweifle es nicht. Was geschieht jetzt?«

Der Lauf war auf meine Brust gerichtet und wackelte nicht im geringsten.

»Aus falsch wird richtig.«

Er öffnete ohne hinzuschauen eine Küchenschublade und tastete nach einer Rolle mit schwarzem Isolierband. »Es gab nur einen Vorteil, einen Lehrer für Werken als Vater zu haben. Ich habe gelernt zu improvisieren.« Ohne seine Pistole zu senken, nahm er das Isolierband und rollte mit Hilfe seiner Zähne ein längeres Stück ab. »Dreh dich um und nimm die Hände auf den Rücken.« Ich gehorchte ihm, und er wickelte das Band um meine Handgelenke. »Dann mußte ich das mit Karen regeln.«

»Warum sie?«

»Hältst du mich für blöd, Onkel? Ich weiß, wie ein Heimschwangerschaftstest aussieht. Er stand mitten auf ihrem Schreibtisch. Der Ring war klar zu erkennen.«

»Du hast geglaubt, sie bekäme ein Kind von *mir*?«

»Sobald du dein eigenes Kind gehabt hättest, wäre ich vergessen gewesen. Aber ich habe das ja dann so geregelt, daß es kein Kind mehr gibt.«

»Wie bist du auf die Kostümparty gekommen.«

»Karens Einladung lag auf ihrem Schreibtisch.«

»Jetzt fällt mir wieder ein, wie sie sagte, sie hätte sie verlegt.«

»Ich hatte keine Probleme, mit Jeans und Sweatshirt und einer Ronald Reagan-Maske durchs Tor zu kommen. Dann sah ich dich die Drinks holen.« Er legte eine Hand auf meine Schulter und drückte mich bestimmt in Sylvias Stuhl. »Es ist notwendig. Du wirst sehen.« Er rollte mehr Klebeband ab und wickelte es mehrere Male um meinen Hals und um die Stuhllehne.

Ich konnte kaum noch sprechen.

»Warum hast du deine Mutter umgebracht?«

»Das weißt du auch?«

»Als Vicki sagte, ihr hättet es dreimal gemacht, da klang das wie ein Alibi für die ganze Nacht. Bis mir einfiel, daß ich es in deinem Alter in fünfzehn Minuten dreimal machen konnte.«

»Das hat ihr genügt.«

»Du hast sie erschöpft, und als sie dann schlief, bist du zu deiner Mutter gegangen.«

Er griff hinter sich in die Schublade, während er weiter die Pistole auf mich gerichtet hielt, und zog ein Verlängerungskabel mit einem handgroßen elektrischen Gerät hervor. »Das ist ein Rheostat, ein Regulierwiderstand.« Er legte die Pistole auf seine Knie und schnitt das Verlängerungskabel in der Mitte durch. Dann schnitt er den Stecker ab und legte vorsichtig die Drähte an den Enden frei, ohne mit dem Reden aufzuhören. »Ich habe euer Gespräch auf dem Deck belauscht, darum. Sie wollte dir über mich Bescheid sagen.«

»Daß du Rodger Lloyds Sohn bist?«

»Sie war die einzige Person, die es wußte. Und noch am Leben war.«

»Dann war das alles nur wegen meinem Geld?«

»Mutter war eine vollkommen nutzlose Person. Niemand wird sie vermissen.« Er pfiff unmelodiös, während er zwei abgeschnittene Kabelenden an den Rheostat anschloß.

Ich versuchte, mich zu bewegen, doch das Band würgte meinen Hals. »Was ist mit mir?«

»Oh, sie werden dich vermissen. *Ich werde* dich vermissen.«

»Du glaubst, daß du mit einem weiteren Mord davonkommst?«

»Kein Mord, Onkel. Du wirst einen natürlichen Tod sterben.«

»Hier in der Küche?«

»In Pineville haben sie meine Mutter schockbehandelt. Das Prinzip ist klar.«

»Strom durchs Gehirn. Ein künstlich verursachter epileptischer Anfall.«

»Genau.« Er holte seinen Walkman aus seiner Büchertasche und stöpselte den Kopfhörer aus. »Du hattest sie dein ganzes Leben.« Er klebte die Kabelenden an die beiden Kopfhörer und setzte mir das Ganze vorsichtig auf den Kopf. Ich spürte die freigelegten Drähte durch die Haare hindurch auf meine Kopfhaut drücken. »Keiner wird es für etwas anderes als einen deiner üblichen Anfälle halten, es sei denn, sie würden deinen Kopf rasieren und die verbrannten Stellen entdecken.«

»Versuch es nicht, Pip, es gibt etwas, das du nicht weißt.«

»Verdammt, Onkel!« Er schnappte sich das Geschirrtuch, zog meinen Kopf nach hinten und stopfte den Baumwolllappen in meinen Mund.

»Ich habe große Achtung vor dir. Mach das nicht in der letzten Minute durch betteln kaputt!« Er riß ein weiteres Stück Klebeband ab und sicherte den Knebel. »Es wird nicht lange weh tun. Ich will nicht, daß du dich quälst oder verletzt. Du warst immer gut zu mir.« Er küßte meine Wange so weich, wie es nur eine Frau ohne Bart tun kann. Ein Mörder mit Baby-face.

»Ich habe nichts gegen dich, Onkel. Wenn ich jemals jemanden geliebt habe, dann warst das du.« Er stellte den Rheostat auf einen Stuhl und steckte die improvisierten Kabel ein. »Ich werde mit schwachem Strom beginnen und dann langsam hochfahren bis die Krämpfe eintreten, ohne daß es zum Herzstillstand kommt. Wenn dann der Atemstillstand eintritt, hören die Krämpfe auf. Keiner wird Verdacht schöpfen.«

Er beugte sich über den Rheostat und drehte ihn hoch. Ich spürte ein schwaches Surren an meinen Schläfen.

Dann gab es einen Zusammenstoß. Und in der nächsten Millisekunde hörte das Surren auf, da sich der Draht losgerissen hatte, als Pip mit seinem Bruder Ronald auf ihm zu Boden ging.

Ronald sprang auf seine Füße, mit einer Pistole in seiner Hand, kein Schuß war losgegangen.

»Bist du okay, Onkel?«

Als er mir die tödlichen Kopfhörer abnahm, schaute ich dorthin, wo Pip über die beiden Stromdrähte gefallen war. Ich wollte etwas sagen, aber es war nicht möglich.

»Keine Sorge, ich habe ihn entwaffnet.« Ronald entfernte erst vorsichtig statt dem Knebel das Isolierband um meinem Hals. »Tut mir leid, daß ich so spät kam. Ich habe draußen, wie wir es abgemacht haben, gewartet, bis er sich verraten hat. Unbewaffnet hätten wir ihn leicht schnappen können.« Er arbeitete mit entnervender Langsamkeit. »Aber dann habe ich durchs Fenster die Pistole gesehen, und mir war klar, daß ich hier ohne jedes Geräusch reinkommen muß. Ich hab' gleich da auf der anderen Seite der Tür gestanden, bis er abgelenkt war.«

Entsetzt sah ich Pips jungen Körper unter dem Strom zucken, und das Wissen, daß er nichts spürte, machte es nicht leichter. Es war, als sähe ich mich selbst sterben.

»Warum schaust du so ängstlich, Onkel? Es ist alles vorbei.« Ronald war mit dem Abwickeln fertig und nahm nun Pips gezacktes Messer, um mir endlich die Handgelenke zu befreien.

Ich riß meinen Knebel heraus und zeigte auf Pip. »Hilf ihm!«

Ronald drehte sich um und sah seinen Bruder rhythmisch zuckend mit offenen Augen und gebogenem Rücken daliegen. Er ging bedächtig zur Wandsteckdose und zog den Stecker. Das Zucken hörte auf.

Ronald sah sich Pip an und schüttelte den Kopf. »Tut mir leid, das sieht bös aus.«

»Tot?«

»Der Draht ist anscheinend zurückgefallen, und das blanke Ende hat sein Gesicht getroffen, der Strom floß direkt durch sein Gehirn«, berichtete er, als beschreibe er eine chemische Kettenreaktion. »Er ist tot.«

»Es gibt noch eine Chance! Kannst du reanimieren?«

Ronald blieb ungerührt. »Nein, kann ich nicht.«

Er hatte noch nicht zu Ende gesprochen, da war ich schon am Telefon und drückte 911. Ich war zu aufgeregt, um mich an die Adresse zu erinnern, und Ronald sagte sie mir in aller Ruhe.

Der Hörer wackelte, als ich ihn auf die Gabel zurücklegte.

»Sie werden in ein paar Minuten hier sein. Sie sind gut.«

»Ich weiß.« Ronald legte seine Hände auf meine Schultern. »Hör zu. Wir haben abgemacht, das heute abend zu Ende zu bringen.«

Mein Kopf schmerzte. »Eine Sinclairsche Familienangelegenheit. Wir mußten das selbst in die Hand nehmen.«

»Wir müssen uns darüber im klaren sein, was wir erzählen: Es war ein einfacher Unfall. Ich habe drüben an meinem Computer gearbeitet, und Philip hat dich angerufen und von einem neuen Experiment erzählt, das er ausprobieren will.« Mit ausdrucksloser Stimme erklärte er seine Story. »Dir klang das alles zu gefährlich, und du wolltest ihn davon abhalten. Als du schließlich hier ankamst, war er schon tot. Ein tragischer Fehler. Mehr nicht.«

Der Junge hatte Recht, und ich erzählte es so. Warum sollte jemand anderer wissen, daß ein Sinclair zu einem kaltblütigen Mord fähig war.

Der wirkliche Sinclair.

»Setz dich, Onkel.« Ronald drückte mich sanft in den Stuhl zurück. Er zog einen weiteren Stuhl her, so daß ich Pip nicht mehr sehen konnte, und setzte sich neben mich.

»Du hast ihn geliebt, ich weiß. Aber denk daran, er war ein geborener Mörder. Ein Soziopath, hast du gesagt.«

»Die Saat von Ernest Sinclair.«

»Er hätte dich genauso getötet wie auch deinen Freund Raymond oder meine Mutter. Und meinen Vater.«

»Und begonnen hat alles mit Rodger Lloyds unheilvollem Fehler«, sagte ich. »Sylvia hat ihm nicht den Namen seines Sohnes gesagt, und so wußte er nur, daß der ältere der beiden Jungen seiner war.«

»Dann hat er uns auf dem Schulhof aufgespürt.«

»Es war nur natürlich, daß er annahm, der größere sei auch der ältere.«

Ronald drückte seine Brille hoch. »Und als Mann mit gesundem Stolz hältst du beinahe automatisch den hübscheren und stärkeren für deinen Sohn.«

»Also hat er Pip anstelle von dir angesprochen und sich als sein wirklicher Vater vorgestellt.«

»Und mein habgieriger und versnobter kleiner Bruder hat seine Sinclairfelle davonschwimmen sehen, das Geld, den Name… Er konnte nicht zulassen, daß Lloyd seine Geschichte rumerzählte.«

»Hätte er nur gewartet, bis er die Wahrheit erfahren hätte.«

»Du hättest sie ihm sagen können, Onkel.«

»Nicht gleich. Lloyd ist ein walisischer Name, aber bis mir die Verbindung zu der besonderen Begabung der Waliser klar war, verging einige Zeit.«

Ronald nickte ohne hochzusehen. »Absolutes Gehör.«

»Sein Artikel beschreibt die Töne beim Vogelgesang. Und als du sagtest, dein Drucker piepse in hohem F, wußte ich, du hast dieselbe Begabung.«
»Ich habe das immer für selbstverständlich gehalten. Hab' mich nie gefragt, woher das kommt, bis du es mir erklärt hast.« Er schluckte schwer. »Natürlich sind solche Dinge vererbt.«
»Nicht von unserer Seite. Und Sylvia konnte keinen einzigen Ton halten.«
Er betrachtete seine Hände. »Rodger Lloyd konnte ich leider nicht kennenlernen, ich bedaure das. Aber noch mehr, daß ich trotz allem kein Sinclair bin.«
»Bist du aber.«
»Ich meine, wirklich.«
»Wirklich.« Wir hörten die Sirene des Notarztwagens näher kommen. Schnell, doch zu spät. »Ronald, du mußt mein Neffe sein. Keiner lebt mehr, der Bescheid wüßte, und außerdem bist du alles, was ich habe.«
Nachdenklich schüttelte er seinen Kopf. »Ich kann seinen Platz bei dir nicht einnehmen. Ich werde nie groß und hübsch und charmant sein wie mein Bruder.«
»Aber...«, wiederholte ich langsam. »Du bist alles, was ich habe.«
Er sah mich daraufhin forschend an und glaubte mir.
»Einverstanden, Onkel.«
Damit legte er seinen Arm um meinen Hals und drückte mich an sich. Manche mögen dies für einen zutiefst empfindsamen Moment halten, aber wir haben selbstverständlich nicht geweint.
Sinclairs weinen nicht.

Inhalt

2. Auflage 1996

Beide Titel aus dem Amerikanischen
von Mechthild Küpper

Aus dem Amerikanischen von Bernd Kempker
Herausgegeben von Gabriele Dietze
Umschlagmotive von Hendrik Dorgathen
Druck und Bindung: Druckerei Wagner, Nördlingen
Printed in Germany 1996

ISBN 3-88022-094-8

ROTBUCH KRIMI

Eine Reihe
herausgegeben von
Gabriele Dietze

ROTBUCH *Verlag*

Das Ohr am Puls der Zeit. Happy endings sind selten, und Verbrechen macht sich bezahlt, je organisierter desto bezahlter. Ein guter Krimi serviert das Steak nicht medium, sondern blutig. Der Teller ist dreckig, und Bedienung gibts keine. Sein Material steht in der Zeitung, und da sind gute Nachrichten rar. Er erzählt, warum sich schwarz mit weiß und braun mit grün selten vertragen, warum Sex als Verbindung zwischen zwei Menschen von einem oder zwei Geschlechtern oft nicht ausreicht und warum Liebe und Haß und Geld und Tod auch am Ende dieses Jahrhunderts noch so nah zusammenliegen.

Tony Fennelly
Mord auf der Klappe
ISBN 3-88022-019-0

Tony Fennelly
Robins Hochzeit
ISBN 3-88022-050-6

Tony Fennelly
Bärendienst
ISBN 3-88022-055-7

Tony Fennelly
Der Hippie in der Wand
ISBN 3-88022-090-5

Tony Fennelly
Hurenglanz
ISBN 3-88022-107-3

ROTBUCH *Krimi*

ROTBUCH KRIMI

Eine Reihe
herausgegeben von
Gabriele Dietze

ROTBUCH *Verlag*

Das Ohr am Puls der Zeit. Happy endings sind selten, und Verbrechen macht sich bezahlt, je organisierter desto bezahlter. Ein guter Krimi serviert das Steak nicht medium, sondern blutig. Der Teller ist dreckig, und Bedienung gibts keine. Sein Material steht in der Zeitung, und da sind gute Nachrichten rar. Er erzählt, warum sich schwarz mit weiß und braun mit grün selten vertragen, warum Sex als Verbindung zwischen zwei Menschen von einem oder zwei Geschlechtern oft nicht ausreicht und warum Liebe und Haß und Geld und Tod auch am Ende dieses Jahrhunderts noch so nah zusammenliegen.

Jerome Charyn
Paradise Man
ISBN 3-88022-391-2

Robin Cook
Profil eines Serienmörders
ISBN 3-88022-373-4

John Milne
Schattenspiele
ISBN 3-88022-403-X

Mark Timlin
Schwanengesang
ISBN 3-88022-394-7

ROTBUCH *Krimi*